LOTHAR PERLITT
VATKE UND WELLHAUSEN

LOTHAR PERLITT

VATKE UND WELLHAUSEN

GESCHICHTSPHILOSOPHISCHE VORAUSSETZUNGEN
UND HISTORIOGRAPHISCHE MOTIVE FÜR DIE DARSTELLUNG
DER RELIGION UND GESCHICHTE ISRAELS
DURCH WILHELM VATKE UND JULIUS WELLHAUSEN

1965

VERLAG ALFRED TÖPELMANN · BERLIN

BEIHEFTE ZUR ZEITSCHRIFT FÜR DIE
ALTTESTAMENTLICHE WISSENSCHAFT
HERAUSGEGEBEN VON GEORG FOHRER

94

©
1965
by Alfred Töpelmann, Berlin 30, Genthiner Straße 13
Printed in Germany
Satz und Druck: Walter de Gruyter & Co., Berlin 30
Archiv-Nr. 38 22 654

Herrn Professor Dr. Fritz Maass

in Dankbarkeit

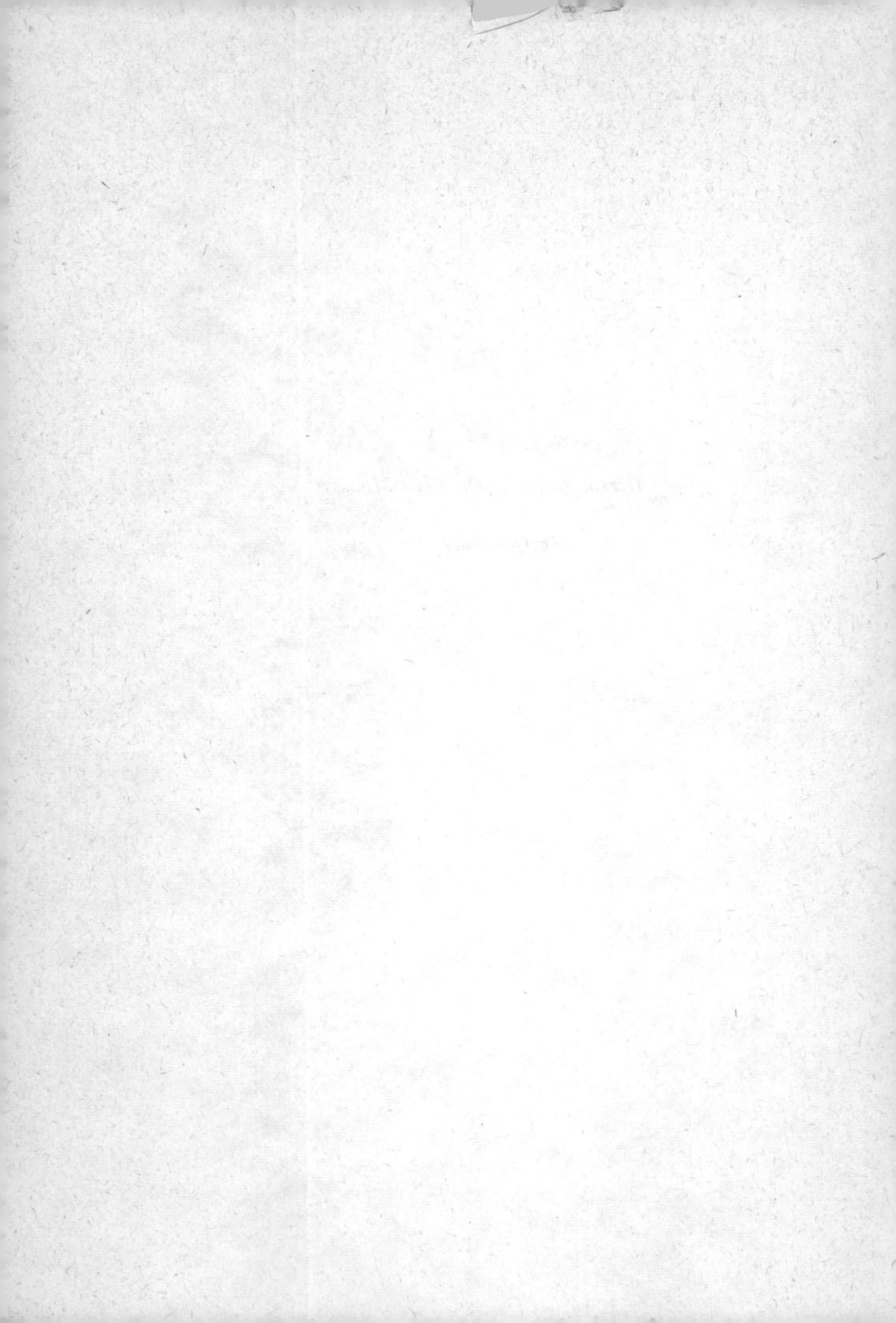

VORWORT

Diese Untersuchung hat im Sommersemester 1962 der Kirchlichen Hochschule Berlin als Dissertation vorgelegen. Berichterstatter war Herr Professor Dr. theol. Fritz Maass, Mitberichterstatter Herr Professor Dr. theol. Rolf Rendtorff, dem ich viele Anregungen danke. Ein zusätzliches Gutachten über die philosophiegeschichtlichen Teile erstattete Herr Professor Dr. phil. Wolfgang Müller-Lauter.

Das vorliegende Buch stellt eine gegenüber der Dissertation sachlich erweiterte und dispositionell völlig umgestaltete Fassung der Untersuchung dar, für deren Aufnahme in die Reihe der »Beihefte zur Zeitschrift für die alttestamentliche Wissenschaft« ich Herrn Professor D. Dr. Georg Fohrer sehr danke.

Mein besonderer Dank gilt indes meinem Lehrer, Herrn Professor Dr. Fritz Maass, der mir die Anregung zu dem Thema gab, mich wissenschaftlich förderte und menschlich entscheidend bereicherte.

Berlin, September 1964   Lothar Perlitt

EINLEITUNG:

ANLASS UND WEG DER UNTERSUCHUNG

Seit mehr als 80 Jahren ist das Werk JULIUS WELLHAUSENS in der wissenschaftlichen Forschung wie in der kirchlichen Lehre umstritten. Diese Unsicherheit in der theologiegeschichtlichen Einordnung und Wertung WELLHAUSENS bildet den Anlaß zu der vorliegenden Untersuchung. Das ‚Problem Wellhausen‘ erweist sich bis zum heutigen Tage freilich weithin als ein Gegeneinander von bloßen Meinungen. Es ist daher die Absicht dieser Untersuchung, Kriterien für eine angemessene Beurteilung zu erarbeiten.

Ein erster Blick auf vorliegende Voten über WELLHAUSEN soll zur Differenzierung der Aufgabe verhelfen. Auf der einen Seite haben bedeutende Gelehrte der Person und dem Werk WELLHAUSENS ihre uneingeschränkte Bewunderung ausgesprochen[1], seinen forschungsgeschichtlichen Rang konstatiert[2] und unter Berücksichtigung gegensätzlicher Stimmen an seiner bahnbrechenden Auffassung der Ge-

---

[1] E. LITTMANN feierte WELLHAUSEN in seiner Grabrede als einen »der größten Historiker aller Zeiten« (ZDMG 106, 1956, 20). H. WILLRICH schrieb in einem Nachruf, WELLHAUSEN sei »einer der größten Gelehrten unserer Zeit (gewesen) und zugleich einer der besten Menschen, die je gelebt haben« (Zur Erinnerung an Julius Wellhausen, Deutsche Rundschau 175, 1918, 407).

[2] Schon J. G. DROYSEN nannte in seinen Vorlesungen über ‚Enzyklopädie und Methodologie der Geschichte‘ WELLHAUSENS ‚Prolegomena‘ als ein Muster solcher quellenkritischer Arbeit, die direkt zur historischen Darstellung führt (Historik 120). ED. MEYER betonte die ‚glänzende Darlegung‘ der von VATKE und GRAF begründeten Erkenntnis durch WELLHAUSEN (Geschichte des Altertums, 2. Bd., 2. Abt., 1931², 189) und »die Pflicht jedes Forschers auf alttestamentlichem Gebiet, jede Ansicht Wellhausens, die ihm bekannt geworden ist, zu berücksichtigen« (Julius Wellhausen und meine Schrift Die Entstehung des Judenthums, 1897, 4). M. WEBER erklärte: »Alle alttestamentliche Arbeit fußt heute, auch wo sie noch so weit von ihm abweicht, auf den großartigen Arbeiten Julius Wellhausens« (III 2). E. SELLIN schrieb im Deutschen Biographischen Jahrbuch über WELLHAUSENS Geschichte Israels: »Dies Buch von klassischer Schönheit, von einer vielfach geradezu genialen Erfassung der politischen und kultischen Verhältnisse Israels sowie einzelner seiner Persönlichkeiten, wird sicher zu denen gehören, die noch nach Jahrhunderten gelesen werden«, es wird »der Ausgangspunkt für alle weitere israelitische Geschichtsforschung« bleiben. SELLIN urteilt schließlich, mit WELLHAUSEN sei »ein ganz Großer durch die deutsche Wissenschaft hindurchgegangen« (Art. ‚Wellhausen‘, Überleitungsband II: 1917—1920, Berlin und Leipzig 1928, 343f.).

schichte Israels festgehalten[3]. Eine vorläufige Klärung der Fragen versuchte W. BAUMGARTNER in seinem Forschungsbericht von 1930, in dem er den grundsätzlichen Bestreitern der kritischen Methode WELLHAUSENS entgegenrief: »Wenn man es in diesen Kreisen liebt, von Wellhausen als einer überwundenen Größe zu reden, so ist da doch wohl der Wunsch der Vater des Gedankens«[4].

Auf der anderen Seite finden sich — vor wie nach dieser Zusammenfassung BAUMGARTNERS — Stimmen, die die ‚überwundene Größe‘ WELLHAUSEN stets von neuem zu überwinden trachteten. Die Begründungen wechseln, lassen sich aber auf wenige Grundthemen reduzieren: WELLHAUSEN habe die Geschichte Israels willkürlich oder aus sachfremden Motiven heraus konstruiert[5], er sei Evolutionist[6], er sei

---

[3] In einer Übersicht über die von WELLHAUSEN ausgegangene Wirkung auf die neuere alttestamentliche Forschung bemerkt W. BAUMGARTNER abschließend: »Was er erschuf, ist ein Meisterwerk, das als Ganzes gewürdigt sein will und an dem sich nicht herumflicken läßt. ... Ihm danken wir so tatsächlich doch das erste wahre Verständnis der Geschichte Israels« (306). »Mag man auch vieles einzelne heute anders sehen, im ganzen sind die grundlegenden Thesen Wellhausens selbst jetzt noch nicht widerlegt. Es dürfte schwerlich ein ‚Zurück hinter Wellhausen‘, sondern nur ein ‚Hinaus über Wellhausen‘ geben. Die Werke seiner Vorgänger sind mit wenigen Ausnahmen antiquiert, Wellhausens Studien bilden immer noch die Grundlage aller Diskussionen« (JEPSEN 47).

[4] BAUMGARTNER 301.

[5] Im Jahre 1896 hat BR. BAENTSCH vor einer Pfarrerkonferenz WELLHAUSENS Werk verteidigt und dabei die damals ständig wiederholten Einwände zusammengetragen: »Man macht der Wellhausenschen Auffassung von der Geschichte des Volkes Israel in der Hauptsache den Vorwurf, daß sie nicht der unbefangenen Betrachtung der in der Schrift überlieferten Tatsachen entspreche, sondern auf einer willkürlichen Geschichtskonstruktion beruhe, ..., die in ganz bewußter Weise darauf ausgehe, den göttlichen Faktor möglichst zu eliminieren und die Geschichte des Volkes Israel als das Produkt einer naturnotwendigen, rein menschlich-natürlichen Entwicklung erscheinen zu lassen« (1).
Die kirchliche Reaktion auf WELLHAUSENS Werk läßt sich an den Nummern 3, 5, 6 und 9 im 51. Jg. (1918) des Protestantenblattes nur mit Kopfschütteln registrieren: Dort wird (nach Eingreifen der Redaktion) WELLHAUSENS Arbeit am Alten Testament einmal grund*stürzend*, dann wieder — durch einen Artikel GRESSMANNS provoziert — grund*legend* genannt. Vgl. auch M. KEGELS Kampfschriften ‚W. Vatke und die Graf-Wellhausensche Hypothese‘ (1911) und ‚Los von Wellhausen!‘ (1923).

[6] Nach W. LÜTGERT hat WELLHAUSEN die Entwicklungstheorie zum Grundsatz seiner Forschung gemacht — eine Behauptung, die lediglich mit folgendem Satz kommentiert wird: »Indem er gleichzeitig bestritt, daß dies seine Absicht sei, verriet er nur, daß diese Idee ihn unwillkürlich beherrschte« (IV 187; LÜTGERT verweist in diesem Zusammenhang ganz zu Unrecht auf die Vorrede zur 2. Aufl. der ‚Prolegomena‘ von 1883). Bei anderer Gelegenheit erklärt LÜTGERT einerseits, das Christusbild WELLHAUSENS sei »nicht nach dem Vorbild der alttestamentlichen Propheten entworfen«, konzediert aber andererseits (auf derselben Seite seines Buches), »der Gegensatz

— durch VATKES Einfluß — ein Opfer der HEGELschen Philosophie
geworden[7] oder, horribile dictu, er sei alles das zugleich.

Der Verweis auf VATKE ist deshalb gleich aufzunehmen, weil sich
WELLHAUSEN mehr als einmal zu VATKES ‚Biblischer Theologie' bekannte. VATKE selber aber machte nie ein Geheimnis aus dem entscheidenden Einfluß, den die Philosophie HEGELS auf sein Denken
ausübte. Auf dieser so geradlinig erscheinenden Abfolge der drei
Namen beruht fast alle neuere WELLHAUSEN-Kritik — und darum
auch das Thema der vorliegenden Untersuchung. VATKE selber geriet
freilich rasch in Vergessenheit: K. BARTH[8] und E. HIRSCH[9] nennen in
ihren theologiegeschichtlichen Werken nicht einmal mehr seinen
Namen. Seine ‚Biblische Theologie' teilte — positiv[10] wie negativ[11] —

Jesu gegen den Pharisäismus erscheint (bei Wellhausen) als Fortsetzung und Vollendung des Kampfes der Propheten gegen den Kultus« — um schließlich aus dem
allen zu folgern: »Diese ganze Geschichtsauffassung und Religionsphilosophie steht
der Aufklärung wieder nahe« (IV 373 f.). Von SRBIK wird zwar WELLHAUSENS »geniale
Textkritik« gerühmt, zugleich aber in unüberbietbarer Pauschalität betont, sie sei
»in vielem allzu destruktiv« (II 296). Vgl. hierzu auch H. H. ROWLEY (ZAW 69,
1957, 3) und D. H. WALLACE (ThZ 19, 1963, 92).

[7] Mit seinem Aufsatz ‚Die Auffassung vom Alten Testament' hat J. PEDERSEN die
neuere WELLHAUSEN-Kritik eingeleitet. In WELLHAUSENS »Auffassung von der geistigen Geschichte Israels« findet er eine nur dürftig gesäuberte »Wiedergabe« von
VATKE; »Vatke schreibt Ideengeschichte und beleuchtet gleichzeitig die Quellen, Wellhausen bestimmt die Quellen und findet *dadurch auch* eine Ideengeschichte«
(171; Hervorhebung vom Vf.). Für H.-J. KRAUS gilt die Ableitung der Geschichtsdarstellung WELLHAUSENS von HEGEL bereits als ausgemacht: »Die verderbliche
Saat ging auf — während das spekulative System der umfassenden Geschichtsbemächtigung wie ein Feuerwerk in der alttestamentlichen Wissenschaft abbrannte
und sogar einen Gelehrten wie Julius Wellhausen faszinierte« (179; vgl. auch 187
und 240). Über die ‚Prolegomena' heißt es: »Das spekulative Geschichtsdenken
Hegels trägt *letztlich* entscheidend dazu bei, dem Entwurf der religiösen Entwicklung
Israels seine Geschlossenheit und imponierende Folgerichtigkeit zu verleihen« (239).
Diese These wird dann gleichsam nur noch wiederholt: »Wellhausen war *letztlich*
von Hegel stark beeinflußt; er hat die religiöse Geschichte Israels als eine Ideengeschichte angesehen und sie vor allem unter dem Gesichtspunkt einer geistigen
Entwicklung dargestellt« (v. RAD, Theologie des Alten Testaments, Bd. I, 1958²,
119; beachte das — vom Vf. hervorgehobene — ‚letztlich' bei KRAUS und v. RAD!).

[8] Die protestantische Theologie im 19. Jahrhundert, 1947.

[9] Geschichte der neuern evangelischen Theologie, 1949 ff.

[10] Vgl. TROELTSCH III 270: »Es genügt hier, an die großen bahnbrechenden Arbeiten
zu erinnern, die in Wahrheit die moderne Geschichtswissenschaft erst begründet
haben: F. Chr. Baur und Vatke, D. Fr. Strauss und Bruno Bauer . . .«.

[11] Schon DE WETTE rügte die »abstruse philosophische Sprache des Verfassers« (RV
996). Vgl. H. STEPHAN, Geschichte der evangelischen Theologie seit dem deutschen
Idealismus, 1938, 147: Die »zur Schwerfälligkeit gesteigerte Gründlichkeit« und der
»Druck der kirchlichen Restauration« verhinderten eine breitere Wirkung des Werkes.

das Schicksal der HEGELschen Philosophie. LÜTGERT nennt VATKE und meint zugleich alle im Zeichen HEGELS geleistete Geschichtsschreibung, wenn er bemerkt: »Eine voraussetzungslose, unbefangene Geschichtsforschung, die nur die geschichtlichen Tatsachen reden läßt, gibt es für ihn nicht«[12].

Aus dieser WELLHAUSEN angelasteten Ahnenreihe folgt eine Präzisierung des Weges dieser Untersuchung: VATKES Arbeit am Alten Testament muß thematisch behandelt werden, und dies wiederum ist nicht möglich ohne eine Klärung ihrer geschichtsphilosophischen Grundlagen, wie sie bei HEGEL zutage liegen. Im Blick auf WELLHAUSEN bleiben freilich, noch vor aller Arbeit am Detail, methodische Fragen offen. Es ist nämlich unwahrscheinlich, daß eine so ausgeführte, philologisch begründete historische Darstellung lediglich aus geschichts*philosophischen* Voraussetzungen zu begreifen sein soll. WELLHAUSEN verfügte über eine »seltene Belesenheit«[13]. Sollte der Weggefährte eines H. COHEN und Ed. SCHWARTZ, der vertraute Freund eines WILAMOWITZ und Verehrer MOMMSENS um seiner VATKE-Lektüre willen wirklich nur von der HEGELschen Geschichtsphilosophie her zu verstehen sein? Weil solche Fragen so naheliegend wie unabweisbar sind, muß nach den historiographischen Voraussetzungen und Motiven WELLHAUSENS in erheblich weiterem Rahmen gefragt werden. Dazu wäre es ein naives Unternehmen, etwa den WELLHAUSEN immer wieder entgegengehaltenen Begriff der ‚Entwicklung‘ nur auf HEGEL zu beziehen, der diesen Begriff weder ‚erfunden‘ noch für die Geschichtsschreibung des 19. Jahrhunderts allein geprägt hat. Außerdem ist zu bedenken, daß sich die WELLHAUSEN-Kritik seltener als man erwarten könnte am wissenschaftlichen Einzelergebnis entzündet hat, sondern häufig auf ganz allgemeinen theologischen Erwägungen oder Kriterien beruht.

Aus alledem ergibt sich für die vorliegende Untersuchung die Notwendigkeit, erhebliche Grenzüberschreitungen vorzunehmen. Wo Namen wie HEGEL und MOMMSEN, wo Begriffe wie Geschichtsphilosophie, Aufklärung oder Evolutionismus verhandelt werden, da muß jeder seine nomenklatorischen Voraussetzungen überprüfbar angeben, um dem zu entgehen, was die WELLHAUSEN-‚Beurteilungen‘ weithin kennzeichnet: dem Bereich der unkontrollierbaren Meinungen.

Das bedeutet eine mühsame ‚Unterkellerung‘ der Arbeit durch Belege, vor allem aber das Wagnis der Darstellung von geistesgeschichtlichen Themen und Entwicklungen, die in anderem Rahmen oft und umfassend behandelt worden sind. Dessenungeachtet müssen in einem

---

[12] LÜTGERT III 114f.

[13] SCHWARTZ 334. In WELLHAUSENS Büchern werden LESSING, HERDER, NIEBUHR, MOMMSEN (um nur einige zu nennen) öfter zitiert; BURCKHARDTS Weltgeschichtliche Betrachtungen gehörten zu seiner bevorzugten Lektüre.

ersten Hauptteil die allgemeinen Voraussetzungen der Geschichtsschreibung da aufgenommen werden, wo in der Neuzeit das Erwachen
des historischen Sinnes und die Befragung der Geschichte auf breiter
Grundlage beginnt und deutlich zu verfolgen ist: am Ende der ‚Aufklärung‘ und bei der sogenannten Präromantik. Hier werden die
Motive sichtbar, die bis zu WELLHAUSEN hin die Historiographie in
vielfacher Brechung und Modifizierung beherrscht haben. Diese Er-
arbeitung der Kriterien ist unerläßlich und muß vor allem zusammen-
hängend vorgeführt werden, um die Anwendungen (2. und 3. Hauptteil) der Voraussetzungen (1. Hauptteil) nicht mit Exkursen überlasten und verwirren zu müssen.

Da das Werk VATKEs nicht überall greifbar, da es schwierig in
seiner Diktion und überdies in der Forschungsgeschichte noch immer
terra incognita ist, empfiehlt sich im 2. Hauptteil eine ausführliche,
interpretierende Analyse im ganzen. Die Schriften WELLHAUSENS dagegen, die z. T. nachgedruckt oder überhaupt leichter zugänglich sind,
dürfen ihrem allgemeinen Inhalt nach als bekannt vorausgesetzt werden. Darum empfiehlt sich für den 3. Hauptteil der Weg der thema-
tischen Disposition und der motivgeschichtlichen Analysen. Die Auswahl und Durchführung des 1. Hauptteils ist von der stillschweigenden
Voraussetzung geleitet, daß hier die zur Erklärung der VATKEschen
und WELLHAUSENschen Geschichtsschreibung notwendigen Phänomene der Geistesgeschichte sichtbar gemacht werden.

ERSTER TEIL:

GESCHICHTSPHILOSOPHISCHE
UND HISTORIOGRAPHISCHE VORAUSSETZUNGEN

A. GRUNDLAGEN DER NEUEREN GESCHICHTSBETRACHTUNG
IN DER 2. HÄLFTE DES 18. JAHRHUNDERTS

I. Aufklärung und Präromantik in ihrem Verhältnis zur Geschichte

Aufklärung, Rationalismus, Klassik, Präromantik[1], Goethezeit[2]:
das sind, bei verschiedenen Betrachtungsweisen, Chiffren für eine geistesgeschichtliche Epoche, deren Kulminationszeit, zugleich als ‚deutsche Bewegung‘[3] gekennzeichnet, den Ausgangspunkt für eine umfassende Wendung zur Geschichte darstellt. Die genannten Bewegungen,
untereinander vielfältig verwoben, beeinflußten den Sinn für die Geschichte jeweils durch einige charakteristische Motive.

Im Zeitalter und im Zeichen der Enzyklopädien wurden Daten
und Fakten inventarisiert und, wo diese die Geschichte betrafen, dem
Bewußtsein der Gegenwart als pädagogische Beispiele subsumiert.
Alles Daseiende wie alles Gewesene sollte nach Absichten und Ursachen eingeordnet und bestimmt werden, »Moralbedürfnis und Kau-
salbedürfnis« erwiesen sich als »die treibenden Faktoren der Aufklä-
rungshistorie«[4]. Am Ende solcher Kausalreihen stand der Mensch der
Gegenwart im Licht der Aufklärung, das jetzt hell zu scheinen begann. Dieser einfache Gedanke enthält zugleich das geschichtsphilosophische Grundmotiv der ausgehenden Aufklärung: den »Zauber-
gedanken des Fortschrittes im Irdischen«[5]. »Unser menschliches Jahrhundert herbeizuführen, haben sich — ohne es zu wissen oder zu er-
zielen — alle vorhergehenden Zeitalter angestrengt«[6]. Die Überzeugung

---

[1] FR. MEINECKE (VgS 47) bezeichnet mit diesem Ausdruck den dem ‚Klassizismus‘
eng verbundenen ‚Romantizismus‘ des 18. Jahrhunderts, der — als Vorstufe zur
Romantik des frühen 19. Jahrhunderts — zugleich eine »Vorstufe des modernen
historischen Denkens gewesen ist«.

[2] Im Sinne KORFFs als »Einheit von Sturm und Drang, Klassik und Romantik« (HIN-
RICHS 1, Anm. 1).

[3] Nach MEINECKE III.

[4] MEINECKE, Aphorismen 23, zitiert nach SRBIK I 110.

[5] SRBIK I 107; vgl. CROCE 205.

[6] SCHILLER VIII 29.

vom Wert des eigenen Zeitalters führte notwendig zu einer pragmatischen Geschichtsansicht: Vergangenheit und Gegenwart verhalten sich zueinander wie Finsternis und Erleuchtung. Darum galt die leidenschaftliche Zuwendung der eigenen Gegenwart, zu der die Vergangenheit in einem eigenartigen Dienstverhältnis stand. Auf einer gewissen Höhe des menschlichen Geistes sollten primitive, kindliche Erscheinungen abgetan werden. Aus solcher Befremdung über die eigene Herkunft erwuchsen die Metaphern vom Kindheits- und Mannesalter der Menschheit als Gattung. Trotz dieser Analogie zur Naturgeschichte hat sich der Fortschrittsgedanke nicht gleich mit dem eigentlichen Entwicklungsgedanken verbunden. Der große »Schritt zur Veredlung«[7] der menschlichen Natur war zwar getan, aber der ihn begleitende naive Optimismus führte nicht zur Differenzierung der vielen vorausgegangenen Schritte, sondern ließ die Vergangenheit im ganzen und pauschal als Vorstufe erscheinen. Der Gebildete der Aufklärung sah auf das Allgemeine der Menschennatur, der Geschichte aber kamen Realität und Dignität nur in einem abgeleiteten Sinne zu — und die Geschichte der Religion war dabei nicht ausgenommen. Auch die geschichtliche Bedingtheit der Bibel entsprach und genügte den denkerischen, religiösen und ethischen Bedürfnissen der Gegenwart nicht vollständig. Daraus ergab sich die quälende Spannung zwischen Vernunft und geschichtlicher Offenbarung, wie sie in den theologischen Streitschriften Lessings ihren idealtypischen Ausdruck fand: »Zufällige Geschichtswahrheiten können der Beweis von nothwendigen Vernunftswahrheiten nie werden« (XIII 5); »Aus ihrer innern Wahrheit müssen die schriftlichen Überlieferungen erkläret werden, und alle schriftliche Überlieferungen können ihr keine innere Wahrheit geben, wenn sie keine hat« (XIII 127). Ob und wie auch immer Lessing dem christlichen Glauben verbunden blieb: die historisch-philosophische Kritik der Neologen hatte ihm jede *historische* Beweisführung für die Wahrheit des Christentums verleidet[8].

Ein bestimmtes universalhistorisches Interesse, von Meinecke als »Ruhmestitel der Aufklärung«[9] bezeichnet, richtete sich auf Kulturen und Sitten wie auf Bilder einer Ausstellung, ließ sich jedenfalls durch die Erscheinungen der Geschichte oder auch Religionsgeschichte selber nicht verpflichten — ungeachtet der Tatsache, daß die Aufklärung in Deutschland stärker als etwa in Frankreich theologischen Fragestellungen verbunden blieb. Diese universalhistorische Tendenz suchte das Allgemeine. Wie Hume zwar nicht der Religion (die für ihn geradezu ihre Naturgeschichte hat), wohl aber der Moral Allgemeingültigkeit zugestand, so wollte Voltaire in der Geschichte die allgemeinen Gewohnheiten, das Kulturgeschichtliche aufweisen. Er

---

[7] Schiller VIII 18.   [8] Vgl. Lessing XIII 32.   [9] Meinecke III 236.

führte zwar im Rahmen seines ‚Essai sur les Moeurs‘ genannten weltgeschichtlichen Werkes den terminus ‚la philosophie de l'histoire‘ ein,
verband damit aber im Grunde nur die Absicht, die theologische Geschichtsauffassung von der göttlichen Leitung alles Geschehens zum
Guten zurückzuweisen. So sehr VOLTAIRES Werk in philosophischer
Hinsicht gegenüber den späteren geschichtsphilosophischen Entwürfen, in methodischer Hinsicht gegenüber der späteren Historiographie
auch abfällt, er stellte immerhin als »ersten Grundsatz historischer
Kritik die Lehre auf: als geschichtlich begründet können nur solche
Vorgänge gelten, die den in den täglichen Erscheinungen der Natur
und des Menschenlebens waltenden Gesetzen entsprechen«[10]. Was das
movens der Geschichte sei, wußte VOLTAIRE, nachdem er sich des
göttlichen Heilsplans entledigt hatte, freilich nicht zu sagen.

In seiner Jenaer Antrittsrede vom 26. 5. 1789 (‚Was heißt und zu
welchem Ende studiert man Universalgeschichte?‘) möchte SCHILLER
die Geschichte nicht dem am Einzelnen klebenden Handwerk des
‚Brotgelehrten‘ ausgeliefert sehen; vielmehr muß der ‚philosophische
Kopf‘ aus dem »Aggregat von Bruchstücken« erst eine wirkliche Wissenschaft machen, »indem er diese Bruchstücke durch künstliche Bin-
dungsglieder verkettet« und so »das Aggregat zum System, zu einem
vernunftmäßig zusammenhängenden Ganzen« erhebt. »Seine Beglau-
bigung dazu liegt in der Gleichförmigkeit und unveränderlichen Einheit der Naturgesetze und des menschlichen Gemüts« (VIII 26).

So energisch sich also SCHILLER um Ordnung und Sinn der Geschichte als Weltgeschichte bemüht, so entschieden unterstellt auch
er sie den ewigen Naturgesetzen, die dem nicht verschlossen sein können, dem »alles Licht seines Jahrhunderts« (VIII 17f.) leuchtet. »Welche Zustände durchwanderte der Mensch, wenn er . . . vom ungeselli-
gen Höhlenbewohner — zum geistreichen Denker, zum gebildeten
Weltmann hinaufstieg? — Die allgemeine Weltgeschichte gibt Antwort auf diese Frage« (VIII 19). So dient auch hier die historische
Bemühung der Bestätigung des eigenen Wert- und Weltgefühls. »Das
Verhältnis eines historischen Datums zu der *heutigen* Weltverfassung
ist es also, worauf gesehen werden muß, um Materialien für die Weltgeschichte zu sammeln . . . Die wirkliche Folge der Begebenheiten
steigt von dem Ursprung der Dinge zu ihrer neuesten Ordnung herab,
der Universalhistoriker rückt von der neuesten Weltlage aufwärts dem
Ursprung der Dinge entgegen«[11]. Das kann freilich nur der ‚philosophische Kopf‘ leisten. Er nimmt die »Harmonie aus sich selbst heraus und verpflanzt sie außer sich in die Ordnung der Dinge, d. i. er
bringt einen vernünftigen Zweck in den Gang der Welt und ein teleo-
logisches Prinzip in die Weltgeschichte« (VIII 27); das telos aber liegt

---

[10] RITTER 248.   [11] SCHILLER VIII 24 (Hervorhebung v. Sch.).

für SCHILLER im Heute. Er hat weder historisch analysiert noch eigentlich philosophisch spekuliert. In seiner historischen Praxis gestaltete er den Stoff unbefangen künstlerisch-dramatisch mit den Mitteln der deutschen Klassik, in seiner historischen Theorie aber vertrat er das durch die Aufklärung gründlich verwässerte Geschichtsprinzip des AUGUSTINUS: Die Geschichte ist universal und zielgerichtet. Das Ziel der Geschichte reicht bei SCHILLER freilich nicht über das stolze Gegenwartsbewußtsein hinaus.

Indes erfuhr die Bejahung solcher Entwicklung der Menschheit in jenen Jahrzehnten auch Widerspruch. Zweifel am Erreichten schlichen sich ein und modifizierten die Grundstimmung des Jahrhunderts. J. J. ROUSSEAU, in mancher Hinsicht Gegenspieler der Aufklärung, beeindruckte in Deutschland nicht nur HERDER, sondern auch den jüngeren KANT. Für seine Gedanken wählte er die Form der Geschichtserzählungen, in denen er — im Gegensatz zu den meisten Zeitgenossen — das Idealbild des Menschen in der äußersten Vergangenheit, in einem Zustand glückhafter, durch Staatengründung und gesellschaftliche Differenzierung noch nicht getrübter Unschuld suchte. Die Entwicklung der Menschheit kann danach nicht Aufstieg, sondern nur Abfall, nicht Fortschritt, sondern nur ein Weg in die Dekadenz sein. Weil aber diese Schwärmereien ROUSSEAUS um einen *erdachten* Anfang und ein *erdachtes* Ziel der Geschichte kreisten, konnte die konkrete Geschichte auch für ihn keinen eigenen Wert haben. Der Sinn »für das Individuelle, dessen der kommende Historismus bedurfte«[12], wurde auch durch ROUSSEAU nicht gefördert. »Der Idealmensch der unverdorbenen Natur und des tugendhaft empfindenden Herzens, den er predigte, war nur der umgestülpte Normalmensch der Aufklärung«[13]. Dennoch darf die Wirkung ROUSSEAUS auf die aufkommende Hinwendung zur konkreten Geschichte nicht unterschätzt werden. Viele waren der permanenten ‚Aufklärung‘ müde geworden, ersehnten eine neue Vertiefung und eine andere Besinnung auf das Wesen des Menschen und seine Geschichte — ohne doch zu einer kirchlichen Orthodoxie zurückkehren zu können oder zu wollen.

In dieser Situation hatte in Deutschland J. G. HAMANN einen starken Einfluß gerade auf die Bedeutenden unter seinen Zeitgenossen, vor allem auf HERDER, mit dem er über Jahrzehnte hin einen intensiven Briefwechsel führte. So wenig sein gesamtes Schrifttum eine eigentliche Arbeit am Begriff zeigt, so sehr nahm er, der in Königsberg — in KANTS Nachbarschaft — als Zollbeamter arbeitete, durch seine umfassende Lektüre aller wesentlichen Publikationen an den geistigen Bewegungen der Zeit teil und wucherte mit diesem Gewinn. Zwar war für ihn der vorkritische KANT »ein fürtrefl. Kopf«[14], aber in seiner

---

[12] MEINECKE III 184.   [13] MEINECKE III 183.   [14] HAMANN B I 191 (28. 4. 1756).

Abneigung gegenüber aller Abstraktion und Schulphilosophie verknüpfte er seinen stets betonten christlichen Glauben oft mit dunklen
theosophischen Spekulationen und einem starken Verlangen nach
Bildhaftigkeit. »Die Kantische Trennung von Sinnlichkeit und Verstand, vermittelst der er in seiner Aesthetik Sensualist, in seiner Logik
Intellectualist war, dies ist ihm eine ganz unberechtigte Dichotomie,
welche die wahre Philosophie zerstöre«[15]. Von diesen — im Einzelfall
schwer faßbaren — Voraussetzungen her versuchte HAMANN die zeitgenössischen Antithesen von Vernunft und Offenbarung, von Vernunft und Natur sowie von Natur und Geschichte aufzulösen.

»Gott hat sich geoffenbart den Menschen in der Natur und seinem Wort« (W I 8).
»Die Naturkunde und Geschichte sind die zwey Theile, auf welche die wahre Religion beruht. Der Unglaube und der Aberglaube gründen sich auf eine seichte Physik
und seichte Historie. ... Ein Newton wird als ein Naturkundiger von der weisen All-
macht und als ein Geschichtsschreiber von der weisen Regierung Gottes gleich stark
gerührt werden« (W I 9). »Das Buch der Natur und der Geschichte sind nichts als
Chyffern, verborgene Zeichen, die eben den Schlüssel nöthig haben, der die heilige
Schrift auslegt und die Absicht ihrer Eingebung ist« (W I 308).

Die Geschichte steht also für ihn nicht einer zeit- und geschichts-
losen Vernunft als zweitrangige Erkenntnisquelle gegenüber; vielmehr
wird die Vernunft als Produkt der Tradition und damit der Geschichte[16] an die letztere gebunden. Natur und Geschichte weisen für
den Sehenden über sich hinaus auf eine allgemeine Offenbarung,
die freilich der Schrift bedarf, um zur revelatio specifica zu werden.
Auf dem Wege über die Schrift aber hat dann tatsächlich alle Geschichte die Qualität eines Gotteszeugnisses.

»Nachdem GOTT durch Natur und Schrift, durch Geschöpfe und Seher, durch
Gründe und Figuren, durch Poeten und Propheten sich erschöpft, und aus dem Othem
geredt hatte: so hat er am Abend der Tage zu uns geredt durch Seinen Sohn ...«[17].

Gegenüber der Affinität zum Griechentum, die in der deutschen
Klassik so schöne Früchte trug, konnte HAMANN gerade durch diesen
Sinn für Überlieferungszusammenhänge maßvoll bleiben und durch
seine Gebundenheit an die ganze Bibel auch dem Alten Testament zu
seiner Ehre verhelfen. Am Neujahrstag 1780 schrieb er an HERDER:
»... jüdische Geschichte ist immer für mich die einzige universal
Geschichte gewesen, wie das Volk selbst ein Vorbild des Christentums
sowol als Zeichen des menschl. Geschlechts«[18].

[15] ERDMANN I 297.
[16] Vgl. HAMANN B IV 376 (an HERDER, am 22. 4. 1782): »So viel ist gewiß, daß ohne
Berkeley kein Hume geworden wäre, wie ohne diesen kein Kant. Es läuft doch
alles zuletzt auf Überlieferung hinaus, wie alle Abstraction auf sinnliche Eindrücke«.
[17] HAMANN W II 213. Vgl. auch W I 193 die »Perioden der Zeit«, deren Verhältnis
und Maß Gott in seinem Heilsplan bestimmt hat.
[18] B IV 147. HAMANN wurde von HERDER sogar als »Prophet des alten Bundes« an-
gesprochen (B III 369).

Bedenkt man dazu noch HAMANNs Bemühungen um Ursprung und Bedeutung der Sprache[19], wobei er die Spannung zwischen göttlich und menschlich niemals naiv auflöst, dann wird verständlich, daß er — ungeachtet des häufigen Mangels an begrifflicher Klarheit — zu einem der großen Anreger für die Geschichtsbetrachtung der folgenden Jahrzehnte werden mußte. Seinem auf die Geschichte gerichteten Sinn kam überdies die in England früher als in Deutschland beheimatete präromantische Bewegung entgegen[20]. Neben den Bemühungen der Aufklärungszeit um ein Fortschritts- oder auch Urstandsideal zeichnete sich in dieser Bewegung eine Leidenschaft für die einzelnen Schritte und Erscheinungen der konkreten Geschichte selber ab.

An den verschiedenen aufgezeigten Tendenzen wird die Vielfalt und Verschlungenheit der Motive und Ansätze jener Jahrzehnte deutlich. »Das Jahrhundert der Aufklärung und des Rationalismus ist niemals nur dieses allein gewesen, sondern hat in seinem Schoße bereits von vorneherein die Keime enthalten, die als Romantik, als Irrationalismus und Historismus im 19. Jahrhundert aufgingen«[21]. Dichter und Philosophen haben der hier einsetzenden deutschen Bewegung ihr Gepräge und ihren Glanz gegeben; in philosophischer Strenge wie in dichterischer Freiheit entstanden nun die Entwürfe zum tieferen Verständnis der Geschichte. An LESSING, HERDER und KANT soll im Folgenden vorgeführt werden, wie die Grundlagen der neueren Geschichtsbetrachtung — noch vor HEGEL und dem eigentlichen Historismus — in dieser Generation geschaffen wurden.

II. Programmatische Entwürfe

1. Lessing

In seiner Schrift ‚Die Erziehung des Menschengeschlechts'[22] trägt LESSING die Spannung zwischen der aufklärerischen Religionskritik

---

[19] Vgl. seine Erörterungen über HERDERS ‚Abhandlung über den Ursprung der Sprache' von 1772 in W III 25—33.

[20] HAMANN (vgl. B IV 316) wie HERDER (vgl. die ‚Briefe, das Studium der Theologie betreffend', passim) wurden besonders angeregt durch R. LOWTH, De Sacra Poesi Hebraeorum, 1753. »Lowths Buch war vielleicht die geistig bedeutendste Leistung innerhalb der ganzen präromantischen Bewegung Englands. . . . Ohne es unmittelbar zu wollen, trug sie doch bei zur Loslösung der historischen Forschung von den Fesseln der Theologie, indem sie einen rein menschlichen und geschichtlichen Gehalt und Wert der Bibel zur Anschauung brachte« (MEINECKE III 251 f.).

[21] MEINECKE III 243 f.

[22] LESSING XIII 413—436, zitiert nach Paragraphen. Die §§ 1—53 wurden bereits 1777 in den Wolfenbüttler Beiträgen veröffentlicht, die ganze Schrift (§§ 1—100) erschien 1780.

mit ihrer Berufung auf die autonome Vernunft und der biblischen Religion am Thema der Geschichte aus. Mit seiner Absicht, diese Gegensätze seines Jahrhunderts zu versöhnen[23], hält er an der theologischen Fragestellung gegenüber einer naiven Aufklärung zumindest fest[24]. Schon die ersten Paragraphen des kurzen Werkes erhellen die theologiegeschichtliche Situation seines Verfassers:

»Was die Erziehung bey dem einzeln Menschen ist, ist die Offenbarung bey dem ganzen Menschengeschlechte. Erziehung ist Offenbarung, die dem einzeln Menschen geschieht: und Offenbarung ist Erziehung, die dem Menschengeschlechte geschehen ist, und noch geschieht« (§§ 1—2). »Erziehung giebt dem Menschen nichts, was er nicht auch aus sich selbst haben könnte: sie giebt ihm das, was er aus sich selber haben könnte, nur geschwinder und leichter. Also giebt auch die Offenbarung dem Menschengeschlechte nichts, worauf die menschliche Vernunft, sich selbst überlassen, nicht auch kommen würde: sondern sie gab und giebt ihm die wichtigsten dieser Dinge nur früher« (§ 4).

Diese Sätze kennzeichnen den Zusammenbruch des theonomen Weltbildes. Gott wird in die pädagogischen Vorstellungen der Aufklärung hereingezogen: als Erzieher[25]. Die Menschheit verfügt über eine Anlagen-Potenz, deren Entfaltung die Offenbarung nicht widerspricht, sondern unterstützt. Gott hat sich an die Welt gebunden, sein Spielraum ist notwendig eingeengt. Diese Entwicklung als ganze ist nicht undurchsichtig, sondern folgt erkennbaren Linien. Hier läßt sich die Entstehung eines Entwicklungsgedankens aus dem Herzen der Aufklärung heraus ablesen. LESSINGS Versuch, einige Leitlinien dieser Entwicklung aufzuzeigen, dient nicht etwa als Vorarbeit für die Historiographie, sondern er dient der gedanklichen Einordnung solcher Ereignisse der Geschichte, die bis dahin auf außergewöhnliche Akte supranaturalistisch verstandener Offenbarung bezogen wurden. So konnte sich LESSING dem Gedanken einer ‚Uroffenbarung‘ oder ‚Erstausstattung‘ des Menschengeschlechts unter dem Eindruck des noch traditionell verstandenen Pentateuchs nicht völlig entziehen.

»Wenn auch der erste Mensch mit einem Begriffe von einem Einigen Gotte sofort ausgestattet wurde: so konnte doch dieser mitgetheilte, und nicht erworbene Begriff,

---

[23] Vgl. die Vorrede zur Ausgabe von 1780.

[24] Gleichwohl fand er dabei HAMANNS Zustimmung nicht. HAMANN urteilte über LESSINGS Schrift gegenüber HERDER am 24. 4. 1780: »Nichts als Ideenwanderung in neue Formeln u(nd) Wörter. Kein Schiblemini, kein rechter Reformationsgeist, keine Empfängnis, die ein Magnificat verdiente« (HAMANN B IV 182), und am 11. 6. 1780: »Im Grunde der alte Sauerteig unserer Modephilosophie; Vorurtheil gegen Judentum — Unwissenheit des wahren Reformationsgeistes. Mehr Wendung, als Kraft «(B IV 192).

[25] Vgl. LÜTGERT I 155: »Alle Vergleiche stammen aus der Schulstube. Das Alte und das Neue Testament sind elementare Schulbücher. Der Gang der Geschichte ist nichts anderes als ein großer Religionsunterricht, den die Vorsehung der Menschheit erteilt«.

unmöglich lange in seiner Lauterkeit bestehen. Sobald ihn die sich selbst überlassene menschliche Vernunft zu bearbeiten anfing, zerlegte sie den Einzigen Unermeßlichen in mehrere Ermeßlichere ...« (§ 6). »So entstand natürlicher Weise Vielgötterey und Abgötterey« (§ 7).

Selbstverständlich wußte LESSING, daß einerseits dieser Ur-Monotheismus innerhalb seiner Schrift eine Hypothese war und daß andererseits — nimmt man diese Hypothese auf — der Polytheismus durchaus nicht ‚natürlicher Weise‘ entstanden ist. Aber hier ergeben sich zwei entscheidende Überlegungen: 1. LESSING — und andere neben und nach ihm — bringt sich in die genannten Schwierigkeiten, um die biblisch-geschichtliche Offenbarung nicht völlig eliminieren zu müssen. 2. An der Frage der Uroffenbarung und eines folgenden Abfalls von ihr sollten alle Denker des deutschen Idealismus scheitern, bis W. VATKE aus der Synthese des HEGELschen Entwicklungsgedankens mit der konsequenten historisch-kritischen Arbeit am Pentateuch diese Aporie beseitigte.

LESSING machte also aus der theologischen Not eine philosophische Tugend. Diese Not des Anfangs bestimmt denn auch den weiteren Verlauf der ‚Erziehungs‘-Schrift. Die biblische Sonderstellung Israels wird dabei durchgehalten:

»Da er aber einem jeden einzeln Menschen sich nicht mehr offenbaren konnte, noch wollte: so wählte er sich ein einzelnes Volk zu seiner besondern Erziehung; und eben das ungeschliffenste, das verwildertste, um mit ihm ganz von vorne anfangen zu können« (§ 8; vgl. auch §§ 16 und 18).

Daraus ergibt sich aber sofort die Frage, wie denn die zu LESSINGS Zeit so bewunderte Höhe der antiken griechischen Kultur zu erklären sei. Auch diese Frage hat bis zu Hegel hin die Geradlinigkeit aller geschichtsphilosophischen Konzepte verdorben. LESSING sieht, daß einige »Völker des Erdbodens bey dem Lichte der Vernunft ... dem erwählten Volke ... zuvorgekommen« waren (§ 20), weiß dieses Phänomen aber nur mit pädagogischen Allgemeinplätzen zu erklären: »Das Kind der Erziehung« holt »manches glücklicher organisirte Kind der Natur spät ein; aber es hohlt es doch ein, und ist alsdann nie wieder von ihm einzuholen« (§ 21).

Das durchgeführte Bild von der Erziehung[26] provoziert LESSING dazu, manches Problem der Geschichte Israels zu verharmlosen[27]

---

[26] Vgl. Bemerkungen wie »kindische Erziehung« (§ 20), »jedes Elementarbuch ist nur für ein gewisses Alter« (§ 51; vgl. §§ 27, 38, 53), »das Kind wird Knabe. Leckerey und Spielwerk weicht ...« (§ 55).

[27] Das vom Ur-Monotheismus abgefallene Volk erscheint plötzlich als so roh und verwildert (§ 11), daß der Erzieher »mit ihm ganz von vorne anfangen« (§ 8) muß. Darum ist auch die Wirksamkeit des Mose »den Kenntnissen, den Fähigkeiten, den Neigungen dieses damaligen Israelitischen Volks« (§ 23) bewußt angepaßt. Sehr allmählich gewöhnte der Erzieher das Volk »zu dem Begriffe des Einigen« (§ 13;

und den Gang der Universalgeschichte durch die von Herder bis
Hegel fortan immer wieder gebrauchten Chiffren von der Kindheit
(§ 70), dem Knabenalter (§ 71) und dem Mannesalter (§ 83) des
Menschengeschlechts eher zu paraphrasieren als philosophisch zu
‚ordnen', wie das Hegel in seiner Geschichtsphilosophie dann unter-
nahm. Lessings Erziehungsgedanke enthält aber doch die Vorstellung
einer im ganzen kontinuierlichen Entwicklung, die geradezu das
Herz dieser Konzeption bildet. Daß Lessing dennoch Brüchen und
Sprüngen[28] in dieser Linie standzuhalten versucht, verrät nur seine
Bemühung, zum Schaden einer ungebrochenen universalgeschicht-
lichen Kontinuität bei den biblischen Dokumenten zu beharren.
An dieser doppelten Intention zerbricht die Einheitlichkeit seiner
Schrift.

Einer auch außerhalb Israels gereifteren Menschheit trat schließlich Christus gegenüber als »der erste zuverlässige, praktische Lehrer
der Unsterblichkeit der Seele« (§ 58), denn »ein bessrer Pädagog«
mußte »kommen, und dem Kinde das erschöpfte Elementarbuch
aus den Händen reißen« (§ 53). Aber Christus ist dennoch nicht das
Ende der Geschichte: »Nein; sie wird kommen, sie wird gewiß kommen, die Zeit der Vollendung, da der Mensch, je überzeugter sein
Verstand einer immer bessern Zukunft sich fühlet, . . . das Gute thun
wird, weil es das Gute ist« (§ 85), »sie wird gewiß kommen, die Zeit
eines neuen ewigen Evangeliums, die uns selbst in den Elementar-
büchern des Neuen Bundes versprochen wird« (§ 86). Darauf, daß diese
Zeit bereits angebrochen sei, stützt sich Lessings Hoffnung, die freilich dem Diesseits ganz verhaftet bleibt: »Das menschliche Geschlecht«
wird die »höchste(n) Stufen der Aufklärung und Reinigkeit« (§ 81)
erreichen, und jeder Zweifel daran wäre »Lästerung« (§ 82). Aufkommende Ungeduld wegen der »Unmerklichkeit« (§ 91) der Schritte
der Vorsehung kann beruhigt werden mit der die kleine Schrift ab-
schließenden rhetorischen Frage: »Ist nicht die ganze Ewigkeit
mein?« (§ 100).

So ist die Ausgangsfrage nach dem Sinn der Geschichte beantwortet durch die Hoffnung auf die Erfüllung der Geschichte. Die
ganze Konzeption ist straff teleologisch. Freilich: die bildlichen und
gedanklichen Bestimmungen der Schrift führen nicht zur historischen
Beobachtung der konkreten Geschichte. Lessings Unternehmen
dient einer Theodizee — wobei die Geschichte nur demonstrativen
Wert und der beschworene Gott nur relative Funktionen hat.

---

vgl. § 15), »aber wie weit war dieser Begriff des Einigen noch unter dem wahren
transcendentalen Begriffe des Einigen, welchen die Vernunft so spät erst aus dem
Begriffe des Unendlichen mit Sicherheit schließen lernen« (§ 14).

[28] »Es ist nicht wahr, daß die kürzeste Linie immer die gerade ist« (§ 91; vgl. § 92)!

2. Herder

In der Vorrede zum ersten, 1784 erschienenen Teil der ‚Ideen zur Philosophie der Geschichte der Menschheit' bekennt HERDER:

»Schon in ziemlich frühen Jahren ... kam mir oft der Gedanke ein: ob denn, da alles in der Welt seine Philosophie und Wissenschaft habe, nicht auch das, was uns am nächsten angeht, die Geschichte der Menschheit im Ganzen und Großen eine Philosophie und Wissenschaft haben sollte?« (XIII 7).

Diese neue Fragestellung bekommt bei dem Theologen HERDER sofort einen religiösen Akzent: »Wie, sprach ich zu mir, dieser Gott sollte in der Bestimmung und Einrichtung unseres Geschlechts im Ganzen von seiner Weisheit und Güte ablassen und hier keinen Plan haben? Oder er sollte uns denselben verbergen wollen, da er uns in der niedrigern Schöpfung, die uns weniger angeht, so viel von den Gesetzen seines ewigen Entwurfs zeigte?« (XIII 7).

Am deutlichsten äußert er sich dann im dritten, 1787 erschienenen Teil der ‚Ideen' über seine Intentionen:

»... daher mir Mehrere bekannt sind, die auf dem wüsten Ocean der Menschengeschichte den Gott zu verlieren glaubten, den sie auf dem vesten Lande der Naturforschung in jedem Grashalm und Staubkorn mit Geistesaugen sahn und mit vollem Herzen verehrten. ... Ist indessen ein Gott in der Natur: so ist er auch in der Geschichte: denn auch der Mensch ist ein Theil der Schöpfung ... Da ich nun überzeugt bin, daß was der Mensch wissen muß, er auch wissen könne und dürfe: so gehe ich aus dem Gewühl der Scenen, die wir bisher durchwandert haben, zuversichtlich und frei den hohen und schönen Naturgesetzen entgegen, denen auch sie folgen« (XIV 207).

Die Annahme eines umfassenden Planes Gottes, der den gesamten Kosmos durchwaltet, ermutigte HERDER schon in dem den ‚Ideen' vorausgehenden ersten Entwurf[29] von 1774, die Sinnfrage an die Geschichte in Analogie zur religiösen Deutung der Natur zu richten. Indes dürfen diese Fragen, die die Welt als einheitliche Schöpfung erscheinen lassen, über HERDERS gebrochenes Verhältnis zur Aufklärung, der auch er entstammte, nicht hinwegtäuschen.

In dem Entwurf von 1774 heißt es: »‚In Europa soll jetzt mehr Tugend seyn, als je in aller Welt gewesen?' Und warum? weil mehr Aufklärung darin ist — ich glaube, daß eben deshalb weniger seyn müsste« (V 554). In den ‚Ideen' findet sich dagegen der folgende Satz: »Der Verfolg der Geschichte zeigt, daß mit dem Wachsthum wahrer Humanität auch der zerstörenden Dämonen des Menschengeschlechts wirklich weniger geworden sei; und zwar nach innern Naturgesetzen einer sich aufklärenden Vernunft und Staatskunst«[30].

Die Einflüsse, die HERDER prägten, waren äußerst mannigfaltig. »Er scheidet und verbindet zugleich zwei Geisteszeitalter durch sein Leben, das des Rationalismus und das des Idealismus und der Ro-

---

[29] ‚Auch eine Philosophie der Geschichte zur Bildung der Menschheit', V 475—586. Das ‚auch' im Titel dieser Schrift erklärte HERDER in der Vorrede der ‚Ideen' als eine »Note der Bescheidenheit« (XIII 3).

[30] XIV 217; vgl. auch XIV 235.

mantik«[31]. Sein zwanzig Jahre älterer Lehrer KANT war für die genuine Leistung HERDERS gewiß nicht bestimmend[32]. Die dringlichen Fragen LESSINGS wußte er gegenüber einer ‚rechtgläubig'-beruhigten Theologie zu würdigen[33]. Von entscheidender Bedeutung freilich war für HERDER die freundschaftliche Beziehung zu GOETHE und HAMANN. Welche Fülle von Anregungen vielfältiger Art hier herüber und hinüber ging, läßt sich mit einem Verweis auf den umfangreichen Briefwechsel nur ungenügend andeuten. Das GOETHESCHE Verstehen alles Seienden aus der umfassenden Natur der Welt und des Menschen wie das ganz unsystematische Beharren HAMANNS auf der Bibel, auf Sprache und Überlieferung überhaupt, lassen sich in HERDERS Werk auf Schritt und Tritt verfolgen und sind über ihn in die neuere Geschichtsbetrachtung eingeflossen. In diesem Lebenskreis gedieh HERDERS Sinn für das Konkrete und Lebendige, das ihm die Philosophie nur unzureichend zu erfassen schien. Darum kommt es bei ihm zu der entscheidenden Bestimmung: »Die Philosophie der Geschichte also, die die Kette der Tradition verfolgt, *ist* eigentlich die wahre Menschengeschichte«[34]. HERDER meint also mit dem von VOLTAIRE aufgenommenen Ausdruck ‚Philosophie der Geschichte' nicht die Reflexion *über* einen Gegenstand, sondern er versteht seine nachzeichnende Darstellung der Geschichte selber als ‚Philosophie'. »Historisch, nicht Philosophisch« (VII 239) will die Geschichte befragt sein.

HERDER hat bereits mit dem ersten Teil der ‚Ideen' diesem seinem Hauptwerk über die Geschichte Richtung und Grund gegeben. »Die ganze Natur ist ein einheitlicher Organismus, in dem eine fortschreitende, in sich zusammenhängende Entwicklung vom Anorganischen zum Organischen, vom Stein zur Pflanze, zum Tier und zuletzt zum Menschen stattgefunden hat. Die Geschichte ist nur Fortsetzung des Naturprozesses«[35].

[31] SRBIK I 144.

[32] Vgl. aber den 79. der ‚Briefe zur Beförderung der Humanität' (XVII 402ff.) und, aus einem von HERDER nicht veröffentlichten Manuskript dieser Briefe, den Satz: »Mit dankbarer Freude erinnere ich mich aus meinen Jugendjahren der Bekanntschaft und des Unterrichts eines Philosophen, der mir ein wahrer Lehrer der Humanität war« (XVIII 324).

[33] Vgl. seinen Brief vom 9. 4. 1779 an HAMANN: »Seine (sc. Lessings) Antwort . . . an Götze hält für mich außerordentl. wichtige Punkte . . .; unsre Theologen aber, diese illustria capita voll Mohnsaamen, sind schöne Herren, mit denen mir von Tag zu Tage alle Geduld mehr ausgeht. Wie er rief, schwiegen sie; nun er schweigt, werden sie vornehm u. religiös hinter ihm her klaffen« (HAMANN B IV 65).

[34] XIII 352 (Hervorhebung vom Vf.).

[35] TH. SIMON, Entwicklung und Offenbarung, Berlin 1907, 5. Dieser Ansatz enthält ein bestimmtes Verständnis von Entwicklung und Kontinuität. R. STADELMANN unterscheidet bei HERDER drei verschiedene Ausprägungen des Entwicklungsbegriffs:

Aber auch den Erziehungsgedanken hatte HERDER schon in dem Entwurf von 1774, also vor dem Erscheinen von LESSINGS ,Erziehung des Menschengeschlechts', auf die Geschichte übertragen[36]; später im zweiten Teil der ,Ideen' (1785) findet er sich wiederum[37]. HERDER kennzeichnete mit dieser schon von AUGUSTINUS gebrauchten Bildersprache von der Kindheit, dem Knaben- und Mannesalter der Menschheit die geschichtliche Reihe Orient, Ägypten, Griechenland, römisches Reich und christlich-germanischer Norden[38].

Solchen vertrauten Gedanken und Bildern gab HERDER freilich einen vielfach veränderten Kontext und Sinn. Zwar ist die Entfaltung der Natur für ihn teleologisch bestimmt, verläuft aber in Ungebrochenheit nur bis zu einem vorläufigen Höhepunkt: dem Werden des Menschen. Damit hat die Natur zugleich auch einen vorläufigen Zweck erreicht. Die weitere Entwicklung — als die Entwicklung eines Vernunftwesens, das zur Natur den Geist erhalten hat — vollzieht sich in Brüchen und Sprüngen[39]. Hier kann HERDER, Impulsen ROUSSEAUS und HAMANNS folgend, den Grundgedanken der Aufklärung von der aufsteigenden Entwicklung regelrecht umbiegen[40]. Was von der Naturgeschichte her als Folgerichtigkeit erscheinen könnte, wird bei HERDER dennoch von gegenläufigen Wert-Vorstellungen durchbrochen. So war auch die »Lebensaltertheorie« für ihn nur ein »summarisches Bindemittel«[41], dessen re-

---

die kausale, die teleologische und die organische (69ff.). Bei HERDERS Mangel an begrifflicher Arbeit erscheinen diese Ausprägungen tatsächlich sowohl neben- als auch (im biographischen Sinne) nacheinander.

[36] ». . . was jedem einzelnen Menschen in seiner Kindheit unumgänglich noth ist: dem ganzen Menschengeschlecht in seiner Kindheit gewiß nicht weniger« (V 483). Wie in vielem war freilich auch in dieser Hinsicht HAMANN als Anreger den ausgeführten Gedanken LESSINGS und HERDERS im Ansatz zuvorgekommen. Schon im April 1768 hatte er an HERDER geschrieben: »Die Kindheit des Menschengeschlechts ist im Großen, was die Kindheit und Jugend der Menschen im kleinen ist« (B II 411).

[37] »Es giebt also eine Erziehung des Menschengeschlechts; eben weil jeder Mensch nur durch Erziehung ein Mensch wird und das ganze Geschlecht nicht anders als in dieser Kette von Individuen lebet« (XIII 345).

[38] Für die Art der ,historischen' Verbindung dieser Kulturen vgl. etwa folgenden Satz: »Ägypter und Phönicier waren also bei allem Kontraste der Denkart, Zwillinge Einer Mutter des Morgenlands, die nachher gemeinschaftlich Griechenland und so die Welt weiter hinaus bildeten« (V 494).

[39] HEGELS Ansicht von Geburt und Tod nationaler Kulturen und Religionen ist hier vorgebildet: »Die Religion der alten Welt . . . war . . . ein verduftetes, Kraftloses Ding geworden . . .« (V 516f.).

[40] ». . . ewig wird Patriarchengegend und Patriarchenzelt das goldne Zeitalter der Kindlichen Menschheit bleiben« (V 481); ». . . in der Geschichte der Menschheit wird Griechenland ewig der Platz bleiben, wo sie ihre schönste Jugend und Brautblüthe verlebt hat« (V 495).

[41] MEINECKE III 392.

lativen Wert er selber betont: »... war mir es nie eingefallen, mit den wenigen allegorischen Worten ..., deren Verfolg nur auf wenige Völker der Erde angewandt und anwendbar war, eine Heerstraße auszuzeichnen, auf der man auch nur die Geschichte der Cultur, geschweige die Philosophie der ganzen Menschengeschichte mit sicherm Fuß ausmessen könnte« (XIII 4). »Sein Lieblingsgedanke, daß die Menschengeschichte nur die Naturgeschichte menschlicher Kräfte nach Ort und Zeit ist«[42], schützte ihn mehr als später HEGEL vor jedem allzu systematischen Zugriff und ließ ihm die Möglichkeit, die Geschichte als »Fortgang«[43] »ins Große«, als »Schauplatz einer leitenden Absicht auf Erden«, als »Schauplatz der Gottheit« zu betrachten, ohne dabei zu verleugnen, daß dies »nur durch Öffnungen und Trümmern einzelner Scenen« geschehen kann (V 513).

Zwar strebt die Menschheit auf »eine schwererrungene Krone« als ihr Ziel zu: »die Blume der reinen unsterblichen Humanität« (XIII 196), ja, »das Göttliche in unserm Geschlecht ist ... Bildung zur Humanität« (XVII 138); aber gerade dieser Gedanke der Humanität ist — bei aller Unschärfe — wohl wesentlich von einem anderen bestimmt: dem der Individualität. Für HERDER behalten die Erscheinungen der Geschichte — die Individuen, die Völker, die Epochen — ihr Eigengewicht, das durch keine systematisierende Tendenz aufgehoben wird. Darin war er, obwohl es ihm »an eigentlicher Gestaltungskraft mangelte«[44], historischer Realist, daß er sich die Möglichkeit bewahrte, eine Gegebenheit zu betrachten, »wie sie da ist, nicht wie sie sich ins Ganze passet« (VIII 466). Ein Mensch (oder ein Volk) ist demnach ein »Eigenwesen und der Träger und Schöpfer der Kultur«[45]. Diese Hochschätzung der Individualität ist im Persönlichkeits-Bild der deutschen Klassik verwurzelt. Sosehr ihn die Universalität der Geschichte anzieht — das Individuelle wird geradezu partikularistisch ausgedeutet und erleidet keinerlei Verallgemeinerung. Das wird ganz evident an der Herausstellung der Völker-Individualitäten, deren jede für sich selber das Wirken Gottes im Gang der Geschichte vertritt. »In gewissem Betracht ist also jede Menschliche Vollkommenheit National, Säkular, und am genauesten betrachtet, Individuell. Man bildet nichts aus, als wozu Zeit, Klima, Bedürfnis, Welt, Schicksal Anlaß gibt«[46]. Ein Volk ist primär nicht eine Zweck-

---

[42] ERDMANN I 312.

[43] »Dem Wort ‚Fortschritt (Progreß)‘ zog er das der Ambivalenz geöffnete neutrale Wort ‚Fortgang (Prozeß)‘ vor« (KERN 60).

[44] MEINECKE III 358; vgl. FUETER 408.

[45] SRBIK I 140.

[46] V 505; vgl. XIV 84. Der Einfluß HAMANNs wird auch da sichtbar, wo HERDER eine »philosophische Vergleichung der Sprachen« fordert: »denn in jede derselben ist der Verstand eines Volks und sein Charakter geprägt« (XIII 363).

gemeinschaft[47], sondern gleichsam ein »genetisches Individuum« (XVII 285), das seinen Genius, seinen unverwechselbaren Nationalgeist in sich trägt. In dieser Volksansicht ist eine gewisse Irrationalität nicht zu verleugnen, die HERDERS Vorliebe für die »barbarisch frischen Volksindividualitäten«[48] erklärt. Die einzelne Erscheinung in Kultur, Religion und Sitten wächst für ihn aus der organisch[49] verstandenen Volksidee heraus. Naturständische Kategorien herrschen vor, wo die Familie Bild und idealtypische Ausprägung des HERDERSchen Volksgedankens ist. Nur das Volk, das sich selber organisch entfaltet und begreift, produziert die Kräfte und Werte, die die Entwicklung zur — erst völkischen, dann universalen — Humanität vorantreiben. Der Humanitätsgedanke ist darum für HERDER mit dem Individualitätsgedanken wurzelhaft verbunden.

Eine andere, gewichtige Frage ist die nach HERDERS biblischer Hermeneutik, die sich am besten an Hand seiner ,Briefe, das Studium der Theologie betreffend‘[50], stellen und beantworten läßt. Geschichtsbetrachtung und Hermeneutik haben für HERDER einen gemeinsamen Herkunftsort.

»... das beste Lesen dieses göttlichen Buchs ist *menschlich*. Ich nehme dies Wort im weitesten Umfange und in der andringendsten Bedeutung. Menschlich muß man die Bibel lesen: denn sie ist ein Buch durch Menschen für Menschen geschrieben ... Sie können also sicher glauben, je humaner (im besten Sinne des Worts) Sie das Wort Gottes lesen, desto näher kommen Sie dem Zweck seines Urhebers, der ... für uns menschlich handelt«[51]. »Nur wem die Geschichte zu seinem Geist, zu seinem Herzen spricht; nur der lieset eine menschlichgeschriebene Geschichte menschlich« (XX 178).

Diese ,Menschlichkeit‘ verbindet den Leser mit seinem Text und die Gegenwart mit der Vergangenheit. »Verstehen lernen« heißt

---

[47] Vgl. ERDMANN I 311: »Eine gewisse Bitterkeit gegen die Kantischen Behauptungen, daß der Rechtsstaat das Ziel der Entwicklung und daß nicht sowohl das Wohl des Einzelnen als die Vollendung der Gattung sich in der Geschichte verwircliche, bricht hier (sc. in den ,Ideen‘ Herders) oft hervor«.

[48] KERN 60.

[49] Vgl. SRBIK I 138 zum Einfluß der organischen Volksansicht MÖSERS auf HERDER und GOETHE. Der Staat erscheint bei HERDER als Notbehelf. Die weltgeschichtliche Kontinuität wird jedenfalls nicht primär aus der Kontinuität der Staatenbildungen abgeleitet.

[50] Die 50 Briefe erschienen in der 1. Aufl. 1780—1781, sind aber hier (Werke, Bd. X— XI) nach der 2. Aufl. von 1785—1786 abgedruckt.

[51] X 7 (Hervorhebung von H.); mit diesen Sätzen beginnt der erste Brief. Vgl. dazu HAMANN (,Über die Auslegung der Heiligen Schrift‘): »Gott ein Schriftsteller! — — Die Eingebung dieses Buchs ist eine eben so große Erniedrigung ... Gottes als die Schöpfung des Vaters und Menschwerdung des Sohnes« (W I 5). »Gott hat sich *Menschen* offenbaren wollen; er hat sich *durch Menschen* offenbart« (W I 9f.; Hervorhebungen von H.).

2*

darum auch, eine Geschichte »im Geist ihrer Zeit lesen«[52]. Wirklich
lebendig wird die Vergangenheit insbesondere dadurch, daß man
auf das Individuelle[53] in ihr achtet. Gott selber redet nun in der Schrift
nicht nur »anschaubar« und »vertraut«, sondern vor allem »natürlich«
(X 147). Mit dem Ausdruck ‚natürlich‘ hängt aber eine besondere
Wertsetzung zusammen: »Je menschlicher, d. i. Menscheninniger,
vertrauter, natürlicher man sich also Werk und Wort Gottes denkt;
je gewisser kann man seyn, daß man sichs ursprünglich, edel und
göttlich denke. Alles unnatürliche ist ungöttlich . . .« (X 147). Das
‚Natürliche‘ ist auch das ‚Ursprüngliche‘, und beide Vorstellungen
gehören der Sphäre des Göttlichen in bevorzugter Weise an[54]. Da
aber das ‚Göttliche‘ seinerseits so ‚menschlich‘ erscheint, treffen
göttliche Leitung und menschliches Streben wieder im Leit- und
Zielgedanken der Humanität zusammen. Durch ein Verschieben der
Bedeutungsnuancen gelingt es HERDER, die Positionen LESSINGS
und HAMANNS zu harmonisieren — und zugleich zu entschärfen.
Darin zeigt sich die eigenartige, epochale Schwierigkeit des Theologen
HERDER am Ausgang der Aufklärung.

An den Anfängen der historisch-kritischen Forschung[55] fürchtete
er »den Mißbrauch, die oftermals recht schnöde Anwendung der so
genannten biblischen Kritik« (X 10); er hatte »weit größere Lust,
das Göttliche dieser Schriften lebendig anzuerkennen, zu fühlen und
anzuwenden; als über« ihre Entstehungsweise »zu disputiren und zu
grübeln« (X 145). Durchaus nicht *jeder* Umstand der Geschichte«
konnte ihn »*gleich* bekümmern. Möge diese und jene Begebenheit
so oder anders geschehen seyn; was liegts deiner Religion daran?«[56]
Darin ist seine Hermeneutik des Herzens vertrauensvoll und — methodisch einfältig[57].

---

[52] HERDER XX 177 (‚Von Religion, Lehrmeinungen und Gebräuchen‘, 1798). Vgl. HA-
MANN W I 8 über die »Nothwendigkeit, uns als Leser in die Empfindung des Schrift-
stellers, den wir vor uns haben, zu versetzen« und »durch eine glückliche Einbildungskraft« hermeneutisch richtig vorzugehen.

[53] Vgl. HERDER X 98: »Das beste Lesen der Propheten ist, wenn man eine Zeitlang
jeden allein und nicht alle in der Reihe fortlieset, weil man sich sodenn allmälich
näher mit seinem Geist, mit seiner Geschichte und Sprache bekannt macht, und
gleichsam in ihm wohnet«.

[54] Vgl. auch VII 171 (‚Älteste Urkunde des Menschengeschlechts‘, Theil 4, 1776) die be-
zeichnende Zusammenstellung: »Hier ist Ursprung, tiefste Geschichte, ewige Wahrheit«.

[55] Vgl. seinen Hinweis auf EICHHORNS »schätzbare« (X 12) Einleitung in das Alte Testa-
ment, die ihn freilich nicht daran hinderte, aus dem »so treflichen Charakter Moses«
(X 44) auf die Historizität der mosaischen Gesetzgebung und des damit verbundenen
Geschichtenkomplexes zu schließen.

[56] XX 177 (Hervorhebungen von H.).

[57] HAMANN hatte schon 1758 geklagt: »Gott offenbaret sich — der Schöpfer der Welt
ein Schriftsteller — was für ein Schicksal werden seine Bücher erfahren müssen,

Noch vehementer wehrte sich HERDER gegen eine durch philosophische Umklammerung bedingte historische Nivellierung der biblischen Geschichte:

»Endlich kam man darauf, die ganze Schrift, (wie man niedrig sagt) unter sich zu bekommen, durch ein Zauberwort, das man Principium nannte. ‚Willst du nicht, hieß es, so sollst du wollen.' Auf diese Weise entstanden seit Descartes Zeit die philosophischen Theologieen, die leider sich alle überlebt haben und jetzt auf Auctionen als Appendixe feil sind« (XX 217f.).

Zwar ist die Dogmatik für HERDER methodologisch »eine Philosophie«, nur eben »eine Philosophie *aus der Bibel* geschöpft und diese muß immer ihre Quelle bleiben«[58]. Für dieses Unternehmen empfiehlt er »die Philologische Methode«, die zuerst »recht gewählte und hinlänglich erklärte *Sprüche* voraussetzt und aus ihnen mit gesundem Verstande *Lehren* folgert und sammlet«[59].

Man darf aus dieser Verbindung von Zurückweisung der historischen Kritik und Mangel an begrifflicher Distinktion vielleicht folgern, daß HERDERS hermeneutische Konzeption eher »aus dem Geiste der Kunst« und »vorzugsweise ästhetischen Kategorien«[60] geboren wurde als aus dem Geiste der Wissenschaft, was durch die gelegentlichen lyrischen Einschübe in die ‚Briefe, das Studium der Theologie betreffend' unterstrichen wird: »Du, der Du bist! — Dies fühl' ich; den weitern Gedanken verschlingt mir Deiner Unendlichkeit Meer!« (X 331).

Es war nur folgerichtig, daß die Philosophie, von KANT bis HEGEL, durch die Klarheit des Begriffs und durch die Geschlossenheit des Systems über HERDERS Aporien meinte hinausgelangen zu sollen. Eingedenk der immer »unvollkommene(n) Mittel der Schilderung« (V 502) und der daraus sich ergebenden Schwierigkeit, etwas zu beschreiben, »wie es war« (V 487), verließ sich HERDER vornehmlich auf das ‚Erfühlen' (vgl. VI 357) und näherte sich der Geschichte, unter Verzicht auf rationalistische Kritik und philosophische Spekulation, auf dem Wege der Intuition. Seine Geschichtsbetrachtung

---

... was für scharfsinnigen Kunstrichtern werden seine Bücher unterworfen seyn ...« (W I 9). Weil es sich nicht um die »Absicht irrdischer Schriftsteller« handelt, möchte auch Hamann »das göttliche Wort« lieber mit Ehrfurcht »genüßen« (W I 243). Vgl. auch HAMANNS Korrespondenz mit KANT im April 1774 über HERDERS ‚Älteste Urkunde des Menschengeschlechts': KANT befürchtete, der Typ des gelehrten Philologen schleppe jetzt »alle Orthodoxen, sie mögen so sauer sehen wie sie wollen, als Kinder, wohin er will« (HAMANN B III 86), und HAMANN pflichtete noch besorgter bei: ». . . wären wir die elendeste unter allen Menschen, wenn die Grundveste unsers Glaubens in einem Triebsande kritischer ModeGelehrsamkeit bestünde« (B III 89).

[58] X 314 (Hervorhebung von H.).

[59] X 314f. (Hervorhebungen von H.).

[60] MASUR 32.

wird, möglicherweise auf Kosten der Empirie[61], von einem ‚gläubigen‘ Realismus[62] geleitet, der Differenzen im Theoretischen erträgt und die Bilder der Geschichte unangetastet läßt. Das Problem LESSINGS ‚löste‘ HERDER durch seine Herausstellung der an der Klassik orientierten organischen Persönlichkeit, die die Gegensätze der Aufklärung in sich zu versöhnen trachtet.

> »Wenn Offenbarung die Erziehung des Menschengeschlechts ist, wie sies wirklich war und seyn mußte, so hat sie die Vernunft gebildet und erzogen: die Mutter kann also nicht gegen die Tochter seyn, und die Tochter, wenn sie rechter Art ist, sollte gegen die Mutter nicht seyn wollen. Vernunft ... ist der natürliche, lebendige Gebrauch unsrer Seelenkräfte; wer lehrte uns diese brauchen, als der Schöpfer, der uns erzog?«[63]

HERDER kennt nicht die ‚reine‘, sondern immer nur die gewachsene und an geschichtliche Bildungen gebundene Vernunft. Bestätigung[64] wie Umkehrung oder gar Verneinung[65] des zeitgenössischen Gedankens der Erziehung zu wahrer Vernunft und Religion finden sich

---

[61] Vgl. MEINECKE III 356.

[62] Vgl. W. DE BOOR, Herders Erkenntnislehre in ihrer Bedeutung für seinen religiösen Realismus (Beitr. z. Förd. christl. Theol., 32. Bd., 6. Heft), Gütersloh 1929; DE BOOR spricht von HERDERS Verzicht auf eine »Erkenntnis-‚Theorie‘«, auf eine »‚Erklärung‘ der Erkenntnis« überhaupt (13).

[63] X 286. In dieser Weise behandelt HERDER auch die besonderen Fragen der biblischen Offenbarung. So heißt es z. B. zu Gen. 3: »Wie natürlich alles, wie wahr ... Meisterstück der Erziehung ...« (X 22). Da die Theologie »gewissermaßen die liberalste von allen« Wissenschaften ist und die Theologen »die Väter der Menschenvernunft« (X 277) waren, kann HERDER auch das ärgerliche geschichtliche Nebeneinander von Israel und Griechenland harmonisieren: »Hier scheiden sich nun allerdings Vernunft und Offenbarung, aber nicht als feindliche Wesen, sondern wie sich Abstraction und Geschichte scheidet« (X 289).
Die besondere Erwählung Israels hat freilich HERDER — wie neben ihm LESSING — ein geradliniges Erziehungs- oder Entwicklungskonzept verdorben. HERDER und HAMANN hielten diesem Phänomen der Geschichte durch den Hinweis auf Gottes Freiheit dennoch bruchloser stand als LESSING (vgl. HAMANN W I 11: die »Hartnäckigkeit dieser Nation« gegenüber Gottes »Langmuth«; HERDER X 141: ein »widerspenstiges, hartes, undankbares, freches Volk« und Gottes »freye Wahl«!).

[64] Vgl. V 519 f.: »Das Menschliche Geschlecht mußte zu dem Deismus so viel Jahrtausende bereitet, aus Kindheit, Barbarei, Abgötterei und Sinnlichkeit allmählich hervorgezogen; seine Seelenkräfte durch so viel Nationalbildungen ... entwickelt seyn, ehe selbst die mindsten Anfänge nur zu Anschauung, Begrif, und Zugestehung des Ideals von Religion und Pflicht ... gemacht werden konnten«.

[65] Vgl. X 364: »... hat man nicht gar das System aufgebracht, daß man das Christenthum für unsre Zeit nothwendig so aufschmücken müsse? Denn, was Christus und die Apostel gepredigt haben, sey nur Kindheit des Christenthums; wir, wir seyn in den männlichen Jahren. Man hat dazu zwo verschiedne Lehrbegriffe (nicht Lehrarten) erdacht, deren Einer für die Schwachen, der andre für die Starken sey und die sich gar nicht ähnlich seyn dörfen«.

bei ihm in einem durch keine historische oder erkenntniskritische Methode behinderten Nebeneinander. Darum bleibt auch der von ihm durchgehend gebrauchte Gedanke einer menschlichen Entwicklung befangen in dem Bild eines universalen Organismus, der sich harmonisch entfaltet. In dem Bestreben, sich einerseits durch die unhistorischen Sentenzen der protestantischen Scholastik nicht den Blick auf die konkrete Geschichte verstellen zu lassen, andererseits gegenüber dem rationalistisch bestimmten Zeitgeist die Wahrheit der religiösen Unmittelbarkeit festzuhalten, beschwört HERDER ein schiedlich-friedliches In- und Miteinander der »drei Grazien des menschlichen Lebens«, nämlich der »Anlage zur Vernunft, Humanität und Religion« (XIII 387). Diese Versöhnung von Elementen, die sich nach der Meinung vieler seiner Zeitgenossen widersprüchlich zueinander verhielten, gelingt HERDER aus dem Reichtum seiner Persönlichkeit heraus — aber um den Preis einer wirklich begrifflichen Differenzierung.

Gott blieb für HERDER immer in bestem Einvernehmen mit seiner Schöpfung. »Daß es einen deus absconditus geben könnte, schien ihm undenkbar, daß das Böse seine eigene Macht und sein eigenes Recht habe, eine Beleidigung Gottes«[66]. So war Gott für ihn »das in den organischen Kräften sich Offenbarende, die Urkraft aller Kräfte, die Seele aller Seelen. Darum sind alle Dinge *Ausdrücke* der göttlichen Kraft. ... Jedes Ding offenbart den ganzen Gott, wie er in einer bestimmten Hülle sichtbar und energisch wird«[67].

Dennoch hat HERDER durch seinen unbestechlichen Blick für das Individuelle und die immanente Entwicklung der Geschichte den Heilsplan der christlichen Geschichtstheologie ‚aufgelockert‘ und durch seine »Erkenntnis der prinzipiellen Geschichtlichkeit des Menschen und seiner Welt«[68] die Fragestellungen des 19. Jahrhunderts ganz entscheidend vorbereitet[69]. Er selber beschied sich gegenüber dem ‚allwissenden Geschöpf‘ der Aufklärung damit, »daß mit dem Menschengeschlecht ein größerer Plan Gottes im Ganzen seyn könne, den eben ein einzelnes Geschöpf nicht übersiehet«, am wenigsten der Philosoph oder »Thronsitzer des achtzehnden Jahrhunderts«, der gewiß nicht die »letzte Endlinie« dieses Planes bezeichnet (V 558f.). HERDER betonte schließlich in der Einleitung zu den ‚Ideen‘ geradezu

---

[66] KL. SCHOLDER, Herder und die Anfänge der historischen Theologie, EvTh 22, 1962, 439.

[67] ERDMANN I 314 (Hervorhebung von E.).

[68] SCHOLDER, a. a. O. 429.

[69] SCHOLDER, a. a. O. 429, bemerkt zutreffend: »Der Gegensatz von Vernunft und Offenbarung ist bei ihm im Begriff der Geschichtlichkeit des Menschen aufgehoben. Die aber wird nun zum eigentlichen Problem«.

prophetisch, sein eigenes Buch zeige nur, »daß man anjetzt noch keine Philosophie der menschlichen Geschichte schreiben könne, daß man sie aber vielleicht am Ende unsres Jahrhunderts oder Jahrtausends schreiben werde« (XIII 10).

3. Kant

KANT schrieb im Jahre 1785 eine ironisch-geistsprühende Rezension über die ersten, mehr naturgeschichtlichen Teile der ‚Ideen‘ seines Lieblingsschülers HERDER, der nicht zuletzt durch seine eigenen — also des vorkritischen KANT — naturwissenschaftlichen und naturgeschichtlichen Studien angeregt worden war. Gegen die Phantasie des Dichters macht KANT den Standpunkt des Philosophen geltend:

»Daher möchte wohl, was ihm Philosophie der Geschichte der Menschheit heißt, etwas ganz Anderes sein, als was man gewöhnlich unter diesem Namen versteht: nicht etwa eine logische Pünktlichkeit in Bestimmung der Begriffe ..., sondern ein sich nicht lange verweilender, viel umfassender Blick, ... kühne Einbildungskraft, verbunden mit der Geschicklichkeit, für seinen immer in dunkeler Ferne gehaltenen Gegenstand durch Gefühle und Empfindungen einzunehmen« (VIII 45). KANT konstatiert weiter, daß in den ‚Ideen‘ »statt nachbarlicher Übergänge aus dem Gebiete der philosophischen in den Bezirk der poetischen Sprache zuweilen die Grenzen und Besitzungen von beiden völlig verrückt« sind und daß daher »das Gewebe von kühnen Metaphern, poetischen Bildern, mythologischen Anspielungen« (VIII 60) die notwendige Gedankenfolge nicht aufkommen läßt.

HERDER hatte sein Werk aus einem »Totalitätsgefühl für die geistig-sinnliche Gesamtnatur des Menschen«[70] geschaffen; der Mann des Begriffs wehrt sich dagegen, ein solches Unternehmen als philosophisches zu bezeichnen. Für ihn ist überhaupt »die historische Erkenntnis ... cognitio ex datis, die rationale aber cognitio ex principiis«[71]. Umgekehrt verstand HERDER die Distinktionen des kritischen, ihm fremden KANT nicht mehr, denn er hatte in Königsberg eine andere KANTische Philosophie kennengelernt[72].

---

[70] MEINECKE III 376.

[71] KANT III 540 (Kritik der reinen Vernunft, 2. Aufl. von 1787).

[72] HAMANN, der ohnehin die »Heiden und Transcendentalphilosophen« darin zusammenstellte, daß sie »von Gott nichts wissen« (B IV 301), eröffnete den Meinungsaustausch mit HERDER über KANTS Kritik am 29. 4. 1781 mit der Bemerkung: »Ich habe sapienti sat gesagt über das transcendentale Geschwätz der gesetzl. oder reinen Vernunft denn am Ende scheint mir alles auf Schulfüchserey und leeren Wortkram hinauszulaufen« (B IV 285). »Ein so korpulentes Buch ist weder des Autors Statur noch dem Begrif der reinen Vernunft angemessen« (B IV 292). Zwar konzediert er KANT den »Titel eines preußischen Hume« (B IV 293), aber er ist gespannt auf HERDERS Ansicht: »Als ein gewesener Zuhörer von ihm werden Sie vieles geschwinder übersehen können« (B IV 293). Indes gesteht HERDER freimütig seine Ratlosigkeit:

Die Geschichte war kein zentrales Thema der KANTischen Philosophie. Erst der kritische KANT hat sich in einer Reihe von Gelegenheitsschriften dazu geäußert. Die wichtigste und eigentlich thematische ist der Aufsatz ‚Idee zu einer allgemeinen Geschichte in weltbürgerlicher Absicht' vom November 1784[73]. KANT verstand wohl die Frage seiner Zeitgenossen nach dem Sinn der Geschichte, hatte aber nicht die spezifische Affinität zum Historischen, die HAMANN und HERDER auszeichnete. Wie sich für KANT das Geschick der Individuen als »verwickelt und regellos« (VIII 17) erweist und daher auf einen Ausgleich in der künftigen Welt hoffen läßt, so zeigt sich »das Spiel der Freiheit des menschlichen Willens im Großen« (VIII 17) gleichfalls durch »keine vernünftige eigene Absicht« (VIII 18) bestimmt. »Da die Menschen in ihren Bestrebungen nicht bloß instinctmäßig wie Thiere und doch auch nicht wie vernünftige Weltbürger nach einem verabredeten Plane im Ganzen verfahren: so scheint auch keine planmäßige Geschichte . . . von ihnen möglich zu sein« (VIII 17).

Die Frage nach dem Sinn der Geschichte ergibt sich also für KANT nicht aus der Betrachtung oder Erforschung der konkreten Geschichte, sondern aus seiner Überzeugung von der Vernunft-Bestimmung des Menschen überhaupt. »Am Menschen (als dem einzigen vernünftigen Geschöpf auf Erden) sollten sich diejenigen Naturanlagen, die auf den Gebrauch seiner Vernunft abgezielt sind, nur in der Gattung, nicht aber im Individuum vollständig entwickeln«[74]. Die Erfahrung zeigt also »keine vernünftige eigene Absicht«, sie zeigt vielmehr Geschöpfe, »die ohne eigenen Plan verfahren« »in diesem widersinnigen Gange menschlicher Dinge« (VIII 18). Gegen diese Erfahrung muß nun bei KANT die Vernunft antreten, rein und durch geschichtlichen Wandel nicht relativiert, und wenigstens an der Gattung eine »Naturabsicht«, einen »Leitfaden«, eine »stetig fortgehende, obgleich langsame Entwickelung der ursprünglichen Anlagen« (VIII 17) aufweisen. Unter

---

»An Kant bin ich, aber ich kann nicht fort. Danov in Jena hat im Colleg gesagt: das Buch brauchte ein Jahr um es zu lesen: bei mir wirds wohl 2. oder 3. brauchen, so sehr bin ich aus den Regionen der reinen Vernunft . . . herunter« (B IV 361); »Kants Kritik ist für mich ein harter Bissen; es wird beinah ungelesen bleiben« (B IV 368). Hier zeigt sich deutlich eine Wegegabelung der Geistesgeschichte, die die vorliegende Untersuchung weiter bestimmen muß (vgl. auch HERDERS Schrift ‚Verstand und Erfahrung, eine Metakritik zur Kritik der reinen Vernunft', 1799).

[73] Der äußere Anlaß zu der Schrift findet sich in einer Bemerkung in der Gothaischen Gelehrten Zeitung vom Februar 1784 (vgl. KANT VIII 468). Das Vokabularium des Titels findet sich in SCHILLERS (des anderen Kantschülers) Jenaer Antrittsrede von 1789 wieder: »Alle denkenden Köpfe verknüpft jetzt ein weltbürgerliches Band . . .« (SCHILLER VIII 17).

[74] VIII 18. Vgl. VIII 115: »Indessen ist dieser Gang, der für die Gattung ein Fortschritt vom Schlechteren zum Besseren ist, nicht eben das Nämliche für das Individuum« (‚Muthmaßlicher Anfang der Menschengeschichte', 1786).

Natur versteht KANT »den Inbegriff von allem . . ., was nach Gesetzen bestimmt existirt«[75]. Ist aber die Vernunft eine Naturanlage der Menschheit, dann ist sie nach diesem Gesetz auch dazu bestimmt, sich wenigstens in der Gattung »einmal vollständig und zweckmäßig auszuwickeln« (VIII 18). »Die Natur thut nämlich nichts überflüssig . . . Da sie dem Menschen Vernunft und darauf sich gründende Freiheit des Willens gab, so war das schon eine klare Anzeige ihrer Absicht in Ansehung seiner Ausstattung« (VIII 19). Diese Ausstattung »bedarf Versuche, Übung und Unterricht, um von einer Stufe der Einsicht zur andern allmählig fortzuschreiten« (VIII 19). Da die Naturanlagen aber »als vergeblich und zwecklos angesehen werden müßten«, wenn dieses Fortschreiten nicht stattfände, so muß es »wenigstens in der Idee des Menschen das Ziel seiner Bestrebungen sein« (VIII 19).

Dabei muß es freilich für KANT »befremdend« und »räthselhaft« bleiben, »daß die ältern Generationen nur scheinen um der späteren willen ihr mühseliges Geschäfte zu treiben« (VIII 20). Angesichts solcher Überlegungen mußte HERDERS liebevolle Betrachtung vergangener Erscheinungen, sein Bestehen auf deren Individualität und Eigengewicht als Schwärmerei erscheinen. KANT erklärte den Prozeß der Geschichte, tiefer als HERDER, aus den Spannungen von Natur und Freiheit einerseits und dem Phänomen der Vergesellschaftung des Menschen andererseits. »Die Geschichte der Natur fängt also vom Guten an, denn sie ist das Werk Gottes; die Geschichte der Freiheit vom Bösen, denn sie ist Menschenwerk«[76]. Im vierten ‚Satz‘ der ‚Idee zu einer allgemeinen Geschichte . . .‘ ist »das Mittel, dessen sich die Natur bedient, die Entwickelung aller ihrer Anlagen zu Stande zu bringen, . . . der Antagonism derselben in der Gesellschaft« (VIII 20). »Der Mensch will Eintracht; aber die Natur weiß besser, was für seine Gattung gut ist: sie will Zwietracht« (VIII 21). Für den als ständiges Fortschreiten der Gattung verstandenen Prozeß der Geschichte erhofft sich KANT das Entscheidende also nicht von den bewußten Handlungen der Menschen, sondern von der ‚Vorsehung‘[77]. Die Not, der

---

[75] VIII 159 (‚Über den Gebrauch teleologischer Principien in der Philosophie‘, 1788).

[76] VIII 115 (‚Muthmaßlicher Anfang . . .‘; KANT paraphrasiert hier die Urgeschichte der Genesis).

[77] Vgl. KANTS Schrift ‚Über den Gemeinspruch: Das mag in der Theorie richtig sein, taugt aber nicht für die Praxis‘ (1793). Dort nennt KANT die »Vorsehung«, »welche dem Zwecke der Menschheit im Ganzen ihrer Gattung zur Erreichung ihrer endlichen Bestimmung . . . einen Ausgang verschaffen werde, welchem die Zwecke der Menschen, abgesondert betrachtet, gerade entgegen wirken. Denn eben die Entgegenwirkung der Neigungen, aus welchen das Böse entspringt, unter einander verschafft der Vernunft ein freies Spiel, sie insgesammt zu unterjochen und statt des Bösen, was sich selbst zerstört, das Gute, welches, wenn es einmal da ist, sich fernerhin von selbst erhält, herrschend zu machen« (VIII 312).

von HERDER geschauten geschichtlichen Harmonie selber nicht ansichtig werden zu können, führte KANT zu diesen Spannungsbegriffen und ließ ihn damit nicht nur HEGELs ‚List der Vernunft'[78], sondern dessen Geschichtsdialektik überhaupt vorarbeiten.

KANT sah den »Fortschritt zum Besseren« »nicht durch den Gang der Dinge von unten hinauf, sondern den von oben herab« (VII 92) kommen: durch verantwortliche Erziehung im Rahmen eines Rechtsstaates ist für die Menschen »Vermehrung der Producte ihrer Legalität in pflichtmäßigen Handlungen« (VII 91) zu erwarten.

»Man kann die Geschichte der Menschengattung im Großen als die Vollziehung eines verborgenen Plans der Natur ansehen, um eine innerlich- und zu diesem Zwecke auch äußerlich-vollkommene Staatsverfassung zu Stande zu bringen, als den einzigen Zustand, in welchem sie alle ihre Anlagen in der Menschheit völlig entwickeln kann« (VIII 27).

Das Individuum muß durch diese Staatsverfassung zur Mündigkeit und zum Gebrauch der in ihm angelegten Vernunft erzogen werden. Der Rechtsstaat »ist Stätte der Notwendigkeit und übergeordnetes Gegengewicht des Egoismus; er kann und soll zur Legalität zwingen, zu Moralität zu zwingen ist ihm versagt«[79]. Für HERDER bildete die Staatsverfassung nur die eine Seite des vielseitig gegliederten Organismus der Völker-Individuen. In KANTS mehr naturrechtlicher Vorstellung vom Staat haben die geschichtlichen Variationen nur eine untergeordnete Bedeutung. Daß er »einen regelmäßigen Gang der Verbesserung der Staatsverfassung in unserem Welttheile« (VIII 29) glaubte annehmen zu sollen, hat seinen Grund nicht in historischer Deskription, sondern in der allgemeinen Überlegung, »daß die Natur selbst im Spiele der menschlichen Freiheit nicht ohne Plan und Endabsicht verfahre . . .; und ob wir gleich zu kurzsichtig sind, den geheimen Mechanism ihrer Veranstaltung durchzuschauen, so dürfte diese Idee uns doch zum Leitfaden dienen, ein sonst planloses Aggregat menschlicher Handlungen wenigstens im Großen als ein System darzustellen« (VIII 29). Daß sich daraus »eine tröstende Aussicht in die Zukunft« (VIII 30) eröffne, mag füglich bezweifelt werden — es sei denn, man identifiziert wirklich wie KANT »die große Künstlerin Natur . . ., aus deren mechanischem Laufe sichtbarlich Zweckmäßigkeit hervorleuchtet« (VIII 360), oder das »Schicksal« überhaupt mit dem »Welturheber« oder der »Vorsehung« (VIII 61). Indes gesteht KANT in diesem Zusammenhang selber: »Der Gebrauch des Worts Natur ist auch . . . schicklicher für die Schranken der menschlichen Vernunft . . . und bescheidener, als der Ausdruck einer für uns erkennbaren Vor-

---

[78] Vgl. KANT VIII 17: »Einzelne Menschen und selbst ganze Völker denken wenig daran, daß, indem sie . . . ihre eigene Absicht verfolgen, sie unbemerkt an der Naturabsicht, die ihnen selbst unbekannt ist, als an einem Leitfaden fortgehen . . .«.
[79] SRBIK I 145.

sehung«[80]. Die »Bearbeitung der eigentlichen bloß empirisch abgefaßten Historie«[81] bleibt jedenfalls für KANT völlig geschieden von der
beschriebenen »Idee einer Weltgeschichte, die gewissermaßen einen
Leitfaden a priori hat« (VIII 30).

Mit der Annahme dieses Leitfadens a priori erschöpft sich KANTS
Interesse an der konkreten Geschichte. Gleichwohl wirkte sich diese
fast doketische Geschichtsbetrachtung mittelbar auf die Historiographie aus, vor allem auf die theologische Bearbeitung der Offenbarungsgeschichte im 19. Jahrhundert. KANT hat in seiner Schrift
‚Die Religion innerhalb der Grenzen der bloßen Vernunft' (1793) die
allgemeine Relativierung des Wertes einzelner geschichtlicher Erscheinungen für die menschliche Erkenntnis auf die Religionsgeschichte
übertragen und dabei die Hoffnung ausgesprochen, »daß der Geschichtsglaube, der als Kirchenglaube ein heiliges Buch zum Leitbande der Menschen bedarf, ... aufhören und in einen reinen, für alle
Welt gleich einleuchtenden Religionsglauben übergehen werde« (VI
135). Diese Hoffnung gründet sich auf die Überzeugung, daß die notwendige Folge der moralischen Anlage im Menschen eine Entwicklung
ist, die die Religion nach und nach »von allen empirischen Bestimmungsgründen, von allen Statuten, welche auf Geschichte beruhen,
und die vermittelst eines Kirchenglaubens provisorisch die Menschen
zur Beförderung des Guten vereinigen« (VI 121), befreien kann und
soll. Der Kern dieser religionsphilosophischen Grundansicht ist derselbe wie in dem geschichtsphilosophischen Aufsatz: Die bereits erreichte Stufe der Vernunftausbildung ermöglicht und erfordert es, auf

---

[80] VIII 362 (‚Zum ewigen Frieden', 1795); KANT erklärt hier den Weltlauf dergestalt
aus der Natur, daß das Tun des Welturhebers mit dessen erstem Anstoß erschöpft
ist: gegen sein eigenes Gesetz kann auch er selber hinfort nicht mehr antreten.
[81] VIII 30. Wo es nur um den ‚muthmaßliche(n) Anfang der Menschengeschichte'
geht, ist KANT bereit, »eine bloße Lustreise« zu wagen und der »Einbildungskraft,
obgleich nicht ohne einen durch Vernunft an Erfahrung geknüpften Leitfaden«
(VIII 109 f.), einen gewissen Spielraum zu gewähren. Aber die weitere »Geschichte der
Freiheit in ihrem Fortgange« soll auch nach seiner Meinung »nur auf Nachrichten
gegründet werden« (VIII 109). In diesem Sinne wünschte er auch schon in der
HERDER-Rezension dem Verfasser, »daß ein historisch-kritischer Kopf« ihm »vorgearbeitet hätte« (VIII 61; vgl. auch KANTS einschlägige Bemerkungen in HAMANN
B III 86). Für KANT ist es »unzweifelhaft gewiß, daß durch bloßes empirisches
Herumtappen ohne ein leitendes Princip, wonach man zu suchen habe, nichts
Zweckmäßiges jemals würde gefunden werden; denn Erfahrung methodisch anstellen,
heißt allein beobachten ... Daß manche so unvorsichtig sind, ihre Ideen in die
Beobachtung selbst hineinzutragen, ... ist leider sehr wahr« (VIII 161). Hier ist
der Vorzug der Zurückhaltung KANTS gegenüber dem Thema der Geschichte mit
Händen zu greifen: die Verquickung von Beobachtung und Idee sollte HEGEL einmal zum Programm erheben!

die partikularen[82] Formen der geschichtlichen Offenbarung allmählich zugunsten einer »reinen Vernunftreligion« (VI 135) zu verzichten. Zu den partikularen Erscheinungen gehört nun der Kirchenglaube jeglicher Provenienz, der überdies »zu seinem höchsten Ausleger den reinen Religionsglauben« (VI 109) immer braucht. ‚Rein‘ ist dieser Religionsglaube, »weil er ein bloßer Vernunftglaube ist, der sich jedermann zur Überzeugung mittheilen läßt« (VI 102f.). Er gründet sich weder auf die Zufälligkeit geschichtlicher Erscheinungen noch auf die Subjektivität des religiösen Gefühls, das »jeder nur für sich« hat und »worauf gar keine Erkenntnis gegründet werden kann« (VI 114), sondern auf die »Vernunft als praktisch nothwendige Religionsidee« (VI 145). In dieser Hinsicht ist die ‚reine‘ Religion auch »die natürliche«, »in der ich zuvor wissen muß, daß etwas Pflicht sei, ehe ich es für ein göttliches Gebot anerkennen kann« (VI 154).

Wie KANT schon 1784 in der ‚Beantwortung der Frage: Was ist Aufklärung?‘ im ersten Satz geschrieben hatte: »Aufklärung ist der Ausgang des Menschen aus seiner selbst verschuldeten Unmündigkeit« (VIII 35), so wünscht er auch hier in der ‚Religion innerhalb ...‘, daß sich der Mensch von dem Provisorium oder Vehikel[83] des Kirchenglaubens[84] losmachen könne »und so reine Vernunftreligion zuletzt über alle herrsche, ‚damit Gott sei alles in allem‘« (VI 121). Die »sichtbare Vorstellung ... eines unsichtbaren Reiches Gottes auf Erden«[85] sieht KANT jedenfalls durch die »jetzige ... Zeit« (VI 131) mehr ge-

---

[82] Der »historische Glaube« hat »nur particuläre Gültigkeit, für die nämlich, an welche die Geschichte gelangt ist, worauf er beruht«; er enthält also »zugleich das Bewußtsein seiner Zufälligkeit« (VI 115). Ein »bloß auf Facta gegründeter historischer Glaube« kann »seinen Einfluß nicht weiter ausbreiten ..., als so weit die Nachrichten ... hingelangen können« (VI 103).

[83] Die verschiedenen geschichtlichen Religionen sind nur die »Vehikel« (VIII 367: ‚Zum ewigen Frieden‘) der einen Religion, die also nicht nach Zeit und Ort dem Zufall unterstellt sein darf.

[84] Die »allgemeine Kirchengeschichte« beginnt für KANT überhaupt erst »vom Ursprunge des Christenthums«, »das, als eine völlige Verlassung des Judenthums, worin es entsprang, auf einen ganz neuen Princip gegründet, eine gänzliche Revolution in Glaubenslehren bewirkte« (VI 127). Das Judentum gab nur »die physische Veranlassung« zum Christentum und ist selber »eigentlich gar keine Religion« (VI 125), da »ohne Glauben an ein künftiges Leben gar keine Religion gedacht werden kann« (VI 126). So steht »der jüdische Glaube« mit dem Kirchenglauben »in ganz und gar keiner wesentlichen Verbindung, d. i. in keiner Einheit nach Begriffen« (VI 125). Mit Christus erschien »auf einmal eine Person, deren Weisheit noch reiner als die der bisherigen Philosophen, wie vom Himmel herabgekommen war« (VI 80). Die bloß äußerliche Religion des Alten Testaments dagegen hatte »dem Reiche der Finsternis keinen wesentlichen Abbruch« (VI 79) getan.

[85] VI 131; vgl. auch VI 136 die Berufung auf Luk. 17, 21—22.

fördert als durch die gesamte bisherige Kirchengeschichte[86]. »Der Wunsch aller Wohlgesinnten ist also: ‚daß das Reich Gottes komme'« (VI 101). Nun scheint dieses Reich Gottes für KANT mit dem ‚moralischen Volk Gottes' identisch zu sein, dessen Stiftung »nur von Gott selbst erwartet werden kann« (VI 100); dennoch ist es dem Menschen nicht erlaubt, »in Ansehung dieses Geschäftes unthätig zu sein und die Vorsehung walten zu lassen« (VI 100), es ist ihm vielmehr geboten, »aus jener gegenwärtig noch nicht entbehrlichen Hülle« (VI 135) des Kirchenglaubens sich allmählich herauszulösen.

Die individuelle Sinnfrage gipfelt bei KANT im Postulat einer künftigen Welt; der Sinn der Geschichte der Gattung scheint sich jedoch in einem immanenten Reich der Freiheit zu erschöpfen, wobei die moralische Teleologie nur die physische vollendet. Das Ziel der Geschichte der Gattung steht so sehr im Vordergrund, daß es das Interesse an dem Weg zu diesem Ziel vermindert oder gar verschlingt. Den geschichtlichen Offenbarungen kommt vom pädagogischen Standpunkte aus ein gewisses Recht zu[87], nicht aber ein bleibender Eigenwert, der ihre intensive historische Erforschung, etwa zum Zwecke der Besserung der Menschheit, lohnend erscheinen lassen könnte[88].

---

[86] Vgl. den leidenschaftlichen Protest HAMANNS gegen diese zeitgenössische Wendung der Religionsphilosophie: »Das Christentum glaubt also nicht an Lehrmeinungen der Philosophie, die nichts als eine alphabetische Schreiberey menschlicher Speculation, und dem wandelbaren Mond- und Modenwechsel unterworfen ist! ... Nein, das Christentum weiß und kennt keine andere Glaubensfesseln, als das feste prophetische Wort in den allerältesten Urkunden des menschlichen Geschlechts und in den heiligen Schriften des ächten Judentums« (W III 306: ‚Golgatha und Scheblimini' [sic!], 1784).

[87] KANT berührt sich aufs engste mit LESSING, wenn er zugesteht, daß die geschichtliche Offenbarung »für das menschliche Geschlecht« zwar »sehr ersprießlich sein konnte«, aber doch darin mit der natürlichen Religion zusammenfällt, »daß die Menschen durch den bloßen Gebrauch ihrer Vernunft auf sie von selbst hätten kommen können und sollen, ob sie zwar nicht so früh, oder in so weiter Ausbreitung ... auf dieselbe gekommen sein würden« (VI 155; vgl. VI 145).

[88] Das Alte Testament soll, »wenn gleich nicht zum Behuf der Religion, doch für die Gelehrsamkeit ... aufbehalten und geachtet bleiben« (VI 166). Der Relativierung der geschichtlichen Religion verfällt aber auch die Erforschung der Religionsgeschichte. »Von der Religion auf Erden (in der engsten Bedeutung des Worts) kann man keine Universalhistorie des menschlichen Geschlechts verlangen; denn die ist, als auf den reinen moralischen Glauben gegründet, kein öffentlicher Zustand.... Der Kirchenglaube ist es daher allein, von dem man eine allgemeine historische Darstellung erwarten kann, indem man ihn nach seiner verschiedenen und veränderlichen Form mit dem alleinigen, unveränderlichen, reinen Religionsglauben vergleicht« (VI 124). Die KANTische Zurückweisung des Alten Testaments und des jüdischen Glaubens hat sich, über SCHLEIERMACHER, in der Theologie des 19. Jahrhunderts deutlich ausgewirkt.

Obwohl »Gott, Freiheit und Unsterblichkeit . . . als ‚Dinge an sich‘ nicht ‚erkannt werden‘«[89] können, obwohl also gerade die leitenden Ideen, die KANT auch an die Geschichte heranträgt, die Grenze der Erfahrung überschreiten, hat er die Vernunft, als das Vermögen der Weltüberschreitung, zum letzten Maßstab für die Geschichtsbetrachtung genommen und dadurch — den konkreten geschichtlichen Erscheinungen zum Trotz — »eine tröstende Aussicht in die Zukunft« (VIII 30) gewonnen. Der damit von der Geschichte abgeschnittene Glaube muß nun für KANT mehr leisten als er kann — es sei denn, er verstünde sich als »bloßer Vernunftglaube« (VI 102).

B. ENTFALTUNG DER GRUNDLAGEN IN DER GESCHICHTS-PHILOSOPHIE HEGELS

I. Die philosophische Begründung

HEGELS Geschichtsbetrachtung läßt sich nicht unabhängig von seinem gesamten philosophischen System, und dieses nicht ohne die Reaktion auf KANTS kritische Philosophie verstehen. FICHTE, der seine Abneigung gegen das spezifische Pathos der Aufklärung mit der Überzeugung vereinte, durch seine ‚Wissenschaftslehre‘ eigentlich die »Durchführung der Kantischen Philosophie«[1] geboten zu haben, eröffnete die Reihe der idealistischen Systeme. HEGEL vollendete dieses Denken im System nicht zuletzt durch seine entschiedene Wendung zur Geschichte, die schon für sich auch eine Wendung gegen KANT bedeutete[2]. Die Frage nach Gott konnte für HEGEL die Gestalt der Frage nach der Geschichte annehmen, und darum waren es für ihn nicht »Seifenblasen apriorischer Konstruktion«, wenn er es unternahm, in der Geschichte »Regeln, Gedanken, Göttliches und Ewiges«[3] aufzusuchen, statt sie einfach dem ‚Glauben‘ an einen alles lenkenden Gott (der dogmatischen Tradition von conservatio, concursus und gubernatio entsprechend) auszuliefern. Gegenüber allen nicht-philosophischen Lösungsversuchen — besonders den naiv fortschrittsgläubigen der Aufklärung, aber auch den ‚präromantischen‘ — hegte er, als Theologe selber ein Sohn der Aufklärung, früh Mißtrauen. HERDERS »Haß gegen die Metaphysik« ließ, in HEGELS Augen, auch dessen

---

[89] HARTMANN II 72.

[1] HARTMANN I 50.

[2] Mit bezweifelbarem Recht subsumiert B. CROCE »die unselige Epoche der Geschichtsphilosophien, der transzendenten Historien« (234) der übergreifenden Epoche der Romantik.

[3] ED. GANS, Vorwort zu Hegels Vorlesungen über die Philosophie der Geschichte, in: Vollständige Ausgabe, Bd. IX, 1837, VI.

Geschichtsbetrachtung »eine Theodizee mehr des Gemüthes und Verstandes als der Vernunft«[4] bleiben: Das ‚Natürliche' überschreitet nicht seine eigene Kausalität; Vernunft und Geist erscheinen bei HERDER unverbunden, andemonstriert. Aber auch KANT hatte die empirische Geschichte der Vernunft so untergeordnet, daß die von HEGEL gesuchte innige Verbindung beider ausgeschlossen blieb.

Hier entzündete sich HEGELS Leidenschaft zur Überwindung jedes Dualismus von Subjekt und Objekt, von Bewußtsein und Außenwelt. Auch und gerade die Anfänge der historisch-kritischen Forschung schienen ihm durch diesen Gegensatz gekennzeichnet zu sein. Darum wollte er die Trennung von Gegenstandswelt und sich heraushaltendem Betrachter durch eine spekulative Geschichtsbetrachtung überwinden. Er unterschied drei Weisen der Geschichtsbetrachtung: die ‚ursprüngliche', die ‚reflektierende' und die ‚philosophische' (GPh 167—177), und stellte sie in ein dialektisches Verhältnis zueinander. Von der ‚reflektierenden' Geschichtsschreibung gilt allgemein, daß der Geist des Stoffes und der Geist seines Bearbeiters verschieden sind (GPh 171). Als eine besondere Ausprägung dieser ‚reflektierenden' gilt HEGEL die ‚kritische' Geschichtsschreibung, also die Weise, »wie in unsern Zeiten in Deutschland die Geschichte behandelt wird. Es ist nicht die Geschichte selbst, ... sondern eine Geschichte der Geschichte und eine Beurteilung der geschichtlichen Erzählungen und Untersuchung ihrer Wahrheit und Glaubwürdigkeit« (GPh 175). Der HEGEL dieser späten geschichtsphilosophischen Vorlesungen drückt damit bereits seine Abneigung gegen NIEBUHR aus. Die »sogenannte höhere Kritik« (GPh 176) verwendet allen Scharfsinn auf die sinnzerstörende Detaillierung einer Welt von bruta facta. Aber »ein Besonderes, das abstrakt herausgehoben wird, wobei man von andern Gesichtspunkten absieht« (GPh 177), kann nicht zur Beantwortung der — für HEGEL einzigen dringlichen — Frage nach dem Sinn verhelfen. So wird es verständlich, daß die Betrachtung der Geschichte bei ihm nicht vom Zentrum seines Philosophierens, als Weltbegreifens, zu trennen ist. Im Abtasten der Fülle dieser Weltwirklichkeit beherrscht ihn das »Verlangen nach ... Erkenntnis, nicht bloß nach einer Sammlung von Kenntnissen« (GPh 6). Die »Gegenstände« werden ihm »Reizmittel für das Nachdenken« (GPh 8), und zwar für ein im Blick auf die aufgegebene Sinnfrage wirkliches Nach-Denken. Wenn die Geschichte etwas wesentlich anderes ist als eine Reihe von zusammenhanglosen Erscheinungen, von abstrakten — und d. h. für HEGEL: nur in ihrer Vereinzelung wahrgenommenen — Begebenheiten, dann muß die gedankliche Einheit gefunden werden, in der sie als ganze begriffen werden kann[5]. Darum

---

[4] GANS, a. a. O. XI.

[5] Bezeichnend für diese Wendung des Idealismus sind die ‚Vorlesungen über die Methode des akademischen Studiums', die der ‚frühe', aber doch schon zur Identi-

heißt es am Anfang der Geschichtsphilosophie: »Der einzige Gedanke«, den die Philosophie an die Weltgeschichte heranträgt, ist »der einfache Gedanke der Vernunft«, die die Welt beherrscht (GPh 4). »Die philosophische Betrachtung hat keine andere Absicht, als das Zufällige zu entfernen« (GPh 5).

Was HEGEL hier voraussetzt, hatte er in den frühen System-Entwürfen durchgeführt. Der philosophiegeschichtliche Hintergrund, der hier nicht in extenso aufgezeigt werden kann, ist das Ringen des Idealismus um das Verhältnis von Idee und realer Außenwelt. Bei KANT begegneten sich beide im Ich. Dieses Ich bemächtigte sich des gegebenen Stoffes durch das Mittel der Idee. Bei FICHTE entwickelt sich das Ich mehr und mehr »aus einem endlichen zu einem unendlichen, aus einem relativen zu einem absoluten Prinzip«[6], zum göttlichen Ich, »das im tiefsten Grunde des menschlichen lebt«[7]. R. KRONER hat diese ‚Kurve' in den Ansätzen des Idealismus meisterhaft skizziert:

»In Kant kehrt das Denken bei sich selber ein, um in sich, im Ich den Grund der Welt zu finden. In Fichte entdeckt es Gott auf dem Grunde des Ich. In Schelling neigt es dahin, unter Übergehung des Ich Gott unmittelbar in der Welt zu suchen. ..., in Hegel endet es damit, aus dem absoluten oder göttlichen Ich die Welt, die Welten zu erbauen« (I 16).

HEGEL hat in der ‚Phänomenologie' die philosophischen Begriffe herausgestellt, die er in den sogenannten Spezialphilosophien, also auch in der Geschichtsphilosophie, bewährte. Die Tätigkeit des Verstandes ist das Aufweisen der Gesetze an den Erscheinungen. Konnte die bloße Wahrnehmung den Gegenstand noch als etwas Selbständiges aufnehmen, so hebt der Verstand diese Selbständigkeit auf. Damit kommt es zur Entzweiung zwischen dem Verstand und seinem Gegenstand, der noch bloße Erscheinung ist. In diesem Gegenüber erfährt

---

tätsphilosophie vorgedrungene SCHELLING 1802/03 gehalten hat. In der 10. Vorlesung (‚Über das Studium der Historie und der Jurisprudenz') betont er, daß durch »empirisch begründete Verknüpfung der Begebenheiten . . . der Verstand zwar aufgeklärt wird, die Vernunft aber ohne andere Zuthat unbefriedigt bleibt« (219). So kommt für ihn auch KANTS »Plan einer Geschichte im weltbürgerlichen Sinne« über eine »bloße Verstandesgesetzmäßigkeit«, die auf die »allgemeine Nothwendigkeit der Natur« bezogen bleibt, nicht hinaus (219). SCHELLING fordert eine philosophische Behandlung der Geschichte vom ‚Absoluten' her (vgl. 215). »Der entgegengesetzte Standpunkt des Absoluten ist der empirische«, d. h. vor allem die auf reine »Aufnahme und Aufmittlung des Geschehenen« (216) zielende Tätigkeit des Geschichtsforschers. Zwar gab SCHELLING in den Vorlesungen über die historische Methode die empirische Arbeit an der Geschichte frei, aber als etwas Untergeordnetes; »erst dann erhält die Geschichte ihre Vollendung für die Vernunft, wenn die empirischen Ursachen . . . als Werkzeug und Mittel der Erscheinung einer höheren Nothwendigkeit gebraucht werden« (222).

[6] KRONER I 15.   [7] KRONER I 16.

sich der Verstand noch nicht selber. Erst indem er, seinem Wesen
gemäß, versteht, »daß die Entzweiung sein eigenes Werk ist«, entdeckt er sich wirklich selber und »erhebt . . . sich zum Selbstbewußtsein. Er hat an der Dialektik seines Objekts sich selbst erfahren«[8].
Aber wenn nun »das Bewußtsein entdeckt, daß das Jenseitige . . . nicht
außer ihm, sondern in ihm ist, so hebt es die Jenseitigkeit als solche
auf und erkennt sich in ihr wieder. Dieses Zurückgelangen zu sich
selbst ergibt den Standpunkt der Vernunft«[9].

Seit KANT konnte also das Welt-Erkennen nirgends anders als
beim erkennenden Subjekt einsetzen. Die um den Begriff des Ich
konzentrierte Bewußtseinsphilosophie traf aber mit der zeitgenössischen romantischen Sehnsucht nach der Versöhnung der Idee mit den
Gegenständen des Erkennens zusammen. HEGEL mußte, als er
diese Versöhnung philosophisch zu erreichen suchte, vor allem mit
KANT zusammenstoßen, denn HERDERS künstlerisch bestimmte Vorstellung von Gott und Natur konnte ihm nicht genügen. In dem 1802
erschienenen Aufsatz ,Glauben und Wissen oder die Reflexionsphilosophie der Subjektivität' hat HEGEL insbesondere seine über KANT
und FICHTE hinausgehende Position dargelegt. Zwar übernahm er von
KANT die Reflexionsform als Prinzip wissenschaftlichen Denkens in
der Philosophie, verwahrte sich aber dennoch gegen »die Kantische
Philosophie«, die die »endliche Erkenntnis für die einzig mögliche erklärt« und damit »in absolute Endlichkeit und Subjektivität« (SW I
295) zurückfällt.

»Dieser Charakter der Kantischen Philosophie, daß das Wissen ein formales ist,
und die Vernunft als eine reine Negativität ein absolutes Jenseits, das als Jenseits
und Negativität bedingt ist durch ein Diesseits und Positivität, Unendlichkeit und
Endlichkeit, beide mit ihrer Entgegensetzung gleich absolut sind, — ist der allgemeine
Charakter der Reflexions-Philosophien, von denen wir sprechen« (SW I 326).

Diese »Metaphysik der Subjektivität«, der das Absolute »in ein
absolutes Jenseits des vernünftigen Erkennens sich umgewandelt« hat
(SW I 431), muß HEGEL zurückweisen, weil für ihn die Idee nicht,
wie für KANT, ein Produkt der menschlichen Vernunft ist, sondern
eher — im Gefolge des SPINOZAschen Substanzgedankens — die »allumfassende Weltvernunft selber«, also »nicht das Postulat des stets
unerreichbar bleibenden Absoluten«, sondern »das dem Denken zu-
gängliche und von ihm erfaßbare Absolute, die Einheit des Ideellen
und Reellen, des Endlichen und Unendlichen, das Subjekt-Objekt«[10].

---

[8] HARTMANN II 103.

[9] HARTMANN II 112. Vgl. dazu schon FICHTE: ». . . dieses Wissen des Wissens von
sich selbst und, was davon unabtrennlich ist, ist absolut, ist Vernunft. Das bloße
einfache Wissen, ohne daß es sich wiederum als Wissen fasse, . . . ist Verstand«
(Wissenschaftslehre, Ausgabe von 1801, neu herausg. von FR. MEDICUS, Leipzig
1908, 72f.).   [10] LEESE 25.

HEGEL hat, über die SCHELLINGsche Fassung des Identitätsgedankens hinausgehend, die Identität konsequent als Prozeß verstanden. Die »einzige Idee« der wahren Philosophie ist nicht einfach die Auflösung dieser Gegensätze, sondern »das absolute Aufgehobenseyn des Gegensatzes« (SW I 295), wodurch weder Endlichkeit noch Unendlichkeit, weder Denken noch Sein für sich unvermittelt und absolut bleiben. In der Heidelberger Enzyklopädie hat HEGEL diese Vermittlung im System geleistet. Das Werk des Verstandes, nämlich die Trennung von Idee und Substanz, Glauben und Wissen, Erscheinung und ‚Ding an sich‘, ist jener Dualismus, den die wahre Philosophie, als Identitätsphilosophie, zu überwinden hat.

Man muß diesen Gedankenweg voraussetzen, um die berühmte Gleichsetzung des Wirklichen mit dem Vernünftigen in der Vorrede zur Rechtsphilosophie zu verstehen. Was für HEGEL Wirklichkeit heißt, wird nur einsichtig an dem, was für ihn Vernunft heißt. Von daher bekommen die einleitenden Sätze der Geschichtsphilosophie ihr spezifisches Gewicht:

»Wer die Welt vernünftig ansieht, den sieht sie auch vernünftig an; beides ist in Wechselbestimmung« (GPh 7). »Daß Vernunft in der Weltgeschichte ist, — nicht die Vernunft eines besondern Subjekts, sondern die göttliche, absolute Vernunft, — ist eine Wahrheit, die wir voraussetzen; ihr Beweis ist die Abhandlung der Weltgeschichte selbst: sie ist das Bild und die Tat der Vernunft« (GPh 5).

Zwar will HEGEL auch »das Historische getreu auffassen«, »die Geschichte . . . nehmen, wie sie ist«, also »historisch, empirisch« (GPh 7) verfahren[11], aber er kennt die Zweideutigkeit dieser Prämissen. Da jeder, der die Geschichte bedenkt, notwendig seine eigenen Kategorien mitbringt, müssen die subjektiven Arbeitsgänge in der Aufnahme des historischen Stoffes — Auswahl und Gliederung — eben philosophisch einsichtig und damit objektiv-gültig gemacht werden. Unter den Philosophen des deutschen Idealismus brachte tatsächlich nur HEGEL diesen »auf die Geschichte gerichteten Blick hinzu, der sich nicht nur in seiner Weltgeschichte, sondern in allen Teilen der Philosophie Geltung verschafft und seinem System geradezu den Stempel des *historischen Idealismus* aufdrückt«[12].

Die Frage nach den gedanklichen Voraussetzungen des geschichtlichen Verstehens blieb auch die Frage der Epigonen HEGELs, durch

---

[11] Man darf diese Spannung zwischen empirischer und ‚vernünftiger‘ Betrachtung bei HEGEL nicht, wie vielfach geschehen, derart vereinfachen, daß man ihm leichtfertigen Umgang mit dem ihm zu Gebote stehenden Material vorwirft. HEGEL zeigte »ein ganz positives Verhältnis . . . zur Geschichtswissenschaft und zum erwachenden historischen Sinn seiner Zeit« (HARTMANN II 25). Darum trat er, »angetan mit der schweren Rüstung des Historikers und mit dem scharfen Schwerte des Denkers, auf den Plan« (KRONER II 144).

[12] KRONER II 262 (Hervorhebung von Kr.).

die fortschreitende kritische Aufarbeitung des Stoffes noch verschärft. Diese Tatsache erfordert eine genauere Entfaltung seiner Geschichtsphilosophie, ohne die weder HEGELS Entwicklungsbegriff noch der seiner Schüler innerhalb wie außerhalb der Theologie einsichtig gemacht werden kann.

II. Das Absolute in der Geschichte

Mit der Zitierung einiger Paragraphen der Heidelberger Enzyklopädie (SW VI) läßt sich HEGELS Ansatz zum Zwecke der Weiterführung noch einmal herausstellen:

»Der kantische Kriticismus ist ... nur eine Philosophie der Subjectivität, ein subjectiver Idealismus; ... Sie bleibt in dem Endlichen und Unwahren stehen, nemlich in einem Erkennen, das nur subjectiv, eine Äußerlichkeit und ein Ding-an-sich zu seiner Bedingung hat, welches ... ein leeres Jenseits ist« (§ 33).

»Die Idee ist das Wahre an und für sich, die absolute Einheit des Begriffes und der Objectivität. Ihr ideeller Inhalt ist kein anderer als der Begriff in seinen Bestimmungen; ihr reeller Inhalt ist nur seine Darstellung, die er sich in der Form äußerlichen Daseyns gibt« (§ 161).

»Die Idee kann auch als die Vernunft, als das Subject-Object, als die Einheit des Ideellen und Reellen, des Endlichen und Unendlichen, ... als das dessen Natur nur als existirend begriffen werden kann u. s. f. gefaßt werden« (§ 162).

Das Fortschreiten des Bewußtseins über das Selbstbewußtsein zur Vernunft wurde als Gang der ,Phänomenologie' bereits angedeutet. Auf diesem Standpunkt der Vernunft oder der Idee wird nun die gesamte Wirklichkeit zur ,Phänomenologie des Geistes', welchen letzteren HEGEL als eine allumfassende, geradezu an einen Kunstgriff gemahnende Chiffre einführt. Er hat diesen Begriff am Anfang der Geschichtsphilosophie noch einmal entfaltet und mit dieser Entfaltung den geschichtsphilosophischen Entwurf im ganzen begründet. Dieser ,Geist' ist:

»individuell, tätig, schlechterdings lebendig:
Bewußtsein, aber auch sein Gegenstand ... Der Geist also ist denkend und ist das
    Denken eines solchen, das ist, und Denken, daß es ist und wie es ist. Er ist
wissend; Wissen aber ist Bewußtsein eines vernünftigen Gegenstandes.
Bewußtsein ferner hat der Geist nur, insofern er
Selbstbewußtsein ist; ... Der Geist macht sich also eine bestimmte Vorstellung von
    sich ... Er kann nur geistigen Inhalt haben; und das Geistige eben ist sein Inhalt,
    sein Interesse ...; nicht, daß er seinen Inhalt vorfindet, sondern er macht sich zu
    seinem Gegenstande, zum
Inhalte seiner selbst ... So ist der Geist seiner Natur nach bei sich selbst, oder er ist
frei«[13].

---

[13] GPh 31f. (Aufgliederung vom Vf.). Vgl. auch Heidelb. Enzykl. § 365: »Das Fortschreiten des Geistes ist Entwicklung, weil seine Existenz, das Wissen, das an und für sich Bestimmtseyn, der Zweck oder das Vernünftige, und das Übersetzen rein

Dieser Geist ist also die Einheit des Seins und des Denkens, und darum die gründende Wirkmächtigkeit in allem, das ist. Als objektiver Geist ist er das Subjekt der Geschichte, als subjektiver Geist ermöglicht er das Begreifen seiner selbst als Begreifen der Geschichte. Er umfaßt das Leben in seiner Totalität, das Absolute, Gott — als Geist. Darum ist das ,vernünftige', spekulative Denken schließlich nichts anderes als das Selbsterkennen des Geistes.

So hat HEGEL in sich den Weg zurückgelegt von der Aufklärung bis zu diesem Geistbegriff, der zugleich die Spitze seines Systems wie den Ausgangspunkt seiner Geschichtsphilosophie[14] darstellt. Die Geschichte ist nun nichts anderes, aber eben auch nicht weniger als die Geschichte des sich entwickelnden und manifestierenden Geistes. Sie ist der Raum, in dem der Geist — seinem Wesen nach — schöpferisch tätig ist und zugleich das Erkennen seiner selbst freigibt. Da »die Geschichte der Welt der Geist der Welt ist«, »ist HEGELS Geschichtsauffassung metaphysisch und seine Metaphysik historisch«[15]. Darum ist für ihn die Geschichte ihrem Begriff zufolge auch ein logischer Prozeß, und »historische Perioden sind sozusagen in den Raum der Zeit übertragene logische Perioden«[16]. Das von HEGEL verarbeitete empirische Material dient dem Aufweis des ,Apriorischen'.

Für das derart in die Geschichte eingegangene Absolute gibt es nun kein ruhendes Sein für sich selber mehr[17]. War die Idee des Subjekt-Objekts für KANT noch ganz ausgeschlossen[18], so findet sich bei SCHELLING schon die identitätsphilosophische Einsicht, daß »Gott

---

nur dieser formelle Übergang in die Manifestation ist. . . . Insofern das Wissen nur erst abstractes oder formelles ist, so ist der Geist in ihm seinem Begriffe nicht gemäß, und sein Ziel ist, die absolute Erfüllung und die absolute Freyheit seines Wissens hervorzubringen«.

[14] HEGEL vermag also nicht mehr wie HERDER, wie auf andere Weise KANT und wie schließlich noch SCHELLING, das Leben des Geistes aus der umfassenden Natur heraus zu erklären. »Die Naturphilosophie (ist) ein Stiefkind Hegels geblieben . . . Dem Philosophen des Geistes mußte notwendig die Natur, als das ,Außersichsein des Geistes', als etwas Untergeordnetes dastehen« (HARTMANN II 283). Vgl. auch Heidelb. Enzykl. § 192 die Natur als die Idee in ihrem Anderssein.

[15] HAYM 466.

[16] COLLINGWOOD 126.

[17] »Darauf kommt nun freilich Alles an, daß Vernunft, Wahrheit, Begriff, Idee, Geist, Gott selber als Ereignis verstanden werden und zwar nur als Ereignis verstanden werden. Sie sind nicht, was sie sind, sobald das Ereignis, in dem sie sind, was sie sind, als unterbrochen gedacht, sobald an seiner Stelle ein Zustand gedacht wird. Vernunft und alle ihre Synonyme sind wesentlich Leben, Bewegung, Prozeß. Gott ist nur Gott in seinem göttlichen Tun, Offenbaren, Schaffen, Versöhnen, Erlösen, als absoluter Akt, als actus purus« (K. BARTH, Die protestantische Theologie im 19. Jahrhundert, 1947, 356).

[18] Vgl. ERDMANN II 160.

für sich genommen, ohne den Menschen, . . . bewußtlos (wäre);
er hat sein Bewußtsein in uns, in unserem Weltbewußtsein«[19]. HEGEL
hat diese Einsicht vollendet und an der Geschichte, als dem Prozeß
des absoluten Geistes, ‚aufgewiesen‘.

Die Frage nach dem Absoluten stellt sich nun im Gefüge des
religiösen Denkens als die Frage nach Gott. HEGEL ist in beiden
Spezialphilosophien — in den geschichts- und in den religionsphilosophischen Vorlesungen — gegen die These der Aufklärung von der
Nicht-Erkennbarkeit Gottes vorgegangen (vgl. RPh 90). Darum
muß hier die religionsphilosophische Fragestellung, parallel zur geschichtsphilosophischen, gleichfalls kurz entfaltet werden.

Der Mensch hat ein unmittelbares, unvermitteltes Wissen um
Gott. Dieses ist insofern empirisch, als es sich im Bewußtsein findet;
es ist aber zugleich doch nur ‚abstrakt‘ und bezieht sich auf Gott
als auf einen äußeren Gegenstand. Da nur »das konkrete Denken,
Begreifen . . . vermitteltes Wissen« (RPh 85) ist, steht die Vermittlung
durch die erkennende Vernunft aus. Das religiöse Gefühl[20] oder die
religiöse Vorstellung haben als Organe solcher Vermittlung nur vorbereitenden Charakter. In der religiösen Praxis wird die Wahrheit
nicht im begrifflichen Denken aufgenommen, aber in der religionsphilosophischen Fragestellung ist die ‚Anstrengung des Begriffs‘
notwendig. Zwar ließe sich in der bloßen Subjektivität der Reflexion
eine Vereinigung des Endlichen mit dem Unendlichen denken[21], aber

---

[19] HARTMANN I 162.

[20] »Eine Theologie, die nur Gefühle beschreibt, bleibt in der Empirie, Historie und
deren Zufälligkeiten stehen, hat es noch nicht mit Gedanken zu tun, die einen Inhalt
haben« (RPh 103). Hier wendet sich HEGEL deutlich gegen die psychologisierende
Theologie und Hermeneutik SCHLEIERMACHERS, der freilich seinerseits gegenüber
KANT der positiven Religion zu ihrem Eigenrecht verholfen hatte. — Ein eigen-
artiges Gemisch aus den verschiedensten Einflüssen, die er um 1800 als Jenaer
Privatdozent von FICHTE, HUMBOLDT und SCHELLING erfahren hatte, machte FRIED-
RICH SCHLEGEL in seinen 1828 gehaltenen Vorlesungen über die Philosophie der
Geschichte gegen HEGEL geltend. Zwar lehnte er »ein System, oder eine Reihenfolge
von abstracten Begriffen, Sätzen und Folgerungen als bloßes Gebäude der Theorie«
(XIV 151) ab, postulierte aber dennoch für die geschichtliche Entwicklung ein
»göttliches Princip der höhern Art«, nämlich die »im großen Ganzen wie im Einzelnen, sichtbare Hand der alles liebevoll lenkenden, und bis zum Ende leitenden
Vorsehung« (XIV 147). Für ihn ist es darum »das Wesentlichste von allem . . ., den
in der Geschichte sich offenbarenden . . . Geist Gottes in seinem Dahinschreiten
durch die Jahrhunderte wahrzunehmen, und die Flammenzüge und Spuren seines
Fußtrittes zu erkennen« (XIV 150). In dem Maße, in dem SCHLEGEL hier von HEGEL
weg-, aber doch nicht zur eigentlichen Historiographie hinstrebte, blieb er der Welt
der literarischen Romantik verhaftet.

[21] Vgl. RPh 138: »Ich, Dieser, bin das einzige Wesentliche, d. h. Ich, das Endliche, bin
das Unendliche, . . . dieses Unendliche, Jenseitige ist nur durch mich gesetzt«.

sie wäre, da ihr einziger Festpunkt das endliche Bewußtsein ist, eben nur eine endliche Vereinigung. Die Befreiung von dieser Begrenzung der Gotteserkenntnis gelingt nur durch Offenbarung; das aber bedeutet: die erkennende Vernunft entspricht der Selbstmitteilung Gottes, sie erkennt das ihr Gemäße. Damit wird das Endliche zum notwendigen Korrelatbegriff des Unendlichen, und dieses manifestiert sich in jenem[22]. »Gott ist ebenso auch das Endliche, und ich bin ebenso das Unendliche«; »Ohne Welt ist Gott nicht Gott« (RPh 148). Damit ist der identitätsphilosophische Grund-Satz in aller Schärfe ausgesprochen, der HEGEL den Vorwurf der Destruktion des überkommen Gottesbegriffs eintrug. Gott steht nicht hinter der Welt, sondern er ist, auch, die Welt. Die Welt ist der Prozeß seiner Realisierung, und so ist Gott der Prozeß selbst, der um sich selbst weiß[23]. Als Geist, als sich wissende Vernunft, hat Gott sein Wissen um sich — und darin seine Wirklichkeit — im geistigen Sein des Menschen. Die Tradition der abendländischen Mystik in der Mitte der HEGELschen Philosophie läßt sich nicht verleugnen[24].

Offenbarung als Selbstmitteilung Gottes ist darum notwendig geschichtliche Offenbarung, besser: Offenbarung als Geschichte. Damit leistet, bei unterschiedlicher Nomenklatur, die Religionsphilosophie dasselbe, was die Geschichtsphilosophie leistete: den Aufweis des Unendlichen im Endlichen. Das ist die Antwort auf das

---

[22] Vgl. Heidelb. Enzykl. § 91: »Die Äußerung des Wirklichen ist das Wirkliche selbst, so daß es in ihr ebenso wesentliches bleibt, und nur insofern wesentliches ist, als es in unmittelbarer äußerlicher Existenz ist«.

[23] Vgl. Große Enzykl. § 564: »Gott ist Gott nur in sofern er sich selber weiß; sein Sichwissen ist ferner sein Selbstbewußtseyn im Menschen, und das Wissen des Menschen *von* Gott, das fortgeht zum Sich-wissen des Menschen *in* Gott« (Hervorhebungen von H.).

[24] HEGEL selber verweist öfter auf ECKEHART. BOEHME, OETINGER, HAMANN und BAADER sind Stationen auf dem Wege dieser Überlieferung — vom Monismus SPINOZAS, der die jüdisch-theosophische Mystik in seine Philosophie hereingenommen hatte, noch ganz abgesehen. Sehr interessant ist in diesem Zusammenhang eine Bemerkung RANKES in einem Brief vom 4. 1. 1828 an den ihm befreundeten Philosophen HEINRICH RITTER: »Was sagst Du zu der Opposition Franz Baader's gegen Hegel? Sie sind doch fast Einer Richtung, nur in verschiedenen Irrgärten« (SW LIII/ LIV 185). BAADER, dessen zahllose kleine Gelegenheitsschriften eine systematische Darstellung seines Denkens erschweren, betonte die »Unfähigkeit der Kantischen Philosophie, die Religion zu begreifen« (ERDMANN III 288), bekannte sich zu JAKOB BOEHME, prägte SCHELLING stark und beeinflußte auch HEGEL. Schon KANT hatte in dem Aufsatz ‚Das Ende aller Dinge' (1794) prophezeit, daß »der nachgrübelnde Mensch in die Mystik« (VIII 335) geraten müßte, wenn er sich bei der Betrachtung des geschichtlichen Prozesses nicht auf die Vernunft (im KANTischen Sinne!) beschränke. Vgl. auch LÜTGERT II 137: HEGEL »ist der Scholastiker der idealistischen Mystik. Sie ist bei ihm in ein System gebracht. Aber dieses System verhält sich zur Mystik, wie sich Thomas von Aquino zu Meister Eckehart verhält«.

religiöse Grundmotiv alles HEGELschen Fragens und zugleich die Begründung für die Dignität der Geschichte im Rahmen seiner Philosophie. Die Vernunft ist das »Göttliche im Menschen« und »der Geist, insofern er Geist Gottes ist, ist nicht ein Geist jenseits der Sterne, ... sondern Gott ist gegenwärtig und als Geist im Geiste« (RPh 43). »Wird Gott jenseits unseres vernünftigen Bewußtseins gestellt, so sind wir davon befreit, sowohl uns um seine Natur zu bekümmern, als Vernunft in der Weltgeschichte zu finden« (GPh 17 f.).

Weil es der Geist ist, »der das Innere regiert«, ist es für HEGEL »abgeschmackt, nach Art der Historiker hier Zufälligkeit annehmen zu wollen« (RPh 72). Eine vom Zufall regierte Geschichte ist für ihn identisch mit Verborgenheit Gottes[25]. Gottes Offenbarsein ist umgekehrt identisch mit der Sinnerschließung der Geschichte. Wenn aber Gott im Prozeß der Geschichte gegenwärtig ist, wenn die Geschichte in sensu stricto *seine* Geschichte ist, dann sind die — auch empirisch wahrnehmbaren — Spannungen in der Geschichte auch Spannungen in Gott. Der Bewältigung dieser Spannungen in der Geschichte und damit in Gott dient bei HEGEL die Methode der Dialektik[26] als der »Versuch, das Alogische dem übergreifenden Gesamtzusammenhang des Denkens einzuordnen und es damit logisch zu rechtfertigen«[27].

Der Geist ist ständig im Werden, im Prozeß. Indem er schöpferisch tätig ist, setzt er etwas aus sich heraus, das ihm gegenübersteht, das, als Geschaffenes, ein Endliches ist und damit eine Negation des schaffenden Unendlichen. Es gehört aber zum Wesen des Geistes, unaufhörlich alles zu überwinden, was ihm entgegensteht. Überwinden heißt indes nicht Vernichten, sondern ‚Aufheben‘ der einzelnen Momente dieses Prozesses, der seine treibende Kraft darin hat, daß der Geist (Gott) lebendig oder das Leben schlechthin ist. Jede

---

[25] Diese ‚Art der Historiker‘ sieht HEGEL auch in der zeitgenössischen Exegese religiöser Dokumente am Werk: »So können wir fordern, daß bei der Religion von ihr selber und nicht von dem Buchstaben angefangen werde, ... daß die Religion treu und offen aus der Vernunft entwickelt und so die Natur Gottes und die Religion betrachtet werde, ohne den Ausgangspunkt vom bestimmten Worte zu nehmen« (RPh 39). Eine einfache Identifizierung dieses Satzes mit den Thesen LESSINGS verbietet sich deshalb, weil HEGELS Begriff der Vernunft die Aufklärung weit hinter sich hat.

[26] »Hegel hat es einst Baader selbst gestanden, daß für ihn J. Böhme wegen der Idee der Aufhebung eines Widerspruchs in einem höheren Dritten der tiefste aller Philosophen sei, weil er jene Idee am entschiedensten und klarsten gefaßt habe« (LÜTGERT III 60). Zum dialektischen Verfahren bei FICHTE, der die Dialektik zwar »als unendlichen Prozeß«, aber »ohne den Eigengehalt und Eigensinn der einzelnen Perioden und Momente« (TROELTSCH 252) gebrauchte, vgl. auch HARTMANN I 58f. und DILTHEY IV 48.

[27] LEESE 26.

Stufe auf diesem Wege des Negierens und Neusetzens hat die jeweils vergangenen nicht einfach abgetan und vergessen, sondern enthält sie als ‚aufgehobene‘ in sich.

»Jede Antithetik drängt auf Synthese hin, die Synthese aber ist das ausgesprochen höhere Gebilde, die ‚Wahrheit‘ des niederen. Diese Aufwärtsrichtung des Fortschreitens kehrt sich nirgends um. Zudem, der Ausgangspunkt der Logik ist das Einfachste und Ärmste, der Endpunkt das Erfüllteste und Konkreteste. Jeder Schritt ist unverkennbar Erweiterung und Erhebung. Das Ganze ist ein einziger, großer, ununterbrochener, aber auch irreversibler Aufstieg«[28].

Der Inbegriff der gesamten Entwicklung ist der absolute Geist, in dem alle Momente aufgehoben sind: »Der Geist ist nur als sein Resultat« (GPh 35). Dabei ist es nun wichtig, hier die Geschichtsphilosophie als eine Anwendung der Logik und damit das Ineinander von logischen und geschichtlichen Phasen zu sehen. Weil sich der Geist geschichtlich entfaltet, hat die Begriffsdialektik ihre notwendige Entsprechung in der Realdialektik. So dient für HEGEL die Dialektik nicht einfach einer beliebigen Spekulation über die Geschichte[29], sondern sie ermöglicht die Einsicht in den Verlauf der empirischen Geschichte selber. War für KANT die Dialektik »das große Feld des Scheines, gegen das die Kritik Grenzen aufrichten muß«[30], so soll sie bei HEGEL beide Extreme verhindern: die völlige Trennung von Wesen und Erscheinung sowie deren einfache Identifizierung. Würde bei einer Trennung die Welt der Erscheinungen entwirklicht (denn ‚wirklich‘ und ‚vernünftig‘ gehören für HEGEL aufs innigste zusammen), so würde bei einer undialektischen Identifizierung das Endliche durch das Unendliche absorbiert — und umgekehrt. In der dialektischen Vermittlung wird dagegen das Endliche — zwar jeweils ‚aufgehoben‘, aber doch — als der angemessene Ausdruck des Unendlichen begriffen.

Die Anwendung der Dialektik[31] auf die Geschichte hat HEGEL über zwei aufklärerische Schemata hinausgeführt: Die teleologische Konzeption besteht nicht mehr einfach darin, daß das Höhere jeweils

---

[28] HARTMANN II 193.

[29] Vgl. z. B. SCHLEGELS Aufstellungen: »Und so wäre also das dreifache göttliche Princip und der innere Eintheilungsgrund einer solchen Philosophie der Geschichte: das Wort, die Kraft und das Licht; welche einfache Eintheilung selbst ganz auf der historischen Erfahrung und Wirklichkeit beruht und gegründet ist« (XIII 197)!

[30] HARTMANN II 43.

[31] Vgl. KRONERS Zusammenfassung der Stellung der idealistischen Philosophen zur Dialektik: »Für Kant bedeutet Dialektik so viel wie Schein, dem die Wahrheit der Erfahrung entgegengesetzt wird; für Fichte bedeutet Dialektik die Methode, das Wahre zu erkennen, soweit es erkennbar ist; für Schelling wird Dialektik wiederum zum Schein (zu ‚eitel Widersprüchen‘), dem die wahre Erkenntnis — nicht der Erscheinungen . . ., sondern — des Absoluten gegenübersteht. Hegel endlich vereint Kant, Fichte und Schelling in sich: für ihn ist Dialektik die Methode, das erscheinende

aus dem Niederen hervorgeht und dieses völlig verläßt. Die andere Frucht der Dialektik besteht in der Vermeidung des Kausalitätsprinzips[32].

III. Der Prozeß der Geschichte

1. Das Material

Aus dem innersten Bereich der Logik ergab sich im Vorliegenden der Gedanke einer dialektischen Entwicklung des Geistes zur Freiheit[33]. Dieser Prozeß verläuft im Bewußtsein, im Willen und in den Betätigungen des Menschen. Weil das Allgemeine nur »durch das Besondere in die Wirklichkeit treten« (GPh 62) kann, ist es das »unendliche Recht des Subjekts«, daß es »sich selbst befriedigt findet in (s)einer Tätigkeit« (GPh 59).

»Diese unermeßliche Masse von Wollen, Interessen und Tätigkeiten sind die Werkzeuge und Mittel des Weltgeistes, seinen Zweck zu vollbringen« (GPh 65). »Die Idee als solche ist die Wirklichkeit; die Leidenschaften sind der Arm, womit sie sich erstreckt« (GPh 61).

HEGEL spielt den Prozeß des Geistes nicht gegen die empirische Geschichte aus, sondern versucht, das unauflösliche Ineinander beider aufzuzeigen. Was sich dem geschichtlichen Individuum als sein besonderer Wille darstellt, erweist sich vom Ende des ideellen Prozesses her als eine höhere, allgemeinere Absicht.

»Im Gange der Weltgeschichte selbst ... ist die subjektive Seite, das Bewußtsein, noch nicht im Besitze, zu wissen, was der reine letzte Zweck der Geschichte, der Begriff des Geistes sei« (GPh 65 f.). »Erst das Wissen der Individuen von ihrem Zwecke ist das wahrhaft Sittliche« (GPh 69).

So teilt das Individuum im Verlauf der Entwicklung das Schicksal des Geistes: noch nicht frei zu sein. Unfrei ist es, wenn und weil es nur in das Begrenzte Einsicht hat. Solange sich das Ich »nach seiner Besonderheit« will, verwirklicht »die Individualität ihre Partikularität« (GPh 70). Die Entwicklung des individuellen Geistes wird aber

---

Absolute, d. h. das Absolute in seinen Erscheinungen, absolut zu erkennen« (II 192). HEGEL sah schließlich in der trinitarischen Gotteslehre das vorzügliche Anschauungsmaterial der Dialektik.

[32] Vgl. in diesem Zusammenhang TROELTSCH: »Die kausale und besonders psychologisch-kausale Verkettung der Einzelvorgänge aber ist eine vorbereitende, äußerlichere und rohere Bearbeitung des Materials ... Das ist die pragmatisch-reflektierende ... Darstellung, wie sie dem Handwerk angehört und in den tieferen Fluß und Sinn noch nicht eingedrungen ist« (257 f.).

[33] Die hier folgende Aufgliederung in eine ‚Horizontale‘ (das räumliche Nebeneinander der geschichtlichen Gestaltungen) und eine ‚Vertikale‘ (das zeitliche Nacheinander der geschichtlichen Ereignungen) soll eine Verstehenshilfe bieten, kann und will aber den von HEGEL dargestellten geschichtlich-logischen Prozeß nicht schematisieren.

entscheidend entlastet durch eine übergeordnete Struktur, die seine substantielle Grundlage ausmacht: durch das in einem Volke angesammelte Bildungsgut, die bergende Sphäre des objektiven Geistes. Da kein Individuum »den Geist seines Volkes überspringen« (GPh 73) kann, beruht andererseits der Wert der Individuen für den Gesamtprozeß darin, »daß sie gemäß seien dem Geiste des Volks, daß sie Repräsentanten desselben seien« (GPh 72). So haben die Individuen zwar ihre spezifische Aufgabe im geschichtlichen Prozeß, aber diese ist begrenzt, denn das Primäre ist die umfassendere Einheit des Volkes.

Von dieser Regel bilden nur die »großen welthistorischen Individuen« (GPh 75) eine gewisse Ausnahme. Sie können den Geist (und damit die Autorität) eines Volksganzen übersteigen und überspringen[34]. Es ist »der verborgene Geist«, der durch sie »an die Gegenwart pocht« (GPh 75), und sie sind es, die oft »den Menschen erst gesagt haben, was sie wollen« (GPh 77). Indes darf auch hier die wechselseitige Bedingtheit nicht übersehen werden: Die großen Individuen machen zwar Geschichte, aber die Geschichte ermöglicht auch und zuerst sie selber. Wie sie »Geschäftsführer eines Zwecks« sind, so »gleichen sie leeren Hülsen, die abfallen« (GPh 78), wenn dieser Zweck erreicht ist. Da es »die List der Vernunft« ist, »daß sie die Leidenschaften für sich wirken läßt« (GPh 83), bleiben also auch die großen Individuen nur »Mittel, deren der Weltgeist sich zur Realisierung seines Begriffes bedient« (GPh 88). »Zweck in ihm selbst ist der Mensch nur durch das Göttliche, das in ihm ist« (GPh 85). Die Herausstellung des Individuellen, als des Besonderen und Partikularen in der Geschichte, kann die Einsicht in den Gesamtprozeß nur bedingt fördern.

In erster Linie ist für HEGEL doch »der Staat der näher bestimmte Gegenstand der Weltgeschichte überhaupt, worin die Freiheit ihre Objektivität erhält« (GPh 94). Gemessen an der Partikularität des Individuums, drückt sich im Volk ein Allgemeineres aus, das freilich wegen seiner räumlichen und zeitlichen Begrenzung doch nur ein endliches Allgemeines ist. Zur Kennzeichnung dieser die verschiedenen Seiten des Lebens aus sich heraussetzenden Volksindividualität hat HEGEL die Vorstellung von einem jeweils besonderen ‚Volksgeist‘[35]

---

[34] Vgl. hierzu HERDERS ersten geschichtsphilosophischen Entwurf: »Es gibt Ausnahmen höherer Gattung, und meist alles Merkwürdige der Welt geschieht durch diese Ausnahmen. Die graden Linien gehen nur immer gerade fort, würden alles auf der Stelle lassen! wenn nicht die Gottheit auch außerordentliche Menschen, Kometen, in die Sphären der ruhigen Sonnenbahn würfe« (V 584). Auch FICHTE hebt in der ersten Vorlesung über ‚Die Grundzüge des gegenwärtigen Zeitalters‘ (1806) immer wieder bestimmte Repräsentanten eines Zeittypus heraus.

[35] Das Wort »ist bis jetzt am frühesten bezeugt in einer theologischen Jugendschrift Hegels von 1793 (KANTOROWICZ, H. Z. 108, S. 300)« (STADELMANN 97). Vgl. auch

übernommen. Der allgemeine Geist kommt im einzelnen Volksgeist
auf eine unvertretbare Weise (weil in einen Gesamtprozeß einge-
bunden!) zum Selbstbewußtsein, und dieses manifestiert sich im Bewußtsein eines Volkes über seinen eigenen geschichtlichen Ort (Vgl.
GPh 36). In einer »ursprüngliche(n) Disposition des Nationalcharakters«
(SW X 79) sind die Möglichkeiten der weiteren Entwicklung des Volksgeistes vorbestimmt; die geschichtliche Umwelt hat nur mitbestim-
menden Charakter.

Indes vermag das universalgeschichtliche Interesse HEGELS
selbst im einzelnen Volk nur die Durchgangsstufe eines Allgemeineren
zu erblicken. Die ‚Volksgeister' sind notwendig im Plural zu denken
und als solche »die Glieder in dem Prozesse, daß der Geist zur freien
Erkenntnis seiner selbst komme« (GPh 41). Weil ein Volk nur auf einer
bestimmten Stufe angemessener Ausdruck des allgemeinen Geistes
sein kann, hat jeder Volksgeist seine begrenzte Stunde, innerhalb
deren er freilich eine notwendige Funktion im Gesamtprozeß und darin
zugleich seine Würde hat.

»Der Volksgeist ist ... der geschichtlich individualisierte objektive Geist selbst —
im Unterschiede zur Allgemeinheit des letzteren, sowie zur Einzelheit der ... Individuen.
Gegen diese ist er das Substanzielle, in dem sie wurzeln, gegen jenen das geschichtlich
einmalige bestimmte Gebilde mit seinem zeitlichen Entstehen und Vergehen«[36].

Ist die beschriebene Funktion des Volksgeistes erloschen, hat das
Volk »seinen Zweck erreicht . . ., schwindet sein tieferes Interesse. Der
Volksgeist ist ein natürliches Individuum; als ein solches blüht er auf,
ist stark, nimmt ab und stirbt« (GPh 45). Da für HEGEL aber die
höchste Leistung eines Volksgeistes erreicht oder überschritten ist,
wenn er sich selber — in der Ausgestaltung einer Philosophie —
denkend erfaßt hat, hat ein Volk danach nur noch »eine inter-
esselose, unlebendige Existenz« (GPh 46). In die Verbindung, die
der unendliche Geist mit dem endlichen eines Volkes eingegangen
ist, hat der erstere das Gesetz seines Widerspruchs mit hineingetragen.
Die ‚Aufhebung' dieses Widerspruchs ist identisch mit dem Fortschreiten des Geistes zu neuen Gestaltungen, zur Realisierung seines Begriffs[37].

Die konkrete Manifestation des Volksgeistes ist das Volk in der
Gestalt des Staates. Der in der Enzyklopädie dargestellte Bereich des

FR. ROSENZWEIG, Hegel und der Staat, München und Berlin 1920, Bd. I, S. 223ff.
Nach FR. SCHNABEL (III 57) hat der Rechtshistoriker THIBAUT »als erster im Jahre
1814 das Wort ‚Volksgeist' auf das Rechtsleben angewendet, während Savigny es
erst in den Werken seines Alters aufgenommen hat«. Nun findet sich freilich der
Gedanke (wenn auch nicht das Wort) häufig schon bei HERDER, der aus dem (seiner
Herkunft nach unerklärlichen) genetischen Charakter oder Genius eines Volkes die
einzelnen Seiten des Volkslebens organisch hervorwachsen sah.

[36] HARTMANN II 355.
[37] Vgl. Heidelb. Enzykl. §§ 448 und 449.

objektiven Geistes umfaßt Recht, Moralität und Sittlichkeit; in diesen transsubjektiven Lebensäußerungen findet das Volks-Individuum zu seiner Gestalt. Zwar hat der objektive Geist sein Bewußtsein in den subjektiven Geistern, aber er ist nicht einfach deren Summe. Zwar sind sie seine Träger und er existiert in der geschichtlichen Realität nicht ohne sie, aber seine Realität reicht weiter. Er hat eine eigene Entwicklung und ist darum »dasjenige in ihnen, was Geschichte hat«[38]. So ist für HEGEL »das Göttliche des Staats ... die Idee, wie sie auf Erden vorhanden ist« (GPh 91), und in ihm »ist die Freiheit sich gegenständlich und positiv darin realisiert« (GPh 90).

»Alles, was der Mensch ist, verdankt er dem Staat; er hat nur darin sein Wesen ... Der subjektive Wille, die Leidenschaft ist das Betätigende, Verwirklichende; die Idee ist das Innere: der Staat ist das vorhandene, wirklich sittliche Leben« (GPh 90).

Der in der Vorstellung des Volksgeistes eingeschlossene Organismus-Gedanke wird nun auch auf den Staat übertragen, »welcher somit die Grundlage und der Mittelpunkt der andern konkreten Seiten des Volkslebens ist, der Kunst, des Rechts, der Sitten, der Religion, der Wissenschaft« (GPh 104). Unter diesen konkreten Seiten des Volkslebens steht die Religion der Bedeutung nach an der Spitze.

»Im allgemeinen ist die Religion und die Grundlage des Staates eins und dasselbe; sie sind an und für sich identisch« (RPh 303; vgl. GPh 110). »So wie ein Volk sich Gott vorstellt, so ... stellt es sich selber vor; so ist die Religion auch Begriff des Volkes von sich. Ein Volk, das die Natur für seinen Gott hält, kann kein freies Volk sein; erst dann, wenn es Gott für einen Geist über der Natur hält, wird es selbst Geist und frei« (GPh 105).

Im Blick auf diese begriffliche Zuordnung von Volk, Staat, Religion und Entwicklung des objektiven Geistes bleiben viele Fragen an HEGEL offen[39], vor allem, weil unter universalgeschichtlichem Aspekt auch dem einzelnen Volksgeist nur eine relativierte Bedeutung zukommt.

Da die einzelnen Volksgeister sterben, muß die Kontinuität der Geschichte durch eine die Volksgeister übersteigende Einheit gewährleistet werden. Für diese Einheit gebraucht HEGEL die Chiffre ,Weltgeist' und meint damit den innersten Trieb der gesamten Geschichte überhaupt, der zur eigenen Entwicklung und endlichen Freiheit drängt. Als das Leben selber schreitet der Weltgeist über

---

[38] HARTMANN II 304. Schon FICHTE hatte in der 10. Vorlesung über ,Die Grundzüge des gegenwärtigen Zeitalters' den Staat als die Anstalt bezeichnet, die den Individuen die Richtung ihres Denkens und Handelns angibt und sie so zur Verwirklichung des in der Geschichte angelegten Zweckes befähigt.

[39] So z. B.: Vertritt jedes Volk wirklich nur *ein* Prinzip ? Welche Bedeutung kommt der bestimmten und unverwechselbaren Stufe, die ein Volksgeist im Rahmen des *Gesamt*prozesses einnimmt, unter dem Gesichtspunkt der *inner*staatlichen Entwicklung zu ?

die sterblichen Völker-Individuen hinweg und — stirbt selber nicht. Hier wird deutlich, daß die einzelnen ‚Volksgeister' nur Mittel und Material dieses ‚Weltgeistes' sind, der — als das geschichtliche Leben — ihnen gedanklich vorausgeht. Der Volksgeist hat insofern keine selbständige Existenz, als er ohne den Weltgeist nicht zu denken ist.

»Jeder einzelne neue Volksgeist ist eine neue Stufe in der Eroberung des Weltgeistes, zur Gewinnung seines Bewußtseins, seiner Freiheit. Der Tod eines Volksgeistes ist Übergang ins Leben, und zwar nicht so wie in der Natur, wo der Tod des einen ein anderes Gleiches ins Dasein ruft. Sondern der Weltgeist schreitet aus niedern Bestimmungen zu höheren Prinzipien, Begriffen seiner selbst, zu entwickelteren Darstellungen seiner Idee vor« (GPh 50).

Der Volksgeist bildet also für HEGEL nur eine Formel, die für eine bestimmte Kulturstufe die Vermittlung zwischen dem logischen System (Weltgeist als geschichtliche Lebenstotalität) und der empirischen Wirklichkeit (das in einem Staat gegliederte und zusammengefaßte Volksleben) leistet[40].

In einem dialektischen Spannungsverhältnis zu diesem Weltgeist steht bei HEGEL schließlich die Wirksamkeit des sogenannten absoluten Geistes. Der Weltgeist manifestiert sich im zeitlichen Nacheinander der einzelnen Volksgeister; der absolute Geist aber kommt — in partieller Parallelität zu diesem Fortschreiten in der Zeit — durch die verschiedenen, ihrem Begriffe nach nicht völlig in den geschichtlichen Realprozeß eingebundenen Lebenssphären zur Wirkung: durch Kunst, Religion und Philosophie.

»Die geistige Kultur wächst ... über ihr Gefäß, den Staat, hinaus. Der Staat ist nur erst die objektive Vernunft, die Kulturwerte des Geistes sind dagegen das System der absoluten Vernunft ... Die absolute Vernunft ist nie abstrakt, ist immer konkret die in bestimmten Staatlichkeiten erwachsene. Sie löst sich von ihnen jedoch in Gestalt der Tradition, der geschichtlichen Erinnerung«[41].

Darum konnte HEGEL die Weltgeschichte eben auch unter religionsgeschichtlichen und religionsphilosophischen Gesichtspunkten zu erfassen suchen — wie schon LESSING in der ‚Erziehung des Menschengeschlechts'. Der Weltgeist stellt dann dem absoluten Geist gleichsam den notwendigen geschichtlichen Rahmen. So ist es folgerichtig, daß bei HEGEL alle Geschichtsbetrachtung universalgeschichtlich orientiert ist. Das Wesen der Geschichte — auch und gerade das Wesen der von HEGEL so bevorzugten Staatengeschichte — enthüllt sich nur dem universalgeschichtlich bestimmten Blick: als der Prozeß des Geistes zu seiner Freiheit. Die Richtung und die Phasen dieses Prozesses sind im Folgenden zu kennzeichnen.

---

[40] Vgl. DITTMANN 14.
[41] TROELTSCH 262.

2. Die Entwicklung

In der Naturgeschichte gibt es für HEGEL »nichts Neues unter der Sonne«, »nur in den Veränderungen, die auf dem geistigen Boden vorgehen, kommt Neues hervor« (GPh 129). Darum kann die geschichtliche Entwicklung niemals aus einem naturhaften »Trieb der Perfektibilität« (GPh 129) verstanden werden, sondern allein als Prozeß des Geistes, der »seinen eignen Begriff erreichen« (GPh 132) will[42]. »Die Weltgeschichte ist ... die Auslegung des Geistes in der Zeit, wie sich im Raume die Idee als Natur auslegt« (GPh 134); es ist aber auch »die Arbeit des Geistes durch Jahrtausende gewesen, den Begriff der Religion auszuführen« (RPhA 5). Im Miteinander geschichts- und religionsphilosophischer Bestimmungen läßt sich diese Arbeit des Geistes in der Zeit längsschnitthaft beobachten.

Die Frage nach dem Anfang der Geschichte war bis zu HEGEL hin vorbestimmt durch die biblische Urgeschichte mit ihrer Vorstellung von Paradies und Fall. LESSING und HERDER nahmen mit der Vorstellung eines vollkommenen Urzustandes zugleich die entscheidende Zäsur in der ansonsten angestrebten Linearität ihrer Geschichtsentwürfe in Kauf. Aber auch FR. SCHLEGEL[43], FICHTE[44]

---

[42] HEGEL hat sich LESSINGS Programm der ‚Erziehung des Menschengeschlechts‘ nicht zu eigen gemacht. »Mehr Kenntnisse« und »feinere Bildung« sind nicht Qualitäts-, sondern nur Quantitätsbegriffe (GPh 130). Zwar ist »im Geist ... jede Veränderung Fortschritt« (GPh 134), aber dabei muß »das Ziel ... gewußt werden, das erreicht werden soll« (GPh 131); der Fortschrittsgedanke als solcher ist so bestimmungslos wie der der bloßen Veränderlichkeit.

[43] Da der Mensch »sein eigentliches Wesen, seine Natur und Bestimmung in dem göttlichen Ebenbilde« (XIII 192) hat, ist für SCHLEGEL die »erste Aufgabe der Philosophie ... die Wiederherstellung des verlornen göttlichen Ebenbildes im Menschen«, und das Ziel der Geschichtsphilosophie im besonderen ist es, »den Gang derselben Wiederherstellung in den verschiedenen Welt-Perioden historisch nachzuweisen« (XIII, S. V). SCHLEGEL, den mit HEGEL höchstens gegenseitige Antipathie verband, hat offenbar das beinahe Aussichtslose dieses Unternehmens geahnt: »Doch ist es besser, wenn dieses nicht sogleich allzu systematisch durchgeführt wird, sondern nur gleichsam episodisch und stellenweise an den einzelnen Geschichtspuncten, die sich von selbst dazu darbiethen, in den Gränzen einer bescheidenen Andeutung sich haltend, da alles dieses doch nur der esoterische Geist und innere religiöse Gedanke der Geschichte sein kann« (XIV 8 f.).

[44] FICHTES diesbezügliche Überlegungen in den Vorlesungen über ‚Die Grundzüge des gegenwärtigen Zeitalters‘ stehen in offensichtlicher Nähe zu denen LESSINGS. Wenn das Ziel der Geschichte ein Reich der Vernunft ist, kann dieser Zustand nicht schon an ihrem Anfang geherrscht haben; da aber andererseits die Vernunft nicht der Vernunftlosigkeit entstammen kann, muß in vorgeschichtlicher Zeit ein Urvolk wenigstens im Besitz eines Vernunftinstinkts gewesen sein. Dieser Überlegung dient die Vorstellung eines Normalvolkes, das durch Berührung und Konflikt mit der Barbarei den eigentlichen Geschichtsprozeß auslöste und die Funktion des Erziehers der Menschheit übernahm.

und SCHELLING[45] können in ihren Äußerungen zur Geschichte der Menschheit ohne dieses Traditionselement nicht begriffen werden.

HEGEL widersprach hier grundsätzlich und konsequent. Da der Geist unendliche Bewegung ist und als solcher im menschlichen Bewußtsein fortschreitend zum Selbstbewußtsein kommen will, kann das vollkommene Selbstbewußtsein oder die vollkommene Freiheit — und anders kann der Zustand der Vollkommenheit nicht gedacht werden — eben nicht das Erste, sondern nur das Letzte in der Geschichte sein: ein vollkommener Endzustand. Da das Absolute gegenüber der endlichen Welt nicht ein geschichtsloses Jenseitiges ist, rückt es notwendig an das Ende der Geschichte selber — und bestimmt von daher den Anfang wie den Verlauf des ganzen Prozesses. So kann die eigentliche Geschichte erst da anfangen, »wo die Vernünftigkeit in weltliche Existenz zu treten beginnt, nicht wo sie noch erst eine Möglichkeit nur an sich ist« (GPh 142). Der Anfang der konkreten Geschichte hängt darum für HEGEL an zwei sichtbaren Phänomenen: an der Staatenbildung und an dem Auftreten der Geschichtsschreibung. Gerade die letztere verbürgt die Verklammerung des jeweiligen Geschehens mit seinem adäquaten Ausdruck im Bewußtsein.

»Man pflegt die Geschichte mit einem Naturzustande anzufangen, dem Stande der Unschuld. Nach unserm Begriffe von Geist ist dieser erste Zustand des Geistes ein Zustand der Unfreiheit, worin der Geist als solcher nicht wirklich ist« (GPh 96). »Der Staat erst führt einen Inhalt herbei, der für die Prosa der Geschichte nicht nur geeignet ist, sondern sie selbst mit erzeugt« (GPh 145). »Die Zeiträume, wir mögen sie uns von Jahrhunderten oder Jahrtausenden vorstellen, welche den Völkern vor der Geschichtschreibung verflossen sind ..., sind darum ohne objektive Geschichte, weil sie keine subjektive, keine Geschichtserzählung aufweisen« (GPh 146).

HEGEL hat sich nicht die romantische Grundthese von der zeitlichen Nachordnung des Komplizierten gegenüber dem Unkomplizierten zu eigen gemacht. Auch der Wunsch nach einer Wiederholung

---

[45] SCHELLING erkannte, daß »die Hypothese eines Urvolks« — »wie jede empirische Hypothese« — die Erklärung des Anfangs der Menschheit historisch nur weiter zurückschiebt, spekulierte jedoch im selben Zusammenhang (Zweite der ,Vorlesungen über die Methode des academischen Studiums', S. 31 f.) weiter: »Es ist undenkbar, daß der Mensch, wie er jetzt erscheint, durch sich selbst sich vom Instinct zum Bewußtseyn, von der Thierheit zur Vernünftigkeit erhoben habe. Es mußte also dem gegenwärtigen Menschengeschlecht ein anderes vorangegangen seyn, welches die alte Sage unter dem Bilde der Götter und ersten Wohlthäter des menschlichen Geschlechts verewigt hat«. Vgl. auch die Abhandlung ,Philosophie und Religion' von 1804 (zitiert nach HINRICHS 35): »Die große Absicht des Universums und seiner Geschichte ist ... die vollendete Wiederversöhnung und Wiederauflösung in die Absolutheit ... Die Geschichte ist ein Epos im Geiste Gottes gedichtet; seine zwei Hauptpartien sind: die welche den Ausgang der Menschheit von ihrem Centro bis zur höchsten Entfernung von ihm darstellt, die andere, welche die Rückkehr. Jene Seite ist gleichsam die Ilias, diese die Odyssee der Geschichte«.

der geschichtlichen Anfänge müßte der Einsicht in das Streben des Geistes nach Vollkommenheit widersprechen. Selbst die Frage nach einer empirischen prima causa der Geschichte konnte für ihn nur eine unangemessene sein, weil der Anfang der geschichtlichen Entwicklung von deren Vollendung her zu begreifen ist[46]. Damit ist auch die evolutionistische Konzeption in ihrer späteren Ausbildung für HEGEL vom gedanklichen Ansatz her ausgeschlossen.

Der weitere Verlauf der Entwicklung der Weltgeschichte hat nun seinen ständigen Antrieb in jenem Streben des Geistes, sich von Stufe zu Stufe von den Fesseln der Natur zu befreien und die völlige Realisierung seiner selbst zu erreichen. Träger und Markierungspunkte dieses dialektischen Prozesses sind also die einzelnen Völker, mit denen der Geist auf der jeweiligen Stufe eine charakteristische Vereinigung eingeht. »Ein Volk kann nicht mehrere Stufen durchlaufen, es kann nicht zweimal in der Weltgeschichte Epoche machen« (GPh 163). Das Ineinander der logischen Stufen mit den empirischen, die als Volk und Staat die konkreten Lebenseinheiten der Geschichte darstellen, ist freilich in der Durchführung der HEGELschen Geschichtsphilosophie überaus problematisch. Sein Sinn für das Historische bewährt sich aber wenigstens darin, daß er in seiner geschichtlichen Periodik nicht auf Formalstufen[47], sondern auf bestimmte Völker und Religionen zurückgeht. Es ist wohl eine »für seine Geschichtsphilosophie letztlich belanglose Spielerei«[48], wenn er, in der Tradition LESSINGS und HERDERS, die biologischen Kategorien vom Kindes-, Jünglings-, Mannes- und Greisenalter (GPh 136f.) aufnimmt und danach die Geschichte in vier Zeitalter[49] einteilt, auf die die

---

[46] Von dieser Überlegung her setzt sich HEGEL auch über den Wortlaut der Bibel hinweg: »Wir fangen deshalb auch nicht mit den Traditionen an, die sich auf den ursprünglichen Zustand der Menschen beziehen, wie z. B. die mosaischen, sondern berühren sie bei dem Zeitpunkte, wo die darin liegende Prophezeiung in Erfüllung ging. Da erst hat sie historische Existenz; vorher war sie noch gar nicht in die Bildung der Völker aufgenommen« (GPh 96).

[47] Schon für FICHTE (‚Grundzüge‘, 1. Vorlesung) ergaben sich bei dem in fünf Epochen gegliederten Weltplan erhebliche Schwierigkeiten. »Charakteristisch für die nähere Epocheneinteilung ist der deduktive Apriorismus der Wissenschaftslehre, der nicht aus dem positiven Gang der Weltgeschehnisse die Folge der Zeitalter zu gewinnen sucht, sondern sie konstruktiv aus dem Prinzip ableitet« (HARTMANN I 111). FICHTE sah eine dialektische Entsprechung zwischen Unschuld, Sünde, Vernunft und These, Antithese, Synthese. In der 12. Vorlesung versuchte er eine historische Konkretisierung und sprach von den asiatischen Despotien, vom griechischen Rechtsstaat, vom römischen Weltreich. Mit dem aus Asien stammenden Christentum trat ein völlig neues Prinzip in die Geschichte ein, dessen weitere Entwicklung noch nicht abzusehen ist.   [48] LEESE 85.

[49] Daneben findet sich noch eine weitere Einteilung in drei Stufen, die dem Prozeß des Geistes folgen: 1. Einer ist frei; 2. Einige sind frei; 3. Der Mensch als Mensch

orientalische, griechische, römische und christlich-germanische Welt
verteilt wird[50]. In direktem Anschluß an diese Einteilung steht der
Satz: »Dieses alles nun ist das Apriorische der Geschichte, dem die
Erfahrung entsprechen muß« (GPh 137). In seiner Periodik hat sich
HEGEL also auf eine seltsame Mischung aus logischen, historischen
und bildhaft-traditionellen Maßstäben eingelassen.

Als Ergänzung ist nun die Einteilung der Religionsgeschichte in
den religionsphilosophischen Vorlesungen zu beachten. Auch hier
stellt HEGEL »die Entwicklung des Begriffs« (RPhA 3) oder den
»Gang . . ., wie die wahrhafte Religion entsteht« (RPhA 5), ausführlich
dar. Die christliche Religion ist die absolute. Ihr gehen zwei Stufen
endlicher oder ‚bestimmter‘ Religionen voraus: die der unmittelbaren
oder Naturreligion und die der Religionen der geistigen Individualität.
Die Naturreligion ist dadurch bestimmt, »daß sie Einheit des Geistigen
und Natürlichen, der Geist noch in der Einheit mit der Natur« (RPhA
11) und darum noch nicht frei ist. Die Religionen der geistigen Individualität haben das Merkmal der »Erhebung . . . des Geistigen
über das Natürliche« (RPhA 12). Zu dieser Stufe gehören: als Religion
der Erhabenheit die jüdische, als Religion der Schönheit die griechische und als Religion der Zweckmäßigkeit die römische. HEGEL
scheut sich in diesem Zusammenhang nicht einmal vor einer Übertragung der »ersten anfangenden Bestimmungen der logischen Idee:
Sein, Wesen, Begriff« (RPhA 21) auf die Stufen von der Naturreligion
bis hin zur römischen.

Diese Perioden-Schemata der Geschichts- und Religionsphilosophie haben HEGEL unendlich viel Kritik und Spott eingetragen.
Tatsächlich wird auch die Einteilung des historischen Materials
weder im konkreten Falle zureichend begründet, noch die Vermittlung
zwischen der Ableitung aus dem Begriff und dem geschichtlichen
Eigengefälle dieses Materials wirklich geleistet. Eine Überprüfung
nach der Seite der empirischen Aufarbeitung kann — und muß — im
Rahmen der vorliegenden Untersuchung nur an den die Geschichte
Israels betreffenden Problemen vorgenommen werden. Exemplarisch
für HEGELS Kritiker hat E. TROELTSCH von der »ganz unhaltbare(n)
Rationalisierung der Dynamik« (273) der Geschichte gesprochen und

---

ist frei (vgl. GPh 136). In diese Reihe von Schemata gehört auch der nur zum Teil
historisch begründbare Satz: »Die Weltgeschichte geht von Osten nach Westen;
denn Europa ist schlechthin das Ende der Weltgeschichte, Asien der Anfang« (GPh
232).

[50] Das ‚Greisenalter‘ ist in HEGELS Nomenklatur also nicht Ausdruck der Schwäche,
sondern der Reife. »Im christlichen Zeitalter ist der göttliche Geist in die Welt gekommen, hat in dem Individuum seinen Sitz genommen, das nun vollkommen frei
ist, substanzielle Freiheit in sich hat. Dies ist die Versöhnung des subjektiven Geistes
mit dem objektiven« (GPh 137).

HEGEL »Künstlichkeiten über Künstlichkeiten, Gewaltsamkeit über Gewaltsamkeit« (276) vorgeworfen; andererseits hat gerade TROELTSCH der über die Arbeit des Fachhistorikers hinausgehenden Fragestellung des Geschichtsphilosophen ihr Recht zugesprochen: »Diese Dynamik in ihrem Unterschied von der bloßen pragmatischen Motivenerklärung und der naturwissenschaftlich psychologischen Kausalität ... ist seitdem das eigentliche theoretische Geheimnis der Historie« (277).

Das Ziel der gesamten Entwicklung sah HEGEL schließlich in der Vermittlung des Geistes mit sich selbst, nicht etwa in einem endlosen Fortgang. »Von Gott wissen wir, daß er das Vollkommenste ist; er kann also nur sich selbst wollen und was ihm gleich ist« (GPh 30). Darum kann als Resultat der Entwicklung auch nichts anderes erscheinen, als was in ihrem Begriff von Anfang an angelegt war. Der Endzweck der Geschichte erweist sich so als der Grund und das Wesen ihres ganzen Verlaufs. Auf der Höhe der Entwicklung muß die Teilhabe des Bewußtseins am Selbstbewußtsein des Absoluten vollkommen sein. Deshalb ist die Geschichte da ‚erfüllt‘, wo der Mensch seine Freiheit, als die Freiheit des Geistes, selber im Gedanken weiß. Dann ist »die Idee ... präsent« (GPh 165), und der Prozeß hat sein Ziel erreicht, weil er seinen Zweck verwirklicht hat. Nach der Seite der Religion ist dieses Ziel identisch mit der Verherrlichung Gottes, diese wiederum mit der Erkenntnis Gottes. Da aber Gott nur in der Universalgeschichte, als der Geschichte seiner Selbstoffenbarung, erkennbar wird, hat dann auch der individuelle Geist »in der Ehre Gottes ... seine Ehre«, »hier ist er in der Wahrheit, hat mit dem Absoluten zu tun; er ist daher bei sich« (GPh 164f.; vgl. RPhC 177f.).

Für dieses Wissen ist Geschichte nicht nur Vergangenheit, sondern auch Gegenwart, weil »die gegenwärtige Welt«, als »Gestalt des Geistes, ... alle in der Geschichte als früher erscheinenden Stufen in sich begreift« (GPh 165). Darum ist die Philosophie der Geschichte die Tätigkeit, durch die Gottes Geschichtsplan — und mit diesem Gott selbst durch sich selbst — erkannt und anerkannt wird. Damit ist die Universalgeschichte in spezifischem Sinne als Heilsgeschichte gekennzeichnet. Die isolierte Betrachtung eines Teilstückes der Geschichte kann zu dieser Einsicht nicht führen[51], denn Gott hat sich in die *ganze* Geschichte inkarniert. Die philosophische und theologische

---

[51] Vgl. SCHELLING (a. a. O. 195f., 9. Vorlesung): »Die historische Construktion des Christenthums kann wegen dieser Universalität seiner Idee nicht ohne die religiöse Construktion der ganzen Geschichte gedacht werden. ... Eine solche Construktion ist ... nicht ohne Philosophie (möglich), welche das wahre Organ der Theologie als Wissenschaft ist«. Auch für SCHELLING ist in aller Religion Offenbarung, »die Geschichte der Religionen ist nichts anderes als die fortschreitende Offenbarung Gottes« (HARTMANN I 179).

Spannung zwischen Theismus und Pantheismus, zwischen Gott als
Persönlichkeit und Gott als Prozeß, scheint sich zugunsten der jeweils
zweiten Bestimmung zu lösen.

Weil HEGEL seine Geschichtsphilosophie als die denkende Betrachtung der Geschichte — also des Geschehenen — ansah, mußte
sie wohl notwendig bei seiner eigenen Gegenwart enden. Aber gerade
dieses Aussparen der Zunkunft bedeutete eine erhebliche Lücke in
HEGELS geschichtsphilosophischem Entwurf: Seine Epigonen aus den
verschiedensten Lagern trachteten eifrig danach, sie zu füllen.

*IV. Das Verhältnis der Geschichtsphilosophie zur empirischen Ge-
schichte — aufgezeigt an der Religion und Geschichte Israels*

Wer HEGELS denkende Betrachtung der Geschichte mit der
Arbeit des Historikers verwechselt oder dem Philosophen das Feld der
Geschichte überhaupt streitig macht — das müßte er dann freilich
auch dem Theologen antun! —, der hat sein Urteil über HEGEL
schon nach der Lektüre einer einzigen Seite der Geschichtsphilosophie
gewonnen. Insofern aber die historische Bemühung immer auch auf
Deutung der Geschichte bedacht ist, gibt es nach HEGEL keinen
Rückweg mehr in eine historische Naivität. Der im 19. Jahrhundert
gegen die philosophische Umklammerung der Historie gerichtete
Impuls der deutschen Geschichtsschreiber hat die umfassende Diskussion über die Hermeneutik der Geschichte provoziert, die — in
Zustimmung[52] oder Widerspruch[53] vor allem um HEGEL kreisend —

---

[52] E. TROELTSCH hat nachdrücklich HEGELS epochemachende Leistung als den »groß-
artigste(n) Versuch unser Problem zu lösen« (132) gewürdigt. Das »Apriori der
Dialektik« ist für ihn »ein Ordnungs- und Durchdringungsmittel für empirisches
Material«, es ist »auch gar nicht a priori deduziert, sondern als Hintergrund und
Gehalt alles erfahrungsmäßigen Denkens lediglich aufgewiesen und mit dem wagen-
den ‚Mut des Denkens' erfaßt«, weshalb der gängige Vorwurf einer »aprioristische(n)
Konstruktion« verfehlt sei (253). Da es »nur auf das richtige und gesunde Verhältnis
der empirischen und kritischen Forschung zur konstruierenden Darstellung« ankommt, die empirische Forschung also nicht ausgeschaltet, sondern vorausgesetzt
wird (254), und die Geschichtsphilosophie so als »eine Empirisierung des Logischen
und eine Logisierung des Empirischen« (131) gekennzeichnet werden kann, war
HEGEL »nicht der konstruktive Tor und Notwendigkeitsfanatiker, der alles in Harmonie, Zweckverwirklichung und Notwendigkeit auflöste« (255). Diese Sicht entspricht der schon von SCHELLING in seinen Vorlesungen (a. a. O. 207) für die theologische Arbeit geforderten »*Verbindung* der spekulativen und historischen Construktion des Christenthums« (Hervorhebung vom Vf.).

[53] Auch TROELTSCH bemerkte natürlich die »Spannung zwischen dem Konkret-Histo-
rischen und dem Rational-Begrifflichen«, die gelegentlich »eine ungeheuerliche Ver-
gewaltigung der wirklichen Geschichte« zur Folge hatte (130). SRBIK unterstellte
HEGEL grundsätzlich, daß er »den Weltgeist seinen logischen Gang gehen ließ, ohne

noch heute anhält[54]. Angesichts dieser Problematik darf bei der folgenden Explizierung des Beispiels ‚Israel' nicht übersehen werden, daß HEGEL, im Gegensatz zum Historiker, nur nach der Linienführung des geschichtlichen Ganzen und innerhalb dieses Ganzen nach dem Typischen fragt.

HEGEL hat in der Geschichtsphilosophie dem alten Israel ein erstaunlich geringes Gewicht beigemessen[55]. Während in der Anordnung der geschichtsphilosophischen Kollegs seit 1822 unverändert zwischen Israel und der christlich-germanischen Welt nicht nur Griechenland und Rom, sondern sogar Ägypten stand, hat HEGEL in den religionsphilosophischen Vorlesungen von 1827 die jüdische Religion erst nach der griechischen behandelt und damit dem Brauch

---

sich durch die Empirie der Wirklichkeit im Grunde beirren zu lassen, von philologisch-kritischer Methode ganz zu schweigen. Er stellte die von ihm gedachte ‚Wahrheit' weit über die kritisch erfaßte ‚Wirklichkeit'. Selbst die bedingte Richtigkeit seiner Dreiklanglehre vergewaltigte durch ihren absolutierenden Gesetzesbegriff das geschichtliche Leben und die Geltung des Einzelmenschen und der Einzeltat. Von echter Dynamik kann bei dieser Begrifflichkeit nicht gesprochen werden« (I 188). G. MASUR sieht bei HEGEL »die geschichtliche Wirklichkeit immer in Gefahr, scholastisch überwuchert und monistisch vergewaltigt zu werden« (50), und LÜTGERT dekretiert: »Nach dem einförmigen Rhythmus: Einheit, Entzweiung, Versöhnung . . . läuft die Weltgeschichte vor uns ab. Sie muß sich dem Schema wohl oder übel fügen« (III 71; vgl. I 171; III 64; III 94). Erheblich differenzierter würdigt FR. SCHNABEL, daß HEGEL »dem geschichtlichen Sinn neben der herrschenden Spekulation einen Platz erkämpft (hat), da er in allem Leben das Werden sah und nicht ein abstraktes Vernunftideal annahm« (III 9). »Wenn das 19. Jahrhundert gekennzeichnet ist als eine Hinwendung von der Idee zur Wirklichkeit, vom allgemeinen Vernunftideal zur Anerkennung der individuellen Erscheinungen, vom universalen Denken zur Anschauung des Einzelnen und zur Empirie, so steht Hegel auf der Wende der Zeiten« (III 3). Die Unsicherheit aller dieser Einordnungen HEGELS wird freilich evident, wenn derselbe SCHNABEL ein paar Seiten weiter schreibt: »Er beraubte sich der Möglichkeit, die Autonomie der einzelnen geistigen Bereiche anzuerkennen. Den Weg zur empirischen Forschung hatte er sich hiermit doch wieder verbaut; er hat durch die dialektische Methode das ungeheure Reich der Empirie seinen Formeln dienstbar gemacht. Sein Wirklichkeitssinn fand eine Schranke an seinem konstruktiven Denken« (III 10).

[54] Vgl. die unter dem Titel ‚Offenbarung als Geschichte' zusammengefaßten exegetischen und systematischen Entwürfe (1961). Noch schärfer hat sich der Herausgeber dieses Heftes, W. PANNENBERG, in seinem Aufsatz ‚Hermeneutik und Universalgeschichte' (ZThK 60, 1963, 90—121) über die Problematik der HEGELschen Geschichtsphilosophie geäußert. Er hat die Schranken des HEGELschen Entwurfs treffend aufgezeigt an dessen Verkennung der »unaufhebbaren Endlichkeit der Erfahrung« wie der »Unverrechenbarkeit des Zufälligen und damit auch des Individuellen unter das Allgemeine« (120).

[55] Innerhalb des ersten, die ‚orientalische Welt' umfassenden Hauptteils von etwa 260 Seiten wird die Geschichte Israels auf genau sieben Seiten behandelt (GPh 453-459).

der anderen religionsphilosophischen Kollegs widersprochen, in denen
— parallel zu den geschichtsphilosophischen — Israel vom Christentum durch die griechische Religion getrennt war. Diese leise Unsicherheit verrät, daß der geschichtliche Verlauf mit seinen Gleich-
zeitigkeiten und Überschneidungen auch von HEGEL kaum bruchlos
eingefangen werden konnte. Den direkten geschichtlichen Zusammenhang zwischen Israel und dem Christentum hat er also in den meisten
Vorlesungen kaum berücksichtigt, vielmehr das Griechentum als die
eigentliche Vorstufe des Christentums herausgestellt. Diese Schwierigkeit resultiert aus der Griechenliebe der gesamten Goethezeit. HEGEL
selber hat nie detaillierte Studien zur Geschichte Israels getrieben,
wohl aber »seit der Tübinger Zeit nach dem inneren Verhältnis von
Griechentum und Christentum«[56] gesucht.

Die Ausschließlichkeit der ‚Prinzipien‘, deren Träger für HEGEL
die einzelnen weltgeschichtlichen Völker sind, wird der wechsel-
seitigen Beeinflussung der Völker und Kulturen ohnehin kaum gerecht. Die allgemein-orientalische Eingebundenheit des frühen Israel,
die Durchdringung der spätjüdischen Diaspora mit vielfältigem
Fremdgut oder auch die Vermittlungs-Existenz der Judenchristen:
das sind beispielhafte Erscheinungen, die bei HEGELS idealtypischer
Fixierung der einzelnen Volksgeister nicht hinreichend in Ansatz
gebracht werden können. Die zwischenvölkischen Abhängigkeiten
gerade der Geschichte Israels können kaum in vollem Umfang in
einem historischen Schema geborgen werden, das durch Aufblühen
und Absterben eines Volksgeistes oder durch die Identifizierung eines
Volkes mit einer einzigen Stufe der universalen Kultur- und Reli-
gionsentwicklung gekennzeichnet ist.

Was sich derart bei der Einordnung Israels in die Entwicklung
im ganzen zeigt, wirkt sich auch bei der Darstellung Israels selber als
notwendiger Verzicht auf die geschichtliche Tiefendimension, auf die
Betrachtung des Werdens dieses Volkes aus. HEGEL hat auch in der
Geschichtsphilosophie Israel lediglich unter religionsphilosophischen
Aspekten gewürdigt. So erscheint auf dieser durch Israel vertretenen
Stufe der »Entgötterung der Natur« (GPh 454) im »Umschlagen des
morgenländischen Prinzips« zum ersten Mal in der Weltgeschichte
»das geistige Element« so, daß »der eine Gott zum Bewußtsein kommt
als der Reine, Eine«; »das Natürliche dagegen ist zu einem rein
Äußerlichen herabgedrückt; die Gottheit ist der Natürlichkeit ent-
äußert« (GPh 453), und damit erhält der Geist »erst hier seine Würde,
sowie die Natur ihre rechte Stellung wieder« (GPh 454). Dieses anti-
thetische Verhältnis von Schöpfer und Geschaffenem, von Geist und
Natur, wird von HEGEL als besonders ‚abstrakt‘ gekennzeichnet:

[56] HARTMANN II 62.

Das Geistige befindet sich in völliger Trennung von der ihm als bloße Äußerlichkeit gegenüberstehenden Natur. Das Absolute manifestiert sich als jüdischer Nationalgott, entbehrt also der Allgemeinheit. So charakterisieren »die nationelle Individualität und ein besonderer Lokaldienst« (GPh 456) die Gottesbeziehung Israels, die im übrigen die Existenz anderer Götter nicht ausschließt. HEGEL stellt hier das eigene Entwicklungsprinzip völlig zurück: in der Weise des Verzichts auf eine Nachzeichnung des Kampfes Israels um diese ‚Einzigkeit‘ seines Gottes. Dadurch wird es ihm möglich, das Gottesverhältnis Israels, in historischer Pauschalität, als Gesetzesreligion zu bezeichnen und auf eine bloße Objekt-Gebundenheit zu reduzieren.

»Wir sehen deshalb bei diesem Volke als Verhältnis zum reinen Gedanken den harten Dienst. Das Subjekt als konkretes wird nicht frei, weil das Absolute selbst nicht als der konkrete Geist aufgefaßt ist«; »die Juden haben, was sie sind, durch den Einen; dadurch hat das Subjekt keine Freiheit für sich selbst« (GPh 457). »So rein und geistig der objektive Gott gedacht wird, so gebunden und ungeistig ist noch die subjektive Seite der Verehrung desselben« (GPh 459).

‚Innerlichkeit‘, Vermittlung ‚von Geist zu Geist‘ darf es auf dieser Stufe noch nicht geben; die Antithese von Geist und Natur erfährt in Israel keine wirkliche Versöhnung. Von einem diese Versöhnung in der Form der Trinität enthaltenden Gottesbegriff her wird alles, was sich in Israel als verinnerlichtes Gottesverhältnis aufweisen ließe, der These von der Antithetik zwischen dem ‚Einen‘ und der Geist-losen Endlichkeit geopfert. Darum wird die Religion Israels als ganze die ‚Religion der Erhabenheit‘ (RPhB 55 ff.) genannt, und in ihr wird Gott bestimmt »als absolute Macht« (RPhB 55), als für sich seiende Subjektivität. Die Beziehung dieses Gottes zur Welt — und damit zu Israel — ist »nur die negative der Macht und Herrschaft« (RPhB 56). Die Vorstellung der Erhabenheit, der absoluten Heiligkeit und Abgesondertheit Jahwes läßt sich gewiß als *ein* Moment des israelitischen Gottesverständnisses begreifen; andere — und wesentliche — unterschätzt HEGEL, wenn er folgert: Der Gott Israels »hat geistige Prädikate: Weisheit, Willen, Güte, Gerechtigkeit, Barmherzigkeit. Aber das entscheidet nicht, sondern was seine Tätigkeit, seine Werke sind, und diese seine Tätigkeit ist hier nur die der Macht« (RPhB 63). In diesem ausschließenden Sinne hat es in Israel ein Schöpfungsdogma oder eine Gottes-‚Furcht‘ nie gegeben.

Die israelitische Religion enthält die Wahrheit als Weg, als Geschichte. Ließe HEGEL die mehr auf die geschichtlichen Gotteserfahrungen bezogenen Elemente dieser Religion stärker zur Geltung kommen, dann wäre er freilich gezwungen, wesentliche Momente seiner Darstellung der ‚absoluten Religion‘ vorzudatieren. Das eben wollte er vermeiden, um die dialektische Spannung der Entwicklung im Großen nicht zu mindern. Darum hat Israel seinen Gott »noch nicht erkannt, sondern nur anerkannt« (RPhB 77), wodurch — dem prophetischen Ruf nach Gotteserkenntnis zuwider — das Verhältnis von Herr und Knecht als kennzeichnend festgestellt wird. Die verbreitete Meinung, die Hochschätzung der israelitischen Prophetie sei ein Hinweis auf ‚Hegelianismus‘, ist im Großen wie im Detail falsch.

Da bei dem »Selbstbewußtsein des Knechts gegen den Herrn« (RPhB 91) »das Absolute schlechthin ein Jenseits für das Selbstbewußtsein« ist (RPhB 90), kann die religiöse Gesinnung in Israel nur als Angst charakterisiert werden. »Ich für mich bin ganz leer und nackt, und alle diese Erfüllung gehört nur der Macht an, oder mein Bewußtsein weiß sich durchaus nur als abhängig, als unfrei« (RPhB 91).

Israel hat aber weder im Kult noch im Leben die »Furcht des Herrn« (RPhB 93) vom Vertrauen gelöst, und die »absolute Zuversicht oder der unendliche Glaube« war nicht nur »Anschauung der Macht« (RPhB 98). Weil Gott nur »der Gott derer (ist), die ihn verehren« (RPhB 96), bleibt der Universalismus der späteren Propheten aus der Darstellung der israelitischen Gotteserfahrung bei HEGEL ausgeklammert: »Nach der herrschenden Grundidee ist das jüdische Volk das auserwählte, und die Allgemeinheit ist so auf die Partikularität reduziert« (RPhB 95f.).

HEGEL hat also die gesamte israelitische Religionsgeschichte auf die eine Stufe der Gesetzesreligion fixiert und deren Charakterisierung wiederum mehr aus Paulus als aus dem Alten Testament selber gewonnen. Weil die universalgeschichtliche Einordnung vorher feststeht, erübrigt sich die historische Differenzierung der israelitischen Religionsgeschichte. Der Begriff der absoluten Religion wirkt sich, so verwendet, auf die eine der ‚bestimmten‘ Religionen völlig entwertend aus. Darum kann der geschichtliche Übergang vom Alten zum Neuen Testament für HEGEL nicht einmal ein direktes historisches Thema sein: er wird durch andere ‚Volksgeister‘ gestört und verwischt. Die ‚Religion der Erhabenheit‘ bleibt im Raum der orientalischen Despotien verankert. Zur absoluten Religion hin gibt es lediglich einen radikalen Bruch. Das Alte Testament gehört zur Vielzahl der — qualitativ nicht grundverschiedenen — Vorbedingungen für das Aufkommen des Christentums. Die theologische Konzeption der Heilsgeschichte ist in die Vorstellung einer universalen Heilsentwicklung umgebogen.

Diese Verkürzung der israelitischen Religion und Geschichte läßt sich nicht zureichend oder überhaupt treffend aus dem gelegentlich zitierten ‚Antisemitismus‘ der HEGELschen Jugendschriften erklären[57]. Sie beruht auf der von der deutschen Klassik übernommenen

---

[57] H.-J. KRAUS (177f.) behandelt eindringlich die Folgen der Ablehnung des Alten Testaments durch den jungen HEGEL. Dabei muß aber bedacht werden, daß einer-

Affinität zum Griechentum wie auf der religionsphilosophischen These, daß sich das Göttliche in *allen* religiösen Erscheinungen manifestiere. So streben für HEGEL alle vorchristlichen Religionen in einer großen Entwicklungsharmonie auf die ‚absolute Religion' zu, die eben nicht entscheidend dadurch bestimmt ist, daß der Gott und Vater Jesu Christi der Gott Israels war! Der Kampf der Historiker gegen die Dialektik als ein »heuristisches Forschungsprinzip«[58] und für die Befreiung der Historiographie von der Prävalenz der Geschichtsphilosophie *mußte* geradezu entbrennen.

C. ENTFALTUNG DER GRUNDLAGEN IN DER DEUTSCHEN HISTORIOGRAPHIE DES 19. JAHRHUNDERTS

An den individuellen historiographischen Entwürfen der herausragenden Autoritäten NIEBUHR, RANKE und MOMMSEN sollen zuerst detailliert die Maßstäbe aufgezeigt werden, deren geistesgeschichtlicher Hintergrund und Umkreis danach in großen Linien zu umreißen ist.

I. Entwürfe

1. Niebuhr

B. G. NIEBUHR war für die deutsche Historiographie vor allem darin bahnbrechend, daß er sie auf »kritisches und philologisches Studium«[1] gründete und den Deutschen überhaupt den »Nationalberuf zur Philologie« (Schr. I 337) zumutete. »Das Studium der alten Geschichte erfordert als Basis einen gesunden tüchtigen, philologisch-grammatischen Sinn« und »ein entwickeltes geübtes Gefühl, Denkbarkeiten, Wahrscheinlichkeiten und Wahrheiten zu unterscheiden« (Vor-

---

seits H. NOHL erst 1907 die Jugendschriften HEGELS wieder ausgegraben hat, und daß andererseits gerade die alttestamentliche Wissenschaft in den Jahrzehnten davor eine Blütezeit hatte. Ein diesbezüglicher negativer Einfluß HEGELS scheint hier also kaum vorzuliegen. Die Erforschung der Geschichte Israels erhielt ihre Impulse aus der profanen Historiographie des 19. Jahrhunderts, die den Kampf gegen HEGEL hinter sich hatte. Bei KRAUS heißt es: »Später hat Hegel diese Einstellung zum Alten Testament beinahe in das genaue Gegenteil umgewandelt. Das Judentum ist dann die Größe, durch die die Selbstentfaltung des absoluten Geistes in besonderer Weise sich ereignet« (178). Für diese Behauptung bleibt KRAUS jeden Beleg schuldig — und muß es wohl auch.

[58] SIMON 170.

[1] Schr. I 93. Vgl. ROTHACKER 10: »Ein Kantwort umformend, daß in der Naturwissenschaft soviel eigentliche Wissenschaft sei, als Mathematik in ihr angewandt werde, hat man gesagt, die Geschichtswissenschaften seien soweit Wissenschaften, als in ihnen kritische Philologie sei«.

tr. I 75), damit der »Zustand der litterarischen Unschuld«, der in bezug auf historische Quellen nur ein »einfältiger, schlichter Glaube« (Vortr. I 2) ist, überwunden würde[2]. Darum sind in den 1846 edierten Vorlesungen über die römische Geschichte (gehalten 1826—1829) die ersten 80 Seiten allein der Frage nach den Quellen gewidmet.

NIEBUHRS Versuch, »eine allgemeine Regel der historischen Kritik« zu geben, ist begrenzt durch die Einsicht, daß man die vielen »Axiome« oder »rationes« dieses Verfahrens eigentlich nicht lehren kann, »weil dazu ein eigenthümlicher Sinn gehört«; »indessen gibt es wohl Maximen«, und eine der wichtigsten ist diese: »Je jünger die Erzählungen der historischen Quellen sind, um so bestimmter reden sie; und je älter, um so mehr sind sie voll Widersprüche. Die Einerleiheit und Harmonie der Überlieferungen einer späteren Zeit ist täuschend und kommt bloß daher, daß man nur *einer* Erzählung Raum geschafft hat auf Kosten der übrigen, und diese unter die Füße getreten«[3].

Vor die Frage nach dem Geschehenen tritt also für NIEBUHR entschieden die Frage nach der Verläßlichkeit der Bezeugung des Geschehenen. Die »Filiation der Tradition« (Vortr. II 223), ihre formalen Verschiedenheiten als »Sage« oder »poetische Überlieferung«[4] machen es gewiß, daß historische Dokumente ihre eigene Geschichte haben. Darum ist die Analyse der Überlieferungsgeschichte die unabdingbare methodische Voraussetzung für die eigentliche Darstellung des Überlieferten. »Das positiv Revolutionäre« dieses Verfahrens liegt darin, »daß NIEBUHR die Überlieferung selbst als historische Erscheinung behandelte, den Autor ... vom Bericht unterschied, im Bericht die verschiedenen nacheinander erwachsenen Schichten erkannte, das Unbrauchbare vom Brauchbaren ... sonderte und das Unglaubwürdige wieder zur Erschließung neuer objektiver Tatsachen, zu neuem Aufbau, verwendete«[5]. So erwuchs »aus dem Bündnis von Philologie und Geschichte ... etwas Neues, das bis dahin weder die Philologen noch die Historiker gekannt hatten«[6]. Dazu gehört zunächst die von NIEBUHR in verschiedenen Aufsätzen über antike Texte[7] vorgeführte Methode der chronologischen Einordnung.

---

[2] NIEBUHR erlernte die Technik der literarischen Analyse alter Quellen bei dem Philologen FRIEDRICH AUGUST WOLF (1759—1824), beruft sich selber aber auch auf LESSING und WINCKELMANN als »die wahren Väter der neueren Vervollkommnung der Philologie« (Vortr. I 73).

[3] Vortr. II 224f. (Hervorhebung von N.).

[4] Vortr. II 222; vgl. auch Vortr. II 365: »Die ältesten Äußerungen des Subjectiven die sich erhalten hatten scheinen ... Lieder des Kampfes und des Streites gewesen zu sein«.

[5] SRBIK I 216 f.

[6] SCHNABEL III 38.

[7] Vgl. z. B. ,Über die als untergeschoben bezeichneten Scenen im Plautus' von 1816 (Schr. I 159—178) und ,Über das zweite Buch der Oekonomika unter den aristotelischen Schriften' von 1812 (Schr. I 412—416).

»Die Merkmale zur Zeitbestimmung einer Schrift« sind teils negative, teils positive; »negativ, insofern Umstände nicht erwähnt werden die der Schriftsteller hätte
kennen und nennen müssen, wenn er in dem Zeitalter wo sie bestanden, oder eingetreten
waren, geschrieben hätte«, »positiv, wenn geschehene Dinge als geschehen erwähnt
werden«. Wer Interpolationen annimmt, ist den Beweis für diese Annahme schuldig.
»Wo aber die beweisende Stelle in einem festen Zusammenhang mit dem vorhergehenden und folgenden ist, der sich nur durch die noch verwegnere Hypothese erklären
ließe, alles sey in einem weit größeren Umfang umgeschrieben um die Verfälschung
anzupassen: da ist die nur von einem Vorurtheil begründete Bestreitung der Ächtheit
gar nicht zu hören« (Schr. I 115f.). Oft kann der geschulte Philologe »einen rohen und
ungebildeten Verfasser« schon an seiner Sprache als den Interpolator erkennen (Schr. I
414), meist verhilft jedoch der Inhalt, der »Geist« eines Dokuments zu seiner rechten
Einordnung; »hergebrachte Überschriften« können jedenfalls nicht als »entscheidende
Zeugnisse« (Schr. I 412) gelten. Aber auch durch Handschriftenvergleichungen findet
man gelegentlich Einschübe heraus, deren späte Verfasser, »absichtlich den Schein des
Alterthums affectirend« (Schr. I 169), sich durch ihren Stil verraten. »Es ist ein langweiliges Geschwätz, ohne einigen Witz und ohne alle Lebendigkeit, mit Prätension
auf beyde: der Verfasser kitzelt sich immer um zu lachen« (Schr. I 168).

NIEBUHR war durch keine universalistische Konzeption bestimmt.
Seine philologisch-kritische Arbeitsweise und sein Sinn für den staat-
lich-politischen Rahmen und Zusammenhang der einzelnen Lebensäußerungen eines Volkes führten ihn dazu, nun auch die geschichtliche *Entwicklung* eines solchen Gebildes historisch darzustellen.

Durch die Ordnung der Quellen wird es möglich, die römische Geschichte »nicht
mehr bloß skeptisch sondern kritisch« zu behandeln und positive »Resultate« (Vortr. I
74) zu gewinnen. Gerade die römische Geschichte zeigt »die Entwickelung eines ganzen
Völkerlebens, wie die übrige Geschichte nichts ähnliches kennt« (Vortr. I 1). Dank der
kritischen Methode ist es auch möglich zu beobachten, »was geschehen und wie es sich
gebildet« (Vortr. I 3); die »durch inneres Treiben entwickelte(n) Stufen der Ausbildung«
(Schr. II 4) eines Volkes erschließen sich der Betrachtung. Darum können »die Ver-
wandlungen der Republik von ihrem Anfang bis zu ihrem Untergang« »in epochen-
weisen Darstellungen« (Schr. II 19) vorgeführt werden. Es gibt Zeiten, »in denen Jahrhunderte vergehen, ohne daß wir eine große und wesentliche Veränderung wahrnehmen:
... Solchen Zeiten retardirender Bewegung ist es eigenthümlich, ... daß die Menschen
wenig mit ihrer Zeit leben und von der Vergangenheit abhängig ihre Gedanken weit
mehr auf dieselbe richten als vorwärts in die Zukunft hineinstreben«; dieser Zustand
kann für ein Volk Zeichen »eines jugendlichen Lebens«, aber auch Zeichen des Ab-
sterbens sein (Vortr. II 362f.).

In striktem Gegensatz zu HEGEL bewältigte NIEBUHR die Ein-
teilungsprobleme der Historie: »Stellen wir uns auf den Standpunct unserer Subjectivität, den intellectuellen Gesichtspunct, und übersehen
das Ganze, so zeigt jedes Volk sein Eigenthümliches und die Geschichte
theilt sich für jedes Volk subjectiv verschieden ab« (Vortr. II 3).

Muß man also »die Geschichte im Ganzen« wie speziell auch »die alte Geschichte
subjectiv disponiren«, dann bieten sich »zwei Hauptarten der Disposition« an: »die
theologische und die philologische«. Die ‚theologische' Disposition folgt der »Ordnung

des alten Testaments und stellt die Geschichte aller Völker in Beziehung auf die Ge-schichte des jüdischen Volkes«; dagegen bilden für NIEBUHR, der die alte Geschichte »als eine philologische Disciplin« ansieht, »die Nationen, deren Literatur die sogenannte classische ist«, »den Anknüpfungspunct«. »Da ich Zeitlebens Philolog gewesen bin, wähle ich diese Disposition« (Vortr. II 5f.).

Voraussetzung sowohl der Einteilung als auch der Darstellung der Entwicklung eines Volkes ist, »daß die Tradition, die das echte Material mit sich führt, niemals völlig abgerissen ist, daß also die Entwicklung einer Volksgeschichte sich organisch vollzogen hat«[8]. Die Methode der positiven, schöpferischen Kritik wird so durch die organische Volksansicht ergänzt; der Zusammenklang beider Elemente ermöglicht die Darstellung. Obgleich NIEBUHRs Geschichtsforschung nicht eigentlich ästhetischen Impulsen folgte, kam auch für ihn zur Kritik die »Divination« hinzu. Beide sind »Künste« und lassen sich »also nicht in Regeln lehren«. »Fleiß«, »Liebe und Eifer« vermitteln dem Historiker »Punkte gewisser Wahrheit« (alles: Schr. II 11) oder »eine intuitive Evidenz« (Schr. I 306). Dabei kommt es, wohl im Gefolge HERDERS[9], darauf an, die alten Begebenheiten »anschaulich«[10] vor das Auge treten zu lassen. Mit HERDER und den zeitgenössischen Romantikern teilte NIEBUHR freilich gerade nicht seine historische Methode, wohl aber die Vorliebe für die durch Originalität und Phantasie ausgezeichnete Jugendzeit alter Völker.

»Das goldene Zeitalter des griechischen Geistes« war das, »wo kein Buch unter dem Griffel oder dem Rohr entstand«; die »Vervielfältigung der Bücher« bewirkte »in der geistigen Geschichte der griechischen Nation eine traurige Revolution« und richtete »ihren Adel zu Grunde«; die Sprachen »verarmen und verstocken« durch Bücher (Schr. II 8).

Der Glanz der römischen Geschichte — »die Größe der einzelnen Menschen, das Schauspiel wie alle Staaten vor diesem Stern erbleichen, die Außerordentlichkeit der Institutionen« — ließ diese in den Mittelpunkt der Betrachtungen NIEBUHRs rücken: »Alle älteren Geschichten gehen aus *in* der römischen, alle neuere gehen aus *von* der römischen«[11]. »Selbst die Geschichten des jüdischen Volkes und die unserer Vorfahren treten nur so auf, wie sie in Beziehung zu dem classischen Alterthume stehen«; »die römische Geschichte überschattet die ganze Welt. Die vollendete Beziehung zu Rom erreichen die übrigen Völker in ihrem Untergang im römischen Reiche« (Vortr. II 6f.). »In dieser Vorliebe für den römischen Staat liegt die einzige, äußerliche Verwandtschaft zwischen Niebuhr und seinem entschiedenen Widersacher Hegel«[12], gegen dessen Machtstellung NIEBUHR im Interesse der Be-

[8] SCHNABEL III 38.
[9] »Ich erkenne gern das Große was in Herder lag« (Br. II 347).
[10] Schr. I 92; vgl. Schr. II 9 und Br. II 226.
[11] Vortr. I 78f. (Hervorhebung von N.).   [12] SCHNABEL III 38.

freiung der Einzelwissenschaften von der Umklammerung durch die Philosophie kämpfte[13]. Die Geschichte selber war für ihn »eigentliche magistra vitae« (Vortr. II 2), und sein »auf unmittelbares Erfassen und lebendigste Anschauung gerichteter Geist« wandte sich »von dem spekulativen Denken«, das ihm in KANT und FICHTE begegnet war, später völlig ab (Br. I, S. XXIII). Gegenüber KANT sprach er der Religion »ihre eigene Erlebnissphäre« zu, bekämpfte freilich zugleich »alle pantheistischen Tendenzen, wie er sie etwa in der Richtung Schleiermachers verkörpert glaubte« (Br. I, S. LXVIII; vgl. Br. II 245 f.). In dem bedeutsamen Brief an J. S. VATER vom 12. 7. 1812 bekannte er: »Meine intellektuelle Richtung ward früh skeptisch, auf das Reelle und Historische gewandt: begierig aufzufassen und zu ergründen, unterwarf ich meine Gedanken den Naturgesetzen«. Die Wirkung eines »verächtlichen toten Religionsunterrichts« trieb ihn zur »lebendigen Beschäftigung mit dem klassischen Altertum. So kam ich erst in reiferen Jahren und mit einem ganz historischen Studium zu den heiligen Büchern zurück, die ich absolut kritisch ... las. Dies war keine Stimmung worin der eigentliche Glaube erwachen konnte, denn es war die des heutigen Protestantismus« (Br. II 290 f.).

NIEBUHRS zäher bäuerlicher Konservativismus im Politischen und sein leidenschaftliches Ringen in den entscheidenden Lebensfragen ließen ihn schließlich in den Vorlesungen von 1826 ff. für das Studium der alten Geschichte »vor allen Dingen Gewissenhaftigkeit und Redlichkeit, fern von Schein und Eitelkeit, gewissenhaften Wandel vor Gottes Angesicht« (Vortr. I 75) fordern. Indes war es gerade diese Gewissenhaftigkeit, die NIEBUHR weithin in der quellenkritischen Vor-Arbeit steckenbleiben ließ. »Erst Theodor Mommsen — auch er ein Friese — hat die ,Römische Geschichte' geschrieben, die Niebuhr vorschwebte und die zu erreichen ihm versagt war«[14].

2. Ranke

»Den größten Einfluß auf meine historischen Studien«, so bekennt noch der neunzigjährige RANKE im autobiographischen ,Dictat vom November 1885', »hatte ... Niebuhr's römische Geschichte«[15]. Der durch gründliche Bildung[16] ausgezeichnete und von bedeutenden

---

[13] Vgl. Br. I, S. CI. Es ist in diesem Zusammenhang bemerkenswert, daß NIEBUHR in den Vorträgen über die nichtrömische Geschichte des Altertums (Vortr. II) der griechischen Philosophie eine einzige Seite widmete.

[14] SCHNABEL III 47.   [15] SW LIII/LIV 59; vgl. ebd. 31.

[16] Die »Lectüre der classischen Autoren«, aber auch »die historischen Bücher des Alten Testamentes«, die er »immer von neuem las« (SW LIII/LIV 21), ließen ihm den Rationalismus, dem er auf der Universität in Leipzig begegnete, »unbefriedigend, seicht und schal« (ebd. 29) erscheinen. Noch vor der Hinwendung zur Geschichtswissenschaft studierte er KANT, vor allem aber FICHTE, dessen Reden an die deutsche Nation er »eine unbegrenzte Bewunderung ... widmete« (ebd. 59).

Freunden[17] geförderte jüngere RANKE war zwar als Historiker nicht eigentlich Theoretiker der Historiographie, wurde aber durch sein Bekenntnis zu NIEBUHR und seine enge Bindung an SCHLEIERMACHER — beide erklärte Gegner HEGELS! — sowohl zur äußerlichen Parteinahme als auch zur Klärung der eigenen historiographischen Grundanschauungen gezwungen[18]. Im ersten Band der von ihm ins Leben gerufenen ‚Historisch-politischen Zeitschrift‘ schrieb er in dem Abschnitt ‚Vom Einflusse der Theorie‘ (1832) den Satz: »Man hat oft die historische und die philosophische Schule unterschieden; doch werden wahre Historie und wahre Philosophie mit einander nie in Widerstreit sein«[19]. Dessenungeachtet hatte er aber bereits um 1830 grundsätzlich zwei Erkenntniswege unterschieden: »den der Erkenntnis des Einzelnen und den der Abstraktion; der eine ist der Weg der Philosophie, der andere der der Geschichte. Einen anderen Weg giebt es nicht, und selbst die Offenbarung begreift beides in sich: abstrakte Sätze und Historie. Diese beiden Erkenntnisquellen sind also wohl zu scheiden«[20].

---

[17] Dazu gehörte neben den Historikern und Philologen NIEBUHR, LACHMANN und SAVIGNY der Philosoph HEINRICH RITTER und besonders der Theologe SCHLEIERMACHER, den er in seinen Briefen oft grüßen läßt und dem er, nach den Vorlesungsnachschriften von G. WAITZ, anläßlich seines Todes nachsagte: »Sein Name ist auf ewig gegründet; wohl niemals wieder wird, wer ihm gleicht, geboren . . . stets weile sein Geist auf diesem Lehrstuhle« (SW LIII/LIV 265).

[18] Am 25. 4. 1825 als Dreißigjähriger nach Berlin berufen, wurde er bald zu einer Entscheidung zwischen HEGEL und SCHLEIERMACHER gedrängt. Eine Bekanntschaft des jungen RANKE mit HEGELS Geschichtsphilosophie ist nicht nachweisbar — sein Lehrer war NIEBUHR. So mußte er sich von HEGELS Abneigung gegen NIEBUHRS Methode und ganze Position mitgetroffen fühlen. In den Jahren nach HEGELS Tod finden sich denn auch Polemiken gegen RANKE in den Hallischen Jahrbüchern, deren Herausgeber HEGELS Vermächtnis zu bewahren meinten. »Rankes Kampf mit Leo war in Wahrheit ein Kampf mit Hegel, dem Leo damals noch bedingungslos folgte« (SIMON 93). Vgl. auch RANKES ‚Erwiderung auf Heinrich Leo's Angriff‘ von 1828 (SW LIII/LIV 659—666). TROELTSCH (III 271 f.) hat diese Gegensätze nicht zureichend berücksichtigt, als er versuchte, RANKES Werk weitgehend den Wirkungen HEGELS zu subsumieren. RANKE selber, der »das philosophische Interesse . . . unter den Studierenden« wachgehalten wissen wollte und sich für diese Aufgabe »keinen Schönredner, keinen Hegelianer« wünschte (Brief an H. RITTER vom 20. 11. 1853, SW LIII/LIV 359), versuchte sich als Mann der Mitte »diesem großen Streite« um HEGEL zu entziehen und durch die Gründung seiner ‚Historisch-politischen Zeitschrift‘ zwischen »Revolution« und »Reaction« eine dritte Stimme zu Worte kommen zu lassen (SW LIII/LIV 50).

[19] SW IL/L 245. Vgl. WG IX, S. VII: »Es ist oft ein gewisser Widerstreit einer unreifen Philosophie mit der Historie bemerkt worden«.

[20] WG IX, S. IX. DOVE hat im Vorwort zu WG IX diese Äußerungen RANKES aus dem Nachlaß zusammengetragen. Nachschriften von Schülern zufolge hat RANKE in

Es war RANKES Gabe und zugleich sein hermeneutisches »Ideal«, »die historische Wahrheit der Welt zu vergegenwärtigen«[21]. Er verwirklichte diese Absicht mit Hilfe der von NIEBUHR intendierten Methode der historischen Forschung. HEGELS Frage nach dem Allgemeinen und Ganzen der Geschichte verstand er daneben wohl und billigte sie auch; dennoch erschienen ihm die idealistischen Geschichtsphilosophien als dem historischen Stoffe unangemessen, weil sie »aus apriorischen Gedanken« auf das schließen, »was da sein müsse«, weil sie »aus der unendlichen Menge der Thatsachen« die auswählen, die jene apriorischen Gedanken zu beglaubigen scheinen, und weil schließlich die Philosophen »wohlweislich nur einige wenige Völker der Weltgeschichte ins Auge (fassen), während sie das Leben aller übrigen für ein Nichts, gleichsam eine bloße Zugabe erachten«[22].

RANKE, der schon bei seinen biblischen Studien nicht »tiefer in das Innere, bis zur Dogmatik selbst, ... aufgestiegen« (SW LIII/LIV 29) war, der »Natur der Dinge und Gelegenheit, Genius und Glück« (SW IL/L 327) zusammenwirken sah, wußte etwas von »Meinungen, die tiefer in unsrer Natur begründet sind, als wir vielleicht denken« (SW LIII/LIV 156). Gerade darum verzichtete er auf jede Systematisierung. »Keine Lehre bekehrt die Welt, sondern eine große Persönlichkeit« (SW LIII/LIV 570). Der in der Geschichte wirksame Geist hat für ihn »vor allen Dingen ein individuelles Leben« (SW LIII/LIV 639). Darum wies er auch eine der »unabweislichen Forderungen« der Geschichtsphilosophien, daß nämlich »das Menschengeschlecht in einem ununterbrochenen Fortschritt ... begriffen sei«(WG IX, S. VIII), zurück — am entschiedensten in den vor dem König MAXIMILIAN II. von Bayern im Herbst 1854 in Berchtesgaden gehaltenen Vorträgen.

Die Vorstellung, daß entweder »ein allgemein leitender Wille« diese Entwicklung vorantreibt oder »daß in der Menschheit gleichsam ein Zug der geistigen Natur« auf ein Ziel hin liegt, hält er »weder für philosophisch haltbar, noch für historisch nachweisbar« (WG IX 2), weil dadurch der einzelnen Epoche ihre eigene Tendenz und ihr eigenes Gewicht genommen würde; das aber würde »eine Ungerechtigkeit der Gottheit sein. Eine solche gleichsam mediatisirte Generation würde an und für sich eine Bedeutung nicht haben; ... Ich aber behaupte: jede Epoche ist unmittelbar zu Gott, und ihr Werth beruht gar nicht auf dem, was aus ihr hervorgeht, sondern in ihrer Existenz selbst ...

den vierziger Jahren die »Methode historischer Einzelforschung« noch bestimmter der »combinirenden, philosophischen« gegenübergestellt. »Als Muster der ersteren preist er Niebuhr, während er als Vertreter der letzteren jetzt in erster Linie Hegel bekämpft« (WG IX, S. XIf.). In einer dritten, eigenhändigen Fassung dieser Gedanken aus den sechziger Jahren hält es RANKE bereits für überflüssig, »von der Philosophie der Geschichte, als von einer für das wissenschaftliche Urtheil abgethanen Erscheinung, noch ferner ausdrücklich zu reden« (ebd. XIII).

[21] Zur Kritik neuerer Geschichtschreiber, 3. Aufl., Leipzig 1884, 150.

[22] WG IX, S. VIIf.; vgl. ebd. S. XII: Auch aus Mangel an einer »allgemeingültigen Philosophie« hat jede geschichtsphilosophische Meinung ohnehin »etwas Beschränktes«.

Dadurch bekommt die Betrachtung der Historie, und zwar des individuellen Lebens in der Historie einen ganz eigenthümlichen Reiz ... Vor Gott erscheinen alle Generationen der Menschheit als gleichberechtigt, und so muß auch der Historiker die Sache ansehen«[23].

Die Geschichte der Menschheit ist für RANKE also nicht, wie »die Hegel'sche Schule« lehrte, »ein logischer Proceß«: »In der Scholastik ... geht das Leben unter«. Wer »ein selbständiges Leben« nur der Idee zuspricht, die lebendigen Menschen aber für »bloße Schatten oder Schemen« hält, der legt seinem System »eine höchst unwürdige Vorstellung von Gott und der Menschheit zu Grunde; sie kann auch consequent nur zum Pantheismus führen; die Menschheit ist dann der werdende Gott, der sich durch einen geistigen Proceß, der in seiner Natur liegt, selbst gebiert«. Demgegenüber folgt die Geschichte »Gesetzen, die uns unbekannt sind, geheimnisvoller und größer, als man denkt«. Darum können die eigentlich »herrschenden Tendenzen in jedem Jahrhundert« »nur beschrieben, nicht aber in letzter Instanz in einem Begriff summirt werden« (WG IX 6 f.).

Mit diesen Überlegungen hat der Historiker RANKE dem Philosophen HEGEL die Gefolgschaft versagt. »Der Philosoph des Monismus mußte die Freiheit der Einzeldinge aufheben; sein Pantheismus zwang ihn, die Ideen als immanente Gewalten wirken zu sehen. Ranke stand als gläubiger Christ auf dem Boden des Dualismus«[24].

So war RANKE entschlossen, sich gegenüber allen geschichtsphilosophischen Vor-Urteilen »bloß an das Object zu halten« (WG IX 9). Dennoch irren nach seiner Meinung freilich auch die Historiker, »welche die ganze Historie lediglich als ein ungeheures Aggregat von Thatsachen ansehen«, wobei »Einzelnes an Einzelnes gehängt und nur durch eine allgemeine Moral zusammengehalten wird«. Vielmehr ist »die Geschichtswissenschaft in ihrer Vollendung an sich selbst dazu berufen und befähigt«, »auf ihrem eigenen Wege zu einer allgemeinen Ansicht der Begebenheiten, zur Erkenntnis ihres objektiv vorhandenen Zusammenhanges« vorzudringen (WG IX, S. IX). Weil »der in der Welt erscheinende Geist ... nicht so begriffsgemäßer Natur« (WG IX, S. XI) ist, wird sich der Historiker »das Allgemeine ... nicht vorher ausdenken, wie der Philosoph; sondern während der Betrachtung des Einzelnen wird sich ihm der Gang zeigen, den die Entwicklung der Welt im Allgemeinen genommen« (WG IX, S. X). In jedem Fall hat die

---

[23] WG IX 5 f. RANKE sah zwar einen Fortschritt »im Bereiche der materiellen Interessen«, »in moralischer Hinsicht aber läßt sich der Fortschritt nicht verfolgen« (ebd.). Darum ist für ihn auch »das Essentielle des Christenthums ... nicht durch frühere unvollkommene Zustände vorbereitet worden, sondern das Christenthum ist eine plötzliche göttliche Erscheinung; wie denn überhaupt die großen Productionen des Genies den Charakter des unmittelbar Erleuchteten an sich tragen« (WG IX 11).

[24] SCHNABEL III 87.

»Theilnahme und Freude an dem Einzelnen an und für sich« der Ausgangspunkt der historischen Erkenntnis zu sein[25] — im Gegensatz zu
dem umgekehrten Weg der philosophischen Deduktionen. »Kritik, objektive Auffassung und umfassende Combination« können und müssen
zusammengehen, damit die beiden Maximen der Historie eingehalten
werden: »Erforschung der wirksamen Momente der Begebenheiten, und
Wahrnehmung ihres allgemeinen Zusammenhanges«[26]. Inbegriff dieses
Zusammenhanges ist für RANKE das ‚Real-Geistige‘, das »sich von
keinem höheren Princip ableiten« läßt; »aus dem Besonderen« kann
man zwar »zu dem Allgemeinen aufsteigen; aus der allgemeinen
Theorie giebt es keinen Weg zur Anschauung des Besonderen«[27].

Diese bereits dem jüngeren RANKE eigene Einsicht in die Prävalenz des geschichtlichen Einzelnen gegenüber dem gedanklichen Allgemeinen läßt sich an seiner Behandlung der Themen Staat und Weltgeschichte verfolgen. Das von der Freiheitsbewegung und vom deutschen Idealismus begonnene Gespräch über das Wesen des Staates
wurde, gelenkt durch das Erbe HEGELs und die organologische Theorie,
in der ersten Hälfte des Jahrhunderts intensiv weitergeführt. RANKE
beteiligte sich im ‚Politischen Gespräch‘ von 1836, wo er »unter dem
Princip des Staates ... nicht eine Abstraction der Meinung, sondern
sein inneres Leben« verstehen möchte. »Es giebt etwas, wodurch jeder
Staat nicht eine Abtheilung des Allgemeinen, sondern wodurch er
Leben ist, Individuum, er selber«[28]. So sind die Staaten voneinander

---

[25] WG IX, S. IX. In den von DOVE mitgeteilten Äußerungen der vierziger Jahre zeigt
sich noch stärker RANKES Versuch, HEGELS universalgeschichtliche Frage mit NIE-
BUHRS Mitteln zu beantworten: Der innere Kausalnexus der Geschichte erschließt
sich durch aufmerksames Anschauen, die einzelnen geschichtlichen Erscheinungen
haben »immer ihren eigenen geistigen Gehalt« (WG IX, S. XIII). In der Fassung
der sechziger Jahre heißt es: »Das Gewordene constituirt den Zusammenhang mit
dem Werdenden«. »Vergegenwärtigen wir uns ... die Reihe der Jahrhunderte, jedes
in seiner ursprünglichen Wesenheit, alle in sich verkettet, so werden wir die Universalgeschichte vor uns haben« (WG IX, S. XIV).

[26] WG IX, S. XVI; vgl. SW XXIV 4 (Abhandlungen und Versuche, I. Die großen
Mächte, 1833): »Das Besondere trägt ein Allgemeines in sich«, »aus der Mannigfaltigkeit der einzelnen Wahrnehmungen erhebt sich uns unwillkürlich eine Ansicht
ihrer Einheit«.

[27] SW IL/L 325 (Politisches Gespräch, 1836). Vgl. WG I, S. VIII (Vorrede zur Weltgeschichte): »Die kritische Forschung auf der einen, das zusammenfassende Verständnis auf der anderen Seite können einander nicht anders als unterstützen«.
Vgl. auch die ‚Erwiderung auf Heinrich Leo's Angriff‘ (1828): »Nur verbinde man
mit dem Ausdruck: nackte Wahrheit, nicht den albernen Begriff eines anatomischen
Präparirens und Copirens, wider welchen mein Widersacher nun jahrelang in die
Lüfte ficht« (SW LIII/LIV 663).

[28] SW IL/L 323; der »Anfang des Staates überhaupt« betrifft ein Gebiet »jenseit
unserer Wahrnehmung« (ebd. 323 f.), »jeder selbständige Staat hat sein eigenes ur-

unabhängige »Individualitäten, eine der anderen analog«, »geistige Wesenheiten, originale Schöpfungen des Menschengeistes, — man darf sagen, Gedanken Gottes« (SW IL/L 329). In diesem Sinne ist zwar der Geist des Staates »göttlicher Anhauch«, aber eben »zugleich menschlicher Antrieb« (SW IL/L 338).

Obwohl also auch im Blick auf die Nationalität der Ableitung des Besonderen aus dem Allgemeinen[29] widersprochen wird, würde man RANKES Geschichtsbetrachtung nicht gerecht, wenn man nicht sein ständiges Fragen nach dem Allgemeinen wahrnähme — freilich als das Fragen des Historikers. Am 18. 2. 1835 schrieb er an H. RITTER: »Überhaupt befestigt sich in mir immer mehr die Meinung, daß zuletzt doch nichts weiter geschrieben werden kann, als die Universalgeschichte ... In seinem vollen Lichte wird das Einzelne niemals erscheinen, als wenn es in seinem allgemeinen Verhältnis aufgefaßt wird«[30]. Wie RANKE in seiner Geschichte der Staaten das Nationale immer dem europäischen Gesichtspunkt unterordnete[31], so war auch das weltgeschichtliche Ganze für ihn »der Fluß und untrennbare Zusammenhang der Begebenheiten«[32] selber.

In der Vorrede zu der von RANKE so spät gewagten Weltgeschichte wird diese Überlegung noch einmal zur historischen Praxis hin entfaltet: »Eine Sammlung der Völkergeschichten ... würde doch keine Weltgeschichte ausmachen: sie würde den Zusammenhang der Dinge aus den Augen verlieren. Eben darin aber besteht die Aufgabe der welthistorischen Wissenschaft, diesen Zusammenhang zu erkennen, den Gang der großen Begebenheiten, welcher alle Völker verbindet und beherrscht, nachzuweisen« (WG I, S. VII). »Die Weltgeschichte würde in Phantasien und Philosopheme ausarten, wenn sie sich von dem festen Boden der Nationalgeschichten losreißen wollte; aber ebenso wenig kann sie an diesem Boden haften bleiben. In den Nationen selbst erscheint die Geschichte der Menschheit« (WG I, S. VIIIf.).

Die historische Durchführung der Themen Staat[33] und Weltgeschichte bestätigt immer wieder RANKES gedankliche Vorentschei-

---

sprüngliches Leben, das auch seine Stadien hat und zu Grunde gehen kann, wie alles, was lebt« (ebd. 329).

[29] RANKE beschränkt Wesen und Wirkung des Staates auf das Völkische, wohingegen der »Geist der Kirche ... unbedingt gültig für das ganze Menschengeschlecht« ist. »Die Idee des Staates würde dagegen vernichtet werden, wenn er die Welt umfassen wollte: Staaten sind viele« (SW IL/L 338).

[30] SW LIII/LIV 270; vgl. das ‚Bekenntnis' von 1880 (ebd. 639).

[31] Vgl. FUETER 475.

[32] TROELTSCH III 238.

[33] RANKES Beschreibung des alten Israel (‚Amon-Ra, Jehovah und das alte Aegypten', WG I 1—36) bleibt weit hinter anderen, durch quellenkritische Grundlegung ausgezeichneten Nationalgeschichten zurück. Ohne wesentlichen Bezug auf den Stand der zeitgenössischen alttestamentlichen Forschung müssen hier die meisten Formulierungen sehr allgemeiner Natur sein, manche klingen hegelisch. »Die mosaische Idee tritt auf den einsamen Höhen des Sinai hervor, ... wo nichts ist zwischen

dung für den Weg vom Besonderen zum Allgemeinen. Der Begriff des ‚Real-Geistigen' will diese Wechselwirkung zwischen dem konkreten Besonderen und dem darin immer enthaltenen Allgemeinen, Ideellen ausdrücken. Ein Verzicht auf die Bemühung um das Allgemeine war RANKE aus philosophischen und aus religiösen Gründen weder erstrebenswert noch möglich. Mit dieser Einstellung ist er an dem »Erlösungsdrang« der Goethezeit[34] zutiefst beteiligt. Schon der 25jährige RANKE schrieb an seinen Bruder Heinrich: »In aller Geschichte wohnt, lebet, ist Gott zu erkennen. Jede That zeuget von ihm, jeder Augenblick prediget seinen Namen, am meisten aber, dünkt mich, der Zusammenhang der großen Geschichte«[35]. Darum studierte er aus dem »Impuls der Gegenwart« Geschichte, hielt an der Aufgabe fest, »sich zu reiner Anschauung zu erheben« und wußte: »diesen erhabenen Zweck theilen dann Philosophie und Menschenhistorie«; »das letzte Resultat ist Mitgefühl, Mitwissenschaft des Alls« (SW LIII/LIV 569). Auch als Historiker »dienen wir Gott, auch so sind wir Priester«[36], weil zwischen Geschichte und Religion der innigste Zusammenhang besteht (vgl. SW LIII/LIV 318).

Über die »ausgesprochen erotische Beziehung zu seinem Stoff«[37] hinaus stand RANKE »vor der Geschichte ... wie vor der Natur, mit dem Respekt, mit dem man ein Gegebenes hinnimmt, ... denn die Geschichte ist ja eine göttliche Offenbarung, die als solche mit Andacht hingenommen wird«[38]. So hat RANKE der philologisch-kritischen Me-

---

Gott und der Welt« (WG I 29). »Das ewig Seiende setzt sich dem Phantom, dem die Welt anhängt, entgegen. Mit Freuden vernimmt das Volk von dieser Erscheinung« (33)! Gegenüber dem Polytheismus »trat hier die absolute Idee der reinen Gottheit auf, frei von jeder Zufälligkeit der Anschauung« (35). RANKE spricht sogar von der »intellectuelle(n) Gottheit Jehovah's« (37). Solche Allgemeinplätze verwundern um so mehr, als RANKE verschiedene Arbeiten DE WETTES kannte und schätzte (vgl. SW LIII/LIV 29; 150; 540), zur Frühgeschichte des Islam WELLHAUSEN als Autorität zitierte (WG V passim) und möglicherweise durch H. LEOS 1828 als Buch erschienene ‚Vorlesungen über die Geschichte des jüdischen Staates' hätte abgeschreckt sein können, weil der damals noch von HEGEL abhängige LEO gleich in der ersten Vorlesung (S. 4 f.; Hinweis durch SIMON 101) die Meinung äußerte, es scheine »allerdings auch beinahe die Absicht des Weltgeistes gewesen zu seyn, an dem jüdischen Volke zu zeigen, wie ein Volk nicht leben soll«.

[34] HINRICHS 151.

[35] SW LIII/LIV 89; vgl. ebd. 665: »In dem entscheidenden Augenblick tritt allemal ein, was wir Zufall oder Geschick nennen und was Gottes Finger ist«.

[36] SW LIII/LIV 90; vgl. ebd. 89 den Verweis auf FICHTES Ansicht, daß das »Kennenlernen des Alterthums in seiner Tiefe zu Gott führt«.

[37] SIMON 196.

[38] LÜTGERT III 186. Vgl. MASUR 127: »In Ranke durchdrang sich die historische Wissenschaft in ihrer reinsten und stärksten Repräsentation mit religiösem und philosophischem Gehalt«.

thode NIEBUHRS zum glänzenden Siege verholfen und die Fragen HEGELS nach dem Sinn der Geschichte im ganzen bewahrt, zugleich aber in der Tradition SCHLEIERMACHERS diese Fragen beantwortet durch den priesterlichen Dienst des Historikers an der Enthüllung der »Hieroglyphe« (SW LIII/LIV 90) der Geschichte, in der Gott ‚wohnt, lebet‘ und ‚zu erkennen‘ ist.

3. Mommsen

MOMMSEN bekannte sich wie RANKE ausdrücklich zur historisch-kritischen Methode NIEBUHRS[39], aber auch zur historischen Rechtsschule SAVIGNYs[40]. Wenn er »die Geschichtswissenschaft noch in Niebuhrs Sinn als ein Ganzes« (RA 200) betrachtet wissen möchte, dann meint er damit das organische Verständnis einer Volksgeschichte, die kontinuierliche Entwicklung ihres ‚Volksgeistes‘ — wie auch SAVIGNY sagte. Durch die Verbindung[41] der genuinen Leistungen beider Vorgänger gelangte MOMMSEN zu seinem ‚Römischen Staatsrecht‘ (1871—1888) und wurde zum Begründer der antiken Rechtsgeschichte in der neueren Historiographie.

MOMMSEN hat sich in seiner Rektoratsrede von 1874 aber auch mit der Ansicht, daß »der Geschichtschreiber . . . vielleicht mehr zu den Künstlern als zu den Gelehrten«[42] gehöre und daß »die Elemente der Geschichtskunde . . . nicht gelernt werden, weil jeder sie ohnehin besitzt« (RA 10), auf NIEBUHR berufen[43]. Geschichtskunde ist zusammengesetzt »teils aus der Ermittelung und der Sichtung« der Zeugnisse, »teils aus der Zusammenknüpfung derselben nach der Kenntnis der einwirkenden Persönlichkeiten und der bestehenden Verhältnisse zu einer Ursache und Wirkung darlegenden Erzählung«. Indem so »historische Quellenforschung« und »pragmatische Geschichtschreibung« zusammenkommen, entsteht die eigentliche »Geschichts-

---

[39] In der ‚Antwort auf die Antrittsrede (Friedrich) Nitzschs (1832—1898) vor der Akademie‘ (1879) erklärt er, »daß die Historiker alle ohne Ausnahme, soweit sie des Namens wert sind, die Schüler Niebuhrs sind, und diejenigen nicht am wenigsten, die zu seiner Schule sich nicht bekennen« (RA 199).

[40] In der »Verschmelzung von Geschichte und Jurisprudenz, welche sich knüpft an die beiden Namen Niebuhr und Savigny«, sah MOMMSEN die Voraussetzung »organischer Behandlung« (RA 36) einer Nationalgeschichte.

[41] »Solange die römische Jurisprudenz Staat und Volk der Römer ignorierte und die römische Geschichte und Philologie das römische Recht, pochten beide vergebens an die Pforten der römischen Welt« (RA 36; vgl. RA 13).

[42] RA 11. MOMMSEN, dessen Bibliographie 1513 Nummern umfaßt, war indes auch in biographischer Hinsicht mehr noch als NIEBUHR der Typ des Gelehrten.

[43] Vgl. NIEBUHR, Schr. II 11: Weil »Kritik und Divination« »Künste« sind, lassen sie sich »nicht in Regeln lehren«, sondern wollen »mit natürlichem Geschick« ausgeübt werden.

forschung«, die sich von anderen Wissenschaften dadurch unterscheidet, »daß sie ihre Elemente zu eigentlich theoretischer Entwickelung zu bringen nicht vermag« (RA 10). MOMMSEN betont, daß »jede Theorie entweder trivial ausfallen müßte oder transcendental«; aber »die divinatorische Sicherheit des Urteils, die den eminenten Historiker bezeichnet«, »der Blick in die Individualität der Menschen und der Völker spotten in ihrer hohen Genialität alles Lehrens und Lernens« (RA 11). Im Gegensatz zur Ausbildung des Philologen oder auch des Mathematikers gilt vom Historiker, »daß er nicht gebildet wird, sondern geboren, nicht erzogen wird, sondern sich erzieht« (RA 11); seine einzige »unentbehrliche Propädeusis« ist eine »mittelbare«: »die Kenntnis der Sprache und die Kenntnis des Rechts der Epoche«[44], die er beschreibt.

In seinem Aufsatz ,Universitätsunterricht und Konfession' (1901) kennzeichnete MOMMSEN die voraussetzungslose Forschung als den »Lebensnerv« der Historie und sah folgerichtig in der Gefährdung dieser Voraussetzungslosigkeit eine »Degradierung« seiner Wissenschaft (RA 432).

»Die Voraussetzungslosigkeit aller wissenschaftlichen Forschung ist das ideale Ziel, dem jeder gewissenhafte Mann zustrebt, das aber keiner erreicht noch erreichen kann. Religiöse, politische, sociale Überzeugungen bringt ein jeder von Haus aus mit und gestaltet sie aus nach dem Maß seiner Arbeits- und Lebenserfahrungen«[45].

Darum hat MOMMSEN aus seiner Vorliebe für ein organisches Wachstum (vgl. RA 36), für die »Anfangszeiten der Geschichte, wo die Schöpfungen des Menschengeistes noch den Reiz des Werdens an sich tragen« (RA 245), für die »göttliche Morgendämmerung«, »in welcher reicher angelegte Nationen jenen geheimnisvollen Grundstamm erzeugten, den wir Sage zu nennen pflegen, den Keim alles Dichtens und Sinnens, den ewigen Born aller Kunst und Philosophie«[46], niemals ein Hehl gemacht.

Weil für ihn die »Verfassung und ihre Wandelungen eben die Geschichte selber sind« (RA 13), hat er »die Entwicklung des Römertums als Entfaltung der im Latinertum gesetzten Anlage . . . wie einen

---

[44] RA 12. Vgl. RG, S. V: Die »pragmatische Geschichte« »bestimmt und ordnet . . . durch sich selbst Inhalt und Form der Darstellung«.

[45] RA 434. Es erscheint unter diesem Gesichtspunkt nicht richtig, von der »flache(n) Mommsensche(n) Positivität« zu reden, wie das KERN (68) tut. MOMMSEN, der, im Gegensatz zu dem die Quellen-Analyse bis zur Unlesbarkeit des Werkes in die Darstellung einflechtenden NIEBUHR, alle Belege aus der Darstellung heraushielt und dadurch seine ,Römische Geschichte' (1854—1856) zu einem geradezu spannenden Werk gestaltete, hat mitnichten darauf verzichtet, seine ästhetischen Grundsätze und seine politischen Überzeugungen auszusprechen.

[46] RA 271. Beinahe alle Zeitgenossen teilten die Ansicht, daß »das Ritual . . . stetiger als das Dogma« (RA 272) sei.

logischen, organischen, ganz in sich selber selbständigen Prozeß«[47] ge-
schildert. Seine Anlehnung an NIEBUHR schloß den Gegensatz zu HEGEL
derart ein, daß in der Frage der geschichtlichen Mobilität an die Stelle
der ‚Dialektik‘ die Beobachtung bloßer Spannungsphänomene trat:
»Das Ungleiche muß sich paaren, wenn etwas werden soll; das ist wie
ein Gesetz der Natur so auch das der Geschichte«[48]. Das »durch die
notwendigen Gesetze der Entwickelung Geforderte« (RA 199) ist aber
auch nicht identisch mit dem zeitgenössischen Evolutionsgedanken[49].
Das einzige »aprioristische Moment« in der Geschichtswissenschaft ist
für MOMMSEN das »Erkennen des Gewesenen aus dem Gewordenen
mittelst der Einsicht in die Gesetze des Werdens« (RA 199), die MOMM-
SEN indes nicht näher bestimmt hat als durch die bloße Meinung, »daß
Aufschwung und Rückgang miteinander abwechseln müssen« (RA 132).

Die »Elemente der ältesten Geschichte« sind »die Völkerindivi-
duen, die Stämme« (RG 9). Betrachtet man diese im Zusammenhang
eines »Culturkreises«, dann zeigen sich dabei »die Epochen der Entwickelung, der Vollkraft und des Alters, die beglückende Mühe des
Schaffens in Religion, Staat und Kunst, . . . das Versiegen der schaffenden Kraft in der satten Befriedigung des erreichten Zieles« (RG 4).
Die Aufgabe des Geschichtsforschers liegt also darin, »die successive
Völkerschichtung in dem einzelnen Lande darzulegen, um die Steigerung von der unvollkommenen zu der vollkommeneren Cultur und
die Unterdrückung der minder culturfähigen oder auch nur minder
entwickelten Stämme durch höher stehende Nationen so weit möglich
rückwärts zu verfolgen« (RG 8).

So hat der von der Jurisprudenz, der Numismatik und der Epi-
graphik zur Historie gekommene MOMMSEN im Geiste NIEBUHRS unter
Verwendung organologischer Grundgedanken und mit starkem politischen Bewußtsein eine Nationalgeschichte als Geschichte der Wandlungen eines Staats- und Rechtswesens dargestellt. Er war ein Mann
der Geschichts*schreibung*, nicht der Geschichts*theorie*. Seine ‚theoretischen‘ Überlegungen gehen kaum über dürftige Summierungen des an
der Geschichte Beobachteten hinaus. Der Rang seiner Gelehrsamkeit
und seiner künstlerischen Darstellung hat ihm unter denen, die sich

---

[47] TROELTSCH 304.

[48] RA 245; vgl. 245f.: »So beherrscht und durchdringt der gewaltige Gegensatz von
Orient und Occident die ganze Menschengeschichte; so in engeren, aber immer noch
ungeheuren Kreisen die Geschichte des Altertums der Gegensatz von Griechenland
und Rom, die Geschichte der Neuzeit der Gegensatz von Romanen und Germanen«.

[49] In dem Aufsatz ‚Auch ein Wort über unser Judentum‘ (1880), in dem sich MOMMSEN
leidenschaftlich gegen den — besonders TREITSCHKE zugesprochenen — Antisemitismus vieler Zeitgenossen wendet, kennzeichnet er diese »Evolution« als eine »rück-
läufige« Bewegung (RA 411), verbindet also mit diesem Ausdruck nichts für den
eigentlichen ‚Evolutionismus‘ Charakteristisches.

neben oder nach ihm um die alte Geschichte bemühten, eine beinahe absolute Autorität gesichert.

II. Motive

1. Die Ablösung der Geschichtsphilosophie durch den historischen Realismus

Die geschichtsphilosophischen Systeme des deutschen Idealismus machten allmählich der völligen Historisierung der verschiedenen Geisteswerte im sogenannten Historismus des späten 19. Jahrhunderts Platz. Auf dem Weg von HEGEL zu MOMMSENS Forderung nach der Voraussetzungslosigkeit der historischen Forschung oder zu J. BURCKHARDTS Ästhetizismus[50] zeigt sich ein qualitativ höchst bedeutsamer Wandel der geschichtlichen Gestimmtheit, der in einem motivgeschichtlichen Überblick zusammengefaßt werden soll.

Die Historiographie der deutschen historischen Schule teilte zwar ihre geschichtlichen Voraussetzungen mit denen der idealistischen Philosophie und hatte, wie HEGELS Geschichtsphilosophie, ihre Blütezeit um 1830; aber ihr theoretischer Hintergrund und Zusammenhang weist bei weitem nicht die Geschlossenheit und strenge Einheitlichkeit der gleichzeitigen HEGELschen Schulen auf. Weil die klassische Philologie bereits »im Zeitalter Hegels die einzige Konkurrentin der Philosophie« und »die Vorkämpferin der neuen, induktiven Forschung«[51] geworden war, konnte zunächst und vor allem die philologische Kritik zum unaufgebbaren Maßstab und zum eigengewichtigen Forschungsgrundsatz der historischen Schule werden. Diese Gelehrsamkeit vertrug sich freilich in so noch nicht gekannter Weise mit einem durch die zeitgenössische Romantik geförderten Sinn für den Wert und Reiz vergangener Lebensentwürfe der Menschheit. Indes waren jene Historiker durch ihr Beharren bei dem philologischen Detail davor geschützt, in dem Sog des romantischen Lebensgefühls unterzugehen. »Die Historiographie des Heimwehs und die Historiographie der Restauration«[52] mit ihrem Zug zur Intimität der Vorstellungen und Verhältnisse hatte ein erhebliches Gegengewicht in der überlieferungsgeschichtlichen For-

---

[50] C. NEUMANN (Jacob Burckhardt, 1927, 231; zitiert nach BOSCHWITZ 74) berichtet, WELLHAUSEN habe BURCKHARDTS ‚Weltgeschichtliche Betrachtungen‘ fünfmal gelesen. Obgleich WELLHAUSEN seine großen Werke zur Geschichte Israels geschrieben hatte, als BURCKHARDTS Vorlesungen — die 1868 und 1870/71 unter dem Titel ‚Über Studium der Geschichte‘ frei vorgetragen worden waren — 1905 als ‚Weltgeschichtliche Betrachtungen‘ aus dem Nachlaß veröffentlicht wurden, ist aus WELLHAUSENS begeisterter Lektüre eine Verwandtschaft der Motive und Einsichten zu erschließen, die den gelegentlichen Vergleich der BURCKHARDTschen Gedanken hier erfordert.

[51] SCHNABEL III 34f.   [52] CROCE 221.

schung, die durch ihre Differenzierung von Sagen, Legenden und historischen Urkunden zugleich auch eine ‚Entzauberung'[53] der menschlichen Erinnerung bewirkte. Wenngleich »in den dreißiger Jahren . . . der Enthusiasmus Winckelmanns, der Klassiker, Humboldts und Hölderlins abzuklingen«[54] begann, so blieb doch eine »Begabung zu ‚zarter Empirie', wie Goethe sagt«[55], vor allem aber eine Tendenz zur Feststellung der geschichtlichen Besonderheit, der Einzel- oder Kollektivindividualität erhalten.

Dieser Zentralgedanke der Klassik und Romantik: die Hingabe an das Einzelne als Persönlichkeit und Einmaligkeit, führte die Historie jener Jahrzehnte in einzelnen Entwürfen bis zum Verlust der Zusammenordnung der Besonderheiten in einem Allgemeinen überhaupt. Weil »in der Individualität das Geheimnis alles Daseyns liegt«[56], entzündete sich die Leidenschaft des Geschichtsschreibers auch vornehmlich an ihr und hielt sich an sie bei dem Versuch der Entschlüsselung des Geheimnisses der Geschichte. Noch BURCKHARDT nahm mit besonderer Betonung den Ausgangspunkt für seine kulturgeschichtliche Betrachtung »vom einzigen bleibenden und für uns möglichen Zentrum, vom duldenden, strebenden und handelnden Menschen, wie er ist und immer war und sein wird«, und beobachtete »das sich Wiederholende, Konstante, Typische«[57] im Menschen, den er als individuellen Typus schätzte; das geschichtsphilosophische Ordnungsgefüge gab er damit bewußt preis. ‚Menschlich' wollte schon HERDER die Geschichte betrachten: als bloßen Subjektivismus verschmähten HEGEL und seine Schüler diesen Ansatz. Hier knüpfte die Lebensphilosophie des ausgehenden 19. Jahrhunderts wieder an HERDER an und ließ die im System voranschreitende Geistesphilosophie des Idealismus beiseite. Im Gegenschlag zum Fortschrittsbewußtsein der Aufklärung sah auch NIETZSCHE »das Ziel der Menschheit . . . nicht am Ende liegen, sondern nur in ihren höchsten Exemplaren«[58], und BURCKHARDT definierte in dem Kapitel ‚Das Individuum und das Allgemeine (Die historische Größe)': »Größe ist, was wir nicht sind« (209).

---

[53] ROTHACKER 11.   [54] SRBIK I 219.

[55] ROTHACKER 12.

[56] HUMBOLDT IV 52 (‚Über die Aufgabe des Geschichtsschreibers', 1822); vgl. ebd. 54: »Jede menschliche Individualität ist eine in der Erscheinung wurzelnde Idee, und aus einigen leuchtet diese so strahlend hervor, daß sie die Form des Individuums nur angenommen zu haben scheint, um in ihr sich selbst zu offenbaren«.

[57] BURCKHARDT 5 f. Auch die Religionen sind nach BURCKHARDT »als die Schöpfungen einzelner Menschen oder einzelner Momente . . . ruckweise, strahlenweise entstanden« (42), ihre Blütezeit ist »der Reflex eines großen einmaligen Momentes« (43). »Mächtige Individuen treten auf und geben Richtungen an, welchen sich dann ganze Zeiten und Völker bis zur vollen Einseitigkeit anschließen« (63).

[58] I 364 (‚Vom Nutzen und Nachtheil der Historie für das Leben').

War in den idealistischen Geschichtsphilosophien eine Geringschätzung der kritischen Forschung zugunsten der reinen Spekulation
zu beobachten, so trat in der stärker und stärker sich durchsetzenden
induktiven Forschung der philosophische Aspekt beinahe völlig in den
Hintergrund. »Die Spekulation« wich »der Spezialisierung«[59], die Naturwissenschaften konnten das spekulative Denken vollends entbehren.
So wurden die Keime für »ein unphilosophisches Zeitalter«[60], nämlich
das geisteswissenschaftlich durch den Historismus bestimmte 19. Jahrhundert, schon zu Lebzeiten HEGELs[61] ausgebildet. Wenn am Ende
dieser Wandlung »die klassischen Philologen eine ähnliche Herrscher-
stellung einnahmen, wie in dem Zeitalter der Orthodoxie die Theologen«[62], dann bedeutet das eine genaue Umkehrung der HEGELschen
Wertordnung: Was HEGEL abstrakt nannte, heißt jetzt konkret —
und umgekehrt, was HEGEL eine Hilfswissenschaft nannte[63], steht
jetzt für die Geschichtsbetrachtung methodologisch im Vordergrund.
Man fragte nicht mehr nach einem absoluten Anfang oder Ende[64],
sondern nach der sinnhaften Durchdrungenheit eines begrenzten Stoffes, nach dem ihm immanenten, also relativen Sinn. An seinem Stoff
war auch der Historiker Denker, aber eben nur in der Bindung an
ihn. Die historische Gliederung der Vergangenheit löste die spekulativ begründete ab[65].

---

[59] ROTHACKER 18.   [60] SCHNABEL III 22.

[61] Vgl. MEINECKE, VgS 99: »Der Identitätsgedanke raubte dem Individualitätsgedanken seinen innersten, sogar auch metaphysisch wichtigsten Inhalt. Seine (sc.: Hegels)
grandiose Geschichtsphilosophie ermangelt der seelischen Wärme. Und ohne vollen
Einsatz von Seele und Gemüt verliert der Historismus an Wurzelboden und wird
ein fragwürdig Ding«. Indes hat die Tübinger Schule im Geiste HEGELs auch quellen-
kritisch Bedeutsames geleistet. Über F. CHR. BAUR, für den »ohne Spekulation . . .
jede historische Forschung ein bloßes Verweilen auf der Oberfläche und Außen-
seite der Sache« (DILTHEY IV 422) war, fand noch K. BARTH eine überaus behut-
same Würdigung angebracht: »Gegenüber dem eiligen Einwurf, daß Baur die
Geschichte nach einem von außen an sie herangebrachten Schema konstruiert,
quasi gedichtet habe, ist jedenfalls zu bemerken, daß Baur ein . . . exakt arbeitender
Gelehrter . . . gewesen ist. Ob Baur seine Geschichtslinien a priori oder a posteriori
gefunden, das weiß schließlich Gott allein« (Geschichte der protestantischen Theologie, 1947, 456).

[62] LÜTGERT IV 164.

[63] Vgl. RITTER 268: DILTHEY behandelte in der ‚Einleitung in die Geisteswissenschaf-
ten‘ die Geschichtsphilosophie als eine »Pseudowissenschaft«.

[64] Für BURCKHARDT sind die Geschichtsphilosophen »mit Spekulation über die Anfänge behaftet und müßten deshalb eigentlich auch von der Zukunft reden; wir
können jene Lehren von den Anfängen entbehren, und die Lehre vom Ende ist nicht
von uns zu verlangen« (6).

[65] Versteht man in der »Auseinandersetzung zwischen Spekulation und Empirie« RANKE
und HEGEL als ‚Antitypen‘, dann bleibt freilich doch die Tatsache bestehen, »daß

Weil nun die neuen Gedanken und Wertvorstellungen nicht Elemente einer ins Bewußtsein gehobenen Gegen*philosophie* waren, weil sich vielmehr diese Generationen »gegen die Metaphysik und Theologie der Transzendenz und gegen die Trennung des Sinnlichen vom Sittlichen« überhaupt wandten, vertraten sie »die Immanenz des Ideals oder der göttlichen Vernunft in der Weltwirklichkeit«[66] — ohne doch über unsystematische Ansätze zu einer historiographischen Theorie hinauszukommen.

Einen Versuch, die Spannung zwischen dem ideellen Prinzip der Geschichtsphilosophen und der Materialbestimmtheit der Historiker auszugleichen, hatte HUMBOLDT schon 1822 in seiner Schrift ‚Über die Aufgabe des Geschichtschreibers‘ unternommen:

Das rechte Verständnis des Geschehenen muß wohl »von Ideen geleitet seyn«. »Es versteht sich indes freilich von selbst, daß diese Ideen aus der Fülle der Begebenheiten selbst hervorgehen, ... nicht der Geschichte, wie eine fremde Zugabe, geliehen werden müssen, ein Fehler, in welchen die sogenannte philosophische Geschichte leicht verfällt. Überhaupt droht der historischen Treue viel mehr Gefahr von der philosophischen, als der dichterischen Behandlung, da diese wenigstens dem Stoff Freiheit zu lassen gewohnt ist. Die Philosophie schreibt den Begebenheiten ein Ziel vor, dies Suchen nach Endursachen ... stört und verfälscht alle freie Ansicht des eigenthümlichen Wirkens der Kräfte« (IV 46). »In Allem, was geschieht«, waltet eine »nicht unmittelbar wahrnehmbare Idee«, die freilich »nur an den Begebenheiten selbst erkannt werden kann« (IV 56).

HUMBOLDT äußerte sich in seinen ‚Betrachtungen über die Weltgeschichte‘ (1814), die eine Vorarbeit zu der Schrift von 1822 darstellen, noch schärfer: »Es giebt mehr als Einen Versuch, die einzeln zerstreuten, und scheinbar zufälligen Weltbegebenheiten unter Einen Gesichtspunkt zu bringen, und nach einem Princip der Nothwendigkeit aus einander herzuleiten. Kant hat dies zuerst am meisten systematisch und abstract gethan; mehrere sind ihm nachher hierin nachgefolgt; alle sogenannte philosophische Geschichten sind Versuche dieser Art, und die Sucht, Betrachtungen über die Geschichte anzustellen, hat fast die Geschichte, wenigstens den geschichtlichen Sinn, verdrängt« (III 350).

In den ‚Betrachtungen über die bewegenden Ursachen in der Weltgeschichte‘ (1818) stellte HUMBOLDT drei Möglichkeiten solcher Ursachen zur Wahl, die den Abstand zu HEGEL verdeutlichen: »Die Natur der Dinge, die Freiheit des Menschen, und die Fügung des Zufalls« (III 361). Aber auch das 1822 ausgesprochene Bekenntnis zur ‚Idee‘ wird — gegenüber HEGEL und auf dem Wege zu RANKE hin! — entscheidend modifiziert durch die strikte Bindung dieser ‚Idee‘ an die geschichtliche Individualität (vgl. IV 52f.).

Später hat J. G. DROYSEN, der zuerst als Philosoph von der HEGELschen Staatslehre ausging, andererseits aber auch HUMBOLDT,

---

Hegel bei aller Spekulation der stoffreichste und empirischste von den Philosophen des deutschen Idealismus war und daß Ranke ... am innigsten von den Historikern des deutschen Objektivismus bemüht blieb, die Ideen zu finden, die seine Tatsachen ihm anzudeuten schienen« (SIMON 68).

[66] DILTHEY IV 359.

SCHLEIERMACHER und RANKE verpflichtet war, diese Fragen in seiner ‚Historik'[67] präziser zu erfassen getrachtet. DROYSEN formulierte den Grundsatz: »Die Wissenschaft der Geschichte ist das Ergebnis empirischen Wahrnehmens, Erfahrens und Forschens« (326). »Alle empirische Forschung regelt sich nach den Gegebenheiten, auf die sie gerichtet ist«[68].

Am leidenschaftlichsten jedoch hat sich J. BURCKHARDT gegen die geschichtsphilosophische Systematik gewehrt[69].

Im ersten Kapitel der ‚Einleitung' zu den ‚Weltgeschichtlichen Betrachtungen' heißt es: »Wir verzichten ... auf alles Systematische; wir machen keinen Anspruch auf ‚weltgeschichtliche Ideen', sondern begnügen uns mit Wahrnehmungen und geben Querdurchschnitte durch die Geschichte ...; wir geben vor allem keine Geschichtsphilosophie. Diese ist ein Kentaur, eine contradictio in adjecto; denn Geschichte, d. h. das Koordinieren, ist Nichtphilosophie und Philosophie, d. h. das Subordinieren, ist Nichtgeschichte« (4).

Weil die Normen abendländischer Theologie im Rationalismus zu zerbrechen drohten, hatte die idealistische Geschichtsphilosophie immerhin noch den Versuch dargestellt, das Theodizee-Problem zu lösen und dem Menschen die geschichtliche Welt als Heimat glaubhaft zu machen. Der Historismus BURCKHARDTs kann diese Philosophie (und Theologie) der Geschichte im Sinne einer einheitlichen und zwingenden Wahrheitsfindung nicht mehr leisten und nicht einmal mehr wollen. So gehörte die zweite Hälfte des 19. Jahrhunderts in keinem der fraglichen Bereiche mehr HEGEL. BURCKHARDT zog die Bilanz:

»Wir sind aber nicht eingeweiht in die Zwecke der ewigen Weisheit und kennen sie nicht. Dieses kecke Antizipieren eines Weltplanes führt zu Irrtümern, weil es von irrigen Prämissen ausgeht« (5). BURCKHARDT blickte aber auch wehmütig-achtungsvoll auf die Epoche der Geschichtsphilosophien zurück: »Immerhin ist man dem Kentauren den höchsten Dank schuldig und begrüßt ihn gerne hier und da an einem Waldesrand der geschichtlichen Studien. Welches auch sein Prinzip gewesen, er hat einzelne mächtige Ausblicke durch den Wald gehauen und Salz in die Geschichte gebracht. Denken wir dabei nur an Herder. Übrigens ist jede Methode bestreitbar und keine allgültig.

---

[67] DROYSEN hat im Verlauf von 25 Jahren achtzehnmal eine Vorlesung über ‚Enzyklopädie und Methodologie der Geschichte' gehalten. Der ‚Grundriß der Historik' erschien zuerst 1858 als Privatdruck, die letzte von DROYSEN herausgegebene Auflage 1882.

[68] DROYSEN 327; vgl. zur historischen Kritik besonders die §§ 29—32 (S. 336ff.).

[69] BURCKHARDT hat, obgleich (u. a. durch DE WETTE) mit den Methoden historisch-kritischer Bibelforschung vertraut geworden, die Quellenforschung nie in den Mittelpunkt seines Schaffens gestellt. Er wurde 1872 auf den Lehrstuhl RANKES berufen; dennoch urteilte WELLHAUSENS Freund WILAMOWITZ, »daß die Griechische Kulturgeschichte von Jacob Burckhardt für die Wissenschaft nicht existiere« (W. v. LOEWENICH, Jacob Burckhardt und die Kirchengeschichte, in: Humanitas-Christianitas, Gütersloh 1948, 108).

Jedes betrachtende Individuum kommt auf *seinen* Wegen, die zugleich sein geistiger Lebensweg sein mögen, auf das riesige Thema zu und mag dann diesem Wege gemäß seine Methode bilden«[70].

Damit ist das Lebensthema HEGELs gleichsam verschenkt und verloren: Wenn jede Methode bestreitbar ist, dann ist die ‚Vernunft in der Geschichte' keine methodisch verifizierbare Voraussetzung der richtigen, weil einzig möglichen Geschichtsbetrachtung mehr. Die ‚Philosophie' der Historiker nach HEGEL verlor in dem Maße an begrifflicher Schärfe, in dem sie von der Mitte der methodischen Überlegungen an die Ränder verwiesen wurde. Von der Jahrhundertmitte ab läßt sich der Verlust des Primats der an die Geschichte herangetragenen Idee immer deutlicher verfolgen. Als am Himmel der Philosophie der Stern NIETZSCHES aufleuchtete, wurde der Verzicht auf die Sinngebung der Geschichte und durch die Geschichte besiegelt. Nun werden im sogenannten Historismus (im engeren Sinne) »die Unterschiede zwischen den verschiedenen philosophischen Systemen ... erklärt als Resultanten der Unterschiede in der psychologischen Struktur oder Verfassung. Eine solche Auffassung aber führt die Philosophie als solche ad absurdum«[71].

Mit diesem Verlust beinahe jeder Bedeutung einer strengen Philosophie für die Historie ging ein Bedeutungszuwachs der Subjektivität aller Geschichtsbetrachtung Hand in Hand, den BURCKHARDT selber beklagt hat: »Außerdem aber können wir uns von den Absichten unserer eigenen Zeit und Persönlichkeit nie ganz losmachen, und dies ist vielleicht der schlimmere Feind der Erkenntnis« (11). So korrespondierte der Objektivismus der quellenkritischen Forschung mit dem Subjektivismus der Einordnungschiffren[72].

Die geistig-‚weltanschaulichen' Wurzeln der maßgeblichen Geschichtsschreibung in der zweiten Hälfte des 19. Jahrhunderts sind also nicht bei HEGEL, wohl aber auf der Linie HERDER, HUMBOLDT,

---

[70] BURCKHARDT 6 (Hervorhebung von B.).

[71] COLLINGWOOD 184.

[72] Vgl. dazu die vehemente Äußerung H. HEINES in der Abhandlung ‚Shakespeares Mädchen und Frauen': »Die sogenannte Objektivität, wovon heut' soviel die Rede, ist nichts als eine trockene Lüge; es ist nicht möglich, die Vergangenheit zu schildern, ohne ihr die Färbung unserer eigenen Gefühle zu verleihen. Ja, da der sogenannte objektive Geschichtsschreiber doch immer sein Wort an die Gegenwart richtet, so schreibt er unwillkürlich im Geiste seiner eigenen Zeit ... Jene sogenannte Objektivität, die, mit ihrer Leblosigkeit sich brüstend, auf der Schädelstätte der Thatsachen thront, ist schon deshalb als unwahr verwerflich, weil zur geschichtlichen Wahrheit nicht bloß die genauen Angaben des Faktums, sondern auch gewisse Mitteilungen über den Eindruck, den jenes Faktum auf seine Zeitgenossen hervorgebracht hat, notwendig sind« (Sämtliche Werke, herausg. v. E. Elster, 5. Bd., Leipzig und Wien o. J., S. 377). H. TREITSCHKE wies später auch als Historiker die ‚Objektivität' als blutleer ab und forderte relative Wertmaßstäbe.

RANKE zu suchen. HUMBOLDT war dieses Spannungsverhältnisses durchaus schon ansichtig, als er sich, gegen die Prävalenz der philosophischen Systeme, eher an HERDER anschloß: »Je tiefer der Geschichtsforscher die Menschheit und ihr Wirken durch Genie und Studium begreift, oder je menschlicher er durch Natur und Umstände gestimmt ist, und je reiner er seine Menschlichkeit walten läßt, desto vollständiger löst er die Aufgabe seines Geschäfts« (IV 38). Die Aufgabe des Historikers ist die der allseitigen Durchdringung des Lebens und seiner Wirkkräfte, kann also nicht umfassend genug gedacht und gewünscht werden.

HUMBOLDT begann seine Schrift von 1822 mit der Forderung: »Die Aufgabe des Geschichtschreibers ist die Darstellung des Geschehenen. Je reiner und vollständiger ihm diese gelingt, desto vollkommener hat er jene gelöst« (IV 35). Indes, »mit der nackten Absonderung des wirklich Geschehenen ist aber noch kaum das Gerippe der Begebenheit gewonnen. Was man durch sie erhält, ist die nothwendige Grundlage der Geschichte, der Stoff zu derselben, aber nicht die Geschichte selbst« (IV 36). Wer sich damit begnügt, ist »nur auffassend und wiedergebend, nicht selbstthätig und schöpferisch«, denn das Geschehene »ist nur zum Theil in der Sinnenwelt sichtbar, das Übrige muß hinzu empfunden, geschlossen, errathen werden«; den »innern ursachlichen Zusammenhang selbst, auf dem doch allein auch die innere Wahrheit beruht« (IV 35), kann die bloße Beobachtung nicht ablesen. Darum muß der Geschichtschreiber »auf verschiedene Weise, aber ebensowohl, als der Dichter ... das zerstreut Gesammelte in sich zu einem Ganzen verarbeiten« (IV 36). »Speculation, Erfahrung und Dichtung sind aber nicht abgesonderte, einander entgegengesetzte und beschränkende Thätigkeiten des Geistes, sondern verschiedne Strahlseiten derselben«, das »Ahnden« ergänzt die »kritische Ergründung des Geschehenen« (IV 37). »Die historische Darstellung ist, wie die künstlerische, Nachahmung der Natur. ... Es darf uns daher nicht gereuen, das leichter erkennbare Verfahren des Künstlers auf das mehr Zweifeln unterworfne des Geschichtschreibers anzuwenden« (IV 41).

»Die Aufgabe, die Wilhelm von Humboldt dem Geschichtschreiber stellte, hat Leopold Ranke ausgeführt«[73]. HUMBOLDT selbst aber fand seine These von der Historie als Kunst nicht nur schon von SCHILLER praktiziert, sondern auch von SCHELLING in der zehnten der ‚Vorlesungen über die Methode des academischen Studiums‘ (‚Über das Studium der Historie und der Jurisprudenz‘) vorgezeichnet:

»Auch die wahre Historie beruht auf einer Synthesis des Gegebenen und Wirklichen mit dem Idealen, aber nicht durch Philosophie, da diese die Wirklichkeit vielmehr aufhebt und ganz ideal ist; Historie aber ganz in jener und doch zugleich ideal seyn soll. Dieses ist nirgends als in der Kunst möglich, welche das Wirkliche ganz bestehen läßt ... Die Kunst also ist es, wodurch die Historie, indem sie Wissenschaft des Wirklichen als solchen ist, zugleich über dasselbe auf das höhere Gebiet des Idealen erhoben wird, auf dem die Wissenschaft steht; und der dritte und absolute Standpunkt der Historie ist demnach der der historischen Kunst«[74].

---

[73] SCHNABEL III 86.

[74] SCHELLING 220f. Den meisten der bedeutenden Historiker des 19. Jahrhunderts haftete etwas von diesem von HUMBOLDT durchgesetzten Gedanken der historischen

Da die an Anschauung und Intuition gebundene ‚historische Kunst' auf das Konkrete und Übersehbare angewiesen ist, bestimmte Schelling »als den Gegenstand der Historie im engern Sinne . . . die Bildung eines objectiven Organismus der Freyheit oder des Staats« (226). Dieser Gedanke eines ‚Organismus' entsprach aber vollständig den romantischen Vorstellungen vom Hervorkeimen alles Lebens und aller Werte aus dem Mutterboden des Volkes. So füllte der Glaube an die »Dynamik des produktiven Lebens, an das organische, von Willkür freie Wachstum«[75] in der historischen Schule das Vakuum aus, das durch die Zurückweisung der umfassenden Geschichtsphilosophien entstanden war. Die hier hervortretende Vorstellung vom ‚Leben' erfuhr keine systematische Zuspitzung oder Abgrenzung; sie wurde vielmehr ganz im Bereich des Künstlerisch-Anschaulichen belassen. Der von dieser organischen Lebensansicht beflügelte Historiker scheute sich vor der universalen Konstruktion, die ihm sein Material nicht gebot. Das jugendfrische Leben in den Gestalten und Gestaltungen der Vergangenheit wird nun freilich seinerseits idealisiert und im Begriff des Organismus verdichtet. Wenn also »viel Mythisches, Nebelhaftes und Wirklichkeitsfremdes, viel Gleichstellung des Altertümlichen und des bleibend Werthaften«[76] mit dem Organismus-Gedanken verknüpft war, so war doch, durchaus positiv, für die Begründer der historischen Schule »das Leben eines Volkes . . . eine Ganzheit und große Einheit, die ihren Geist in Sprache, Sage, Sitte, Religion, Recht, Staat, Kunst, Dichtung, Philosophie ausstrahlt. In dieser Form hat die Volksgeistidee die gesamte geisteswissenschaftliche Arbeit des 19. Jahrhunderts getragen, auch da, wo das Wort selbst nicht mehr gebraucht wurde«[77].

Damit ist nun aufs engste eine Wertvorstellung verbunden: das ‚eigentliche' Leben wird niemals in den abgeleiteten, sekundären, differenzierten Verhältnissen gesucht. Dem quellenkritischen Rückgang auf das Ursprüngliche folgt und entspricht die Liebe jener Historiker zu den Urzuständen — was bei Savigny folgenden Ausdruck findet:

> »Die Jugendzeit der Völker ist arm an Begriffen, aber sie genießt ein klares Bewußtsein ihrer Zustände und Verhältnisse, sie fühlt und durchlebt diese ganz und vollständig, während wir in unserem künstlich verwickelten Dasein, von unserm eigenen Reichtum überwältigt sind«[78].

Alles Ausgeklügelte, alles Machbare, alle ‚Kunst'-Produkte gehören der eigenen Gegenwart an und unterliegen der schon bei

---

Kunst an. Noch B. Croces erster Essay trug den Titel ‚Die Geschichte auf den allgemeinen Begriff der Kunst gebracht'.

[75] Srbik I 196.

[76] Srbik I 174.

[77] Rothacker 14f.   [78] Zitiert nach Rothacker 25.

HERDER beobachteten Abneigung. Differenzierung der Kultur bedeutet hier Verlust der Mitte, Vereinzelung der Kulturzweige sowie deren ,Denaturierung' — als Kennzeichen einer Spätkultur, die zur Zivilisation herabsinkt. Zwar ist mit diesen Vorstellungen auch »ein geschichtsphilosophisches Schema in nuce«[79] gegeben, aber sie laufen dem stolzen Gegenwartsbewußtsein und dem Fortschritts-glauben der Aufklärung wie der idealistischen These von der Ver-vollkommnung des Geistes so vollständig und gründlich entgegen, daß eine Verknüpfung beider Motivreihen in einem geistesgeschicht-lichen Nacheinander kaum möglich ist.

Daraus folgt für die vorliegende Motivbetrachtung ein letzter Aspekt: Der Weg von den schöpferischen, urwüchsigen Zeiten eines solchen Organismus bis zu den späteren Stadien, in denen das Elementare durch Kunstprodukte überlagert und verdeckt ist, stellt eine Entwicklung dar, deren eventuell fehlende Glieder durch die historische Methode erschlossen werden können. Dabei ist es von wesenhafter Bedeutung, daß mit dieser Methode nur die Entwicklung einzelner, übersehbarer, eben ,organischer' Entwicklungseinheiten verfolgt wurde. Eine universalgeschichtliche Verknüpfung erschien weder erstrebenswert noch — mit den Mitteln des Historikers — erreichbar. Hier zeigt sich der Gegensatz zum ,weltbürgerlichen' Ansatz der Aufklärung sowie zum Entwicklungsgedanken HEGELS in seiner ganzen Schärfe: Bei HEGEL erschließt sich die Geschichte prinzipiell nur dem, der nach der Totalität ihrer Gestaltungen, d. h. aber: universalgeschichtlich fragt. Die durch den Siegeszug der Philologie, durch den Individualitäts- und Organismusgedanken bestimmten Forscher des historischen Realismus tragen in sich eine Abneigung gegen den spekulativen, und d. h. wiederum: universalen Ansatz. Damit ist der aufklärerische wie der idealistische Entwick-lungsbegriff seines eigentlichen Antriebs beraubt. Sogar die allgemeine Erfahrung geschichtlicher Entwicklung wird darin völlig entideolo-gisiert, daß bei der Beobachtung der geschichtlichen Dynamik kaum mehr die Richtung und noch weniger ein Ziel der Entwicklung im Vordergrund der Analysen steht, sondern Entwicklung erscheint als die einfache Bewegung in der Zeit, ohne die Geschichte eben nicht Geschichte ist. Wo nicht etwa die Vorliebe zu den Urzuständen als ein der ,Entwicklung' gegenläufiges Werturteil diese geradezu frag-würdig erscheinen läßt, wird der Ausdruck oft nur noch als bloße Veränderung von Verhältnissen verstanden. Der ,Begriff' der Ent-wicklung wird »bei dem steigenden Anschluß an empirische Be-obachtungen und Deutungen immer weniger eine theoretische Sorge, immer mehr eine Selbstverständlichkeit und eine lediglich intuitiv

---

[79] ROTHACKER 25.

dem Gang der Dinge folgende Konstruktion des sich im Besonderen bewegenden Allgemeinen. . . . Überall ist es eine Versachlichung und Hingebung an das empirische Detail, was im ganzen der Historie und der Verfeinerung des historischen Geistes sehr wohl bekommen ist«[80]. So zeigt sich dieser Weg zum historischen Realismus als eine Wendung gegen die universalgeschichtliche Philosophie und darin tatsächlich als die Ablösung des ‚weltbürgerlichen‘ durch das national-staatliche Denken.

2. Positivismus und Evolutionstheorie

Der Mangel an philosophischem Problembewußtsein und wissenschaftstheoretischer Grundlegung, der sich in der historischen Schule angebahnt hatte, erschwerte jede Darstellung der Weltgeschichte, öffnete dem Werte-Relativismus Tor und Tür und lieferte die nach dieser Seite ungerüsteten Historiker der Frage aus, wie sie die Geschichte im ganzen in dem Felde zwischen Freiheit und Notwendigkeit verstünden. Der Weg der Anschauung und der historischen Kunst barg in sich die Gefahr, zwischen den verschiedenen philosophischen Prämissen, und darum zwischen den verschiedenen Möglichkeiten des Verständnisses geschichtlicher Mobilität und Entwicklung überhaupt, nicht deutlich unterscheiden zu können[81]. Das »historische Gewissen«,

---

[80] TROELTSCH 302 f. Obgleich »das Wesen der Geschichte« auch für BURCKHARDT »die Wandlung« (BURCKHARDT 26) war, lag ihm »die jeweilige Statik in der Kulturgeschichte näher als ihre Dynamik der Entwicklung« (SRBIK II 146). Die Religionen, für BURCKHARDT »der Ausdruck des ewigen und unzerstörbaren metaphysischen Bedürfnisses der Menschennatur« (BURCKHARDT 39), lassen freilich »eine große Stufenreihe« »bis zu der reinsten Gottesverehrung und Kindschaft unter einem himmlischen Vater« (ebd. 40) erkennen. Dennoch hat sich BURCKHARDT mehr an die historischen Querschnitte gehalten; er war wie NIETZSCHE enthusiasmiert von der geschichtlichen Größe und darum dem Fortschrittsglauben verschlossen.

[81] K. BREYSIG (Vom Sein und Erkennen geschichtlicher Dinge, Bd. IV: Das neue Geschichtsbild im Sinn der entwickelnden Geschichtsforschung, Berlin 1944) hat in der Unterscheidung von beschreibender und entwickelnder Geschichtsforschung die entwickelnde, »die in der Aufdeckung der Zusammenhänge und somit der in zeitlicher Abfolge miteinander verketteten Längsreihen der geschichtlichen Ereignisse ihre Hauptaufgabe sieht« (103 f.), auch als »Kausalgeschichte« (106) bezeichnet, weil ihr der Gedanke »der Selbständigkeit, der Eigenwüchsigkeit, der Autarkie, der zum mindesten überwiegenden inneren Verursachtheit einer Ereignisfolge« (112) eigen ist. FR. KERN hält dagegen die logische, phylogenetische, axiologische und ontogenetische Bedeutung des Ausdrucks Entwicklung stärker auseinander. Die logische Entwicklung als bloße Veränderung »bietet sich auch bei atelischer, nämlich mechanistischer Deutung von Entwicklungsvorgängen an«, während axiologische Entwicklung »in der Zweck-Mittel-Kategorie (Telos)« gründet, also in Fortschritt oder auch Rückschritt die entscheidenden Kategorien einer Entwicklung erkennt. Die ontogenetische Entwicklung, als »Entfaltung von Anlagen eines Keimes in dem her-

das gegenüber allen geschichtsphilosophischen Prämissen die »Immanenz der Entwicklung«[82] betonen und bewahren wollte, erhielt nun plötzlich Bundesgenossen, deren Absichten ohne philosophische Schulung nicht leicht zu durchschauen waren. B. CROCE beschreibt diese Entwicklung der folgenden Jahrzehnte folgendermaßen:

Eine — neben den Historikern — andere Gruppe von Forschern, »die gegen die Geschichtsphilosophie Front machten, bestand ... aus Philosophen, die diesen Namen zurückwiesen ... oder ihn durch irgendein Beiwort milderten ... und die sich positivistische, naturalistische, soziologische, empiristische, kritizistische Philosophen oder, wie es ihnen sonst gefiel, nannten. Und ihr Vorsatz war, das Gegenteil von dem zu tun, was die Geschichtsphilosophen getan hatten; und da diese mit dem Begriff des Zieles operiert hatten, schworen sie alle, mit dem Begriff der Ursache zu operieren ...: jene hatten eine Dynamik der Geschichte versucht, sie arbeiteten an einer geschichtlichen Mechanik, an einer sozialen Physik« (246).

Hatten sich die Historiker nach dem Interregnum der Philosophie auf die Objektivität der Philologie und die Subjektivität ihrer meist biographisch bedingten allgemeinen Lebensansichten zurückgezogen, so konnten die ihnen zeitgenössischen Naturwissenschaftler, deren Stunde nun gekommen zu sein schien, in ihrer gesamten Geisteshaltung bruchloser an die Epoche des Rationalismus anknüpfen[83].

»Als die spekulative Philosophie in Hegels genialem Geist ihren letzten Höhepunkt erreicht hatte und dann zusammengebrochen war, als die Historiker sich mehr und mehr der Theorie und Philosophie der Geschichte entfremdeten, da erhoben seit der Mitte des Jahrhunderts die Naturwissenschaften den wachsenden Anspruch, den ersten Platz im geistigen Leben der Nation einzunehmen«[84]. Die »Entthronung der Ideen« wurde durch das epochale Verlangen nach »greifbare(n) Ursachen«[85] gefördert.

In dieser Situation trug A. COMTE seine Theorien mit dem Anspruch vor, einen neuen Wissenschaftsbegriff aufzustellen, der die vorausgegangenen völlig abzulösen imstande sei[86].

Die Grundlage seiner historischen Ansicht bildet das auf SAINT-SIMON zurückgehende Dreistadiengesetz, die Zerlegung der geistigen Entwicklung in das Nacheinander eines theologischen, metaphysischen und positiven Stadiums. Im dritten, als

---

anwachsenden Organismus«, ist durch den Gedanken der Finalität bestimmt und »entzieht sich der Auflösung in eine rein mechanistische (atelische) Deutung« (14 f.).

[82] CROCE 241.

[83] Obgleich DILTHEY, der den »Geist des exakten Forschers« (IV 546) treffend zu beschreiben wußte, im Anschluß an BURCKHARDT — in der Strenge des Gedankens freilich über diesen hinausgehend — dem Metaphysischen in der Wissenschaft den Abschied gab, wandte er sich doch zugleich gegen die Übertragung naturwissenschaftlicher Denkformen auf die Historie.

[84] SRBIK II 213.

[85] SRBIK II 216.

[86] COMTES ,Cours de philosophie positive' entstand 1830—1842; die hier zitierte ,Abhandlung über den Geist des Positivismus' erschien zuerst 1844 und bietet eine knappe, aber klare Zusammenfassung des sechsbändigen Hauptwerks.

‚real' oder ‚endgültig' bezeichneten Stadium kann und muß der menschliche Geist
(die »mündig gewordene Intelligenz«: 15) »auf die absoluten Forschungen, die nur
seiner Kindheit zukamen«, verzichten und seine Bemühungen auf das »Gebiet der
wirklichen Beobachtung« beschränken. Die »spekulative Logik« ist abgetan, von nun
an gilt als wissenschaftliche »Grundregel, daß jede Behauptung, die nicht genau auf
den bloßen Ausdruck einer Tatsache ... zurückzuführen ist, keinen tatsächlichen und
verständlichen Sinn bieten kann«. »Die reine Einbildungskraft verliert für immer
ihre alte Vorherrschaft im geistigen Leben und ordnet sich notwendig der Beobachtung unter, so daß ein völlig mustergültiger logischer Zustand herbeigeführt wird«
(alles: 16).

   Indes bedeutet in diesem System die empirische Ermittlung von Fakten nur einen
ersten Schritt, dem — in Form von Schlüssen und Folgerungen aus diesen Fakten —
ein zweiter folgen muß: die Ableitung von allgemeinen Gesetzen oder »konstanten Beziehungen« (17). Durch diesen zweiten Schritt unterscheidet sich der COMTESche Positivismus vom konsequenten Empirismus. Die unfruchtbare »Anhäufung zusammen-
hangloser Tatsachen« bedeutet einen Mißbrauch; vielmehr gilt, »daß der wahre Geist
des Positivismus im Grunde nicht weniger von dem Empirismus wie dem Mystizismus
entfernt ist«. »Die wahre Positivität« muß »reiflich vorbereitet werden«, »so daß sie
keineswegs dem Geburtszustande der Menschheit zukommen kann«. Ihr Wesen besteht
»in den Gesetzen der Erscheinungen, und die eigentlichen Tatsachen ... liefern ihr
immer nur unentbehrliche Materialien« (alles: 20). »So besteht der wahrhafte positive
Geist vornehmlich darin, zu sehen, um vorauszusehen, das, was ist, zu studieren, um
daraus das zu erschließen, was sein wird, nach dem allgemeinen Dogma von der Un-
wandelbarkeit der Naturgesetze« (21).

Diese Wissenschaftstheorie führt den verwirrenden Lauf der
Geschichte auf einige wenige Grundgesetze zurück, läßt aber nur
scheinbar für Deduktionen keinen Raum mehr und deklassiert
von diesem Anspruch her jede andere historische Methode als un-
wissenschaftlich. Indes ist COMTES Begriff des Empirischen, der sich
mit dem absoluten Empirismus der Naturwissenschaften keineswegs
deckt, überaus verschwommen, und die Abweisung der Metaphysik
durch das Dreistadiengesetz basiert selbst auf einer — höchst merkwürdigen — geschichtsphilosophischen These. Das Verlangen dieses
Positivismus, das Irreguläre in der Geschichte an Hand von Naturgesetzen zu ‚erfassen' und damit einen Schlüssel für die Totalität
der geschichtlichen Erscheinungen zu besitzen, schließt sich wohl
an die Problematik der Aufklärung an, ist aber bei aller Ablehnung
der idealistischen Geschichtsphilosophien ohne diese gar nicht zu
denken.

   Dazu wird der konkreten Geschichte in nicht geringerem Maße
Gewalt angetan. Das Individuelle muß dem Positivismus als Abstraktion gelten. Für COMTE bestimmt das ‚Milieu', was an historischen
Gestaltungen möglich wird. Die sozialpsychologische Verknüpfung
der Erscheinungen läßt eine individualpsychologische Motivierung
als unangemessen erscheinen. Weil die Natur, deren Gesetze auch
für die Geschichte gelten, keine Sprünge macht, gehört die vertiefende

Betrachtung des Individuellen nicht in die wissenschaftliche Historie[87].

Einige Bedeutung für die historiographische Theorie bekam diese positivistische These aber erst in ihrer Zuspitzung auf den Entwicklungsbegriff. Der biologische Begriff der Entwicklung gewann, nicht zuletzt im Anschluß an DARWINS Deszendenztheorie, im positivistischen Lager eine geradezu »berauschende Kraft«[88], als er unter dem Stichwort ‚Evolution' »in die Geschichte der Menschheit hinein ausgedehnt«[89] wurde. Wie die Naturwissenschaft von der Erhebung von Zustandsgesetzen zur Ableitung von Entwicklungsgesetzen vorangeschritten war und aus dieser dynamischen Auffassung ihres Materials eine umfassende weltanschauliche Geltung gefolgert hatte, so konnte ‚Evolution' nun »als ein allgemeiner, gattungsmäßiger Terminus gebraucht werden, der den Fortschritt in der Geschichte und den Fortschritt in der Natur gleichermaßen umfaßte«[90]. Damit fand der Lieblingsgedanke der Spätaufklärung seine ‚empirische' Bestätigung und seine wissenschaftliche Legitimation: Der allgemeine Fortschritt galt jetzt nicht mehr nur als Postulat, sondern als Naturgesetz.

»Die mechanistische Kausalität«, die die Naturwissenschaft in diese Betrachtungsweise einbrachte, begann aber mehr und mehr »jede finale (teleologische) Welterklärung«[91] auszuschließen, wodurch sich dann Idealismus und Positivismus doch gründlich voneinander unterschieden. Der Evolutionismus, der in jenen Jahrzehnten zu einer Art Weltformel werden konnte, wurde freilich kaum in wirklich begründeten Geschichtsdarstellungen wirksam. Wo dies versucht wurde, war der Rückgang hinter die Methoden der zeitgenössischen Historie der Preis: als Verzicht auf die Erfassung der geschichtlichen Individualität und als Auflösung der Historie in die Soziologie. Weil der Entwicklungsgedanke der deutschen Historiker von Rang »lediglich die historische Bewegtheit und Flüssigkeit an sich« enthielt und »immer nur einzelne historische Abschnitte« betraf, konnte »von einem kontinuierlichen, alles anhäufenden und weiterführenden . . . Gesamtfortschritt«[92] bei diesen Forschern gar nicht die Rede sein. Der in Analogie zur Naturwissenschaft ausgebildete, alle Individualität verschlingende historische Evolutionismus bedeutete dagegen: »das in

---

[87] Schon HERDER hatte bemerkt, daß in der Geschichte nichts ausgebildet wird, »als wozu Zeit, Klima, Bedürfnis, Welt, Schicksal Anlaß gibt« (V 505); aber ihn führte diese Beobachtung gerade zur genaueren Feststellung der Individualität einer geschichtlichen Gestalt.

[88] SRBIK II 213f.

[89] KERN 35.

[90] COLLINGWOOD 138.

[91] KERN 9.

[92] TROELTSCH 57f.

Wahrheit Entwicklungslose, von rein kausalen, physikalischen und chemischen Veränderungs- und Verschmelzungsformeln Beherrschte zum Wesen der Entwicklung und das, was echte Entwicklung ist, zum Zufall machen«[93].

Wenn aber der Gegenstand der Historie nicht das Individuelle, sondern das Typische, nicht das Ereignis, sondern das das Ereignis ermöglichende Gesetz sein soll, dann bleibt die historische Leidenschaft unbefriedigt, dann wird die Darstellung der konkreten Geschichte ein vergleichsweise uninteressantes Unternehmen. Darum ist es nicht verwunderlich, daß der Beitrag des Positivismus zur Historiographie im wissenschaftstheoretischen Anspruch steckenblieb und daß sich die philosophisch ohnehin nicht besonders engagierte deutsche Fachhistorie uninteressiert oder ablehnend verhielt[94].

DROYSEN, der — abgesehen von den Einflüssen der organologischen Schule, die sich in seiner Geschichte des Hellenismus am deutlichsten niedergeschlagen haben — gegenüber den soziologischen Fragestellungen nicht völlig verschlossen war, hat doch das von der Aufklärung bis zum Positivismus vertretene Verlangen nach kausaler Erklärung der Geschichte zurückgewiesen: »Weder die Kritik sucht, noch die Interpretation fordert die Anfänge. ... Die historische Forschung will nicht erklären, d. h. aus dem Früheren das Spätere, aus Gesetzen die Erscheinungen als notwendig, als bloße Wirkungen und Entwicklungen ableiten« (Historik 339). Gegenüber dieser kausalen Bestimmtheit macht er als »Lebenspuls der geschichtlichen Bewegung ... die Freiheit« (354) geltend. »Dem endlichen Auge ist Anfang und Ende verhüllt. Aber forschend kann es die Richtung der strömenden Bewegung erkennen« (358). Indes ist auch diese Richtung oft ungewiß: »Die Epochen der Geschichte sind nicht die Lebensalter dieses Ich der Menschheit — empirisch wissen wir nicht, ob es altert oder sich verjüngt, nur daß es nicht bleibt, wie es war oder ist ...«; »daß mit jedem Stadium der Ausdruck sich erweitert, steigert, vertieft, das und nur das kann als das Fortschreiten der Menschheit gelten wollen« (357). In seiner Abwendung sowohl von HEGEL als auch vom Positivismus hat DROYSEN sich unter den deutschen Historikern der zweiten Hälfte des 19. Jahrhunderts wohl noch am intensivsten um eine wissenschaftstheoretische Klärung bemüht.

Die erste Forderung des Positivismus, die Fakten so präzise wie möglich zu ermitteln, brauchten die deutschen Historiker nicht erst hier zu lernen; die andere Forderung, aus den Tatsachen auf all-

---

[93] TROELTSCH 662.

[94] »Oft aufgefallen ist der Mangel einer echten soziologischen Dimension in der deutschen Historie. Dieser Mangel mag seine Ursache darin haben, daß die Historiker der preußischen Schule eine Abneigung gegen die außerdeutsche Sozialwissenschaft entwickelten. Man scheute das destruktive, zergliedernde Vorgehen dieser Soziologien« (SCHOECK 161). Vgl. auch LÜTGERT IV 186 f.: »Indem der Fortschritt als Entwicklung aufgefaßt wurde, war er nicht Tat, sondern Vorgang, Schicksal ... denn die Tat ist nicht Entwicklung, sie entspringt nicht aus der Kraft der Natur, sondern aus dem Willen des Geistes. Darum sträubten sich die Geschichtsforscher mit Recht gegen die Unterordnung der Geschichte unter den Naturprozeß«.

gemeine Gesetze zu schließen, schien ihnen im Ergebnis mit den Deduktionen der Geschichtsphilosophien so verwandt zu sein, daß sie die vom Positivismus eigentlich angestrebte induktive Methode gerne auch noch dreingaben. Die positivistischen Grundtendenzen verlockten kaum in irgendeiner Hinsicht zur historischen Darstellung.

Sowenig die großen deutschen Historiker gegen den Einfluß der idealistischen Geschichtsphilosophie eine durchgearbeitete Gegenphilosophie entworfen hatten, sowenig hielten sie das gegenüber dem ihnen viel fremder gebliebenen Positivismus für notwendig[95]. Das neue Konzept der Biologie, das im Raum der Historie als Evolutionismus zum Problem wurde, drohte nur deshalb für die meist liberale Geisteswissenschaft des ausgehenden 19. Jahrhunderts zugleich zur Gefahr zu werden, weil man bei den Schülern RANKES — und das waren jene Historiker alle — beinahe »von einer theologischen Tabula rasa«[96] sprechen kann.

Dieser offenkundige Mangel an einer wissenschaftstheoretischen und philosophisch-theologischen Begriffsarbeit unter jenen Historikern macht es erforderlich — über diesen allgemeinen Überblick hinaus, wohl aber an Hand der erarbeiteten Leitlinien —, jede einzelne historische Darstellung auf ihre Methoden und Motive hin detailliert zu untersuchen. Dem Gang der vorliegenden Untersuchung entsprechend, muß das bisher Dargestellte durch das historiographische Werk VATKES und WELLHAUSENS verifiziert werden.

---

[95] Vgl. den ironischen, aber nicht völlig verfehlten Satz CROCES: »Die Kühnheit, die Einmischung des Gedankens in die Geschichte geradezu zu verwerfen, . . . hatten . . . die völlig unschuldigen Philologen« (244).

[96] KERN 11.

ZWEITER TEIL:

DIE GESCHICHTSSCHREIBUNG WILHELM VATKES

A. VORBEREITUNG DES WERKES

I. Zum Lebensweg bis 1835

WILHELM VATKE (14. 3. 1806 — 19. 4. 1882) begann seine theologischen Studien im Herbst 1824 in Halle[1]. Dort vermittelte ihm W. GESENIUS die notwendigen philologischen Kenntnisse und empfahl ihm nach vier Semestern, nach Göttingen zu gehen: »Ewald ist ein exquisiter Hebräer, auch ein selten gelehrter Araber; aber vergessen Sie nicht, auch alles von de Wette sich anzuschaffen, den müssen Sie in- und auswendig wissen« (B 27). Obwohl er sich von dem ,Berliner Geist' zunächst nicht gerade angezogen fühlte, ging der junge VATKE, philologisch und historisch schon gut ausgerüstet, nach drei Göttinger Semestern im April 1828 nach Berlin, wo SCHLEIERMACHER und HEGEL in Theologie und Philosophie das Wort führten.

VATKE hatte anfangs große Mühe, HEGEL zu verstehen[2], scheute aber nicht die Anstrengung, sich in das Werk des Philosophen einzuarbeiten, und wurde schließlich sein treuer Schüler. Insofern für HEGEL Vernunft *und* Offenbarung ihr Wesen in der Geschichte freigaben, waren sie als geschichtliche Phänomene auch erkennbar: als vernünftige Geschichte und als geschichtliche Offenbarung. Diese Lehre faszinierte den mit den Anfängen der historisch-philologischen Wissenschaft vertrauten, daneben aber auch philosophisch hochbegabten Studenten VATKE. Zugleich verwickelte ihn freilich seine HEGEL-Gefolgschaft in die theologischen und kirchenpolitischen Gegensätze, zwischen denen sein Lebenswerk später zerrieben werden sollte[3].

---

[1] Die biographischen Hinweise in diesem zweiten Hauptteil der Untersuchung stützen sich vor allem auf H. BENECKES Biographie (= B), die, als bis heute einziges umfassendes Buch über VATKE, ein Jahr nach dessen Tode erschien und eine Frucht des persönlichen Umgangs mit dem alternden VATKE ist. Die Benutzung kann sich freilich *nur* auf das Biographische erstrecken, da BENECKE eigenen, kritischen Ansichten keinen Raum gibt.

[2] »Hegel verstehe ich nicht« (B 37). »Ich glaubte ausstudirt zu haben, und jetzt sehe ich: hier in Berlin muß man ganz von vorn anfangen. Es will etwas sagen, bei Schleiermacher mit fortzukommen und den Hegel zu verstehen« (B 38).

[3] Er erkannte schnell, wie »gefährlich« es war, in Berlin »als Lehrer aufzutreten; ist man hegelisch, so hat man das Ministerium (damals unter Altenstein; Verf.) für

Schon vor seiner 1830 vollzogenen Promotion war er von HEGELS Geist bestimmt und bekannte sich überschwenglich zu der ‚neuen Lehre‘:

»Christus ist Mensch und Gott zugleich, wir Anderen sind es eben so, aber nicht so ursprünglich, als er … Die Hegelsche Philosophie hat a priori gefunden, was das Christentum und die Weltgeschichte a posteriori giebt. … Das Jenseits ist zum Diesseits geworden; … weil ich alle Wesenheit bin, erkenne ich alle Wesenheit; … O, könnt’ ich Dir sagen, wie selig ich bin! … ich weiß, was die Geschichte will … Da kommt der Rationalismus und sagt mit seinem Alltagsverstande, daß wir von göttlichen Dingen nichts wissen können! … Der Pöbel schreit uns für Atheisten aus, aber mit Unrecht« (B 47f.).

Damit hatte er gegen die meisten Lehrer der Fakultät, die »auf der Neander-Schleiermacher-Strauß’schen, d. h. der einfachen Glaubensseite« (B 39) standen, früh Position bezogen. Auch und gerade HENGSTENBERGS kirchenpolitisch engagierte Orthodoxie war ihm bald suspekt: eine Differenz, die VATKE noch viel Ärger bereiten sollte[4]. Daß er sich, ungeachtet seiner erheblichen theologischen Allgemeinbildung, schließlich vor allem der Erforschung des Alten Testaments zuwandte, verdankte er möglicherweise einem Rat NEANDERS, der von VATKES gründlicher philologischer Schulung und Kenntnis der alttestamentlichen Forschungslage beeindruckt war. HEGEL, den VATKE bis zu dessen Tode im November 1831 drei Jahre lang gehört hatte, konnte ihm das Material für die israelitische Religionsgeschichte gewiß nicht vermittelt haben; so ist es wichtig, die andere Quelle für VATKES Werk zunächst kurz zu skizzieren: die Arbeiten W. M. L. DE WETTES zum Alten Testament[5]. Die Kenntnis und Verarbeitung beider: HEGELS und DE WETTES, ermöglichte es VATKE, bereits im Sommersemester 1833 vor 139 Hörern, also mit großem Lehrerfolg, zum ersten Mal seine biblische Theologie zu lesen.

---

sich und fast die ganze Facultät gegen sich, und umgekehrt« (B 40). »Hegel und Schleiermacher, und Marheineke und Neander sind schon oft hart aneinander gewesen und haben sich Personalia gesagt. Das sieht hier bunt aus« (B 40). Vgl. dazu auch P. DE LAGARDES Bemerkungen in dem Bericht ‚Über einige Berliner Theologen, und was von ihnen zu lernen ist‘ (Ausgewählte Schriften, zusammengestellt von P. FISCHER, München 1924, 27—89). LAGARDE bezeichnet DE WETTE und SCHLEIERMACHER als die »Theologen Berlins, welche wogen« (a. a. O. 33). VATKE kam also in jenen Jahren in dieselbe Pression, die auch RANKE beklagte und der er, als Historiker, durch seine Mittelstellung zu entgehen versuchte.

[4] »Hengstenberg hat . . . wenig eigentlichen Geist, obgleich es ihm an Scharfsinn nicht fehlt« (B 49). »Mit Hengstenberg will ich Streit anfangen, weil der Mann gar zu craß ist« (B 46). Freilich weiß VATKE auch HENGSTENBERGS Couragiertheit zu würdigen (vgl. B 40), worin ihm sogar LAGARDE beipflichtet: »Trotz seines schüchternen Aussehens ist Hengstenberg ein mutiger Mann gewesen« (a. a. O. 48).

[5] »Das Arbeitszimmer Vatke’s schmückten bis zu dessen Tode die Bildnisse von Hegel, Schleiermacher und Neander; Leberecht de Wette’s hatte so etwas wie einen Ehrenplatz« (B 84).

II. Der Einfluß de Wettes

Das Werk und die Persönlichkeit DE WETTES sind einerseits durch das Nebeneinander vieler Themen und Interessen, andererseits durch das Nacheinander verschiedener Epochen und Ansätze geprägt[6]. Im vorliegenden Zusammenhang interessiert vor allem seine Bemühung um die biblische Theologie des Alten Testaments, die — die vorausgehende fremde und eigene kritische Arbeit[7] an der Bibel voraussetzend — mit seiner Berliner Periode zeitlich zusammenfällt. Er »hat nicht eigentlich einer exegetischen Schule angehört«[8], sich aber in seinen jüngeren Jahren besonders den von HERDER ausgehenden Einflüssen und Anregungen zum Studium des Altertums und zur Bewunderung der Bibel als eines menschlichen Buches geöffnet[9].

In der Berliner Zeit verband ihn mit SCHLEIERMACHER innerlich der Sinn für das ,Religiöse‘, äußerlich zeitweilig eine regelrechte Arbeitsgemeinschaft — nicht aber die Affinität zum Alten Testament[10].

---

[6] R. SMENDS detaillierte wissenschaftliche Biographie DE WETTES (= WA) darf hier als grundlegend vorausgesetzt werden. In einem Aufsatz hat R. SMEND die Zäsuren im Denken DE WETTES dann noch einmal schärfer herausgestellt. Er unterscheidet drei Perioden: a) die Jenaer und Heidelberger (bis 1811), b) die Berliner (1811—1818) und c) die Basler (ab 1818) Periode. Während in der ersten dieser Perioden die eigentliche historische Kritik geleistet wurde, versuchte DE WETTE nach 1811, zu einem philosophisch-theologisch umfassend begründeten System, also von der negativen zur positiven Kritik, von der Analyse zur Synthese, vorzudringen. Der späte DE WETTE zeigte sich sowohl gegenüber der kritischen Haltung seiner Frühzeit als auch gegenüber der philosophischen Grundlegung der Berliner Jahre erstaunlich zurückhaltend (vgl. SMEND, WV 107ff.).

[7] VATKE war, wie seine ,Biblische Theologie‘ auf Schritt und Tritt zeigt, sowohl mit DE WETTES Vorläufern wie mit dessen eigener verarbeitender Zusammenfassung der bisherigen Arbeit am Alten Testament (also von der Dissertation über das Deuteronomium bis zur Gruppierung der Psalmen) wohl vertraut.

[8] SMEND, WA 14.

[9] Vgl. K. BARTH, Die protestantische Theologie im 19. Jahrhundert, 1947, 282: »Ohne Herder kein Schleiermacher und kein de Wette. Ohne Herder unmöglich das spezifische Pathos der theologischen Historik des 19. Jahrhunderts«. Vgl. aber auch einen Brief des jungen, noch nicht von HEGEL bestimmten VATKE an seinen Bruder: »Herder ist ebenfalls mein Mann« (B 34).

[10] In seinen Reden ist SCHLEIERMACHER »erfüllt von der Grundstimmung der Gegenwart des Unendlichen im Endlichen, der Immanenz des Göttlichen im vergänglichen Einzeldasein« (DILTHEY IV 260). Gegenstand der Dogmatik waren für SCHLEIERMACHER die Aussagen des christlichen Bewußtseins. Weil er — »dieser Kant der Theologie« (DILTHEY IV 397) — die theologische Metaphysik auflöste und über ein Sein Gottes keine objektiven Aussagen mehr machen konnte, war seine Bewußtseinstheologie auch nicht durch historische Einsichten bestimmt. Daraus erklärt sich wohl auch die Geringschätzung, die gerade das Alte Testament in seiner Dogmatik erfährt (Vgl. den ,Zusaz‘ zu dem ,Lehrstükk‘ ,Von der heiligen Schrift‘). »Die alt-

Indes mag SCHLEIERMACHER in dem vom Rationalismus nicht unberührten DE WETTE die Absicht unterstützt haben, den Versuch seines Jenaer Lehrers J. PH. GABLER[11], eine biblische Theologie zu konzipieren, mit umfassenderer Begründung aufzunehmen und auszuführen. So stand der kritisch geschulte und erprobte DE WETTE jener Jahre vor der Aufgabe, die Resultate seiner eigenen ‚negativen' Kritik mit einer hermeneutischen Konzeption derart zu verbinden, daß die Geschichtlichkeit des Gegenstandes bewahrt blieb. Er schrieb zur Lösung dieser Aufgabe keine ‚Biblische *Theologie'*, sondern (1813 ff.) seine ‚Biblische *Dogmatik'*. Was HEGEL später für VATKE leistete, leistete J. FR. FRIES für DE WETTE[12]: er vermittelte ihm die unerläßliche Kenntnis »von der innern Organisation des menschlichen Geistes überhaupt« (D I 1) und damit den hermeneutischen Schlüssel. »Haben wir so (sc.: durch die Bindung an FRIES) die reine Idee der Religion gewonnen, so müssen wir uns kritische Grundsätze und Regeln zu verschaffen suchen, um dieselbe in ihren mannichfaltigen und unreinen Erscheinungen in der Geschichte zu erkennen, und von den ihr beygemischten fremdartigen Bestandtheilen zu sondern« (D I 2). In der ‚anthropologischen Vorbereitung' (§§ 3—45) der Dogmatik wird dann,

testamentischen Schriften verdanken ihre Stelle in unserer Bibel theils den Berufungen der neutestamentischen auf sie, theils dem geschichtlichen Zusammenhang des christlichen Gottesdienstes mit der jüdischen Synagoge, ohne daß sie deshalb die normale Dignität . . . der neutestamentischen theilen« (SCHLEIERMACHER II 326). Da der »unfreie Buchstabendienst« (II 328) die wesentlichen Aussagen des Alten Testaments beherrscht, ist der Christ von dem im Gesetz manifestierten jüdischen Gemeindegeist dispensiert und die »kirchliche Geltung« (II 330) dieses Buches notwendig vermindert. Freilich gehört es »zur geschichtlichen Treue und Vollständigkeit, daß dasjenige auch aufbewahrt werde, worauf sich Christus und seine ersten Verkündiger berufen haben. Dies trifft aber fast nur die prophetischen Schriften und die Psalmen; und dadurch rechtfertigt sich die Praxis, diese dem neuen Testament als Anhang beizufügen« (II 330). Angesichts dieses völligen Mangels an geschichtstheologischer Zuordnung des Alten Bundes mußte DE WETTE in der alttestamentlichen Theologie neben SCHLEIERMACHER seinen eigenen Weg suchen; VATKE aber warf sich HEGEL in die Arme und suchte in dessen Philosophie den Grund für die Konzeption einer biblischen Theologie.

[11] Der EICHHORN-Schüler GABLER hat seine intendierte biblische Theologie selber nicht mehr herausgebracht (Vgl. dazu SMEND, UP 169 f.); Einfluß auf die Forschungsgeschichte behielt dagegen seine Antrittsrede von 1787 in Altdorf mit dem programmatischen Titel ‚(Oratio) de iusto discrimine theologiae biblicae et dogmaticae regundisque recte utriusque finibus'. GABLER wollte die Exegese von der dogmatischen Überwucherung und die biblische Theologie von der aufklärerischen Hermeneutik mit ihrer Prävalenz der Vernunft gegenüber den historischen Bedingtheiten befreien (Vgl. R. SMEND, J. Ph. Gablers Begründung der biblischen Theologie, EvTh 22, 1962, 345 ff.).

[12] DE WETTE lernte 1811 das 1807 erschienene Werk ‚Neue Kritik der Vernunft' (Teil 1—3, Heidelberg) des KANT und JACOBI verknüpfenden J. FR. FRIES kennen.

neben einer eigenartigen Vermischung von HERDER, FRIES und SCHLEI-
ERMACHER[13], das rationalistische Axiom der Aufspaltung von Reli-
gionsbegriff und geschichtlicher Religion durchgehalten: »Ein nicht
irregeleiteter Verstand . . . wird sonach die Nothwendigkeit sowohl des
Supranaturalismus . . . als des Naturalismus . . . anerkennen und beyde
im Rationalismus vereinigen« (D I 27).

Die derart unabhängig vom geschichtlichen Gegenstand ermit-
telte Idee der Religion erlaubte es DE WETTE, an Hand solcher Begriffe wie Mythos und Symbol[14] und auf Grund von Unterscheidungen
wie ‚reine Religion‘ und ‚gemischte und verunreinigte Religion‘[15] zu
seiner so bedeutsamen Differenzierung von Universalismus und Partikularismus zu kommen: »Ein idealer Universalismus« bildet die Grundlage, auf der »ein symbolischer Particularismus« (D I 64) aufgebaut ist.
Von universaler, d. h. bleibender Bedeutung ist in Israel die Grund-
vorstellung von Gott und seinem Verhältnis zum Menschen, von bloß
partikularer, d. h. zeitgebundener Bedeutung ist »die Lehre von der
Theokratie« (D I 64), wozu für DE WETTE im Grunde gerade die spezi-
fischen geschichtlichen Ausprägungen des Alten Testaments gehören.
Nur mit Mühe gelingt es ihm darum, gegenüber den aufklärerischen
Zurückweisungen alttestamentlicher Vorstellungen — in dieser Sache
durch KANT und noch durch SCHLEIERMACHER vertreten und durchgehalten — die ‚theokratischen‘ Elemente trotz seiner »statische(n)
Entgegensetzung von Universalismus und Partikularismus«[16] als Stif-
tungen Gottes zu werten und in der geschichtlichen Durchführung
ernst zu nehmen[17]. Den rationalistischen Gegenüberstellungen von Be-

---

[13] Vgl. Sätze wie diese: »Nur im Gefühle, nach dem Gesetze der Ahnung, daß das
Ewige im Zeitlichen zur Erscheinung kommt, können wir die Dinge unter die religiösen Ideen unterordnen« (D I 17). »Die religiöse Weltansicht bietet sich nun dem
Menschen unmittelbar dar, wenn er die Schönheit und Erhabenheit der Natur und
des Lebens mit frommem Gefühl auffaßt, so daß ihm die Welt ein Spiegel der Offenbarungen Gottes . . . wird« (D I 19).

[14] Symbole und Mythen sind »zur Einkleidung übersinnlicher Wahrheiten bey einem
sinnlichen, des freyen Denkens unfähigen Volke nothwendig« (D I 33).

[15] Die ‚kritische Vorbereitung‘ (§§ 46—61) erläutert die Absicht, »die rein religiösen
Elemente von den fremdartigen Bestandtheilen« auszuscheiden und so »das Wesen
der Religion als solcher« aufzufassen. »Bei der Scheidung des Fremdartigen beobachten wir das Verfahren, daß wir den von der Geschichte gelieferten angeblich
religiösen Stoff mit den Aussprüchen und Gesetzen des idealen Vernunftglaubens
und des religiösen Gefühls vergleichen, um zu sehen, was denselben rein angehört.
Das zu andern Vermögen des Geistes nach Gehalt und Form gehörige lassen wir
fallen, oder nur als fremde Einkleidung stehen, und fassen nur jenes als das wahre
Wesen auf« (D I 30 f.).

[16] SMEND, WA 85; vgl. ebd. 77—85 und SMEND, UP 171 f.

[17] Vgl. auch DE Wette, RTh 85: »Überall müssen wir in der Religionsgeschichte Ausdruck und Darstellung von dem Geist und Wesen unterscheiden, wenn wir die

sonderem und Allgemeinem, von Geschichte und Idee ist DE WETTE dabei jedoch insofern nicht entronnen, als die konkrete Geschichte Israels (im Gegensatz zur Idee der Religion Israels) von ihm als ganze auf der Seite der Partikularität angesiedelt wird — ungeachtet der Tatsache, daß er es als selbstverständlich ansieht, »bey diesen historischen Ausmittelungen den Gesetzen der historisch-kritischen Auslegung (zu) folgen« (D I 38).

Die Folgen dieser methodischen Unklarheit[18] lassen sich an DE WETTES Behandlung des — damals wie heute — heikelsten Themas der israelitischen Religionsgeschichte ablesen: an der Behandlung der Person und des Werkes des Mose. Obgleich »von der Mosaischen Geschichte kein ächt geschichtliches Denkmal« erhalten und »der Pentateuch ... eine sagenhafte Urkunde« ist, obgleich also »eine eigene Mosaische Periode der alttestamentlichen Religionsgeschichte aufzustellen«[19] nicht geraten ist, bleibt Mose für DE WETTE der Begründer des »theokratisch-symbolischen Monotheismus«[20]. »Für die ideale Entwickelung der Mosaischen Religion sind die prophetischen Schriften und die Psalmen Hauptquelle. Während im Pentateuch das Positive, Feststehende gegeben ist, finden wir hier das Freye, Fortschreitende, Hervorbringende; dort das Symbol, hier den Glauben« (D I 51).

Zwar war DE WETTE bereit, sich »nicht nach der philosophischen Rangordnung der religiösen Ideen« zu richten, »sondern lediglich historisch« (D I 62f.) zu verfahren. Aber den Gedanken einer umfassenden und einheitlichen geschichtlichen Entwicklung der israelitischen Religion hat er nicht konsequent aufgenommen und theologisch durchgeführt. Mose bleibt auch bei DE WETTE traditionsgemäß auf einsamer Höhe stehen, wie überhaupt Elemente der LESSINGschen Entwicklungsvorstellungen unvermittelt neben dem Prinzip einer großen Anfangs-Offenbarung geduldet werden. Eine Auslegung der Schrift, die »ganz der Vernunft angehört, wiewohl nicht allein dem Verstande«[21],

---

Erscheinungen richtig würdigen wollen. Form und Gehalt, außer in der vollkommeneren ästhetischen Darstellung, gehen nie in einander auf ...«.

[18] R. SMEND (WV 110) betont zu Recht, daß die historische Kritik DE WETTES nicht von seinen philosophischen Prämissen abhängig ist. Die Hermeneutik der ‚Biblischen Dogmatik' bildet darum nicht etwa den Schlüssel zu der historisch-kritischen Leistung DE WETTES. Überhaupt kann nicht deutlich genug gesagt werden, daß die Bevorzugung DE WETTES gegenüber VATKE, wie sie in der neueren Forschungsgeschichte üblich geworden ist und sich auf die Meinung stützt, nur VATKE sei einer philosophischen Umklammerung erlegen, nach dem Vorausgehenden vollkommen irrig ist.

[19] D I 47; vgl. auch DE WETTE, A §§ 24 und 25, wo er dieselbe Vorsicht im Blick auf die mosaische Periode walten läßt.

[20] D I 52. Vgl. die Explizierung dieses Mose-Problems bei SMEND, WA 95ff.

[21] D II 50. Vgl. D II, S. IX (aus der ‚Vorrede' zur ersten Auflage): »Und so laßt uns ... der lebendigen und gründlichen Geschichtsforschung uns immer mehr befleißigen,

mußte dieses historische Opfer bringen, zu dem VATKE später auf Grund seiner historischen Einsichten nicht mehr gezwungen und bereit war.

DE WETTE konnte den jungen VATKE kaum durch seine ‚Biblische Dogmatik‘, wohl aber durch die kritische Arbeit seiner ersten Periode[22] bereichern. Von der ‚Biblischen Dogmatik‘ blieb für die Forschungsgeschichte bis hin zu WELLHAUSEN vor allem eine andere Einsicht bewahrt, in der DE WETTE keine Vorgänger hatte: die strikte Unterscheidung von Hebraismus und Judentum, d. h. von vor- und nachexilischer Religion:

»Das Judenthum ist die verunglückte Wiederherstellung des Hebraismus und die Mischung der positiven Bestandtheile desselben mit fremden mythologisch-metaphysischen Lehren, worin ein reflectirender Verstand, ohne lebendige Begeisterung des Gefühls, waltet: ein Chaos, welches eine neue Schöpfung erwartet. Die charakteristischen Merkmale sind:

1. Statt der sittlichen Richtung metaphysisches Nachdenken, und darin manche Fortschritte.

2. Neben der mißverstandenen Symbolik eine schriftliche Religionsquelle, ohne selbständige Hervorbringungskraft. Daher

3. während der Hebraismus Sache des Lebens und der Begeisterung war, ist das Judenthum Sache des Begriffs und des Buchstabenwesens«[23].

Läse man es nicht bei DE WETTE, möchte man es bei WELLHAUSEN lesen! Weil man es dort tatsächlich auch lesen kann, sei schon hier darauf verwiesen, daß nicht nur DE WETTES kritische Arbeiten, sondern auch gewisse an HERDER und SCHLEIERMACHER geschulte Wertvorstellungen bei WELLHAUSEN wieder hervortreten — unabhängig von oder sogar gegen VATKE.

VATKE bezieht sich unausgesetzt auf DE WETTES kritische Forschungen; daß er in der philosophisch-theologischen Begründung seines Werkes von DE WETTE entscheidend abweicht, wird aufzuzeigen sein. Aber in dem Gedanken der Notwendigkeit einer philosophisch-theologischen Grundlegung überhaupt berühren sich DE WETTES ‚Biblische Dogmatik‘ und VATKES ‚Biblische Theologie‘ aufs engste.

---

und derjenige möge für orthodox gelten, welcher die gesichertsten . . . geschichtlichen Resultate in Verbindung mit der besonnensten . . . philosophischen Reflexion vorträgt. Für die letztere muß jedem freye Hand gelassen werden . . .«. Im Blick auf diese auch für DE WETTE unerläßliche Verbindung von historischer Kritik und Philosophie konnte VATKE dann auf ausgetretenen Pfaden gehen.

[22] Dazu sei hier auf die Darstellung R. SMENDS (WA, II. Das kritische Jugendwerk) verwiesen.

[23] D I 114. Vgl. die §§ 8 und 12 der SCHLEIERMACHERschen Glaubenslehre über die Stellung und Wertung des Judentums in bezug sowohl auf den Monotheismus als auch auf das Christentum.

B. INTERPRETATION DES WERKES

I. Die philosophische Grundlegung

VATKE teilte mit DE WETTE die Leidenschaft für die Historie *und* für die Systematik. Eine Symbiose beider Möglichkeiten des Geistes hielt er für möglich auf dem Boden der Philosophie HEGELS. So unternahm er es unter dem Licht dieses neuen Sterns, »die biblische Theologie in einer von den bisherigen Behandlungsweisen abweichenden Form darzustellen«[1]. Irrtümer »auf dem historischen und vorhistorischen Gebiete« mögen sich dabei ergeben, »das Wahre und Heilsame der wissenschaftlichen Richtung« (VIII) im ganzen erscheint VATKE für seine forschungsgeschichtliche Stunde kaum bezweifelbar[2]. Seine ausführlich begründete[3] Arbeitshypothese lautet also: »Der historische Verlauf der Religion darf ihrem Begriffe nicht widersprechen und dieser jenem nicht, und die Harmonie beider muß wirklich nachgewiesen werden« (VI). Von GABLERS Antrittsrede bis zu DE WETTES ‚Biblischer Dogmatik‘ sieht er dieses Ineinander nirgends methodisch angemessen geleistet[4] — schon deshalb nicht, weil die Dialektik des Geistes auch auf die Forschungsgeschichte angewendet werden muß, so daß selbst »die Lehre der Schrift keine rein-objective Behandlung zuläßt, sondern sich im Geiste eines jeden Zeitalters verschieden abspiegelt« (4).

Der Gedankengang dabei ist folgender: Wie der Dogmatismus des Mittelalters (als Objektivität) durch die historische Kritik[5] (als Sub-

---

[1] W. VATKE, Die biblische Theologie . . ., S. V (im gesamten Abschnitt ‚Interpretation des Werkes‘ nur mit bloßer Seitenangabe im Text zitiert!).

[2] Der Vorwurf, »die logische Entwickelung im Sinne einer gewissen Schule« (VII) darzustellen, irritiert ihn nicht.

[3] Die auf 175 Seiten gebotene religionsphilosophische Einleitung des Buches, die mit einer methodologischen Bestimmung identisch ist, bildet die unerläßliche Voraussetzung zum Verständnis des Ganzen. Das Werk ist nach Aufbau und Gedankenführung so geschlossen, daß die vorliegende ‚Interpretation‘ am klügsten dem Verlauf des Werkes folgt.

[4] Ein kurzer Überblick über die Forschungsgeschichte, der selbst auf Grund der HEGELschen Geschichtsdialektik gegeben wird, erklärt diesen Mangel: »Die Geschichte einer Wissenschaft ist die allmälige Realisierung ihres Begriffes« (2). In der alten und mittelalterlichen Kirchengeschichte fiel die biblische Theologie mit der Kirchenlehre zusammen, seit dem Ende des 18. Jahrhunderts kam es zur Antithese zwischen den beiden Größen, nun aber drängt alles zu einer Synthese, zu einem »höheren Ganzen«, wobei »im Unterschiede die Einheit festgehalten wird« (3).

[5] Die ersten Versuche einer »gänzlichen Trennung der biblischen und kirchlichen Dogmatik« (5), von SEMLER angestrebt und von GABLER ausgesprochen, basierten darauf, daß »das Princip der neuern Weltbildung«, das »System des Rationalismus« (6), in die Theologie eingezogen war. In diesem Klima erwachte aus dem »Widerwillen gegen den starren Dogmatismus« der historisch-kritische Sinn — »überhaupt

jektivität) bekämpft wurde, so ist nun die Einseitigkeit (und daher
Unangemessenheit) beider zu erkennen und (im HEGELschen Sinne)
‚aufzuheben' in einer wissenschaftlichen Methode, die jene höhere Einheit des Denkens und der Darstellung ermöglicht. Damit ist nicht
weniger intendiert als die Aufhebung der aufklärerischen Subjekt-
Objekt-Spaltung; denn der kritische Standpunkt gewährt nur eine
scheinbare »Objectivität«: nicht die »der innern Wahrheit«, sondern
nur die »der sogenannten historischen Wahrheit« (7).

VATKE hat sich also sowohl HEGELs Wendung gegen die subjektivistische Reflexionsphilosophie als auch dessen in den späten Vorlesungen vorgetragenen Geschichts- und Wirklichkeitsbegriff zu eigen
gemacht. Daraus folgt die Aufgabe, die Erscheinungsformen der Religion in das rechte Verhältnis zum Begriff der Religion zu bringen[6].
Auch das geschichtliche Verstehen der Bibel kann darum weder dogmatisch vorbestimmt noch durch den bloß ‚subjektivistischen' Zugriff
der historischen Kritik allein gewährleistet werden; es geht vielmehr
»aus der Vermittelung des Objects mit den eigenen Gedankenbestimmungen« (11f.) des um dieses Verstehen Bemühten hervor. So ergibt
sich als Leitsatz:

»Als historische Wissenschaft ist die biblische Theologie unabhängig von der
Kirchenlehre und von den dogmatischen Systemen, und entlehnt ihren Stoff bloß aus

---

ein Vorzug der neueren Zeit« (5). Durch das Auseinanderfallen von Glaube und
Vernunft war eine Lage entstanden, die die organische Verbindung von dogmatischer
und historischer Begründung der biblischen Theologie behinderte. Der Rationalismus
wirkte sich zunächst kritisch und negativ aus, so daß dem »Princip der Subjectivität«
(6) als dem Vermögen der Erkenntnis »der strenge Begriff der Objectivität als äußerer
historischen Erscheinung« (7) entsprach.

[6] Weil »überhaupt die Theologie die Philosophie zur Voraussetzung hat«, »geht
(man) entweder von einem bestimmten speculativen System aus, oder combinirt
die Resultate der neuern Speculation überhaupt, versöhnt dieselben mehr oder
weniger mit der Kirchenlehre« (8) und gewinnt erst auf diese Weise einen begründeten theologischen Standort. »Selbst die Theologen, welche der Philosophie am
wenigsten Einfluß zugestehen wollen, setzen die logischen Kategorien, welche sie
anwenden müssen, als bekannt . . . voraus« (9).
Ganz ähnlich war auf seine Weise der DE WETTE der mittleren Epoche verfahren,
wenn er 1815 der philosophischen Kritik (im Gegensatz zur historischen!) »einen
erkältenden zerstörenden Einfluß auf das religiöse Leben« (RTh 121) zusprach,
durch den Rationalismus das Christentum »fast ganz in eine sittliche Gesetzgebung
aufgelöst« (RTh 121) sah und es begrüßte, daß nach KANT Philosophen auftraten,
»welche die Idee und den Glauben wieder geltend machten, und besonders auch
die ideale Bedeutung der Kunst und Religion ins Licht setzten« (RTh 123). Mit
HERDER sah er desto mehr Gewinn für das Christentum, »je mehr die geschichtliche Erfahrung sich hinter ihm anhäuft« (RTh 127). Als Jünger FRIES' hatte er
es freilich mit der philosophischen Bewältigung seiner Vorhaben leichter als der
durch HEGEL geschulte und geprägte VATKE.

der Schrift; als Wissenschaft, mithin als System der biblischen Vorstellungen, wird sie aber im Reflex der jedesmaligen dogmatischen Bildung eines Zeitalters dargestellt, theilt das Schicksal aller Geschichtsbetrachtung, und wechselt ihre Form nach den verschiedenen dogmatischen Entwickelungsstufen. Eine rein-objective biblische Theologie kann es daher nicht geben« (10).

Konnten Theologen der Aufklärung wie SEMLER, ERNESTI, MICHAELIS noch auf eine Vermittlung zwischen Glauben und Wissenschaft verzichten, weil für sie nämlich zwischen Evangelium und ‚natürlicher‘ Religion eine »substantielle Identität«[7] zu bestehen schien, so bemühte sich VATKE mit großer Intensität um die ‚Wissenschaftlichkeit‘ seiner Darstellung: als Verbindung von historischer und philosophischer Methode, von Gegenstand und hermeneutischem Prinzip. »Wahres Verständnis der Geschichte« setzt »die Vermittelung des gegebenen Inhalts mit dem eigenen Denken« (14) voraus, während »das einfache Registriren des historischen Materials« (15) das forschende Subjekt vom zu erforschenden Objekt wesenhaft getrennt läßt. »Vom Begriff des Geistes aus angesehen« (15), hat nur *die* Geschichtsbetrachtung wissenschaftlichen Rang, die sich des Wirkens des Geistes im historischen Objekt wie im Vollzug der historischen Arbeit selber zugleich vergewissert. So allein wird die »höhere Objectivität« (16) gewonnen[8]; die sogenannte Objektivität der historisch-kritischen Methode dagegen verkennt und verfremdet den Stoff — jedenfalls dann, wenn sie die einzige Weise der Annäherung an ihn bleibt. Sollen Geschichte und Religionsgeschichte nicht nur »in bunter Mannigfaltigkeit und Zufälligkeit«, sondern »als Ein Ganzes« erfahren werden, dann muß die Fülle ihrer Erscheinungen »auf ihren Begriff und ihre Idee zurückgeführt« (16) werden.

Obgleich eine historische ‚Objektivität‘ ohne die ‚Zutat‘ des jeweiligen epochalen Bewußtseins und der jeweiligen kategorialen Vorgeformtheit weder denkbar noch erstrebenswert erscheint, stellt sich hier doch gleich die Frage, ob ‚Begriff‘ und ‚Idee‘ einer geschichtlichen Erscheinung *vor* der historischen Durchdringung des konkreten geschichtlichen Gegenstandes feststehen können und ob — gemessen an der Pluralität und Variabilität geschichtlicher Zusammenhänge — von einem solchen ‚Begriff‘ ausgegangen werden kann. VATKE selber kennt diese Fragestellung und nimmt sie in der Klärung seiner Nomenklatur

---

[7] C. ANTONI, Vom Historismus zur Soziologie, Stuttgart o. J., S. 61.

[8] Die Begründung dieser ‚höheren Objektivität‘ liegt allein in der — richtigen — Philosophie, »welche die Schranken jeder einzelnen Wissenschaft und jeder besonderen Anschauungsweise aufhebt«; sie faßt »in der Geschichtsbetrachtung die verschiedenen Erscheinungsformen des Geistes zur Idee des Geistes selbst« zusammen. Nur von dieser Idee des im Ganzen der Weltgeschichte manifestierten Geistes her können »die verschiedenen Zeitalter als Stufen und Durchgangspunkte des Einen Geistes« begrifflich erfaßt werden (16).

breit auf, entfernt sich aber in der ‚Begründung der wissenschaftlichen Behandlungsweise‘ weit vom Thema der biblischen Theologie[9].
Ihm hier folgen heißt zugleich: Hegel noch einmal durch Vatke
hören[10]!

Gestützt auf die idealistische Spekulation im ganzen, geht Vatke
von einer prinzipiellen religionsphilosophischen Definition aus:

> »Wir unterscheiden den Begriff und die Idee der Religion; Begriff überhaupt ist
> das Wesen als ideelle Totalität der möglichen Entwickelungsmomente gedacht; Idee
> dagegen die Realität des Begriffes in seiner Einheit mit dem Object, dem Menschen-
> geiste, der Weltgeschichte; oder, was dasselbe sagt, der Begriff der Religion ist der
> göttliche Zweck derselben, die Idee der Religion die Ausführung dieses Zweckes in der
> Geschichte« (18).

Nur von der Totalität der Momente her — wie sie durch die absolute (= christliche) Religion in Erscheinung getreten ist — können
also die einzelnen Momente (= geschichtliche Erscheinungsformen) »in
ihrer nothwendigen Beziehung zur Totalität« (18) verstanden und aus-
gelegt werden. »Alle vorchristlichen Religionen, auch die des Alten
Testaments, sind Voraussetzungen, Vorbereitungen, Ahnungen der
Einen wahren Religion, und erscheinen erst dann in ihrem wahren
Lichte, wenn sie vom Standpunkte der letzteren aus betrachtet werden« (18). Auf diese Weise gelingt Vatke die Verbindung von ‚wissenschaftlicher‘ (= philosophischer) und christlicher Geschichtsbetrachtung. Der Vorwurf, mit sachfremden (= unchristlichen) Voraussetzungen zu arbeiten, hätte ihn entsetzt.

»Der aufgestellte Begriff der Religion ... als Lehnsatz aus der
Philosophie«[11] verbindet nun zugleich die Dialektik des Geistes mit
dem Identitätsgedanken in der Herausstellung des prozessualen Charakters der Geschichte:

> »Das ewige Wesen, im Moment der Allgemeinheit oder des reinen Gedankens,
> unterscheidet nämlich von sich die Erscheinungswelt, die äußere Natur und den end-
> lichen Geist, als Moment der Besonderheit, und setzt sich mit dem endlichen Geiste
> als concrete Geistigkeit identisch, im Moment der Einzelnheit. Dieser ganze geistige
> Proceß bildet eben sowohl das Selbstbewußtsein Gottes im Geiste des Menschen, als
> umgekehrt das Selbstbewußtsein des menschlichen Geistes in Gott; denn das Selbst-
> bewußtsein setzt den Unterschied des Bewußtseins und seines Gegenstandes und eben
> so die Identität beider voraus« (19).

Ist die menschliche Natur »ihrem inneren Grunde nach göttlich«
und fällt »die Weltgeschichte ... mit der Geschichte der Religion zu-

---

[9] Hier können nur die für den Gang der Untersuchung entscheidenden Grundzüge
der — von Vatke auf etwa 130 Seiten geleisteten — begriffsklärenden Vorarbeit
skizziert werden.

[10] Er beruft sich im folgenden ausdrücklich auf die Hegelsche Religionsphilosophie
(vgl. 17).

[11] 20; Vatke verweist hier auf Hegels Enzyklopädie.

sammen« (21), dann muß unter dieser Voraussetzung die rationalistische Geschichtsbetrachtung mit ihrer Trennung der Momente der Identität eine subjektivistische Verflachung des historischen Gegenstandes
zur Folge haben. Freilich droht im Hintergrund dieser Deduktionen
— wie bei HEGEL — der Pantheismus: Um Gott nicht als absolutes
Sein für sich oder gar als Substanz denken zu müssen, bestreitet VATKE
ein ‚losgelöstes‘ Sein Gottes jenseits der Welt, siedelt ihn *in* der Geschichte an und vermeidet so die Objektivierung Gottes wie auch den
Subjektivismus als Erkenntnisprinzip. Fallen die Tat des Menschen
(im erkennenden Bewußtsein) und die Tat Gottes (in der Entfaltung
des absoluten Geistes als Offenbarung) habituell und aktuell zusammen,
dann hat der Entwicklungsgang einer Religion die Qualität einer Selbst-
manifestation Gottes. Gott als der Handelnde erweist sich in der geschichtlichen Bewegung (= Entwicklung) als deus revelatus. Nur
von hier — von hier aber wirklich! — bekommt die Geschichte ihre
Dignität und diese Weise der Geschichtsbetrachtung ihre Notwendigkeit.

Von der spekulativ gewonnenen Voraussetzung des Begriffs und
der Idee der Religion gelangt VATKE dann auch zur religionsphilosophischen Bestimmung der ‚subjectiven Erscheinungsformen‘ (26—
67), die »das schlechthin Geistige« (27) annimmt. Obgleich die Religion
per definitionem »weder Gefühl, noch Vorstellen, noch reines Denken,
sondern ein geistiger Proceß ist« (27), läßt sich dieser (dialektische)
Prozeß doch nicht ohne die Kenntnis seiner Erscheinungsformen, wie
sie sich dem Bewußtsein darbieten, beschreiben. Wie SCHLEIERMACHERS
Religionsphilosophie — als Lehre vom religiösen Gefühl — durch
HEGELS dialektische Stufung von Gefühl, Reflexion und Vernunft
philosophisch deklassiert wurde, so ist VATKES Zusammenbindung
der subjektiven religiösen Erscheinungsformen philosophisch erheblich
weiträumiger als DE WETTES anthropologische Vorbereitung der ‚Biblischen Dogmatik‘.

Man darf »das Wesen der Religion« nicht allein »in das Gefühl setzen«, denn »so
könnte es nur eine höchst mangelhafte Geschichte der Religion geben, und jeder Einzelne würde nur die Gestaltung seines religiösen Lebens eigentlich und genau kennen« (29). Jedes Gefühl hat nämlich »Vorstellungen und Gedanken als verschwindende
Momente in sich« (27); darum wird der Inhalt des Gefühls »in der Weise der Vorstellung innerlich angeschaut als Synthese des reinen Gedankens und der Sinnlichkeit, sei
es als Vorstellung überhaupt, oder als Bild, Symbol, Allegorie, Mythus« (29). Weil aber
»in der Vorstellung ... das Geistige ... eine sinnliche Bekleidung« hat und der »reine Gedanke ... mit dem äußerlichen Elemente zusammengewachsen« (30) ist, entspricht
»die Form der Vorstellung ... ihrem geistigen Inhalt nicht, sondern drückt ihn nur
analogisch und annäherungsweise aus, und weist damit auf den reinen Gedanken hin,
als die allein adäquate Form des Geistigen« (29).

Diese Einsicht verhilft VATKE zur Einordnung religionsgeschichtlicher Phänomene. So ist im Alten Testament das Symbol »diejenige Weise der Vorstellung, worin

die Form nur die Bedeutung des Inhalts hat« und als »Nothbehelf des Bewußtseins erscheint, welches den richtigen Ausdruck für den Inhalt noch nicht gefunden hat« (41).
»Der religiöse Mythus schließt das symbolische Element in sich, und stellt die allgemeinen, nothwendigen Momente der Idee in der Form historischer Begebenheiten ...
dar, so daß die Erscheinungsform ... keine wirkliche Geschichte, sondern nur Geschichte
des Bewußtseins ist« (43). Daraus ergibt sich aber eine bestimmte Tendenz, ein Gefälle der Entwicklung in der Geschichte des Bewußtseins hin zur Form des reinen Gedankens, der — über die Besonderheit der Vorstellung hinwegschreitend — das Allgemeine erst als Allgemeines zu erkennen vermag. Wie also das Gefühl um seines Inhalts willen zur Vorstellung überleitet, so behauptet die religiöse Vorstellung, die »für
das Bewußtsein eine Vereinigung des Himmels und der Erde, eine Herablassung des
göttlichen Geistes zu der menschlichen Fassungskraft« bedeutet, »eine wesentliche
Stelle in der dialektischen Entwickelung des Bewußtseins vom chaotischen Gefühle
aus bis zum absoluten Wissen« (39).

Wenn die Prämisse von der Religion als einem geistigen Prozeß
richtig ist, dann dürfen die Momente (= die geschichtlichen Erscheinungsformen) dieses Prozesses nicht isoliert, sondern müssen vielmehr
in einem dialektischen In- und Nacheinander ‚aufgehoben‘ werden.

»Vorstellungen, Symbole und Mythen sind nicht willkührliche Produkte menschlicher Einbildungskraft, nicht schlechthin endliche, unwahre Gebilde, sondern nothwendige Entwickelungsmomente des Selbstbewußtseins, welches einen langen Weg
der Vermittelung zurücklegen muß, bis es sein geistiges Wesen in wahrhafter Weise
begreift« (44f.). »Werden die verschiedenen Gedankenbestimmungen aber innerlich
vermittelt und zur Totalität des Begriffes entwickelt, so daß die Bewegung des
Denkens denselben geistigen Proceß darstellt, welchen der Inhalt der Religion selbst
durchläuft, Form und Inhalt sich also entsprechen und schlechthin in einander
aufgehen, so ist der Unterschied des Begriffes der Religion und ihrer subjectiven Erscheinungsformen aufgehoben« und der »Standpunkt des speculativen Denkens« (45f.)
erreicht.

Damit hat sich VATKE sowohl ein hermeneutisches Prinzip zur
Unterscheidung von Form und Inhalt alttestamentlicher Aussagen als
auch die methodische Basis für das Erkennen einer religionsgeschichtlichen Entwicklung überhaupt erstellt. Die Folgerungen für die historische Analyse sind verblüffend:

So war »für die Entwickelung des Alttestamentlichen Princips ... die Voraussetzung des Götzendienstes eben so nothwendig, als für die Entwickelung der christlichen Freiheit der gesetzliche Standpunkt des Judenthums. Es versteht sich nach dem
Bisherigen von selbst, daß die am meisten geistige Stufe der Religion auch die meisten
und schroffsten Gegensätze in sich überwindet und eben dadurch die reichsten und
concretesten Gedankenbestimmungen erzeugt« (63).
»Der Begriff der Alttestamentlichen Religion war in seiner abstracten Weise, als
Princip, längst vor dem babylonischen Exile vorhanden, seine vollendete Entwickelung
fällt aber erst in dieses spätere Zeitalter« (64).

Die verschiedenen Stufen einer bestimmten Religion wie der Religionsgeschichte überhaupt verhalten sich also »nicht bloß äußerlich
zu einander« (62), sondern der Begriff der Religion wird in der dialek-

tisch verstandenen Entwicklung (dem ‚geistigen Prozeß') von der Naturreligion bis hin zum Christentum realisiert[12].

Dieser »Standpunkt des speculativen Denkens« (46) oder der
»Standpunkt der Philosophie« (64) ist für das Verständnis der Religionsgeschichte schlechthin notwendig, »weil die einzige wahrhafte
Form der Erscheinung Gottes die wirkliche, concrete Persönlichkeit
des Menschen ist, welche in Jesu Christo in die Geschichte eintrat,
und einen wesentlich neuen Standpunkt begründete, welcher die Form
des Symbolischen . . . für immer überwand« (41 f.).

In einem erneuten Anlauf hat VATKE diese Entwicklung schließlich aus dem Identitätsgedanken begründet: »Da die Form des Bewußtseins seinem Gegenstande, der Erscheinung des Göttlichen für
dasselbe, entspricht, so sind die verschiedenen Stufen der Religion
eben so viele Entwickelungsstufen des Bewußtseins« (99 f.), und zwar
in dialektischer Notwendigkeit drei: Das Bewußtsein ist »zuerst natürliches Bewußtsein in unmittelbarer Einheit des Geistigen und Natürlichen«, es »unterscheidet sich zweitens von dem Natürlichen, setzt
sich als Subject« und »entwickelt sich drittens zum Selbstbewußtsein,
Geist, unendlicher Subjectivität, verhält sich zu seinem Unterschiede
als zu sich selbst, hat die Seite des Äußeren überwunden und ist in
dieser unendlichen Bewegung wahrhaft frei« (100). Diese Ableitung
folgt aber nicht aus der historischen Nachzeichnung der Entwicklung,
sondern von der »Totalität aller Gedankenbestimmungen« (106) her,
wie sie in der durch den Geist des Christentums bestimmten spekulativen Vernunft gegeben ist. Erst im Christentum[13] »ist der Begriff der
Religion vollständig zur Idee realisirt, und diese Religion selbst ist
daher die absolute« (101).

»Wenn man daher den Begriff der Wahrheit zum Eintheilungsgrunde macht, so
fällt auf die eine Seite nur das Christenthum, auf die andere aber die Gesammtheit der
nicht-christlichen Religionen, wovon keine schlechthin falsch sein kann, jede aber die
Wahrheit nur als Moment oder als im Werden begriffen darstellt« (114).

Damit hat VATKE ein umfassendes religionsgeschichtliches Eintei-
lungsschema[14] gefunden: Wie die drei dialektischen Stufen des Be-

---

[12] Die jeweils höhere Stufe hat »die niedere nicht bloß hinter sich, sondern auch in sich,
   aber als unselbstständiges Moment, so daß die eigene Lebensentwickelung der höheren
   Form eine beständige Überwindung, Idealisirung, Verklärung der niederen ist« (62).

[13] »Den Charakter der absoluten Religion« kann die »Verstandesbetrachtung« des
   Rationalismus »dem Christenthum nicht geben« (104); die Aufklärung, die »eine
   Fortbildung des Christenthums zur Welt-Religion behauptet, als ob dasselbe erst
   den Läuterungsproceß des Verstandes durchlaufen müßte, um allgemeinwahr . . .
   zu werden« (105), erkennt nicht, daß ein angemessenes Urteil über das Christentum
   als absolute Religion »nur auf logischem und metaphysischem Standpunkte« (106)
   möglich ist.

[14] Unter Berufung auf die »in die Tiefen des Geistes eingehende Construction« (102)
   der HEGELschen Religionsphilosophie verwirft VATKE »empirische Eintheilungen«

wußtseins nur von der letzten her erkannt und bestimmt werden können, so muß die gesamte vorchristliche Religionsgeschichte in ihrem Bezug zur christlichen gedeutet werden[15]. Obgleich »die jüdische Religion die Geburtsstätte und der Ausgangspunkt der christlichen« war, muß die »Wechselwirkung aller religiösen und historischen Elemente des Zeitalters« vor Christus gesehen und aufgenommen werden[16], denn »die Welt-Religion der Freiheit war Resultat des ganzen Verlaufes der Weltgeschichte« (115).

Weil das volle Licht der Wahrheit so auf das *Ziel* der Entwicklung fällt, bleibt deren *Anfang* beinahe ganz im Dunkel. Die Annahme einer Ur-Offenbarung[17], wie sie in der Spätaufklärung und in der Romantik vorgetragen wurde, verkennt das Wesen des gesamten geistigen Prozesses, denn »das natürliche Bewußtsein macht wie im Leben des einzelnen Menschen so im Ganzen der Weltgeschichte den Anfang« (120). Damit hat VATKE aus der Bestimmung des ‚Begriffes der biblischen Religion im Verhältnis zur Religion überhaupt‘ (99—120) zugleich wieder einen hermeneutischen Grundsatz gewonnen: Die historische Erkenntnis der alttestamentlichen Religionsgeschichte wie deren rechte Würdigung ist nur möglich vom Standpunkt des zum Selbstbewußtsein fortgeschrittenen Bewußtseins her. Diese ‚vernünftige‘ Erkenntnis erweist die dem Christentum vorangehenden Erscheinungen der Religionsgeschichte (die alttestamentlichen wie die antiken) als Stufen einer dialektisch zu begreifenden Entwicklung, die weder umkehrbar ist (Ablehnung der Ur-Offenbarung) noch einseitig (etwa unter

---

(101) der Religionsgeschichte überhaupt. Mit HEGEL, für den jede Religion als Moment der höchsten ‚wahr‘ ist, begreift VATKE »das Gottesbewußtsein überhaupt . . . als die allgemeine Offenbarung Gottes« (101), so daß auch eine Einteilung in ‚Offenbarungsreligionen‘ und Religionen ohne Offenbarungscharakter abzulehnen ist.

[15] Zwar ging »die christliche Religion nach ihrer historischen Seite allein aus der Entwickelung der Alttestamentlichen Religion« (102) hervor, aber die griechischen Menschen z. B. »nähern sich, von einer Seite betrachtet, der Idee des Gottmenschen mehr, als die abstracte Unendlichkeit der hebräischen Anschauung und deren symbolische oder momentane Vermittelung mit der Wirklichkeit« (113).

[16] Die größere Erlösungsbedürftigkeit der Heiden bildet also als Wissen des Mangels und Ahnen der Wahrheit einen Anknüpfungspunkt, »das ganze Leben der klassischen Welt muß deshalb als Vorbereitung für den christlichen Geist angesehen werden« (116f.).

[17] »Diese Ansicht ist zwar zu verschiedenen Zeiten und mit dem Aufwande großer Gelehrsamkeit vertheidigt, setzt aber eine ganz äußerliche Vorstellung von göttlicher Offenbarung voraus, widerspricht dem Begriffe der Religion und dem Verhältnisse des menschlichen Bewußtseins zu demselben, welches erst durch eine lange Reihe von Vermittelungen das Vollkommene erringt, widerspricht der Geschichte, und, was hier am meisten zu urgiren ist, zugleich dem Entwickelungsgange der Menschheit, den die Alttestamentliche Sage verzeichnet« (102).

Verzicht auf den Entwicklungsbeitrag der Antike) dargestellt werden darf.

Nach alledem bleibt, auch für VATKE selber, die Frage offen, wie sich diese religionsphilosophischen Bestimmungen im ganzen zu der konkreten Historie — als Forschungsmethode wie als Forschungsobjekt verstanden — verhalten. VATKE hält seinen Ansatz konsequent durch, wenn er »das historische Verständnis einer bestimmten Religion« nur als die — freilich »nothwendige« — »Ergänzung zu dem . . . logischen und metaphysischen« (121) ansieht.

Die wirklich wissenschaftliche Betrachtung der Geschichte muß für ihn »über den Gegensatz einer Erkenntnis a priori und a posteriori, welcher dem Verstande angehört, hinaus sein und beide Seiten zu organischer Einheit zusammenfassen, worin mithin weder die eine noch die andere als selbstständig für sich besteht, sondern beide flüssige Momente bilden« (121f.). Diese organische Einheit — im forschungsgeschichtlichen Urteil über VATKES Vorhaben immer wieder übersehen oder bestritten — bildet den Kernpunkt seiner Methodologie. Er will weder »aus den allgemeinen Principien einer Religion die ganze historische Erscheinung derselben ableiten und das Empirische nach dem Begriffe construiren« noch »den bloß empirischen Stoff als Element der Wissenschaft anerkennen und in seiner unmittelbar gegebenen Form« (122) behandeln[18]. Zwar bildet »der Standpunkt der Reflexion ein nothwendiges Moment in der Dialektik der Erscheinung« (138); aber da das empirische Bewußtsein nur die vereinzelte historische Erscheinung beobachten kann, kommt es auf diese Weise lediglich zu einer Übereinstimmung der historischen Erscheinungsweisen mit den empirischen Betrachtungsweisen: »die Vermittelung ist nur formell« (133). Das trifft für den historischen Naturalismus wie für den historischen Supranaturalismus in gleicher Weise zu[19], »die wahrhaft freie

---

[18] Die Form der historischen ‚Reflexion‘ (132—138) hat es »nur mit Erscheinungen zu thun«, ‚erklärt‘ »die eine Erscheinung aus der anderen« und kommt so überhaupt nicht »zum eigentlichen Erklären« (133), denn sie »bleibt also immer bei der Erscheinung stehen, bei welcher sie gleich Anfangs stand« (134). Diese Methode scheitert vor allem an der Erklärung des Anfangs einer Religion. »Da sie jede Erscheinung nur als ein Gewordenes, Vermitteltes« — im historisch-kausalen Sinne — »ansehen muß« (135), kann sie (um ein Beispiel zu nennen) die hohe Erscheinung Moses im Alten Testament nur als Resultat voraufgegangener Hochreligionen erklären.
Aber auch die sogenannte ‚genetische Erklärung‘ (138—143), im Grunde nur die »vollendete Form« (139) der historischen Kausalmethode, führt zu keinem wirklich umfassenden Verständnis. Hier wird lediglich die Mannigfaltigkeit der historischen Erscheinungen auf den »wiederkehrenden Typus der menschlichen Natur« (139) zurückgeführt und dadurch in ihrer Besonderheit nicht gewürdigt.
[19] »Wenn die Reflexion den Ursprung der Religion bald aus der menschlichen Furcht oder sonstigen psychologischen Erscheinungen, bald aus einer äußerlichen Offen-

Betrachtung« nimmt dagegen solche »untergeordneten Standpunkte . . .
als Momente in sich auf, sie abstrahirt nicht von der Erscheinung,
sondern setzt dieselbe als ideell« (145). Nur diese als Entsprechung
von Begriffs- und Realdialektik verstandene Form der Erkenntnis
hat den Charakter methodischer Notwendigkeit, und es ist im konkreten Falle »gleichgiltig, ob wir durch Hilfe historischer Nachrichten
den Entwickelungsgang auch empirisch verfolgen können oder nicht«[20]!

Der Polemik, die sich gegen diesen »Standpunkt der begriffsmäßigen Betrachtung« richtet und ihn als »abstract, bloß idealistisch,
theoretisch u. s. f.« (148) zu kennzeichnen sucht, hält VATKE selber
entgegen, daß einerseits der »Standpunkt des unmittelbaren Selbstbewußtseins« (155) oder »des Gefühls« (152; bezogen auf SCHLEIER-
MACHER) die wirkliche Anstrengung des Begriffs scheut, daß andererseits die historisch-kritische Betrachtung in ihrem Verzicht auf jede
philosophische Bemühung die Schrift, »unbekümmert um ihre Wahrheit« (156), zu erforschen trachtet. Wer den theologischen Ernst in
dieser Bemühung verkennt, wird VATKE kaum gerecht werden!

»Die grammatisch-historische Auslegung« setzt er für sein Unternehmen durchaus voraus, wobei freilich die »eigentlich-exegetischen
Erörterungen . . . nur den Charakter des Beiläufigen« (158) behalten
können. »So fremdartig auch die dialektische Bewegung unserer Wissenschaft dem Inhalte der biblischen Religion auf den ersten Blick
erscheinen mag« (163), der hier eingeführte »Begriff des Erkennens«
enthält tatsächlich »die Einheit von Subject und Object« (157). Darum
kann für VATKE die bloße historische Beobachtung nur als ‚aufgeho-
benes' Moment im Range einer Hilfswissenschaft nutzbar gemacht
werden.

»Daß gewisse Vorstellungen in den biblischen Büchern vorkommen, daß sie . . .
einen historischen Verlauf darstellen — dieses und Ähnliches sind so bekannte Dinge,
daß es zu ihrer Construction keiner Wissenschaft bedarf; diese hat aber die Seiten zu
ermitteln, welche nicht sogleich in die Augen springen, das innere Räderwerk jener
Vorstellungen, den lebendigen Pulsschlag des Begriffes, welcher ihre Dialektik ausmacht« (160).

Mit allen diesen Überlegungen geht es VATKE um das Methoden-
problem jeder biblischen Theologie in ihrer Stellung zwischen Exegese
und systematischer Theologie — ein Problem, das mit der kritischen
Bibelforschung unabweisbar gegeben war. VATKE bietet eine vom Gedanken her bestechende Lösung an:

barung Gottes an die Menschen erklärt, so haben beide Erklärungsversuche, so
verschieden sie auch sind, das Gemeinsame, daß sie das Endliche zum Grunde des
Unendlichen machen« (133).

[20] 146; vgl. SCHLEGEL XIII, S. VII: »Das eigentlich Historische soll und kann in der
Philosophie der Geschichte nicht so sehr zum Beweise, als nur zum erhellenden
Beispiele, und erklärenden Belege in der lebendigen Darstellung dienen«.

Wird vorausgesetzt, »daß das Verständnis und damit auch die Darstellung der biblischen Religion vermittelt ist durch die Totalentwickelung des christlichen Geistes in der Kirche und Wissenschaft, daß also die innere Form, worin die biblische Religion reproducirt wird, nicht zu trennen ist von dem gegenwärtigen Standpunkte des Geistes, den das betrachtende Subject einnimmt, so werden wir beiden Momenten der Wissenschaft dieselbe Formbewegung zuschreiben müssen ... Der Unterschied beider fällt hiernach allein auf die Seite des Inhalts, indem die wissenschaftliche Theologie auch das Moment der kirchlichen Entwickelung umfaßt, welches die biblische Theologie ausschließen muß, obgleich sie dasselbe an sich ebenfalls enthält, sofern ihre Form dadurch vermittelt ist« (155).

Hier ist die Konzeption einer biblischen Theologie wirklich theologisch begründet und zugleich ermöglicht durch die beiden ‚Hilfswissenschaften‘: die historische Kritik und die philosophische Begriffsbestimmung. Die Vergegenwärtigung eines vergangenen ‚Inhalts‘ gelingt, weil »die Form des Gegenstandes mit der Form des betrachtenden Subjectes zusammenfällt«; »die wahre Methode der biblischen Theologie, oder die Bewegung, wodurch die begriffsmäßige Darstellung des Inhalts für das Subject entsteht«, ist dann »zugleich die eigene Dialektik des Inhalts« (157).

Daraus muß sich — wiederum begriffsnotwendig — in wesentlichen Zügen sogar der Aufbau und die Einteilung der Darstellung selber ergeben. Während die beiden Testamente »nach dem Begriffsunterschiede« (163) leicht zu trennen sind, gelingt eine Unterteilung »der verschiedenen Entwickelungsstufen des Alttestamentlichen Princips« (165) sehr viel schwerer. Zwar sieht VATKE, im direkten Anschluß an HEGEL, in »Anfang, Blüthe und Verfall oder Übergang in eine höhere Stufe« die »drei Hauptmomente der historischen Erscheinung«, die jede bestimmte Religion durchläuft, aber er will doch nur dann ein positives Bild von der Religion und Geschichte Israels[21] entwerfen, »wenn es sonst die Quellen erlaubten« (165). Obgleich »die wahrhafte Gliederung des Ganzen ... im Begriff und der Idee der Religion gegeben sein, und von hier aus für den empirisch-gegebenen Stoff mit Nothwendigkeit abgeleitet werden« (171) muß, ist VATKE doch auf grundsätzliche Übereinstimmung seiner Arbeit mit der »neueren Kritik« (166) bedacht[22].

---

[21] Auch DE WETTE betrachtete eine positive »Geschichte des für uns merkwürdigsten Volks der Erde ... als eine noch nicht gelöste Aufgabe« (A § 15).

[22] Weder kann es Aufgabe einer biblischen Theologie sein, kritische Untersuchungen über einzelne alttestamentliche Bücher — im Sinne der Einleitungswissenschaft — anzustellen, noch kann »die Differenz der kritischen Ansichten ... den eigentlichen Kern unserer Wissenschaft ... berühren« (166). Die »Ausmittelung des Factischen« (167) bleibt der historisch-kritischen Arbeit, die hier als Hilfswissenschaft vorausgesetzt wird, überlassen, »denn nicht die Fülle des historischen Stoffes, sondern das Verhältnis desselben zum Begriffe unserer Wissenschaft muß uns den Maaßstab für die Darstellungsweise geben« (170). »Die subjective Genesis der Vorstellungen

Durch HEGELS Philosophie theologisch und durch DE WETTES
zusammenfassende bibelkritische Arbeit historisch ausgerüstet, unternahm VATKE als erster den Versuch, die biblische Theologie aus der
Verbindung von theologischem Prinzip und konsequent geschichtlicher Periodisierung zu entwerfen. Wie dieser Entwurf, der die Leistungen seiner Zeit methodisch zweifellos überbot, sich bewährte, ist
an der folgenden ‚kritischen Geschichte‘ (177—590) zu überprüfen.

II. Die geschichtliche Durchführung

Nicht einzelne, aus dem geschichtlichen Zusammenhang heraus-
gelöste Lehren oder Vorstellungen (vgl. 164) konstituieren die biblische
Theologie des Alten Testaments, sondern die Darstellung der geschichtlichen Entwicklung der israelitischen Religion im ganzen muß
als biblische Theologie verstanden werden. Die aus dem Begriff der
Religion gewonnenen Momente des ideellen Prozesses und die Fragen
der geschichtlichen Gliederung[23] wie der Quellenbewertung überhaupt[24] sind dabei in vollkommener methodischer Einheit zu behandeln. So ergibt sich die Notwendigkeit, historisch und ideell »einen

---

kann die allgemeine Gliederung unserer Wissenschaft schon deshalb nicht bestimmen,
weil sich dieselbe bei allen historischen Erscheinungen unseres Gebietes nicht nachweisen läßt« (174).

VATKE bekennt sich in diesem Zusammenhang noch einmal ausdrücklich zu »Dr.
de Wette« als dem »Repräsentanten« (179) und Koordinator aller neueren historischen Kritik.

[23] VATKE wendet sich gegen den Versuch GRAMBERGS (Kritische Geschichte der Re-
ligionsideen des Alten Testaments, Berlin 1829—30), einzelne Schriften des Alten
Testaments als ganze einzelnen Epochen zuzuordnen. Eine grobe Gliederung müßte
»von der Blüthe des Princips und der Wirklichkeit des theokratischen Staates als
dem eigentlichen Mittelpunkte des Alten Testamentes« (167) sowie von der auch
schon vor Vatke bekannten Einsicht, »daß die ältere Geschichte der Alttestamentlichen Religion sehr dürftig und hypothetisch« (184) überliefert ist, ausgehen. VATKE
dringt aber auf eine historisch genauere Einteilung und gliedert die Geschichte
Israels in acht Perioden, wobei freilich »die Übergänge als fließend« (462) zu denken
sind.

[24] Die ‚innere Kritik‘ darf die literarischen Quellen nicht nur aussondern, sondern muß
sie auch zu bewerten wissen. Ein großer Teil der Quellen stellt die »doppelte Aufgabe . . ., einmal die Auffassungsweise und das Urtheil des Referenten und dann
das zu Grunde liegende Factum zu ermitteln«; »bei manchen Büchern ist freilich
die Ausbeute so gering, daß sie fast nur als Zeugen für die Zeit gelten können, worin
sie geschrieben oder worin ihre mündlichen und schriftlichen Quellen entstanden
sind; wie dies namentlich beim Pentateuch, dem Buche Josua, den Büchern der
Chronik und Daniel der Fall ist« (178). VATKE steht also mit der Methode der inneren
Kritik und der Unterscheidung von mündlicher und schriftlicher Tradition auf der
Höhe der historischen Forschung seiner Zeit. Er ist überdies bereit vorauszusetzen,
»daß die Principien und Resultate der neuern Kritik im Ganzen richtig sind« (179).

festen Boden« (178), einen Angelpunkt für den historischen Ansatz zu bekommen: »Nur die prophetischen Bücher ... gewähren der Religionsgeschichte wie der Kritik des alten Testaments« (178) diesen festen Boden.

»Die Sagen über die Religion der Patriarchen schließen wir von vorn herein aus, da wir uns nicht getrauen, aus den Erzählungen der Genesis positiv-historische Elemente abzuleiten« (184). »Die Quellen für die ältere Geschichte der Alttestamentlichen Religion sind aus der späteren Sage geflossen und deshalb lückenhaft und unsicher; seit der Richterperiode und noch mehr seit dem davidischen Zeitalter gewinnt die Tradition einen historischen Charakter, läßt sich aber mit völliger Sicherheit erst seit dem achten Jahrhundert verfolgen auf dem Grunde der nun beginnenden prophetischen Schriften« (177f.).

Das Fragmentarische mancher Überlieferungen und die Tendenz, spätere Ereignisse in frühere Zeiten zurückzuversetzen, schaffen sofort erhebliche Schwierigkeiten bei der Beschreibung des ersten, des ‚Mosaischen Zeitalters' (184—251). Die nomadische Lebensweise des frühen Israel steht in unbestreitbarer Diskrepanz zu den von der Tradition auf Mose zurückgeführten religiösen Institutionen. Diese einfache kritische Überlegung zwingt dazu, den Pentateuch als das Werk verschiedener Epochen und Traditionskreise anzusehen, divergierende Stoffe kritisch auszusondern und die Stufen dieser Entwicklung herauszustellen.

VATKE beruft sich für sein Vorgehen auf die »einstimmige Tradition ..., daß wenigstens ein großer Theil der Israeliten dem Götzendienst wirklich ergeben gewesen sei« (186). Weil »das natürliche Bewußtsein ... im Alterthume immer mit Naturreligion verbunden« war, ist aus der »Natur der Sache« zu schließen, »daß das Bewußtsein des Volkes durch Mose eher eine höhere Richtung erhalten, als durch die Erfahrungen des Zuges (sc.: durch die Wüste) auf einen niedern Standpunkt zurückgeworfen« (188) worden sei. Weil auch die »historischen Erinnerungen des Volks nicht über den Auszug aus Ägypten hinauf (reichten)«, läßt sich vermuten, »daß das Volk bis zu der Periode des Auszugs ... in rohem Naturdienst versunken war«, der eben keine »historische(n) Überlieferungen zuläßt« (193). Zu einer »Einheit des Volks« (189) als der Bedingung für historische Tradition kam es erst auf dem Boden des Kulturlandes.

Die Einsicht, »daß das Natürliche allmälig vergeistigt wird« (196), verhalf also VATKE dazu, sich durch die Herausstellung des ‚Volksglaubens' jener Epoche eine Basis zu schaffen, von der her — negativ und positiv — die Wirksamkeit des Mose abzuheben ist. Ohne schon die einzelnen Quellenschriften des Pentateuch präzise abzugrenzen, wird VATKE durch ‚innere Kritik', also durch Vergleich und Kombination divergierender Elemente, zu seinen entscheidenden Beobachtungen geführt.

Durch diese kritischen Einsichten, übertragen auf die Geschichte Israels, »verschwindet der magische Hintergrund, den die hebräische Geschichte auf den ersten Blick hat, und es bleiben nur wenige feste Punkte, die für die nun folgende Entwickelung des Volkes als Ausgangspunkte dienen können« (179).

»Bei näherer Ansicht springt es in die Augen, daß die Gesetzgebung des Pentateuch nicht Grundlage eines Staatskörpers, selbst nicht eines Priesterstaates, sondern
nur Ergänzung eines schon bestehenden rechtlichen und sittlichen Zustandes und par-
tielle Fortbildung einzelner Seiten und Sphären desselben sein kann« (204).

Wennschon dieser »Umweg der negativen Kritik« nur zu »wenigen,
aber sicheren Haltepunkten leiten« (203) kann, so doch auch zu der
grundlegenden Erkenntnis, daß die sachlichen Differenzen des Materials auf Differenzen der historischen Schichtung zurückzuführen
sind[25]! »Der abstracte, unhistorische Charakter des mosaischen Staates«
(205) ist so offensichtlich, daß von einem impetuosen Beginn der israelitischen Religion in Gestalt einer von Mose begründeten ‚Theokratie‘[26]
nicht die Rede sein kann. VATKE demonstriert hier, daß das religiös
differenzierte Gemeinwesen in den mittleren Büchern des Pentateuch
»gar keine Staatsform in gewöhnlichem Sinne des Wortes ist . . .; es
ist vielmehr eine religiöse Anschauung, Resultat und Abstraction von
schon ausgebildeten sittlichen Verhältnissen« (209). Die Gesetzgebung
des Pentateuch hat keinen Staat begründet — sie setzt vielmehr einen
Staat voraus!

Die Diskrepanz zwischen diesen Gesetzen und dem als ‚Naturdienst‘ gekennzeich-
neten Zustand des Volkes ist noch in keiner Weise überbrückt. »Wir finden . . . nach
Mose dieselben Formen der Verfassung, welche wir schon vor seiner Gesetzgebung an-
trafen, und müssen daher . . . seinen angeblichen Einfluß auf die Staatsverfassung geradezu leugnen« (211 f.). Dazu kommt die Feststellung, daß »der sogenannte mosaische
Staat« hier »auf die Voraussetzung des Ackerbaues und eines ansässigen Lebens« gegründet ist: »also auf einen Zustand, der damals noch nicht vorhanden war« (213).

Waren die Israeliten zur Zeit Moses Nomaden, dann dürfen die
‚theokratischen‘ Institutionen des Pentateuch weder von Mose herge-
leitet noch als göttliche Offenbarungen bezeichnet werden. Religions-
philosophisch betrachtet hätte sonst »die göttliche Weisheit also

---

[25] Für VATKE haben die sparsamen Andeutungen der Propheten über die Frühzeit
Israels »gewiß mehr historischen Werth, als die ausgesponnene Priestersage des
Pentateuch« (187). Die Propheten haben »wegen ihres unbefangenern Standpunktes
und des historischen Zusammenhanges unter sich selbst auch das historische Gesammtbewußtsein des Volkes treuer bewahrt« (194).

[26] VATKE wehrt sich gegen einen verallgemeinernden Gebrauch dieses Ausdrucks, wie
er vom 17. Jahrhundert an üblich geworden war. »Gramberg (a. a. O. II 8) führt
sogar Adam als ersten theokratischen Herrscher auf. Da jene Ausdrücke der Bibel
selbst fremd sind, so sollte man ihren Gebrauch billig auf die Fälle beschränken,
wo es sich wirklich um den eigentlichen Begriff der Theokratie handelt« (261, Anm. 3).
Eine Theokratie in sensu stricto schildert der Pentateuch als »die Form des sittlichen Gesammtlebens, welche alle Machtfülle des Staates Gott selbst beilegt, so daß
Gott die gesetzgebende, richterliche und vollziehende Gewalt eigentlich selbst in
Händen hat, und alle mit der Staatsgewalt bekleidete Organe nur unselbstständige
Mittler sind« (208 f.). Vgl. zur Geschichte des Ausdrucks in der alttestamentlichen
Forschung des 19. Jahrhunderts auch SMEND, WA 79 f.

mehrere nothwendige Entwickelungsmomente übersprungen« (214);
historisch betrachtet konnten diese Institutionen zur Zeit Moses noch
keine konkreten Bedürfnisse befriedigen. Da außerdem ein in dieser
Form ausgebildeter Staat noch nicht einmal unter David bestand,
konnte er erst recht nicht *vor* David bestanden haben. Sind aber im
Pentateuch derart heterogene Elemente zusammengefaßt, dann muß
er selber literarischer Ausdruck für den Entwicklungsgang des religiösen Bewußtseins über einen sehr langen Zeitraum hin sein. Anders:
der Pentateuch enthält Schichten und Traditionen, die keineswegs
ursprünglich und ursächlich mit der Person Moses verbunden sind[27].

An dieser ‚negativen Kritik‘ läßt sich die Schärfe der VATKEschen
Beweisführungen und darin das beste Erbe der von NIEBUHR geprägten
historischen Forschung erkennen. In die historische Kritik — in dieser
Sache unterstützt durch den seit HERDER und LESSING vertrauten
Gedanken einer natürlichen Entwicklung — werden die religionsphilosophischen Erwägungen auf bestechende Weise eingearbeitet, so daß
hier tatsächlich das angestrebte Ineinander beider Argumentationsreihen geleistet zu sein scheint.

Positive Aussagen über Person und Werk des Mose waren in der
Geschichte der kritischen alttestamentlichen Forschung immer hypo-
thetischer Natur. DE WETTE war durch sein inkonsequentes Verständnis von Entwicklung gezwungen, in Moses Tun einen »Beginn in der
Höhe«[28] zu sehen — ungeachtet der Tatsache, daß Mose dann wirklich
auf *einsamer* Höhe steht.

»Während die ganze alte Welt einer gröberen oder geistigeren Schönheit huldigt,
tritt dieser ernste Hebräer allein, im Gefühl seiner eigenen Geisteskraft, als Herold der
Wahrheit auf. Er hebt den mythologischen Schleier, welcher die Idee des höchsten heiligen Gottes verhüllte, und löst die Bande, welche den Menschen an die Natur fesselten
… Das rohe Volk, dem er diese höhere Offenbarung mittheilte, konnte freilich noch
nicht aller Stütze entbehren; darum knüpfte er die Verehrung des höchsten Gottes an
ein beschränktes politisches Interesse, und machte ihn zum National- und Staatsgott,
dessen heiliger Wille sich in Recht und Gesetz aussprach«[29]. DE WETTE stellt also Mose
als den Universalisten, das Volk als die Partikularisten[30] heraus, um auf diese Weise
der Pentateuch- und Moseprobleme Herr zu werden. Das Resultat ist schillernd: »Mose
vereinigte in sich die ganze mittlerische Vollgewalt: 1. die gesetzgebende Gewalt;

---

[27] Das Urteil der Propheten über das »Cerimonienwesen« (220) bestätigt die Überlegung, daß eine »prophetische Offenbarung« solcher Gesetze nicht nur »überflüssig«
wäre, sondern nur »hemmend in den natürlichen Entwickelungsgang« (219) eingreifen würde. Die Ritualgesetze des Pentateuch »können nur als Produkte einer
längeren Entwickelung begriffen werden … Der starre Mechanismus der Form ist
nie das Unmittelbare« (218).

[28] SMEND, WA 97. Vgl. auch SMEND, UP 173: »Bei de Wette ist Mose der hoch über
dem Volk stehende Wisser göttlicher Geheimnisse, Theologe und Monotheist …«.

[29] DE WETTE, RTh 84f.

[30] Vgl. SMEND, UP 173.

2. die beschließende und richterliche; 3. die vollziehende; 4. die priesterliche, letztere jedoch nur anfangs; und in dieser hohen Würde behauptete er sich ohne Verfassungs-Formen bloß durch Geistesüberlegenheit«[31].

VATKE verschafft sich demgegenüber durch die Destruktion des Pentateuch als einer historischen Quelle für die Person Moses radikal Klarheit:»Das Gesetz ist nichts Äußerlich-Objectives, sondern das allgemeine religiös-sittliche Bewußtsein, welches durch Mose« — man muß weiter akzentuieren: — nicht anders als »durch alle darauf folgenden Organe Jehova's offenbart ist«. Die »äußere Form« dieser ,mosaischen Gesetzgebung' entstammt einer Zeit, »wo die Gesetze gesammelt und schriftlich aufgezeichnet wurden, während die höhere Form der Objectivität, d. h. der Offenbarung des göttlichen Willens . . . der mosaischen wie der prophetischen Wirksamkeit gemeinsam ist« (226). Mose ist »nicht nach Analogie gewöhnlicher Gesetzgeber, sondern nach Analogie der Propheten zu betrachten« (227). Die »reflectirende Systematik« (226), die der Pentateuch daneben freilich auch enthält, gehört — gemessen an der Unmittelbarkeit der prophetischen Offenbarung — keinesfalls an diesen Anfang der gesamten Entwicklung[32].

»Die Idealität (muß) in ihrer ersten unmittelbaren Erscheinung noch abstract und im Vergleich mit der reicheren Fülle späterer Perioden inhaltsarm sein« (230f.), »die Allgemeinheit des Gedankens wird in demselben Maaße concreter, als das natürliche Dasein an Selbstständigkeit verliert« (231).

»Die ganze Geschichte der Alttestamentlichen Religion ist insofern ein beständiger Kampf und Sieg des Gedankens über das Natürliche« (231). Da Mose auf das Volk nur »nach Maaßgabe seines (sc.: des Volkes) gegenwärtigen Zustandes« (249) einwirken konnte, muß man ihn wohl als prophetischen Nomadenführer[33] charakterisieren und

---

[31] DE WETTE, A § 142.

[32] »Kein Prophet ist in dem Sinne systematisch verfahren, wie der Pentateuch« (226). »Das Verhältnis des Unmittelbaren und Vermittelten, der Offenbarung und Reflexion, der innern und äußerlichen Objectivität« (227) wird gründlich verkannt, wenn die ,Theokratie' mit der historischen Gestalt Moses in Zusammenhang gebracht wird. Die 48 Levitenstädte sind also eine »Fiction« (222), Aaron eine »Copie jüngerer Verhältnisse«, die Stiftshütte eine »Nachbildung des Tempels« (224), weil allen diesen Aufstellungen, wie der Kultusgesetzgebung überhaupt, »der historische Boden abgeht« (216).

[33] VATKE denkt an einen Vergleich mit den Charismatikern der Zeit Sauls: Sie waren »geistige Heroen«, »ihre Wirksamkeit war schöpferisch« und »an keine festen Institute« gebunden (228). Die »Idealität« des Monotheismus kann »ihrem Begriffe nach nicht bloß Resultat allmäliger Volksbildung sein« (230), sondern der »schöpferische Geist« (228) der Prophetie setzt diesen Anfang. So erscheint Mose »als Prophet« (238), »zieht unter den Stämmen umher und ordnet Recht und Sitte« (239). »Praktische Wirksamkeit, unmittelbares Eingreifen in den gegenwärtigen Zustand des Volkes war gewiß die Hauptaufgabe des mosaischen Berufes. . . . die ausgedehnte schriftstellerische Thätigkeit, die Sorge für Ritualsachen u. dgl. fallen für uns weg« (238).

darf für ihn »nur das einfache Denkmal der 10 Gebote auf steinernen
Tafeln als historisch-wahrscheinlich voraussetzen« (229). Darum mag
auch nicht bezweifelt werden, »daß Mose den Glauben an Jehova, als
den Einen Gott gehabt ... habe«, genauer: daß er »die Verehrung
Jehova's als des Einen Nationalgottes theils vorfand, theils einführte«
(229f.). Die ‚mosaische‘ Theokratie aber sollte besser »mit dem Begriffe
des Bundes« gekennzeichnet und »von der späteren Reflexionsform
unterschieden« (238) werden. »Kurz, nur das Princip oder die Grundele-
mente der religiösen Anschauung wie des sittlichen Lebens haben wir
auf Mose mit Sicherheit zurückzuführen« (243).

Mit allen diesen Überlegungen hat VATKE zwar das traditionelle
Mosebild — auch weit über DE WETTE hinausgehend — destruiert,
dennoch aber an einer historischen Wirksamkeit Moses festgehalten,
weil sich für ihn allein aus dem dialektischen Gegenüber[34] von Naturreligion (des Volkes) und höherem Prinzip (in der Gestalt Moses) der
Anfang des ideellen Prozesses (= der israelitischen Religionsgeschichte)
einsichtig machen läßt:

> »Die spätere religiöse Anschauung des hebräischen Volkes hat daher eben sowohl
> die ... Naturreligion ... zu ihrem empirischen Ausgangspunkte, als die Offenbarung der
> göttlichen Idealität und Heiligkeit zu ihrem höheren Principe« (249). Darum »erscheint
> das Resultat der mosaischen Wirksamkeit nicht als ein fertiges Ganze, sondern als An-
> fang und Ausgangspunkt einer höheren Entwickelung ... Die spätere Geschichte wird
> uns jetzt, da wir einen solchen Ausgangspunkt gewonnen haben, nicht mehr als Räthsel
> entgegentreten. Denn sobald wir das hebräische Volk kennen lernen, ist der unvermit-
> telte Gegensatz des natürlichen Bewußtseins und des Naturdienstes, und des ideellen
> Principes, der sich bis in die Zeiten des babylonischen Exiles hinzieht, gesetzt; beide
> Seiten finden in dem Wechsel der historischen Gestaltungen ihre Träger, jene in der
> Masse des Volkes, diese in dem prophetischen Bewußtsein und dem geringeren Theile

---

Einen »directen und positiven Einfluß auf den äußeren Cultus« (247) darf man Mose
nicht zuschreiben; vielmehr sind »wegen der Unmittelbarkeit der höhern Erleuchtung ... bei Mose wie bei den spätern Propheten alle Rücksichten einer berechnen-
den Klugheit auszuschließen« (241).

[34] Diese Antithese sieht VATKE selber — im Anschluß an die HEGELsche Geschichtsphilosophie — in Analogie zu der Problematik der ‚großen Individuen‘: Weil »kein
Individuum, obgleich es höherer Offenbarungen gewürdigt wird, aus dem allgemeinen historischen Zusammenhange schlechthin heraustreten kann, so dürfen wir
auch keine zu große Kluft zwischen Mose und seine Zeitgenossen setzen« (243). Hier
zeigt sich im Hin und Her der Argumente also eine erhebliche Erschwerung der
historischen Arbeit durch die HEGELschen Aufstellungen. VATKE hält es ‚historisch‘
für »unmöglich, daß ein Individuum sich plötzlich von einer tiefern Stufe zur höhern
erhebt und ein ganzes Volk eben so plötzlich mithinaufzieht« (181). Dies gilt für
Mose in besonderer Weise, »da man bei der Voraussetzung, daß die Tradition über
seine Wirksamkeit auch nur dem größern Theile nach treu sei, weder seine Erscheinung, noch den ganzen Verlauf der hebräischen Geschichte begreifen kann; er wäre
gekommen, da die Zeit noch nicht erfüllt war, wäre mithin ein weit größeres Wunder
als selbst Christus« (183).

des Volkes, der sich ihm enger anschließt, und die historische Entwickelung selbst ist ein fortdauernder Kampf der Anerkennung des geistigen Herrn, ein Proceß, der im Begriffe der Alttestamentlichen Religion selbst gesetzt ist« (251).

Muß VATKE schon die historische Verifizierung dieser alle Nuancen verschlingenden antithetischen Bestimmung der Mosezeit schuldig bleiben, so wird durch die nun folgende Schilderung der »doch wenigstens ein Paar Jahrhunderte« (253) umfassenden ‚Richterperiode' sogar der dialektische Ansatz nicht ohne weiteres einleuchtend. Solange »die allgemeine Analogie geistiger Entwicklung vom Niederen zum Höheren« gelten soll und »durch keine außerordentlichen Umstände aufgehoben« (249) werden kann, muß »das allgemeine Urtheil über die Richterperiode ... durch die Ansicht vom mosaischen Zeitalter, welche man als Voraussetzung mitbringt« (252), bedingt und vorbestimmt sein. »Schreibt man diesem einen höheren Grad von Bildung zu, so kann man in der Richterperiode nur einen ungeheuren Rückschritt erblicken« (252).

VATKES Bemühung gilt nun der Minderung der Spannung zwischen der eigenen ideellen Voraussetzung und der historischen Einsicht — notwendigerweise in gelegentlich recht undeutlichen Formulierungen[35]. Die geschichtliche Auseinandersetzung der Stämme Israels mit der Bevölkerung und den Kulten des Kulturlandes erscheint bei ihm nicht als etwas Neues in der geschichtlichen und religionsgeschichtlichen Entwicklung Israels, sondern als die organische Fortsetzung der in die ‚mosaische Periode' hineinkonstruierten Spannung zwischen Natur und Geist. So gesehen hat »das Princip der Alttestamentlichen Religion ... allerdings seine Ohnmacht erwiesen, indem es den Gegensatz im Laufe vieler Jahrhunderte nicht überwältigen konnte« (260). Daher sieht sich VATKE zu einer gewissen Reduzierung der mosaischen Offenbarung (die doch immerhin die für seine Konstruktion notwendige Anti-These darstellte) auf einen minimalen religiösen Impuls genötigt: »Diese Ohnmacht wäre aber nur dann unbegreiflich, wenn das Princip schon seit Mose vollständig ausgebildet gewesen wäre« (260). Damit verliert er auch die Möglichkeit, eine — historisch gesehen wohl notwendige — Zäsur[36] zwischen die beiden ‚Zeitalter' zu setzen.

---

[35] Erwartet VATKE im Anschluß an das ‚mosaische' Zeitalter zunächst »in der Richterperiode nur im Einzelnen Rückschritte, im Ganzen aber einen bedeutenden Fortschritt der Cultur« (254), so erscheint ihm am Ende der Darstellung diese Periode »von jeder Seite als Zeitalter der Vorbereitung und Gährung«, so daß »weder im sittlichen Leben noch in der Anschauung eine, auch mangelhaft gedachte, Totalität« (288) wahrnehmbar wird. Die für die Mosezeit beschworenen beiden Seiten des Gegensatzes laufen jetzt plötzlich »noch abstract und tumultuarisch neben- und durcheinander her« (260).

[36] Die theologische Überordnung faßt in diesem Zusammenhang nicht das von VATKE durchaus registrierte historische Detail. Er erkennt den »theokratische(n) Pragma-

Er ist überdies gezwungen, sich unter den überlieferten Gestalten jener Epoche »Träger des höheren Principes« (258) zu suchen[37]: als »Mittelglieder« zwischen Mose und dem (gemessen an der Richterzeit) religiös »besseren Geiste« (280) der Königszeit, in der es zur Staatsbildung kam[38]. Die Kontinuität des dialektischen Prozesses scheint ebensowenig gewährleistet zu sein wie die organische historische Entwicklung. VATKE siedelt die Gestalt des Mose — zwar nicht historisch, aber eben im Gefüge des ideellen Prozesses — in solcher Höhe an, daß er nun selber vor dem Dilemma steht, das er zu vermeiden trachtete: die auf Mose folgenden Jahrhunderte als ‚Niederbruch' beschreiben zu müssen. Hätte er aber die Entwicklung weniger spannungsreich einsetzen lassen, dann stünde »die Dialektik beider Seiten« (260), in der er doch den Motor der Geschichte Israels sehen muß, wiederum in ‚ideeller' Hinsicht auf schwächeren Füßen.

Daß Brüche und Widersprüche in VATKES Werk im allgemeinen nicht auf einen Mangel an historischer Kenntnis und Einsicht, sondern auf seine Leidenschaft zur begrifflichen Durchdringung und Ordnung des Materials zurückzuführen sind, läßt sich an der ausführlichen Aufbereitung der literarischen Quellen für das jetzt folgende ‚davidisch-salomonische Zeitalter' (288—391) aufzeigen: Obwohl die Bücher Samuelis[39] in einem »späteren prophetischen und theokratischen Geiste«

tismus« im Richterbuch als »halbwahr und unhistorisch« (254) und sieht, daß die Stämme »ihre Einwanderungs- und Eroberungszüge größtentheils abgesondert, jeder für sich, und auch in verschiedenen Zeiträumen« unternahmen, daß »der Übergang zum ansässigen Leben« also »nur allmälig gemacht« (256) wurde.

[37] Zunächst wird wegen der Vermischung mit den Kanaanäern, die eine genealogische Veränderung Israels bewirkte, »ein geringerer Theil des Volkes« der »Mehrzahl der Israeliten« (258) gegenübergestellt. Indes finden sich selbst unter den »Repräsentanten des allgemeinen Bewußtseins« im Bereich des »Cultus dieser Periode« noch »keine geeigneten Organe des höheren Principes, das wir schon Mose zuschreiben mußten« (278). So rekurriert VATKE auf die wenigen, die sich »von dem großen Haufen auch äußerlich« absondern, auf »Heilige und Propheten« (284). Obwohl also Nasiräer und frühe Propheten als »Vermittelungsglied« (286) herangezogen werden, heißt es im selben Zusammenhang dann wieder retardierend: »Die religiöse Vorstellung auch der Bessergesinnten konnte ... nur einen abstracten, im Werden begriffenen Charakter haben« (287). Weil »der empirische Horizont des Volkes noch sehr beschränkt« (287) und »der Volksgeist noch im unmittelbaren Bilden und Werden begriffen« (288) war, konnte selbst »die Erinnerung der früheren Volksgeschichte« (288) noch kaum Bedeutung haben.

[38] Weil »das Moment des allgemeinen Willens, wodurch der Begriff des Staates erst gesetzt wird« (260), in jener Zeit noch fehlte, kam es weder zu der klaren »Vorstellung eines menschlichen Gemeinwesens« (261) noch — der Form oder dem Orte nach — zu einer Einheit des Kultus (264ff.). Das »Selbstgefühl roher Heldenkraft« ging noch nicht von einem »sittlichen und religiösen Gesammtbewußtsein« (262) aus.

[39] Zwar ist »die ächt-historische Grundlage noch zu erkennen«, aber »die spätere theokratische Ansicht« hat diesen Schriften »ihre gegenwärtige Form« gegeben (302).

(297) überarbeitet sind, enthalten sie historisch wertvolle Überlieferungen. Dagegen sind die Bücher der Chronik[40] im ganzen ein nachexilisches Werk, das seine Kultus-Ideale in die Davidszeit zurückdatiert und darum als historische Quelle hier ausscheidet. Die ‚salomonischen' Schriften gehören zur späten Lyrik (vgl. 294). Die Psalmen ‚Davids'[41] entsprechen nicht dem Stande der religiösen Entwicklung auf der hier behandelten Stufe. Auch die detaillierten Ausführungen über den Kultus dieser Epoche, über die Lade[42], den Tempel[43] und das

---

[40] DE WETTE hatte als erster in aller Klarheit das chronistische Geschichtswerk gegenüber den Büchern Samuelis deklassiert, VATKE brauchte ihm hierin nur zu folgen. »Denkt man sich z. B. den Cultus, dessen Stiftung die Bücher der Chronik schon David beilegen, im Zeitalter der Könige herrschend, so gewinnt man keinen Raum für den Götzendienst, begreift nicht mehr die Aussprüche der Propheten und die Satzungen des Pentateuchs, welche sich auf den Cultus beziehen, . . . und verliert so die ganze Anschauung stetiger Entwickelung« (290). In bemerkenswerter Weise treffen sich hier wieder VATKES zwei Argumentationsreihen: Die ‚Anschauung stetiger Entwickelung' läßt sich eben auch historisch-kritisch verifizieren. »Diese Bücher (sc.: der Chronik) tragen in ähnlicher Weise den späteren, sogar nachexilischen Cultus in das davidisch-salomonische Zeitalter zurück, wie der Pentateuch die Totalität der priesterlichen Gesetzgebung in das mosaische; die erstere Operation gründet sich auf die Richtigkeit der zweiten und fällt auch zugleich mit ihr« (291).

[41] Auch hier konnte VATKE an die Arbeit DE WETTES anknüpfen, der die Psalmen klassifizierte, ihre Überschriften relativierte und ihre historische Einordnung versuchte (Vgl. die Einleitung zu seinem ‚Commentar über die Psalmen', 3. Aufl., 1829, S. 3ff.). Bei DE WETTE heißt es: »Viele der Psalmen aber, die Davids Namen tragen, können nach dem Urtheile der besten Ausleger und Kritiker (Eichhorn, Rosenmüller, Bauer, Jahn u. a.) nicht von ihm seyn, da sie Beziehungen auf die Zerstörung Jerusalems, das babylonische Exil und dergl. spätere Gegenstände . . . enthalten. . . . Dadurch aber ist mir, nach meinen kritischen Grundsätzen, die Ächtheit aller übrigen davidischen Psalmen problematisch geworden; es ist nicht genug, wenn Inhalt und Charakter der Überschrift bloß nicht widerspricht, es müssen positive Wahrscheinlichkeitsgründe den Verdacht, der auf der Überschrift ruhet, heben« (a. a. O., S. 15).
In der gleichen Weise können auch für VATKE »nur innere Kriterien, von Sprache, Form, historischen Beziehungen und religiösem Geist entnommen, . . . über das Zeitalter der einzelnen Lieder entscheiden« (291). Auch hier kommt für VATKE die Überlegung hinzu, daß »diese Dichtungen der größeren Mehrzahl nach nur in einer Zeit entstehen konnten, welche eine längere Reihe von Stadien durchlaufen war als das davidische Zeitalter, und . . . die schöpferische Wirksamkeit der älteren Propheten hinter sich hatte« (292f.).

[42] »Der Umstand, daß man die Lade ohne Bedenken in Häuser von Privatpersonen absetzte und der sonstige rohe Bilderdienst des Zeitalters, selbst einiger von seinen Repräsentanten, zeigen, daß dem Cultus damals die spätere mysteriöse Hülle noch fehlte« (317).

[43] VATKE weiß sich »berechtigt, die Nachrichten von der mosaischen Stiftshütte und Bundeslade für Dichtung zu erklären, die erst später nach dem Vorbilde des Tem-

Priestertum[44], zeigen VATKES souveränen Gebrauch der historisch-kritischen Methode.

Gewichtiger für die ideengeschichtliche Entwicklung dieser Periode erscheint freilich die Betrachtung des aufkommenden Königtums[45] und der Gestalt Samuels[46]. Es liegt »nothwendig . . . in der geistigen Entwickelung, daß der Volksgeist«, der durch die Staatwerdung »eine neue Bildungsstufe erreicht« hat, nun auch »weit schnellere Fortschritte macht als vorher, wo an der mehr verborgenen Grundlage des Gebäudes gearbeitet wurde« (295). »In dieser Hinsicht hat das Eine Jahrhundert von Samuel bis Salomo mehr vorbereitet und par-

---

pels . . . entworfen wurde« (333). Die »angeblich mosaische Stiftshütte des Pentateuch« wurde »viel später, gegen die Zeit des babylonischen Exils hin . . . in der Vorstellung ausgebildet« und gewann »erst bei der Einrichtung des zweiten Tempels Realität« (340). »So lange die Könige das oberste Recht in Cultussachen behaupteten . . ., konnte das priesterliche Absonderungssystem des Pentateuch nicht eingeführt werden« (341), aber auch der Gedanke eines »Gesammtcultus« (342) findet sich in dieser Periode nicht. Die »Vorstellung von der Einheit des Gottesdienstes« wäre »ohne das Substrat eines schon vorhandenen Tempels unerklärlich«, »da sie aus dem reinen Begriffe der Jehovareligion nicht abgeleitet werden« kann (343).

[44] »Die späteren Ansichten vom levitischen Priesterthume« hängen mit der genannten Vorstellung von der Einheit des Gottesdienstes zusammen und können »schon deshalb sich nicht lange vor dem babylonischen Exile gebildet haben« (343). »Die älteren Propheten erwähnen keine Leviten, sondern nur Priester als Diener Jehova's« (348).

[45] »Durch die Macht der Umstände wurde Saul zum Könige erhoben« (288), »das Königthum erscheint in der Form des späteren weltlichen, zum Theil götzendienerischen Despotismus« (302); »als historisch wahrscheinliche Veranlassung zur Königswahl haben wir die Bedrängnis des Volkes . . . zu betrachten« (303). »Geistliche Herrschaft und weltlicher Despotismus traten in jenem Zeitalter keineswegs schroff einander gegenüber, weil eben jede der beiden Sphären sich selbst noch nicht consolidirt hatte, vielmehr bildete sich das Königthum ganz empirisch und in allmäliger Entwickelung aus« (304). Deshalb konnte »eine einseitige Auffassung des theokratischen Staates, wie sie in der Gesetzgebung des Pentateuch vorliegt, . . . das Moment der königlichen Gewalt fast gänzlich bei Seite liegen lassen« (313). Hier ist also sehr zu beachten, daß das Königtum bei VATKE nicht ‚begriffsnotwendig‘ in die Geschichte eintritt.

[46] Für DE WETTE war Samuel »von außerordentlicher Wichtigkeit«, denn »von ihm erhielt die Nation, der Anarchie und des Wechsels überdrüssig, das Königthum« (A § 29). Auch VATKE sieht, daß Samuel nach den Quellen eine Schlüsselgestalt für die weitere Entwicklung ist. Sein »unmittelbarer Einfluß auf die Gestaltung der Dinge« erscheint ihm freilich vergleichsweise »unbedeutend« (304), da sein Bild »als Repräsentant der späteren Propheten« (302) durch die Redaktoren der Samuelbücher frei gedeutet und damit wohl überzeichnet wird. So kommt VATKE zu dem treffenden Urteil: »Eine theokratische Verfassung im eigentlichen Sinne des Wortes hat aber Samuel eben so wenig gegründet, als David und Salomo einen Gesammtgottesdienst« (289).

tiell entwickelt, als die ganze Richterperiode«, was dadurch bestätigt
wird, daß das spätere Israel in dieser Epoche in gewisser Weise das
»Ziel der früheren Entwickelung« und einen »relativen Culminationspunkt« (296) sah.

Erwartet man indes von VATKE Konsequenzen dieser Einsicht —
etwa in Gestalt einer kräftigen Zäsur in der Darstellung der geschichtlichen Entwicklung —, so sieht man sich getäuscht. Für ihn entfaltete
der hebräische Geist auch im davidisch-salomonischen Zeitalter nur
»in halbunbewußtem Triebe die Momente . . ., welche an sich in seinem
Principe lagen« (295), »im Volksbewußtsein dauerte der Gegensatz des
höhern und natürlichen Princips« (289) im Grunde unvermindert fort.

Für VATKE ist es »schon ein Fortschritt« (338), »daß die Hebräer ... zu einem
Volke im eigentlichen Sinne des Wortes geworden waren und damit zugleich die Mög-
lichkeit eines volksthümlichen Selbstbewußtseins erlangt hatten ... und ihren geistigen
Horizont, über das Fremdartige übergreifend, immer weiter ziehen und immer mehr
von den trüben Nebeln der Naturmächte säubern konnten« (391). »Wollte man sich
vorstellen, daß das Princip der Alttestamentlichen Religion schon im salomonischen
Zeitalter ... nach allen Seiten entwickelt gewesen wäre ..., so würde man die wirkliche
Geschichte und den lebendigen Kampf des Geistes zu einem abstracten Schattenbilde
machen ... und überhaupt den Gang der Geschichte und die Leitung der Vorsehung
nicht begreifen, welche das hebräische Princip gerade solchem Conflicte preisgab« (389 f.).

Diese im Blick auf die Bedeutung des Königtums für Israel recht
allgemeinen und unsicheren Bestimmungen verweisen nun auf eine die
gesamte Komposition des VATKEschen Werkes durchziehende Tendenz:
Wenn der ideelle Prozeß auf die Versöhnung seiner Momente zustrebt,
wenn also die Entsprechung von Bewußtsein und Selbstbewußtsein
das Ziel der Entwicklung im ganzen ist, dann kann und darf es auch in
der konkreten Geschichte jene Entsprechung nicht schon in der Frühzeit Israels geben. Durch die ‚Notwendigkeit‘ des ideellen Prozesses
wird VATKE dazu gezwungen, auch in der konkreten Geschichte —
durch eine Art ‚Verzögerungstaktik‘ — die höheren Stufen der Entwicklung des religiösen Bewußtseins ständig vor sich her zu schieben.
Wenn man nämlich »nach einem späteren Maaßstabe alle unreinen und
halbreinen Elemente von dem religiösen Leben abtrennen« kann, dann
läßt sich leicht folgern, daß das hebräische Prinzip im davidisch-salomonischen Zeitalter noch »ziemlich abstract und unentwickelt war«
(391). Dieser Maßstab besteht für VATKE in der späteren Prophetie, der
wesentliche, subjektiv-geistige Lebensäußerungen[47] nicht vorausgehen

---

[47] Zwar ist VATKE bereit, »ein Sünden- und Schuldbewußtsein . . . im Allgemeinen«
in dieser Periode vorauszusetzen, aber »das Princip der Subjectivität und des Ge-
wissens wurde erst weit später, etwa seit dem siebenten Jahrhundert zu größerer
Klarheit ausgebildet« (354 f.). Man darf wohl mit G. v. RAD (Theologie des Alten
Testaments, Bd. I, 2. Aufl., München 1958) für das alte Israel gerade »den großen
Unterschied konstatieren zwischen seiner Geistigkeit in der vorstaatlichen und der

dürfen. Wird der Mensch dieser frühen Epochen als der »den trüben Nebeln der Naturmächte« (391) Unterworfene und als der von Institutionen aller Art an der Entfaltung subjektiven Bewußtseins eben noch immer Gehinderte gedeutet, dann muß verschwiegen werden, daß das institutionelle Gefüge wie auch der ‚objektive‘ religiöse Hintergrund in der Zeit eines Amos und Hosea gewiß nicht weniger bindend waren.

So wird das ‚zehnte und neunte Jahrhundert‘ (391—460) zwar als eigene Periode dargestellt, aber die Ereignisse von Salomos Tod bis zu Jerobeam II. erhalten bei der VATKEschen Akzentuierung der Entwicklung nur das Gewicht einer Vorbereitung auf die Schriftprophetie[48]. Darum sind beinahe alle Bestimmungen dieser Periode beherrscht durch das Votum ‚noch nicht‘:

> »Jenem früheren Zeitalter fehlte aber überhaupt noch das Bewußtsein der religiösen Einheit in der Wirklichkeit, und nur den Propheten dürfen wir eine Ahnung davon zuschreiben« (408). »Der Götzendienst selbst wurde aber für kein Staatsverbrechen erkannt und gesetzlich verboten oder bestraft, die Vorstellung vom theokratischen Staate hatte daher noch keine concretere Durchbildung erlangt« (409). Propheten wie Elia und Elisa mögen zwar einen gewissen »Einfluß auf die Ausbildung des religiös-sittlichen Lebens« gehabt haben — wenngleich dieser Einfluß[49] »an kein festes Amt im wirklichen

---

schon im Anfang der Königszeit« (I 45), ohne VATKE hier durch die Annahme neuer historisch-kritischer Aspekte überfordern zu müssen. Aber auch das von VATKE wohl bemerkte Erwachen des geschichtlichen und geschichtstheologischen Sinnes in jener Epoche setzt ein hohes Maß geistigen und religiösen Bewußtseins voraus. Es »trat etwas ganz Neues in den Mittelpunkt des Interesses, nämlich der Mensch« (v. RAD I 62); »dieser neu erwachte Sinn für das Humanum, diese Kultivierung des Menschen, dieses Interesse am Psychologischen ... geben alles Recht, von einem salomonischen Humanismus zu reden« (v. RAD I 63). VATKE aber könnte, bei annähernd gleicher historischer Erkenntnis, solche Deutungen nur als unangemessene Vorwegnahme verstehen.

[48] Die Reichsteilung darf man »nicht so hoch anschlagen, wie es gewöhnlich geschieht« (431), denn sie hatte »zunächst bloß politische Bedeutung« (391); »in Israel und Juda dauerte im Allgemeinen der Kampf des idellen Princips mit der kanaanitischen Naturreligion fort« (391). Diese Epoche ist von VATKE überhaupt nicht durch besondere Ereignisse gekennzeichnet (vgl. 394). Als literarische Quelle kommen nur die Königsbücher in Betracht, »welche noch magerer erscheinen, wenn wir alle Elemente, welche der späteren Betrachtungsweise angehören, von dem historischen Stoffe trennen« (395).

[49] »Der directe Einfluß, den die Propheten auf die israelitischen Könige ausübten, scheint nicht bedeutend gewesen zu sein« (422). »Die Verehrung Jehova's und der Götzendienst bestanden zu allen Zeiten des hebräischen Staates neben einander und durch einander, und die Könige gaben nur der einen oder anderen Seite ein relatives Übergewicht« (408). Von den schematischen Beurteilungen der Könige von Israel und Juda durch das deuteronomistische Geschichtswerk schreibt VATKE: »Den Maaßstab zu dieser Beurtheilung entlehnte der Referent von später herrschenden Vorstellungen, die nicht im Bewußtsein der handelnden Personen liegen konnten« (396).

Staate gebunden und von dieser Seite angesehen rein persönlich und zufällig war«
(416) —, aber »der religiös-sittliche Kern ihrer Wirksamkeit streifte erst in allmäliger
Ausbildung die ältere Hülle mehr oder weniger ab« (417). Weil man überhaupt »eine
stufenweise Bildung des hebräischen Prophetenthums verfolgen« (418) kann, muß man
schließen, daß die Wirksamkeit dieser »Propheten des zehnten und neunten Jahrhunderts« inhaltlich »noch einen abstracteren Character, als bei den Propheten des achten
Jahrhunderts« (420) hatte. In ihrer Botschaft bildete »die Liebe ... nur ein verschwin-
dendes Moment, welches erst in der späteren Entwickelung des Bewußtseins mehr Bedeutung erlangen konnte« (424). »Die in der Bundestreue gesetzte Identität des göttlichen und menschlichen Willens ist noch die abstracte des Gesetzes und Gehorsams,
nicht die der geistigen Freiheit« (425).

Dieses ‚noch nicht‘ gilt bei VATKE im Grunde »bis zum Culmina-
tionspunkte der Entwickelung zur Zeit des Exils« (426)! Wenn er für
die hier referierte Periode »einem heiligen Willen« die »Furcht des
Herrn« gegenüberstellt und diese Momente eine »Totalanschauung«
bilden läßt, »welche auch bei der Dialektik der späteren Propheten das
bewegende Princip ausmacht, und in umgekehrter Richtung so alt
ist als die Religion des alten Testaments überhaupt« (420), dann
nimmt er damit die Charakterisierung auf, die HEGEL der Religion
Israels als Ganzer zuschrieb. Er urteilt darum folgerichtig: Die Überwindung der Gegensätze ‚Heiligkeit‘ und ‚Furcht‘, also die »tiefere Dialektik konnte der Begriff der Liebe, welcher ja der Begriff des unendlichen Geistes selbst ist in der Weise des Gefühls gesetzt, auf dem
Standpunkte des Alten Testaments nicht finden« (425).

In diesen Zusammenhang gehört nun auch »der Gegensatz des
ideellen Universalismus und des Particularismus« (440), ein Problem
der israelitischen Religionsgeschichte, das VATKE nicht mehr mit DE
WETTE durch das Gegenüber von bleibender Idee und zeitgebundener
Symbolik zu lösen oder gar in die Mosezeit zurückzutragen bereit ist[50].
Für ihn heißt das Problem vielmehr: Wie verhält sich »die Anschauung
der (sc.: göttlichen) Weltregierung ... zu der besonderen Erwählung
und Leitung des Bundesvolkes« (440)? »Aus dieser Begriffsbestimmung
geht nun schon hervor«, daß es sich um ein geschichtliches Problem mit
einem bestimmten geschichtlichen Ort handelt, daß sich also der
Gegensatz »überhaupt nur in der großen Dialektik der Weltgeschichte
ausbilden konnte«, denn »die göttliche Wirksamkeit erweiterte sich
allmälig parallel mit der vielfacheren Berührung Israel's und der Nachbarvölker« (440).

Diese Einsicht, verbunden mit literarkritischen Erwägungen, ermöglicht wiederum die Destruktion solcher Quellen, die den Gegensatz Universalismus—Partikularis-

---

[50] »So legte man Mose z. B. die Vorstellung von der Universalität der göttlichen Idee
und vom Partikularismus zugleich bei, und suchte beide dadurch auszugleichen, daß
man die Theokratie für ein symbolisches Institut erklärte oder für eine populäre,
im Ganzen unwesentliche Vorstellung u. s. w.« (232).

mus in die Frühzeit Israels verlegen wollen: Sie sind »nur der Reflex des späteren Geistes«, »das historische Bewußtsein der älteren Zeiten« konnten sie gar nicht bestimmen, weil erst »beide Seiten, die Ausdehnung der göttlichen Thätigkeit auf andere Völker und die Beschränkung ihres sittlichen Inhalts auf Israel ..., gleichzeitig und in Wechselwirkung mit einander ausgebildet sein« (441) mußten[51].

Weil »der Gegensatz beider Seiten« durch das allmähliche Fortschreiten des dialektischen Prozesses und die zunehmende weltgeschichtliche Verflechtung Israels erst in dieser Periode »bestimmteren Gehalt gewinnen« (440) konnte, findet VATKE »gegen das Ende dieses Zeitraums das ältere Princip seinem wesentlichen Gehalte nach ausgebildet, namentlich die ideelle Einheit und Heiligkeit des Göttlichen und eben damit für das subjective Bewußtsein die Allgemeinheit des Gedankens und den wesentlichen Zweck des sittlichen Lebens« (436). Er muß freilich die »trübe Gestaltung der Volkserkenntnis als unwesentlich bei Seite liegen« lassen und »dem substantiellen Entwickelungsgange« (436) folgen, um zu diesem Resultat zu gelangen.

Nur auf dem Boden dieses Resultates — daß »das ältere Princip seinem wesentlichen Gehalte nach ausgebildet« (436) sei — findet die beobachtete ,Verzögerungstaktik' VATKES nun ihren relativen Lohn in der Darstellung der Prophetie[52].

»Mit dem achten Jahrhundert treten wir ... auf den historischen Standpunkt der Alttestamentlichen Schriftsteller, und der geschichtliche Verlauf des religiösen Geistes bildet von jetzt an den eigentlichen Inhalt unserer Wissenschaft, während alle früheren Standpunkte, welche das hebräische Princip durchlief, nur zur genetischen Erklärung derselben dienen, ihren Inhalt aber nur insofern ausmachen, als sie in dem folgenden höheren Bewußtsein ideell erhalten sind« (461).

Als Vollstrecker seiner eigenen religionsphilosophischen Grundlegung muß VATKE jetzt vor allem den erweiterten »Gesichtskreis« und »die Weltstellung des hebräischen Staates« (464) ,begrifflich' verarbeiten. Das besondere Problem dieses ,assyrischen Zeitalters' (460 — 499) liegt nämlich darin, »daß die meisten prophetischen Reden und Schriften durch bedeutende Ereignisse der Geschichte hervorgerufen, nicht aber aus dem gewöhnlichen Gange des sittlichen Lebens hervorgegangen sind« (467). Der Einbruch der Weltgeschichte in die Ent-

[51] Diese Überlegungen erlauben VATKE literarkritische Folgerungen auch im großen: »Der Sagenkreis« der Genesis »kann die uns vorliegende Ausdehnung und Universalität erst im Zusammenhange mit der Ausbildung des idealen Universalismus überhaupt erlangt haben, also seit dem davidisch-salomonischen Zeitalter« (455); »die Hauptmasse scheint vom zehnten bis zum achten Jahrhundert ausgebildet zu sein« (457). »Die Nachbarvölker der Hebräer wurden gewiß früh in diesen Sagenkreis gezogen; dagegen konnte der Versuch einer weltgeschichtlichen Orientirung erst spät gemacht werden, und die Urgeschichte und Kosmogonie muß zu den jüngsten Elementen der Sage gehören« (458).
[52] Als Quellen nennt VATKE vor allem Amos, Hosea, Jesaja, Micha und — mit erheblichen literarkritischen Bedenken (462f.) — Joel.

wicklung Israels muß aber unter einem übergreifenden Gesichtspunkt
bewältigt werden. VATKE macht aus der geschichtlichen Not eine
ideengeschichtliche Tugend: »Die Vorsehung ließ daher den Conflict
des hebräischen Volkes mit jenen Reichen erst eintreten, als das hebräische Princip bereits innerlich erstarkt war« (469)! Für Israel, das
»durch die historischen Verhältnisse selbst, nicht durch bloße Reflexion« (464) in diese Bewegung hineingerissen wurde, kam nun alles
darauf an, daß es »die veränderte Sphäre des wirklichen Lebens in sich
aufnahm, die objective Dialektik der Geschichte auf den Boden der
religiös-sittlichen Betrachtung erhob und sich so mit seiner Welt ver-
söhnte« (466). Weil diese »welthistorischen Begebenheiten« nicht **nur**
als ‚Randerscheinungen‘ das Interesse des Historikers beanspruchen,
sondern wirklich »als Momente in die Anschauung der göttlichen Weltregierung und in die Dialektik des Bundes zwischen Jehova und seinem
Volke« (460) eingetreten sind, bedurfte es in Israel geeigneter Organe
für die Aufnahme dieser Momente der Dialektik: »Die Organe dafür
waren die Propheten« (466).

Durch »die welthistorische Dialektik des Endlichen« (473) und die
ihr geschichtlich korrespondierende Prophetie ist nun in neuer und
verschärfter Weise das Problem Universalismus-Partikularismus auf
dem Plan. Weil VATKE »den Glauben an Jehova's Weltregierung« auch
in dieser Periode nur »bei einem geringen Theile des Volkes« (467) vorauszusetzen bereit ist, kommt es hier erstaunlicherweise auch bei ihm
zu einem an DE WETTES Gegenüberstellung erinnernden Nebeneinander von Universalismus und Partikularismus. »Der Mehrzahl (sc.:
des Volkes) galt Jehova nur als Nationalgott, zu dessen Willen die
Bewegungen anderer Völker nur ein negatives Verhältnis hatten« (467),
während die Propheten erkannten, daß »die welthistorischen Begebenheiten ... unmittelbar als Momente in den göttlichen Rathschluß«
eintraten und die »Thätigkeit« Gottes so »mit der That seiner historischen Organe« zusammenfiel (471). Darum hatten »die großen asiatischen Reiche, welche nach einander das hebräische Bewußtsein bedingten, in der That die welthistorische Bestimmung, die endliche
Schranke und Selbstsucht der kleineren Völkerschaften allmälig zu
vernichten« (471). »Die Zuversicht der Propheten« entsprang der neuen
Einsicht, »daß das Volk zum wesentlichen und nothwendigen Träger
des göttlichen Zweckes berufen sei«, und »dieser sittliche Particularismus, der aber den sittlichen Universalismus an sich schon umschloß«,
trug »die Bestimmung und das Heil des Allgemeinen in der ... Form
der Volksindividualität durch eine diesem Princip noch entfremdete
Welt« (470). Der »höheren, selbstbewußten Anschauung« der Propheten, »welche die Totalität umfaßte« (480), kommt darum ein außer-
gewöhnlicher Rang in der israelitischen Religionsgeschichte zu, der sich
wiederum in der Ordnung und Bewertung der Quellen niederschlägt.

»Die hebräischen Propheten gewinnen bedeutend, wenn man zu ihrer Beurtheilung die richtigeren kritischen Ansichten über das Zeitalter der hebräischen Literatur
mitbringt. Kehrt man die Geschichte um, und macht den Pentateuch in vorliegender
Gestalt zum ältesten Buche des A.T., so fällt die Originalität auf diese Seite, und man
muß sich wundern, daß die älteren Propheten seinen Inhalt nicht gründlicher und umfassender anzuwenden wußten ... Läßt man dagegen das Gesetz allmälig entstehen,
so fällt das Originelle weit mehr auf die Seite der Propheten, und ihre Erscheinung er-
weckt die größte Bewunderung und Verehrung. Man sieht bei ihnen, wie sie auf der
einen Seite allerdings die sittliche Substanz des Volksgeistes zur Voraussetzung haben,
auf der andern aber das wahrhaft Allgemeine, die Idee der Theokratie im Kampfe mit
den Verhältnissen erringen; bei ihnen die Unruhe des Strebens und Schaffens, die Macht
des göttlichen Geistes ..., im Pentateuch die Ruhe des Resultats, die einfache Selbst-
gewißheit, welche den Kampf überwunden hat« (481, Anm. 1).

Die Propheten als die »Hauptorgane der Idee« (480) und die »erleuchteten Repräsentanten« »des göttlichen Gesetzes« (477) erkämpf-
ten in diesem Zeitalter aber auch »die vollendete Idee der Theokratie«
(478).

Die Vorstellung der Theokratie konnte sich zwar »erst auf dem Grunde des wirklichen Staates ... ausbilden«, überflügelte dann aber als »ein ideales Reich des Rechtes
und der Sittlichkeit« (477) das wirkliche Gemeinwesen. Darum erhielt die Idee der Theokratie ihre Realisierung »nur in gebrochener Weise und mehr in der frommen Hoffnung
als im wirklichen Staate« (477); die beiden Seiten der Idee waren »nicht wahrhaft versöhnt, und insofern entsprach die Wirklichkeit dem Begriffe nicht« (478). So erklärt
sich die prophetische Wirksamkeit aus der »Unangemessenheit der Erscheinung und
der Idee« (480), der Divergenz zwischen Abfall des Volkes und ‚theokratischer‘ Ver-
kündigung. In dem Maße, in dem der Staat dann zusammenbrach, »erwartete man die
Realisirung der Idee« »von der Zukunft, und zwar der näheren« (479), denn »noch behauptete sich der Glaube, daß der Staat ungeachtet der drohenden Stürme bestehen ...
werde; ... der Geist erhob sich daher noch nicht so weit über die äußeren Erscheinungsformen« (475).

So haben also die Propheten des achten Jahrhunderts die universalistische Gottesanschauung und die theokratische Idee entscheidend
ausgebildet. Weil aber das Bewußtsein noch »in lebendiger Production
begriffen und mit seiner Wirklichkeit noch nicht zerfallen war« (461),
gehören alle die »Elemente«, »welche die rein innerliche und subjective
Seite betreffen, ... an das Ende dieser Periode und zum Theil noch
etwas später« (499). Da »die Auflösung des Staates« im ‚chaldäischen
Zeitalter‘ (500—551) »in äußerlicher und mehr zufälliger Weise« erfolgte,
»wurde die schöpferische Macht des religiösen Geistes« durch Niederlage und Exil »nicht gelähmt sondern mit der Zeit noch erhöht« (500).
Gerade diese letzte Wendung bezeugt, daß VATKE die Propheten
des achten Jahrhunderts nicht etwa um ihrer individuellen Größe
willen oder aber als Gegensatz zum zeitgenössischen Priestertum[53]

---

[53] Vgl. zu dieser üblichen Vereinfachung der VATKEschen Ansichten die interessante
Zusammenfassung: »Stellt man die hebräischen Priester mit den heidnischen zu-

herausstellte. Vielmehr erhob sich nach seinem Urteil erst in einer
Zeit, in der die Einzelgestalt teilweise nicht einmal mehr genau aus-
zumitteln ist (Deuterojesaja, aber auch einzelne Psalmen), »die prophetische Begeisterung . . . zur höchsten Idealität, welche auf Alttestamentlichem Standpunkte möglich war, und faßte das sittliche
Wesen der Religion und die weltgeschichtliche Bestimmung Israels in
großartiger und klarer Anschauung auf« (501).

VATKE wehrt sich energisch dagegen, im Untergang des Staates
und in der Exilierung überhaupt einen entscheidenden Einschnitt zu
sehen[54]. Die großen Propheten als »die Hauptorgane der Idee« (480)
haben zwar ihren notwendigen Dienst getan, aber die Entwicklung
strebt ihrer eigentlichen Höhe noch immer zu. »Der Geist des Volkes
war aber keineswegs völlig gebrochen, sondern erhielt durch die verschiedenen Katastrophen nur eine etwas andere Form und Richtung,
und entwickelte erst jetzt den Culminationspunkt des Princips« (520)!

> Weil ganz allgemein »das äußere Schicksal . . . immer nur nach Maaßgabe der
> inneren Empfänglichkeit auf das religiöse Leben einwirken« kann, darf man gar nicht
> erwarten, »daß das Nationalunglück bei der Masse des Volkes eine plötzliche Sinnes-
> änderung hervorbringen sollte« (520). »Heilsame Folgen« ergaben sich nur »für den
> besseren Theil des Volkes«, wenngleich die Entwicklung des Volksgeistes auch auf dieser
> Stufe noch nicht so weit vorangeschritten war, »daß wahre Ergebung und freudiger
> Gehorsam das Resultat der inneren Zerrissenheit geworden wäre«; der Schmerz fand
> daher »in der Hoffnung der Wiederherstellung« eine nur »relative Versöhnung« (524).

Wenn VATKE in dieser Epoche den »Culminationspunkt des Princips« (520) erblickt, dann scheint für ihn die Kontinuität und Verlaufs-
form des ideellen Prozesses gegenüber dem historischen ,Zufall‘ gefeit
zu sein: dieser hat dann keine essentielle, sondern nur akzidentelle
Kraft! Die »relative Versöhnung« (524) dieser Entwicklungsstufe besteht im subjektiven Annehmen des objektiven Geschehens, in einer
religiösen Gesinnung, die — endlich — den Widerspruch in das Individuum verlegt und ihn dort als wahre Frömmigkeit ,aufhebt‘.

> »Das praktische Resultat jener Dialektik konnte . . . freilich nur in stiller Ergebung
> und gläubiger Hoffnung bestehen; indes war mit jener Reflexion der erste Schritt zu
> tieferer Begründung der subjectiven Freiheit geschehen, das Moment des Widerspruchs
> fiel jetzt in die Bewegung des religiösen Bewußtseins, . . . und es war zur weiteren Ent-

---

sammen und die Propheten mit den Philosophen, so zeigt sich der bedeutende
Unterschied in der Stellung, die eine jede von beiden Priesterschaften der Entwickelung der Wahrheit gegenüber einnahm, und man söhnt sich gern mit dem
hebräischen Priesterthum überhaupt aus« (714).

[54] »Mit der Zerstörung Jerusalems . . . können wir keine Periode abschließen, weil wir
sonst die Schriften des Jeremia und Ezechiel auseinanderreißen müßten. . . . das
Exil äußerte erst mit der Zeit seinen Einfluß auf die religiöse Bildung, veränderte
sie aber überhaupt nicht durchgreifend und nach allen Seiten. Die ältere unkritische
Ansicht setzte hier die Übergänge viel zu abrupt und unvermittelt« (501).

wickelung nur noch erforderlich, daß die weltliche Erscheinung, welche für das Bewußtsein noch Realität hatte, immer mehr vernichtet und dadurch der Geist auf die reine Innerlichkeit und die übersinnliche Sphäre hingelenkt wurde« (518).

Darum stellt gerade Deuterojesaja für VATKE »in objectiver Hinsicht« den höchsten Standpunkt dar, »den das hebräische Princip hervorgerufen hat« (525). »Hatte schon Jeremia die Sphäre der religiösen Gesinnung in ihrer Selbstständigkeit erkannt« (525), so entwarf nun Deuterojesaja »ein Totalbild des hebräischen Geistes, worin die frühere Volksgeschichte den spärlich erleuchteten Hintergrund, die im Exil bis zum schroffsten Gegensatz fortgeschrittene Dialektik des Princips den bewegten Vordergrund, und der neu sich eröffnende welthistorische Gesichtskreis die Einfassung des Ganzen bildete« (526 f.).

Durch den totalen Niederbruch der »hemmenden Formen« eines Staates, der den ‚theokratischen‘ Forderungen immer unangemessen blieb, wurde das Volk erst wirklich »auf die Idee der Theokratie als seine wahrhafte Realität hingewiesen« (527). Die Versöhnung des Unendlichen mit dem Endlichen konnte eben nicht geschehen, solange das Endliche noch seine faszinierende Realität behielt. So erklärt sich im Rückblick das beobachtete Hinausschieben des Kulminationspunktes der Entwicklung: Erst in den Dokumenten der Verinnerlichung wird die ‚Aufhebung‘ der äußerlich-abstrakt gesetzten und verstandenen Endlichkeit sichtbar. Jetzt, nach dem Untergang des Staates, wird die Theokratie in ihrer dem alttestamentlichen Prinzip angemessenen Form möglich: als »reine Innerlichkeit« (518), als das inwendige Reich Gottes — freilich relativiert durch die Einsicht, daß die vollständige, konkrete Versöhnung des Unendlichen mit dem Endlichen erst in der Person Christi vollzogen werden konnte und vollzogen wurde. Denn obgleich »durch die Zerstörung des Tempels die Endlichkeit der äußeren Formen erwiesen war«, hat sich doch nicht einmal einer jener gerühmten Propheten »über die Erscheinungsform überhaupt« erhoben: »keiner hatte eine Verehrung Jehova's im Geist und in der Wahrheit ... verkündigt« (534).

VATKE hat also sein hermeneutisches Prinzip der — nicht nur historischen, sondern vor allem — ideengeschichtlichen Betrachtung der religiösen Entwicklung Israels durchgehalten: Die objektive Dialektik der Momente erfährt ihren Höhepunkt[55] da, wo sie in das Sub

---

[55] Hier bleibt freilich die Frage offen, wie es VATKE gelingt, das in dieser Zeit zu beobachtende Einströmen außerisraelitischer religiöser Vorstellungen mit der innerisraelitischen Dialektik der Entwicklung zu vereinen. »Die inneren Anknüpfungspunkte im hebräischen Bewußtsein« sieht er gegeben, obgleich dabei »die Frage entsteht, wie ein Volk ungeachtet seines höheren Princips Elemente von untergeordneten Stufen aufnehmen konnte« (545). So wäre es beispielsweise vom Begriff der Religion Israels her nie zu der Vorstellung eines Satans gekommen, und »es mußten noch mehrere Jahrhunderte verlaufen, bis der Satan zum inneren und nothwendigen Moment in der jüdischen Vorstellung werden konnte«; da nämlich der Monotheismus als »die Überzeugung von der absoluten Einheit Jehova's sich längst innerlich vertieft und

jekt fällt. Der »ganze Umschwung der Weltgeschichte« aber läuft nun auf einen Endzweck hinaus, für den auf alttestamentlichem Standpunkt die Gestalt des Gottesknechts zeichenhaft für Israel und dessen universale religionsgeschichtliche Bedeutung steht: die »Verherrlichung Jehova's durch seinen Knecht« (530), »die merkwürdigste Ahnung der Erlösung im A. T.« und »Weissagung (nicht Prädiction) von Christo« (531, Anm. 2).

Auf Deuterojesaja folgte das ,persische Zeitalter' (551—577), dessen »äußere Geschichte . . . nur auf lückenhafte und einseitige Weise überliefert« (552f.) ist. Hier verlor »die prophetische Begeisterung und Wirksamkeit . . . ihren historischen Boden, und ging bald in die Form der betrachtenden Weisheit und der Reflexion über« (552). Wer meint, VATKE müsse — DE WETTE folgend und WELLHAUSEN vorwegnehmend! — angesichts der Prophetie nun von einem Niedergang des Geistes in Israel reden, der verkennt nicht nur VATKES exegetische Eigenständigkeit, sondern vor allem sein religionsphilosophisches Konzept im ganzen. Obwohl »die Gabe der Prophetie . . . erloschen« (562) und die Vorstellung der Theokratie — im Sinne einer Wiederherstellung des alten, politisch unabhängigen Staatswesens — zu einer Illusion einzelner geworden war, erhielt »das ideelle Princip seine letzte Vollendung« (552) gerade in dieser Periode!

Aus »der fortgehenden Entwickelung des Princips« (554) entfaltete sich das geistige Leben dieser Zeit in verschiedenen Richtungen. So »ging die Thätigkeit der verständigen und eifrigen Patrioten dahin, ein vom Götzendienst und Heidenthum gereinigtes Gemeinwesen zu gründen ... Dieser Zweck wurde auch mit der Zeit erreicht, und gerade darin besteht der große Fortschritt, den der Volksgeist in diesem Zeitalter machte« (555).

---

befestigt hatte, so konnte man unmöglich den Dualismus in seiner ganzen Strenge aufnehmen« (548).

Hier zeigt sich eine erhebliche Schwierigkeit, die schon in HEGELs Schilderung der Religion Israels deutlich wurde: Das Ineinander gleichzeitiger Strömungen in der Religionsgeschichte verschiedener Völker läßt sich von deren ,Begriff' her kaum angemessen bewerten. Bei VATKE können solche äußeren Einflüsse, die also »nicht durch innere Dialektik des Selbstbewußtseins« (548) ableitbar sind, das Prinzip nicht gefährden — weil sie es nicht dürfen! »Da das Allmälige des Überganges selbst in der vorexilischen Zeit nachgewiesen ist, so läßt sich keine strenge Scheidung des eigentlichen Hebraismus und des durch jene Einflüsse bedingten Judenthums vornehmen« (551).

Von besonderem Interesse ist in diesem Zusammenhang VATKES Urteil über die »Vorstellung von der Auferstehung der Todten«: Sie konnte »nicht sogleich in den Kreis der hebräischen Vorstellungen aufgenommen werden; denn es fehlte hier der physikalische und dualistische Anknüpfungspunkt. Eben so wenig konnte sie diesem Boden enthoben und zur bloßen Hoffnung der Unsterblichkeit der Seele verklärt werden, da das Princip der Subjectivität eben erst angefangen hatte, sich zu entwickeln, und die wahrhafte Unendlichkeit des Geistes noch nicht zum Bewußtsein gekommen war« (549).

In diesem Klima[56] gediehen zwei Richtungen des hebräischen Prinzips in besonderer Weise: »die streng-gesetzliche auf der einen Seite, und die frei-reflektirende auf
der anderen« (566). Die Gesetzesüberlieferung der levitischen Kreise hat zwar eine
»Schranke ... darin, daß die überlieferte Norm mit Strenge festgehalten wurde, und
der Geist die schöpferische Thätigkeit verloren hatte«, aber »im Allgemeinen läßt sich
die Nothwendigkeit und das Wohlthätige dieser Richtung nicht verkennen« (567). »Der
Cultus als Ganzes war in der Wirklichkeit gewiß nicht so starr, wie man nach den ge-
setzlichen Bestimmungen darüber urtheilen könnte. Bei der größeren Innerlichkeit des
religiösen Geistes« (569) dürfen diese Lebensäußerungen nicht als bloßer Formalismus
angesehen werden.

Neben diesen »Schriftgelehrten« gab es die »Weisheitslehrer«, die »die ältere freie
Richtung der Propheten in anderer Form« fortsetzten. »Das Gemeinsame beider bestand in dem Bestreben, den religiösen Inhalt ... subjectiv durchzuarbeiten und zum
wirklichen Bewußtsein des Gemeinwesens zu erheben. Hierin bestand nun der große
Fortschritt, den nicht allein das Volksbewußtsein, sondern auch der Inhalt der Lehre
selbst machte« (561). »Die prophetische Begeisterung« (561) endete also nicht, »weil
die Begeisterung überhaupt aufgehört hätte« (562), sondern weil ihr die äußeren Bedingungen entzogen waren. »Die Zeit der schöpferischen Thätigkeit für die Ausbildung
der allgemeinen Anschauung« war deshalb vorüber, weil diese nunmehr »als Resultat
vorhanden« war und »nur noch der Durchbildung im Einzelnen« (562) bedurfte. »Es
wäre in der That ein unerklärliches Wunder, wenn ... statt der freien Erhebung der
älteren Dichter und Propheten ein todter Sammlerfleiß und Anhänglichkeit an den
äußeren Buchstaben des Gesetzes allgemein eingetreten wäre, und die mehr geistige
Richtung sich höchstens in der Reproduktion und Nachahmung älterer Muster versucht hätte. Der Druck äußerer Verhältnisse mag allerdings den Geist theilweise dämp-
fen; aber die Verhältnisse vor dem Exil, in demselben und in der nachexilischen Zeit
waren ... nicht in solchem Grade verschieden, daß man daraus ein Verkümmern der Begeisterung, die im Exil noch so laut und herrlich getönt hatte, begreifen könnte« (553f.).

Besondere Beachtung gebührt in diesem Zusammenhang der
Weisheitsliteratur, in der »die ältere Vorstellung vom Geiste Jehova's
... auf den Boden des reinen Gedankens« (571) erhoben wurde. Vor
allem Proverbia und Hiob[57] fassen »das Resultat der Gesammtentwicke-
lung« »als objective Wahrheit«, mit der sich nun »nur noch das subjective Bewußtsein ... auszusöhnen hat; sie ... lassen die besondere

---

[56] Es gelingt VATKE außerdem, den schon von DE WETTE (vgl. SMEND, WA 103) hervorgehobenen Einfluß der persischen Religion auf die Entwicklung Israels in seine
Darstellung einzuordnen: »Weil eben der Parsismus die höchste Stufe der asiatischen
Naturreligion einnahm, und schon die Bewegung machte, in die reine Idealität
überzugehen, ... so konnte er auch die vermittelnde Macht zwischen den früheren
schroffen Gegensätzen des hebräischen Bewußtseins bilden« (557f.). VATKES Interesse
an einer über Israel hinausreichenden religionsphilosophischen Gesamtkonzeption
liegt hier wieder auf der Hand.

[57] Zwar war »das große Wort von der Eitelkeit alles Endlichen ... noch nicht ausgesprochen« (572), aber dennoch ist »im Hiob und theilweise in den Sprüchwörtern
das hebräische Princip am umfassendsten und klarsten entwickelt« (574). Wenngleich
auf alttestamentlichem Standpunkt »als Resultat der Dialektik bloß Resignation,

Beziehung auf jüdische Nationalität und die äußeren Formen des Particularismus . . . so verschwinden, daß sie darin alle Propheten übertreffen« (563 f.).

VATKES philosophische Grundlegung ließ erkennen, daß die Wahrheit in der Form des reinen Gedankens dialektisch die Formen des Gefühls und der Vorstellung überragt, weil diese in ihr, als der höheren, ‚aufgehoben' sind. Die Konsequenzen aus dieser Ableitung werden nun in den historischen Urteilen evident. Gegen DE WETTES Anschauung, das Judentum sei eine »verunglückte Wiederherstellung des Hebraismus« (D I 114) gewesen, stellt VATKE gerade für diese Epoche die Universalität der Erkenntnis der Wahrheit heraus: »Das Bewußtsein erhob sich . . . vermöge des allgemeinen Inhaltes der Weisheit . . . über die Schranken des sittlichen Volksgeistes, und faßte das Wahre und Gute unter allen Völkern als Wirkung der Einen Weisheit und damit als identisch auf« (571).

»Die versöhnende Mitte« zwischen traditioneller Gesetzesüberlieferung und Reflexion bildete schließlich »die religiöse Lyrik, welche in diesem Zeitalter die höchste Blüthe erreichte, namentlich in Ansehung der tiefen Innigkeit und des klaren Selbstbewußtseins« (566). Weil man aber dieses Selbstbewußtsein als den »Einheitspunkt« auffassen muß, »in welchem zuletzt alle Seiten des religiösen Lebens zusammengehen, so fällt überhaupt die Blüthe der Alttestamentlichen Religion . . . in dieses Zeitalter« (566)!

Universalität der Wahrheit, religiöse Innigkeit und philosophische Reflexion: In diesem Neben- und Ineinander liegen Kulmination und Blüte der gesamten Entwicklung — und zugleich ihr Wendepunkt. Das Prinzip schlägt auf seiner Höhe um. Seine äußere Geschichte bricht ab, sie bleibt im Bewußtsein ‚aufgehoben'. Die Dämmerung bricht schnell herein, die Eule der Minerva beginnt ihren Flug!

Im ‚macedonischen und makkabäischen Zeitalter' (577—590), also im 3. und 2. Jahrhundert a. Chr. n., vollzieht sich für VATKE der »Übergang des Hebraismus zu der Form des späteren Judenthums« (579). Die spekulativ vorbestimmte Kurve der Entwicklung bekommt hier ein solches Gefälle, daß der abrupte Niedergang historisch kaum mehr zu verfolgen, und d. h.: zu verifizieren ist. »Die originelle Productivität des Geistes« (578) wird endgültig abgelöst durch »Forschung und Reflexion«, die hinfort den »Mittelpunkt der geistigen Thätigkeit« (581) bilden. »Spätere Vorstellungen, Einrichtungen, Bedürfnisse und Wünsche« (582) werden in die frühere Geschichte hineingetragen, die Synagogen entstehen, und der Kanon wird abgeschlossen.

. . . die unbedingte Unterwerfung des endlichen Subjects unter den absoluten Herrn« (576) möglich war, so drang doch die Weisheit »dem äußeren Scheinwesen gegenüber auf Lauterkeit des Innern« (571).

Obgleich sich auch in dieser Epoche noch scharfsinnige Reflexion und ‚religiöse Begeisterung' zeigen, malt VATKE nun grau in grau. In dem »Gegensatz der freien Reflexion und der gläubigen Anhänglichkeit an die Überlieferung« sieht er einen »Widerspruch, den die Macht des religiösen Geistes nicht mehr versöhnen konnte« (578f.). Kohelet und Daniel charakterisieren diese zwei aufeinander bezogenen Typen oder Richtungen, die »durch das Alttestamentliche Princip nicht mehr versöhnt werden« (584): »Kohelet bildet die negative Seite der Dialektik... Daniel dagegen steht auf der positiven Seite« (584).

Kohelet gelingt weder das Begreifen der endlichen Erscheinungen als Realität noch die Vermittlung des Endlichen mit dem Unendlichen. Ihm »fehlt der lebendige Glaube, durch den man sich früher über die Widersprüche des Lebens erhoben hatte, der aber bei fortschreitender Verstandesbildung nicht mehr ausreichte, und in ein negatives Resultat auslaufen mußte« (586). Hier kann »der subjective Geist, welcher selbst im Strudel des Endlichen mit inbegriffen ist, keine wahrhafte Versöhnung mit dem allgemeinen Wesen der Dinge« (586) mehr erringen. »Unsterblichkeit der Seele und ein seliges Leben bei Gott kennt das Buch nicht« (586, Anm. 2).

Für Daniel dagegen »concentrirte sich aller religiöse Inhalt« (587) in der Hoffnung auf den »Eintritt des Gottesreiches«, welches freilich »mehr eine Erlösung von der zeitlichen Bedrängnis als von den Schranken der Endlichkeit überhaupt gewähren« (589) sollte. »Das Buch Daniel hat in vieler Hinsicht den abstractesten Inhalt von allen Büchern des A.T., da der Gegensatz der übersinnlichen und der Erscheinungswelt am schroffsten aufgefaßt und die Verknüpfung beider Seiten auf äußerliche und zufällige Weise bewirkt ist« (588).

Damit ist das hebräische Prinzip desintegriert. »Weil die Einigung beider Sphären nicht von Innen ausging, so entsprach die Form des Selbstbewußtseins der des Bewußtseins nicht, und die ganze Anschauung hatte für den gegenwärtigen Standpunkt des Geistes keine Wahrheit« (589). »Die Schließung des Alttestamentlichen Kanon ... ging aus dem Bewußtsein hervor, daß ... die Productivität des älteren Geistes überhaupt erloschen sei« (590). Diese Aporie bildet für VATKE den — ideengeschichtlich jetzt ohnehin notwendigen — Hinweis auf Niedergang und Verfall, die einem Neuen immer vorangehen müssen. Unbekümmert um die weitere Geschichte des Judentums läßt er, hierin HEGEL wieder getreu folgend, das hebräische Prinzip ‚gestorben' und — ‚aufgehoben' sein im »Christenthum«, das »das Wahre beider Extreme« dieser letzten Periode »in einer höheren Einheit zusammenfaßte« (590).

III. Die theologische Zusammenfassung

VATKE selber hat die religionsphilosophische Einleitung (1—174) und den kritischen Gang durch die Geschichte (177—590) durch eine vielseitige Bestimmung des ‚allgemeinen Begriffs der Alttestamentlichen Religion' (591—659) verbunden und zusammengefaßt. Diese

Begriffsbestimmung geht historisch nicht über die ‚kritische Geschichte' hinaus; theologisch ist sie an der — vor und unabhängig von der historischen Arbeit gewonnenen — Nomenklatur der religionsphilosophischen Einleitung orientiert. Die folgende Skizzierung dieser Zusammenfassung ist darum geboten, weil in ihr VATKEs theologische Intentionen am deutlichsten werden.

VATKE sieht sich an diesem Punkte seiner Darstellung zu einem Gottesbegriff befähigt, der, wenn auch ohne kritische Arbeit an den religionsgeschichtlichen Texten, bei HEGEL schon ganz ähnlich zu finden war: »Gott ist bestimmt als reine Subjectivität, welche als die unendliche Macht alles Besondere als Negatives setzt, und als absolute Weisheit und Heiligkeit die Unterschiede des Besonderen zu einfacher in sich concreter Identität zusammenschließt« (594f.).

Weil diese Subjektivität »wesentlich Eine« (595) ist, ist sie auch das »Princip alles Werdenden, selbst aber ewig und unveränderlich, und daher kein Inhalt der Mythologie« (596). Soll diese »Einheit« aber zugleich als »ein lebendiger Prozeß, welcher Unterschiede in sich setzt und dieselben mit der Form des Allgemeinen durchdringt« (596), erkannt werden, dann muß schon für den allgemeinen Gottesbegriff VATKES die ganze HEGELsche Dialektik vorausgesetzt werden. Gott ist dann »allgemeine, schlechthin durchsichtige Einheit, absolute Negativität alles Endlich-Bestimmten, der reine Äther des Gedankens« und kann auch »nur von dem reinen Gedanken erreicht und ausgedrückt werden« (596).

Nach diesen Bestimmungen erscheint der Gott Israels, der sich seinem Volke gerade nicht als »unendlich erhaben über jede Schranke der Existenz und der Vorstellung« (596), sondern in geschichtlichen Erfahrungen und Vorstellungen kundgetan hatte, als ein philosophischer Begriff und seine Geschichte mit Israel als bloßes Material dieser übergeordneten Ansicht. Daß »die subjective Einheit . . . als concrete Identität den Unterschied des Allgemeinen und Besonderen in sich« (600) enthält, muß man nicht aussagen, um die »Verwerfung aller Theogonie und Emanation« (603) in der Gotteserkenntnis Israels zu betonen.

VATKE bleibt den HEGELschen Bestimmungen weiter treu, wenn er diesem Allgemeinen nun »das Setzen des Besonderen in seiner Totalität« oder den »Act der Weltschöpfung« (600) zuspricht. Hier verhilft ihm der identitätsphilosophische Ansatz zur Überwindung des biblizistischen Verständnisses. »Beide, die reine Subjectivität und die Weltschöpfung, folgen nämlich nicht zeitlich auf einander . . .; die Aufeinanderfolge gehört nur der religiösen Vorstellung und der begriffsmäßigen Darstellung an, welche von der absoluten Einheit ausgeht« (601). Freilich fällt dabei »das Moment der Bewegung« noch nicht »in die innere Natur Gottes, sondern ist als Schöpfung äußeres Object« (603), während im Christentum dann vermöge der Idee des ‚Gottmenschen' der Entwicklungsprozeß »in der inneren Natur Gottes« (605) stattfindet.

VATKE hat in diesem Zusammenhang nicht dargelegt, daß im Alten Testament gerade die Schöpfung als ein Äußerstes an *geschichtlicher* Erfahrung verstanden wird, daß also Genesis 1 nur als folgerichtige — und in dieser Folgerichtigkeit letzte — Aussage eines Geschichtsweges stilisiert werden konnte. Die ‚reine Allgemeinheit‘ und das Besondere oder Negative, also der Schöpfer und die Schöpfung, haben in VATKES Theologie lediglich einen dialektischen Spannungswert.

Auf diese ‚allgemeine Begriffsbestimmung‘ (594—611) von Gott und Welt folgt eine sogenannte ‚Zweckbestimmung‘ (611—621). Als »der allgemeine Zweck der Welt« wird, wieder auf dem Boden der Identitätsphilosophie, »das Selbstbewußtsein der allgemeinen Subjectivität« angegeben; »der wesentliche Boden desselben (ist) die vernünftige Natur des Menschen, welche in der Erhebung zu Gott ihre absolute Bestimmung erreicht« (611). An diesem (philosophisch-christlichen) Maß gemessen, läßt das Alte Testament »die menschliche Natur noch außerhalb des unendlichen Zweckes liegen« (613). »Das Selbstbewußtsein Gottes im endlichen Geist und das Selbstbewußtsein dieses in Gott« umschreibt erst wirklich den »Begriff der Religion« (612) und damit den Endzweck der Welt. Diese Vereinigung des absoluten Zweckes mit dem subjektiv-menschlichen bleibt freilich der Stufe der »Religion des Geistes« (614), also dem Christentum, vorbehalten.

Aus diesen Distinktionen folgt aber auch die prinzipielle Vergleichbarkeit *aller* vorchristlichen Religionen, da die Religion Israels ja nur einen *besonderen*, also *einen* besonderen Zweck verwirklichen kann! VATKE mildert diese Folgerung dadurch, daß für ihn »der endliche Zweck neben dem absoluten hergeht«, und nur in dieser Relativierung kann er die »Erwählung eines besonderen Volkes zum Träger des concret-sittlichen Zweckes« (614) herausstellen. Es ist also eine wesentliche Beschränkung »des an sich allgemeinen Zweckes«, wenn man Gott als den »Nationalgott der Israeliten« (614) bezeichnen muß.

Bei dieser Betrachtungsweise stellt sich das Problem des Partikularismus noch einmal für die Religion Israels als ganze. VATKE weiß hier nur die Auskunft, dieser Partikularismus habe sich »auf empirische Weise ganz einfach gebildet, indem er historisch früher gegeben war, als die erste universalistische Anschauungsweise« (614). Sieht man einmal davon ab, daß in allen diesen Bestimmungen die innerisraelitischen Entwicklungslinien für VATKE plötzlich von erstaunlich geringem Gewicht sind, dann werden jedenfalls durch diese sehr allgemeinen Aussagen weder die Bezeugungen der ‚Liebe‘ Jahwes zu Israel noch die Erfahrungen von ‚Bund‘, ‚Bundesvolk‘ oder ‚Erwählung‘ auch nur einigermaßen zufriedenstellend durchleuchtet. Der Glaube Israels verfällt im ganzen dem Verdikt des ‚Partikularismus‘, erst im Christentum ist »die absolute Bestimmung der menschlichen Natur ... anerkannt

und damit der Particularismus aufgehoben« (615), weil erst in der Idee
der Kirche »die Schranke der nationalen Sittlichkeit zu höherer Allgemeinheit aufgehoben« (619f.) ist.

Das Problem der Verhältnisbestimmung von Altem und Neuem
Testament sieht VATKE in diesem Zusammenhang schon darin gelöst,
daß »nach hebräischer Vorstellung die Endlichkeit des sittlichen Zwek-
kes von Jehova selbst gewollt und veranstaltet wird« und »eben damit
der absolute und besondere Zweck in unmittelbarer Einheit gedacht«
(620) werden können und müssen. Im Gegensatz zur christlichen »Freiheit der Kinder Gottes« gibt es im Alten Testament eine »bloß formelle Freiheit«, die noch »als Knechtschaft erscheint« (621).

Unter diesem Gesichtspunkt werden auch die Momente der Offenbarung in Israel
wieder relativiert: »Was nun das Verhältnis der subjectiven Seite der Offenbarung, wie
wir sie vorzugsweise in den prophetischen Schriften finden, zur objectiven betrifft,
welche letztere in den sogenannten historischen Büchern, besonders im Pentateuch,
vorliegt, so scheinen beide auf den ersten Blick durchaus verschieden zu sein, fallen
aber dem Begriffe nach zusammen, und behalten nur noch den formellen Unterschied
als Momente in der Bewegung des Selbstbewußtseins« (627).

Aber auch der Kultus Israels erscheint hier im ganzen ohne »wahrhaft geistigen
Inhalt«, ihm fehlt »die höhere Objectivität des Geistes, worin sich der endliche Geist
selbst zum Opfer darbringt«; »es ist gewiß nicht zufällig, daß im Cultus des A.T. kein
Fest oder Ritus vorkommt, welcher die positive Freiheit des Geistes darstellte« (632).

Darum konnte auch der »eigentliche Begriff« der Tugend »auf hebräischem Standpunkte keine Realität finden, weil derselbe eine höhere Form der subjectiven Freiheit
voraussetzt« (640). »Die Sphäre der Moralität war ... von den Hebräern am spätesten
und am wenigsten ausgebildet ..., ein Kampf des inneren Lebens und ein Ringen nach
dem Absoluten fehlte« (640f.). Weil »Staat und Kirche« (633) noch nicht getrennt
waren, hatte »die objective Sittlichkeit« die Form der Theokratie, d. h. »das Gottes-
reich war unmittelbar mit dem hebräischen Staate, und als dieser untergegangen, mit
dem Gemeinwesen identisch« (634). Aber auch nach der »subjectiven Seite« (634), der
»Seite der Gesinnung oder Moralität« (637), weist der Hebraismus im ganzen über sich
selber hinaus »auf den höheren Standpunkt des Geistes und der Freiheit hin« (641),
denn — um ein Beispiel zu nennen — die Gottes- und Nächstenliebe erscheint im Alten
Testament »nur als einzelne Bestimmung, nicht als Grundform« (639).

Würde VATKE in dem allen anders urteilen, dann müßte das ganze,
in HEGELS Spuren aufgetürmte Gebäude der Religionsphilosophie
zusammenbrechen, denn es hat sein Leben nur in dieser schroffen
Antithese der Testamente. Was hier dem Neuen Testament gegeben
wird, muß dem Alten genommen werden.

Im Anschluß an die allgemeinen Begriffsbestimmungen (594—641)
hat VATKE noch einmal die ‚Entwickelungsstufen des Begriffes‘
(641—659) zusammengestellt. Da es für ihn Entwicklung immer nur
als Entwicklung des Begriffs gibt, der »seine Momente ideell in sich«
enthält, kann »alle Veränderung ... nur Entfaltung, Realisirung
der inneren Einheit« (641f.) sein. Die geschichtlichen Begebenheiten

werden dieser Bewegung gleichsam wie ein Text der Melodie unter-geordnet. »Eine strenge Abtheilung nach geschichtlichen Perioden läßt sich indes nicht durchführen und dient auch weniger zum eigent-lichen Verständnis« (644), »auf vereinzelte Vorstellungen ... kommt es bei der Unterscheidung der verschiedenen Standpunkte weniger an, als auf das innere Verhältnis der Begriffsmomente zu einander« (642). Damit relativiert VATKE nun selber seine gesamte historische Leistung, denn die dialektische Entwicklung des Begriffs, das Aus-einandertreten in die drei Momente, stand doch für ihn bereits *vor* dem kritischen Gang durch die Geschichte fest — und zwar als die einzige, angemessene und zureichende Weise, diese Geschichte zu ‚begreifen‘. Mit der schon am Anfang des ganzen Werkes vorgetragenen Bezeichnung der Historie als Hilfswissenschaft wird jetzt bitterer Ernst gemacht: Das Historische dient der Illustrierung des Begrifflichen. So hatte es auch HEGEL gelehrt: Der Geist eines Volkes, sein Prinzip, *ist* zugleich seine Geschichte, insofern er lediglich *das* zur Entfaltung bringt, was er ‚an sich‘, der Anlage nach, ist.

In den drei bekannten Stufen der ‚Unmittelbarkeit‘ (645—652), der ‚Besonderung‘ (652—656) und des ‚allgemeinen Selbstbewußtseins‘ (657—659) hat VATKE diesen Ent-wicklungsgang expliziert, wobei er selber »die genauere Unterscheidung der einzelnen Stufen«, sowohl »in historischer Hinsicht« als auch »in Ansehung der inneren Ent-wickelung« (642), für ungemein schwierig hält. Die erste Stufe kann überhaupt nur aus den »beiden darauf folgenden begriffen werden«, insofern »in den späteren Stufen ... die früheren enthalten« (643f.) sind. Dabei kommt es zu folgendem Ansatz: »Wir können deshalb hier auch den Einfluß der Naturreligion auf der Seite liegen lassen; ... Eine Stufe, auf welcher der Eine Gott neben anderen Göttern verehrt sei, mag dieselbe auch in der Geschichte vorkommen, kann es hier für uns nicht geben, weil der Begriff schon in seiner einfachsten Gestalt eine Mehrheit von Göttern ausschließt« (642). Jetzt be-deutet es für VATKE sogar »einen geringen Unterschied, ob man das Princip von äußer-licher Offenbarung, oder von äußerer Anregung durch einen andern Volksgeist, oder aber aus der inneren Entwickelung des substantiellen Volksgeistes ableitet« (646). Weil, wie »die Geschichte lehrt«, »die ganze objective Gestaltung der hebräischen Religion auf dieser ersten Stufe dem Begriffe derselben noch nicht entsprach«, sind auch »ein-zelne Punkte dieser Dialektik ... zufällig ...; die Nothwendigkeit lag theils in dem Kampfe selbst ..., theils in der absoluten Energie des Princips« (651). Solche »mehr zufälligen Erscheinungen«, die »sich nicht aus der Entwickelung des Begriffes ableiten« lassen und daher »der historischen Betrachtung« anheimfallen, lassen sich auch auf der dritten Stufe beobachten, wo »das einfache Princip zuletzt in unversöhnbare Gegensätze auseinanderging« (659).

Wenn VATKE schließlich die Religionsgeschichte Israels in das Gefüge der ihr vorauslaufenden und nachfolgenden Geschichte und Religionsgeschichte einordnet, dann tut er auch diesen letzten Schritt mehr religions*philosophisch* als religions*historisch*[58].

---

[58] Daraus ergibt sich für VATKE mit begrifflicher Notwendigkeit auch ein Dispositions-prinzip. Vor der gleichen Frage entschied sich NIEBUHR nicht für das auf dem Alten

Das ‚Verhältnis der Alttestamentlichen Religion zu den ihr vorangehenden Religionsstufen' (660—710) ist vor allem bestimmt durch das Problem der sogenannten Naturreligion, die als die ‚empirische Voraussetzung der Offenbarung' (660f.) gilt. Weil einerseits »die Geschichte lehrt«, daß die Naturreligion »sowohl bei anderen Völkern als bei den Hebräern selbst der Offenbarung vorangegangen« ist, und weil andererseits »dieses Resultat der historischen Kritik ... durch die Betrachtung der stufenmäßigen Entwickelung des Begriffes der Religion ... bestätigt und als nothwendig erwiesen« wird, können »damit alle Hypothesen von einer Uroffenbarung und Urweisheit ... als unhistorisch und begriffslos zugleich verworfen« (660) werden. Dabei ist genau zu beachten, daß der dialektisch vermittelte Anfang nicht etwa mit einem bloßen Evolutionsschema identisch ist. Die dem hebräischen Prinzip vorgegebene Naturreligion bleibt als konstituierendes Element in diesem ‚aufgehoben'. »Die Alttestamentliche Religion als Resultat des Kampfes beider Principien muß daher Elemente enthalten, welche nicht ursprünglich durch ihren Begriff gesetzt oder offenbart sind« (662). Solche ‚überschießenden' Elemente innerhalb der Religion Israels »fallen bloß der religiösen Vorstellung, dem Bewußtsein, anheim, bilden nur Accidenzien der Religion und müssen von ihrem Offenbarungsbegriffe ausgeschlossen werden« (667).

Der Kampf dieser beiden Prinzipien hat also für die israelitische Religionsgeschichte »kein rein-negatives Resultat gehabt« (662) — eine Einsicht, die nicht ohne Zusammenhang mit der Bewertung der historischen Quellen steht. »Faßt man den Pentateuch als ein streng-historisches Werk auf, so verliert man den größten Theil der Geschichte von der Alttestamentlichen Religion« (662). »Anders stellt sich die Sache, wenn der Pentateuch auf die zweite Entwickelungsstufe der hebräischen Religion gesetzt wird ... Dann haben jene Elemente im Volksbewußtsein selbst einen dialektischen Kreislauf zurückgelegt, sind nicht äußerlich und vorläufig, sondern durch die Geschichte selbst überwunden« (663). Freilich ist es im einzelnen schwierig, »ein allgemeines Kriterium« zur Ausscheidung zu finden, denn »die Volksmeinungen aller Zeiten haben mehr Ähnlichkeit mit einander, als die bestimmt entwickelten Principe« (663). Bedenkt man, auf welchem Wege Vatke das ‚hebräische Princip' gefunden hat, dann versteht man auch, daß für ihn »der Volksglaube« nun »das bindende Mittelglied ... zwischen den hebräischen Götzendienern und den treuen Verehrern Jehova's« (663f.) bilden muß.

Die Unterscheidung von ‚Accidenzien' und ‚reiner Idealität' gehört zu den religionsphilosophischen Prämissen Vatkes, die der ‚streng-historischen' Betrachtung leicht Gewalt antun. Dieses Gegenüber ist ohnehin von Vatkes ‚Culminationspunkt' der Religionsgeschichte Israels her in Ansatz gebracht, nicht aber von dieser Geschichte im *ganzen* und vom Ganzen als *Geschichte* ablesbar.

Testament beruhende ‚theologische' Dispositionsprinzip, sondern für ein ‚philologisches' (Vgl. Niebuhr, Vortr. II 5f.).

In einem historischen Exkurs (668—701) fragt VATKE hier nach der »Ableitung des Namens Jehova« und nach der »Originalität des hebräischen Princips« — und weiß die beiden Fragen »wohl zu unterscheiden, da jener Name die Eigenthümlichkeit des letzteren nicht ausdrückt« (668). VATKE, der auch die Aussprache »Jahveh« (670) schon kennt, weiß, daß ein »Gottesname im eigentlichen Sinne« (668) gar nicht Gegenstand einer recht verstandenen Offenbarung sein kann. Das Woher dieses Namens bleibt für ihn trotz gründlicher historischer und philologischer Untersuchung im Dunkel, die Möglichkeit einer Herkunft aus der ‚Naturreligion‘ bleibt zumindest offen. »Die ganze Geschichte der hebräischen Religion zeugt dafür, daß der Name Jehova von dem Volke nach Palästina mitgebracht ist, sein Gebrauch also wenigstens bis in’s mosaische Zeitalter hinaufreicht. Mit diesem Resultate verschwindet uns aber leider auch die Möglichkeit, die ursprüngliche Vorstellung, welche bei seiner Einbürgerung damit verbunden war, sicher angeben zu können« (677).

Bei der anderen Frage, ob der »hebräische Monotheismus ... von einem anderen Volke entlehnt sei« (690), ist »das negative Resultat« immer noch am sichersten, daß er nämlich »eben so wenig von den Ägyptern als irgend einem anderen Volke entlehnt sei. Denn bei keinem Volke des Alterthums, die Hebräer ausgenommen, ist derselbe nachgewiesen, und wenn wir die Möglichkeit, ja Wahrscheinlichkeit zugeben müssen, daß mit dem Namen Jehova auch die Vorstellung von einem höchsten Gott zu den Hebräern gekommen ist, so bleibt diesen dennoch das Verdienst, den höchsten Gott auch als den einigen ... erkannt und verehrt zu haben ... Der Naturreligion darf man nur den Einfluß einräumen, daß sie den Boden für die Offenbarung jenes Begriffes vorbereitet hat« (700).

Besteht also die Möglichkeit, daß nicht nur der Gottesname, sondern auch »das Princip der Idealität auf einem fremden Boden entstanden« (667) ist, dann erfordert der religionsphilosophische Rahmen eine um so kräftigere Antithese: »Das Erwachen des monotheistischen Glaubens ist ein absoluter Act, setzt ein prophetisches Bewußtsein voraus und kann nur als Offenbarung richtig begriffen werden« (707). Nicht als undialektische, ‚natürliche‘ Entwicklung, sondern »nur vermittelst des Kampfes konnte die Alttestamentliche Religion in’s Selbstbewußtsein treten, wie jede höhere Form des Geistes, welche nur als Proceß, nicht als etwas Fertiges und äußerlich Offenbartes Realität hat«. Den »eigentlichen Kampfplatz« bildete das Selbstbewußtsein, »und es handelte sich in der ganzen Dialektik um nichts Geringeres als die Besiegung des natürlichen Menschen, welcher dem Volke im Götzendienste objectiv wurde«. »Dieser Kampf wurde aber so geleitet, daß er allmälig zum gewissen Siege führte, und hier angelangt sogleich den Trieb zu einer höheren Entwickelung in sich trug, welche im Christenthum erreicht wurde« (alles: 709).

Weil VATKE die Religion Israels ganz aus ihrer Stellung zwischen der ‚Naturreligion‘ und der ‚Religion des Geistes‘ begreift, ist für ihn an ihrem Ende der ‚Keim des Gegensatzes‘ (718f.) und die Übermacht des Neuen notwendig angelegt:

»Der philosophische Ausgangspunkt fehlt, die reinen Gedanken schlagen unmittelbar in die gewöhnliche Form der Anschauung um, und das Resultat kehrt zum Glauben, seiner einfachen Voraussetzung, zurück. Der Trieb zur Philosophie setzt eine höhere subjective Freiheit voraus, als sie die Hebräer nach ihrem Princip erringen konnten« (717). Darum fehlt dem Alten Testament auch eine Glaubenslehre »in dem Sinne, in welchem das Christenthum Glaubenslehren, Symbole, überhaupt einen bestimmten Lehrinhalt erzeugt hat« (711f.). Auch »auf den Standpunkt der eigentlich-historischen Betrachtung haben sich die Hebräer überhaupt nicht erhoben, und kein Buch des A.T. ... verdient den Namen wahrer Geschichtsschreibung« (716).

Obwohl dem Werk eine Überleitung zum Neuen Testament fehlt, sind alle diese Relativierungen der Religion Israels ganz und gar durch den Geist des Christentums bestimmt — wie VATKE diesen versteht! So sieht er sich am Ende genötigt zu »behaupten, daß der Hebraismus kraft seines Begriffes nicht fähig gewesen sei, innerlich differente und gegen einander selbstständige und freie Gestaltungen zu erzeugen« (718).

VATKES Anschluß an die spekulative Philosophie HEGELS hat zu einer vollständigen Überlagerung seiner bemerkenswerten historisch-kritischen Einsichten geführt. Die bloße Darstellung der konkreten Geschichte und Religionsgeschichte Israels war freilich nicht sein Anliegen. Daß er aber die biblische Theologie grundsätzlich geschichtlich konzipiert hat, ist sein bleibendes Verdienst. Er selber beschwor das methodische Ineinander der historischen und der philosophischen Betrachtung. Will man ihm auf dem Wege der Spekulation nicht folgen, so muß man doch festhalten, daß ihm HEGELS Geschichts- und Religionsphilosophie entscheidende Verstehenshilfen bot. Die Grundtendenz seiner Theologie ist eine am Neuen Testament orientierte Hermeneutik des Alten Testaments. Muß man sein Verständnis der biblischen Theologie in vielen Nuancen und Einzelheiten, schließlich aber auch in der Linienführung zurückweisen, dann jedenfalls nicht zuerst wegen eines Mangels an historischer Methode, sondern wegen der Überwucherung der durch diese Methode gewonnenen Resultate durch die Spekulation. In der — ihm selber unzulässig erscheinenden — Abhebung beider Sichtweisen voneinander wirkte sein Werk, Jahrzehnte nach dessen Erscheinen, erheblich auf die Geschichte der Erforschung des Alten Testaments ein.

C. WIRKUNG DES WERKES

I. Die Rezensionen

Die Wirkungen, die von dem VATKESCHEN Werke ausgingen, gehören zu den Voraussetzungen der Geschichtsschreibung WELLHAUSENS. Darum dienen die hier folgenden Berichte weniger dem Verständnis VATKES als dem WELLHAUSENS, auf dessen Geschichtsansicht die gesamte Untersuchung zuläuft.

Wie VATKE erwarten durfte[1], reagierte HENGSTENBERG sofort
mit großer Schärfe auf das eben erschienene Buch[2]. In VATKES
Kritik am Pentateuch sieht er eine »Kühnheit und Consequenz . . .,
welche sich nur aus dem festen Vertrauen auf einen wesentlichen
Fortschritt des Zeitgeistes in der neueren Zeit . . . erklärt« (B 151).
Hier spricht der HENGSTENBERG, dessen Kampf dem Hallischen
Rationalismus und dann dem in den Hallischen Jahrbüchern zu Worte
kommenden Hegelianismus[3] galt. Schon in dem Aufsatz in der Evangelischen Kirchenzeitung findet sich eine dementsprechende Einordnung und darum grundsätzliche Zurückweisung VATKES:

> »Das Buch ruht ganz auf pantheistischem Grunde. Die Geschichte ist der wer-
> dende Gott, und dies Werden Gottes geschieht nach ewigen Gesetzen; nirgends ein
> Sprung; überall nur Entwickelung. Was sich nun in der Geschichte nicht als nothwen-
> dig nachweisen läßt, das kann auch nicht wirklich sein; . . . Was man nicht construiren
> kann, das sieht man als ein Falsum an« (B 151 f.).

Was den Theologen HENGSTENBERG bis zur Verketzerung VATKES
trieb, läßt sich an seinem bald auf den genannten Aufsatz folgenden
Buch ‚Die Authentie des Pentateuches — erwiesen von Ernst Wilhelm
Hengstenberg‘[4] verdeutlichen. In den 80 Seiten umfassenden ‚Prolegomena‘ versieht er die Forschungsgeschichte mit Zensuren und
beklagt, dem ‚Zeitgeist‘ widerstrebend, den Niedergang einer Epoche,
die »eine große Pietät gegen die Vergangenheit, und somit gegen alle
geschichtliche Überlieferung« (XX) hatte. Das rechte Verhältnis zur
Geschichte Israels entscheidet sich für HENGSTENBERG an der Frage
nach dem mosaischen Ursprung des Pentateuch. Die Tradition einer
pietätlosen Pentateuch-Kritik[5] sieht er durch VATKE noch über-

---

[1] Am 1. 12. 1835 schrieb VATKE an seinen Bruder Georg: »Ich folge . . . einer philosophischen und freien Richtung, bin deshalb aber den hiesigen Pietisten ein Dorn
im Auge . . .«. Der ‚hochwürdige Herr‘ HENGSTENBERG hat »das Buch schon im
Voraus als antichristlich angeklagt . . . man gibt mich für einen crassen Rationalisten
à la Gesenius, de Wette, von Bohlen usw. aus« (B 148 f.).

[2] Zunächst in seinem Vorwort zum Jahrgang 1836 der Evangelischen Kirchenzeitung
(hier nach BENECKE zitiert).

[3] HEGEL polemisierte in der ‚Vorrede‘ zur 3. Ausgabe der Enzyklopädie seinerseits
gegen HENGSTENBERG und den Kreis, der sich um die Evangelische Kirchenzeitung
sammelte.

[4] Bd. I, Berlin 1836.

[5] Hatte sich J. D. MICHAELIS, den HENGSTENBERG als »Supranaturalisten« (LXVI)
gelten läßt, noch mit dem Herauslösen von Glossen und Interpolationen begnügt
und so an der Echtheit des Pentateuch festgehalten, so modifizierte EICHHORN in
der letzten Ausgabe seiner ‚Einleitung‘ seine frühere, vorsichtigere Ansicht nun zu
der Behauptung, »der Pentateuch bestehe . . . aus Aufsätzen theils von Moses selbst,
theils von einigen seiner Zeitgenossen« (LXI). Damit dringt er zu dem Grundübel
der »neueren Kritik, der fragmentarischen Beschaffenheit des Pentateuch« (LXIII),
vor. EICHHORNS Naturalismus geht vollends »aus den gewaltsamen Versuchen«

boten und im negativen Sinne vollendet. VATKES schlimmste Vergehen sind: die Reduktion der Tätigkeit Moses auf einen Reflex
allgemeinen prophetischen Bewußtseins und das kritische Resultat,
das sich mit dem Ausdruck ,lex post prophetas' am kürzesten umreißen läßt (vgl. LI). Gegenüber der »pantheistischen Grundneigung
der Zeit, sich als Weltgeist zu constituiren, dem das Prädikat der
Infallibilität beiwohnt« (XL), hält HENGSTENBERG das ,einfache'
Lesen der Bibel, den unreflektierten Zugang zur belehrenden und aufbauenden Geschichte für möglich und geboten.

> Der »philosophirende Historiker« achtet nicht »mit zarter Gewissenhaftigkeit auf
> das was vorliegt«, »sondern es ist ihm nur darum zu thun, das Vorliegende seinen Vor
> aussetzungen conform zu machen, und diese lassen bei der neuesten Philosophie die
> Mosaische Abfassung des Pentateuch nicht zu« (XXXIV).

Die historisch-kritische Leistung VATKES hat HENGSTENBERG
entweder überhaupt nicht erkannt oder nicht würdigen wollen.
Er übersah, daß der ,Zeitgeist' zumindest einen Rückgang hinter die
historisch-kritische Methode nicht mehr duldete. Obwohl HENGSTEN
BERG DE WETTES destruktive Kritik zunächst getadelt hatte, lobte
er doch dessen Verzicht darauf, aus den Bruchstücken ein Ganzes
zu konstruieren. Um so heftiger wendet er sich nun gegen VATKES
Versuch[6], die negative Kritik durch eine konstruktive Nachzeichnung
der israelitischen Religionsgeschichte zu überwinden.

---

hervor, »den Pentateuch . . . mit dem herrschenden Zeitgeiste in Übereinstimmung
zu bringen. Eichhorn . . . bemüht sich durch *Erklärung* (Hervorhebung von H.)
alles Übernatürliche, alles was das Daseyn eines lebendigen und persönlichen Gottes
voraussetzt, zu beseitigen« (XXXVII f.). Als VATKES und v. BOHLENS Vorbild in der
kritischen Arbeit wird schließlich DE WETTE genannt, für den HENGSTENBERG ein
hartes Urteil bereit hat: »So glauben wir zuversichtlich behaupten zu dürfen, daß
eine so lächerlich willkührliche Kritik, wie die von de Wette, wenn sie gegen die
Ächtheit eines Profanschriftstellers oder gegen eine Parthie der Profangeschichte
gerichtet gewesen wäre, jetzt als vollkommen verschollen betrachtet werden würde«
(XXIV). Hier irrte HENGSTENBERG gründlich; und wenn er in DE WETTE einen
naturalistischen Kritiker in den Spuren EICHHORNS sah, scheint er von DE WETTES
,Biblischer Dogmatik' mit ihren hermeneutischen Bemühungen keinerlei Notiz genommen zu haben. HENGSTENBERG verhöhnt in diesem Zusammenhang auch den
,Rationalismus' eines GESENIUS: »Wenn nur die fatalen Wunder und Weissagungen
und der zornige Judengott nicht wären! Dann könnte man sich unbefangen den
Eindrücken hingeben, die man als Historiker und Sprachforscher erhält« (LXI)!
[6] HENGSTENBERG beschreibt, wie »auf dem Gebiete der Profangeschichte« jeder erkenne, »daß man ohne Steine nur Luftschlösser bauen kann« (LXXII); aber bot
nicht gerade in *seiner* Sicht das Alte Testament genug solcher ,Steine'? Er trifft
VATKE jedenfalls nur zur Hälfte, wenn er weiter räsonniert: »Der philosophische
Historiker ist im Besitze der Gesetze, nach denen die Geschichte sich entwickeln
muß. Die Nothwendigkeit schließt die Wirklichkeit in sich. Wozu bedürfte es also
noch besonderer Zeugnisse für die letztere« (LXXII)? HENGSTENBERG berücksich-

Sieht man von HENGSTENBERGS Verständnislosigkeit gegenüber der kritischen Methode einmal ab, dann trifft er mit seinen Vergröberungen VATKE auch in der hermeneutischen Frage nicht da, wo dieser getroffen werden müßte: in der Problematik der philosophischen und theologischen Voraussetzungen für die Geschichtsschreibung überhaupt. Die Einsicht nämlich, daß »die profane Auffassungsweise . . . den Keim der Läugnung der Ächtheit (sc.: des Pentateuch) schon in sich« (II) trage, ist noch keine methodische Hilfe für die Geschichtsforschung. Der Satz v. BOHLENS, »die Kritik als solche ist immer ungläubig«[7], will demgegenüber wohl ausgehalten werden. HENGSTENBERG bestätigt selber offenherzig den Verdacht, seine Position stehe *vor* jeder kritischen Erkenntnis fest, wenn er schreibt: »Zuvörderst sollte das von beiden Seiten offen gestanden werden, daß ihnen das Resultat der Untersuchung vor der Führung des wissenschaftlichen Beweises schon feststeht« (LXXVIf.). Mit dem Kunstgriff der Verbrüderung unterstellt er also seinen Gegnern, daß sie eine — durch welche Motive auch immer geheiligte — *bloße Meinung* vertreten, die es ‚wissenschaftlich‘ zu stützen gelte. Dieser Vorwurf des mangelnden Ernstes konnte die schon gefestigte Methode der historisch-kritischen Forschung nicht mehr treffen; er setzte vielmehr HENGSTENBERG selber der Verachtung aus, weil er seinen Gegnern von vornherein auch noch den Glauben absprach. HENGSTENBERG war für VATKE deshalb kein ebenbürtiger Gegner und schon längst kein Überwinder, weil er dessen kritische Tat nicht erkannte und das philosophisch-theologische Gespräch mit ihm nicht erst wirklich aufnahm.

Aus dem Kreise der Vermittlungstheologen, die »zwischen dem geschichtlichen Christentum und der bis dahin entwickelten geistigen Kultur«[8], vor allem der HEGELschen Philosophie, zu vermitteln suchten, meldete sich C. I. NITZSCH in den ‚Theologischen Studien und Kritiken‘[9] mit einer ‚Übersicht der systematisch-theologischen Litteratur seit dem Jahre 1834‘[10] zu Worte. Durch eine knappe

tigt bei dieser letzten Wendung nur nicht, daß sich VATKE mit den geschichtlichen Zeugnissen außergewöhnliche Mühe gemacht hatte. VATKE hatte sich mit seiner Religionsphilosophie tatsächlich selber eine Grube gegraben, in welche ihn *die* unter seinen Kritikern mit Vergnügen stießen, die seine historisch-kritische Leistung nicht zu würdigen bereit oder imstande waren.

[7] Genesis, 1835, S. 36.

[8] KÄHLER 87.

[9] »Der Name Vermittlungstheologie . . . knüpft sich an die im Zeichen nicht Hegels, sondern Schleiermachers stehende Gründung der Zeitschrift ‚Theologische Studien und Kritiken‘ 1828 durch die Heidelberger Professoren Karl Ullmann und F. W. K. Umbreit« (HIRSCH V 375).

[10] 9. Jg., 1836, S. 1093ff.

Charakterisierung des Hegelianismus schafft er sich die Basis für die Einordnung des VATKEschen Werkes:

»Nur eine kurze Zeit hat die hegel'sche Schule auf die Bekämpfung des Naturalismus gewandt; indem sie sich jetzt gegen den Supernaturalismus richtet und diesen im Gebiete der Geschichte mit der vereinten Macht naturalistischer Streitkräfte und philologischer Gelehrsamkeit angreift, kann sie sich erst ganz entwickeln und ihre Bestimmung erfüllen« (1094).

Vor diesem Hintergrund rügt NITZSCH den »rein philosophische(n) und nicht theologische(n) Standpunct« (1100) VATKES[11]. Zwar räumt er ein, daß VATKE »den Meister(= Hegel) an Darstellung und an Kenntnis des historischen Stoffs weit übertrifft« (1097); aber bei aller Anerkennung der theologiegeschichtlichen Bedeutung und der methodischen Präzision des Autors hält er diesem entgegen:

»Dem Theologen kann es nicht einfallen, zu sagen, haben wir nur die Idee, was kümmert uns die Geschichte. Der Theolog kann nur in der vollständigen Wechselwirkung der Idee und Geschichte den Begriff von der einen und anderen bilden. Unser Verfasser folgt anderen Grundsätzen, und hat sie am Alten Testament rücksichtslos und eben deshalb mit schweren Verletzungen der Gesetze der Kritik sowohl als der Geschichte geübt« (1101).

Diese von NITZSCH postulierte ‚vollständige Wechselwirkung‘ hatte aber gerade VATKE selbst auf seine Fahnen geschrieben. Daß er sich — »ungeachtet aller philologischen Tüchtigkeit« — durch die Philosophie »um die wahre Exegese und volle Auffassung des alttestamentlichen Inhalts« (1099) gebracht habe, wird man jedenfalls derart pauschal nicht behaupten dürfen. Die in der vorliegenden Untersuchung gebotene ‚Interpretation‘ des VATKEschen Werkes bestätigt das Votum NITZSCHs freilich zumindest in der Tendenz: Die historisch-kritisch erzielten Resultate werden bei VATKE einem ideellen ‚Gefälle‘ untergeordnet, das sich nicht notwendig aus diesen ergibt. Im Historischen war indes auch NITZSCH VATKES Leistung nicht gewachsen; seine systematisch-theologischen Bestimmungen treffen VATKE freilich meist ins Herz. An der Stelle einer überzeugenden eigenen hermeneutischen Konzeption steht bei NITZSCH schließlich ein Hinweis auf die kirchliche Praxis, der als solcher allerdings nicht schon die theologische Überwindung der gefährdeten Praxis bedeutet:

»Destomehr muß unsre Kirche sich vorsehen, die Bildung der Geistlichen nicht einem unmittelbaren und dominirenden Einflusse der Philosophie der Bibel hinzugeben, die sich biblische Theologie nennt, ohne es zu sein, die als Theologie sich des positiven und practischen Charakters begiebt, die, wenn sie Theologie ist, alle Stiftung und Erhaltung theologischer Facultäten überflüssig macht, (da es nur auf philologische und philosophische Studien ankommen wird) . . .« (B 226).

---

[11] »Dieses groß angelegte Buch . . . ist neben dem Werke von Strauß das wichtigste und entschiedenste antitheologische Werk, welches die jetzige Philosophie der Religion und Geschichte hervorgebracht hat« (1096).

Sachliche Gegnerschaft und persönliches Wohlwollen ermöglichten
es NITZSCH jedenfalls, die wissenschaftliche Leistung und den geistigen
Rang VATKES wirklich auch zu würdigen[12].

Außer NITZSCH war dessen Vorgänger auf dem Berliner Lehrstuhl,
der HEGELschüler und -freund MARHEINEKE, vom Minister ALTEN-
STEIN um ein Gutachten über VATKES Buch gebeten worden. Die
Grundrichtung dieses Gutachtens ist durch den biographischen Hinweis beinahe zureichend bestimmt. Für ihn, den Hegelianer, ist das
Erkenntnisprinzip niemals in einer bloßen Äußerlichkeit, also auch
nicht im Buchstaben der Schrift gegeben; darum ist für MARHEINEKE
die historische Kritik grundsätzlich frei[13]. VATKE hat also in seinem

---

[12] Dem zitierten Literaturbericht ging ein vom Minister ALTENSTEIN angefordertes
Gutachten NITZSCHS über VATKES Buch voraus. Dieses Gutachten war offenbar so
freundlich geraten, daß der Minister, der selber der freieren Richtung in der Theologie zuneigte, es um VATKES willen zurückwies und ein zweites erbat (vgl. B 227 f.).
ALTENSTEINS Absicht, VATKE zu einer ordentlichen Professur zu verhelfen, scheiterte
freilich an der um den Kronprinzen gescharten orthodoxen Bewegung, in der HENG-
STENBERG bestimmenden Einfluß hatte. Dieses zweite Gutachten NITZSCHS (zitiert
nach B 202 ff.) zeigt immer noch eine sehr viel freundlichere Einstellung als die
referierte Rezension. »Der Verfasser ist auf dem literarisch-historischen Gebiete . . .
mit wenigen Ausnahmen vorzüglich orientirt, und bringt, des Hegel'schen Musters
würdig, seltene Kräfte des nachhaltigen, durchdringenden und organisirenden Denkens, des methodischen Waltens, des lebendigen Zusammenschauens, . . . einen feinen
Geschmack und tiefes Gefühl zu seinem Unternehmen mit« (B 203). Im Gegensatz
zu dem Bericht in den ThStKr, wo NITZSCH von einem ,antitheologischen Werk'
(vgl. Anm. 11) sprach, heißt es hier weiter über VATKE: »Nicht, daß er in der Weise
antitheologisch mit der biblischen Religion umginge, wie es Gramberg und v. Bohlen
gethan . . .« (B 204)! NITZSCH erhebt freilich in diesem Zusammenhang einen gewichtigen Einwand gegen VATKE: »Die christliche Theologie als wissenschaftliches
Gesammtbewußtsein vom Wesen und der Geschichte der Religion, hat nie zuge-
standen und wird nie zugestehen, daß die wahre, absolute Religion nicht im Alten
Testament sei« (B 205 f.). NITZSCH sieht VATKE »mehr oder minder in die Wege der
Semlerschen antijudäischen, eklektischen Dogmatik einschlagen« (B 208 f.). Derselbe
NITZSCH versuchte noch im Jahre 1847, nachdem er nach Berlin berufen worden
war, VATKE zu einem Ordinariat zu verhelfen, scheiterte freilich am Widerstand
der gesamten Fakultät.

[13] Vgl. hierzu auch MARHEINEKES ,Grundlehren der christlichen Dogmatik', Berlin
1819, 478 ff.; einen Teil des MARHEINEKESchen Nachlasses hat übrigens VATKE
herausgegeben. In MARHEINEKES Gutachten über VATKE (zitiert nach BENECKE)
stehen einige bemerkenswerte Sätze: »Wenn der Theolog auf Kritik verzichtet, so
steht er dadurch mit sich und der Wissenschaft . . . im Widerspruch, . . . denn die
Wahrheit muß auch der Frömmigkeit des Einzelnen, wie der Kirche im Ganzen
über Alles gehen; . . . Es sind die frommsten, gläubigsten Theologen der evangelischen Kirche gewesen, welche die Kritik angefangen haben und es ist sehr ungerecht,
dies in Vergessenheit zu stellen und die kritische Geistesrichtung an und für sich
zu verdammen« (B 190 f.). Darum gilt ihm die Richtung HENGSTENBERGS als »in
der Wissenschaft weit unter der gegenwärtigen Bildung der Zeit« (B 192) stehend.

‚Gutachter' MARHEINEKE einen Gesinnungsgenossen, der ihm freilich
in der eigenständigen kritischen Auswertung des HEGELschen Erbes
nicht gewachsen ist.

Orthodoxe, Vermittlungstheologen und Hegelianer waren im
Grunde nicht in der Lage, VATKES historisch-kritische Arbeit am
Alten Testament in ihrer Originalität angemessen zu würdigen. Seine
Gegner verargten ihm die Kritik überhaupt, seine Gesinnungsfreunde
übergingen sie geflissentlich[14]. Der philosophie- und theologiegeschichtliche Einfluß HEGELS hatte gegen Ende der dreißiger Jahre überdies seinen Höhepunkt überschritten[15]. Um so erwartungsvoller wendet
man sich daher dem Votum der eigentlichen Zunftgenossen VATKES
zu. Von v. BOHLENS Zustimmung abgesehen (vgl. B 186f.), äußerten
sich EWALD und DE WETTE.

HEINRICH EWALD begrüßte in seiner Rezension in den ‚Jahrbüchern
für wissenschaftliche Kritik' das Unternehmen einer ‚biblischen Theologie' und rühmte[16] an seinem ehemaligen Schüler im Hebräischen »die
schöne Verbindung eben so umfassender als gewissenhafter geschichtlicher Forschung mit philosophischer Schärfe und einem echt wissenschaftlichen Streben« (82). Wenn er auch am Ende der Rezension noch
einmal hervorhebt, daß »der Verfasser nicht vom zufälligen Denken
und von vorgefaßten Meinungen, sondern von der Schärfe und dem
Ernste der Philosophie ausgeht« (91), ohne sich doch selber auf eine
immanente Kritik der philosophischen Grundlegung VATKES einzu-
lassen, dann leitet er mit seiner Besprechung eine Form der Auseinandersetzung mit VATKE ein, die hinfort für die Alttestamentler ty-

---

[14] Im Jahre 1839 erschien in den Hallischen Jahrbüchern (2. Jg., 793—862) noch eine
Besprechung des VATKESCHEN Buches von dem späteren Greifswalder J. W. HANNE.
HANNE verweilt nicht ohne Grund »am längsten bei der philosophischen Einleitung«
(796) — von der historisch-kritischen Arbeit VATKES versteht er nichts. Aber auch
das hermeneutisch-theologische Problem, nämlich das Ineinander von Historie und
Spekulation, wird nur oberflächlich berührt. Nach HANNES Meinung »bekommen
wir hier das göttliche Schauspiel immer bestimmterer Offenbarungen Gottes und
kühnern Aufschwungs des menschlichen Geistes« (797) zu sehen. Wo VATKE in historischer Detaillierung und philosophisch äußerst differenziert nach der Religion Israels
fragte, wird ihm von HANNE in vergröbernder Weise ein Evolutionismus unterstellt,
der als Norm der Geschichtsbetrachtung eben nicht mit der HEGELschen Dialektik
zur Deckung zu bringen ist.

[15] Die Hallischen Jahrbücher wurden nach wenigen Jahrgängen verboten und teilten
damit das Schicksal der Hegelianer im allgemeinen und das VATKES im besonderen.
Der durch viele Briefe bezeugten Freundschaft VATKES mit D. FR. STRAUSS (vgl.
B passim) braucht hier nicht nachgegangen zu werden, da ein Einfluß auf VATKES
alttestamentliche Arbeit nicht zu erkennen ist.

[16] Vgl. auch die folgenden Elogen, die freilich nicht EWALDS letztes Wort über VATKE
bleiben sollten: »Dabei ziert ihn noch eine edle Bescheidenheit und wohlthuende
Anspruchslosigkeit«, er ist »offen und bereit für jegliche Erkenntnis« (82f.).

pisch werden sollte: Das ‚Philosophische' in VATKES Werk wird bewundert oder auch getadelt, aber es bleibt völlig außerhalb des eigentlichen Interesses. Damit wird VATKES eigene methodische Intention übergangen. EWALD konnte der ‚schönen Verbindung' noch huldigen, die bloßen Philologen oder Historiker fanden sie unerträglich.

Im übrigen sah EWALD, ganz im Gegensatz zu HENGSTENBERG, ein besonderes Verdienst VATKES darin, nicht bei der destruktiven Kritik stehen geblieben zu sein, sondern einen konstruktiven Entwurf der Geschichte Israels gewagt zu haben: ein Beweis für EWALDs geschichtlichen Sinn, der noch WELLHAUSEN faszinierte. Daß VATKE seinen Stoff möglicherweise »nicht nach innern, nothwendigen Wendungen und Epochen vertheilt« (90) habe, führt EWALD auf historische Fehlurteile, nicht auf die Überlagerung der historischen Arbeit durch die Spekulation zurück.

Das historische Gespräch EWALDs mit VATKE kreist, wie zu erwarten, um die Gestalt Moses. Es weist zu vieles »auf Mose als Stifter hin; die ganze nachmosaische Geschichte hat ohne . . . solchen Anfang kein Licht und keine Entwickelung« (87). Nun hatte VATKE eine entscheidende erste Anregung durch Mose nicht bestritten, und EWALD muß ihm darum ein Stück entgegenkommen: »Der Kampf (sc.: zwischen ‚Mosaismus' und Götzendienst) würde allerdings nicht so hartnäckig gewesen sein, wenn die das Sinnliche bestreitende Religion von Anfang an sich mit gleicher Kraft aller Glieder der Gemeine bemächtigt, oder schon alle Vollendung und Klarheit, die ihr Princip gestattete, entwickelt enthalten hätte«; so durchlief also die mosaische Religion einen »Läuterungsproceß, dessen herrliche Früchte« auch für EWALD »in den Propheten des neunten bis sechsten Jahrhunderts an den Tag kommen: aber eben aus dieser lange dauernden Nachwirkung muß man auf einen desto kräftigern Anfang schließen, wie denn bis auf die Entstehung des Christenthums nichts in Israel Großes gekommen ist, was nicht an Mose anknüpfte« (90). Diese grundlegenden Einsichten EWALDs, die sich hier andeuten, werden im ganzen durch seine 1843—1855 zuerst erschienene ‚Geschichte des Volkes Israel' bestätigt[17].

---

[17] EWALDs methodischer Einstieg unterscheidet sich dort grundsätzlich von dem VATKES, wenn nach seiner Meinung »die Geschichte des alten Volkes Israel . . . als ein gänzlich abgeschlossener Theil menschlicher Ereignisse« betrachtet werden muß; »wir stehen als reine Zuschauer fernab, und lassen das ganze große Schauspiel . . . ruhig an uns vorübergehen« (I 3f.; EWALDs Kleinschreibung der Substantiva wie sein weitgehender Verzicht auf das Setzen von Kommata werden zur Erleichterung der Lektüre nicht übernommen). Diese Distanz gegenüber dem historischen Gegenstand mußte VATKE als bloß empirische Erkenntnisweise ablehnen. In anderer Hinsicht berühren sich freilich beide Forscher wieder eng: Auch EWALD sieht in der altisraelitischen Überlieferung eher die Form der Sage und nicht das, »was wir im

In der ausführlichen und leidenschaftlichen Besprechung, die schließlich DE WETTE VATKES Buch widmete, spricht sich die ganze Beunruhigung dieses Theologen in seiner späten, Basler Periode aus, wenn er im letzten Satz der Rezension klagt: »Aber die Kritik des Verfassers hat fast alle Schranken niedergerissen« (RV 1003)! Obgleich er doch seiner ‚Biblischen Dogmatik‘ selber eine philosophische Grundlegung vorausschickte, bekennt er hier seine Abneigung gegen VATKES schwer faßliche, »abstruse philosophische« (RV 996) und »wunderliche Schulsprache der hegel'schen Philosophie« (RV 1001). In der Nachfolge SCHLEIERMACHERS betont er, daß um der ‚heiligen Persönlichkeit Jesu‘ (RV 948) willen das Neue Testament zwar stärker vor der kritischen Analyse geschützt werden müsse als das Alte — denn dieses enthält nur die »vorbereitenden Offenbarungen« und steht darum dem christlichen Glauben »viel ferner« (RV 949) —, kommt aber auch in der Begründung und Bewertung der kritischen Arbeit am Alten Testament zu einer befremdenden Unsicherheit.

Einerseits bleibt er dem Rationalismus als dem Boden der historisch-philologischen Kritik insofern treu, als er der supranaturalistischen Richtung der Evangelischen Kirchenzeitung entgegenhält, die Kritik sei »wenigstens ein Zeichen von Leben« (RV

---

strengeren Wortsinne geschichtliche Wissenschaft nennen« (I 287). Auch er nimmt an, »daß die eigentliche Volksgeschichte Israels erst mit den 12 Stämmen beginnen könne, und daß, was von den Erzvätern und noch höher hinauf erzählt wird, in ein wesentlich verschiedenes Gebiet gehöre« (I 366).

Aber im zweiten Band, dem EWALD die Überschrift ‚Geschichte Mose's und der Gottherrschaft in Israel‘ gab, kommt dann über der Gestalt Moses der Unterschied der Ansichten deutlich hervor. Unter den dispositionellen Gesichtspunkten ‚Mose als Prophet ... und als Mensch‘, ‚Ausbildung und Blüthe der Gottherrschaft unter Mose und Josua‘ folgt EWALD — entgegen seiner Quellenbewertung — in großen Zügen der Überlieferung der alttestamentlichen ‚Geschichtsschreiber‘. Da ist es wieder »Mose selbst und seine Zeit, worin man ... schon den vollen lebendigen Keim und Trieb aller großen Bewegungen und Wendungen der folgenden anderthalb Jahrtausende klar erblicken muß, so daß ohne ihre sichere Erkenntnis alle folgende Geschichte Israels mit dem Christenthume selbst völlig unklar bleibt« (II, S. IX). Es wird erlaubt sein, auch an VATKE zu denken, wenn EWALD die radikale Kritik seiner Vorgänger weiter geißelt: »So ist es denn gekommen, daß sich einigen, und zwar sonst nicht gerade zu verachtenden Schriftstellern noch der neuesten Zeit das Licht der Geschichte über dem Haupte dieses außer Christus größten Religionsstifters ganz zu Finsternis verdunkelt und man unter uns schon gezweifelt hat, ob er überhaupt gelebt habe und ob wir irgend etwas Sicheres über ihn auszusagen imstande seien. Aber so spricht nur die Verzweiflung, welche die wirklich noch vorliegenden Quellen nicht gehörig zu benutzen und aus ihnen kein festes geschichtliches Bild wiederherzustellen vermag« (II 25; vgl. auch II 46; über die »Abkunft der zehn Gebote von Mose« vgl. II 29 mit II 27). EWALD hat also VATKES Pentateuchkritik nicht aufzunehmen vermocht, obwohl für ihn andererseits »die Meinungen solcher wie Hengstenberg, Delitzsch, Keil, Kurtz ... unter und außer aller Wissenschaft« (I 95) standen.

952) und »die geschichtliche Wahrheit« könne »allein die Trägerin der gläubigen seyn«
(RV 950); andererseits wird aber deutlich, wie der spätere DE WETTE der Geister, die
der jüngere rief, nicht mehr Herr wird, wenn er mit einer gewissen Resignation konstatiert: »Die Kritik des Herrn Vatke geht weiter als die, welche bisher am weitesten
ging, namentlich auch die des Referenten« (RV 952). Bedenkt man, daß termini wie
,weiter' oder ,am weitesten' wirklich keine methodisch reflektierten Angaben sind, dann
wird die Hilflosigkeit eines Gelehrten vom Range DE WETTES in dieser Sache augenfällig.

Als Kenner der entscheidenden Gegenstände der Kritik wendet
sich nun auch DE WETTE gegen VATKES Behandlung des Pentateuch
und der Gestalt Moses. »Die Aufzeichnung der mosaischen Sagen und
Gesetze ging unstreitig Hand in Hand. Die Entstehung der Gesetzgebung der mittlern mosaischen Bücher in der Zeit nach dem Exil
erscheint mir als ganz unbegreiflich, noch unbegreiflicher, als wenn
man sie von Mose ableitet« (RV 971).

Obwohl auch DE WETTE erkannt hatte, daß diese Gesetze erst sehr spät zur Grundlage religiösen Verhaltens wurden, blieb diese seine Einsicht ohne entsprechende literarkritische Folgerungen. Zwar formuliert er sogar »die sehr schwierige Aufgabe, zu erklären, wie zwischen Mose und der Erscheinung des Deuteronomiums die Gesetzgebung
der mittlern Bücher entstanden sey« (RV 973), verstellt sich aber die mögliche und
notwendige Lösung durch die Absicht, an der alles überragenden Bedeutung Moses
festzuhalten. So sieht er in den Gesetzen lieber »das Werk der Priester, welche . . . die
von ihm (= Mose) zum Theile schriftlich, zum Theile mündlich hinterlassenen Ver-
ordnungen schriftlich fortpflanzten, bearbeiteten, fortbildeten und erweiterten« (RV
973). Will man getrost Spuren solcher Priestertradition annehmen und DE WETTE auch
ein besonderes Gespür für mündliche Überlieferung zugestehen, so bleibt bei ihm doch
die Frage offen, die VATKE bewegt und auf seine Weise beantwortet hat: daß nämlich
die vorliegende *schriftliche* Quelle das Deuteronomium im Rücken hat. Auf die von ihm
selber gestellte Frage, ob »es nicht eine thörichte, vergebliche Mühe« gewesen wäre, in
früher Zeit »Gesetze aufzuschreiben, an deren Beobachtung nicht zu denken war« (RV
974), kann DE WETTE nur noch mit dem Hinweis auf eine vielleicht lokal begrenzte

---

Auch EWALD bedachte, was VATKE thematisch entfaltet hatte: eine gewisse Differenz zwischen Idee und Realität. »Das ganze Jahvethum . . . ist seinem innersten
Leben nach etwas rein Geistiges, mußte sich aber, in die Welt tretend, sogleich in bestimmte zeitliche Verhältnisse fügen und volksthümlich sich beschränken« (II 211).
Die Vorstellung von der Entwicklung der Theokratie in Israel verdeutlichte er in einer
heilsgeschichtlichen Linie von Mose bis Christus und ordnete sie einer teleologischen
Konzeption unter: das telos der Entwicklung liegt in der neutestamentlichen Erfüllung (vgl. II 162 f.). In der Vorrede zum 5. Bande (,Geschichte Christus' und
seiner Zeit') wendet er sich gegen die üblich gewordene »Auseinanderreißung der
beiden Testamente unter dem Mißverständnisse, ja der Verachtung des Alten«
(V, S. X). Der Niedergang der alttestamentlichen Religion und die ,Vorbedingungen
des Aufgehens des Keimes der Vollendung' (wie EWALD einen ganzen Abschnitt
überschreibt) fallen zusammen. Die Religion Israels war aber auf jeder ihrer Stufen
auf Vollendung angelegt — »eben weil sie noch nicht die vollendete war« (V 128).
Der »Fortschritt und die folgerichtige Entwickelung der ganzen großen Geschichte
selbst ist es, welche unwidersprechlich lehren, wie nothwendig das Alte zu dem Neuen
hinführt und dieses auf jenes zurückgeht« (V, S. X).

Geltung solcher Gesetze antworten. Am Ende bleibt ihm gegenüber VATKES Argumenten eine recht verunglückte Auskunft: »Die Priester vergnügten sich in ihrer Muße an Entwerfung von Idealen, deren Verwirklichung sie für die Zukunft hoffen mochten« (RV 976). Die angestrebte Bewahrung der Wirksamkeit Moses hat dann freilich nur noch diese Gestalt: »Mose selbst hatte mehr für die Idee, als für die Wirklichkeit gethan« (RV 975) — womit sich DE WETTE mehr nolens als volens wieder VATKE nähert!

Der Widerstand DE WETTES gegen VATKES kritische Radikalität in der Pentateuchfrage erklärt sich nur aus den Umbrüchen in DE WETTES Lebensarbeit. Er meinte schließlich bewahren und schützen zu sollen, wo die Evidenz der historischen Erkenntnis gefragt war.

»Wohin gerathen wir aber, wenn wir eine geschichtliche Thatsache, wie diese, welche eine Grundvoraussetzung des ganzen israelitischen Alterthums ausmacht, wegleugnen? Wir verlieren so allen geschichtlichen Boden. Ich glaube, es muß eine feste Voraussetzung der Kritik des Pentateuchs bleiben, daß Mose nicht nur die Zwei-Tafelgesetze, sondern auch noch andere Gesetze gegeben und die wichtigsten Einrichtungen des theokratischen Staates, wenn auch nicht geradezu gegründet, doch befohlen und angeordnet habe« (RV 973). Am Anfang der Geschichte Israels muß also ein »große(r) positive(r) Willensact, eine Gesetzgebung« gestanden haben, »wodurch der natürlichen Entwickelung vorgegriffen und ihr der Gang vorgeschrieben wird« (RV 1003). DE WETTE macht also Postulate zum Maßstab historisch-kritischer Fragen und begründet sie so: »Unsere Kritiker bauen Vieles, wo nicht Alles, auf den Grundsatz, daß das Vollendete, consequent Durchgeführte, der spätern Zeit angehöre und die Frucht einer geschichtlichen Entwickelung sey. Aber dieser Grundsatz, so einleuchtend er an sich seyn mag, wird in der Anwendung auf die israelitische Gesetzgebung keine allgemeine Anwendung finden« (RV 971). Dieser Satz trifft VATKES Philosophie beinahe, seine exegetische Beweisführung gar nicht.

Indes standen sich hier zwei in der Sache und in der Haltung ebenbürtige Männer gegenüber — sieht man von VATKES ungleich größerer Begabung für die philosophische Durchdringung von Zusammenhängen ab. Darum erspart DE WETTE seinem Kontrahenten auch den Vorwurf, er habe »in einem irreligiösen und untheologischen Geiste geforscht«[18]. Wenn auch die folgende Geschichte der *historisch-kritischen* Forschung VATKE im ganzen recht gab, so blieb doch in dem

---

[18] RV 981. Man wird hier an DE WETTES frühere Äußerungen erinnert: »Der Verstand ohne Glauben wird zum Unglauben und zur leeren Täuschung, und der Glaube ohne Verstand wird zum Aberglauben und zur Schwärmerei« (RTh, S. V). Damals wollte DE WETTE also »den Gewinn der Verstandesuntersuchung in der Theologie bewahrt wissen, und doch die Rechte des Glaubens geltend machen« (RTh XII). Andererseits hieß es auch damals schon: »Nichts ist dem Christenthum mehr entgegengesetzt, als die pantheistische Ansicht der neueren Philosophie« (RTh 138); um so generöser ist daher das Votum des späteren DE WETTE, VATKE habe *nicht* in einem ‚irreligiösen‘ Geiste geforscht.
Die theologisch differenzierte, aber auch schwankende Position des Basler DE WETTE kommt in dem erst neuerdings veröffentlichten Briefwechsel mit H. HUPFELD zum Ausdruck. »Mir ist es fast unbegreiflich, wie die junge Generation fast größtentheils

Maße, in dem man glaubte über das ‚Abstruse' in seinem Werk wegsehen zu müssen, seine *hermeneutische* Frage unaufgearbeitet und vergessen.

II. Das persönliche Schicksal nach 1835 und die theologiegeschichtliche Beurteilung

‚Die Religion des Alten Testamentes' blieb VATKES bedeutendstes und auf alttestamentlichem Gebiete einziges Buch, durch das er zugleich berühmt wie berüchtigt wurde. Sein persönliches und wissenschaftliches Schicksal ist in den referierten Rezensionen gleichsam vorgezeichnet[19]. Das Buch wurde überhaupt nur von sehr wenigen gelehrten Männern wirklich gelesen. Als der Einfluß der Hegelianer

wieder von der kritischen Ansicht zurück zur alten Unlauterkeit kehrt. Doch betrachte ich dies nur als einen Ruhepunkt in der Entwickelung der Theologie, um das erkältete Gemüth wieder zu erwärmen . . . Wir müssen uns von der Ängstlichkeit in Ansehung der Geschichtsquellen des Christenthums befreyen und eine Religion des Geistes gründen; die Geschichte muß uns als Symbol, jedoch als wesenhaftes, erscheinen . . . Meine kritischen Freunde sind an mir irre geworden, sobald ich nicht mehr einseitig kritisch war« (Br 60; vom 1. 3. 1826).

Ein weiteres wichtiges Bekenntnis stellt der Brief an HUPFELD vom 6. 4. 1832 dar, aus dem zum tieferen Verständnis der Erschütterung DE WETTES über VATKES Arbeit ein paar Sätze im Zusammenhang zitiert werden sollen. »Es gibt rationalistische Elemente in meiner Theologie, wohin die biblische Kritik und die Opposition gegen den überlieferungsgläubigen Supranaturalismus gehört . . . Je mehr ich aber die in meinem System liegende positive Richtung verfolgte, desto mehr wandten sich Wegsch. (= Wegscheider) und Consorten von mir ab . . . Meine Theologie ist nicht rationalistisch, sondern rational, und als solche auch einen gewissen Supranaturalismus in sich schließend; denn die Vernunft, die nun einmal doch mit der Offenbarung in Einklang gesetzt werden soll, so wie der Glaube des Christen frey sein soll, schließt Geheimnisvolles in sich, das Gefühl der Abhängigkeit von einem Höheren und der Verwandtschaft mit Gott. Meine Theologie ist übrigens geschichtlich und kirchlich . . . Jene exegetische Unpartheilichkeit fängt an allgemein zu werden, so daß man den Rationalismus und Supranaturalismus nicht mehr in der Exegese erkennen kann . . . Sie wissen, wie jetzt die theologischen Partheien stehen: ich schließe mich zunächst an Schleiermacher an, und bin zwar weniger dogmatisch . . . aber dafür bin ich vielleicht mehr historisch« (Br 76—78).

Mit diesen philosophisch-theologisch nicht völlig geklärten Voraussetzungen konnte DE WETTE die strenge, an HEGEL geschulte Systematik, mit der VATKE seine Exegese überlagert hatte, unmöglich positiv aufnehmen. Wahrscheinlich hat er sich unter dem Eindruck dieses Gegensatzes auch der historischen Leistung VATKES leichter verschlossen, als angesichts seines eigenen kritischen Vermögens notwendig gewesen wäre. Dennoch sind diese theologischen Äußerungen DE WETTES so bemerkenswert, daß sie eine Aufnahme in die heutige alttestamentliche Theologie verdient haben.

[19] Die Königsberger Fakultät wollte VATKE in ein Ordinariat berufen. HENGSTENBERG brachte diesen Plan durch ein ungünstiges Votum in dem von der Berliner Fakultät erbetenen Gutachten zu Fall. Auch NEANDER, vor dem Erscheinen des Werkes ein Gönner VATKES, trat nun gegen eine Berufung ein (vgl. B 264f.).

mehr und mehr abnahm, geriet auch VATKEs Werk bald in den Ruf, hegelianisch und damit unverständlich zu sein. Die Alttestamentler, an die sich VATKE ja vornehmlich gewandt hatte, machten aus ihrer Abneigung gegen philosophische und systematisch-theologische Konzeptionen überhaupt kein Hehl mehr.

Unter den gegebenen Umständen konnte es der Minister ALTEN-STEIN gerade noch durchsetzen, daß VATKE am 1. 7. 1837 eine außerordentliche Professur erhielt, freilich zunächst ohne Dotation und unter der — mündlich abgesprochenen und wahrhaft beschämenden — Bedingung, vorerst die ‚Biblische Theologie‘ nicht fortzusetzen[20]. Wenngleich dieses sein Hauptwerk tatsächlich nie vollendet wurde und er sich auch in der Fakultät nur geduldet fühlte, hatte VATKE doch in den Jahren nach 1835 einen großen Zulauf von Hörern und blieb in der alttestamentlichen Forschung auf der Höhe seiner Zeit. Sein 1841 erschienenes Werk ‚Die menschliche Freiheit in ihrem Verhältnis zur Sünde und zur göttlichen Gnade‘[21] wie auch die beiden aus Vorlesungen und privaten Manuskripten zusammengestellten und posthum herausgegebenen Bücher[22] blieben indes ohne jeden Einfluß auf den Gang der Forschungsgeschichte[23].

---

[20] Vgl. B 269—272 und 294. Obgleich VATKE am zweiten, dem Neuen Testament gewidmeten Teil des Werkes bald zu arbeiten begann, bleibt es ungeklärt, warum dieser zweite Teil nie fertig geschrieben wurde. An den befreundeten Philosophen ED. ZELLER schrieb VATKE 1852: »Sie werden sich vielleicht gewundert haben, daß ich so lange Zeit nichts habe drucken lassen? Ich hätte es gethan, wenn ich mit einigen Untersuchungen zu einem festen Resultat gekommen wäre . . . Die letzten Jahre waren der Schriftstellerei wenig günstig« (B 463). Weitere zehn Jahre später schrieb er an D. FR. STRAUSS: »Du meinst, ich könnte prof. ordin. werden? Nie, da ich keinen einzigen Freund und Protektor in der Facultät habe . . .; auch bin ich längst resignirt . . . für unsere Richtung ist wenig Hoffnung« (B 509). Diese Resignation der späteren Jahre und das Ausbleiben der Theologie des Neuen Testaments erklären sich wahrscheinlich durch die ermüdenden Anfeindungen in der Fakultät und den Thronwechsel von 1840, der ihm jede Aussicht auf eine ordentliche Professur und damit auch auf eine anerkannte Lehrtätigkeit genommen hatte.

[21] Der äußere Anlaß für dieses umfangreiche Werk waren wohl die ersten Teile der ‚Christlichen Lehre von der Sünde‘, die der durch die Erweckungsbewegung geprägte, aber auch der Vermittlungstheologie nahestehende THOLUCK-Freund JULIUS MÜLLER von 1838 ab erscheinen ließ. MÜLLER nannte die Erfahrung der Sünde als das entscheidende Argument gegen HEGELS Verständnis Gottes und der Welt. VATKE entgegnete ihm, auch 1841 noch in ungebrochenem Hegelianismus, »die Zeit, wo die Vernunft auf Kosten gewisser religiöser und theologischer Vorstellungen ungestraft mit Füßen getreten wurde, ist jetzt wohl für immer dahin« (Die menschliche Freiheit . . ., 28).

[22] ‚Historisch-kritische Einleitung in das Alte Testament‘ (1886) und ‚Religionsphilosophie‘ (1888), beide herausgegeben von H. G. S. PREISS.

[23] WELLHAUSEN hatte seine ‚Prolegomena‘ längst geschrieben, als VATKES posthume ‚Einleitung‘ erschien; aber auch *nach* WELLHAUSEN hat sich kein Alttestamentler

VATKE wurde in den Jahren des Lehrerfolges um seine Mitarbeit an verschiedenen Zeitschriften gebeten und hat einige bemerkenswerte Rezensionen über alttestamentliche Werke geschrieben. In der Besprechung von J. F. L. GEORGES Buch ,Die älteren jüdischen Feste mit einer Kritik der Gesetzgebung des Pentateuch' äußert er noch einmal seine Meinung über die kultusgesetzlichen Partien des Pentateuch:

> »Nach unserer Ansicht ist der Vf. in einem Irrthume befangen, wenn er überall voraussetzt, daß das leere Cerimonienwesen sich erst nach dem Exile gebildet habe. Stellen der älteren Propheten bezeugen hinlänglich, daß es in der Praxis lange vor dem Exile herrschte; später wurde es nur gesetzlich fixirt und kam als Moment zur älteren Gesetzgebung, welche einen wesentlich sittlichen Mittelpunkt hatte«[24].

VATKE beobachtete also das geschichtliche Anwachsen der Materialien des Pentateuch genau; eine undifferenzierte Deklassierung des nachexilischen Judentums ist ihm nicht zuzuschreiben.

Wenige Jahre später erschien eine von VATKE gründlich vorbereitete[25] Rezension in den Hallischen Jahrbüchern[26] über die ,Symbo-

---

auf diese Editionen bezogen. In diesem Zusammenhang sei auf die einzige Monographie über VATKES Theologie verwiesen: ,Wilhelm Vatke und die Graf-Wellhausensche Hypothese' von MARTIN KEGEL (1911). Das Bändchen ist darin eine Kuriosität, daß es den alten VATKE gegen den jungen ausspielt. KEGEL will die These ,lex post prophetas' bekämpfen und muß, um eine Autorität gegen WELLHAUSEN ins Feld führen zu können, einzelne Partien der posthumen ,Einleitung' VATKES gegen WELLHAUSEN und den VATKE von 1835 beschwören. Diese Studie führt sich in wissenschaftlicher Hinsicht dadurch selber ad absurdum, daß ihrem Verfasser im Grunde gar nicht daran liegt, die Versuche des unsicher gewordenen älteren VATKE als zwingend herauszustellen, sondern einzig daran, überhaupt irgend etwas oder irgendwen gegen die Alleinherrschaft WELLHAUSENS ins Treffen zu führen. KEGELS Arbeit ist nicht etwa eine Ehrenrettung VATKES, sondern ein Mißbrauch VATKES gegen WELLHAUSEN. Man wird sich hier an das von VATKE oft zitierte und auf sich selber bezogene Wort WEGSCHEIDERS berufen dürfen: »Meine Herren, wenn ich einmal alt und schwach werden sollte und anders lehren, so glauben Sie es mir nicht, meine jetzige Lehre ist die richtige« (B 82). Die Forschungsgeschichte hat diesen Satz bestätigt: Was von VATKE, als der Auseinandersetzung wert, erhalten blieb, das war sein Werk von 1835. Überdies dürfte es auch kein äußerer Zufall sein, daß er selber die Studien seiner späteren Lebensjahre nicht in den Druck gab.

[24] Jahrbücher für wissenschaftliche Kritik, 1836, Bd. I, 857—863; Zitat: 860. Wie DE WETTE VATKES Kritik als maßlos empfand, so hat VATKE übrigens in dieser Rezension DE WETTE vorgeworfen, er sei »in seinen Lehrbüchern der Archäologie und biblischen Dogmatik« »in der Darlegung der positiven Resultate auf halbem Wege stehen geblieben« (857)!

[25] Am 9. 6. 1839 schrieb er in einem Brief: »Jetzt lese ich über den Cultus des Alten Testaments, weil dieser Gegenstand durch eine neuere Schrift von Bähr in Heidelberg besonders angeregt ist« (B 293).

[26] 3. Jg., 1840, 1857—2127 (in Fortsetzungen). In den Hallischen Jahrbüchern hatte VATKE zuerst 1838 über RICHARD ROTHES ,Anfänge der christlichen Kirche und

lik des Mosaischen Cultus' von K. Chr. W. Bähr[27]. Auch hierin erweist sich Vatke wieder als treuer Hegelianer: »Die Zeit der allegorischen und typologischen Deutungen ist längst vorüber, aber auch die
der bloß äußerlich historischen Betrachtung eilt ihrem Ende entgegen«;
die spekulative Methode dagegen ist »ersprießlicher als ein geistloses
Stehenbleiben bei dem äußern Material«[28]. Obgleich er sich auch in der
Behandlung der historischen Details Bähr gewachsen zeigt, wird
an seinem Festhalten an den spekulativen Bestimmungen als uner-
läßlichen Voraussetzungen für die historische Betrachtung deutlich,
in welchem Maße er nun seinerseits den ‚Zeitgeist' in der Historiographie verkannte. Nachdem er schließlich auch Ewalds ‚Geschichte des
Volkes Israel' verworfen hatte[29], vereinsamte[30] er wissenschaftlich
mehr und mehr. Seine Kräfte waren im Abnehmen, als auch die
Fragestellung Hegels kein Gehör mehr fand. Dennoch läßt sich
Vatkes Verstummen nach einer relativ kurzen Zeit der Erfolge durch
die erfahrenen Anfeindungen oder durch Altersschwäche[31] nicht zureichend erklären und bleibt biographisch ein Rätsel.

Obwohl schon in dem relativ umfangreichen Werk ‚Zur Geschichte
der neuesten Theologie' von Karl Schwarz (1856) Vatke mit keiner
Silbe erwähnt wird und das Verständnis für seine wissenschaftliche
Leistung im Zuge der wechselnden Schulbildungen in der Theologie

---

ihrer Verfassung' einen Aufsatz veröffentlicht und dessen These von der Verwirklichung des Gottesreiches im Staat zurückgewiesen. Am 22. 6. 1841 schrieb er an
D. Fr. Strauss: »Die Hallischen Jahrbücher sind noch nicht definitiv verboten . . .
Übrigens sind jetzt die Hegelianer ecclesia pressa; . . . Man giebt uns keinen Pardon,
also auch wir nicht mehr, das Hätscheln und Schonen muß aufhören« (B 379).

[27] Zwei Bände, Heidelberg 1837 und 1839.

[28] A. a. O., S. 1857.

[29] Im Jahre 1844 schrieb Vatke an Ed. Zeller, er wolle für eine Rezension über
Ewalds ‚Geschichte des Volkes Israel' dessen zweiten Band abwarten, sonst könne
er »Ewald nur nebenbei betrachten«; »überhaupt habe ich einige Scheu, mit einem
so übertrieben eitlen Menschen wie Ewald anzubinden« (B 438). Rügte Vatke »die
geringe Geistesbildung« (B 438) Ewalds, so warnte dieser in späteren Jahrzehnten
seine Hörer öffentlich davor, Vatkes Buch überhaupt zu lesen (vgl. B 613). Vatke
wiederum las Ewalds zweiten Band »mit Überwindung« und hielt ihn »für ein Gebräu
ohne Saft und Kraft« (B 450).

[30] Es war Vatke auch nicht beschieden, einen Schülerkreis um sich zu sammeln.
Immerhin überschrieb A. E. Biedermann sein Buch ‚Die freie Theologie oder Philo-
sophie und Christenthum in Streit und Frieden' (Tübingen 1844) mit den Worten:
»Seinem theuren Lehrer, dem Herrn Professor Wilhelm Vatke in Berlin, widmet diese
Schrift zum Zeichen dankbarer Verehrung der Verfasser«.

[31] Erst im Jahre 1861 heißt es in einem Brief an D. Fr. Strauss: »Mit mir selbst
geht es noch ziemlich gut; nur kann ich nicht mehr anhaltend arbeiten, ein Zeichen
des nahenden Alters« (B 514).

des 19. Jahrhunderts völlig abhanden kam, fehlt es doch nicht ganz
an einzelnen bewundernden Äußerungen über den Verfasser der
‚Biblischen Theologie‘[32].

Sachlich bemerkenswert ist die Auseinandersetzung DANIEL
SCHENKELS mit VATKE in seiner Heidelberger Antrittsrede von 1851[33].
SCHENKEL verwirft den — an ZACHARIAE[34] demonstrierten — Bibli-
zismus als Grundlage einer alttestamentlichen Theologie, verurteilt
andererseits aber auch jede religionsphilosophische Basis.

An DE WETTE lobt er zwar die »kritische Keuschheit, mit der er den biblischen
Stoff behandelt«(51), dekretiert aber doch: »Indem de Wette den Maßstab seines
religionsphilosophischen Systems an die Bibel anlegt und alles das von ihrem Lehrin-
halte ausscheidet, was diesem Maßstabe nicht gerecht ist, wird ihm die Bibel zum Re-
flexe seiner Religionsphilosophie, und wir lernen darum eigentlich in der biblischen
Dogmatik de Wette's nicht sowohl die Glaubenssubstanz der Bibel, als die religionsphilosophischen Ansichten de Wette's kennen« (51).

Das Urteil über VATKE ist damit gleichsam vorgezeichnet. SCHEN-
KEL erkennt zwar ganz richtig, daß VATKEs Werk »unstreitig gewissermaßen eine Correctur des de Wette'schen« sein soll, weil es vor allem
dessen Tendenz »überwiegender Subjectivität« durch »ein objectiv
gültiges Princip für unsere Wissenschaft« ersetzt; aber die »Mangel-
haftigkeit des wissenschaftlichen Principes« auch bei VATKE ist für
SCHENKEL offenkundig und zugleich der Grund dafür, daß die »Wirkung der Schrift« gering blieb (51f.).

---

[32] In der Berliner ‚Literarischen Zeitung‘ (zitiert nach B) wurde in einem Artikel eines
nicht genannten Verfassers VATKES Buch von 1841 über die menschliche Freiheit
»an Gedankenarbeit das bedeutendste der Hegel'schen Schule« (B 363f.) genannt.
MARHEINEKE zitierte im Blick auf VATKE das Wort CAJETANS: »Habet profundos
oculos et mirificas speculationes in capite suo«, und TRENDELENBURG zählte ihn zu
den ‚gottbegnadeten Denkern‘ (vgl. B 371). Noch 1878 schrieb H. HOLTZMANN in
HILGENFELDS ‚Zeitschrift für wissenschaftliche Theologie‘ (21. Jg.) über die sogenannte HEGELsche Linke: »Als ihr ältester und angesehenster akademischer Vertreter darf wohl Wilhelm Vatke gelten« (212). Die Elogen über VATKE in GUSTAV
FRANKS ‚Geschichte der protestantischen Theologie‘ (Teil 4: ‚Die Theologie des
19. Jahrhunderts‘, Leipzig 1905, 64ff.) sind von BENECKE abgeschrieben; FRANK
scheint VATKE nie selber gelesen zu haben.

[33] Veröffentlicht unter dem Titel ‚Die Aufgabe der biblischen Theologie in dem gegenwärtigen Entwicklungsstadium der theologischen Wissenschaft‘ in ThStKr 25, 1852,
40—66. SCHENKEL war 1850 Nachfolger DE WETTES in Basel geworden, lehrte von
1851 ab in Heidelberg und war der Begründer des Protestantenvereins.

[34] GOTTHILF TRAUGOTT ZACHARIAE, Biblische Theologie oder Untersuchung des biblischen Grundes der vornehmsten theologischen Lehren, I—IV, Göttingen 1771—
1775. SCHENKEL schreibt dazu: »Von einer geschichtlichen Entwicklung des biblischen
Lehrstoffes hat er eigentlich noch keinen Begriff. Er hat es nicht mit einem Bibel-
ganzen, sondern nur mit Bibelstellen zu tun« (47).

VATKES wissenschaftliches Prinzip ist »mehr als verfehlt, es ist verkehrt« (52), denn »nach einem todten Schema wird hier die lebendige Geschichte in ein abstractes Fachwerk eingeschachtelt . . . auch auf diesem Wege wird uns nicht der wahre Bibelinhalt, sondern nur dasjenige von der Bibel zu Theil, was die hegel'sche Dialektik, nachdem sie mit dem Dreitacte ihrer Methodik an der Bibel herummanipulirt hat, von ihr übrig zu lassen für gut befunden« (53).

Weil aber auch SCHENKEL nicht will, »daß man . . . sich alles eigenen Urtheils begebe und bloß die historischen Thatsachen reden lasse« (54), sucht er für die Begründung der biblischen Theologie Anschluß an LUTHER und formuliert: »Nicht auf dem Wege begrifflicher Entwicklung, nicht durch das Mittel speculativer Operationen, sondern vermöge thatsächlicher Offenbarung des lebendigen Gottes ist Jesu Christus, als kein bloßer Begriff und als keine bloße Idee, sondern als eine welthistorische Person« das »Princip der Schrift« (58).

Diese Gegenüberstellung ist zu einfältig, um den Systematiker VATKE treffen zu können. VATKE wollte nicht nur den *Namen* Jesu Christi beschwören, sondern nun wirklich das Alte Testament in dessen *Geiste* lesen. Er hatte auf seine Weise geradezu praktiziert, was SCHENKEL am Ende forderte: »Die Schrift ist ein zusammenhängender, in stetem Wachsen begriffener, aus lebendigen Gliedern bestehender Organismus, der aus einem ihm zu Grunde liegenden und selbständig innewohnenden Principe verstanden werden muß« (61). Wenn VATKE differenziert nach den Gesetzmäßigkeiten, nach dem Wesen und schließlich nach dem Offenbarungscharakter der Geschichte fragte, dann gerade deshalb, weil er wußte, daß man auch durch das Schrift-*prinzip* ‚Jesus Christus' zu spekulativen Operationen an der Schrift gelangen kann.

SCHENKEL war einer der wenigen, die sich mit VATKE noch auf das systematisch-theologische Gespräch einließen; aber er würdigte nicht, was wenig später L. DIESTEL VATKE einzuräumen bereit war: daß er nämlich durch seine Fragestellung wenigstens die Tradition »des vulgären Rationalismus in tausend Trümmer schlug[35]« — und zwar eben durch die Bindung der Geschichte Israels an das Christus-‚*Prinzip*'.

Für die Generation, die zwei bis drei Jahrzehnte nach 1835 Theologie studierte, gehörte VATKES ‚Biblische Theologie' bereits zu der Art von Literatur, die kaum jemand nannte und die keinen akuten Anstoß mehr erregte[36]. VATKES Lehrerfolg in der zweiten Lebenshälfte war gering[37], in den letzten Lebensjahren — er starb am 19. 4. 1882 —

[35] Geschichte des Alten Testamentes in der christlichen Kirche, 1869, S. 691. Freilich sah DIESTEL auch VATKES Scheitern am historischen Detail (vgl. 718).

[36] Als das verbreitete Lehrbuch der ‚Einleitung in das Alte Testament' schon in den sechziger Jahren und noch vor der Mitarbeit WELLHAUSENS darf man das Werk von FR. BLEEK ansehen.

[37] BENECKE, der sich hier auf persönliche Eindrücke berufen kann, berichtet von den Jahren nach 1852, als HENGSTENBERG Examinator geworden war: »Hengstenberg

war er krank und lebte zurückgezogen und schließlich unbeachtet[38]. Vergegenwärtigt man sich, daß dieser Mann nach seinem genialen Jugendwerk vierzig Jahre lang nichts Nennenswertes veröffentlichte, daß er zwischen den theologischen und kirchlichen Richtungen zerrieben wurde und schließlich nur noch sehr wenigen etwas galt, dann erscheint einem das persönliche und wissenschaftliche Schicksal VATKES nicht ohne Tragik.

Was WELLHAUSEN dazu bewog, VATKES Werk der Wissenschaftsgeschichte wieder zu schenken, muß unten expliziert werden. Noch zu VATKES Lebzeiten aber, am 23. 7. 1880, schrieb er dem Greis folgenden kurzen Brief:

»Hochverehrter Herr Professor! Durch ein Zeitungsblatt erfahre ich soeben, daß Sie Ihr 50jähriges Jubiläum als akademischer Docent gefeiert haben. Ich kann es nicht lassen, Ihnen nachträglich meine warme Theilnahme auszudrücken. Wenn es Ihnen nicht so sehr auf die Extension als auf die Intension Ihres Wirkens ankommt, so können Sie wohl zufrieden sein — freilich auch die Intension könnte noch stärker sein, aber Sie haben die Zukunft. Ich rede nur von dem, was ich verstehe, vom Alten Testament: da ist es gewiß, daß Ihre Wirksamkeit erst angeht« (B 619).

Die fachliche Beziehung WELLHAUSENS auf VATKE läßt sich, vorbereitend, dadurch näher bestimmen, daß man das forschungsgeschichtliche Urteil einiger Gelehrter aus dem Kreise um WELLHAUSEN über VATKES Werk hier zu Worte kommen läßt.

Der EWALD-Schüler und spätere WELLHAUSEN-Gegner AUG. DILLMANN[39], dem zufolge VATKES Buch »in einer ganz unerträglichen Hegelschen Terminologie geschrieben« ist (20f.), braucht natürlich nur eine Anmerkung[40], um WELLHAUSENS Entdeckung forschungsgeschicht-

---

controlirte scharf die Anmeldebogen seiner Zuhörer, um dahinter zu kommen, ob etwa Dieser oder Jener bei Vatke angenommen hätte . . . ‚Hören Sie bei mir und bei Vatke, so ist das gerade so, als wenn Sie vor und hinter dem Wagen ein Pferd anspannen; der Wagen kommt dann nicht von der Stelle‘« (B 549). Als sich im Winter 1876 nur noch drei Hörer angemeldet hatten, gab VATKE die Lehrtätigkeit nach 90 Lehrsemestern (1830—1875) ganz auf.

[38] Am 27. 2. 1870 schrieb VATKE an STRAUSS: »Wer sich nach mir erkundigt, erfährt, daß ich passé, einen längst überwundenen Hegel'schen Standpunkt einnehme, kaum noch ein Collegium zu Stande bringe, gleich einem Einsiedler altere, auch kränkele. Wer meine Bücher liest von 1835 oder 1841, findet sie abstrus, wenig anziehend und einladend zu anderweitiger Fortsetzung« (B 589); am 29. 9. 1873 heißt es schließlich, wieder in einem Brief an STRAUSS: »Du hast Großes geleistet, ich nur Geringes« (B 602).

[39] Handbuch der alttestamentlichen Theologie, aus dem Nachlaß herausgegeben von RUD. KITTEL, Leipzig 1895.

[40] »Dies ist das Buch, das neuerdings vielfach als der Bahnbrecher für das richtige Verständnis der ATl. Religion und ihres Entwicklungsgangs bezeichnet wird, und in dessen Bahnen demgemäß fast die ganze neuere Kritik und Geschichtsauffassung wandelt« (a. a. O., S. 21, Anm. 1).

lich zu orten und zu deklassieren. FRANZ DELITZSCH hat gleichfalls
»über Vatkes Versuch eines historischen Aufrisses . . . ein hartes Urteil
gefällt«[41].

Aber auch wo VATKE (vor allem natürlich von WELLHAUSENS
Schülern) gepriesen wurde, blieb doch seine spezifische Fragestellung
weithin unberücksichtigt oder unverstanden. Bei C. H. CORNILL[42]
heißt es in den Bemerkungen über die ‚Geschichte der Disziplin‘:
VATKE gab »auf einem ebenso kühn wie fest gefügten religionsgeschichtlichen Unterbau eine pragmatische Darstellung des Entwicklungsganges der Alttestamentlichen Literatur, die zum ersten Male den
wirklichen Verlauf klar erkannt und groß erfaßt hat« (5). Die Bewunderung CORNILLS ist an VATKES systematischer Leistung dennoch uninteressiert.

Diese Ansicht Cornills ist nicht spezifisch, sondern typisch. Die
auf VATKE bezogenen Sätze in den forschungsgeschichtlichen Rück-
blicken der WELLHAUSEN-Schule gleichen einander nicht nur im Wortlaut[43], sondern auch in der Tendenz: VATKES Bild von der Entstehung
der alttestamentlichen Literatur und der Entwicklung der Geschichte
Israels genießt beinahe allgemeine Anerkennung, sein philosophischer
Ansatz wird leichthin abgestreift.

Diese Problematik läßt sich an RUD. SMENDS ‚Lehrbuch der Alttestamentlichen Religionsgeschichte‘[44] vorzüglich aufzeigen.

»Geschaffen ist die alttesttamentliche Religionsgeschichte von Wilhelm Vatke« (3).
Fragt man sich, warum denn jetzt, wo alles auf Religions*geschichte* abzielt, VATKES
religions*philosophischer* Ansatz nicht mehr stört, so erfährt man bei SMEND: »Die
Hegel'sche Dialektik befähigte ihn in außerordentlichem Maße zu logischer Zergliede-
rung und Erfassung der biblischen Ideenkreise und die Hegel'sche Geschichtsphilosophie hob ihn über die Schranken hinaus, die der Rationalismus seinen Jüngern für das
Verständnis der biblischen Religion zog« (3).

Nun hat sich aber SMEND selber keinesfalls solcher philosophischen Hilfsmittel
bedient. Es muß also einen Grund dafür geben, daß er VATKES Methodik lobt, ohne sie
zu übernehmen. Das wird aus dem Folgenden deutlich: »Er begriff die alttestamentliche Religionsgeschichte aber *nicht nur* als einen logischen Prozeß, in dem jede Einzel-
erscheinung ihre nothwendige Stelle hatte, mit dem umfassendsten *sachlichen* Interesse

---

[41] H. BARDTKE, FRANZ DELITZSCH geb. 23. 2. 1813 — Ein Gedenkwort . . ., ThLZ,
88. Jg., 1963, Sp. 161—170; hier: Sp. 166.

[42] Einleitung in die kanonischen Bücher des Alten Testaments, 7. Aufl., Tübingen 1913.

[43] Vgl. B. STADE, Biblische Theologie des Alten Testaments, Bd. I, Tübingen 1905,
S. 9: »Der erste, der den wirklichen Entwicklungsgang der Religion Israels durch-
schaut und seine durchgängige Abhängigkeit von Israels Geschichte begriffen hat,
ist W. Vatke gewesen«.

[44] 2. Aufl., Freiburg 1899; dieser ‚ältere‘ RUDOLF SMEND wird nur in diesem Zusammenhang zitiert und ist darum nicht zu verwechseln mit seinem Enkel, dem Verf. der
wissenschaftlichen Biographie DE WETTES.

und tief eindringendem Verständnis der alttestamentlichen Literatur hat er ihren Gang in *lebensvoller Wirklichkeit* erkannt« (3 f.; Hervorhebungen vom Verf.).

Auch SMEND hat also im Grunde die durch WELLHAUSEN präzisierte *literarkritische* These VATKES ‚lex post prophetas‘ im Blick — ungeachtet der Tatsache, daß VATKE selber weder eigentlich Quellen ausgesondert hat, noch diese Gewichtsverteilung zwischen dem Philosophischen und dem Literarhistorischen gebilligt hätte. Wenn SMEND schließlich mit dem Hinweis zu seinem Ziel kommt, daß »J. Wellhausen die Position Vatke's erneuert und weitergebildet» (5) habe, dann könnte man vermuten, WELLHAUSEN müsse VATKES *ganze* Intention aufgenommen haben. Daß es zu dieser Meinung tatsächlich kam, hat in den angeführten Äußerungen seinen Anlaß.

SMEND verteidigt VATKE als den Gewährsmann WELLHAUSENS, nicht als den Schüler HEGELs, der eine bestimmte theologische und hermeneutische Fragestellung zu seinem Hauptanliegen gemacht hatte. Weil man VATKE die große Einsicht der WELLHAUSEN-Ära, die These ‚lex post prophetas‘, der Sache nach zuschreiben durfte, war er der gefeierte Mann der Vergangenheit, der zu Unrecht — weil durch HENGSTENBERG bekämpft, durch EWALD mißverstanden und wegen der HEGELschen Schulsprache unbeachtet — in Vergessenheit geraten war. Jetzt war das geschehen, was sich VATKE schon in seinen methodischen Vorbemerkungen verbeten hatte: Das Herausbrechen der historisch-kritischen Resultate[45] und die Unterdrückung der syste-

---

[45] ED. REUSS bekennt in der Vorrede zu seiner ‚Geschichte der Heiligen Schriften des Alten Testaments‘ (2. Aufl., 1890), bereits im Sommersemester 1834, wenigstens im mündlichen Vortrag, mit VATKES historischen Ergebnissen in Übereinstimmung gewesen zu sein. »Wer die Literatur jener Zeit sich vergegenwärtigt, nicht die conservative bloß, sondern namentlich auch die kritische, der wird es begreiflich finden daß ich mich scheute sofort der gelehrten Welt die Herausforderung hinzuwerfen, die Propheten für älter anzuerkennen als das Gesetz, und die Psalmen für jünger als beide. Denn diese Sätze waren . . . die annoch mehr erschauten als streng im einzelnen festgebauten Grundpfeiler meiner Construction der hebräischen Geschichte« (VII). So hatte VATKE freilich die Ablehnung allein zu ertragen, die REUSS später, im Schatten des WELLHAUSENschen Siegeszuges, erspart blieb. Bezeichnend ist nun auch REUSS' Votum über VATKES Buch: »Sollte Jemand sich wundern, daß ich hier nicht der ältern Arbeit Vatke's gedenke, so darf ich antworten daß ich dieselbe erst in viel neuerer Zeit habe schätzen lernen. Bei ihrem Erscheinen schreckte mich schon die Inhalts-Anzeige mit ihren Hegelschen Formeln dermaßen ab, daß mir damals das Werk fremd blieb. Ein Philosoph bin ich nun einmal nicht, und einer theoretischen Behandlung der Geschichte traue ich nicht über den Weg. Allerdings habe ich seitdem eingesehn daß dort Theorie und Formel eigentlich eine entbehrliche Zuthat war, und meine Untersuchungen, wenn ich mich durch dieselben nicht hätte abwendig machen lassen, bedeutend hätten gefördert werden können« (IX). Diese ‚Formeln‘ bezeugten also gegen Ende des Jahrhunderts — und nicht nur für REUSS — eine nicht mehr glaubhafte Fragestellung, sie galten als zeitbedingte

matischen Frage — ein Prozeß, der nicht zufällig in der Profanhistorie seine direkte Parallele hatte!

Was WELLHAUSENS Gesinnungsgenossen aber zur unreflektierten Selbstverständlichkeit geworden war, kann bei ihm selber kaum ein Problem gewesen sein: Der Klimawandel von der Philosophie zur Historie, von der Systematik zur bloßen Exegese muß — wie für seine Schüler so auch für ihn — konstitutiv geworden sein. VATKE hatte die *Verbindung* der Ebenen gesucht; von *dieser* seiner Leistung sprach niemand mehr.

Ist mit diesen Hinweisen auf Vorgänger und Anhänger WELL-HAUSENS der Horizont seines Arbeitens vorläufig abgesteckt, so bleibt die Frage nach seiner direkten Anknüpfung an VATKE offen. Schon in der Einleitung zum ersten Band seiner ‚Geschichte Israels‘ (1878) heißt es: »Vatke's Buch ist der bedeutendste Beitrag, welcher überhaupt je zur Geschichte des alten Israel geleistet worden ist« (4). Schließlich schrieb WELLHAUSEN kurz nach VATKES Tod in einem Beileidsschreiben an dessen Sohn Theodor: »Ich habe von keinem Menschen mehr, von kaum Einem so viel gelernt, als von Ihrem Herrn Vater. Es sind wunderliche Waisenknaben, die statt seiner in der Theologie und im Alten Testament das große Wort geführt haben und führen; aber da er selbst die Sache gelassen ansah, so wollen wir sie auch gelassen nehmen. Hegelianer oder nicht: das ist mir einerlei — aber Ihr seliger Vater hatte ein bewundernswerth treues Gefühl für die Individualität der Sachen« (B 627)!

Wäre es in der Forschungsgeschichte üblich, die Selbstaussagen eines Gelehrten vom Range WELLHAUSENS ernst zu nehmen, dann dürfte die Untersuchung hier enden: WELLHAUSEN hat sein Verhältnis zu Hegel selber bestimmt! Indes herrscht diese Sitte nicht, und der Vorwurf, WELLHAUSEN sei Hegelianer gewesen, bestimmt bis heute die Äußerungen über ihn. Darum ist die folgende Analyse seiner Geschichtsschreibung notwendig.

Überlagerung, derer man sich in einer Art historischer ‚Aufklärung‘ (nun gegenüber der Philosophie!) kurzum entledigte.

VATKE selber hatte einmal seinem philosophisch und theologisch nicht ausgebildeten Bruder kurz nach Erscheinen der ‚Biblischen Theologie‘ geschrieben: »A propos. Sollte Dich die Einleitung meines Buches langweilen, so überschlage sie und lies doch die kritische Geschichte, die in dieser Weise die erste ist« (B 150). Dieser Dispens galt für die Fachgenossen mitnichten.

DRITTER TEIL:

DIE GESCHICHTSSCHREIBUNG
JULIUS WELLHAUSENS

A. PROBLEME DER WELLHAUSEN-KRITIK

Die in der ‚Einleitung‘ der vorliegenden Untersuchung zitierten Äußerungen über WELLHAUSEN dienten der Formulierung der Aufgabe und sollten den vorbereitenden Weg durch die beiden vorausgehenden Hauptteile rechtfertigen. Die Tendenzen der WELLHAUSEN-Kritik müssen zunächst präzisiert und thematisch geordnet werden. Daraus wird sich zugleich die sachliche Gliederung der folgenden Abschnitte ergeben.

Eine die Verurteilungen WELLHAUSENS kennzeichnende Beobachtung drängt sich bereits beim ersten Überblick auf: WELLHAUSENS historisch-kritische Methode wurde kaum historisch-kritisch widerlegt; dennoch wurde den durch diese Methode gewonnenen Resultaten widersprochen. Dementsprechend kam auch der Widerstand gegen WELLHAUSENS Ansicht von der Geschichte Israels zunächst weniger aus den Kreisen der Fachgenossen als vielmehr aus der kirchlichen Öffentlichkeit. Zu einem kirchlichen Problem wurde seine Forschung einfach dadurch, daß er mit bestechender Klarheit das dem bibellesenden Christen (und Pastor!) vertraute Bild von der Geschichte Israels zerstört hatte.

Der Fachgelehrte konnte längst nicht mehr unvorbereitet sein: WELLHAUSEN zog nur ein kritisches Fazit. Obgleich er sich dabei auf Methoden der historischen Forschung berufen durfte, denen seit DE WETTE und NIEBUHR jeder ernsthafte Historiker gefolgt war[1], erfuhr er in einem solchen Maße den Widerspruch von Kirche und Theologie, daß er selber schon bald für seinen beruflichen Weg Konsequenzen aus dieser Lage meinte ziehen zu sollen:

»Ich bin Theologe geworden, weil mich die wissenschaftliche Behandlung der Bibel interessierte, es ist mir erst allmählich aufgegangen, daß ein Professor der Theologie zugleich die praktische Aufgabe hat, die Studenten für den Dienst in der evangelischen Kirche vorzubereiten, und daß ich dieser praktischen Aufgabe nicht genüge,

---

[1] Vgl. MOMMSENS Aufsatz ‚Universitätsunterricht und Konfession‘ (1901): »Unser Lebensnerv ist die voraussetzungslose Forschung, diejenige Forschung, die nicht das findet, was sie nach Zweckerwägungen und Rücksichtnahmen finden soll . . ., sondern was logisch und historisch dem gewissenhaften Forscher als das Richtige erscheint, in ein Wort zusammengefaßt: die Wahrhaftigkeit« (RA 432).

vielmehr trotz aller Zurückhaltung meinerseits, meine Zuhörer für ihr Amt eher un-
tüchtig mache. Seitdem liegt mir meine theologische Professur schwer auf dem Gewissen«[2].

WELLHAUSEN hatte gute Gründe für diesen seinen Schritt aus der
theologischen Fakultät heraus. In einem verbreiteten lexikalischen
Werk jener Zeit findet sich eine prototypische Zusammenstellung der
beliebtesten und bald geradezu austauschbaren Vorwürfe gegen ihn:

»Graf dagegen, Reuss, Wellhausen, Seinecke, Stade und Kuenen, meist von ratio-
nalistisch-darwinistischer Weltanschauung aus mit Vatkes hegelschen Konstruktionen
zusammentreffend, gingen darauf aus, auf Grundlage ihrer neuen kritischen Substruk-
tionen ein total umgestaltetes Bild zu geben und, einem Drange der Neuzeit folgend,
alles aus sich selbst entstehen zu lassen (Entwicklungsprinzip): . . . Indem sie so den
von dem A. Test. selbst gelehrten Verlauf auf den Kopf stellen . . . (usw.)«[3].

In dem Maße, in dem WELLHAUSENS historisch-kritische Ergebnisse im Laufe der Jahre von der maßgeblichen Forschung, oft still-
schweigend, rezipiert wurden, wurden dennoch die weltanschaulich begründeten ‚Beschimpfungen‘ mit konstanter Hartnäckigkeit wiederholt: Entwicklungstheorie, Evolutionismus, Darwinismus, Hegelianismus[4]! Das ‚Problem Wellhausen‘ wurde damit unversehens zu einem
Problem mehr der Motive als der Methoden seiner Geschichtsschreibung; genauer: es wurde zu einem philosophischen und geschichtsphilosophischen, also auch theologischen und geschichtstheologischen
Problem. Dieses ein wenig zu entwirren, ist die vorläufige Aufgabe
dieses ersten Abschnitts.

---

[2] Aus dem Schreiben an den Kultusminister vom 5. 4. 1882, mitgeteilt bei JEPSEN 54.

[3] Handbuch der theologischen Wissenschaften, herausgeg. von H. CREMER und O.
ZÖCKLER, 3. Aufl., Bd. I, 1889, 319. E. BARNIKOL schließt aus verschiedenen Überlieferungen, daß WELLHAUSEN in Greifswald mit CREMER noch befreundet und »in
der gemeinsamen Abneigung und Ablehnung des kirchlichen Liberalismus «(707)
einig war.

[4] Wie undifferenziert diese Ausdrücke abgewertet werden konnten, wird auch in
M. KÄHLERS Vorlesungen deutlich, wenn er einerseits zwar die völlige Ablösung der
spekulativen Philosophie durch die »naturhistorische« Betrachtung beobachtet (93),
andererseits aber den zu seiner Zeit gebrauchten Begriff der Entwicklung einfach
von HEGEL ableitet (96) und folgert: »Nun wird deutlich, warum wir Darwinisten
geworden sind . . .: weil wir im voraus Hegelianer waren und Hegel den ganzen
Darwin antizipiert« (100). Der diesen Vergleich und diese Abfolge ermöglichende
Oberbegriff von ‚Entwicklung‘ erfährt leider keine Definition. »Die Welt ist keine
tote Auseinanderlegung der Substanz, sondern Prozeß, und das heißt doch, die
Welt ist Bewegung« (96): Man erführe gerne, was gegen diese so allgemeine wie
kaum bestreitbare Wendung theologisch ins Feld geführt werden soll. Solche und
ähnliche Vermengungen von geistesgeschichtlichen Aufstellungen hagelten auf WELL-
HAUSENS Werk nieder. NIEBUHRS Kampf gegen HEGEL — als ein Kampf um die
Befreiung der Einzelwissenschaften (also auch der Historie) von der Umklammerung
durch die Philosophie — schien vergessen zu sein, ungeachtet der historischen Früchte
dieses Kampfes bis zu (und bei) WELLHAUSEN.

Die ‚Voraussetzungen der Wellhausenschen Theorie' behandelte
F. PFEIFFER 1896 in einem Artikel, der mit zwei apodiktischen Sätzen
beginnt: »Wellhausens Theorie beruht auf dem Evolutionsprinzip.
Was Darwin für die Naturgeschichte, das ist Wellhausen für die Geschichte des alttestamentlichen Israel«[5]. In seiner ‚Geschichtskonstruktion' verläuft die Geschichte Israels »ganz natürlich wie die Geschichte
jedes anderen Volks«[6].

Wenn die Geschichte Israels als eine historia sacra jeder Analogie
entzogen bleiben soll, wenn die Beobachtung ihres ‚natürlichen' Verlaufs dem theologischen Historiker verwehrt wird, dann ist historische
Voraussetzungslosigkeit oder Unbefangenheit (nach dem Postulat
MOMMSENS) also untersagt — oder doch nicht?

Gleichfalls im Jahre 1896 leitete BR. BAENTSCH seinen Vortrag
‚Geschichtsconstruction oder Wissenschaft' mit folgenden Ausführungen ein:

»Man macht der Wellhausenschen Auffassung von der Geschichte des Volkes
Israel in der Hauptsache den Vorwurf, daß sie *nicht* der *unbefangenen* Betrachtung der
in der Schrift überlieferten Tatsachen entspreche, sondern auf einer willkürlichen Geschichtsconstruction beruhe, und zwar näher auf einer Geschichtsconstruction, die in
ganz bewußter Weise darauf ausgehe, den göttlichen Faktor möglichst zu eliminieren
und die Geschichte des Volkes Israel als das Produkt einer naturnotwendigen, rein
menschlich-natürlichen Entwicklung erscheinen zu lassen«[7].

An der Doppeldeutigkeit des Ausdrucks ‚unbefangen' läßt sich das
sogenannte ‚Problem Wellhausen' verdeutlichen: Die ‚Unbefangenheit' des unkritischen Bibellesers ist eine andere als die des kritischen
Historikers. WELLHAUSEN mußte in den Augen seiner kirchlichen
Gegner als Theologe scheitern, weil er sich zu der ‚Unbefangenheit' der
kritischen Forschung bekannte.

Daneben bleibt die Frage offen, ob man WELLHAUSENS historiographisches Werk wirklich dem von BAENTSCH noch einmal zusammengestellten ‚Lasterkatalog' subsumieren darf:

»Er wollte, sagt man, ganz einfach die heilige Geschichte der modischen, naturwissenschaftlichen Entwicklungstheorie, die in allen Köpfen spukt, unterwerfen. Er
ist eben ein philosophischer Dilettant, so habe ich mehrmals sagen hören. Durch Vermittlung seines Meisters Vatke hat er seiner Zeit hegelsche Ideen in sich aufgenommen,
nach denen die Geschichte der Menschheit nach einem ganz bestimmten a priori feststehenden Gesetze verlaufen muß. Das Gesetz nun, dem er die Geschichte der israelitischen Religion unterstellte, hat er . . . dem Zuge der Zeit folgend und ganz à la fin de
siècle der Darwinschen Entwicklungstheorie entnommen. Die Vorsehung eines all-
mächtigen Gottes und die Freiheit der menschlichen Individuen stolz ignorirend habe
er dieses Gesetz in ganz roher, mechanischer Weise auf das Gebiet des geistigen und
religiösen Lebens übertragen« (21).

[5] Der Beweis des Glaubens, N. F., 17. Bd., 3—23 und 41—59; hier: 3.
[6] Ebd. 5.
[7] S. 1 (Hervorhebungen vom Verf.).

Der ‚philosophische Dilettantismus' seiner Gegner ließ es immerhin zu, WELLHAUSEN *gleichzeitig* als Hegelianer *und* als Darwinisten
zu verschreien. Unter diesem als kirchlich oder theologisch deklarierten
Gesichtspunkt stand WELLHAUSEN dann »im Dienste einer materia-
listischen Weltanschauung, eines antireligiösen, antichristlichen Interesses«[8]. BAENTSCHS liebevolle Verteidigung[9] konnte ihm da nicht
helfen: Fachgenossen[10] wie systematische Theologen waren weder zu

---

[8] BAENTSCH 22.

[9] »Eine Geschichtsconstruction, die gar nicht vorhanden ist, kann auch keine irgendwie bestimmte Tendenz haben« (43). Auch J. MEINHOLD, für den WELLHAUSEN »der
erste Gelehrte auf dem Gebiete des Alten Testament nicht bloß in Deutschland,
sondern in der ganzen Zunft der Hebräisten unsrer Gegenwart überhaupt« war
(Die christliche Welt, 11. Jg., 1897, Sp. 583), betont zu diesem Thema: »Wohl versuchte und versucht man auch noch heute mit der Anklage auf Darwinismus die
ganze Schwierigkeit zu beseitigen, als ob mit einem solchen Schlagwort schon eine
Widerlegung gegeben würde« (Sp. 555).

[10] Schon 1886 sprach AUG. DILLMANN im Blick auf WELLHAUSEN von einer »eigenthümlichen, von der im AT. selbst an die Hand gegebenen stark abweichenden, auf
die Voraussetzung einer stetig fortschreitenden geradlinigen Entwicklung des isr.
Religionsglaubens u. Gottesdienstes aufgebauten Geschichtsconstruction« (Kurzgef.
exeget. Handbuch: Die Bücher Numeri, Deuteronomium und Josua, 2. Aufl., Anhang: ‚Über die Composition des Hexateuch', 597). G. WILDEBOER sieht gleichfalls
VATKE, REUSS, GRAF, KUENEN und WELLHAUSEN »unstreitig unter der Herrschaft
der Entwickelungslehre« (Jahvedienst und Volksreligion in Israel, 1899, 7). Zwar
räumt er ein, daß »die Hypothese der Entwickelungslehre« »als Reaktion gegen
die traditionelle Betrachtungsweise ... ihr bedingtes Recht gehabt« (8) habe,
schließt aber dann mit der Bemerkung: »Aber eins ist uns doch klar geworden:
Der Reichtum der Erscheinungen läßt sich nicht unter eine der Kategorien ‚Abfall'
oder ‚Entwickelung' bringen« (39). *Die* Entwicklung und *die* Entwicklung*slehre*
wurden also als scheinbar eindeutige Größen in der Polemik gebraucht — ungeachtet der Tatsache, daß sie in der Nomenklatur WELLHAUSENS selber schlechterdings keine Rolle spielen.
Der Versuch einer Differenzierung findet sich bei S. OETTLI (Die Autorität des alten
Testamentes für den Christen, 1906). Er sieht »im Bereich der Geschichte, besonders
der biblischen Heilsgeschichte«, »zwei einander gänzlich entgegengesetzte Ansichten«
der Entwicklung: »Die eine anerkennt zwar auch ein Gesetz des Werdens, wonach
die Gegenwart auf den Bausteinen sich erhebt, welche die Vergangenheit lieferte;
aber doch nicht so, daß dieser Prozeß mit blinder Notwendigkeit und ohne bestimmte
Richtung auf ein göttlich vorgestecktes Ziel hin verliefe; und nicht so, daß nicht
durch göttlich berufene und begabte Menschen *neue* Elemente in den Strom des
Werdens eingeführt werden könnten« (6; Hervorhebung von Oe.). Im Anschluß
an eine ausführliche Darstellung der WELLHAUSENschen Ergebnisse folgert OETTLI:
»War *dies* der Verlauf der innern Geschichte Israels, der sich dann auch in ihren
literarischen Erzeugnissen spiegeln müßte, dann kommt selbstverständlich dem
alten Testament eine *besondere Autorität* nicht zu« (9; Hervorhebungen von Oe.).
Für diese Folgerung müßte OETTLI nachweisen können, daß WELLHAUSENS Forschung den ‚literarischen Erzeugnissen' widersprach und WELLHAUSEN die ‚blinde

einer Differenzierung der divergierenden Unterstellungen noch zur
Auswanderung aus der Statik ihrer Nomenklaturen bereit. M. KÄHLER
charakterisierte in einem Atemzug die ‚positive Kritik‘ »Baurs und
Wellhausens, die Hypothesen aufwirft und nach ihnen konstruiert«
(123). »Das Alte Testament ist weitgehend in die Ecke geschoben, weil
man bei der Wellhausenschen Hypothese nichts mit ihm anzufangen
weiß«[11]. Dieser Satz ist, auch wenn dabei offenbar die religiöse Betrachtung im Vordergrund steht, schon deshalb falsch, weil aus der
WELLHAUSENschen Forschung die gesamte neuere historische *und*
theologische Auseinandersetzung mit dem Alten Testament bereichert
hervorging. KÄHLERs Ansicht wurde indes zum Programm derer, die
die theologische Bedeutung und Würde des Alten Testaments unabhängig von der genauen Kenntnis der Geschichte Israels zu bewahren
suchten. R. SEEBERG, der »Wellhausens Unternehmen« gleichfalls »mit
Baurs Kritik verglichen«[12] wissen möchte, meinte, daß die gesamte
wissenschaftliche Arbeit am Alten Testament »von einem *theologischen*
Verständnis« desselben nur abbringe und daß man durch sie »dem rein
geschichtlichen Verständnis der Dinge auch nicht viel näher gekommen« sei; seine Frage, »was denn dies alles mit der Theologie zu schaffen« habe[13], übersieht die theologische Revelanz eben dieser Geschichte,
die im übrigen nicht ‚rein‘ genug verstanden werden kann.

WELLHAUSEN selbst hat sich an dieser ganzen Diskussion, die
durch das Erscheinen der ‚Prolegomena‘ ausgelöst worden war, kaum
beteiligt. Er wußte offenbar schon sehr früh, was er später einmal den
Theologen, die ihre Meinung immer mit der der Kirche identifizierten,
ins Stammbuch schrieb: »Man war auf dieser Seite von alters her . . .
gewohnt, weniger die Leistung nach ihrem Wert als den Autor nach
seiner Gesinnung einzuschätzen und ihm seinen numerierten Platz
danach anzuweisen«[14]. In der 2. Aufl. der ‚Prolegomena‘ (1883) findet
sich ein polemisches Vorwort, das WELLHAUSEN in allen weiteren Auflagen wegließ — in der Einsicht, »daß es überhaupt am besten ist,

---

Notwendigkeit‘ einer »Evolutionstheorie« (7) zu demonstrieren versuchte. Daß
OETTLI das nicht gelang, kann hier vorläufig nur behauptet werden. Seine theologische Position verdeutlicht er mit folgendem Satz: »Ist aber die Geschichte selbst
ganz ‚natürlich‘ verlaufen, dann kann auch ihre mannigfaltige Beurkundung im
alten Testament keinen Anspruch auf eine besondere Würde oder Autorität erheben« (7); daraus soll man offenbar schließen, daß OETTLI die besondere Würde
des Alten Testaments am ‚unnatürlichen‘ Verlauf der Geschichte Israels erkennen
wollte.

[11] KÄHLER 273; KÄHLER sprach auch in ängstlicher Abwehr von der »Säure der Religionsgeschichte« oder der »Säure der Evolution« (280).

[12] Die Kirche Deutschlands im neunzehnten Jahrhundert, Leipzig 1903, 329.

[13] SEEBERG 332 (Hervorhebung von S.).

[14] Strauß‘ Leben Jesu, Beilage zur Allg. Zeitung, Jg. 1908, 353.

einfach seine Meinung und die Gründe dafür vorzutragen, oder wie
Ewald sich ausdrückte, immer gleich das Richtige zu sagen« (P² VII).
In diesem Vorwort zeigt sich WELLHAUSEN gereizt und enerviert durch
die Erfahrungen mit der 1. Aufl. des Buches:

»Einen Erfolg habe ich ohne Zweifel gehabt, den, daß die Graf'sche Hypothese . . .
auch in Deutschland, wo sie bis dahin in den maßgebenden Kreisen unbekannt geblieben und dementsprechend mit vornehmer Geringschätzung behandelt war, durch
mein Buch auf die Tagesordnung gekommen ist. Die deutschen Fachgenossen sind
durch mich aufgerüttelt worden; diese Tatsache wird dadurch nicht abgeschwächt, daß
sie plötzlich Alles längst gewußt haben wollen, was sie von mir gelernt haben. Es gibt
kaum einen schriftstellernden Hebräer oder Theologen, der nicht seit 1878 zu der neuen
Zeit- und Streitfrage Stellung zu nehmen sich gedrungen gefühlt hätte . . . Als ob es sich
um Sammlung von Voten für oder wider ein Dogma handle! Vorwiegend laut sind be-
greiflicherweise die Gegner; . . . sie trösten und stärken sich selber mit ihren Argumenten, denn für Übelwollende sind dieselben offenbar nicht bestimmt . . . Die Kunst der
Gegner besteht im Ausweichen« (III f.). »Es kommt mir gar nicht darauf an geschickt zu
fechten, sondern die Wahrheit zu finden und zu sagen, unbekümmert um den Schein
des Willkürlichen und Neuerungssüchtigen« (V).

Es gibt zu denken, daß WELLHAUSEN die wissenschaftliche Begründung und Bekräftigung dieser leidenschaftlichen Sätze nicht im
Philosophischen oder in der historiographischen Theorie versucht,
sondern in der erneuten Herausstellung eines sachlich-historischen
Arguments:

»Allerdings, wenn der Priestercodex so alt ist: es muß dann sogar der König im
Cultus nichts zu sagen gehabt und überhaupt in der Gemeinde eine höchst überflüssige
Figur gemacht haben, es muß Israel schon damals eine Kirche und kein Staat gewesen
sein. Bezeugt ist aber überall das Gegenteil . . .« (IV).

Aus dieser sachbezogenen Einstellung erklärt sich auch die methodische Sicherheit
WELLHAUSENS, die ihn ironisch schließen läßt: »Die kirchliche Wissenschaft scheint im
Alten Testamente die Aufgabe zu haben, fünfzig Jahre lang eine neue Entdeckung zu
widerlegen, darnach aber einen mehr oder minder geistreichen Gesichtspunkt aufzu-
finden, unter welchem dieselbe ins Credo aufgenommen werden kann« (VII).

Weil für WELLHAUSEN »der kirchliche Standpunkt . . . nicht der
historische« war (P² VII, Anm. 1), er selber aber den historischen zu
vertreten hatte, konnte er nur die Konsequenzen seiner Arbeit auf sich
nehmen[15].

Die eigentliche Polemik gegen die Bestreiter der ,Graf-Well-
hausenschen Hypothese' bot deren Mitbegründer ABR. KUENEN in

---

[15] Diese Auseinandersetzungen erinnern an NIEBUHRS Erfahrungen mit den Altphilo-
logen seiner Zeit: »Keine litterarische Idololatrie ist zerstört worden, ohne daß die
gekränkten Gözendiener sich zornig erhoben . . . Doch das hätte ich mir nimmermehr träumen lassen daß die Äußerung über Plato, die nur sagt was jedem der
mit der Geschichte vertraut ist gegenwärtig seyn muß, . . . einem Angriff auf mich
zur Gelegenheit dienen werde« (Schr. I 470f.).

einigen Aufsätzen und Besprechungen[16]. In der Sammel-Besprechung ‚Hexateuchkritik und israelitische Religionsgeschichte' (1885) wendet er sich zunächst gegen BAUDISSIN[17]:

»Die Art — nach Baudissin der Fehler — unserer Methode soll darin bestehen, daß wir immer und überall eine geradlinige Entwickelung voraussetzen und diese, wo wir sie nicht finden und daher auch nicht aufzeigen können, einfach den Thatsachen aufdringen ... Und diese verkehrte Methode hängt aufs engste zusammen mit einer gleich verkehrten Theologie, das will sagen: mit der Leugnung des Offenbarungscharakters der israelitischen Religion« (GA 304).

»Was sollen wir zu diesen Dingen sagen? Zu allererst das, daß man, statt uns eine Schwärmerei für die ‚geradlinige Entwickelung' zur Last zu legen, lieber sich selbst hätte fragen sollen, was denn wohl die gebrochene oder krumme Linie vor der geraden voraus hat? Es gewinnt wirklich den Anschein, als ob auf diesem besonderen Gebiete das Natürliche und Einfache, das überall sonst als Empfehlung gilt, für verdächtig gehalten werden müßte« (GA 305).

Hier wird zweierlei deutlich: Einmal zeigt sich in KUENENS ‚wir' der feste Ansatz zu einer Gruppenbildung, zum anderen wird von dieser Gruppe die Unterstellung einer bestimmten ‚weltanschaulichen' Voraussetzung, der Evolutionstheorie, abgewiesen; das umstrittene Bild der Geschichte Israels wird vielmehr als Resultat allein der historisch-kritischen Methode verstanden.

»Von mir selber ... rede ich lieber nicht. Aber Baudissin kannte, als er seinen Vortrag hielt, Wellhausen's Artikel Israel in der Encyclopaedia Britannica ... Wo wird denn in dieser meisterhaften Skizze der deus ex machina zu Hülfe gerufen? Oder wo ist der Faden der historischen Entwickelung ... abgebrochen, oder der ‚geraden Linie' zu Liebe irgend eine wohlverbürgte Thatsache nicht aufgenommen und eine Lücke in unserer Erkenntnis durch willkürliche Annahmen ausgefüllt« (GA 305)?

In einem zweiten Gesprächsgang wendet sich KUENEN gegen ED. KÖNIGS letzte Veröffentlichungen[18]. Gegen dessen Vorwurf, KUENEN und seine Freunde seien »die Entwickelungstheoretiker« und ihre Forschung »ein Ausfluß« der »knechtischen Abhängigkeit von der Theorie«, wendet KUENEN wieder ein: »Diese Meinung aber ist eine Beschuldigung, insofern sie in sich schließt, daß wir die Entwickelung nicht aus den Thatsachen abnehmen, sondern ihnen aufnötigen« (GA 313). Auf KÖNIGS These, »die Vorstellungen von Jahwe's Wesen erfuhren im Laufe der Jahrhunderte keine Veränderung« (GA 314), verweist KUENEN zunächst auf die »große Gefahr«, die es bedeutet, »wenn man

---

[16] Zusammengefaßt in ‚Gesammelte Abhandlungen zur Biblischen Wissenschaft'. KUENENS bedeutende Forschungen zu den alttestamentlichen Einleitungsfragen erschienen mehr als ein Jahrzehnt vor WELLHAUSENS ‚Prolegomena', etwa gleichzeitig mit den Arbeiten GRAFS (zu GRAF: s. u.), und können hier nur vorausgesetzt werden.

[17] W. GRAF BAUDISSIN, Der heutige Stand der alttestamentlichen Wissenschaft, 1885 (am 12. 6. 1884 als Vortrag in Gießen gehalten).

[18] Der Offenbarungsbegriff des Alten Testaments, 2 Bde., 1882; und: Hauptprobleme der altisraelitischen Religionsgeschichte, 1884.

sich bei einer historischen Diskussion in allgemeine Begriffe und
übertragene Ausdrücke vergafft« (GA 317).

»Von ‚Entwickelung‘ will König nichts wissen; er spürt sie in jedem Schlupfwinkel
auf, vertreibt sie daraus und verfolgt sie dann mit Feuer und Schwert. Am Schlusse
gleichwohl spricht auch er von den ‚geschichtlichen Phasen der alttestamentlichen
Religion‘ und verteidigt er nichts weiter als den einheitlichen Typus, der sich in allen
jenen Erscheinungsformen gleich bleibt. Es war auch wohl nicht anders möglich. Daß
Veränderungen, sehr tiefgreifende sogar, stattgehabt haben, kann von niemand verkannt werden ... Dennoch darf ‚der Typus‘ nicht verleugnet, ‚die Substanz‘ der mosaischen Religion nicht ‚alteriert‘ sein ... Aber begreift Dr. König denn nicht, daß alles
von der näheren Bestimmung dieser einem anderen Gebiete entlehnten Kunstausdrücke
abhängt« (GA 317f.) ?

»Wie dann aber die Thatsache erklären, daß Israel so viele und solche Jahrhunderte
durchlebt, und daß an deren Ende seine Religion nur in Nebensachen, in ‚Dingen,
welche nicht ihren Kern berühren‘ (König, Hauptprobleme, S. 103), von dem abweicht,
was sie in den Tagen eines Moses gewesen war ? Das darf wohl ein ganz einzigartiges
Beispiel von Stillstand heißen ... Und doch hat Israel — seine Litteratur tritt den
Beweis an — während jener Jahrhunderte nicht die Hände in den Schoß gelegt. Es hat
sich nur auf geistigem, näher noch auf religiösem Gebiete — *nicht entwickelt*. Das durfte
nun einmal nicht sein; aber dessen bedurfte es auch nicht. Glücklich im Besitz seiner
‚legitimen Religion‘ ... konnte es, während andere Nationen lernten ..., so sachte
fortdämmern und sich Nebendingen widmen« (GA 320; Hervorhebung von K.).

Aus solchen Gründen ist für KUENEN »der Supranaturalismus ...
der Tod der Geschichte« (GA 320), und er verwahrt sich gegen den
Verdacht, seine Resultate beruhten auf »fremdartige(n) Zusätze(n), die
aus wer weiß welcher philosophischen oder naturwissenschaflichen
Theorie erborgt wären. Denn das ist unwahr. Über die Art, wie die
‚Entwickelung‘ sich vollzogen hat, kann man verschiedener Meinung
sein — die Entwickelung selbst ist eine Thatsache in demselben Sinne
wie die Entstehung des Hexateuchs« (GA 329).

KUENEN ist auch nicht bereit, der Gegenseite ein Ausweichen aus
dem wissenschaftlichen Streit und die Identifizierung der gegnerischen
Thesen mit dem ‚rechten Glauben‘ zu gestatten. »Wer über den Gott
Israel's schreibt, darf die Thatsachen ... weder ignorieren, noch unter
dem Schleier eines frommen Glaubensbekenntnisses verbergen«[19]. »Die
chinesische Mauer, deren das Dogma bedarf, um sich behaupten zu
können, ist eben in der Geschichte nicht nachzuweisen« (GA 464).

KUENENs Ausführungen mußten breit zitiert werden, weil hier
WELLHAUSENs Sache von einem Zeitgenossen und Mitstreiter verhandelt wurde. Die verschiedenen Bekenntnisse beider Männer zueinander und zu ihrem Thema stimmen zumindest in der Ablehnung der
philosophischen Vor- und Fremdbestimmtheit völlig überein. Da die
historische Forschung nicht einfach über WELLHAUSEN hinweg zur

---

[19] GA 460 (‚Drei Wege, *ein* Ziel‘, 1888: Auseinandersetzung mit E. RENAN, R. KITTEL
und besonders FR. BAETHGEN, ‚Der Gott Israel's und die Götter der Heiden, 1888).

Tagesordnung übergehen konnte, vielmehr seine *literarkritischen* Resultate weithin zu rezipieren gezwungen war, waren weitere Angriffe vor allem durch neue *theologische* Konzeptionen oder Modifizierungen der alten zu erwarten. »Trotzdem Wellhausen ja vollkommen widerlegt sein soll, widerlegt man ihn immer von neuem«[20].

Das versuchte, Jahrzehnte später, auch J. PEDERSEN in seinem Aufsatz ,Die Auffassung vom Alten Testament'. Als Vertreter der skandinavischen alttestamentlichen Forschung verficht er die Spätdatierung der literarischen Quellen, die allesamt in zeitlicher Hinsicht »parallel« stehen und dazu dienen, »ein Bild von der bunten Mannigfaltigkeit israelitischer Kultur zu geben« (178). Er muß darum die Möglichkeit bestreiten, durch literarkritische Sondierungen zu historischen Schichtungen jener Literatur vorzudringen. Fällt aber die ,klassische' Quellenscheidung, dann verbietet sich auch eine auf ihrem Grunde vorgenommene Rekonstruktion der konkreten Geschichte Israels. Aus dieser Ansicht PEDERSENs erklärt sich der massive Angriff auf WELLHAUSEN und dessen ,Schule'. Dennoch unterstellt auch PEDERSEN ihm eine philosophisch-theologische Fehlleistung, um folgern zu können, er sei aus einem Mangel an ,Unbefangenheit' (vgl. 181) dem Modedenken seiner Zeit verfallen. PEDERSEN ideologisiert also seinen wissenschaftlichen Gegner und hat es nach dieser Vorbereitung nicht schwer, die eigenen Thesen vorzutragen.

PEDERSEN bezieht sich zunächst einfach auf den letzten Satz der Einleitung in WELLHAUSENs ,Prolegomena'[21] und schließt aus WELLHAUSENs Bekenntnis zu VATKE zugleich auf sein Interesse »für die Ideengeschichte« (171). Nun hatte ja WELLHAUSEN seine Bewunderung für VATKE nie verschwiegen, hatte den gealterten VATKE in Berlin besucht[22] und schon 1877 dessen Greifswalder Ehrenpromotion beantragt[23]; aber er hatte eben in jenem Brief an THEODOR VATKE (vgl. B 627) auch seine völlige Gleichgültigkeit gegenüber der HEGELschen Philosophie bekannt. Es ist bei der Lage der Dinge nicht weiter verwunderlich, daß diese Briefstelle, obgleich durch BENECKES Buch seit 1883 jedermann zugänglich, bei keinem der theologischen Gegner WELLHAUSENs erwähnt wird — natürlich auch bei PEDERSEN nicht.

Nach der Berechtigung dieser Beurteilung WELLHAUSENs durch PEDERSEN wird in den folgenden Abschnitten noch in extenso zu fragen sein; sie hat indes die neueste WELLHAUSEN-Kritik weithin vorgezeichnet[24]. Wenngleich die erwähnte Briefstelle hier — aus Gründen der

---

[20] J. MEINHOLD, Wellhausen, in: Die christliche Welt, 11. Jg., 1897, Sp. 543.

[21] »Meine Untersuchung . . . nähert sich der Art Vatke's, von welchem letzteren ich auch das Meiste und Beste gelernt zu haben bekenne« (P 14).

[22] Vgl. BARNIKOL 705, Anm. 22.   [23] Vgl. JEPSEN 51.

[24] Vgl. v. RAD, Verheißung, EvTh 13, 1953, 411, wo PEDERSENs Sicht der Dinge (unter genauem Verweis auf ZAW 49, 166f.) rekapituliert wird: ». . . hätte ich bei

Sorgfalt bei der Urteilsbildung — nicht als ‚Beweis' für die Unangemessenheit der Ableitung WELLHAUSENS von HEGEL benutzt werden kann, hilft sie doch zur Differenzierung der Aufgabe. Will man nämlich trotz dieser brieflichen Äußerung WELLHAUSEN auf HEGEL zurückführen, dann muß man es gegen WELLHAUSENS eigene Erkenntnis tun.

Schon 1926 mußte sich K. BUDDE gegen die Meinung wehren, auch die von DE WETTE begründete und von WELLHAUSEN weitergeführte Ansicht über das Deuteronomium sei von der Geschichtsphilosophie HEGELS beeinflußt. BUDDE schrieb damals:

»Ich müßte Wellhausen schlecht gekannt haben, wenn er auch nur entfernt daran gedacht hätte, sich durch Hegels Geschichtsphilosophie bestimmen zu lassen, und de Wette kann von ihr erst gehört haben, als seine Anschauung vom Deuteronomium abgeschlossen und veröffentlicht war«[25].

Die neueste Zurückweisung der ‚Ideengeschichte' in WELLHAUSENS Werk findet sich in H.-J. KRAUS' ‚Geschichte der historisch-kritischen Erforschung des Alten Testaments'. KRAUS sieht das »problematische Verdienst« VATKES darin, zwar die »bei Lessing aufgebrochene Kluft zwischen ewiger Vernunftwahrheit und zufälliger Geschichtswahrheit« mit Hilfe der Philosophie HEGELS für die Betrachtung des Alten Testaments überwunden zu haben, zugleich aber mit eben dieser Philosophie der Erforschung der Geschichte Israels im 19. Jahrhundert ein peinliches Gefälle vermittelt zu haben: »Die verderbliche Saat ging auf — während das spekulative System der umfassenden Geschichtsbemächtigung wie ein Feuerwerk in der alttestamentlichen Wissenschaft abbrannte und sogar einen Gelehrten wie Julius Wellhausen faszinierte«[26].

Bedenkt man freilich, daß in Wahrheit HEGELS Geschichtsphilosophie unter den alttestamentlichen Gelehrten wohl nur von VATKE gründlich studiert worden war, daß derselbe VATKE gerade wegen seines Bekenntnisses zu HEGEL von den Fach- und Zeitgenossen abgelehnt wurde, daß überdies sein Werk von 1835 im Zuge der allgemeinen Zurückweisung HEGELS ganz und gar in Vergessenheit geraten war und daß schließlich der wissenschaftliche Stolz der Generationen nach

---

meiner Polemik ... auf den breiten Einstrom der Hegelschen Geschichtsphilosophie hinweisen sollen. Einer ihrer wesentlichsten Vermittler, auf den sich erst heute wieder mehr und mehr die Aufmerksamkeit richtet, war W. Vatke, denn durch seinen Schüler Wellhausen und dessen Schule ist die Auffassung des AT als einer Ideengeschichte fast zur Alleinherrschaft gelangt«.

[25] Das Deuteronomium und die Reform König Josias, ZAW 44, 1926, 117—224; hier: 178.

[26] 178f.; da das 1956 veröffentlichte Werk gleichsam Lehrbuchcharakter für die gegenwärtige Generation hat, ist eine Auseinandersetzung mit einigen seiner Aussagen besonders wichtig.

VATKE auf die Freiheit von der Spekulation gegründet war, dann möchte man dem generalisierenden Votum von KRAUS doch nicht zustimmen. Aus dem oben schon erwähnten Bekenntnis WELLHAUSENS zu VATKES *historischer* Leistung folgert KRAUS nur:

»Nicht zu übersehen ist schließlich in dem eigentlichen Hauptwerk Wellhausens, in den ‚Prolegomena zur Geschichte Israels‘, die geschichtsphilosophische Konzeption. Sie wird von Wilhelm Vatke übernommen. ... Das spekulative Geschichtsdenken Hegels trägt *letztlich* entscheidend dazu bei, dem Entwurf der religiösen Entwicklung Israels seine Geschlossenheit und imponierende Folgerichtigkeit zu verleihen«[27].

KRAUS weiß sich mit dieser These von vielen Vorgängern getragen[28]; darum findet der offenbare Unterschied der Werke VATKES und WELLHAUSENS in Ton, Sprache und Grundkonzeption auch nur eine wenig einleuchtende Erklärung: »*Die Ideen*, die bei Vatke in einer bisweilen verwirrenden Dichtigkeit vorgetragen werden, sind bei Wellhausen *vereinfacht* und in einer bewundernswerten Überzeugungskraft dargelegt« (244; Hervorhebungen vom Verf.). Aber weder legt WELLHAUSEN expressis verbis irgendwelche Ideen dar, noch kann man ‚Ideen‘ in sensu stricto vereinfachen. Im Anschluß an ein gründliches Referat der ‚Prolegomena‘ (240ff.) und eine — in der vorliegenden Untersuchung noch zu überprüfende — Einfügung der HEGELschen Dialektik in WELLHAUSENS rein historische Bestimmungen (vgl. besonders 244) kann KRAUS wiederum schließen: »*Zweifellos* stellt Wellhausen die Entwicklung innerhalb des Alten Testaments *auf der Basis* der Quellenforschung *im Sinne* der Hegelschen Geschichtsphilosophie dar. Die von Vatke aufgenommenen Ideen sind überall nachweisbar« (248). Eine genaue Bestimmung des Verhältnisses der (vom Verf. hervorgehobenen) Ausdrücke ‚auf der Basis‘ und ‚im Sinne‘ wird also zur dringlichsten Aufgabe. KRAUS selber lenkt jedoch den Leser von diesem Vorhaben zunächst ab und beunruhigt ihn durch die folgende Fortsetzung der zuletzt zitierten Sätze:

»*Aber im Endeffekt* weicht Wellhausen nun ganz und gar von Hegel ab. Die Entwicklung endet in Erstarrung und nicht etwa in einer Entfaltung des absoluten Geistes.

---

[27] 238f. (Hervorhebung vom Verf.); vgl. die wörtliche Übernahme dieses merkwürdigen ‚letztlich‘ durch G. v. RAD, Theologie des Alten Testaments, Bd. I, 2. Aufl., 1958, 119: »Wellhausen war letztlich von Hegel stark beeinflußt; er hat die religiöse Geschichte Israels als eine Ideengeschichte angesehen ...«. Diese Polemik gegen die ‚Ideengeschichte‘ — selbst wenn sie berechtigt wäre — ist gerade bei v. RAD schwer zu verstehen. Sieht man nämlich von der zeitgebundenen Bedeutungsnuance des Ausdrucks ‚Idee‘ einmal ab, dann könnte man auch und gerade v. RADS Geschichte der religiösen Traditionen Israels als eine Geschichte der ‚Ideen‘ dieser Religion ansehen: nämlich als die Geschichte dessen, was in Israel zu verschiedenen Zeiten gedacht und geglaubt wurde. Nichts anderes wollte und tat WELLHAUSEN.

[28] »Man hat nun immer wieder darauf aufmerksam gemacht, daß in dieser Darstellung die Geschichtsphilosophie Hegels unverkennbar zutage tritt« (244).

11*

Wie ist dieses Ergebnis geistesgeschichtlich zu deuten? Klingen hier nicht wieder die romantischen Ideen Herders an, der in der naturhaften, natürlichen Lebendigkeit und Freiheit die wahren Lebensäußerungen der Religion erkennt? Wer könnte übersehen, daß Wellhausen mit unverhohlener Freude von den frisch quellenden Wassern der alten Zeit spricht? Wem könnte es entgehen, daß die von Spinoza und von der Romantik bevorzugte Natur unvergleichlich höher eingeschätzt wird als der absolute Geist Hegels? Wellhausens ,Prolegomena zur Geschichte Israels' einfach als ein Produkt der Philosophie Hegels verstehen, das hieße: diesen bemerkenswerten Hang zur positiven Einschätzung des Natürlichen völlig ignorieren« (248; Hervorhebung vom Verf.).

Der Leser, der diese Beobachtungen in der Analyse der ,Prolegomena' bei KRAUS schmerzlich vermißt hatte, möchte begeistert zustimmen, hat diesen ,Endeffekt' selber wahrgenommen und versucht nun die — freilich oben als ,zweifellos' ausgegebene — These von der grundlegenden geschichtsphilosophischen Bestimmung WELLHAUSENS durch HEGEL wie einen Schatten wegzuwischen. Aber da spielt ihm das oben vermerkte ,letztlich' seinen letzten Streich — denn das Zitat geht weiter: »*Wohl folgt Wellhausen den Impulsen Hegels* und Vatkes in der Darstellung des Geschichtsprozesses, doch sind seine Wertungen dieses Prozesses absolut andere« (248; Hervorhebungen vom Verf.).

Nun war es zwar ein unabdingbares Charakteristicum der HEGEL-schen Philosophie, mit der Darstellung des geschichtlichen Prozesses zugleich dessen notwendige Wertungskriterien erstellt zu haben. Insofern kann eine Geschichtsdarstellung, die wirklich ,im Sinne' HEGELS gegeben worden ist, nicht zugleich andere Wertsysteme signalisieren. Daß sich bei WELLHAUSEN Werturteile auf Schritt und Tritt finden, ist kein Geheimnis; wohl aber, auf welchem Wertsystem sie beruhen. Darum bleibt die hier entscheidende Frage offen: Ist die historische Leistung WELLHAUSENS nun ,letztlich' durch die HEGELsche Geschichtsphilosophie ermöglicht — oder nicht? Hier müßte sich die begriffsklärende Vorarbeit des ersten Teils der vorliegenden Untersuchung bewähren.

Die besondere Problematik der WELLHAUSEN-Kritik besteht in der Pluralität der Vorwürfe gegen ihn. Die eigentliche Arbeit des Historikers — Aussonderung und Wertung der Quellen, Methode der Darstellung — wird erstaunlich selten gerügt. Statt dessen beherrschen Ausdrücke wie Evolutionismus, Hegelianismus, Ideengeschichte oder auch divergierende und nicht genau explizierte Wertvorstellungen das Feld der Kritik oder der Ablehnung. Damit ist die weitere Untersuchung sachlich wie dispositionell vorgezeichnet.

B. WELLHAUSENS HISTORISCHE METHODE

I. Literarische und historische Kritik

Der junge WELLHAUSEN, von EWALD sowohl an das Alte Testament herangeführt als auch in einer »unbehaglichen Confusion« (P 4) gelassen, war zwar »angezogen von den Erzählungen über Saul und David . . . und ergriffen von den Reden eines Amos und Jesaia«, aber er hatte das Gefühl, »beim Dache statt beim Fundamente« (P 3) angefangen zu haben: Die literarische Komposition und der historische Ort des ,Gesetzes' blieben ihm unklar. »Da erfuhr ich bei einem gelegentlichen Besuch in Göttingen im Sommer 1867, daß Karl Heinrich Graf dem Gesetze seine Stelle hinter den Propheten anweise; und beinah ohne noch die Begründung seiner Hypothese zu kennen, war ich für sie gewonnen: ich durfte mir gestehen, daß das hebräische Altertum ohne das Buch der Thora verstanden werden könne« (P 4).

WELLHAUSEN war also vor und unabhängig von seiner Lektüre VATKES durch GRAFS historisch-kritische Arbeiten[1] auf die These ,lex post prophetas' gestoßen. Diese Tatsache kann nicht stark genug betont werden. WELLHAUSEN hat sich selber in wiederholten Überblicken über die einschlägige Forschungsgeschichte[2] in der Kontinuität der historischen Kritik von DE WETTE an gesehen:

---

[1] GRAF sieht die Schwierigkeit, »zu einer klaren geschichtlichen Anschauung des Entwicklungsganges der israelitisch-jüdischen Geschichte zu gelangen«, »in der eigenthümlichen Beschaffenheit eben der Quellen dieser Geschichte selbst« (VI). Ausgehend von einer gründlichen Deuteronomium-Analyse und einem ausführlichen Vergleich der Chronik mit den Samuel- und Königsbüchern, gelangt er zu einem »festen Standpunkt« der geschichtlichen Entwicklung: das ist »die Zeit des Erscheinens des Deuteronomiums und der Reform Josia's« (4). Von dieser geschichtlichen Verankerung des deuteronomischen Gesetzes her zieht er »für die Gesetzgebung des Leviticus den daraus nothwendig sich ergebenden Schluß« (VII): Weil diese »in priesterlicher und gottesdienstlicher Hinsicht« die Zustände »nach dem Exil zu Esra's Zeit« spiegelt, kann sie nicht als einer »der ältesten Bestandtheile des Pentateuchs« (2) angesehen werden. In der Analyse der Feste, Opfer und Leviten nimmt er strukturell WELLHAUSENS ,Prolegomena' vorweg — mit dem Resultat: »Die von Esra eingeführten Gesetze erscheinen . . . als eine zu einem Ganzen geordnete und in das schon vorhandene ältere Geschichts- und Gesetzbuch als Vervollständigung an passender Stelle eingefügte Sammlung« (75). Damit wird »die hergebrachte jüdisch-kirchliche Tradition, die das Ergebnis einer langen historischen Entwicklung schon als fertig an den Anfang derselben setzt« (114), abgetan.

Was GRAF damit der Öffentlichkeit übergibt, hat er schon 1862 in einem Brief an REUSS ausgesprochen: »Daß der ganze mittlere Theil des Pentateuch erst nachexilisch ist, davon bin ich vollkommen überzeugt« (REUSS/GRAF 501). REUSS wiederum schrieb bereits 1837 an GRAF, er werde seine »neuen Entdeckungen über die Zeitverhältnisse der verschiedenen Gesetzgebungen« (ebd. 34f.) demnächst veröffentlichen.

[2] »Epochemachend« waren vor allem DE WETTES ,Beiträge' von 1806/07; »von der Schärfe seiner ursprünglichen Aufstellungen kam de Wette in dem Lehrbuch der historisch-kritischen Einleitung (1817. 1852) mehr und mehr zurück« (BLEEK-WELLHAUSEN 4). »Seit 1866 ist durch K. H. Graf die ursprüngliche Position de Wette's, in der Form wie sie durch George und Vatke ausgebildet und dann von E. Reuß angenommen und fortgepflanzt ist, wieder erneuert und damit ein Kampf eröffnet

»Graf verdankt die Anregung zu seinen Aufstellungen seinem Lehrer Eduard Reuß. Am richtigsten wäre aber die Grafsche Hypothese zu benennen nach Leopold George und Wilhelm Vatke; denn diese haben sie zuerst literarisch vertreten, unabhängig von Reuß und unabhängig von einander. Ihrerseits sind alle diese Männer von Martin Lebrecht de Wette ausgegangen, dem epochemachenden Eröffner der historischen Kritik auf diesem Gebiete« (P⁶ 4).

Während DE WETTE, VATKE und GRAF als die Bahnbrecher der historischen Kritik gewürdigt werden, wird H. EWALD von WELL-HAUSEN einmal als »der große Aufhalter« (E 74) bezeichnet.

Er hat die Bedeutung der von VATKE herausgestellten »Cardinalfrage offenbar nicht erfaßt. Das hat er auch in seiner Geschichte (sc.: des Volkes Israel) nicht gethan; in Folge dessen schwebt ihr Fundament in der Luft. Weder über den Pentateuch noch über die eng damit zusammenhängende Chronik ist er zu irgend welcher Klarheit gekommen . . . Er hat die Neigung, sich zwischen Ja und Nein durchzuwinden; . . . Das Pathos beeinträchtigt die Kritik. Auch die Darstellung leidet darunter« (E 75). Noch in späten Jahren bekannte sich WELLHAUSEN zu dieser Sicht der Dinge: »Der Nachfolger und Vollender de Wettes, größer als er, war der Hegelianer Vatke. Aber er wurde nicht verstanden, und die Wahrheit drang erst durch, seit Graf für sie eintrat und Kuenen ihm zu Hilfe kam« (KG 39).

WELLHAUSENS Interesse war zunächst auf ein literarisches Problem gerichtet — auf nichts anderes:

»Die Anhänger der Grafschen Hypothese . . . wollen nur die drei Gesetzes- und Traditionsschichten des Pentateuchs in die richtige Folge bringen. Das Problem ist ein literarisches und muß auf literarischem Wege gelöst werden, durch die innere Vergleichung der Schichten unter einander und die historische Vergleichung derselben mit den sicher überlieferten Thatsachen der israelitischen Geschichte«[3].

In der Durchdringung dieses wissenschaftlichen Problems sieht sich WELLHAUSEN an seine verschiedenen Vorgänger gebunden — völlig unabhängig von der philosophischen oder theologischen Bestimmtheit des jeweiligen Autors. Während man DE WETTE, VATKE

---

worden, der noch gegenwärtig brennt« (ebd.). Während für A. KUENEN in dem 1861 erschienenen ersten Teil des ‚Onderzoek‘ noch »der Kern der Grundschrift älter als die übrigen Quellen« (BLEEK-WELLHAUSEN 153) gewesen war, hatte er sich im Laufe der nächsten Jahre so völlig der ‚GRAFschen Hypothese‘ angeschlossen, daß WELL-HAUSEN ihn in den §§ 82—84 der BLEEKschen Einleitung die neueste Forschungsgeschichte darstellen ließ. Der Schluß des KUENENschen Referats zeigt ihn selber als einer Meinung mit GRAF und WELLHAUSEN: »Nichts hindert, Graf hinsichtlich der Altersbestimmungen der priesterlichen Erzählungen Recht zu geben . . . Irre ich mich nicht, so hat Graf die Kritik des Pentateuchs auf die rechte Spur zurückgebracht« (BLEEK-WELLHAUSEN 169). WELLHAUSEN bestätigte dieses ‚zurückgebracht‘ durch den Hinweis auf DE WETTE und VATKE: »Namentlich ist Vatke, der feinste Beobachter des Alten Testaments, ihm (= Graf) fast überall zuvorgekommen und hat vielerwärts weiter und richtiger gesehen als er« (ebd. 172).

[3] Rez. über: R. HOMMEL, Die israelitische Überlieferung in inschriftlicher Beleuchtung, GgA, 159. Jg., 1897, 614.

und GRAF in *theologischer* Hinsicht niemals auf eine Linie stellen könnte, tut das WELLHAUSEN im Blick auf seine *historisch-kritische* Sachfrage ohne jeden Argwohn[4]. Daß dabei auch die sonst vorbehaltlos gelobte wissenschaftliche Leistung VATKES an den ihr zukommenden Ort gerückt werden kann, wird an WELLHAUSENS Beschreibung der eigentlichen Aufgabe deutlich:

> »Es war ein richtiger Instinct, daß die Kritik von dem zuerst in de Wette's Geist aufgestiegenen und bestimmter von George und Vatke erfaßten geschichtlichen Probleme vorläufig Abstand nahm und zunächst mit der Composition des Pentateuchs einigermaßen ins Reine zu kommen suchte« (P 10).

Was EWALD »fehlte, war die methodische Kritik«, und »in geschichtlicher Hinsicht« sind darum DE WETTE und VATKE »als sein Correctiv anzusehen«[5]. Wie freilich auch bei VATKE etwas fehlte, nämlich eine ausgeführte Quellenkritik, so bei den nur an der literarischen Scheidung der Quellen interessierten Forschern die historische Konsequenz[6]. WELLHAUSEN suchte beides zu vereinen: die Grundlage einer literarischen und historischen Kritik mit der auf diese Grundlage gestützten historischen »Gesammtanschauung«, die er bei einem »Propheten der Vergangenheit wie Vatke« (P 174) vorbereitet sah. So hat WELLHAUSEN das Buch VATKES nicht ,nachgeschrieben', sondern es — auf der Basis der inzwischen geleisteten kritischen Arbeit — nachträglich ,begründet', und zwar durch die von VATKE wohl angewendeten, aber doch auch gering eingeschätzten ,Hilfswissenschaften'.

Man muß sich diese von WELLHAUSEN selbst gewußte und bezeugte Einordnung seines Werkes in die Forschungsgeschichte vergegenwärtigen, um seinen methodischen Einstieg recht würdigen zu können. Die zunächst als erster Band einer ,Geschichte Israels' erschienenen ,Prolegomena' beginnen darum mit dem bezeichnenden Satz: »Das vorliegende Buch unterscheidet sich von seinesgleichen dadurch, daß die Kritik der Quellen darin einen ebenso breiten Raum einnimmt als die Darstellung der Geschichte« (P 1). Während VATKE sein

---

[4] Von DE WETTE sagte er einmal: »Ein gescheiter Kerl! Was ich im alten Testament gemacht habe, steht ja schon alles bei ihm« (mitgeteilt von RUD. OTTO, Die Kantisch-Friessche Religionsphilosophie, 2. Aufl., 1921, 130). Stand der junge DE WETTE HEGEL gewiß nicht nahe, so wird doch der Hegelianer VATKE von WELLHAUSEN in der gleichen Weise geehrt: »Vatke's Buch ist der bedeutendste Beitrag, welcher überhaupt je zur Geschichte des alten Israel geleistet worden ist« (P 4; diese Sentenz hat WELLHAUSEN, offenbar unter dem Eindruck der massiven Angriffe, in den späteren Auflagen der ,Prolegomena' gestrichen).   [5] BLEEK-WELLHAUSEN 656.

[6] Gegenüber den Fachkollegen, die diese Konsequenz aus sachfremden Gründen scheuten, heißt es: »Mit blindem Glauben halten sie fest, nicht etwa an der kirchlichen Tradition — das hätte Sinn — sondern an einer wenige Decennien alten Hypothese; denn das ist de Wette's Fund, daß das Deuteronomium jünger sei als der Priestercodex« (P 173).

Werk mit der umfangreichen philosophischen Grundlegung eingeleitet
hat, folgt WELLHAUSEN hier der philologisch-historischen Tradition
auf der Linie NIEBUHRS[7]. Die ‚Prolegomena‘ im ganzen, wie vorher
schon die 1876—1877 in den Jahrbüchern für Deutsche Theologie
veröffentlichten Studien ‚Die Composition des Hexateuchs und der
historischen Bücher des Alten Testaments‘, dienen dem einen Zweck:
die Basis für die *Darstellung* der Geschichte zu schaffen. WELLHAUSEN
war von philologischen[8] und textkritischen[9] Studien ausgegangen, von
den letzteren aber sachnotwendig »auf die literarische Kritik geführt
worden, weil sich ergab, daß manchmal die Grenze nicht zu finden war,
wo die Arbeit des Glossators aufhörte und die des Literators anfing«[10].
So kam WELLHAUSEN auf methodisch sicherem Wege von der literarischen Analyse zur historischen Kritik[11]. Der Schritt von der Aussonde-

---

[7] Zwar pflegte NIEBUHR in der Regel seine quellenkritischen Exkurse in die Darstellung
einzufügen und diese damit — ganz im Gegensatz zu RANKE und MOMMSEN — bis
zur Unübersichtlichkeit zu überlasten, aber er begann seine Vorlesungen über die
römische Geschichte mit einer ausführlichen (im Text ca. 80 Seiten) Interpretation
der Quellen: »Zuvor aber machen wir uns mit den Quellen bekannt« (Vortr. I 2).
Auch EWALD stellte eine 300 Seiten lange Abhandlung über den Wert der literarischen Quellen an die Spitze seiner ‚Geschichte des Volkes Israel‘.

[8] WELLHAUSEN hatte bei EWALD gelernt, »vom Kleinsten« auszugehen; EWALDS »Ta-
lent für Beobachtung und Darstellung des Sprachlichen war groß, und auf dem
Gebiete der Sprachwissenschaft liegen . . . seine wichtigsten . . . Leistungen« (E 65).
Aber auch an HENGSTENBERG rühmt WELLHAUSEN, er sei »kein schlechter Philologe« (E 69) gewesen. Philologische Unsicherheit hindert die kritische Arbeit an
ihrer Wurzel (vgl. Rez. in DLZ, 9. Jg., 1888, Sp. 508), weil »litterarische Kritik
(nicht) mit Verzichtleistung auf das unentbehrlichste Mittel« (Rez. in DLZ, 8. Jg.,
1887, Sp. 849) betrieben werden kann. Die Sprache kann schon für sich in der
Quellendatierung auf spätere Zeit der Abfassung eines Textes führen (vgl. Rez. in
ThLZ, 2. Jg., 1877, Sp. 77).

[9] Schon 1871 erschien ‚Der Text der Bücher Samuelis‘, ein Buch, in dem WELLHAUSEN
das Wachsen der überlieferten Textgestalt zum Ausgangspunkt einer straffen textkritischen Methodik gemacht hat. Er sieht sich darum »veranlaßt, auf die Methode
beinah eben so viel Gewicht zu legen als auf die Resultate« (III), ohne dabei als
»ein untheologischer Kleinigkeitskrämer« (XIII) erscheinen zu wollen. »Aber zu
ernten, ohne gesäet zu haben, gilt mir nicht für theologisch« (XIIIf.).

[10] C 314; vgl. auch Rez. über W. R. SMITH in ThLZ, 6. Jg., 1881, Sp. 250, wo WELL-
HAUSEN dem Autor darin zustimmt, daß »die Textkritik von selber zur höheren
Kritik führt«.

[11] Dieser Weg beginnt bei der Analyse von 1. Chronik 1—9 in der Dissertation ‚De
gentibus et familiis Judaeis‘ von 1870 und findet seine Krönung in den ‚Prolegomena‘,
auf denen nach H. GRESSMANNS Meinung (Julius Wellhausen, Protestantenblatt, 51.
Jg., 1918, 76) »allein . . . die ‚Schule Wellhausens‘« beruht; »wesentlich Neues hat
er auf dem Gebiete des Alten Testamentes auch später nicht mehr geleistet« (ebd.).
Aber sogar J. PEDERSEN räumt ein: »Wellhausen war in erster Linie Philologe. Ihn
interessierten die Texte, er wollte sie reinlich auf ihre Quellen verteilen und sie

rung der Quellen zur Einsicht in ihr geschichtliches Nacheinander verband sich aber in WELLHAUSEN auf eine überaus glückliche Weise mit dem Willen zur historischen Darstellung.

»Es war aber ein Irrtum, daß man mit dem Ausscheiden der Quellen (sc.: des Pentateuch) . . . auch jene große historische Frage erledigt zu haben glaubte. In Wahrheit hatte man sie nur in Schlaf gesungen: es ist Grafs Verdienst, nach einer langen Zeit sie wiedererweckt zu haben« (P 10). »Ich bin dadurch früh mißtrauisch geworden gegen die Manier, die hebräischen Geschichtsbücher als reines Mosaik zu betrachten« (C 314). »Hier hat mich Kuenen . . . befreit von hangen gebliebenen Resten des alten Sauerteiges der mechanischen Quellenscheidung« (C 315).

Wie sich KUENEN, im Gegensatz zu WELLHAUSEN, auf die Verteidigung der eigenen Forschungsmethoden einließ, so war er es auch, der in einem grundlegenden Aufsatz von 1880 die ‚Kritische Methode‘ theoretisch darstellte. Darin beschreibt er die Notwendigkeit der hier an WELLHAUSEN demonstrierten Schritte:

»Die Kritik giebt uns oder soll uns geben Geschichte, wahre Geschichte. Der Kritiker ist der Gehülfe des Geschichtsschreibers; er trägt die Bausteine herzu, die dieser für seine Arbeit gebraucht. Gewöhnlich sind Kritiker und Historiker in einer Person vereinigt . . . Der erstere bleibt immer der Diener des letzteren; seine Arbeit, wie sehr auch untrennbar von der Geschichtsschreibung und damit wie ineinander verflochten, bleibt dieser untergeordnet und geht ihr logisch vorauf«[12].

Auf die »litterarische Kritik«, der der Forscher zunächst »alle seine Dokumente ohne Unterschied« unterwirft, folgt »die historische Kritik im engeren Sinne«, die Untersuchung der alten Berichte auf ihre »Glaubwürdigkeit oder . . . auf ihr Verhältnis zur Wirklichkeit« (GA 14f.). Dabei handelt es sich für KUENEN um die »Handhabung der als normal anerkannten Methode« (GA 20) der historischen Wissenschaft; »sie verbreitet Licht über Werden und Wachstum der biblischen Geschichtsdarstellungen . . . und macht uns mit den Einflüssen bekannt, die darauf eingewirkt haben«[13].

KUENEN betont die allgemeine Einsichtigkeit[14] dieser historischen Methode gerade deshalb, weil die Arbeit der kritischen Forscher immer gleich als »Heiligtumsschän-

---

[12] nachher in klarer Reihenfolge ordnen« (170). In diesen beiden Voten kommt freilich die Intention des *Historikers* WELLHAUSEN zu kurz.

[12] GA 6; KUENEN hält sich in diesem Aufsatz an methodologische Bestimmungen v. SYBELS (vgl. GA 14).

[13] GA 37. Vgl. VW 72: »Auch da, wo die Schriftsteller uns einfach mitteilen, was in der Vergangenheit geschehen war, müssen wir stets im Auge behalten, wer sie waren, von welchen Voraussetzungen sie ausgingen und für wen sie schrieben«.

[14] Freilich weiß KUENEN, Überlegungen HUMBOLDTs folgend, über die Rolle der »Persönlichkeit des Geschichtsschreibers« wohl bescheid: »Mag man es beklagen, soviel man will: der Geschichtsschreiber, auch der vollendet unparteiische, ist schon hinsichtlich der Darstellung von nackten Thatsachen etwas anderes, als der Trichter, durch den die Wirklichkeit uns zufließt« (GA 9). Dabei wird, im Gegensatz zum Programm des zeitgenössischen Empirismus, das Erbe der klassisch-romantischen

dung« bewertet (GA 4) und für destruktiv gehalten wird. »‚Destruktiv‘ ist sie nur für die
‚Theorien‘, die im Laufe der Jahrhunderte . . . aufgekommen sind« (GA 41). Wie zum
Historiker der geschulte Quellenforscher gehört, so doch auch ein »von der Erfahrung,
die er mitbringt« (GA 9), bestimmter Sinn für die Darstellung. »Auch was die Geistes-
gaben angeht, . . . ist jeder von uns das Kind seiner Zeit. Jedes folgende Geschlecht
hat nicht nur mehr positives Wissen als das vorhergehende, sondern auch kraft seiner
geförderten Entwickelung andere Augen und einen helleren Blick für die Vergangenheit . . . Die Geschichte ist immer wieder à refaire, auch wenn die Dokumente dieselben bleiben« (GA 45).

Diese aus den verschiedenen Strömungen der Historiographie des
Jahrhunderts gebündelte Methodologie KUENENS hätte sich in etwa
auch WELLHAUSEN zu eigen machen können — wäre er an solchen
Erörterungen interessiert gewesen. Er *praktizierte* diese Methode und
bekannte sich nur in gelegentlichen Äußerungen zu ihr[15].

Tradition der Historiographie sichtbar: »Mangelt die Kongenialität zwischen dem
Geschichtsschreiber und der Wirklichkeit, so kann er kaum mehr von ihr liefern als
ein Zerrbild« (GA 10).

[15] Er versucht, »den geschichtlichen Stoff von dem Räsonnement des Josephus zu
scheiden« (PhS 91), freut sich über die kritische Behandlung der Quellen auch bei
BAUDISSIN (vgl. Rez. in GgA, 141. Jg., 1879, 111), noch mehr freilich bei KUENEN:
»Für Alles gibt und fordert er Rechenschaft; nichts ist ihm so sicher, daß er es nicht
untersucht« (Rez. in DLZ, 8. Jg., 1887, Sp. 1105). Für den Exegeten ist es »oberste
Pflicht«, »das Unverdauliche nicht verdaulich zu finden; eine feine Zunge tut ihm
mehr not als ein leistungsfähiger Magen« (Skizzen und Vorarbeiten, 6. Heft, 1899,
165: ‚Bemerkungen zu den Psalmen‘). Darum rügt WELLHAUSEN auch an EWALD,
daß er oft »nicht scharf zwischen sicher Erkanntem und Zweifelhaftem« unterscheidet, sondern »manchmal auf das gleichmäßige Niveau eines pathetischen Helldun-
kels« (E 73) herabsinkt. »In der evangelischen Geschichte harmonisirt er zwischen
Johannes und den Synoptikern und bricht beiden die Knochen« (E 76).
An L. SEINECKES ‚Geschichte des Volkes Israel‘ findet es WELLHAUSEN von dem
Verf. »nicht nobel, daß er die Widersprüche, die sich aus der Zusammenarbeitung
der drei Quellen des Hexateuchs ergeben, nicht durch kritische Analyse zu entwirren,
sondern dazu zu benutzen pflegt, die Tradition lächerlich zu machen« (Rez. in ThLZ,
2. Jg., 1877, Sp. 97). »Das Schlimmste ist, daß er es nicht zu einer eindringenden
Kenntnis des Pentateuchs und der geschichtlichen Bücher gebracht hat. Denn diese
ist gleichbedeutend mit literarischer Kritik, der Verf. aber scheint die Quellenscheidung als ein gelehrtes Spiel ohne praktische Bedeutung zu betrachten« (ebd., Sp. 99;
vgl. auch Rez. in GgA, 159. Jg., 1897, 614).
Mit großer Bissigkeit und Ironie wendet sich WELLHAUSEN auch gegen RENANS
‚Histoire du peuple d'Israel‘ und rügt den historischen Dilettantismus und die romantischen Urteile des Verfassers (vgl. Rez. in DLZ, 9. Jg., 1888, Sp. 130—132 und
10. Jg., 1889, Sp. 511f. und 12. Jg., 1891, Sp. 628f.): »Was gefällt, wird aufgenommen; was nicht gefällt, wird gefällig gemacht oder ignoriert« (DLZ, 9. Jg., Sp. 131).
Im Blick auf RENANS leichtfertigen Umgang mit den Quellen sekundiert ihm KUENEN
hier: »Es ist . . . die Intuition, die seine Wahl leitet« (GA 433). Zwar ist »die Gabe
der Intuition . . . nicht zu entbehren . . . Aber je köstlicher diese Gaben sind, desto

Bei seinem Lehrer Ewald konnte er zwar weniger die präzise Handhabung dieser auf Literarkritik gegründeten Methode erlernen, wohl aber über de Wette hinausgehende allgemeine Aufstellungen über den Wert der ‚Quellen insbesondere der älteren Geschichte‘. In der Differenzierung von Sage und Geschichtsschreibung wie von Quelle und Stoff liegen die Verdienste der entsprechenden Untersuchungen Ewalds.

»Nennt man etwas Sage, so ist damit noch nicht bestimmt, woher das Gesagte komme und welchen Grund es habe: diesen Mangel soll die Geschichtsforschung ergänzen. Die Sage wurzelt in Geschichte, ist aber nicht schlechthin Geschichte, sondern hat wie ein eigenthümliches Wesen so einen Werth für sich« (Ewald I 68).

»Zunächst müssen wir jeden Geschichtschreiber so genau als möglich in seiner eignen Weise wiederzuerkennen suchen, um zu sehen, wie er die Überkommnisse behandelt: dann erst und vorzüglich durch diese Mittel die Überkommnisse selbst . . . So werden wir . . . die Erzählung von ihrem Grunde scheiden und nur diesen mit aller Entschiedenheit und Aufopferung suchen« (I 68f.).

Weil also Ewald nicht eine Geschichte der Ideen oder auch der Überlieferungen, sondern der tatsächlichen Begebenheiten schreiben will, hält er den Wert der Quellen der Geschichte Israels weithin für gering. Die Geschichtsschreibung Israels war bis hin zur Entstehung des Kanons »nicht zu dem gekommen, was wir im strengeren Wortsinne geschichtliche Wissenschaft nennen: sie hatte nie die Sage vollkommen von der Geschichte zu trennen . . . gelernt« (I 287). Daraus folgt aber, »daß die eigentliche Volksgeschichte Israels erst mit den 12 Stämmen beginnen könne, und daß, was von den Erzvätern und noch höher hinauf erzählt wird, in ein wesentlich verschiedenes Gebiet gehöre« (I 366).

Die Konsequenzen aus diesen Bestimmungen hat Ewald indes schon in der ‚Geschichte Mose's und der Gottherrschaft in Israel‘ (Bd. II) verleugnet: Er folgt dort durchaus der Überlieferung der israelitischen ‚Geschichtsschreiber‘.

Wellhausens Distinktionen unterscheiden sich in der vorgetragenen Sache wenig von denen Ewalds[16]; der Unterschied zwischen mündlicher und schriftlicher Tradition wie das Zusammenwachsen der Quellenschriften werden auch von ihm genau beobachtet:

»Wo es sich nun nicht um Geschichte, sondern um Sagen über die Vorgeschichte handelt, da kann die Anordnung des Stoffes nicht mit dem Stoffe selber gegeben sein,

---

mehr müssen sie im Zaume gehalten und in die rechte Bahn geleitet werden« (Kuenen, GA 436).

Wellhausen weiß zwar den Typ des Exegeten zu schätzen, der ein »selbständiger Forscher« ist und »immer mit eigenen Augen sieht« (Einl. 34), will aber dieses Vermögen an einsichtige methodische Schritte gebunden sehen. Vgl. dazu als vorzügliches Beispiel in Wellhausens später Arbeit ‚Erweiterungen und Änderungen im vierten Evangelium‘ (1907) die Unterscheidungen von Autor und Ergänzer: innere und äußere Gründe zeigen, daß man dadurch »nicht ein großes Loch in das vierte Evangelium stößt, sondern ihm einen Balken aus dem Auge zieht« (a. a. O., S. 15).

[16] Wellhausen rühmte Ewalds »historische(n) Sinn« und seine »umfassende Kenntnis der Quellen«, die ihm zur »Verfolgung der Tradition durch ihre verschiedenen Stadien« (E 74) verhalf.

sondern muß auf dem Plane eines Darstellers beruhen. Aus dem Volksmunde stammen
bloß die losen und nur ganz ungefähr auf einander bezogenen Erzählungen; ihre Verbindung zu einer festen Einheit ist das Werk dichterischer oder schriftstellerischer
Formung« (P⁶ 294; vgl. P⁶ 359). »Die bestimmten und farbenreichen Einzelheiten,
welche die Sage über die wunderbare Morgendämmerung der Geschichte Israels berichtet, können allerdings nicht als glaubwürdig gelten. Nur die großen Grundzüge der
Vorgeschichte . . . lassen sich nicht als erdichtet begreifen«[17].

Als *Historiker* will WELLHAUSEN seine Darstellung bei einigermaßen gesicherten Stadien beginnen können. Er folgt der organologischen Betrachtungsweise der Historischen Schule — und *natürlich* auch
HEGEL und VATKE —, wenn er ein solches Stadium in der Volkwerdung
Israels sieht: »Die Geschichte eines Volkes läßt sich nicht über das
Volk selber hinausführen, in eine Zeit, wo dasselbe noch gar nicht vorhanden war« (G 10).

Ausgerüstet durch solche übernommenen oder selber erarbeiteten
literar- und formkritischen Erkenntnisse, konnte sich WELLHAUSEN
seiner historischen Aufgabe methodisch angemessen widmen: der Betrachtung des Wachstums sowohl der Quellen als auch der durch sie
überlieferten Inhalte.

»Meines Erachtens hat die Kritik mit der mechanischen Zerlegung ihr Werk nicht
getan, sie muß darauf hinaus, die ermittelten Einzelschriften in gegenseitige Beziehung
zu setzen, sie als Phasen eines lebendigen Processes begreiflich und auf diese Weise eine
stufenmäßige Entwicklung der Tradition verfolgbar zu machen« (P 312).

Mit der Einsicht in das Vorhandensein verschiedener Quellen-
werke geht also auch die »Analyse des Inhalts« Hand in Hand, »die
formalen und literarischen Fragen« lassen sich »nicht unter Ausschluß
der sachlichen und geschichtlichen behandeln«[18]. So erweist sich die
literarische und inhaltliche Analyse der Überlieferung als die Basis der
historischen Darstellung WELLHAUSENs; der »Einfluß der jeweils herrschenden Vorstellungen und Tendenzen auf die Gestaltung der historischen Tradition« (P 13) ist der eigentliche Gegenstand seiner Beobachtungen und Wertungen. Die literarische Kritik im ganzen ist nichts
anderes als die »Vorstufe zu einer Geschichte der Tradition« und als das

---

[17] G 10; aus solchen Gründen kann dann über die Erzählungen des Priesterkodex
geurteilt werden, sie haben einen »wesentlichen schriftlichen, man kann sagen einen
gelehrten Charakter. Das ist aber der Tod der Sage, wenn sie nach den Regeln der
Kunst zur Historie aufgeputzt wird« (P 337). Vgl. hierzu auch NIEBUHR, Vortr. II
224f.: »Die Einerleiheit und Harmonie der Überlieferungen einer späteren Zeit ist
täuschend . . .«, die Sagen schildern die Begebenheiten weniger reflektiert als die
stärker ausgeformten Quellenschriften.
[18] C 208. Hierher gehört auch der von VATKE (RAT 675) übernommene Rat, »Sub-
jekten ohne Prädikaten kein Vertrauen zu schenken und nicht an die Wirklichkeit
von Personen zu glauben, die gar nichts zu wirken haben« (P⁶ 348; vgl.
C 259).

»Mittel, um zu ihrer Urgestalt vorzudringen«[19]. »Unter dem Einfluß des Zeitgeistes ist der gleiche, ursprünglich aus Einer Quelle geflossene Überlieferungsstoff sehr verschieden aufgefaßt und geformt worden«; von diesen »Schichten der Tradition« läßt sich »der Wechsel der herrschenden Ideen« deutlich ablesen (P 177).

Auf dieser Einsicht ist das Gebäude der ‚Prolegomena‘ errichtet. »Die ‚Andacht zum Unbedeutenden‘, von allen Meistern der Historischen Schule geübt«[20], hat auch für WELLHAUSENS Geschichtsbild die Fundamente geliefert.

II. Geschichte und Entwicklung

Die schon in der Einleitung zu den ‚Prolegomena‘ geäußerte Absicht WELLHAUSENS, »die auf die sakralen Altertümer bezüglichen Data« nicht einfach zu registrieren, sondern so zu sammeln und zu disponieren, »daß man's wachsen sieht« (P 13), kann sich auf EWALD berufen, der seinen Hörern gleichfalls »ein Bild seiner Anschauung von dem Wachsthum und der Verzweigung des Ganzen aus der Wurzel heraus«[21] gab. Die Beobachtung und Darstellung dieses Wachstums erscheint dem Historiker WELLHAUSEN, wie jedem Historiker, verlockend. Die Aufgabe stellt sich ihm als Vollendung der literarkritischen Arbeit gleichsam von selber.

Was da wuchs und sich ‚entwickelte‘, wird in einer Flut von Detail-Beobachtungen vorgestellt. Stufen einer Entwicklung »spiegeln sich schon in der Sprache ab« (P 156), speziell etwa in der Wandlung einer Formel (vgl. P 156f.); literarische Abhängigkeiten verweisen notwendig auf Altersschichtungen (vgl. C 186ff.). Die geschichtlichen Einflüsse[22] auf die Veränderungen des Kultus (vgl. P 24 und 134) wie der Religion überhaupt (vgl. P 155 und 267) sind nicht zu übersehen;

---

[19] Rez. in ThLZ, 2. Jg., 1877, Sp. 99. Vgl. noch beim späten WELLHAUSEN im Rahmen der Synoptiker-Probleme den Satz: »Gewöhnlich werden bei dem evangelischen Redestoff die literarischen Unterschiede nicht als historische Abstufungen betrachtet« (Einl. 76). Was man in dieser Hinsicht bei den Synoptikern »mit Fingerspitzen fühlen« muß, konnte man in der Frage der Pentateuchkritik geradezu »mit Händen greifen« (Einl. 167).

[20] W. MAURER, Der Organismusgedanke bei Schelling und in der Theologie der Katholischen Tübinger Schule, KuD, 8. Jg., 1962, 210. Vgl. auch WELLHAUSEN, P² X.

[21] WELLHAUSEN, E 63. Vgl. auch NIEBUHRS einleitende Bemerkung: »Die Römer sehen wir fast vor unsern Augen heranwachsen« (Vortr. I 1).

[22] Schon HERDER hatte aus klimatischen, geographischen und zivilisatorischen Gegebenheiten historische Schlüsse gezogen. Vgl. WELLHAUSEN, im Anschluß an VOLTAIRE, über das »vorsalomonische Centralheiligtum«: »Schon dessen bloße Möglichkeit ist bestreitbar. Ganz wundersam contrastirt dieser Prachtbau . . . gegen den Boden, auf dem er sich erhebt, in der Wüste unter den urwüchsigen hebräischen Wanderstämmen . . .« (P 41).

aber auch umgekehrt beeinflußt die jeweilige religiöse Anschauung
etwa die Gestaltung des Staatswesens (vgl. aR 1). Jede literarische
Quelle verrät durch ihre bloße Gestaltung etwas über die Zeit ihrer
Entstehung (vgl. P 234), über die »Verfärbung der Tradition durch
zeitgenössische Motive« (P 219). Eine nur »compendiarische Geschichte«
(P 220), wie sie durch eine der Pentateuch-Quellen geboten wird, gibt
jedenfalls nicht den Blick für das historisch »eigentlich Fesselnde«
(P 327) frei, wie es sich in den »treibenden Kräften der Überlieferung
über die Vorzeit« (P 327) manifestiert. Da die »gottgegebenen Grundlagen für die Ordnung des menschlichen Lebens« im alten Israel »nicht
schriftlich fixirt« (P 408) waren und die schriftliche Fixierung in
jedem Fall schon ein spätes Stadium der Überlieferung darstellt, muß
sich also über längere Zeiträume hin eine Gemeinschaft ausgebildet
haben, in der die dem Mose zugeschriebenen Gesetze ‚eingeübt' werden
konnten[23]. »Das Residuum der Geschichte, indem es als Gesetz an den
Anfang der Geschichte tritt, erdrückt und tötet die Geschichte selber.
Welche von den beiden Anschauungsweisen die historischere sei, ist
darnach nicht schwer zu entscheiden« (P[6] 345; vgl. C 347). Überdies
läßt sich eine Parallelität des Wandels der Gemeinschaftsformen mit
denen des Kultus aufzeigen (vgl. P 18).

Der Historiker kann niemals auf die innere Logik seines Stoffes
— hier also der verschiedenen Überlieferungselemente und -stränge zueinander — verzichten[24]. Darum ergibt sich aus der Analyse von Quer-
schnitten (Opfer, Feste, Klerus) notwendig das Gerüst von Längs-
schnitten (Geschichte des Kultus, Geschichte der Tradition): Die
»Schichten des Pentateuchs« müssen »mit den erkennbaren Stufen der
historischen Entwicklung« (P 144) in Beziehung, genauer: in Parallele
gestellt werden; beide ergänzen und stützen einander in historischer
Hinsicht. Die Konsequenzen dieser Einsicht für die Erkenntnis der
Geschichte des Volkes im ganzen liegen auf der Hand. In der — vorstaatlichen — Richterperiode bildete sich »eine zusammenfassende
Ordnung« nur sehr »allmählich« heraus, und zwar »unter dem Druck
der äußeren Umstände, aber auf eine höchst natürliche Weise und ohne

---

[23] Vgl. NIEBUHR, Vortr. II 362f., wo für ein Volk der »Zustand . . . eines jugendlichen
Lebens, das einer großen Entwickelung zuvorgeht«, beschrieben wird. Dieser Zustand des Reifens und Aufsparens kann »gesund« sein; »es gibt aber auch Zeiten,
wo ein solches Stillstehen keine Entwickelung vorbereitet, sondern nur eine auf-
bewahrende Fortsetzung des Alten ist, dessen was noch existirt, ohne noch lebendig
dazustehen, ohne Keim zu künftigem Aufstreben und daher nothwendig absterbend«.
Die gesamte Geschichtsschreibung des 19. Jahrhunderts trug WELLHAUSEN solche
Beobachtungen der Phasen einer Volksgeschichte zu.

[24] Vgl. nur die eine Frage: »Soll etwa Mose seinem in der Wüste notdürftig das Leben
fristendem Volke zugemutet haben, für eine übermäßig reiche Dotirung des Klerus
zu sorgen« (P 170) ?

jegliche Reminiscenz an eine einheitliche heilige Verfassung« (P 5). Die
»Einheit des Heiligtums« hat sich ihrerseits vielmehr »erst allmählich
im Laufe der Zeit herausgebildet . . . Mehrere Stadien lassen sich dabei
unterscheiden« und verweisen eben auf den »Verlauf des geschichtlichen
Processes« (P 17). Aus dieser historischen Einsicht ergeben sich wiederum Erkenntnisse für den Wert der Quellen — hier der die Richterzeit
beschreibenden deuteronomistischen:

> »Die Einheit Israels ist nun aber die Voraussetzung für das theokratische Ver-
> hältnis, für den Gegensatz von Israel und Jahve, wodurch nach dem (sc.: deuterono-
> mistischen) Schema der Verlauf der Geschichte einzig und allein bedingt wird. In der
> echten Überlieferung fällt die Voraussetzung fort, und im Zusammenhange damit be-
> kommt der ganze geschichtliche Process ein wesentlich anderes und zwar natürlicheres
> Aussehen . . . es hängt nicht alles Geschehen lediglich an der Attraction und Repul-
> sion, die Jahve ausübt« (P 243f.).

Das Deuteronomium selber dagegen ist ein »lebendiges Gesetz«,
weil es sich »überall an der Wirklichkeit reibt, gegen das Hergebrachte
kämpft«, es ist »keine Velleität, kein Hirngespinnst eines müßigen
Kopfes«, sondern »geboren aus geschichtlichem Anlaß, wie in den Verlauf des geschichtlichen Processes wirksam einzugreifen bestimmt«(P 35).
    So führen Quellenvergleichungen und Erwägungen über das ge-
schichtlich Mögliche von Einsicht zu Einsicht. »Zu meinen, daß der
Cultus auf vormosaischen Gebrauch zurückgehe, ist ohne Frage naturgemäßer als zu meinen . . ., daß Gott oder Mose plötzlich das richtige
Opferritual sollte erfunden und eingeführt haben« (P 56). Die Beobachtung allgemeinen und vielgestaltigen Wachstums drängt sich überall
auf. Darum kann man auch durch solche religiösen Traditionen, die das
Denken einer bestimmten Epoche wiedergeben, hindurchstoßen und
»das einfach Geschichtliche, das bloß Weltgeschichtliche so zu sagen«
(P 295), auffinden[25]. Da zeigt sich dann, daß »statt der Kirchengeschichte des Hexateuchs . . . mit einem mal im Buch der Richter die
Weltgeschichte« einsetzt, »der geistliche Charakter ist völlig abgestreift« (P 130). Wer darum die »Hierokratie« des Priesterkodex in die
Zeit Samuels zurückträgt, »der hat zu einem historischen Verständnis
des hebräischen Altertums noch nicht den Anfang gemacht«[26].

---

[25] Zur Frage der abrupten Stiftung des Monotheismus durch Mose wird bemerkt:
»In dieser Auffassung stimmen sachlich — trotz verschiedener Ausdrucksweise —
Orthodoxie und Rationalismus im ganzen zusammen; es macht keinen großen
Unterschied, ob der Monotheismus aus Ägypten, wo er nicht zu finden ist, oder,
immerhin etwas vernünftiger, aus dem Himmel importiert wird« (G 31, Anm. 1).
Der Historiker kann dem ‚Import aus dem Himmel‘ nur das beobachtete Wachs-
tum entgegenhalten. In ähnlicher Weise zeigt sich für WELLHAUSEN auch die »fort-
schreitende Islamisierung« als ein »naturgemäßer und unaufhaltsamer Proceß« (aR 192).

[26] P 285. Diesen ganzen Zusammenhang hat GRAF vor WELLHAUSEN gesehen und mit
derselben Methode demonstriert. Auch für ihn stellt sich gleich anfangs die Frage,

Soll die Entwicklung der geschichtlichen Begebenheiten, wie die der sie bezeugenden Dokumente, überprüfbar bleiben, dann muß man sich immer wieder zuerst an zuverlässige Festpunkte halten. Ein solcher Festpunkt ist nun auch für WELLHAUSEN die Einrichtung des Königtums in Israel. Aus der ‚theokratischen' Verzerrung, also aus der sekundären Überlieferung der »ersten naturwüchsigen Anfänge staatlicher Autorität, die sich weiter und weiter entwickelnd schließlich zum Königtum geführt haben« (P 130), läßt sich zwar für die Traditionsgeschichte etwas lernen, aber die Unterscheidung zwischen Traditionsgeschichte und konkreter Geschichte bleibt dem Historiker nicht erspart. Für den Beispielfall bedeutet das:

»All der Aufwand, wodurch ein Volk sonst seine Existenz sichert, ist dann natürlich überflüssig. Daß diese Vorstellung ungeschichtlich sei, versteht sich von selber; daß sie der echten Tradition widerspricht, haben wir gesehen. Die alten Israeliten haben nicht von Anfang an eine Kirche, sondern zuerst ein Haus zum Wohnen gebaut (P 267).

Das Königtum, »aus freier Notwendigkeit . . . erwachsen« (G 52), war für das vorexilische Israel »der Höhepunkt der Geschichte und die größte Segnung Jahve's« (P 265); darum hat auch »die durch das Königtum bewirkte Centralisirung . . . dem Volke ein politisches Gesamtbewußtsein und Sinn für seine Geschichte gegeben« (C 235). Sieht ein Teil der Quellen in der Begründung des Königtums also einen Gewinn, ein anderer Teil aber einen Sündenfall, dann läßt diese doppelte Beurteilung ein- und desselben Phänomens nicht auf ein *Neben*einander, sondern auf ein *Nach*einander, auf eine Wandlung der Gedanken und der religiösen Ansichten schließen. Die Beschreibung dieses Nacheinanders ergibt keine ‚Ideengeschichte'; der Historiker konstatiert vielmehr ein Wachstum: Der Staat entstand »ohne jede Anlehnung an die Form der ‚mosaischen Theokratie'; er trägt alle Merkmale einer neuen Schöpfung an sich« (P 429), »es geht bergauf auf das Königtum

---

ob man die »mosaische Gesetzgebung . . . der Natur und der Analogie gemäß als Zeugnis und Ergebnis einer allmäligen aus einem fruchtbaren Keime hervorgegangenen Entwicklung oder als etwas von Anfang an Vollendetes und jeder ferneren Entwicklung zum Grunde Liegendes ansehen« soll (1). »Indem man nach dem Vorbilde der mittlern Gesetzgebung des Pentateuchs und der Chronik die nachexilischen Verhältnisse als in der Urzeit gegeben voraussetzt, verschließt man sich jede Einsicht in den Entwicklungsgang der israelitischen Geschichte und somit der Geschichte der Offenbarung selbst; . . . Büßt dabei die Chronik als urkundliche Quelle für die alte Geschichte fast allen Werth ein, so ist sie dagegen eine um so wichtigere Urkunde über den Geist und Charakter des uns außerdem so unbekannten vierten Jahrhunderts« (247). GRAF verteidigt darum die Chronik vor GRAMBERGS Vorwurf »der Fälschung und des Betruges« mit dem Argument, man dürfe hier nicht die Maßstäbe moderner historischer Forschung an ein Geschichtswerk des Altertums anlegen (121f.).

zu, nicht bergab von der Glanzzeit Mose's und Josua's« (P 245). Das Königtum ist also für den Historiker so bedeutsam, weil es der reale Bezugspunkt für viele abgeleitete Einsichten ist:

»Auf dem Königtum gründet alle weitere Ordnung, auf diesem Boden wachsen auch die anderen Institutionen hervor . . . Wie wichtig die Folgen auch auf geistigem Gebiete gewesen sind, erhellt hinreichend aus der ältesten Literatur, die eben jetzt erblühte. Statt der Natur und des Ackers ward mehr und mehr der Staat, die Nation, die Geschichte das Substrat der Religion« (P 429f.).

Weil es im Blick auf die Staatwerdung ein Davor und ein Danach gibt, gibt es auch eine übersehbare ,Entwicklung' der Gemeinschafts- und Denkformen in Israel; im vorstaatlichen Israel hat »eine Theokratie als Verfassungsform nie bestanden« (P 427). Im Hintergrund dieser Einsicht, daß die verschiedenen Seiten eines organischen Volkslebens ,entwickelt' sein müssen, bevor auf dieser Basis auch das ,Geistige' weiter wachsen kann, steht die aus der Historischen Schule kommende Ansicht vom ,Volksgeist' als dem »Urgrund der schöpferischen Tätigkeit des Volkes«[27], eine Ansicht, die eben auch mit der Vorstellung einer starken historischen Dynamik verbunden ist.

Diese Hochschätzung des Staates läßt WELLHAUSEN nun auch den zweiten großen Einschnitt in die israelitische Volksgeschichte stark betonen: den Zusammenbruch des Staates und das Exil. Während für VATKE hier die Entwicklung erstaunlich ungebrochen blieb, konstatiert WELLHAUSEN (mit DE WETTE) einen gravierenden Schnitt durch die Kontinuität aller Bereiche des Lebens und des Glaubens. Der Verlust »des Zusammenhangs mit den ererbten Zuständen« (P 29) kann gar nicht überbewertet werden: »Das Exil macht den Übergang von der Volksreligion zur Weltreligion, es bewirkt die Metamorphose Israels zum Missionar der Weltreligion«[28].

Die Einsicht in die ,Entwicklung' der Geschichte und Religion Israels gründet sich also bei WELLHAUSEN zunächst auf wirkliche und deutlich abhebbare geschichtliche Veränderungen. Was sich von der Geschichte des Staates her aufzeigen läßt, hat seine Konsequenzen für die Beurteilung der Traditionen von der vorstaatlichen Zeit. Sperrt man sich hier gegen die Wahrnehmung einer ,Entwicklung', dann ist »mit dem Anfang . . . zugleich auch das Ziel erreicht, es gibt nichts darüber hinaus . . . Innerlich wenigstens ist mit Moses alles abgeschlossen« (KG 3). Es ergäbe sich nur »eine Religionsgeschichte, welche die Geschichte ausschließt« (KG 4). Dabei kann aber der Historiker nicht stehenbleiben, er muß »über das bloß Negative hinaus gelangen

---

[27] G. v. BELOW, Die deutsche Geschichtschreibung von den Befreiungskriegen bis zu unsern Tagen, 2. Aufl., München und Berlin 1924, 30.

[28] G 152. KUENENS 1883 in deutscher Übersetzung unter dem Titel ,Volksreligion und Weltreligion' erschienene Hibbert-Vorlesungen haben hier terminologisch gewiß Pate gestanden.

zu einer positiven Vorstellung über die Zeitfolge gewisser Phasen, die
simultan genommen einander widersprechen« (KG 5f.), er muß kurzum
»eine wirkliche d. h. genetische Geschichte der israelitischen Religion«
(KG 7) schreiben. Diese Betrachtung der »Stufen einer und derselben
Religion«, »die Vergleichung der aufeinander folgenden Phasen« ist
»nur möglich bei Religionen, die überhaupt eine Entwicklung durchgemacht haben. Daß die israelitisch-jüdische Religion zu diesen gehört» (KG 2), hat WELLHAUSEN in immer neuen Entwürfen darge-
tan[29].

Bei den Kritikern WELLHAUSENs wurde diese aus den konkreten
Begebenheiten der Geschichte Israels resultierende ‚Entwicklung‘ nun
ideologisiert. J. PEDERSEN beschreibt die Beziehung WELLHAUSENs auf
VATKE auf folgende merkwürdige Weise: »Vatke legte für die Geschich-
te Israels eine Entwicklungslinie fest, und *so* geht seine hegelsche
Anschauung *unmerkbar* in die nächste Theorie über, welche *man* auf
die Kulturgeschichte anwendete, nämlich die Evolutionstheorie« (174;
Hervorhebungen vom Verf.). Gegen diese Wendung erwacht aus zwei
Gründen Verdacht: Weder bezog sich der weltanschauliche Evolutionismus je auf HEGEL noch folgten die großen deutschen Historiker des
19. Jahrhunderts eindeutig der einen oder der anderen ‚Theorie‘. Da
PEDERSEN überdies nicht präzise erklärt, was er unter ‚Evolutionstheorie‘ in der Geschichtsforschung versteht, sie offenbar nur einer
allgemeinen, in der Aufklärung wurzelnden historischen ‚Sünde‘ subsumiert, entsteht der Eindruck einer geradezu beliebigen ‚weltanschaulichen‘ Desavouierung (hier: WELLHAUSENs), die sich nicht auf
eine angemessene Differenzierung der Phänomene berufen kann.

WELLHAUSEN brauchte weder HEGEL noch den Evolutionismus (in
sensu stricto), um eine — freilich auch nur allgemeine und nie theore-
tisch sondierte — Vorstellung von ‚Entwicklung‘ zu haben. Der von
LESSING über HERDER, GOETHE, SCHLEIERMACHER und die idealistische
Philosophie bis zu DE WETTE, RANKE und WELLHAUSEN reichende
Begriff der Entwicklung hat freilich eine bestimmte gemeinsame

---

[29] Die ‚Prolegomena‘ waren von vornherein als Vorarbeit (‚*Erster* Band‘) zur Geschichte
Israels angelegt. Einen ersten Entwurf der historischen Darstellung selber bietet
der Manuskript-Druck der ‚Geschichte Israels‘ von 1880 (ca. 20 Exemplare, 76 S.,
UB Göttingen). Dieser Entwurf erschien auf Anregung von W. R. SMITH (vgl. G¹, S. VI)
1881 in veränderter Form als Artikel ‚Israel‘ in der Encyclopaedia Britannica (vol.
XIII, p. 396—431, 9th edition), worauf WELLHAUSEN in der 2. Aufl. der ‚Prole-
gomena‘ von 1883 verweist: »Daß meine Kritik die Substruction zu einem positiven
Aufbau ist, glaube ich . . . (Hinweis auf Encycl. Brit.) . . . gezeigt zu haben« (P² III).
Die nächste Stufe der Bemühungen bildet der ‚Abriß der Geschichte Israels und
Judas‘ von 1884 (= Skizzen und Vorarbeiten I 3—102). Erst 1894 erschien die
ursprünglich als zweiter Band der ‚Geschichte Israels‘ vorgesehene ausführliche
Darstellung, nun unter dem Titel ‚Israelitische und Jüdische Geschichte‘.

Grundlage und Färbung in seiner Anwendung auf die Geschichte:
Offenbarung widerstreitet hier nicht mehr im Sinne der supranaturalistischen Theologie der realen Geschichte mit allen ihren Veränderungen, sondern Offenbarung ist in dieser Geschichte verborgen, ist
an sie gebunden und darum auch bis zu einem gewissen Grade von
ihr ablesbar. Dazu kommt ein zweiter Gesichtspunkt: Im Unterschied — oder gar im Gegenschlag — zur universalistischen Konzeption der auf der aufgezeigten Linie beheimateten Philosophen waren
die deutschen Historiker darauf aus, nationale, ‚organische‘ Entwicklungen zu verfolgen und darzustellen. Ihr Interesse galt nicht einem
wie auch immer bestimmten ‚Fortschritt‘, also auch nicht einer aufsteigenden ‚Evolution‘ im ganzen, sondern ihr »geschärftes Wissen um
die ‚realen Bedingungen‘ des nationalen Lebens überhaupt«[30] ließ sie
vom aufklärerischen Weltbürgertum zum Nationalstaat des 19. Jahrhunderts sich hinneigen. Darum schrieben sie auch die alte Geschichte
als Nationalgeschichte — gelegentlich ohne jedes Augenmerk auf allgemeine, überstaatliche ‚Entwicklung‘. Das tat auch Wellhausen mit
der Geschichte Israels[31], und von ‚Evolutionstheorie‘ kann darum
keine Rede sein.

Auch MAX WEBER sprach von einem »Entwicklungsschema Wellhausens« (III 4) und beschrieb dieses folgendermaßen:

»Seine zentrale Vorstellung von der Art der Entwicklung der jüdischen Religion
dürfte wohl mit dem Ausdruck ‚immanent evolutionistisch‘ am ehesten zu kennzeichnen sein. Die eigenen, inneren Entwicklungstendenzen der Jahwereligion bestimmen,
wenn auch natürlich unter dem Einfluß der allgemeinen Schicksale des Volkes, den
Gang der Entwicklung« (III 3).

M. WEBER erkennt ganz richtig WELLHAUSENS Absicht, auf die
‚eigenen, inneren Entwicklungstendenzen‘ der Geschichte Israels zu
achten; inwiefern es sich dabei aber um ein ‚Schema‘, also um etwas
Sachfremdes, handelt, bleibt unklar. In WELLHAUSENS Besprechung
von DUHMS ‚Theologie der Propheten als Grundlage für die innere
Entwicklungsgeschichte der israelitischen Religion‘ findet sich jedoch
eine für dieses Problem kennzeichnende Äußerung:

»Ich hätte gewünscht, daß der Verf. sich darauf beschränkt hätte, aus den prophetischen Büchern selbst zu entwickeln, welche Grundlagen jene Redner im Volke
selbst . . . voraussetzen konnten, namentlich aber, daß er über den innern Gründen,
welche die Prophetie des 8. Jahrhunderts möglich machen, die äußere Veranlassung
nicht ganz und gar übersehen hätte, welche allein erklärt, daß die Möglichkeit zu dieser
bestimmten Zeit in Wirklichkeit übergeht. Die innere Möglichkeit mag das Meiste zur
Erklärung der Erscheinung beitragen . . . Das historische Erkennen wird sich vorzugs-

---

[30] BOSCHWITZ 33.

[31] Auch WELLHAUSENS arabische Geschichte ist »das Muster einer isolierenden Nationalgeschichte, obwohl doch gerade zu der geschilderten Zeit das arabische Reich ein
welteroberndes Imperium war« (BOSCHWITZ 10).

weise auf die sollicitierenden Anlässe geistiger Erscheinungen richten müssen, jedenfalls dürfen sie nicht übergangen werden, wenn sie sich so aufdringen wie in unserem Falle. Ich halte es nicht für eine Nebensache zu beweisen, daß der drohende Zusammenstoß Israels mit der assyrischen Weltmacht den Funken der Prophetie im 8. Jahrhundert vor Chr. geweckt hat«[32].

WELLHAUSEN kann also weder unreflektiert (und damit auch untheologisch) sagen, es habe Gott gerade zu dieser Zeit gefallen, die Propheten zu senden, noch mag er ‚immanent evolutionistisch‘ deren Auftreten als ausschließlich *innere* ‚Notwendigkeit‘ bezeichnen; als Historiker sieht er vielmehr die allgemeine Verflochtenheit der konkreten Begebenheiten und verteidigt sich, ausnahmsweise, selber: »Aber die Bedeutung des Conflikts der Weltmacht mit dem Volke Gottes für die religiöse Entwicklung, die mit den Propheten anhebt, darf man betonen ohne von einer Modekrankheit angesteckt zu sein«[33].

Im Rahmen einer Beurteilung der deuteronomistischen Redaktion der Geschichtsbücher hat WELLHAUSEN so feine Differenzierungen von Traditionselementen und geschichtlicher Entwicklung geboten, daß man diese Stelle als eine Art historischer ‚Theorie‘ verstehen könnte:

»Da greifen Gnade und Sünde wie die mechanischsten Kräfte in das Getriebe der Ereignisse ein, der Lauf der Welt wird methodisch der Analogie entzogen, die Wunder sind nichts außerordentliches, sondern die regelmäßige Form des Geschehens, verstehen sich von selbst und machen gar keinen Eindruck. Dieser pedantische Supranaturalismus, die *heilige Geschichte* nach dem Recept, findet sich in den ursprünglichen Erzählungen nicht. Israel ist da ein Volk wie andere Völker . . . An Erscheinungen und Zeichen der Gottheit fehlt es nicht; aber die Wunder sind so, daß man sich wirklich darüber wundert. Sie durchbrechen hin und wieder den irdischen Nexus, bilden jedoch kein zusammenhängendes System; sie sind Poesie, nicht Prosa und Dogmatik. Im Ganzen aber wird der geschichtliche Process, obwol scheinbar krauser und verworrener, in Wirklichkeit doch viel begreiflicher, und obwol scheinbar zerrissener, schreitet er in Wirklichkeit zusammenhängender fort« (P 245; Hervorhebung von W.).

Der Blick auf den ‚irdischen Nexus‘ läßt eine als ‚Ideengeschichte‘ verstandene Darstellung der religiösen Entwicklung Israels gar nicht zu; Religion und äußere Volksgeschichte gehen und gehören zusammen. »Wir dürfen also die Geschichte der Religion erst mit der Geschichte des Volkes beginnen, d. h. frühestens mit Moses« (KG 7). »Die Praxis des Kultus ist überhaupt unerfindbar und jedenfalls viel älter als Moses; sie stammt aus der Urzeit, die Jahrtausende vor aller Geschichte liegt« (KG 11). Der Kultus Israels unterscheidet sich nicht durch eine besondere »Art« von allem Kultus, sondern durch den »Dativ, dem er geweiht wird« (KG 13). Aus allen diesen Überlegungen folgt, daß die Religion Israels, daß dieses Volk und daß sein Gott eine Geschichte voller Wandlungen erlebt haben müssen.

---

[32] Jahrbücher für Deutsche Theologie, 21. Bd., 1876, 153.
[33] Ebd. 154; WELLHAUSEN hält sich hier an VATKE, RAT 464ff.

». . . erst zur Zeit Moses' wurde Jahve der creator spiritus des Volkes Israel und bekam damit zugleich selber einen neuen, nationalen und geschichtlichen, Inhalt, während sein altes Naturwesen in den Hintergrund trat. . . . Sicher ist er nicht von Natur der universale Gott gewesen und dann zu einem nationalen Gott verengert« (KG 8).

Will man dies als die unangemessene Beschreibung einer ‚Denaturierung' verstehen, dann muß man die spezifische Leistung Israels — anders: die spezifische Offenbarung für Israel! — leugnen, die sich eben nicht anders als in immer neuem Verstehen Gottes kundtat. Als »wirkliche Geschichte« bleibt darum die Geschichte Israels auch »nicht außerhalb aller Analogie mit der Geschichte der ganzen übrigen Menschheit« (KG 15). Es ist BOSCHWITZ nur zuzustimmen, wenn er betont, WELLHAUSEN habe »mit der inneren Anteilnahme nicht des Arztes, sondern des Erben« die Geschichte Israels als »allmähliche Ent-Ethnisierung und Ethisierung des Verhältnisses von Gott und Menschen« beschrieben (32). Das von VATKE behauptete Gefälle der Geschichte Israels läßt sich jedoch trotz dieser Entwicklung in WELLHAUSENS Darstellung gerade *nicht* nachweisen; WELLHAUSEN beschrieb das Altertum Israels nicht nur als Ausgangspunkt, sondern »um seiner selbst willen«[34].

Daß die Prophetie »zum Schluß auch noch die individuelle Religiosität« (KG 28) ausgelöst hat[35] und »die Erhebung der Hoffnung in das Individuelle und Transcendente« von WELLHAUSEN als eine »Vergeistigung« (aL 231) bezeichnet werden kann, das findet eine sehr klare realgeschichtliche Begründung: »Der Individualismus hatte seine natürliche Ursache in der Zertrümmerung des alten Volkes . . .; die Religion sollte die aufgelöste Nation zusammenhalten. Indessen der Schwerpunkt der Religion selber lag auch nicht mehr in der Gemeinschaft, sondern im Individuum« (aL 231). Alle diese Beobachtungen deuten auf eine ‚Entwicklung', erinnern auch ganz gewiß an manche Einsichten VATKES; aber ohne diese ‚Entwicklung' wäre die spannungsreiche und von geistigen Kämpfen erfüllte Geschichte Israels weder denk- noch darstellbar. »Die Consequenz wäre am Ende, daß die großen Propheten, die Träger des gewaltigen geistigen Fortschritts, die Religion vergröbert hätten«, wie NÖLDEKE[36] — freilich mit einem anderen Zungenschlag als WELLHAUSEN — schloß.

---

[34] BOSCHWITZ 32.

[35] In nachexilischer Zeit »begann die Religion ihren Schwerpunkt von der Gesamtheit in das Individuum zu verlegen. Im Altertum und im ganzen auch noch in der Zeit der großen Propheten war sie gemeinsamer Besitz des Volkes« (KG 33).

[36] Untersuchungen zur Kritik des Alten Testaments, 133. NÖLDEKE, zeitweise Briefpartner WELLHAUSENS, war vertraut mit den Arbeiten GRAFS, blieb aber in dieser Hinsicht auf halbem Wege stehen. Zwar will auch er nachweisen, daß »die s. g. Grundschrift nicht ohne Weiteres als Quelle für die Geschichte« zu gebrauchen ist, sondern »daß sie mit dem Gegebenen sehr selbständig verfährt und an die Stelle der

Weil im Alten Orient, wie W. R. Smith bemerkt, »die Entwickelung der Religion . . . im allgemeinen derjenigen des Staates« (23) folgte,
mußte gerade der Zusammenbruch des israelitischen Staates von außer-
gewöhnlicher Bedeutung für die ‚Entwicklung‘ der israelitischen Religion sein. Schon 1874 heißt es bei Wellhausen, daß die Juden »bis
zur Zerstörung Jerusalems ein wirkliches Gemeinwesen und keine
bloße Sekte« (PhS 39) bildeten. In der Zeit der Pharisäer war also die
‚Idee‘ des Judentums eine andere als zur Zeit Davids: sie war nicht
mehr »das irdische Vaterland, sondern Gott und das Gesetz« (PhS 95).
In diesen gewichtigen Veränderungen spricht der von Wellhausen
immer wieder gesuchte ‚irdische Nexus‘[37] eine deutliche Sprache. Gerade in dieser Verknüpfung von realgeschichtlichen Entwicklungen und
religiösen Modifikationen will Wellhausen das eigentliche ‚Wunder‘
der Geschichte Israels erblicken. Weil er eben nicht, wie Duhm, den
»Glaube(n) an die Möglichkeit, Gesetze der Entwicklung zu entdek-
ken«[38], hat, fragt er weder nach der Kausalität noch nach der Finalität der Geschichte; eine allgemeine, umgreifende philosophische oder
theologische Systematik hätte für ihn keinen Reiz. An der Geschichte
des Volkes Israel faszinierte ihn die Entwicklung im Sinne des Wachstums. Er hat, wie alle Historiker seit Ranke, »das genetische Prinzip

Wirklichkeit gar oft eine künstliche Systematik setzt« (V f.). Auch er sieht einen
»Hauptcharacterzug der Grundschrift« darin, »die Geschichte und die Gesetzgebung
nach theoretischen Gesichtspunkten zu gestalten« (132), denn ihr »fehlt . . . Leben,
Anschaulichkeit, Detailmalerei und Wärme der Sprache« (133). Aber nach Nöldekes
Meinung hat »Graf, welcher dies Alles in ein klares Licht gesetzt hat, . . . einen . . .
falschen Schluß hieraus gezogen, nämlich den, daß die sämmtlichen Cultusgesetze
später als das Deuteronomium seien, . . . nämlich aus der Zeit Esra's . . . Eine Zeit,
welcher durchaus die schöpferische Kraft fehlte, hätte sicher nicht so schwierige
Gesetze gegeben und zum Nachtheil Vieler, ja des ganzen Volkes durchgeführt, so
weit das überhaupt möglich war« (126 f.). Hatte Wellhausen in der Nachfolge
Grafs diese Schwierigkeit durch die Betonung des Nacheinanders der divergierenden
Phämonene, also durch ‚Entwicklung‘ aufgelöst, so sah sich Nöldeke zu einer
problematischen Nebenordnung der Materialien oder gar zu einer sehr frühen Da-
tierung der ‚Grundschrift‘ veranlaßt. Für ihn ist es sogar »recht wohl möglich«,
wenn auch »noch nicht . . . erwiesen« (141), daß sie die älteste Quelle des Pentateuch
ist. Er läßt sie schließlich, mit widersprüchlichen oder vagen Argumenten, im 9. Jahrhundert entstanden sein (vgl. 138 ff.), obwohl er sieht, daß »die aus der Grundschrift
stammenden Stücke des Pentateuchs« für das nachexilische Judentum »die wahre
Grundlage« (142) geworden sind und daß »so ziemlich alle Theile des Pentateuchs,
an welchen wir einen gemüthlichen Antheil nehmen« (143), in anderen Quellen stehen.

[37] Noch in seiner späteren Arbeit am Neuen Testament vermißt er z. B. am Markus-
evangelium den »pragmatische(n) Nexus«. Weil dort »der örtliche Zusammenhang
des Geschehens . . . fast ebenso viel . . . wie der zeitliche« zu wünschen übrig läßt,
fehlen dem Evangelium »die Merkmale der eigentlichen Historie« (Einl. 43).
[38] B. Duhm, Über Ziel und Methode der theologischen Wissenschaft, Basel 1889, 4f.

mit der kritischen Methode«[39] verbunden; und während »der empor-
kommende Positivismus die Irrationalität des geschichtlichen Lebens
nicht mehr erträgt«[40] mochte, brachte WELLHAUSEN in seiner Darstellung gerade jene irrationalen Elemente zum Aufstrahlen. Die alles
geschichtlich Besondere niederwalzende Soziologie des Positivismus
hat ihn so wenig je tangiert wie der auf den allgemeinen Fortschritt
eingeschworene Evolutionismus[41]. Was ihn vielmehr leitete, war die
nicht zur Systematik geronnene, noch vor-philosophische Vorstellung,
daß Geschichte nicht ohne Bewegung, nicht ohne Veränderung, also
auch nicht ohne eine ‚Entwicklung' Geschichte sein kann.

Nicht die Aufklärung und der Positivismus haben den Staat als
»individuelle Totalität«[42] gefaßt, sondern die sogenannte deutsche Bewegung. Freilich hat im Rahmen dieser Bewegung auch HEGEL den
Staat als selbstzwecklichen und einer Entwicklung fähigen Organismus
verstanden; aber neben ihm hat die historische Romantik und die
spätere deutsche Geschichtsschreibung das individuelle Wesen und
Werden des Staates viel schärfer erfaßt und beschrieben. Wenn es
WELLHAUSEN um das Wachstum Israels, des Volkes wie seiner Religion, zu tun ist, dann eben immer unter dem Gesichtspunkt einer —
nicht allgemeinen, sondern — nationalstaatlichen Entwicklung, die
sich für ihn in den Quellen unstreitig abzeichnete[43]. Er verfügte bei
seiner wissenschaftlichen Arbeit über keine ‚Weltformel'.

»Warum die israelitische Geschichte von einem annähernd gleichen Anfange aus
zu einem ganz andern Endergebnis geführt hat als etwa die moabitische, läßt sich
schließlich nicht erklären. Wol aber läßt sich eine Reihe von Übergängen beschreiben,
in denen der Weg vom Heidentum bis zum vernünftigen Gottesdienst, im Geist und in
der Wahrheit, zurückgelegt wurde«[44].

Mit dem ‚vernünftigen Gottesdienst' meint WELLHAUSEN nicht
die Maximen der aufgeklärten — und das hieße hier: von der konkreten Geschichte abstrahierenden — Vernunft, sondern er beruft sich
auf den Anfang von Röm 12, wo Paulus den Zusammenhang der

[39] SCHNABEL III 100.

[40] SCHNABEL III 101.

[41] Vgl. eine interessante Wendung WELLHAUSENS zu Genesis 1: »In der hebräischen
Erzählung ist der immanente (P[6] 296 = brütende!) Geist dem transcendenten Gott
gewichen und das Evolutionsprincip zurückgedrängt durch das befehlende Schöpfer-
wort« (P 340). Wer selber durch das ‚Evolutionsprinzip' bestimmt ist, schreibt das
nicht nieder!

[42] G. v. BELOW, a. a. O., S. 30.

[43] Vgl. KUENEN, GA 39: »Den drei Entwickelungsstufen, die die Religion in Israel
durchgemacht hat, der prophetischen, deuteronomischen und priesterlichen, entspricht eine dreifache Auffassung der Geschichte Israels«.

[44] G 33. Vgl. KUENEN, GA 461: »Ich sage nicht, daß Jahwe und Kamos identisch sind.
Schon in der ursprünglichen Jahweidee lag die später verwirklichte Verheißung
des Höchsten und Besten, wovon bei Kamos keine Spur nachzuweisen ist«.

Gottesanbetung mit dem Sittlichen so unterstreicht, wie das auch WELLHAUSEN in Anlehnung an die prophetische Botschaft tut. Die Behauptung, das Alte Testament habe für WELLHAUSEN »den Zielpunkt seiner Entwicklung im nomistischen Judentum erreicht«[45], mag, äußerlich angesehen, für die ‚Prolegomena‘ gelten; aber er hat doch wohl nicht in völliger Gedankenlosigkeit die Geschichte Israels mit dem Kapitel ‚Das Evangelium‘ beschlossen: da beginnt die Geschichte eines anderen, neuen ‚Volkes‘.

In der Frage der ‚Entwicklung‘ beruft sich die WELLHAUSEN-Kritik vollends zu Unrecht auf DE WETTE als positives Gegenbeispiel gegen die angenommene Linie VATKE-WELLHAUSEN. DE WETTE schrieb schon 1815:

»Der Mosaismus war als Lehre und Weltansicht einer geistigen Entwickelung nicht unfähig, und die Propheten und andern Weisen der Nation haben mit großem Erfolg daran gearbeitet. Immer reiner trat die Idee des höchsten Weltgottes aus der symbolischen Beschränkung hervor; die enge Ansicht der Weltregierung im Bilde der Theokratie erweiterte sich, indem diese nicht bloß mehr als hebräisches Volkseigenthum, sondern als künftiges Welt- und Völkerreich (in den messianischen Hoffnungen) angesehen wurde«[46].

Was DE WETTE hier mehr philosophisch-theologisch ausdrückt, beschreibt WELLHAUSEN als Historiker so:

»Die israelitische Religion hat sich aus dem Heidentum erst allmählich emporgearbeitet; das eben ist der Inhalt ihrer Geschichte. Sie hat nicht mit einem absolut neuen Anfange begonnen. Doch hat sie bei einem Punkte angesetzt, an den eine fruchtbare Entwicklung sich anknüpfen konnte« (G 32).

Die Religion Israels war für WELLHAUSEN eine »fortschreitende« eben nur insofern, als der Gott Israels »ein lebendiger Gott« (G 33) war. Ohne solche Entwicklung hätte es weder eine spezifische *Geschichte* Gottes mit Israel noch die vielfältige Bezeugung dieser Geschichte in immer neuen Entwürfen der Überlieferung gegeben. Am Ende der ‚Israelitischen und Jüdischen Geschichte‘ stehen die für diese Frage kennzeichnenden Sätze: »Alle Kultur ist unausstehlich, wenn sie das Individuum und sein Geheimnis nicht anerkennt. Der Fortschritt der Gattung ist, über eine gewisse Grenze hinaus, kein Fortschritt des Individuums, glücklicherweise nicht[47].

---

[45] H.-J. KRAUS 248.

[46] RTh 89. Über den späten DE WETTE konnte dann freilich GRAF 1841 an REUSS schreiben: »De Wette wird alt wie es scheint, er fürchtet sich nun auf einmal vor den makkabäischen Psalmen; ... Er kömmt mir vor wie jene Philosophen, welche zuerst von allen Seiten Bresche in die Kirchenlehre schlugen, dann aber zuletzt hinzufügten: doch wir unterwerfen uns in allem der alleinseligmachenden Kirche« (REUSS/GRAF 110).

[47] G 371. Vgl. die auffällige Übereinstimmung dieser Sätze mit einer Bemerkung RANKES aus den Vorträgen, die er 1854 dem König Maximilian II. von Bayern in Berchtes-

Nicht »der durch ein normatives Ideal bestimmte Vervollkommnungsgedanke« LESSINGS hat WELLHAUSEN geleitet, sondern »der individualisierende Entwicklungsgedanke des Historismus«[48]. Wie HERDER dem optimistischen Fortschritts- und Aufstiegsglauben der Aufklärer widersprach, wie er »vegetative Entwicklung von unten und göttliche Leitung von oben sanft«[49] verknüpfte, so jagte auch WELLHAUSEN keinem Fortschritt in der Geschichte nach, sehnte sich nach keiner Evolution (am wenigsten nach einer Evolutions-‚Theorie‘) und verwarf die Vorstellung einer kausalmechanischen Bestimmtheit. Er war vielmehr entschlossen zu »glauben, daß *Gott* hinter dem Mechanismus der Welt steht«[50]. »Die Stufen der Religion, wie die Stufen der Geschichte überhaupt, bleiben neben einander bestehn« (G 371).

III. Geschichtskonstruktion und konstruktive Geschichte

Die ‚Ideen‘ und die ‚Ideengeschichte‘ stehen bei WELLHAUSENS Kritikern im Vordergrund, bei WELLHAUSEN selber kommen sie kaum vor. Weil HEGEL »in Deutschland der Vater der Philosophie der Geschichte«[51] war und VATKE sich in dieser Sache zur Sohnschaft bekannte, wurde WELLHAUSEN die Rolle des Enkels zugedacht. Wie es damit steht, ist in diesem Abschnitt zu untersuchen.

WELLHAUSEN bekennt schon 1874, daß ihn »das innere Kräftespiel«[52] einer Volksgeschichte anzieht; »eine Geschichtsconstruction nach dem Herzen der Schriftgelehrten«[53] ist mitnichten nach seinem eigenen Herzen.

»Die Überlieferung, welche die Rabbinen pflegten, war die gesetzliche, das Herkommen; ein objektives Interesse für das Historische hatten sie gar nicht. Für die geschichtliche Überlieferung lassen sich keine schlechteren Stützen denken als diese Leute, die von der Welt abgewandt in der Lehre lebten, deren Theorieen in Folge dessen die Dinge beherrschten und gestalteten, denen die Thatsachen der Vergangenheit

---

gaden hielt: »Die Idee von der Erziehung des Menschengeschlechtes hat allerdings etwas Wahres an sich; aber vor Gott erscheinen alle Generationen der Menschheit als gleichberechtigt, und so muß auch der Historiker die Sache ansehen. Ein unbedingter Fortschritt, eine höchst entschiedene Steigerung ist anzunehmen, so weit wir die Geschichte verfolgen können, im Bereiche der materiellen Interessen . . .; in moralischer Hinsicht aber läßt sich der Fortschritt nicht verfolgen« (WG IX 6).

[48] MEINEKE III 290.
[49] MEINEKE III 388.
[50] G 371 (Hervorhebung von W.).
[51] ERDMANN I 313.
[52] PhS, Vorwort. Vgl. PhS 100: »Von nun an hängt die jüdische Geschichte nicht mehr in den Polen des inneren Kräftespiels, mit den Römern tritt ein dritter Faktor störend in die Rechnung«.
[53] PhS 40; vgl. ebd.: ». . . seit Mose hat Israel weiter nichts zu thun gehabt als den Thalmud zu lernen«.

völlig gleichgiltig waren, wenn sie nicht das lehrten, was sie lernen wollten, was ihren Ideen conform war« (PhS 124).

Diese 1874 veröffentlichten Sätze WELLHAUSENS wären in ihrer Unbekümmertheit um ein ‚ideelles‘ Verstehen der Geschichte gewiß ein schlechter Start für einen Hegelianer! Es wird sich zeigen, daß WELLHAUSEN nie aufhörte, nach dem zu fragen, was wirklich war. Schon zwei Jahre später äußert er sich zurückhaltend über KUENENS Behandlung der Prophetie. »Eine positive Erklärung« dieser Erscheinung findet er bei KUENEN nicht, weil dieser sich zu stark auf ‚weltanschauliche‘ Polemik einläßt und in die geschichtlichen Ereignisse zuviel hineinkonstruiert: »Daß das Ganze von dem Gegensatz der ‚organischen‘ zu der ‚supranaturalistischen‘ Anschauung beherrscht ist«, bringt ihm terminologisch zuviel »Weitläufigkeit« mit sich[54]. Andererseits weiß freilich auch WELLHAUSEN, daß sich die »Entstehung der Religion« nicht einfach »auf litterarhistorischem Wege, mittels philologischer Methode«, erklären läßt, »denn die Cultur ist weit älter als alle Historie; nur die jüngsten Stadien der Cultur sind der Geschichte erreichbar«[55]. WELLHAUSEN wehrt sich gegen die Geschichtsklitterung von rechts und von links, von der supranaturalistischen und von der rationalistischen Seite:

»Gruppe selber hat seine Ansicht, daß die Religion ungefähr ebenso entstanden sei und sich verbreitet habe wie das Tabakrauchen, schwerlich auf historischem Wege gewonnen. Man merkt aus der Art, wie er S. 269 ff. plötzlich warm und schwungvoll wird, daß der Atheismus ihm Herzenssache ist«[56].

Den philosophischen Einflüssen (im weitesten Sinne) auf die eigene Disziplin traut WELLHAUSEN nicht viel zu:

»Die Einwirkung der neu aufblühenden Philosophie und philosophischen Theologie auf unsere Disciplin ist im Ganzen wenig erkennbar; jedoch sind George und Vatke, die zuerst eine Anschauung von dem wirklichen Gange der isr. Geschichte gehabt haben, von Hegel und Schleiermacher angeregt, obwohl von de Wette ausgegangen. Mehr haben wir Herder und Goethe auf der einen Seite, der von den Franzosen begründeten Spachwissenschaft auf der anderen Seite zu verdanken«[57].

---

[54] Rez. über A. KUENEN, De Profeten en de Profetie onder Israel, in: ThLZ, 1. Jg., 1876, Sp. 208. Vgl. auch Rez. über W. W. GRAF BAUDISSIN, Studien zur semitischen Religionsgeschichte, Heft 1, in: GgA, 139. Jg., 1877, Bd. I, 191 f.: »Überhaupt scheint mir der ganze Unterschied der drei Perioden Baudissins recht problematisch, einmal weil die Schriftsteller über die erste Periode selber der zweiten oder dritten angehören, sodann weil der unbewußte Monotheismus mit einem hölzernen Eisen in nächster Verwandtschaft steht«. Die Abneigung WELLHAUSENS gegen jede künstliche Periodisierung der Überlieferungsgeschichte wird hier offenkundig.

[55] Rez. über O. GRUPPE, Die griechischen Culte und Mythen . . ., in: DLZ, 9. Jg., 1888, Sp. 508.

[56] Ebd., Sp. 508 f.

[57] BLEEK-WELLHAUSEN 655.

Mit dieser klaren forschungsgeschichtlichen Unterscheidung
schafft WELLHAUSEN selber eine Bestimmung seiner methodischen
Herkunft, die sich an zahllosen — wenn auch nicht immer grundsätzlichen — Details seines Werkes verifizieren läßt.

In einer Polemik gegen NÖLDEKE schreibt er: »Was geschehen
mußte, darauf kommt es weniger an als auf das was wirklich geschah«[58].
Bei anderer Gelegenheit heißt es: Wer versucht, »mit dem Hebel der
Fiktion die gesammte überlieferte Geschichte aus den Angeln zu heben«, der »belügt sich selber« (P 155). Wo einmal »die uns erhaltenen
Quellen nicht auszureichen« scheinen, verzichtet WELLHAUSEN lieber
darauf, »den Process zu verfolgen«[59], dessen Verlauf man an sich für
evident halten möchte. Umgekehrt legt er auf Grund dieser kritischen
Zurückhaltung freilich auch einen strengen Maßstab an die literarischen Quellen selber an:

> »Es ist nemlich nicht an dem, daß die Juden der Restauration vor ihrer alten
> Geschichte Respect gehabt hätten, sie verurteilten vielmehr die ganze frühere Entwick-
> lung und ließen nur die mosaische Zeit nebst ihrem davidischen Abglanz gelten, d. h.
> also nicht die Geschichte, sondern die Idee. Die theokratische Idee stand seit dem Exil
> im Mittelpunkt alles Denkens und Strebens, und sie vernichtete den objectiven Wahr-
> heitssinn, die Achtung und das Interesse für den überlieferten Sachverhalt« (P 166).

Dem ‚objektiven Wahrheitssinn‘ zuliebe wendet sich WELL-
HAUSEN immer wieder in scharfen Formulierungen gegen die für den
Historiker eben fiktive, körperlose ‚Idee‘ — auf einer geistesgeschichtlichen Linie also, die HEGELs Abneigung gegen eine ‚bloß‘ historische
Wahrheit nicht teilen konnte. Gelegentlich gebraucht WELLHAUSEN
einmal eines der Herzstücke der HEGELschen Philosophie, die Dialektik, unbekümmert als bloßes Bildungszitat, in dem sich die Verachtung des Historikers für alle Schemata ausdrückt:

> »Man wird (sc.: durch das deuteronomistische Geschichtsschema) an Satz Gegen-
> satz und Vermittlung erinnert, wenn man sich den einförmigen Takt in's Ohr klingen

---

[58] P 48 (Hervorhebung von W.).

[59] P 53. Vgl. zu dieser Problematik eine Bemerkung in den — WELLHAUSEN wohl
bekannten (vgl. C 330) — Briefen NIEBUHRS: »... ich bin jetzt, in der Zeit wo
Livius fehlt ... auf eine bloße historische Kritik beschränkt, welche mich selbst
nicht befriedigt. Die Materialien sind so armselig daß sich daraus keine lebendige
Geschichte machen läßt« (Br. II 249). WELLHAUSEN hatte schon 1870 den Satz
aufgeschrieben: »Man muß einen Vorbegriff haben von der Wahrheit, um sie zu
finden« (Der Text der Bücher Samuelis, Göttingen 1871, 7) — und konnte sich auch
dafür auf NIEBUHR berufen, der 1812 GOETHE gestand: »Gewöhnlich haben sich
mir die Beweisstellen erst nach der Hand herbeigefunden, wenn die Überzeugung
auf eine nicht zu demonstrierende Art schon unerschütterlich feststand« (Br. II 302).
Es hieße WELLHAUSEN wie NIEBUHR völlig mißverstehen, wenn in diesen Äußerungen
etwas anderes als die auf umfassender Kenntnis beruhende historische Intuition
gesehen werden sollte.

läßt, nach dem hier die Geschichte fortschreitet oder sich im Kreise dreht. Abfall Drangsal Bekehrung Ruhe, Abfall Drangsal Bekehrung Ruhe, Abfall Drangsal Bekehrung
Ruhe« (P 240).

Vollends offenkundig wird WELLHAUSENs Ablehnung jeder Überlagerung der historischen Arbeit durch philosophische Prämissen am
Ende seiner Renzension über DUHMS ‚Theologie der Propheten':

»Der Verf. legt an die Beurtheilung der alten Propheten häufig einen fremdartigen Maßstab. Amos ‚kennt den Begriff der Entwicklung nicht', Hosea ‚hat keine
Teleologie'. Mitunter rasselt er förmlich mit ungesunden Kunstausdrücken ... Er liebt
es, die lutherische und reformirte Dogmatik in Vergleich zu ziehen, er benutzt
nicht selten die Gelegenheit zu Ausblicken, welche zeigen, daß er auch noch über andere
Dinge nachgedacht hat als die zur Sache gehören. Weniger Abstraction, weniger Reflexion und mehr Beobachtung wäre öfters wünschenswerth«[60].

Mit dieser Einstellung nähert sich WELLHAUSEN nun auch VATKES
‚Biblischer Theologie' und ist weit davon entfernt, an ihr etwas anderes als die historischen Resultate zu verteidigen.

»Man liest es häufig, daß Vatke's Aufbau der israelitischen Geschichte der nötigen
exegetischen und kritischen Grundlage entbehre ... Man hört es sagen, daß seine An-
setzung des Gesetzes hinter den Propheten auf spekulativer, wol gar tendiziöser
Geschichtsconstruktion beruhe — hat er doch auch seine untersuchende Darstellung
S. 177—590 hinten und vorn in philosophische Reflexionen eingewickelt, welche es
überflüssig machen jene zu prüfen« (P 379).

WELLHAUSEN hielt es nicht für überflüssig, jene historischen
Resultate zu überprüfen. Wenn man nicht unterstellen will, daß er
zwischen 1876 (DUHM-Rezension) und 1878 (Prolegomena) seine Terminologie und Wertordnung völlig auf den Kopf gestellt hat, dann muß
man aus dieser Gegenüberstellung schließen, daß er — wie viele vor
und nach ihm — die VATKEschen ‚Reflexionen' als unwesentlich abgestreift und sich auf die ‚untersuchende Darstellung' als das Eigentliche der VATKEschen Leistung konzentriert hat. Wenn er die philosophische ‚Einwicklung' überhaupt gelesen und verstanden hat, dann
mußte er sie, gemessen an der historischen Arbeit des Mittelteils und
an den ihm inzwischen durch GRAF vermittelten Erkenntnissen, tatsächlich auf der Seite liegen lassen. Damit hätte aber auch WELLHAU-
SEN die wirkliche Intention VATKES verfehlt. Wenn die im zweiten
Hauptteil der vorliegenden Untersuchung vertretene These von der
Unlösbarkeit beider ‚Hälften' der VATKEschen Theologie richtig war,
dann ergibt sich daraus, daß die Wissenschaftsbegriffe VATKES und
WELLHAUSENS, genau genommen, unvereinbar sind. Beide gelangten
zu fast derselben historischen Erkenntnis auf verschiedenen methodischen Wegen; und WELLHAUSEN wäre ohne das Dazwischentreten der
literarkritischen Arbeit GRAFS und anderer kaum durch die Lektüre
der philosophischen Aufstellungen VATKES zu begeistern gewesen. Wie

---

[60] Jahrbücher für Deutsche Theologie, 21. Bd., 1876, 157f.

ihm vor der »abstracten Theologie des Judentumes« (P 354) graute und wie ihm »der blasse Gott der Abstraction« (P 350) unbegreiflich war, so fremd war ihm die philosophische Abstraction überhaupt. Es gibt kaum einen schärferen Gegensatz als den des Gebrauchs der termini ‚abstrakt' und ‚konkret' bei VATKE einerseits und bei WELL-HAUSEN andererseits.

WELLHAUSEN hat in die späteren Auflagen der ‚Prolegomena' einen zusammenhängenden Abschnitt über Methodenfragen einge-schoben, der als Kern eine Verteidigung — nicht etwa VATKES, son-dern — GRAFS enthält:

»Gegen die allgemeine Art der Begründung der Grafschen Hypothese ist Einspruch erhoben worden. Es soll eine unerlaubte Argumentation ex silentio sein ... Was ver-langt man denn aber? Soll die Nichtexistenz des Nichtvorhandenen etwa auch noch vorher bezeugt werden? ... Was die Gegner der Grafschen Hypothese Argumentation ex silentio nennen, ist weiter nichts als die allenthalben giltige Methode historischer Forschung«[61].

Die wissenschaftlichen Gegner glauben möglicherweise, »daß nach der Grafschen Hypothese der ganze Kultus erst durch den Priesterkodex erfunden und erst nach dem Exil eingeführt worden wäre. Die Vertreter der Grafschen Hypothese glauben wirklich nicht, daß der israelitische Kultus plötzlich in die Welt getreten sei, so wenig durch Ezechiel oder durch Ezra als durch Moses — wozu würden sie auch sonst des Darwinis-mus bezichtigt? Sie finden nur, daß des Gesetzes Werke *vor* dem Gesetze geschehen sind, daß ein Unterschied besteht zwischen hergebrachtem Brauche und formulirtem Gesetze«[62].

WELLHAUSEN verliert also kein Wort über die Motive seiner Gegner, ihn interessiert die historische Richtigkeit der Befunde. Gegen-stand des Streites ist für ihn in dieser Sache die Unterscheidung von mündlicher und schriftlicher Überlieferung und der Verlauf der Überlieferungsgeschichte überhaupt. Den Vorwurf der Unsachlichkeit schiebt er darum seinen Gegnern zu: »Das selbe Verfahren, welches auf das Deuteronomium angewandt historisch-kritische Methode heißt, heißt auf den Priesterkodex übertragen Geschichtskonstruktion« (P[6] 365). Damit ist aber das entscheidende Stichwort gefallen: Geschichts-konstruktion! WELLHAUSEN hat sich präzise dazu geäußert und muß darum in extenso zitiert werden:

»*Konstruiren muß man bekanntlich die Geschichte immer*; die Reihe Priesterkodex Jehovist Deuteronomium ist auch nichts durch die Überlieferung oder durch die Natur der Dinge Gegebenes, sondern eine nur wenige Decennien alte Hypothese, von der man jedoch die freilich etwas unfaßbaren Gründe vergessen hat und die dadurch in den Augen ihrer Anhänger den Schein des Objektiven, d. h. den Charakter des Dogmas, bekommt. *Der Unterschied ist nur, ob man gut oder schlecht konstruirt*. Es ist mit Recht

---

[61] P[6] 363. In der Situation, die ‚Nichtexistenz des Nichtvorhandenen' nachweisen zu sollen, fühlt sich der Verf. der vorliegenden Untersuchung bei seiner Suche nach WELLHAUSENS ‚Hegelianismus'!

[62] P[6] 364 (Hervorhebung von W.).

erinnert worden, daß die logische Aufeinanderfolge der Gesetze nicht die historische Aufeinanderfolge derselben zu sein brauche. Um des logischen Fortschritts willen geschieht es aber auch nicht, wenn wir die von den Propheten ausgehende Entwicklung schließlich auf das Kultusgesetz auslaufen lassen; von dem gesunden Menschenverstande ausgehend hat man gewöhnlich der Geschichte, trotz des Widerstrebens ihrer auf uns gelangten Spuren, den umgekehrten Gang aufgedrängt. Wenn wir von der israelitischen Kultusgeschichte nach mühsam gesammelten Daten der historischen und prophetischen Bücher einen Aufriß machen, darnach den Pentateuch damit vergleichen, und *auf solche Weise* bestimmte Beziehungen der einen Schicht des Pentateuchs mit dieser historischen Phase, der anderen mit jener erkennen, *so heißt das nicht die Logik an stelle der historischen Untersuchung setzen.* So weit darf doch gewiß die Lehre von der Unvernünftigkeit des Wirklichen nicht getrieben werden, daß man die Korrespondenz zwischen Gesetzesschicht und betreffender Geschichtsphase als Grund ansieht, beides möglichst weit auseinander zu reißen«[63].

HEGELS Geschichtsansicht war von Grund aus und im Innersten teleologisch bestimmt: Die Geschichte ist auf Sinn und Kontinuität des dialektischen Verlaufs hin angelegt und darin auch einsichtig. WELLHAUSENS Betrachtung der Geschichte war, unter diesen Gesichtspunkten, ganz unsystematisch. Darin verhielt er sich exemplarisch für eine Zeit, in der mit dem Zurücktreten einer alle Einzelwissenschaften bestimmenden Philosophie auch die Historie auf die Freiheit vom geschichtsphilosophischen Grundgerüst bedacht war[64]. Er entwarf daher keine ‚Gegen-Philosophie‘, sondern beharrte entschlossen bei den ‚mühsam gesammelten Daten‘, also bei der ‚bloßen‘ historisch-kritischen Methode. Will man mit H.-J. KRAUS WELLHAUSENS Bild vom Ablauf der Geschichte Israels auf den Entwicklungsbegriff HEGELS zurückführen, dann muß man auch den jungen DE WETTE als Hegelianer verstehen — was sich freilich aus historisch-biographischen Gründen verbietet.

R. SMEND macht mit Recht darauf aufmerksam, »daß der berühmte Abschnitt über die Chronik in Wellhausens Prolegomena eine hinreißendere, triumphalere und vernichtendere, sachlich aber fast nichts Neues hinzufügende Wiederholung des ersten Teils im ersten Bändchen der ‚Beiträge‘ de Wettes ist, und daß vor allem Wellhausens Bild von der Frühzeit Israels als eines freien und ungebundenen, noch nicht bis in alle Einzelheiten durch das mosaische Gesetz geregelten Zustandes bei de Wette in den Grundzügen schon vorhanden ist« (WA 106 f.).

---

[63] P⁶ 365 (Hervorhebungen vom Verf.).

[64] Die von ED. MEYER entfaltete ‚Theorie und Methodik der Geschichte‘ kennzeichnet in mancher Hinsicht auch das Werk seines zeitweiligen wissenschaftlichen Gegners WELLHAUSEN. Für MEYER ist die Geschichte »keine systematische Wissenschaft«, sie kann »niemals loskommen von der unendlichen Mannigfaltigkeit des Einzelnen, welche in allem Wirklichen . . . beschlossen liegt« (Kl. Schr. I 3). »Daß es keine historischen Gesetze gibt, beruht nicht auf einer intellektuellen Schwäche der Geschichtsforscher oder dem Mangel an genügendem Beobachtungsmaterial, sondern auf dem Wesen der Geschichte selbst« (Kl. Schr. I 35).

WELLHAUSENS starke Betonung des Unterschiedes der vor- und nachexilischen Religion Israels kann sich nicht nur auf DE WETTE berufen, sie war zum Gemeingut der alttestamentlichen Wissenschaft des 19. Jahrhunderts geworden und basierte auf der einfachen geschichtlichen Tatsache des staatlichen Zusammenbruchs, die allein bei VATKE eine andere, geringere Wertung erfahren hat. In diesem »Unterschied zwischen Israel und dem Judentum« möchte nun aber H.-J. KRAUS in besonderer Weise das Erbe HEGELS erkennen:

> »Und mit dem Hervortreten des Gesetzes hört die alte natürliche Freiheit auf — und zwar auf dem gesamten Gebiete des religiösen Lebens. Es tritt an die Stelle der reflexionslosen lebendigen Äußerungen die starre, objektiv gültige Autorität des Gesetzes und die Fülle der institutionellen Faktoren« (247f.).

Nun hat WELLHAUSEN HEGELS Geschichtsphilosophie offenbar nicht studiert, und bei VATKE konnte er den Gegensatz zwischen vor- und nachexilischer Religiosität in dieser Einfachheit gerade *nicht* gelesen haben: Der Kulminationspunkt der religiösen Verinnerlichung liegt für VATKE durchaus *nach* dem Untergang des Staates Juda. Daß sich das Judentum zu dem Weg des Gesetzes entschlossen hatte, mußte WELLHAUSEN ohnehin nicht bei HEGEL lernen: Das Neue Testament betont es allenthalben!

Ein vergleichbares Problem ergibt sich für die WELLHAUSEN-Kritik aus seiner Beschreibung der *Früh*zeit Israels. Dazu äußert sich PEDERSEN folgendermaßen:

> »Die Grundlage der Entwicklung ist nach Wellhausen die Volksreligion, die von ihm auch als ‚ethnisch‘ oder ‚Heidentum‘ bezeichnet wird. Fragt man, was darunter verstanden werden soll, wird man bei Wellhausen keine selbständige Erklärung finden, er hat den Begriff einfach übernommen, als Reminiszenz der Auffassung Vatkes, die wiederum auf das 18. Jahrhundert hinweist. Es geht nämlich aus seiner Darstellung hervor, daß das Charakteristische der ‚heidnischen‘ Stufe darin bestehe, daß Jahwe als ‚Naturgott‘ und durch äußeren Kultus verehrt wird, ebenso wie die Götter der anderen Völker . . . Folgen wir nun Wellhausen weiter, so schildert er, wie die israelitische Religion sich allmählich aus dem Heidentum emporarbeitet« (171f.).

PEDERSEN wird wohl kaum der Meinung gewesen sein, daß der Historiker das ‚Ethnische‘ übersehen oder gering achten dürfe. Sieht man auch davon ab, daß die Propheten selber das Spezifische der Erwählung Israels nicht in dessen religiöser Qualität, sondern in der Zuwendung Jahwes zu einem Volk unter Völkern sahen, dann bleibt von dem Einwand PEDERSENs nicht eine Darstellungs-, sondern eine Deutungsfrage übrig; denn das wurde oben deutlich: WELLHAUSEN beschreibt keinen Aufstieg um des Aufstiegs willen, man kann ihn nicht mit der Entwicklungskonzeption der Aufklärung verdächtigen. Die Jahwe-Verehrung ‚durch äußeren Kultus‘ in der Frühzeit Israels war wohl für VATKE ein Erweis der religiösen ‚Unfreiheit‘, für WELL-

HAUSEN aber eher das Zeichen einer besonderen Gottes-Intimität[65] —
eine Wertvorstellung, die unten zu analysieren sein wird.

WELLHAUSEN hat die von PEDERSEN gestellte Frage nach dem
Verhältnis von Volk und ‚Heidentum‘ durchaus reflektiert, freilich
mit ganz anderem Ergebnis. Er relativiert die theologische Schematik
des Deuteronomisten durch die Befremdung darüber, daß es »den alten
Israeliten als Heidentum angerechnet wird, daß sie selber für ihre
äußere Existenzfähigkeit sorgen; daß sie ein Volk im vollen Sinne des
Wortes sind und sich als solches mit den Mitteln, wie sie die Realität
der Dinge erheischt, zu erhalten streben« (P 267). Die von PEDERSEN
inkriminierte ‚Grundlage der Entwicklung‘ kommt also bei WELL-
HAUSEN gerade nicht in den von der Aufklärung her schlechten Ge-
ruch des Niederen, Unentwickelten und ‚bloß Partikularen‘. Der Partikularismus war für WELLHAUSEN vielmehr »Prinzip und Inbegriff
der israelitischen Religion und Geschichte, vom Universalismus nie
außer Kraft gesetzt«[66], von einer Entwicklung zu einem ‚Höheren‘ also
auch nie überboten.

Der Ausdruck ‚Denaturierung‘ enthält für WELLHAUSEN in der
Tat eine Wertvorstellung, nur nicht die von PEDERSEN und KRAUS
unterstellte. Die Zentralisation des Kultus etwa, »mit Generalisirung
und Fixirung gleichbedeutend« (P[6] 98), leistete der Denaturierung
Vorschub, aber sie verhalf nicht zu einem höheren religiösen Leben,
sondern entzog diesem seinen ursprünglichen Inhalt und behinderte
seine Lebendigkeit durch eine allgemeine Historisierung. Die »Dena-
turirung der Feste im Priesterkodex« bildet den Gipfelpunkt für »die
schon von der jehovistischen Tradition vorbereitete geschichtliche
Deutung derselben«: sie sanken herab »zu vorgeschriebenen Formen
des Gottesdienstes« (P[6] 97). So führt wiederum die Beobachtung der
Quellen selber zu den umstrittenen Urteilen:

»Was die übrige von Riehm und Dillmann gepriesene ‚Keuschheit und Treue‘ des
Priestercodex in der Innehaltung des Unterschiedes der Religionsstufen betrifft, so
kann man an diesen Vorzügen nur dann Geschmack finden, wenn man glaubt, daß die
Religion anfangs naturalistisch gewesen und dann im Jahre 1500 vor Christus positiv
geworden sei. Wie ist es möglich darin eine Tradition von historischem Wert zu erblicken,
daß die Patriarchen zwar wol geschlachtet, aber nicht geopfert haben, daß der Opfer-
dienst dann plötzlich dem Mose *offenbart* worden sei (Exod. 25 ff.)! Das einzig Natür-

---

[65] H.-J. KRAUS referiert HEGEL treffend so: »Auf der ersten Stufe ist das Werdende
in allgemeiner Setzung vorhanden. Auf der zweiten Stufe tritt das Besondere hervor« (244). Eine Verifizierung dieser spekulativen Prämisse durch die Geschichte
Israels hatte VATKE tatsächlich versucht; eine Übertragung dieses Ansatzes auf
WELLHAUSEN muß an der — übrigens auch von KRAUS beobachteten — Tatsache
scheitern, daß *seine* Zuneigung gerade dem ‚*Besonderen*‘, Individuellen auch auf
jener *ersten* Stufe galt.

[66] R. SMEND, UP 177.

liche ist doch die jehovistische Vorstellung, wonach der Cultus nichts spezifisch Israeli-
tisches, nichts zufolge göttlichen Befehls von Mose Eingeführtes ist, sondern eine
uralte Weise aller Völker die Gottheit zu verehren« (P 360; Hervorhebung von W.).

Allein in diesem Sinne ist »der Cultus . . . das heidnische Element
in der israelitischen Religion — wobei heidnisch durchaus nicht in
einem unedlen und schlechten Sinne genommen werden soll. Wenn er
nun im Priestercodex zur Hauptsache gemacht wird, so scheint das
einem systematischen Rückfall in das Heidentum gleichzukommen,
welches die Propheten unausgesetzt bekämpften und doch nicht ent-
wurzeln konnten« (P 439). Hier ist also die Antwort auf PEDERSENS
Frage nach dem ‚Heidentum' bei WELLHAUSEN, die freilich schon als
Frage von PEDERSEN von ganz anderen Voraussetzungen her an das
Werk WELLHAUSENS herangetragen worden war. Isoliert man den
zuletzt zitierten Satz WELLHAUSENS, dann kann man freilich auch
Anklänge an HEGEL-VATKE entdecken. Aber wer sich daran stört, der
müßte sowohl VATKES *historische* Einsichten für abwegig erklären als
auch den Gegenbeweis zu WELLHAUSENS Aufstellungen erbringen — und
zwar aus den Quellen[67]. Das Heidentum, das die Propheten unausgesetzt bekämpften, war für WELLHAUSEN eben nicht einfach die Religion der vergangenen Stufe, die dialektisch überwunden werden sollte
oder könnte; es war vielmehr der zur Hartnäckigkeit und Selbstrecht-
fertigung verfestigte Kultus der Gegenwart, dem die Propheten nicht
etwas schlechterdings Neues, ausschließlich ‚Geistiges' entgegen-
stellten, sondern den Ruf zur angemessenen ‚Begründung' dieses
Kultus durch Umkehr, Liebe und Tun des Rechten.

PEDERSEN selber hat für das verhandelte Problem das folgende
Programm aufgestellt:

»Unsere Aufgabe muß es deshalb zunächst sein, das Volksleben, in welchem die
Propheten wie andere Israeliten aufwuchsen, zu verstehen, so daß wir erkennen, wie
es sich unter den gegebenen geschichtlichen Bedingungen in einem bestimmten Lande und im Verkehr mit bestimmten Völkern ausbildete. Erst dann, wenn wir dieses
Volksleben kennen, können wir die innerhalb seiner Kultur durch bestimmte Persönlichkeiten und geistige Richtungen hervorgerufenen Nuancen verstehen, sehen, warum
sie entstanden und welche Wandlungen ihre Entstehung im Volke bewirkten« (180f.).

WELLHAUSEN hätte in diesem Programm schwerlich einen Gegenwurf zu der eigenen Arbeitsweise aufspüren können. Die fällige ‚Antwort' findet sich schon 1875 in einem Brief WELLHAUSENS an DILL-
MANN, wo es im Blick auf DUHMS ‚Theologie der Propheten' heißt:

---

[67] Das ist freilich für PEDERSEN kein Problem! Erst in der zweiten Hälfte seines zitierten Aufsatzes wird seine eigentliche Absicht, und damit die Motivierung der
‚Vorarbeit', deutlich: die Zurückweisung der bisherigen literar- und historisch-
kritischen Arbeit am Pentateuch. Die Gründe für die Vorwürfe des ‚Hegelianismus'
und des ‚Evolutionismus' liegen dann auf der Hand.

»Freilich steckt hier eine tüchtige Arbeit hinter den Lukubrationen, aber im Ganzen verschwindet doch auch hier die Beobachtung hinter dem Räsonnement ... obwohl ich in Bezug auf die Entstehung des Pentateuch der selben Ansicht bin wie der Vf., muß ich doch gestehen, daß sich aus dem Prophetismus, ohne Hinzunahme einer anderen Strömung, die das Volksleben gleich stark beherrschte oder vielmehr weit stärker, die Genesis des priesterlichen Gesetzbuches nimmermehr erklärt«[68].

Damit wird die Unterstellung, WELLHAUSEN habe einerseits das Prophetisch-Geistige isoliert und andererseits (auch auf der Linie HEGELS) die Entstehung der nachexilischen Gesetzesreligion als dialektischen Umschlag des Prophetismus erklärt, als eine Ideologisierung WELLHAUSENS bezeichnet werden können[69].

Nun steht im Hintergrund aller dieser Fragen nach Anfang und Ende der Religion und Geschichte Israels für die Gegner WELLHAU-

---

[68] Zitiert nach BARNIKOL 705.

[69] Der Kultus, »ursprünglich das heidnische Element in der Religion Jahves«, überlebte seine »Korrektur« durch die Prophetie und durch die »Reformation« des Deuteronomiums; daß er zu einem »Panzer für den Monotheismus der Moral« wurde, daß »der Gott der Propheten sich jetzt in einer kleinlichen Heils- und Zuchtanstalt verpuppte und statt einer für alle Welt gültigen Norm der Gerechtigkeit ein streng jüdisches Ritualgesetz aufstellte« (KG 31 f.), ist eine historiographische Beobachtung, die wiederum die andere Beobachtung des staatlichen Zusammenbruchs zur Basis hat. Daß die Propheten nun einmal geschichtlich dieser Entwicklung vorangingen, ihr also auch die ‚Ideen' zutrugen (wofür die Bewahrung, erweiternde Überlieferung und allgemeine Hochschätzung ihrer Aussprüche zeugt), muß nicht ‚dialektisch' erklärt werden.

Man braucht hier nur ein paar einschlägige Sätze aus G. v. RADS Theologie des Alten Testaments zu zitieren, um vergleichbare Wertungen eines Forschers beizubringen, der für sich expressis verbis (wie freilich vor ihm WELLHAUSEN!) die Erbschaft HEGELS zurückgewiesen hat. Auch für v. RAD wird »das Gesetz ... zu einer absoluten Größe von voraussetzungsloser, von zeit- und geschichtsloser Gültigkeit«, »das zunehmend zu bestimmen begann, wer zu Israel gehörte und wer nicht«, und auch v. RAD erklärt dieses Phänomen damit, daß es in dieser Zeit »Israel nicht mehr als ein natur- und geschichtsgegebenes Volk« (I 98) gab. Über diesem ‚Israel' mußte »die Heilsgeschichte ... stillstehen«, es lebte »wie in einem rätselhaften Jenseits der Geschichte und diente ... von nun an seinem Gotte« (I 99). »Erst mit dem Verständnis der Tora Jahwes als eines ‚Gesetzes' ist das Judentum in die Geschichte eingetreten« (I 100). Aber auch der Priesterkodex erfährt ähnliche Würdigungen wie bei WELLHAUSEN: Er beschränkt sich »auf die Legitimation sakraler Ordnungen«, »diese priesterlich-kultische Welt« bietet »keinen Raum für eine inspiratorische Betätigung«, und in den von der Priesterschrift »behandelten Ordnungen Israels hat das Charismatische schlechterdings keinen Raum« (I 107) mehr. Entweder fällt also HEGELS Schatten noch auf seine Widersacher im 20. Jahrhundert — oder aber diese ganze Zurückführung historischer Einsichten auf ihn ist gegenstandslos, besser: basiert auf einer (selten offen ausgesprochenen) Gegen-Ideologie, die die geschichtliche Statik zu beschwören bereit ist. Vgl. dazu auch R. SMEND, Das Nein des Amos, EvTh 23, 1963, 420ff.

SENS immer wieder das große Thema der Prophetie. Die Klärung dieser Frage gebietet hier einen breiten Exkurs, weil an dieser ‚Mitte‘ der israelitischen Religionsgeschichte schließlich das Ganze zur Entscheidung kommt.

Für PEDERSEN stellt sich das folgendermaßen dar:

»*Durch den Kampf gegen das* vielgestaltige *Chaos des* stets unausrottbaren *niederen Heidentums,* welches in den verschiedensten zufälligen Erscheinungen spiritistische Kräfte sieht, *erheben sich die Propheten zu ewiggültigen Gedanken.* Sie exponieren die ‚Dialektik der Begebenheiten‘, vollziehen die Läuterung des Glaubens, und leiten so das Volk zum Weg ‚vom Heidentum bis zum vernünftigen Gottesdienst, im Geist und in der Wahrheit‘. Was sie erreichen, ist ein ‚ethischer Monotheismus‘. Alles, was in der Religion der Moral widerspricht, wird bekämpft und *die Gottheit vom Sinnlichen unterschieden.* Ihren *Höhepunkt* erreicht diese Richtung *während des Exils* durch den universalistischen Gottesbegriff des Deuterojesaja ... Aber auf dieser Höhe konnte das Volk sich nicht halten. *Das neue Stadium wurde durch die beiden kämpfenden vorexilischen Richtungen bestimmt«.* »Auch spürt man im moralischen Monotheismus des P den Geist der Propheten. *Die Gegensätze sind vereint und ausgeglichen«* (172f.).

Die (vom Verf.) hervorgehobenen Wendungen lassen sich in der Tat mit Grundbegriffen der HEGELschen Geschichtsphilosophie in Zusammenhang bringen; allein, sie finden sich nicht (oder nicht in der vorgeführten Zusammenstellung) bei WELLHAUSEN, sondern sie sind das Interpretament PEDERSENS, der hier mit bemerkenswertem Scharfsinn die Dialektik HEGELS in WELLHAUSENS geschichtliche Darstellung hineinkonstruiert. Eine Reihe von Einzelbeobachtungen mag das zunächst verdeutlichen.

Das auszurottende ‚niedere Heidentum‘ kommt bei WELLHAUSEN bekanntermaßen in den Genuß recht wohltuender Prädikate. Die »natürliche Gemeinschaft« im frühen Israel wird als die »heilige« apostrophiert (G 22), und vom ‚vielgestaltigen Chaos‘ gilt: »Es gibt keine chaotischen Haufen«, sondern »überall natürliche Organisation« (G 21). »Die Religion beteiligte nicht das Volk am Leben der Gottheit, sondern die Gottheit am Leben des Volkes. Sie war nicht festgebannt und verknöcherte nicht in einem unfruchtbaren Zauberkreise, sie hatte praktische Aufgaben, sie war die treibende Kraft der Geschichte« (G 33). Gewiß, »Jahve wuchs heran im Kampfe« (G 33), »die israelitische Religion hat sich aus dem Heidentum erst allmählich emporgearbeitet«, und »durch die Beziehungen auf die Angelegenheiten der Nation wurde der Gottesbegriff nach und nach moralisiert« (G 32). Aber einerseits sieht WELLHAUSEN »ein dunkles, unheimliches Grundelement seiner (= Jahwes) Natürlichkeit« (G 32f.) in der Religion Israels auch später noch erhalten (worin sich der gegenüber dem aufklärischen Ansatz viel tiefere Gottesbegriff WELLHAUSENS dokumentiert), zum anderen kann eine ‚Gegenprobe‘ nur die Richtigkeit des von WELLHAUSEN herausgearbeiteten Entwicklungsganges bestätigen:

»Als Weltgott hätte Jahve niemals ein ‚partikularistischer‘ Gott werden können. Er war vielmehr von Haus aus der Gott Israels und wurde dann sehr viel später der universale Gott; auf geschichtlichem Wege, infolge des Untergangs der Nation. Mit einem ‚geläuterten‘ (G¹ 17: ‚aufgeklärten‘!) Gottesbegriff hätte Moses den Israeliten einen Stein statt des Brotes gegeben ... Mit theoretischen Wahrheiten, nach denen nicht die mindeste Nachfrage war, befaßte er sich nicht, sondern mit praktischen Fragen, die bestimmt und notwendig durch die Zeit gestellt wurden« (G 32).

Daß eine solche Erweiterung der Gotteserkenntnis Israels im Zuge der Berührung mit den Weltmächten stattfand, mag heute als Binsenwahrheit gelten und müßte außerhalb dieser Polemik nicht weiter erörtert werden. Daß die Propheten hier die ‚Dialektik der Begebenheiten‘ (G 108; der Ausdruck steht bei WELLHAUSEN nicht ohne Grund in Anführungsstrichen!) exponieren und »die durch den Zusammenstoß mit der Geschichte angeregte und erforderte Läuterung des Glaubens« vollziehen (G 108), hat seinen von den Propheten selber genannten Grund:

»Die Herrschaft des Rechts erstreckt sich gleichmäßig über Israel und Assur. Dies ist der sogenannte ethische Monotheismus der Propheten; sie glauben an die sittliche Weltordnung, an die ausnahmslose Geltung der Gerechtigkeit als obersten Gesetzes für die ganze Welt ... Amos ... nennt Jahve niemals den Gott Israels. Er macht aus dem Bestehn des Volkes keinen Glaubenssatz, ja er wagt es zu sagen: seid ihr Kinder Israels mir nicht wie die Mohren ...« (G 108)?

»Die negative Konsequenz ihres ethischen Monotheismus ist ihre Polemik gegen den Kultus, sofern nämlich der Kultus ein Versuch ist, den allgemeinen Bedingungen der Gerechtigkeit zu entgehn und eine Ausnahmestellung zur Gottheit zu erlangen« (G 109).

Diese Melodie hatte vor Amos niemand in Israel gesungen, und insofern war das Lied der Propheten tatsächlich ein neues Lied, wenn auch kein liebliches. Will man den Propheten keine erkennbare Sonderstellung zubilligen, dann bleibt es unerklärlich, warum sie — gegen den oft erbitterten Widerstand des Volkes und seiner Oberen — überhaupt redeten und warum man es für gut und notwendig hielt, ihre Sprüche in Verbindung mit ihren Namen zu überliefern. »Den Propheten ist an der Hand der Weltgeschichte der furchtbare Ernst der Gerechtigkeit Jahves aufgegangen«, und darum sind sie »die Begründer der Religion des Gesetzes, nicht die Vorläufer des Evangeliums« (G 110). Wenn sie bei WELLHAUSEN ihren bestimmten Platz in einer geschichtlichen Bewegung haben, die er ‚Denaturierung‘ nennt, dann meint das nicht eine Erhebung des Ideellen über das bloß Sinnliche, sondern es ist der durch die moderne Sprache ‚verfremdete‘ Nachklang der Klage Hoseas über das Ende der Brautzeit Israels in der Wüste.

Und schließlich: Wie sollte der Geist der Propheten im Priesterkodex denn *nicht* zu verspüren sein, da die Prophetie dieser Kodifizierung doch geschichtlich voranging und die Worte jener Rufer in Israel offenbar nicht völlig in den Wind geschlagen wurden? Das mag

man im Sinne HEGELS als ‚Aufhebung‘ und Vereinigung von vorexilischen Gegensätzen bezeichnen — die Überlieferung Israels selber
genügt für diese Sicht der Dinge freilich auch[70].

Die Ahnenreihe der Vorstellung WELLHAUSENS vom ‚ethischen
Monotheismus‘ geht übrigens — an HEGELs Geschichtsphilosophie vor-
bei — zurück zu KANTs reinem ‚moralischen Glauben‘, der den ‚After-
dienst‘ des religiösen Kultus immer distanziert betrachten muß. WELL-
HAUSEN hat diese Ansicht, von der das 19. Jahrhundert durchtränkt
war, weder vermeiden können noch verschmähen wollen. Er hat sie
vielmehr mit der Zuwendung HERDERS zur konkreten Geschichte verbunden. Darum ist der ‚ethische Monotheismus‘ bei ihm keine von der
Geschichte losgelöste Vorstellung, sondern, in anderer Terminologie
geredet, geschichtliche Gabe Gottes, hinter die (historisch wie systematisch) tunlichst nicht zurückgegangen werden sollte.

PEDERSEN hat gerade in der für seinen Vorwurf entscheidenden
Frage der Prophetie nicht den ‚ganzen‘ WELLHAUSEN aufgenommen —
und dadurch den ‚ganzen‘ WELLHAUSEN verfehlt. Das läßt sich an
WELLHAUSENS Rezension über DUHMS ‚Theologie der Propheten‘ noch
einmal demonstrieren. WELLHAUSEN faßt gleich am Anfang der Besprechung das Buch in einem Satz zusammen:

»Der Pentateuch (a potiori) ist dem Verf. nicht die Grundlage, sondern das Produkt
der Prophetie, die Geschichte der Theologie der Propheten nicht ein Zwischenstück oder
Seitenzweig der israel. Religionsgeschichte, sondern sie ist diese innere Entwicklungsgeschichte selber und ihr Resultat ist das Gesetz, zunächst das Deuteronomium,
dann die Thora der Stiftshütte im Leviticus und Numeri«[71].

DUHM hatte tatsächlich die Vermutung ausgesprochen, »daß die prophetische
Religion Altisraels sich als die Standard-Religion erweisen wird, . . . weil sie am wenigsten von der Magie, von der theologischen und philosophischen Reflexion und Spekulation, von dem Wuchertrieb der dichterischen Phantasie, von priesterlich-theokra-
tischen Neigungen beeinflußt ist«[72].

Von einer Identifizierung dieser Äußerung DUHMS mit HEGEL
wird man absehen müssen, — aber wenn PEDERSEN sich gegen die einseitige und verfälschende Heraushebung des Prophetischen glaubte zur
Wehr setzen zu müssen, dann hätte er gegen DUHM, nicht gegen WELL-
HAUSEN polemisieren sollen. WELLHAUSEN hat nämlich den Schlüssel
für das Wesen der Religion Israels gerade *nicht* in einer ‚inneren Entwicklungsgeschichte‘ der prophetischen Theologie gesucht. Darum
antwortete er DUHM in der genannten Rezension folgendermaßen:

»Zum Schluß legt sich die Frage nahe, ob Duhm durch seine ‚Theologie der Propheten‘ wirklich gezeigt habe, daß das schriftliche Gesetz das versteinerte Product des

---

[70] Vgl. auch v. RAD, Theologie des Alten Testaments, I 106 ff. über die Bedeutung
    des Prophetischen im nachexilischen theologischen Denken.
[71] Jahrbücher für Deutsche Theologie, 21. Bd., 1876, 152.
[72] B. DUHM, Über Ziel und Methode der theologischen Wissenschaft, 1889, 27 f.

specifisch religiösen Prophetismus sei. Ich glaube nicht. *Duhm hat die Bedeutung der Propheten gewaltig übertrieben.* Neben ihnen und vor ihnen bestanden die Priester, und sie waren nie bloße Opferer, sondern von jeher war ,die Weisung' zunächst des Rechtes und dann des Rechten ihre Hauptaufgabe, die Thora pflanzte sich mündlich in ihrem Stande fort. Ihr stetiges, auf ein Institut begründetes Wirken war gewiß ein Grund von viel bedeutenderem, nachhaltigerem Einfluß auf das Volk, als das abrupte Wort der Propheten . . . Man darf wohl behaupten, daß die stille Arbeit der Priester . . . den Propheten das Fundament bereitet hat, wovon sie ausgehen konnten. Es soll nicht geleugnet werden, daß dann auch umgekehrt das Wort der Propheten umbildend auf die Thora der Priester eingewirkt hat; jedenfalls aber beruht das schriftliche Gesetz des Pentateuchs zunächst nicht auf dem Worte der Propheten, sondern auf der ,Weisung' der Priester«[73].

Diese Sätze widersprechen den Konstruktionen PEDERSENS bis auf den Grund. WELLHAUSEN hatte als Historiker viel zuviel Sinn für die innere Balance der Geschichte, als daß er, in der ihm unterstellten Weise, irgendeiner ,Idee' zuliebe sich in solche Einseitigkeiten geflüchtet hätte. Darum ist auch PEDERSENS Meinung, WELLHAUSEN habe, wie VATKE, in dem ,universalistischen Gottesbegriff des Deuterojesaja' den absoluten Kulminationspunkt der israelitischen Religionsgeschichte oder — im Sinne HEGELS — den Höhepunkt der (prophetischen) ,Antithese' gesehen, falsch. Auch dazu äußert sich WELLHAUSEN selber abwägend und relativierend:

»Es hätte vielleicht hervorgehoben werden können, wie dieser Schriftsteller eigentlich nichts inhaltlich Neues producirt, sondern immer nur über die Resultate der früheren Entwicklung, deren Sauerteig die Prophetie war, wie über gewonnene fertige Güter reflectirt, allerdings in der erleuchtetsten Weise. Er ist, wie Duhm sagt, kein Prophet; eher Religionshistoriker und Religionsphilosoph. Über den Sinn der Geschichte Israels hat Niemand tiefer nachgedacht«[74].

Solche positiven und zugleich zurückhaltenden Urteile stehen bei WELLHAUSEN nicht vereinzelt. Die »freien Ideen der Propheten« (P 310) erscheinen weder außerhalb des Gesamtstromes der religiösen Überlieferung Israels[75] noch außerhalb der »großen Weltbegebenheiten«[76]. »Die Geschichte Israels ist ohne Zweifel nicht bloß und nicht vorzugsweise Geschichte der Prophetie gewesen« (P 296). Zwar hoben sich schon Gestalten wie Samuel positiv von Scharen »jahvetrunkener Derwische« (P 281) oder von »Banden von ekstatischen Schwärmern«

---

[73] A. a. O., S. 157 (Hervorhebung vom Verf.).
[74] Rez. DUHM, 157.
[75] Vgl. aber WELLHAUSENS Ironisierung des chronistischen Prophetenbildes: »Neues und Freies verkünden sie dabei nicht, sondern handhaben nur, ebenso wie Jahve selber, die Thora Mose's, indem sie nach der Schablone Glück oder Unglück in Aussicht stellen, je nachdem das Gesetz treulich erfüllt oder vernachlässigt worden ist« (P 211).
[76] Vgl. Rez. über ED. MEYER, Die Entstehung des Judenthums, in: GgA, 159. Jg., 1897, Bd. I, S. 96.

(G 51) ab, und Elia[77] »glich einem Vogel, der vor dem Morgen singt«
(KG 22); aber auch für jene frühe Zeit gilt:

»Überhaupt sind in dieser Gattung von Erzählungen die Propheten zu stark in den
Vordergrund gerückt, als wären sie die eigentlich treibende Kraft der israelitischen
Geschichte gewesen, als hätte das was sie bewegte auch ihre Zeit beherrscht und ausgefüllt. Das war nicht der Fall, für die Zeitgenossen traten sie vor den Königen völlig in
den Schatten, erst den Späteren wurden sie die Hauptpersonen. Ihre ideale Bedeutung,
wodurch sie mehr auf die Zukunft als auf die Gegenwart eingewirkt haben, ist nach der
realen Seite übertrieben worden« (P 308).

Wie einerseits die Geschichte der Tradition natürlich von prophetischen Gedanken »allmählich tingirt« (P 376) worden ist[78], so war
andererseits die prophetische Wirksamkeit selber immer auf »ihre geschichtliche Gebundenheit und ihren geschichtlichen Halt« (P 435)
angewiesen. Das wird auch deutlich, wenn WELLHAUSEN die von Hosea
geforderte Erkenntnis Gottes interpretiert: ». . . da sie darauf hinaus-
läuft, daß Gott von den Menschen Gerechtigkeit und Treue und Wol-
wollen verlangt, so ist sie doch im Grunde Moral, wenngleich die Moral
zu jener Zeit ihre Forderungen weniger an das Gewissen als an die Gesellschaft stellt« (P 411). Man verhört sich bei solchen Wendungen
WELLHAUSENS, wenn man den Ausdruck ‚Moral‘ etwa in der Weise des
Rationalismus den konkreten geschichtlichen Bezügen gegenüberstellt und als eine ‚zeitungebundene‘ Größe deutet. Was WELLHAUSEN
hier Moral nennt, ist — im Anschluß an den theologischen Sprachge-
brauch der zweiten Hälfte des 19. Jahrhunderts — der Hinweis auf die
prophetische Botschaft von der totalen Abhängigkeit des Menschen von
Gott, schließt also die religiöse Deutung nicht aus — sondern ein. Die
Diskreditierung des ‚Religiös-Sittlichen‘ durch die Theologie der Väter
bildet einen schlechten hermeneutischen Maßstab für die Theologie der
Großväter.

WELLHAUSEN hielt es für falsch, »nur bei dem Jahve der Propheten . . . von Monotheismus« zu reden und den »Wert des Monotheismus«
auf den »Glauben: all power is moral« zu reduzieren, wie er FR. BAETH-
GEN in einer Rezension testierte; BAETHGEN hat nach seiner Meinung
»die Neigung, den Cultus und die Geschichte zu vernachlässigen, woraus allein Prädicate zu dem göttlichen Subjecte zu gewinnen sind«[79].

[77] »Die realistische Vergröberung des prophetischen Einflusses tritt am plumpsten in
der Legende II 1 auf, wo Elias zu einem übermenschlichen Popanz entstellt ist«
(P 308, Anm. 2).

[78] Die von WELLHAUSEN beobachtete »fortgeschrittenere und grundsätzlichere Religiosität« (P 371) des Elohisten gegenüber dem Jahwisten — der Elohist ist »mindestens prophetisch angehaucht« (P 371) — deckt sich völlig mit der neueren Ansicht von der Verbundenheit des Elohisten mit prophetischer Tradition und hat mit
dem Gefälle auf einen absoluten Fortschritt hin nichts zu tun.

[79] Rez. über FR. BAETHGEN, Beiträge zur semitischen Religionsgeschichte, in: DLZ,
9. Jg., 1888, Sp. 1321.

Eine Verabsolutierung oder Überschätzung der Prophetie war also WELLHAUSENS Sache zu keiner Zeit. Er sah vielmehr die Saat wie die Früchte des prophetischen Glaubens nur im Ganzen der Geschichte Israels, und der Gott der Propheten erhielt seine ,Prädikate' jedenfalls nicht abseits oder unabhängig von dieser Geschichte.

Man muß alle diese abgewogenen, umsichtigen Einordnungen und Urteile im Gedächtnis behalten, wenn man nun WELLHAUSEN auch einen Hymnus auf die Prophetie Israels anstimmen hört:

> »Die Bedeutung der Propheten« »beruht . . . auf den Individuen, es ist bezeichnend, daß uns nur von ihnen Namen und Lebensbilder erhalten sind. Dem Zuge der Zeit folgend gliedern sie sich zwar auch zu Corporationen, aber eigentlich heben sie dadurch ihr Wesen auf: die Koryphäen stehen immer einzeln, auf sich selber . . . Das Lebenselement der Propheten ist der Sturm der Weltgeschichte, der die Ordnungen der Menschen hinwegfegt, in dem . . . nur ein Grund fest bleibt, der selbst keiner Begründung bedarf. Wenn die Erde in Beben vergeht, dann trimphieren sie, daß Jahve allein hoch bleibe . . . Wo stützen sie sich jemals auf eine andere Autorität als die Evidenz, wo auf ein anderes Fundament als ihre eigene Gewißheit? Das gehört zum Begriffe der prophetischen, der echten Offenbarung, daß Jahve . . . sich dem *Individuum* mitteilt, dem Berufenen, in welchem der geheimnisvolle und unzergliederbare Rapport energisch wird, worin die Gottheit mit dem Menschen steht. Losgetrennt vom Propheten, in abstracto, gibt es keine Offenbarung; sie lebt in seinem gottmenschlichen Ich. Eine Synthese scheinbarer Widersprüche entsteht dadurch: das Subjective im höchsten Sinn, losgetrennt von allen Satzungen, ist das in Wahrheit Objective. Es bewährt sich als solches durch die Zustimmung des allgemeinen Gewissens, worauf die Propheten . . . bei all ihrer Polemik gegen den hergebrachten Gottesdienst rechnen: sie wollen nichts Neues, nur alte Wahrheit verkündigen. . . . Aber ihr Credo steht in keinem Buche. Es ist eine Barbarei, einer solchen Erscheinung mit dem Gesetz die Physiognomie zu verderben«[80].

Ein langes Zitat, eine Fülle von Fragen; aber sie alle werden durch eine einzige Bemerkung WELLHAUSENS beantwortet: Die Bedeutung der Propheten beruhe auf dem *Individuum*, auf dem Individuellen. Hier wird die innerste Leidenschaft der Geschichtsschreibung WELLHAUSENS sichtbar — was unten weiter zu explizieren ist. Nicht das geschichtsphilosophisch begründete Gefüge eines Längsschnittes hebt die Propheten aus dem ,Vorher' und ,Nachher' heraus, sondern die (überdies auf vor- oder außerprophetische Gestalten gleichermaßen verteilte) Liebe zum Personalen, Individuellen, die WELLHAUSEN hier gerade nicht mit VATKE, sondern mit der vom Geist der Goethezeit geprägten historischen Romantik (die unter diesem Gesichtspunkt bis zu NIETZSCHE reicht!), aber auch mit SCHLEIERMACHER und DE WETTE teilt. Wie sich dieses Prophetenbild mit dem DUHMS dann wieder berührt[81],

---

[80] P 413f. (Hervorhebung von W.).

[81] Prophetisches »Wort Gottes giebt's nicht immer, Gott kann es versagen, wenn er zürnt; die Thora dagegen ist in gewissem Grade von ihm unabhängig«: Diese WELLHAUSEN vergleichbare Gegenüberstellung DUHMS (Über Ziel und Methode der theologischen Wissenschaft, 1889, 9) basiert auf der Abneigung gegen die Theologen, die

so unterscheidet es sich zugleich von KUENENS Wertung der Prophetie[82].

KUENEN hat in den Vorlesungen über ‚Volksreligion und Weltreligion' tatsächlich die Prophetie Israels ‚idealistisch' überzeichnet, wenigstens in der Deutung und Einordnung dieses geschichtlichen Phänomens. Er konstatiert einen »scharfen Gegensatz«, ja einen »tiefgreifende(n) Antagonismus« (VW 93) zwischen Volk und Propheten. Freilich will er sich an diesem »Unterschied« nicht »blind sehen« (VW 93), denn es scheint »höchst einfach, zuerst die kanonischen Propheten von ihrer geschichtlichen Umgebung loszulösen und ... ihre Opposition gegen die Volksreligion ins Auge zu fassen, aber — zu einer richtigen Einsicht ... führt uns diese Methode nicht« (VW 94). Weder darf man den Gegensatz zwischen Propheten und Priestern überspannen (vgl. VW 97) noch »das Band zwischen ihnen und der israelitischen Nation lösen« (VW 105). »Jahwe der Gott Israel's und Israel das Volk Jahwe's«: »diesen Grundgedanken der Volksreligion« haben »auch die kanonischen Propheten« (VW 105) unterschrieben. »Rationalisten haben als ‚Partikularismus' gebrandmarkt, ... was indertat nichts anders ist als das Wesen der israelitischen Religion, dem auch die größten Propheten nicht untreu werden konnten, ohne die Religion selbst preiszugeben« (VW 110).

Bis dahin geht KUENEN mit WELLHAUSEN in der Sache zusammen; im Folgenden verläßt KUENEN, verführt durch sein Thema ‚Weltreligion', den ‚parikularistisch'-geschichtlichen Boden. So wurde durch die Propheten »die Gottesidee in eine andere, höhere Sphäre versetzt« (VW 119), es entstand in den Propheten »die Idee einer sittlichen Weltregierung, noch unentwickelt und mit allerlei Irrtümern vermischt, aber doch im Principe rein« (VW 124). Es gibt einen Weg »des prophetischen Jahwismus«, den dieser zurücklegen muß, »um aus einer nationalen eine universale Religion zu werden« (VW 143); der Individualismus Jeremias ist dann »nur die Offenbarungsform des werdenden Universalismus« (VW 145). »Die Gottesidee, welche der priesterlichen Gesetzgebung zu Grunde liegt, ist die prophetische, oder vielleicht richtiger: die Frucht ihrer Entwickelung in *einer* bestimmten Richtung«, beim »Schaukeln der Gottesidee

---

»eine reale historische Größe«, die »für sich selber recht wenig von einem System an sich« hat, immer gleich systematisieren möchten (ebd. 28). »Den höheren Religionen gegenüber erfordert die verlangte Kongenialität des wissenschaftlichen Theologen vor allem das Verständnis für die originale religiöse Persönlichkeit, nicht bloß die schöpferische, den Propheten, sondern auch die aufnehmende, den ‚Glaubenden'. Sie ist wichtiger, als das beste Gesetz und die schönsten allgemeinen Gesichtspunkte« (ebd. 30). Vgl. auch B. DUHM, Das Buch Jeremia (KHCzAT, Abt. IX), 1901, besonders den Abschnitt über die Arten des Offenbarungsempfangs, S. 8 ff.

[82] Die Argumentation WELLHAUSENS in seiner Rezension über KUENENS Prophetenbuch von 1875 ist hierzu ganz bezeichnend. Er bedauert die philosophisch-apologetische Komponente des Werkes und räumt dem Verf. ein, er habe wenigstens »anderswo ... ausdrücklich auf das Mysterium der Individualität und ihres nicht zu zergliedernden Zusammenhanges mit dem Quell aller Wahrheit« hingewiesen. WELLHAUSEN beschließt die Rezension folgendermaßen: »Trotz aller aufrichtiger Wärme für seinen Gegenstand, die er besitzt — Congenialität mit den Propheten, wie sie z. B. Ewald besaß, wird man ihm nicht nachsagen können« (Zitate: ThLZ, 1. Jg., 1876, Sp. 208). Zu der Bemerkung über EWALD vgl. WELLHAUSEN, E 73: »Den Propheten war er congenial und er drang tiefer in ihr Wesen ein, als irgend einer seiner Vorgänger«.

zwischen Immanenz und Transcendenz neigt nun das Zünglein zur letzteren hinüber« (VW 158). In nachexilischer Zeit war »der Streit zwischen den beiden Auffassungen des Jahwismus« schließlich beigelegt; »standen sie sich noch in den Tagen Jeremia's so scharf gegenüber, daß man sie ... zwei Religionen nennen kann, so sind sie nun versöhnt. Und es ist die Auffassung der kleinen Minderheit, die triumphirt hat« (VW 165). »Als die treibende Kraft« (VW 229) der Entwicklung Israels erwiesen sich so die Propheten, die »an den Wendepunkten des durch Jahrhunderte fortgesetzten Processes« standen. »Jede geradlinige Annäherung nach dem Endziele hin« ist ihr Werk. Darum ist »auch in dem Übergang vom Nationalen zum Universalen dem Propheten die Hauptrolle vorbehalten« gewesen. »So schien es sein zu müssen, und so ist es geschehen« (VW 229 f.).

KUENEN liebte es also, von den ‚Ideen' zu sprechen und aus ihnen ein Gebäude zu bauen — getreu seinem eigenen Bekenntnis, daß es bei der Geschichte, »die ihren Namen zu recht trägt«, immer »auf die Ideen ankommt, ihre Entstehung und Entwickelung, ihre sociale Verbreitung und die Macht, die sie im Leben ausüben« (GA 7). WELLHAUSEN sah natürlich die durch keine religiöse Praxis erfüllbare Unbedingtheit des prophetischen Geistes auch; aber er erzählte als Historiker ihren Inhalt und ihre geschichtliche Wirkung; es interessierte ihn nicht, wie etwas ‚sein zu müssen' schien. Der Gedanke der ‚Weltreligion' hat KUENEN in diesen Vorlesungen über sein eigenes historiographisches Konzept ein ganzes Stück hinausgetragen. WELLHAUSENS Rahmen aber blieb der der Geschichte Israels.

»Den Propheten ist an der Hand der Weltgeschichte der furchtbare Ernst der Gerechtigkeit Jahves aufgegangen ... Ihre Gottesgewißheit ist hinreißend und höher als alle Vernunft ... Die Geschichte, in ihrer Wirkung auf den Einzelnen, ist Tragödie, und keine Tragödie hat einen befriedigenden Schluß. Die Position der Propheten mußte dazu führen, über das Volk und über die Welt hinauszugehn« (G 110).

KUENEN sah die Propheten — nicht nur, aber auch — als Vorläufer und Wegbereiter der Idee der Weltreligion. WELLHAUSEN sah sie vor allem als die herausgerufenen und lebendigen Träger der Offenbarung Jahves, die in einer bestimmten Stunde einem Individuum zuteil wird. »Sie retteten den Glauben, indem sie die Illusion zerstörten, sie verewigten auch Israel dadurch, daß sie Jahve nicht mit in den Sturz des Volkes verwickelten« (G 115). Sie kamen aus Israel und blieben an Israel gewiesen. Wo sie Volk und Welt überschritten (vgl. G 110), realisierten sie nicht eine ‚universalistische Idee', sondern ihren Auftrag. Sie standen nicht ‚dialektisch' gegen das Volk, sondern — »als urwüchsige und sittlich-religiös autonome Individuen«[83] — auf einer Linie mit den Königen und den alten Charismatikern. Ob es eine ‚prophetische Epoche' der israelitischen Religion gegeben habe oder nicht[84], bleibe dahingestellt; aber *wenn* das Ereignis

---

[83] BOSCHWITZ 13.
[84] Vgl. S. MOWINCKEL, Psalmenstudien II, 1922, 17.

der Prophetie in Israel als eine ,Epoche' bezeichnet werden kann, dann
hat das WELLHAUSEN weniger getan als die jüdische und christliche
Überlieferung im ganzen: Das Judentum hielt eine selbständige Sammlung jener Prophetenschriften für geboten, und das Christentum löste
sie aus dem corpus der national-religiösen Tradition Israels heraus und
verstand sie — anders als ihren kanonischen Kontext! — als Gegenwurf und messianische Vorwegnahme. WELLHAUSEN aber betonte
energisch: »Die Prophetie kann vom Gesetz, von der jüdischen Frömmigkeit, und vom Christentum nicht getrennt werden« (G¹, S. V).

Für diese Einsicht durch Beispiele zu bekräftigen, etwa das
Deuteronomium als »prophetische Reformation« (G 131) verstanden
werden, denn es »krönt die Arbeit der Propheten« (G 129). »Deutlicher
als irgendwo zeigt sich hier, daß Propheten und Gesetz kein Gegensatz,
sondern identisch sind und im Verhältnis von Ursache und Wirkung
stehn« (G 130). Die Propheten waren Erreger und Anreger Israels, ihr
Wirken läßt sich in keinen dialektischen Rahmen einspannen; und
wenn es einem ,Gesetz' folgt, dann dem, daß auf originale Hervorbrin-
gungen[85] gewöhnlich Zeiten der Verarbeitung, der Aneignung oder auch
der Abstoßung folgen[86]. Diese ganz unphilosophische Beobachtung
wird durch die Quellen bestätigt: »Die Propheten reden nicht aus dem
Gesetz, sondern aus dem Geist; Jahve spricht durch sie, nicht Moses«
(KG 5).

Für den von einer nationalen und religiösen Entwicklung ge-
fesselten Historiker WELLHAUSEN liegt freilich auch ein Schatten über
dem Tun der Propheten: »Ehedem war die Nation das realisierte Ideal
gewesen, jetzt zerfiel Jahve mit Israel. Die Propheten setzten der
Nation das Ideal entgegen« (G 139). Darin waren sie »keine Praktiker;
sie schufen ihren Ideen keine Organe, mit denen sie in die gemeine
Wirklichkeit hätten eingreifen können« (PhS 14). WELLHAUSEN weiß
also den prophetischen Höhenflug nicht nur zu rühmen[87], sondern

---

[85] Vgl. EWALDS Sympathie für die großen geschichtlichen Persönlichkeiten, die sich
an seiner Beschreibung Moses verdeutlichen läßt: »Einmal also muß in Mose als dem
mächtigen Anfänger und Führer der ganzen neuen Volksrichtung die Erkenntnis
und der Muth jenes ... großen, umfassenden Gedankens felsenfest geworden ...
seyn ... Jener Gedanke ... ist zu groß und einzig, als daß er anders denn in der
festen Innigkeit und geschlossenen Stärke der Seele eines einzigen Menschen zuerst
hätte seine volle Kraft gewinnen können« (II 82).

[86] Vgl. hierzu MOMMSEN, RA 132: »Scheint es doch zu den schweren Gesetzen der
Weltgeschichte zu gehören, daß Aufschwung und Rückgang miteinander abwechseln
müssen«.

[87] Die »prophetischen Priester« (Ezechiel bis Esra) sieht er noch geprägt von »der
Innerlichkeit und dem pathetischen Ernste der Propheten« (PhS 13); aber bei den
Pharisäern wirkt »ihr inquisitorisches Wesen, ihr ewiges Richten und Controlieren«
so widerlich, »da kein Amt sie berechtigte und kein prophetischer Enthusiasmus sie
zwang« (PhS 20).

204   Die Geschichtsschreibung Julius Wellhausens

nimmt auch bekümmert das Zerbrechen einer völkischen, staatlichen und religiösen Einheit wahr[88].

Der ausführliche ‚Exkurs' über das Thema der Prophetie bei WELLHAUSEN darf jedenfalls mit der Einsicht enden, daß dieser Historiker trotz seiner erheblichen Affinität zum Prophetisch-Individuellen die Rolle der Prophetie weder überschätzt noch im Sinne eines, gemessen am Volksleben, ‚ideellen' Gegen-Prinzips ausgedeutet hat. Hätte ihm die Konstruktion einer Ideengeschichte im HEGEL-VATKEschen Sinne auch nur irgendwie am Herzen gelegen, dann wären seine zahllosen Herausstellungen des Konkreten und Individuellen, und zwar unter Zurücksetzung des Allgemeinen, Abstrakten oder ‚Ideellen', schlechterdings nicht zu begreifen.

WELLHAUSEN hat sich in seinen späteren Jahren zu diesen Vorwürfen mehrfach, wenn auch nicht gerade thematisch, geäußert. Dem soll hier abschließend noch einmal nachgegangen werden. In einer Würdigung von D. FR. STRAUSS' ‚Leben Jesu' heißt es beispielsweise:

>Da Strauß sich in seinem Mythusbegriff als Kind Hegelschen Geistes zeigte und bekannte, so wurde sein Buch einfach als Ausfluß sogenannter Hegelei beurteilt. Die biblische Kritik hat sich indessen im allgemeinen nicht unter dem Einfluß philosophischer Ideen ausgebildet . . . Die Philosophie . . . geht nicht voraus, sondern kommt nach, indem sie zu sichten und zu systematisieren sucht, was sie nicht selber hervorgebracht hat. Die befreundeten Verfasser der beiden großen theologischen Werke des Jahres 1835 waren allerdings Hegelianer. Aber was darin von wissenschaftlicher Bedeutung ist, stammt nicht von Hegel. Wie Vatke der Nachfolger und Vollender de Wettes ist, so Strauß der der alten Rationalisten. Der eigentliche Wert des ‚Lebens Jesu' liegt nicht in der philosophierenden Einleitung und Schlußabhandlung, sondern in dem an Umfang weit überwiegenden mittleren Hauptteil<[89].

Hier möchte man beinahe jedes Wort hervorheben! Wo WELLHAUSEN in dieser klaren Unterscheidung von biblischer Kritik (als Wissenschaft) und Philosophie (als der Kritik nachfolgender, diese bloß systematisierender Interpretation) sein eigenes Werk ansiedelte, kann nach allem nicht zweifelhaft sein. Die »Gegner Hegels« wie die »Gegner des Abstractum« überhaupt können seines Beifalls sicher sein, und er rühmt darum GOETHE als einen Mann, der »nie das Abstractum angebetet« hat[90]. Den Hegelianer F. CHR. BAUR findet er »mall und dazu langweilig«, weil — dessen Abhandlung über das Johannesevangelium

---

[88] Vgl. die von WELLHAUSEN herausgearbeitete Parallelität von Propheten und Pharisäern einerseits, von Königen und Sadduzäern andererseits: die einen wollten Gott allein herrschen lassen, die anderen meinten als Praktiker, sich selber um die Regierung sorgen zu sollen (PhS 53).

[89] Beilage zur Allgemeinen Zeitung, Jg. 1908, 354.

[90] WELLHAUSEN an ED. SCHWARTZ, 7. 4. 1907, Bayerische Staatsbibliothek, München. In diesem Brief nennt WELLHAUSEN FICHTE eine »gewaltige Persönlichkeit« und einen »Propheten«, ohne sich jedoch mit dem »kolossalen Monismus« FICHTES zu identifizieren.

zufolge — »die Idee . . . die Formlosigkeit und die daraus sich ergebenden Widersprüche«[91] dieses Evangeliums erklären soll. Überhaupt tun
BAUR und seine Schüler in der Wissenschaft »den zweiten Schritt vor
dem ersten«, wenn sie versuchen, »das literarische Problem von der
Geschichte der kirchlichen Ideen« aus zu lösen (Einl. 37).

»Die Tübinger setzten bei der Apostelgeschichte ein und verglichen sie mit den
Briefen des Paulus. Von da ergab sich ihnen die Antithese zwischen Judaismus und
Paulinismus und ihre Ausgleichung auf einer späteren Stufe als Leitfaden zur Beurteilung der gesamten Neutestamentlichen Literatur. Nach dem Schema von Satz Gegensatz und Vermittlung bestimmten sie nun auch das Verhältnis der synoptischen Evangelien zu einander . . .« (Einl. 37, Anm. 1).

Der »Einfluß von Tübingen« erscheint WELLHAUSEN für die exegetische Arbeit in jeder Hinsicht als verderblich. Für die Erklärung des
vierten Evangeliums hat BAUR »in der Idee . . . das Band gefunden,
welches das Ganze zusammenhalte, und den Schlüssel, der alle Kam-
mern des wunderlichen Baues öffne. Im Aufblick zu diesem Leitstern
sehen die Forscher durchschnittlich nicht genug vor die Füße«, sie
tragen »Züge in die Physiognomie des Autors ein, die dadurch zur
unglaubhaften Karikatur wird« (EJ 3f.). WELLHAUSEN setzt seine
literarkritischen Maximen wieder dagegen:

»Man darf nicht fragen, was wertvoll und echt sei, oder wertlos und unecht. Man
darf überhaupt nicht von vornherein große Gesichtspunkte aufstellen; damit muß man
aufhören, nicht anfangen. Ausgehen muß man vielmehr von einzelnen Anstößen, die
sich bei der Exegese ergeben . . .«. »An dem Grundsatze halte ich fest, daß man bei
auffallenden, wo möglich äußerlichen oder formellen Einzelheiten einsetzen muß und
erst von da zur Aufdeckung durchgehender Unterschiede von tieferer Art fortschreiten
darf« (EJ 4f.).

In dem allen redet WELLHAUSEN in einer Weise über HEGEL und
die ‚Geschichtskonstruktionen‘, daß man meint, seine Kritiker zu
hören! Diesen Zusammenklang kann man freilich nicht ihm anlasten.
Die oben ausführlich erörterte historische Methode war für ihn con-
ditio sine qua non aller Arbeit an der Geschichte. So schreibt er selbst
über seinen Lehrer EWALD behutsam-kritisch:

»Durch die organische Gliederung schien er den Eindruck innerer Nothwendigkeit
zu erwecken; das complementum possibilitatis, den Übergang von der Möglichkeit zur
Thatsächlichkeit, nahm er nicht eben schwer«[92].

Besonders aufschlußreich sind in diesem Zusammenhang WELL-
HAUSENS Distinktionen zwischen der Methodologie EWALDS und der
der ‚Tübinger‘:

EWALD »steht der Sache nicht kühl und objectiv gegenüber, sondern steckt darin
und identificirt sich mit ihr. Doch die Sympathie, mit der er sich in sie versenkt, ist

---

[91] WELLHAUSEN an ED. SCHWARTZ, 2. 2. 1913, Bayerische Staatsbibliothek, München.
[92] E 63 f.; vgl. ebd. WELLHAUSENS Beifall für EWALDS »Polemik gegen die HEGEL'sche
Reihenfolge: 1. Epos, 2. Lyrik, 3. Drama«.

zugleich seine Stärke gegenüber den Tübingern. Wenn sie ihm die Kritik erschwerte, so erleichterte sie ihm das intime Verständnis . . . Sie faßten die Aufgabe von hinten an, er von vorne. Sie wollten das christliche Dogma, in dem sie das Wesen der Kirche sahen, zurück verfolgen bis auf seinen Anfang . . . Er dagegen wollte die israelitische Geschichte zu Ende führen und fand ohne Schwierigkeit das Ziel, auf das sie hinstrebte, in dem Erfüller des Gesetzes und der Propheten. Historisch verdient sein Verfahren ohne Zweifel den Vorzug . . . Persönlich hat Ewald, ebenso wie die alten Rationalisten, vermuthlich mehr von seiner (= Jesu von Nazareth) Wirkung erfahren, als die Hegelianer von der ‚Idee‘ des Gottmenschen« (E 76 f.).

Neben der historischen Konstruktion der Hegelianer und der EWALDschen Identifizierung mit dem geschichtlichen Stoff sieht WELLHAUSEN eine dritte Möglichkeit: den Weg einer historischen Kritik und Darstellung, die methodische Objektivität und persönliche Leidenschaft vereint. Er hat diese dritte Möglichkeit praktiziert und, bedenkt man seine außergewöhnliche Belesenheit, dabei gewußt, was er tat. Ihn im Anschluß an die eben zitierte, auch religiös begründete Zurückweisung HEGELS einen ‚Hegelianer‘ zu nennen, bedeutet notgedrungen, ihm arglistige Täuschung seiner Leser und arglose Täuschung seiner selbst zu unterstellen. Er fragt nach der historischen Wirklichkeit und damit zugleich nach der geschichtlichen Wahrheit. Der in seinem Werk immer wieder gesuchte ‚Zeitgeist‘ reizte ihn wenig; er konnte es nicht verstehen, daß jemand sich freute, wenn die Bibel »möglichst wenig behauptet, was mit der allgemeinen Bildung collidirt« (P 352).

WELLHAUSENS historische Methode ermöglichte ihm eine konstruktive Darstellung der Geschichte. Die Behauptung, er habe aus sachfremdem Voraussetzungen eine ‚Geschichtskonstruktion‘ geschaffen, hat sowohl das Werk selber als auch die Konfessionen seines Verfassers gegen sich.

C. WELLHAUSENS HISTORIOGRAPHISCHE MOTIVE

I. Wertvorstellungen und Werturteile

Das Ideal der voraussetzungslosen Erforschung der Geschichte galt den Zeitgenossen WELLHAUSENs als unabdingbar. Dennoch wurde es von den großen Historikern der Epoche nicht als positivistisches Prinzip gehandhabt. Der von WELLHAUSEN verehrte MOMMSEN bekannte sich zu einer entscheidenden Einschränkung:

»Die Voraussetzungslosigkeit aller wissenschaftlichen Forschung ist das ideale Ziel, dem jeder gewissenhafte Mann zustrebt, das aber keiner erreicht noch erreichen kann. Religiöse, politische, sociale Überzeugungen bringt ein jeder von Haus aus mit und gestaltet sie aus nach dem Maß seiner Arbeits- und Lebenserfahrungen« (RA 434).

Aber auch ED. MEYER betonte in seiner Schrift ‚Zur Theorie und Methodik der Geschichte‘ (1902):

»Eine letzte Folgerung ist die, daß eben . . . ein subjektives Element in aller historischen Auffassung notwendig und unaustilgbar vorhanden ist . . . Aus sich selbst nimmt der Historiker die Probleme, mit denen er an das Material herantritt; . . . Die Gegenwart des Historikers ist ein Moment, das aus keiner Geschichtsdarstellung ausgeschieden werden kann, und zwar ebensowohl seine Individualität wie die Gedankenwelt der Zeit, in der er lebt. Zu allen Zeiten ist es nur unsere Erkenntnis der Geschichte, zu der wir gelangen können, niemals eine absolute und unbedingt gültige« (Kl. Schr. I 54).

Der Vermeidung solcher Subjektivismen hatte VATKES ganze denkerische Mühe gegolten. Wenigstens für *seine* Epoche wollte er mit Hilfe der HEGELschen Philosophie die verbindliche Ansicht der Geschichte erarbeiten. WELLHAUSEN dagegen war einer solchen ‚Objektivität‘ weder fähig noch zugetan. An einer ‚Theorie‘ der Geschichte war er noch weniger interessiert als etwa RANKE, dessen Schriften zur historischen Theorie am Rande seines Lebenswerkes — nämlich der *Darstellung* — stehen. WELLHAUSEN scheute sich niemals, seine Zu- oder Abneigung gegenüber dem geschichtlichen Gegenstand auszusprechen. Das wirklich Geschehene hat er historisch-kritisch ermittelt; aber er hat es mit der Leidenschaft des Beteiligten dargestellt und die Darstellung mit seinen persönlichen Motiven eingefärbt. Nach diesen seinen Motiven ist im Folgenden zu fragen.

Für WELLHAUSEN hatte »das Exil das natürliche Band zwischen der Gegenwart und dem Altertum so durchschnitten . . ., daß einer künstlichen Repristination des letzteren, von der Idee aus, kein Hindernis im Wege stand« (P 40). Diese schon von DE WETTE betonte Zäsur provoziert bei WELLHAUSEN eine ganze Kette von Werturteilen. Der Priesterkodex — »kümmerlicher Nachwuchs aus halb erstorbenen Trieben von ehemals« (P 2) — ist durch »kein Fortleben der früheren Sitte in der Gegenwart« gehindert, »sich ein Bild der alten Zeit wie sie sein muß zu entwerfen«, er kann sie »nach Herzenslust idealisiren« (P 40). Die israelitische Kultusgeschichte verdeutlicht diesen Vorgang:

»In der alten Zeit erzeugte sich der Gottesdienst aus dem Leben und war aufs engste damit verwachsen. Das Opfer Jahve's war ein Mahl der Menschen, bezeichnend für das Fehlen des Gegensatzes von geistlichem Ernst und weltlicher Fröhlichkeit. Ein Mahl bedingt einen abgeschlossenen Kreis von Gästen . . . Es sind irdische Beziehungen, denen dadurch die Weihe gegeben wird; ihnen entsprechen natürliche Anlässe der Feier, wie sie das bunte Leben bietet« (P 78). Demgegenüber[1] ist »im Priestercodex . . .

---

[1] Vgl. diesen Gegensatz auch bei W. R. SMITH: »Der Cultus des zweiten Tempels war eine dem Altertum nachgebildete Wiedererweckung von äußeren Formen, die ihre innere Beziehung zum volkstümlichen Leben und damit ihre ursprüngliche Bedeutung zum größten Teil verloren hatten« (164). »Die wichtigsten Feiern des antiken Cultus waren für Anlässe des öffentlichen Lebens bestimmt, wenn die ganze Gemeinschaft von einer gemeinsamen Empfindung ergriffen war. Bei Ackerbau treibenden Völkern waren die feststehenden Anlässe zum Opfer die natürlichen Zeiten der Erträge, der Herbst und die Weinlese. Zu solchen Zeiten war jedermann bereit, seine Sorgen abzuwerfen und sich vor seinem Gott zu freuen . . .« (200f.).

die Sabbathsruhe schlechterdings nicht mit dem fröhlichen Aufatmen von der Last
des Lebens bei den Festen gleichartig, sondern eine Sache für sich, die . . . einer asce-
tischen Leistung weit näher kommt als einer lässigen Erholung. Sie wird hier ganz
abstract genommen, nicht als Ruhe von einem Etwas, . . . sondern als Ruhe schlechthin«
(P 117).

WELLHAUSEN verweist weiter auf die im Rahmen der Kultuszentralisation vollzogene »Uniformirung des Passah: nichts frei und naturwüchsig, nichts undeutlich und embryonisch, alles statuarisch, klipp
und klar« (P 106). Überhaupt verlieren die Feste »das allgemein
Menschliche, das Freiwüchsige« und bekommen statt dessen »einen
statuarischen Charakter« (P 440). »Mit dem Erscheinen des Gesetzes
hörte die alte Freiheit auf«, eine »Tendenz der Controlirung und Uniformirung« (P 418) beherrschte diese neue Zeit. Diese Tendenz vollendete sich in den Tagen des Pharisäismus:

»Die Pharisäer ertödteten die Natur durch die Satzung . . . Die Summe des Abgeleiteten erstickte die Quelle, die 613 Gebote des geschriebenen und die tausend anderen
des ungeschriebenen Gesetzes ließen für das Gewissen keinen Platz. Die Summe der
Mittel wurde der Zweck, man vergaß Gott über der Thora . . . Das merkwürdig Indi-
recte im Verhältnis zu Gott, die Unfreiheit, wie Paulus sich ausdrückt, ist ein Haupt-
kennzeichen der herrschenden Frömmigkeit jener Tage . . . Das sind die Anzeichen des
Alters, der einst junge und gährende Wein war auf den Hefen erstarrt« (PhS 19).

Die Opfer gründen sich im nachexilischen Israel nicht mehr »auf
den Antrieb frischer Anlässe, sondern auf den positiven, alle Einzelheiten ordnenden Befehl eines objectiven, unmotivirten Willens. Das
Band zwischen Cultus und Sinnlichkeit ist zerschnitten . . . Aus freier
Lust erwächst der Cultus nicht mehr, er ist eine Übung der Gottselig-
keit geworden. Er hat keine natürliche, sondern eine transcendente,
unvergleichliche und unangebbare Bedeutung« (P 441).

WELLHAUSEN teilt diese Beobachtungen bis zu einem gewissen
Grade mit VATKE; aber die Wertungen der wahrgenommenen religiösen
Entwicklung sind entgegengesetzte. Bei VATKE hieß es:

»Das Reich des Daseins und der natürlichen Lebendigkeit spielt zwar neben der
Idealität her, ist aber noch nicht als ideell gesetzt; die Allgemeinheit des Gedankens
wird in demselben Maaße concreter, als das natürliche Dasein an Selbstständigkeit verliert. Die ganze Geschichte der Alttestamentlichen Religion ist insofern ein beständiger
Kampf und Sieg des Gedankens über das Natürliche« (RAT 231).

VATKES ,noch nicht' korrespondiert WELLHAUSENS ,nicht mehr',
was bei dem einen ,concreter' wird, gilt dem anderen als ,abstracter',
und dem ,Sieg des Gedankens' hält WELLHAUSEN den »wunderbaren
Boden des Mythus« entgegen, zu dem »nicht die Reflexion den Stoff gegeben« hat (P 347). »In dem Zaubergarten der Vorstellungen des echten
Alterthums«, wo einem »der frische antike Erdgeruch« (P 347) entgegen-
weht, ist WELLHAUSEN wohler als bei VATKES Vorstellung von der
Überwindung des Natürlichen durch den Gedanken. »Die von Vatke
rezipierte idealistische Geschichtsphilosophie«, wie H.-J. KRAUS (240)

bündig urteilte, dürfte sich auch hier schwer herauslesen lassen. Der Gegenwurf gegen den von VATKE beschriebenen Prozeß läßt sich bei WELLHAUSEN auf Schritt und Tritt verfolgen.

>In der alten Zeit ist der Cultus dem grünen Baume zu vergleichen, der aus dem Boden wächst wie er will und kann, hinterher ist er zurecht gehauenes Holz, das mit Cirkel und Winkelmaß immer künstlicher ausgestaltet wird«[2].

Die Historisierung der alten religiösen Überlieferungen hat eine Entfremdung von ihrer ursprünglichen, nämlich natürlichen Grundlage bewirkt. Vor dieser Entfremdung beruhten »die Feste nach der jehovistischen und der deuteronomischen Gesetzgebung auf dem Ackerbau, der die Grundlage wie des Lebens so der Religion ist. Das Land, das fruchtbare Land, ersetzt Himmel und Hölle zugleich« (P[6] 87). Aber auch die Geschichte der Opfer läßt einen Weg von der natürlichen Praxis zur künstlichen Wiederherstellung erkennen (vgl. P 62f.), eine »Verfeinerung« (P 70) der gottesdienstlichen Technik. Nach der Zerstörung des Staates »blieb doch der blutige Ernst, mit dem man jetzt die Ausübung des Gottesdienstes nahm« (P 437). Die Schriftgelehrten ließen schließlich »an Jehova's Statt die Thora treten«, und »wofür drei Worte genügten Micha 6,8, dafür waren sechshundert und einige Sätze zu wenig« (PhS 14). Immer wieder haftet WELLHAUSENs Blick an solchen Wandlungen, die für ihn Verlust von Substanz und Ursprünglichkeit signalisieren:

»Unsere Hochzeiten Taufen Leichenschmäuse auf der einen, alle Arten von Zweckessen auf der anderen Seite würden sich noch am ersten zur Vergleichung herbeiziehen lassen, wenn nicht auch hier der Zwist zwischen Geistlich und Weltlich die Naivetät störte. Der Gottesdienst war im hebräischen Altertum Natur, er war die Blüte des Lebens und dessen Höhen und Tiefen zu verklären war sein einziger Sinn« (P 79).

Schon die Kultuszentralisation und die Einführung des deuteronomischen Gesetzes hat »diese Verbindung durchschnitten« (P 79). Auch die Erteilung der Thora war einmal »ungemein lebendig«, »ungemein geschichtlich und genetisch«, bevor sie zur kodifizierten »Thora Mose's« (P 417) wurde. Überdies haben die alten Israeliten »nicht von Anfang an eine Kirche, sondern zuerst ein Haus zum Wohnen gebaut« (P 267). An der Geschichte des alten Israel im ganzen besticht »die ungemeine Frische und Natürlichkeit ihrer Triebe, ihrer wirkenden Faktoren. Die handelnden Personen treten durchweg mit so einem Muß ihrer Natur auf, die Männer Gottes so wol als die Mörder und Ehebrecher; es sind Gestalten, die nur in freier Luft geraten«[3].

---

[2] P 84. WELLHAUSEN stellt sogar von der Sprache der Keilinschriften fest, »daß sie kein Kunstprodukt ist, sondern ein Naturgewächs, ein echter Sproß aus der Wurzel Sem's« (Über den bisherigen Gang und den gegenwärtigen Stand der Keilentzifferung, Rheinisches Museum für Philologie, N. F. XXXI, 1876, 153—175; hier: 174f.).

[3] P 427f.; siehe auch WELLHAUSENs Vergleich von Jer 20 mit Hiob 3 in einer Rezension: »Des Propheten Worte sind einfach und natürlich, offenbar dem Moment

Demgegenüber ist Paulus, »der große Patholog des Judentumes«, für WELLHAUSENS Blick ganz im Recht: »In der mosaischen Theokratie ist der Cultus zu einem pädagogischen Zuchtmittel geworden. Dem Herzen ist er entfremdet; ... Er wurzelt nicht mehr in dem naiven Sinn; er ist ein totes Werk, trotz aller Wichtigkeit, ja grade wegen der Peinlichkeit und Gewissenhaftigkeit, womit er genommen wurde. Bei der Restauration des Judentums sind die alten Bräuche zusammengeflickt zu einem neuen System, welches aber nur als Form diente zur Aufbewahrung eines edleren Inhalts ...« (P 442).

Diese Wertungen des Geschehenen werden schließlich durch WELLHAUSENS Urteil über die dieses Geschehene berichtenden Quellen bestätigt — woraus zugleich unmißverständlich klar wird, wie WELLHAUSEN selber Geschichte dargestellt wissen möchte.

Die Erzählungen im Priesterkodex zeigen »eine Phantasie, die nicht malt und bildet, sondern rechnet und construirt«, es wird »so zu sagen mathematisch dargestellt, wie die Theokratie in der Wüste zur Ausführung gekommen ist« (P 331). »Was ist das für eine Schöpferkraft, die lauter Zahlen und Namen hervorbringt! Von Jugendfrische wenigstens kann da nicht die Rede sein« (P 363). Der Priesterkodex erscheint gleichsam als »der rote Faden«, »an dem die Perlen von JE aufgereiht werden«, »fast schrumpft die Darstellung auf diese Weise zusammen zu einer Art räsonnirender Genealogie« (P⁶ 330). WELLHAUSEN findet also »die Herdersche Theorie von der Entwicklung der Geschichte aus der Genealogie« (P⁶ 331) hier nicht bestätigt. Im Priesterkodex »wird den Sachen das Herz ausgeschnitten« (P⁶ 332), übrig bleiben nur noch »die leeren Zeitmaße des Schema's« (P 242), eine »geistliche Mache« (P 259), die sich durch »innere Unmöglichkeit« (P 259) historisch selber ad absurdum führt[4].

---

entquollen und von großer subjectiver Wahrheit; Iob 3 ist geschraubt und geht nicht zu Herzen. Wird einer am Grabe seiner Mutter seinen Schmerz, wenn er wahr ist, in entlehnten Versen aussprechen? Und Jeremia's Schmerz ist wahr und größer als der Schmerz um die Mutter« (ThLZ, 2. Jg., 1877, Sp. 77).

[4] Vgl. dazu NIEBUHRS Schrift ‚Über die als untergeschoben bezeichneten Scenen im Plautus' (1816). Da heißt es über »absichtlich den Schein des Alterthums afficirend(e)« Zusätze: »Daß nicht Plautus hier redet verräth sich mit den ersten Zeilen. Es ist ein langweiliges Geschwätz, ohne einigen Witz und ohne alle Lebendigkeit, mit Prätension auf beyde: der Verfasser kitzelt sich immer um zu lachen« (Schr. I 168f.). Vgl. auch NIEBUHRS Schrift ‚Über das zweite Buch der Oekonomika unter den aristotelischen Schriften' (1812), wo er in ähnlicher Weise die Unechtheit nach chronologischen, sprachlichen und inhaltlichen Überlegungen feststellt (Schr. I 412 —416). »Aber der größte Virtuos in Nachahmen wird kaum vermeiden können, daß ihn nicht hin und wieder ein Wort oder Ausdruck seiner Zeit verriethe, derjenigen fremd in die er sich hineinzuarbeiten trachtet« (Schr. I 328).
NIEBUHR verband seine historisch-kritischen Einsichten durchaus auch mit Werturteilen. Die Schriftstellerei zeigt bei den Völkern des Altertums immer genau eine Phase an, in der »taubblüthige Gelehrsamkeit« herrscht; »Nahmen und chronologische Bestimmungen« nehmen dann für solche Schriftsteller »Wesenhaftigkeit« an, und »in demselben Verhältnisse verlöscht die ursprüngliche natürliche Fähigkeit alles lebendig mit der Phantasie zu schauen« (Schr. II 7).

Während »das jehovistische Geschichtsbuch . . . wesentlich erzählender Natur ist und den Überlieferungsstoff recht mit Behagen ausbreitet« (P 7), gibt sich die Priesterschrift nur zu oft bloßer »Künstelei« (P 323) hin und zeichnet sich überhaupt »durch ihre Neigung . . . zum Schema, durch ihre starre pedantische Sprache« (P 6) aus[5]. Ganz anders verhält es sich mit den im alten Israel überlieferten Sagen: »Auf dem Durchscheinen der geschichtlichen *Stimmung* beruht ihr Reiz und ihr Leben; wird sie abgestreift, wie in Q (= P), so flieht zugleich die Seele, und was übrig bleibt, ist mit nichten die historische Objectivität, sondern das Schema«[6]. Diese Zurückweisung des Schemas läßt sich schließlich noch in WELLHAUSENS neutestamentlicher Arbeit verfolgen: Matthäus und Lukas sind für ihn »noch keine Theologen und lassen verschiedene Triebe neben einander bestehn«[7].

Eine vorläufige Zusammenfassung der dargebotenen Belege führt zu dem Schluß: WELLHAUSEN hatte eine geradezu konstitutionelle Abneigung gegen alles Künstliche, Schematische, Konstruierte, Sekundäre, Abgeleitete; dementsprechend gehört seine Zuneigung dem Ursprünglichen, Gewachsenen, Natürlichen, Einfachen. Der Gang der bisherigen Untersuchung läßt die Herkunft dieser Affekte nicht zweifelhaft erscheinen. Im Hintergrund steht zunächst HERDERS Vorliebe für die Patriarchenzeiten, für die Jugend der Völker, für ihr natürliches Wachstum. »Alles unnatürliche« war auch für ihn »ungöttlich«, weil Gott durch sein Wort »anschaubar«, »natürlich« und »ursprünglich« redet (X 147). HERDER bekannte sich zu diesen Wertvorstellungen mehr als zu der durch die ‚Lebensaltertheorie‘ exemplifizierten Entwicklungslinie (vgl. XIII 4). »Die wahre Gestalt des sinnlichen Menschen« erschien ihm von den »verfeinerten Zeiten« (XXXII 152) sei-

---

[5] Auch NÖLDEKE hatte schon 1869 betont, »daß man die s. g. Grundschrift nicht ohne Weiteres als Quelle für die Geschichte . . . gebrauchen darf«, weil sie »mit dem Gegebnen sehr selbständig verfährt und an die Stelle der Wirklichkeit gar oft eine künstliche Systematik setzt« (Vf.). Sie versucht, »die Geschichte und die Gesetzgebung nach theoretischen Gesichtspunkten zu gestalten« (132), »durchgängig« fehlt ihr »Leben, Anschaulichkeit, Detailmalerei und Wärme der Sprache«, »von poetischem Schwung sind in der Grundschrift nur wenig Spuren«, »Formelhaftigkeit und Trockenheit der Darstellung« (133) zeichnen sie negativ aus. Die Teile des Pentateuch, »an welchen wir einen gemüthlichen Anteil nehmen, die jeden Unbefangenen mit gewaltigem Zauber ergreifen und erfreuen« (143), gehören jedenfalls nicht der Grundschrift an.
Vgl. auch KUENEN, GA 70: »Die Schriftgelehrsamkeit ist ein natürliches Produkt der Entwickelung der israelitischen Religion. Auf das schöpferische oder prophetische Zeitalter *mußte* ein anderes folgen, worin man sich auf die Sammlung, Anwendung und Durcharbeitung der überlieferten Schätze verlegte«. Das (vom Verf. hervorgehobene) ‚mußte‘ findet sich freilich bei WELLHAUSEN nie. KUENEN läßt an vielen Stellen eine Neigung zu stärkerer Periodisierung erkennen.

[6] P 328 (Hervorhebung von W.).

[7] Einl. 64. Vgl. auch dazu KUENEN, der an Philo und dem späteren Hellenismus den »Mangel an Natürlichkeit, das Künstliche und Gemachte« (VW 193) rügt.

ner Gegenwart her bewunderungswürdig, obgleich er über die Unwiederbringlichkeit jener idealisierten Urzeit keinen Zweifel hegte[8].

HERDERS Ansichten schloß sich gerade in dieser Hinsicht der
(wie WELLHAUSEN) mit dem Leben der Bauern vertraute NIEBUHR an
und beurteilte »Staat und Geschichte vom Standpunkte des freien Bauern aus«, weshalb er in der »Verfeinerung einen Abfall vom Natur-
zwecke«[9] sehen mußte. NIEBUHR, trotz seiner Freundschaft mit den
Männern der romantischen Bewegung selber nicht ‚Romantiker‘ im
engeren Sinne, hat »die Blütezeit des römischen Volkes gerade in den
frühen Stadien der Entwicklung gesehen, wo die jugendlichen Triebe
sich entfalten«; »die Kraft der Gestaltung und der Wille zur Tat waren
ihm unentbehrliche Elemente des Lebens«[10]. Aber auch MOMMSEN
erblickte »in den Anfangszeiten der Geschichte, wo die Schöpfungen
des Menschengeistes noch den Reiz des Werdens an sich tragen« (RA
245), einen hohen Wert.

Damit ist die Ahnenreihe für WELLHAUSENS Wertungen noch einmal kurz angedeutet. Er verfolgt die Absicht, »mit dem textgeschicht-
lich Früheren und Ursprünglichen zugleich das menschlich Großarti-
gere und Echtere herauszustellen und in seiner Historizität zu sichern«,
wie BOSCHWITZ (28) zutreffend formuliert hat. Das »romantische Er-
lebnis des Vorzeitwertes« bedeutete nun aber auch eine »Umkehrung
der Aufklärungswertungen«[11], von welcher im 18. Jahrhundert schon
HERDER und ROUSSEAU, in anderer Weise auch KANT einen Vor-
geschmack geboten hatten.

»Die Geschichte des Menschengeschlechts wird also nicht als gleichförmige chronologische Reihe erlebt, auch nicht als zeitliche Entfaltung der einen zeitlosen Weltvernunft (Hegel), sondern in jener metaphysischen Qualifizierung, für die das Dunkel des
Ursprungs etwas positiv, ehrfürchtig Erlebtes ist, dem das eigene Herz mehr gehört als
dem hellen Gegenwärtigsein«[12].

Begeht man nicht den Fehler, WELLHAUSEN im Anschluß an solche Bestimmungen einfach als einen historischen Romantiker zu bezeichnen[13], dann verweisen diese doch eindeutig auf ein Konstitutions-

---

[8] Vgl. MEINEKE III 406.

[9] FUETER 468.

[10] SCHNABEL III 48.

[11] J. THYSSEN, Geschichte der Geschichtsphilosophie, 91.

[12] Ebd. 104.

[13] Davor wird man allein schon durch WELLHAUSENS Rezensionen über E. RENANS
‚Histoire du peuple d'Israel‘ (1887ff.) bewahrt, in denen gerade die Romantizismen
RENANS ironisiert werden (vgl. besonders DLZ, 9. Jg., 1888, Sp. 131 und DLZ,
12. Jg., 1891, Sp. 628). RENAN, obwohl seit 1861 Professor für semitische Sprachen,
mag der mehr ästhetisch bestimmten Richtung der Geschichtsdarstellung zugeordnet
werden; seine Vorliebe für ursprüngliche Religiosität wird für WELLHAUSENS scharfen
Blick allzu dilettantisch vorgetragen. Seine auch von KUENEN abgelehnte »Ver-

merkmal aller WELLHAUSENschen Geschichtsurteile: Die (gleichfalls mit Wertvorstellungen verbundenen) Entwicklungstheorien und -tendenzen der Spätaufklärung wie der idealistischen Geschichtsphilosophien waren ihm fremd.

Indes sind die erarbeiteten Spannungsbegriffe (natürlich-künstlich, ursprünglich-abgeleitet) zunächst weiter zu modifizieren. An die Seite des ,Ursprünglichen' tritt bei WELLHAUSEN nämlich gleich eine weitere Vorstellung: die des Individuellen.

Verraten schon die theologisierenden Summarien des Deuteronomisten, »wie wenig Individuelles, Positives« (P 244) ihnen meist zugrunde liegt, so wird vollends am Priesterkodex der mangelnde Sinn für die Individualität der Begebenheiten offenbar: »Was von der Ursage gilt, gilt auch von der Patriarchensage: die Individualität der einzelnen Erzählung ist das Wesentliche und das Ursprüngliche, der Zusammenhang ist Nebensache und erst durch die Sammlung und schriftliche Aufzeichnung hineingebracht. Die Individualität der einzelnen Erzählung ist nun aber im Priesterkodex durch die einseitige Hervorhebung des Zusammenhangs geradezu vernichtet« (P⁶ 334).

WELLHAUSEN wollte als Historiker vermeiden, »daß alles Individuelle und Concrete sich ins Allgemeine und Schematische auflöst«[14]. Sein Blick war ungemein geschärft für die Individualität der Sachen wie der Gestalten. Wenn er die Propheten Israels bewundert, dann als die »Männer des Geistes« oder die »Männer Gottes«, die den »Kampf der Riesen gegen die Zwerge« kämpfen; »außerhalb solcher lebendiger Träger« gab es in Israel keine »Offenbarung Gottes« — »obwohl das gottbegnadete Individuum dabei Mysterium bleibt« (KG 15). Ursprünglichkeit, Individualität und Gottesnähe fallen in den geliebten Gestalten der Frühzeit zusammen.

»Das Judentum ... ließ für die Individualität keinen Spielraum: im alten Israel war das göttliche Recht nicht bei der Institution, sondern bei dem creator spiritus, bei den Individuen. Sie redeten nicht bloß wie die Propheten, sondern sie handelten auch wie die Richter und Könige; aus freier Initiative, nicht nach einer äußeren Norm, und dennoch und grade darum im Geiste Jahve's« (P 428).

WELLHAUSEN hat sich mit dieser entschiedenen Herausstellung des Individuellen gegen geschichtsphilosophische Verallgemeinerungen wie gegen die milieutheoretische Nivellierung gewandt. Die Ursprünge dieser individualisierenden Betrachtung sind freilich mit denen der Geschichtsphilosophie nahe verwandt und darum sorgfältig abzuheben. HERDERS Humanitätsgedanke ist mit dem Individualitätsgedanken verknüpft, und beide wurzeln in den Vorstellungen der deutschen Klassik von der ,Persönlichkeit'. Aber auch »die Kantische Philosophie

---

herrlichung des Naturzustandes à la J. J. Rousseau« (KUENEN, GA 440) gründete sich auf eine »scharfe Kontrastierung der Religion der nomadischen Vorfahren Israels, des sogenannten Elohismus, mit der israelitischen Volksreligion, dem Jahwismus« (KUENEN, GA 436).

[14] Rez. über RENAN in: DLZ, 12. Jg., 1891, Sp. 628.

stellt das Einzel-Ich über die institutionellen Objektivitäten in jedem Sinne die Einzelseele über die sichtbare Kirche, die Persönlichkeit über den Staat, das Gewissen über die Wissenschaft, den Glauben über das Dogma«[15]. »Das lebendige Gefühl für den Eigenwert der menschlichen Individualität, für die Einzigkeit und Unwiederbringlichkeit des Augenblicks, ja des ganzen Menschenlebens«[16] durchzog die Epoche GOETHES und HEGELS — durch philosophische Systeme mehr oder weniger verfremdet oder überlagert. Aber gerade aus dieser denkerischen und dichterischen »Ichkonzentration«[17] konnte der historische Sinn (und das heißt: der Sinn für die geschichtliche Individualität!) erwachsen.

Weil »der Gegenstand der Geschichte ... immer ein streng individueller« ist, weil in ihr »gerade das Einzigartige, Fremdartige, Abweichende« zu erfassen und daher »mit allgemeinen Maßstäben nichts zu machen«[18] ist, konnten die aus dieser Epoche hervorgegangenen Historiker nun auch den Systemen vor allem mit Hilfe des Individualitätsgedankens entkommen. Umgekehrt erschien die historische Würdigung des Individuell-Konkreten den spekulativen Philosophen leicht als äußerlicher Pragmatismus. NIEBUHR jedenfalls hielt an dem »Idealismus der moralischen Person und ihrer Freiheit« immer fest, »verlangte vom Historiker, die geschichtlichen Erscheinungen aus ihren eigenen Bedingungen zu erklären«[19], und scheute sich niemals, höchst subjektive Werturteile auszusprechen. Wie stark dieser historische Sinn mit dem Herausstellen von Individualitäten verknüpft blieb und sogar den Entwicklungsgedanken des Idealismus dadurch modifizieren konnte, hat C. HINRICHS (166f.) an RANKE demonstriert:

»Der unmittelbare Bezug jedes Endlichen zum Unendlichen und Göttlichen ... ist die tiefere Voraussetzung des Individualitätsbegriffes überhaupt, der bei Fichte, Schelling und Hegel nicht gedeihen konnte, weil bei ihnen das, was sich entwickelt, die Vernunft, die Gottheit, die Idee selbst ist, während die Menschen nur das Substrat oder die Hülle bilden, in der sich diese Selbstentwicklung des Höchsten vollzieht. So hängen Gottes-, Entwicklungs- und Individualitätsbegriff aufs innigste zusammen ... Für Ranke ist dagegen das Empirische in der Geschichte, ihr Detail, das Individuelle und Besondere kein bloßer Rohstoff, gut genug, um von der dialektischen oder begrifflichen Mühle vermahlen zu werden ... Er geht wie Goethe vom Gegenstand, von der Anschauung aus, um von da zu der zugrunde liegenden inneren geistigen Form vorzudringen«.

Nach alledem kann auch von dieser Seite der Fragestellung her WELLHAUSENS Verhältnis zur idealistischen Geschichtsphilosophie nicht zweifelhaft sein.

---

[15] KRONER II 257.
[16] HARTMANN I 188.
[17] HARTMANN I 199.
[18] HARTMANN I 214.   [19] SCHNABEL III 41.

Aber auch von der positivistischen Milieutheorie wie von den evolutionistischen Tendenzen läßt sich WELLHAUSEN durch seine Hinneigung zum geschichtlich Individuellen eindeutig abheben. Schon 1874 schrieb er im Zusammenhang seiner Charakterisierung der pharisäischen Frömmigkeit, es stehe »immer die Thüre offen, aus der die Individualität dem Schema des Ganzen entschlüpfen kann. Denn es gilt auch auf diesem Gebiete der Spruch des alten Antidarwinisten: naturam expellas furca tamen usque recurret. Auch die geistige Natur ist nicht lediglich ein Produkt der Erziehung«[20]. Interessant ist in dieser Sache auch eine Bemerkung aus den Lebenserinnerungen von WILAMOWITZ: »Gegen Taine und gegen die Überschätzung von Milieu und Masse half Carlyle, den mir Wellhausen zugeführt hatte«[21]. CARLYLES Proklamierung des Helden als des eigentlichen Geschichtsträgers war zwar eine schroff individualistische Überspitzung, aber in ihrer Wendung gegen die Tendenzen des Positivismus WELLHAUSEN gewiß willkommener als der zeitgenössische Positivismus selber, der das Individuum als bloße Abstraktion auffaßte. In diese Kerbe schlug aber auch der WELLHAUSEN nicht unbekannte NIETZSCHE[22], der das Ziel der Geschichte der Menschheit nicht an deren Ende, sondern in ihren höchsten Exemplaren suchte. Alle diese Hinweise bezeugen nur, daß WELLHAUSENS gelegentlich extreme Hochschätzung der geschichtlichen Individualität eher auf der Linie von HERDER bis CARLYLE als auf der von HEGEL bis COMTE beheimatet ist.

---

[20] PhS 19; der ‚Antidarwinist' ist wohl HORAZ, das Zitat jedenfalls stammt aus HORAZ, Epist. I, 10, 24.

[21] WILAMOWITZ, E 201. CARLYLE, selber von HERDER und der deutschen wie der englischen Romantik beeinflußt, schrieb die entscheidende Bedeutung für die Entwicklung der menschlichen Geschichte der Tätigkeit der großen Individuen zu, die er als Propheten, Dichter, Priester oder Könige herausstellte (Vgl. A. STRÖLE, Th. Carlyle's Anschauung vom Fortschritt in der Geschichte, Beitr. z. Förd. christl. Theologie, 13. Jg., 5. Heft, 1909, 100ff.). Aufschlußreich ist der Anfang seiner in Deutschland sehr bekannt gewesenen Vorträge ‚On Heroes, Hero-Worship and the Heroic in History', London 1901, p. 1f.: ». . . Universal History, the history of what man has accomplished in this world, is at bottom the History of the Great Men who have worked here. They were the leaders of men, these great ones; the modellers, patterns, and in a wide sense creators, of whatsoever the general mass of men contrived to do or to attain; . . . the soul of the whole world's history, it may justly be considered, were the history of these«.

[22] WELLHAUSEN schrieb in einem Brief an JUSTI vom 30. 3. 1900 eine Bemerkung über die Analogien zwischen den Normannen und den alten Arabern, die mit dem Satz schließt: »Übrigens sind es ‚die blonden Bestien der Aristokratie', wie sie im Buche stehen, nämlich bei Nietzsche« (zitiert nach BOSCHWITZ 82). BOSCHWITZ (81) macht darauf aufmerksam, daß NIETZSCHE seinerseits WELLHAUSENS ‚Prolegomena' und ‚Skizzen und Vorarbeiten', Heft 1 und 3, besaß und genau kannte.

Die Reihe der gegensätzlichen Wertvorstellungen erfährt nun bei WELLHAUSEN eine weitere, überaus gewichtige Bereicherung durch die Gegenüberstellung von ‚profan‘ und ‚heilig‘, die schon 1874 in aller Schärfe vorliegt.

Die Versuche der Schriftgelehrten, »die Herrschaft des Gesetzes über ein immer größeres Gebiet der Wirklichkeit auszubreiten« (PhS 14), hatten ungewöhnliche politische und religiöse Folgen. »Von der Wurzel aus, die heilig war, sollte sich die Heiligkeit den alleräußersten Zweigen mittheilen, in deren eigener Natur nicht das Mindeste von dieser Eigenschaft lag. Consequenter und bewußter als je ward alles Bürgerliche in den geistlichen Bereich gezogen und ein Stück profanen Lebens nach dem andern der Herrschaft des Gesetzes einverleibt« (PhS 14f.). Die Thora »regelte den Wandel auf Schritt und Tritt und beinah . . . überhob sie der eigenen sittlichen Entscheidung. So verstand man die Realisierung des Ideals der Propheten. Ideal blieb nicht viel, aber realisiert wurde desto mehr« (PhS 15). »Eigenthümlich äußert sich die vergeistlichende Tendenz des Zeitalters in der Auffassung der alten Geschichte. Diese wird in der Chronik der Thora gemäß zur Kirchengeschichte umgestaltet . . . David, der König und Held in den Büchern Samuelis, ist in der Chronik der große Kantor und Liturg, der Chorführer der Leviten und Begründer der Gottesdienstordnung« (PhS 15, Anm. 1). Die Pharisäer sind »weiter nichts als die Juden im Superlativ«, die das »jammervolle Joch des Intellektualismus« (PhS 17) aufgerichtet haben.

Diese frühen Äußerungen haben ihre Quellen und ihre Nachgeschichte. Schon HERDER wollte auch »die christliche Kirchengeschichte« als »eine natürliche Geschichte« (XIV 560) verstehen; und K. H. GRAF rügte bereits den Chronisten, weil die »Geschichte seines Volkes . . . für ihn nur eine Kirchengeschichte war« (246). Aber auch H. EWALD hatte mit dem vierten Band seiner ‚Geschichte des Volkes Israel‘ (‚Geschichte Ezra’s und der Heiligherrschaft in Israel bis Christus‘!) das Stichwort von der ‚Heiligkeit‘ anklingen lassen:

Der »gewaltige Trieb der Zeit nach Rückkehr zu dem Alten und Ursprünglichen in Israel« hatte einen »jetzt immermehr heilig werdenden Pentateuch« zur Folge; »also wurde überhaupt wenig Neues von Bedeutung geschaffen, wo es aber irgend möglich war, schloß man sich an alles Heilige des Alterthumes an; suchte nur in ihm Vorbild und Richtschnur für alles, ja verehrte und befolgte es schon allein darum, weil es einmal als heilig galt« (IV 78f.). Diese »Heiligherrschaft« trieb gerade »durch ihre völligste Ausbildung und ihre zäheste Folgerichtigkeit« (IV 86) der Selbstzerstörung zu.

WELLHAUSEN präzisierte und verschärfte nun diese Motive auf dem Boden seiner literarischen Analysen.

»Sobald wir aus dem Pentateuch . . . heraustreten, kommen wir . . . in eine ganz andere Sphäre. Statt der Kirchengeschichte setzt mit einem Mal die Weltgeschichte ein, die Heiligkeit hört auf und die Natur beginnt, es ist der Abstand zweier verschiedener Welten« (KG 4). Für WELLHAUSEN ist es auch »mit der *Heiligkeit* der Kirchengeschichte nicht weit her«[23], der universalistische Islam steht für ihn »in schroffem Gegensatze zu der Profanität des Heidentums« (RaH 242), und der alte Kultus Israels »ist durchaus

---

[23] WELLHAUSEN an ED. SCHWARTZ, 12. 1. 1913, Bayerische Staatsbibliothek, München (Hervorhebung von W.).

dionysisch, wie die Griechen sagen würden, heidnisch, wie Hosea sagt«, denn »Tenne und Kelter, Korn und Most sind seine Motive, laute Freude, rauschender Jubel sein Ausdruck«[24]. »Das Königtum erwuchs aus dem durch die Not rege gemachten Patriotismus. Und der Patriotismus war damals die Religion, Jahve ging durchaus Hand in Hand mit der Nation« (KG 17). Dagegen wurde der ‚theokratische‘ Kultus der nachexilischen Juden — »nachdem die Natur darin ertötet worden« — »zu einem Panzer des supranaturalistischen Monotheismus gemacht« (P 442).

Am deutlichsten zeigt sich das Gefälle aller dieser Prädikate da, wo bei WELLHAUSEN ‚profan‘ mit ‚natürlich‘ und ‚heilig‘ mit ‚künstlich‘ interpretiert oder gar gleichgesetzt wird. In Jdc 6—8 unterscheidet er eine ‚religiöse‘ und eine ‚natürliche‘ Version: »Historisch kommt vorzugsweise, wenn nicht ausschließlich, die natürliche Version in Betracht« (P 255), denn »ohne Vergoldung durch übernatürlichen Nimbus werden die Dinge schlicht und einfach vorgetragen, die Moral ergiebt sich aus ihrem Verlauf von selber« (P 256). »Der religiösen Darstellung« liegt »eine ziemlich profane zu Grunde«, und daraus ergibt sich die gewichtige Folgerung: »Je näher die Geschichtschreibung ihrem Ursprung ist, desto profaner ist sie« (P 256).

Die Profanität ist so zum entscheidenden Wertbegriff geworden, der die Reihe konkret, natürlich, ursprünglich modifiziert und — krönt. Sie ist aber auch das Anzeichen des historisch — mindestens jedoch: literarisch — Früheren. »Theologische Abstraction« steht ihr gegenüber und wäre »in einem jugendlichen Volke ... unerhört« (P 349).

»Die Heiligkeit ist bei Ezechiel, in Lev. 17—26, und im Priestercodex das herrschende Ideal. Es ist ein in sich ziemlich leerer, hauptsächlich antithetischer Begriff; ursprünglich gleichbedeutend mit göttlich wird er jetzt vorzugsweise im Sinne von geistlich, priesterlich angewandt, als sei das Göttliche dem Weltlichen, Natürlichen durch äußerliche Merkmale entgegengesetzt« (P 439).

Gegen dieses schon von HAMANN verweigerte Auseinanderreißen von Göttlichem und Menschlichem nach äußeren Merkmalen wehrt sich WELLHAUSEN zunächst schon als Geschichtsschreiber, der es als seine Aufgabe ansieht, »das einfach Geschichtliche, das bloß Weltgeschichtliche« (P 295) hervorzuheben und die Darstellung nicht mit der theologischen Reflexion über das Dargestellte zu verwechseln. Darum ist seine Abneigung gegen das ‚Heilige‘ als etwas Künstliches, Aufgesetztes, Überlagerndes nicht nur ein allgemeiner Affekt, sondern sie wird historiographisch überaus wirksam in der Beschreibung politisch-sozialer und politisch-religiöser Zustände, genauer: in der Beurteilung von Staat und Kirche.

Thematisch behandelte WELLHAUSEN wiederum bereits 1874 diesen Gegensatz in der Abgrenzung der Pharisäer von den Sadduzäern. Die national und weltlich bestimmte makkabäische Erhebung trieb die Pharisäer als die »Wächter des Gesetzes« und die

[24] Die kleinen Propheten (Skizzen und Vorarbeiten, 5. Heft), Berlin 1892, 119f.

»geistlichen Theoretiker«, für die »das kirchliche Wesen des jüdischen Volkes Lebens-
bedingung« war (PhS 93), auf den Plan. »Es stehen sich also eine kirchliche und eine
politische Partei gegenüber. Nicht kirchlich gegen kirchlich, nicht politisch gegen politisch, sondern kirchlich gegen politisch . . . Die Sadducäer sind die Vertreter des neuen
Staats, der aus der makkabäischen Erhebung hervorwuchs, die Pharisäer die der *Gemeinde*, deren Grundlage und deren Zweck die Thora war. Will man von einer nationalen Partei reden, so sind es die Sadducäer. Die Pharisäer nur in dem Falle, wenn man
national ungefähr in dem Sinne von international anwendet«[25].

Ein besonderer Akzent dieser Gegenüberstellung ergibt sich aus
der Zurückweisung des ‚Internationalen‘, dem das Nationale als das
Primäre, Gewachsene immer vorzuziehen ist.

»Seit dem Exil waren die Juden kaum eine Nation mehr, eher eine über die ganze
Welt verbreitete Sekte, die hauptsächlich durch die Religion zusammengehalten wurde,
und erst in zweiter Linie durch das Blut . . .«. Die Idee des nachexilischen Judentums
war eben »nicht das irdische Vaterland, sondern Gott und das Gesetz. Dafür kämpften
die Pharisäer« und hatten »die Consequenz der zweiten Theokratie auf ihrer Seite«;
sie »haben das Verdienst, den Staat der Hasmonäer zertrümmert und das Judenthum
gerettet zu haben« (PhS 95). Ein »positives politisches Interesse« (PhS 101) fehlte ihnen;
darum war am Ende dieser Kämpfe, als »die nicht bloß moralische, sondern auch offi-
cielle Herrschaft der Schriftgelehrten und Pharisäer über Israel« erreicht war, »die doch
noch immer bis auf einen gewissen Grad nationale Hierokratie . . . dahin, die internationale Nomokratie trat völlig an ihre Stelle« (PhS 112).

Das Nationale ist ursprünglich und profan, das Internationale ist
abgeleitet und heilig: diese von den Motiven nationaler Geschichtsschreibung[25a] gespeiste Grundansicht WELLHAUSENS läßt sich mühelos
durch sein Lebenswerk hindurch verfolgen. »Aus dem Exil kehrte nicht
die Nation zurück, sondern eine religiöse Sekte« (P 29). Dieser Satz von
1878 wird noch 1895 bestätigt: »So habe ich vor Jahren geschrieben
und daran halte ich fest«[26]. Die entscheidenden Begründungen — sowohl für dieses Gegenüber als auch für diese ‚Entwicklung‘ Israels —
finden sich dann in der ‚Israelitischen und Jüdischen Geschichte‘ von
1894.

Die Israeliten waren anfangs auch nach ihrem Selbstverständnis »eine Nation wie
andere Nationen« (G 19). Was man in der frühen Zeit ‚Theokratie‘ nennen könnte,
war nicht »ein Gemächt« oder »eine fertige Anstalt«, nicht »ein geistliches Wesen, das

---

[25] PhS 94f. (Hervorhebungen von W.).   [25a] Vgl. RANKE, SW II./L 338.

[26] Die Rückkehr der Juden aus dem babylonischen Exil, NGG, 1895, 185. Vgl. auch
die Herausarbeitung dieses Gegensatzes in der Analyse von Jdc 19—21, wo Israel
»vollkommen centralisirt«, wie »ein einheitlicher Automat«, erscheint. Diese Einheit
ist eine »kirchliche«; »keine politische, sondern eine sakrale Gemeinde« wird vorgestellt. »Es hat alles einen gesalbten, aber nicht prophetisch-außerordentlichen,
sondern gesetzlich-ordnungsmäßigen religiösen Anstrich. Man fühlt sich wie in einer
geistlichen Konferenz, der Gegensatz gegen die höchst natürlichen und frischen
Triebe« des frühen Volkslebens »fällt merkwürdig auf« (C 229). Solche Zustände
sind im ganzen bezeichnend für die nachexilischen Juden, bei denen es »kein Volk,
sondern nur noch eine Kirche gab« (C 230).

dem natürlichen Volkstum fernsteht und den Gegensatz von Heilig und Profan in schärfster Ausbildung voraussetzt«. Am Anfang stand »gerade umgekehrt . . . die engste Durchdringung der Religion und des Volkslebens, des Heiligen und des Nationalen« (G 20). Zwar war »der Ursprung der Einheit« Israels nicht gerade »in dem Blute« begründet[27], aber es gab doch »die Legitimierung der Einheit durch das Blut«, denn »alle *legitime* Gemeinschaft ist Blutsgemeinschaft«[28]. »Es gibt keine besondere heilige Gemeinschaft: die natürliche Gemeinschaft, die des Blutes, ist die heilige« (G 22). »Je größer die Gemeinschaft ist, um so mehr wird sie nicht durch das Blut, sondern durch die religiöse Idee ihrer Heiligkeit zusammengehalten« (G 23).

Hier zeigt sich eine antirationalistische Stimmung, die von HERDERS Vorliebe für natürliche, gewachsene Verhältnisse, für Familie und Volk, bis zu F. TÖNNIES' programmatischer Schrift ‚Gemeinschaft und Gesellschaft' (1887) reichlich belegt ist.

Die Gemeinschaftsform der nachexilischen Zeit wird von WELLHAUSEN wegen ihres abstrakten, leiblosen Charakters negativ beurteilt. Der Priesterkodex selber »kennt kein Volk Israel mehr«, die »Gemeinde« ist für ihn »ein vorwiegend geistlicher Begriff, die Zugehörigkeit zu ihr ist weniger an das Blut als an die Religion geknüpft. Sie hat ihren alten aristokratischen Charakter verloren« (G 168). »Die jüdische Kirche ist entstanden, als der jüdische Staat unterging, dadurch trat die Scheidung von Geistlichem und Weltlichem ein« (G 169, Anm. 1).

Aus dieser Entwicklung ergab sich für WELLHAUSEN eine Gefährdung dessen, was er den »Anfang und das bleibende Prinzip« der »politisch-religiösen Geschichte« Israels nannte: »Jahve der Gott Israels, Israel das Volk Jahves . . . Ehe Israel war, war Jahve nicht . . . Unzertrennlich wie Seele und Leib waren beide mit einander verbunden. Israels Leben war Jahves Leben«, und darum war das nationale »zugleich auch das heilige Geschäft« (G 23).

In dieser Verknüpfung von Weltlichem und Geistlichem, von Volk und Gott, also in der konsequenten theologischen Bewältigung des ‚Partikularismus', hatte WELLHAUSEN keine Vorgänger; wohl aber fand er die unterschiedliche Würdigung des frühen Israel und des späteren Judentums vorgezeichnet.

Die auf Restauration bedachten, »unglücklichen Zeiten des Judenthums« hatte schon DE WETTE auf die Gegenwart bezogen: »So treten jetzt unter uns Theologen auf, welche die alte Orthodoxie mit den bunten Lappen einer mystischen Zeitphilosophie ausschmücken, und einem neuen Pfaffenthum in die Hände arbeiten« (RTh, S. Xf.).

---

[27] Vgl. die ‚Einleitung' zu ‚Das arabische Reich und sein Sturz': »Die politische Gemeinschaft des Islams erwuchs aus der religiösen« (aR 1). Für die Araber der Zeit Mohammeds gab es »in Wahrheit keinen Staat, sondern nur ein Volk; keine künstliche Organisation, sondern nur eine gewachsene Gliederung«. »Das Gemeinwesen ruhte ohne äußeren Zwang auf der Idee der Blutsgemeinschaft und ihrer Heilighaltung. Die Verwandschaft oder der Glaube an die Verwandschaft — beides läuft im Effekt auf eins hinaus — wirkte als Religion« (aR 2).
[28] G 22 (Hervorhebung von W.).

Denn wie damals »mit dem Untergange des jüdischen Staats im babylonischen Exil«
der alte religiöse Geist erlosch und die Religion »Gegenstand gelehrter und verständiger
Behandlung« wurde, wie dadurch das »Dogmen- und Satzungs-Wesen« (RTh 90) entstand, so »läßt sich dieses hierarchische Unwesen der katholischen Kirche vergleichen;
und wir müssen diese sonach als ein zum Judenthum herabgesunkenes Christenthum
bezeichnen« (RTh 99).

Neben DE WETTES Aufteilung der Geschichte Israels in den
Hebraismus und das von ihm nicht eben geschätzte Judentum war
gewiß auch EWALDS Würdigung des Ausgangs der Geschichte Israels
von Einfluß auf WELLHAUSEN. EWALD, interessiert an der Purifikation
der Theokratie als einer Entschlackung vom Irdischen, konnte zwar
dem Erlöschen des Staatswesens noch die »Verhimmlichung« (V 142)
als eine äußerste Steigerung entgegenstellen und die dem Neuen
Testament zustrebende messianische Hoffnung »als das höchste Geistige« (V 158) der gesamten Entwicklung bezeichnen; aber daß Israel
am Ende alles, »was es klar ersehnte und doch aus sich selbst nicht mehr
schöpfen konnte, hoffend in die Zukunft, ja in den Himmel geworfen«
(V 171) hatte, kennzeichnet gerade die Leiblosigkeit des Gemeinwesens und seiner Religion in dieser späten Zeit.

Stellt bei EWALD die Linie von der ‚Gottherrschaft‘ über die
‚Heiligherrschaft‘ zur ‚Verhimmlichung‘ zumindest an ihrem Ende
einen Aufstieg und damit über den Messianismus einen Anschluß an
das Neue Testament dar, so für den an der Verknüpfung von National-
und Religionsgeschichte[29] interessierten WELLHAUSEN einen Niederbruch und eine Aufspaltung zusammengehöriger Phänomene. Das ist
die Konsequenz des Satzes: »Israels Leben war Jahves Leben« (G 23).

Weil also für WELLHAUSEN der Staat die Voraussetzung der Kirche
ist (vgl. P 428), ist er als Historiker vor allem von der Absicht geleitet,
»die religiös-moralischen Energien dort in der Geschichte aufzusuchen,
wo sie am Werk sind, eben den Staat zu schaffen«[30]. »In Politik und
Recht äußert sich die religiöse Überzeugung viel ursprünglicher als
in Dogmatik«[31]. ED. SCHWARTZ (348) und FR. BOSCHWITZ (64f.) haben

---

[29] Unter häufigem Bezug auf WELLHAUSEN hat dann auch W. R. SMITH diesen Gedanken festgehalten. Weil »die religiösen Gemeinschaften im Altertum Stämme oder
Nationen waren«, »ging der Gott mit dem eignen Volke oder dem eignen Stamme
zusammen«, und der Einfluß der Religion beschränkte sich »auf die Kräftigung des
nationalen Selbstvertrauens«. »Als Nationalität und Religion sich von einander loszulösen begannen«, entstanden »kosmopolitische Formen« der Religionsausübung.
»Was aber an Ausdehnung in die Weite gewonnen wurde, ging an Tiefe und Kraft
des religiösen Empfindens verloren, und der Fortschritt zum sittlichen Universalismus . . . vermochte für den Verfall der alten, heroischen Tugenden keinen Ersatz
zu bieten, die in dem engeren Kreis des nationalen Glaubens ihre Wurzeln hatten«
(205).

[30] BOSCHWITZ 47.

[31] Rez. in DLZ, 5. Jg., 1884, Sp. 839.

richtig erkannt, daß es WELLHAUSEN nicht um eine — wie auch immer
bestimmte: dialektisch oder evolutionistisch — aufsteigende Entwicklung zu tun war, sondern eben um diese Spannung zwischen Staat und
Religion, zwischen primärer, organischer und sekundärer, abgeleiteter
politischer Organisation. Es ist auch bezeichnend, daß die Rede vom
Hegelianismus WELLHAUSENS *theologischer* Provenienz ist; der Historiker BOSCHWITZ sieht bei seiner Analyse der Geschichtsschreibung
WELLHAUSENS darin überhaupt kein Thema!

WELLHAUSENS »Gleichgültigkeit für den ausgebildeteren Staat, für die politische
Kultur, fällt im Motiv zusammen mit seiner religiös-individualistischen, protestantischen Ablehnung der Kirche als einer ,künstlichen Bildung' (Abriß 102), als ,Institution'
und ,Anstalt'. Da er Staat und Kirche aus der gleichen religiös-moralischen Wurzel entsprungen ansieht, verfolgt er auch den Bildungsprozeß des Staats nur bis an das Stadium institutioneller Verselbständigung. Der noch nicht in Institutionen fest und greifbar gewordene Staat, der *unsichtbare Staat*, ist das Ideal, entsprechend der protestantischen Idee einer unsichtbaren Kirche. Die religiös motivierte Staat-schaffende Leidenschaft in den Individuen ist ihm fast wichtiger ... als Staat und Religion«[32].

Diese im einzelnen überzeichnende Analyse BOSCHWITZ' betont
eines zu Recht: Die Kraft, die Volk und Religion zusammenband und
groß werden ließ, zerfiel, als die Propheten die Moral, die Pharisäer die
,Kirche' dem Volk gegenüberstellten. Der Universalismus selbst der
Propheten war darum für WELLHAUSEN nicht absolute Krönung der
Religion Israels, vielmehr angesichts der völkisch-religiösen Ursprünge eben auch eine zersetzende Kraft. Weil WELLHAUSEN die Möglichkeit sieht, daß sich »die Religion in einer gewissen Feindschaft gegen
die jeweilige Kultur« (KG 15) befindet, hält er sich als Historiker an die
,jeweilige', also national-organisch auftretende Kultur, an den profanen
Grund mehr als an den religiösen ,Aufbau'. Die »Kontinuation der Kultur« im allgemeinen, das Universale, Kosmopolitische, »ist für ihn
nicht wie für Ranke ein Anliegen von so hohem Ernst«[33]. WELLHAUSEN
brauchte seine Hochschätzung der nationalen Frühzeit und die ihr
korrespondierende Geringschätzung später Restitutionsversuche nicht
bei HEGEL zu lernen. Sieht man hier von der Linie HERDER-DE WETTE
ab, dann fällt die Vergleichbarkeit der nationalen Motive mit denen
MOMMSENS sowie überhaupt die von WELLHAUSEN nicht verhehlte

---

[32] BOSCHWITZ 65 (Hervorhebung von B.).

[33] BOSCHWITZ 56. Vgl. dazu einige Sätze aus einem Brief WELLHAUSENS an JUSTI vom
5. 3. 1893: »Lieblich sind die alten Juden nicht, aber respektabel sind sie doch. Sie
gehen doch ganz anders im Kampf gegen die Römer unter, als Athener und Sparta-
ner ... Eigentlich sind sie überhaupt nicht untergegangen, sondern haben trotz
allem über die Römer triumphiert. Man mag es bedauern, aber man muß es anerkennen. Schärfer sind nationale Individualität und kosmopolitisches Weltreich nicht
aneinander geraten« (zitiert nach BOSCHWITZ 57, Anm. 8).

Bewunderung MOMMSENS[34] auf: eine Beziehung, deren Gewicht wiederum schon BOSCHWITZ (52) deutlich herausgearbeitet hat:

> MOMMSEN ist WELLHAUSEN »vergleichbar in der Konzentration der historischen Arbeit auf ,ein einzelnes durch ein bestimmtes Volkstum umgrenztes Gebiet' . . . In sehr bezeichnender Weise widerfährt von seinem wertenden Urteil der nachexilischen jüdischen Theokratie dieselbe Kritik wie von dem Urteil Wellhausen's. Ihre ,bei der Fremdherrschaft sich beruhigende und auf staatliche Gestaltung verzichtende' Eigenart wird tadelnd hervorgehoben (R. G., Bd. V, 1885, S. 487). ,Kein freier Luftzug staatlicher Entwicklung geht durch diese klerikale Restauration; keine der schweren und ernsten Verpflichtungen des auf sich selbst gestellten Gemeinwesens behinderte die Priester von Jerusalem in der Herstellung des Reiches Jahve's auf Erden' (ebd. 488)«.

Man kann die Einflüsse auf WELLHAUSEN schließlich auf einen vereinfachenden Nenner bringen: In den Grundwertungen folgte er DE WETTE. Was aber eine reinliche Scheidung zwischen vor- und nachexilischer Religion Israels erschwerte, war DE WETTES Inkonsequenz im Blick auf die Priesterschrift. Hierin wurde WELLHAUSEN durch VATKE und GRAF geholfen. Als dieser Stein aus dem Wege geräumt war, konnte sich WELLHAUSEN sein Bild von der Geschichte Israels durch die dichterische und historiographische Tradition von HERDER bis MOMMSEN ,einfärben' lassen. Weil sich gleiche Einsichten in einen geschichtlichen Verlauf mit verschiedenen Wertvorstellungen verbinden lassen, konnte WELLHAUSEN VATKES ,Überbau' mühelos abstreifen und ersetzen; von HEGEL war bei alledem überhaupt nicht die Rede — es sei denn, man wolle VATKES historische Leistung für sich nicht ernst nehmen und nur als Resultat der Spekulation verstehen.

BOSCHWITZ hat schließlich zutreffend den Affekt erklärt, mit dem WELLHAUSEN von daher gegen die biblische Überlieferung selber vorgehen mußte:

> »Nicht nur die historiographische Richtigkeit, sondern auch und gerade die *moralische* Berechtigung wird ihr (= der jüdischen Überlieferung von der alten Volksgeschichte) abgesprochen. Sich über die politischen Bedingungen und Forderungen der ,gemeinen Wirklichkeit' Illusionen zu machen, ist unmoralisch — diese Gesinnung und ihre schneidende Geltendmachung charakterisiert den modernen ,realpolitischen' Historiker«[35].

Mit diesen Beobachtungen schließt sich die bei dem Gegensatz ,profan-heilig' aufgenommene Kette. Die Abneigung gegen theologisch-sekundäre Verfremdungen einer ursprünglich profan-nationalen (und darin freilich zugleich national-religiösen) Überlieferung, verbunden mit einer an den großen deutschen Historikern der Epoche

---

[34] Vgl. WELLHAUSENS Brief an JUSTI vom 21. 3. 1900: ». . . Mommsen als Gelehrter für sich allein mehr wert als alle Berliner Historiker und Philologen zusammen, selbst die toten nicht ausgenommen; denn wenigstens ich schätze ihn unvergleichlich höher als Leopold Ranke« (zitiert nach BOSCHWITZ 52, Anm. 1).

[35] BOSCHWITZ 39 (Hervorhebung von B.).

geschulten realpolitischen Nüchternheit, hat WELLHAUSEN an die geschichtlichen Ereignisse und Traditionen herangetragen.

Aus dem vorgeführten Material erklärt sich nun auch eine andere Eigenart (oder Grenze) WELLHAUSENS: der Verzicht auf die eigentlich religionsgeschichtliche (besser: religionsvergleichende) Arbeit. Ein vom Boden des Nationalen abgehobener Internationalismus fand auch im Religionsgeschichtlichen nicht das Interesse des Historikers WELLHAUSEN. Er selber hat sich zu diesem Problem nur gelegentlich geäußert, bei drei hier zu referierenden Anlässen aber recht deutlich. Zunächst 1897 in einer überaus gereizten Polemik gegen ED. MEYER, den universalen Historiker des Altertums:

»Er tadelt die Exclusivität der modernen Forschung, die die israelitische und jüdische Geschichte nur von innen heraus zu verstehen suche. Dagegen ist zunächst zu sagen, daß diesem Streben die Fortschritte vor allem zu verdanken sind, welche jene Geschichte in neuerer Zeit gemacht hat und auf denen auch Meyer fußt. Sodann ist es von der modernen Forschung keineswegs ignoriert, ‚daß die Ausbildung des vorexilischen Jahvismus, das Auftreten, die Ideen und die Wirkung der Propheten nur verständlich sind auf dem Hintergrunde der großen Weltbegebenheiten, die sich in Vorderasien abspielen‘ . . . Endlich mußte auch nicht erst Meyer kommen, um uns darüber aufzuklären, daß ohne Cyrus die Restauration und ohne Artaxerxes die Reformation des Judentums nicht möglich gewesen wäre. Das wissen wir aus dem Alten Testament; die übrigen Quellen machen uns nicht klüger«[36].

Hätte WELLHAUSEN nur den Blick über den Zaun Israels gescheut, wären niemals seine ‚arabischen‘ Studien entstanden. Unfähigkeit zur religionsgeschichtlichen Ausweitung seiner Forschung, Mangel an philologischem und historischem Vermögen wird gerade ihm niemand mit Ernst vorwerfen wollen. Es muß methodische Gründe gehabt haben, daß er verschiedene vorderorientalische Kulturen *neben*einander beschrieb[37]. Dazu findet sich, wiederum in der Form der Abwehr, eine Bemerkung in dem Aufsatz ‚Zur apokalyptischen Literatur‘ von 1899:

»Gunkel reklamirt alles Mögliche und Unmögliche als aus Babylon entsprungen . . . Das Proton Pseudos ist, daß er der Ursprungsfrage überhaupt großen Wert beimißt. Von methodischer Wichtigkeit ist es zu wissen, daß tatsächlich ein Stoff in den Apokalypsen vorliegt, der von der Conception des Autors nicht immer völlig durchdrungen, in seinem Guß nicht immer ganz aufgegangen ist und noch öfter für unsere Erklärung einen undurchsichtigen Rest läßt; *woher* jedoch dieser Stoff ursprünglich stammt, ist methodisch ganz gleichgiltig. Die apokalyptischen Schriftsteller selber haben ihn sicher

---

[36] Rez. über ED. MEYER, Die Entstehung des Judenthums, Halle 1896, in: GgA, 159. Jg., 1897, Bd. I, 96. Vgl. MEYERS Entgegnung ‚Julius Wellhausen und meine Schrift Die Entstehung des Judenthums‘ (1897), wo er zwar WELLHAUSENS Leistung respektiert (4), ihm dann aber »Flüchtigkeiten, Gehässigkeiten und Entstellungen« (5) vorwirft und schließlich seinen Wunsch wiederholt, »daß die Geschichtswissenschaft sich wieder einer universaleren Richtung zuwenden« (20) möge.

[37] Vgl. dazu auch O. EISSFELDT, Kl. Schr. I 250—252 (Werden, Wesen und Wert geschichtlicher Betrachtung der israelitisch-jüdisch-christlichen Religion, 1931).

nicht . . . nach seiner ursprünglichen Bedeutung gefragt, sondern ihren eigenen Sinn so gut es ging hineingelegt. Und den Sinn, in welchem sie selber ihn verwandt haben, müssen wir zu erkennen suchen. Gunkel glaubt sie corrigiren und ihrer Deutung das wahre Verständnis entgegen setzen zu müssen. Das hat vielleicht antiquarisches Interesse, ist aber nicht die Aufgabe des Theologen und Exegeten«[38].

Diese Bestreitung des *theologischen* Wertes der motivgeschichtlichen Forschung konnte deren Siegeszug nicht aufhalten. Indes hat WELLHAUSEN selber in dieser Sache eher einen vermittelnden Standpunkt eingenommen. Einerseits schiebt er es GUNKEL zu, dieser habe »seine traditionsgeschichtliche Methode der zeitgeschichtlichen« so entgegengestellt[39], »als ob sie einander ausschlössen« (aL 234), andererseits wehrt er sich selber gegen eine übertriebene Isolierung des Nationalen und gibt in einer Rezension dem Verfasser recht »in der Polemik gegen die ausschließliche Ableitung alles geistigen Gemeinbesitzes aus dem dunklen Mutterschoße der Nationalität nach dem alten, nichtsnutzigen Zauberschema von Potenz und Actus, in der Hervorhebung des Begriffs der Cultur und der Geschichte gegen den des ethnischen oder proethnischen Naturwesens«[40].

Warnt schon diese Äußerung von 1888 davor, WELLHAUSEN in dieser Frage als allzu begrenzt anzusehen, so vollends sein Beitrag in der ‚Kultur der Gegenwart' von 1906:

»Während ehedem das Alte Testament den übrigen alten Orient beleuchten mußte, empfängt es nunmehr auch selber Licht von den neu entdeckten und entzifferten ägyptischen und babylonisch-assyrischen Denkmälern. Das israelitische Altertum kann nicht mehr isoliert werden . . . Auch über die historisch nachweisbare Berührung hinaus muß es unter die Analogie der allgemeinen Kulturentwicklung gestellt werden. Das israelitische Volkstum muß dem anderer Nationen verglichen werden, und von dem Volkstum läßt sich die Religion nicht trennen. Nur hat die weltgeschichtliche und die vergleichende Betrachtung nicht die Aufgabe, alles zu nivellieren. Sie darf nicht darauf ausgehen, nachzuweisen, daß an der israelitisch-jüdischen Religion nichts Besonderes sei. Sie darf über der Ähnlichkeit der Anfänge und der Analogie der Entwicklung die Differenz des Endergebnisses nicht übersehen« (KG 1 f.).

Als Exeget und Theologe hatte sich der späte WELLHAUSEN bereits dem Neuen Testament zugewandt und konnte wohl die vorderorientalisch-religionsgeschichtliche Arbeit selber nicht mehr voll aufnehmen. In welchem Maße er sie nun jedoch schätzte, belegt dieses Bekenntnis. Daß sein eigenes Forschen dem ‚partikularistischen' An-

---

[38] aL 233 (Hervorhebung von W.).

[39] Vgl. aL 234, Anm. 2: »Man verzeihe die gräßlichen Ausdrücke; ich habe sie nicht verbrochen. Methode kann weder das eine noch das andere genannt werden; denn sie ist kein Hauptschlüssel, der alle Türen öffnet« — ein überaus beherzigenswerter Ratschlag.

[40] Rez. über O. GRUPPE, Die griechischen Culte und Mythen in ihren Beziehungen zu den orientalischen Religionen, 1. Bd., 1887, in: DLZ, 9. Jg., 1888, Sp. 508.

trieb verhaftet geblieben war, machte seine Größe auf diesem Arbeits-
felde aus.

Indes muß der eben angeklungene Gedanke der ‚Analogie' noch
einmal aufgenommen werden. Gerade von H. EWALD, dessen »religiöse
Natur ... zum Profanen kein Verhältnis« (E 80) hatte, war WELL-
HAUSEN auf die Einheitlichkeit der historischen Hermeneutik verwiesen
worden:

> »Auch hat es mir als jugendlichem Theologen Eindruck gemacht, wie er motivirte,
> daß man die Bibel nicht der Analogie entziehen und kein anderes Maaß an sie legen
> dürfe wie an andere Bücher. Denn sonst, sagte er, lasse sich aus dem Koran das selbe
> machen wie aus dem Evangelium; nur eine Hermeneuse von strengster Allgemein-
> giltigkeit könne die wahren Werthe und den Unterschied der Werthe herausstellen«
> (E 64).

Mit dieser Absicht, die israelitische Geschichte »nicht außerhalb
aller Analogie mit der Geschichte der ganzen übrigen Menschheit«
(KG 15) stehen zu lassen, konnte sich WELLHAUSEN auf gute exegetische Tradition berufen. Schon J. G. EICHHORN hatte, in den Spuren
HERDERs, den Angriffen der Aufklärung gegen das Alte Testament
dadurch zu begegnen versucht, daß er dessen inspirierten Ursprung
aufgab und durch Vergleichungen mit der Profangeschichte der natürlichen Erklärung der Geschichte Israels die Bahn brach. Aber auch DE
WETTE sah durch die neuere historische Forschung schon zu seiner
Zeit eine »Revolution in Theologie und Kirche« bewirkt:

> »Die Lehren vom Kanon und von der Inspiration und hiermit das ganze Gebäude
> der protestantischen Dogmatik wurden heftig erschüttert ... Die Bibel ward den bei
> den andern alten Schriftstellern erprobten Auslegungsgrundsätzen unterworfen, und
> dadurch mehr in ein menschlich geschichtliches Licht gestellt, und eine rein historische
> Forschung ... eingeleitet. Dieses alles können wir bloß als eine Fortsetzung des Re-
> formationswerkes ansehen« (RTh 119).

Das Fazit aus allen diesen Beobachtungen kann wiederum nicht
mit dem von H.-J. KRAUS übereinstimmen, der schreibt: »Der von
Herder, De Wette, Vatke und Ewald eingeschlagene Weg mußte erst
einmal zu Ende gegangen werden, damit es offenbar werden konnte,
wo die Fehler und Irrtümer liegen« (249).

Gerechterweise muß man wohl sagen: das war nie und nimmer
ein Weg. Selbst wenn man bereit wäre, die Distanzierungen der einzelnen von KRAUS aufgezählten Gelehrten voneinander zu übersehen
(aber warum sollte man das tun?) — die verschiedenen philosophischen Grundlegungen DE WETTES und VATKES, HERDERS Betonung
des Vorranges des Geschichtlichen vor dem Philosophischen oder auch
WELLHAUSENS Abneigung gegen philosophische Schemata überhaupt
reden deutlich genug gegen jegliche Subsumierung der vorliegenden
Phänomene unter einen Oberbegriff. KRAUS' Bemerkung, WELL-
HAUSEN stehe »tief in den romantischen und idealistischen Tendenzen

der historisch-kritischen Wissenschaft« (249), erfordert unabdingbar
die notwendige geistesgeschichtliche Differenzierung — es sei denn,
man ließe sich dazu herbei, jene *ganze* Epoche von HERDER bis WELL-
HAUSEN, und damit die eigene kulturelle und theologische Tradition in
allen ihren Verzweigungen, als Irrweg zu bezeichnen; aber auch das
könnte wieder nur im Namen einer anderen geschichtsphilosophischen
oder geschichtstheologischen Prämisse geschehen: vestigia terrent.

Man muß sich aber auch J. PEDERSENS positiv gemeinte, also
gegen WELLHAUSENS Methode ins Feld geführte Vorschläge zur Erfassung der Geschichte Israels einmal vergegenwärtigen, um zu erkennen, wie mühsam da überhaupt Unterschiede konstruiert werden
müssen:

> »Unsere Aufgabe muß es deshalb zunächst sein, das Volksleben, in welchem die
> Propheten wie andere Israeliten aufwuchsen, zu verstehen ... Erst dann, wenn wir
> dieses Volksleben kennen, können wir die innerhalb seiner Kultur durch bestimmte
> Persönlichkeiten und *geistige Richtungen* hervorgerufenen Nuancen verstehen, sehen,
> warum sie entstanden und welche *Wandlungen* ihre Entstehung im Volke bewirkten ...
> Man muß versuchen, diese Quellen unbefangen zu verstehen, so daß man ... die einzel-
> nen Züge der hinter den Quellen lebenden Kultur als *organische Elemente einer seelischen
> Gesamtheit* erkennt«. »Durch kana'anäische Beeinflussung« wird schon das alte Israel
> *»zu ganz neuen Formen und neuen Idealen umgebildet«.* »In diesen *Prozeß* greift das
> Königtum« ein ... »Während der Umbildung des Volkes« werden die prophetischen
> Proteste vernehmbar. *»In diesem Kampf ... geht das Volk politisch zugrunde«* ... Der
> Tempel wird »wiedererrichtet und *die alten Traditionen* mehr oder weniger *künstlich*
> *neu belebt«*[41].

Mit ein wenig ‚bösem‘ Willen könnte man PEDERSEN mit seinen
eigenen Waffen schlagen, also mühelos HEGELsche Ausdrücke und
‚ideengeschichtliche‘ Akzente herauslesen. Natürlich ist das ein törich-
tes Unternehmen, weil sich bestimmte Terminologien einfach nicht
vermeiden lassen — es sei denn, man wollte das Alte Testament in
seiner eigenen Sprache wörtlich nacherzählen und damit die historische und theologische Bemühung aufgeben. PEDERSENS Vorschlag
einer »unbefangene(n) Betrachtung« (181) und die Forderung, »daß
man die an der Forschung noch klebenden Reste der Betrachtung des
18. Jahrhunderts von Israel aufgibt und in der von Herder gewiesenen
Spur« (181) weitergeht, ist naiv. Weder ist eine ‚unbefangene‘, also eine
standpunktlose Betrachtung überhaupt möglich oder wünschenswert
oder auch von PEDERSEN selber geübt worden, noch bedeutet der
Anschluß an HERDERs hermeneutische Vorstellungen schon ein historiographisches summum bonum.

WELLHAUSEN bewunderte VATKES »treues und feines Gefühl für
die Individualität der Sachen«[42], und er praktizierte dementsprechend

---

[41] PEDERSEN 180f. (Hervorhebungen vom Verf.).
[42] BENECKE 627.

in seiner Geschichtsschreibung, was später FR. MEINECKE auf die
Formel brachte: »Wo aber Individualität ist, dort ist auch Entwicklung. Denn Individualität ist nichts Fertiges, ein für allemal Festge-
legtes, sondern tätige Auswirkung innerer gestaltender Kräfte«[43]. Für
diese dem Historiker von Geblüt selbstverständliche Einsicht konnte
WELLHAUSEN in HEGEL gewiß keinen Lehrer finden, denn der ständig
für ‚den‘ Entwicklungsbegriff verantwortlich gemachte HEGEL hatte
gerade deshalb zu seiner Pauschale von der israelitischen ‚Gesetzesreligion‘ kommen müssen, weil er das Werden Israels als einer individuellen geschichtlichen Größe selber *nicht* herausgearbeitet hatte.

Will man gegen große Teile der Geschichtsforschung des 19. Jahrhunderts überhaupt einen Vorwurf erheben, dann höchstens umgekehrt den, »daß geschichtliches Wissen ohne die Sinngebung des lebendigen systematischen Problembewußtseins nicht geschichtliches Verstehen ist«[44]. Daß WELLHAUSEN sein Desinteresse an HEGEL offen
aussprach, andererseits aber die Lektüre des jeder Spekulation und
dogmatischen Lösung abholden J. BURCKHARDT bevorzugte, ist in
dieser Frage schon für sich kennzeichnend. Historiographisch könnte
man WELLHAUSEN gerade wegen seiner Zuneigung zu BURCKHARDT
und MOMMSEN[45] als den Typ des historischen Künstlers beschreiben[46].
Wer jedenfalls seine Gewährsmänner unter den mit der Geschichte
Beschäftigten sucht, der sollte sie hier suchen; zu ihnen hat er sich
selber bekannt.

Es ist gewiß kein Zufall, daß sich die Abneigung HERDERS und
HAMANNS gegen alles Abstrakte und gegen die systematisch-philoso-

---

[43] IV 110 (Ein Wort über geschichtliche Entwicklung, 1942).   [44] HARTMANN II 11.

[45] Vgl. FUETER 554: »Mommsen ist einer der größten historischen Künstler«. MOMMSEN
selber bezeichnete jede historische Theorie als »trivial« oder »transcendental«, rühmte
»die divinatorische Sicherheit des Urteils« und folgerte: »Der Schlag aber, der tausend
Verbindungen schlägt, der Blick in die Individualität der Menschen und der Völker
spotten in ihrer hohen Genialität alles Lehrens und Lernens. Der Geschichtschreiber
gehört vielleicht mehr zu den Künstlern als zu den Gelehrten« (RA 11). MOMMSEN
hat diese Gedanken übrigens beinahe wörtlich von NIEBUHR übernommen, bei dem
sie sich in folgender Fassung finden: »Durch zwey Mittel ersetzt alle Historie die
Mängel ihrer Quellen ... durch Kritik und Divination ... ohne Beruf und Er-
weckung kann es keinen (sic!) mit ihnen gelingen. Weil sie Künste sind lassen sie sich
also nicht in Regeln lehren . .« (Schr. II 11).

[46] R. HARTMANN konstatiert in der ‚Einleitung‘ zu dem von ihm neu herausgegebenen
Werk ‚Das arabische Reich . . .‘, dieses sei »ein Kunstwerk aus einem Guß, gestaltet
von einer seltenen historischen Sehergabe« (VII). Vgl. aber auch C. H. BECKER
(‚Julius Wellhausen‘, in: Der Islam, Bd. IX, 1918, H. 1, S. 99): »Mir will es fast
scheinen, als ob Wellhausen die strenge Zucht der methodischen Arbeit sich auf-
erlegte, weil er im Grunde seines Wesens zur künstlerischen Schöpfung neigte. So
ist er ein großer Gelehrter geworden, aber zugleich ein Künstler, mit aller Objektivität des Gelehrten und mit aller Subjektivität des Künstlers«.

phische Behandlung der Geschichte durchgehalten und — positiv —
als historischer Realismus, als Sinn für Anschauung und Konkretion
diese Epoche der Historiographie geprägt hat. Die Vertreter der
philosophischen Systeme beeinflußten die Geschichtsschreibung bei
weitem nicht so stark wie die von den irrationalen Strömungen (von
GOETHE über die Romantik bis zur Lebensphilosophie) gezeichneten
Geister.

Der schwer bestimmbare Begriff des ‚Lebens‘ bildet auch für
WELLHAUSEN eine Wertvorstellung, die abschließend herausgestellt
werden soll.

»Wie das Leben im Lokal wurzelt, so wurzelte auch der alte Cultus im Lokal; durch
die Verpflanzung aus seinem ursprünglichen Boden ward er seiner natürlichen Nah-
rungssäfte beraubt. Es mußte eine Scheidung zwischen ihm und dem Leben eintreten«.
»War früher das Opfer gefärbt durch die Qualität seines Anlasses, so hatte es jetzt
wesentlich einen und denselben Zweck: Mittel des Cultus zu sein. Der warme Pulsschlag des *Lebens* zitterte nicht mehr beseelend darin nach, es war nicht mehr die Blüte
und Frucht von all dessen Trieben, es hatte seinen Sinn für sich selber. Es symbolisirte
den Gottesdienst: damit gut . . . Die Technik ward Hauptsache, die fabrikmäßige Ausführung nach den Regeln der Kunst« (P 80; Hervorhebung von W.).

»In dieser Weise zeigt sich im Priestercodex die mit der Centralisirung gleich-
laufende Vergeistlichung des Gottesdienstes. Er erhält so zu sagen einen *abstract*
gottesdienstlichen Charakter, er scheidet sich zunächst vom Leben und absorbirt es
sodann, indem er das eigentliche Geschäft desselben wird« (P 83 f.; Hervorhebung von
W.).

Leben und Abstraktion stehen sich wieder gegenüber. Wie die
Romantik die natürliche Gegnerin von Aufklärung und Rationalismus
war, wie NIEBUHR und RANKE sich von HEGEL und dem philosophischen System freikämpften, so tritt in diesen Konfessionen WELL-
HAUSENS[47] noch einmal ‚der warme Pulsschlag des Lebens‘ gegen die
Spekulation an. Indem diese (nicht auf die Poesie beschränkte) große
romantisch-antirationalistische Bewegung »neben dem Verstand auch

---

[47] Vgl. auch bei DE WETTE noch einmal die Gegenüberstellungen von »Instinct« und
»Begeisterung« einerseits, »Reflexion und Schule« andererseits (A § 267). »Nach dem
Erlöschen der alten religiösen Begeisterung« überließen sich die Juden »der Buch-
stäblichkeit, Grübelei und Sectirerei« (A § 273). Auch VATKE behauptete, »daß das
Leben immer die Lehre vorangehe, weil es sich zur Lehre verhält als Unmittelbares
zum Vermittelten« (RAT 97). Selbstverständlich wirkt sich diese Einsicht der romantischen Grundströmung auch in HEGEL und VATKE aus; aber es ist überaus bemerkenswert, wie VATKE selber diesen Satz als einseitig bezeichnet. Die Dialektik ver-
langt hier gewisse Umkehrungen, »wie es denn in der Geschichte des Geistes nichts
schlechthin Unmittelbares giebt« (RAT 97). Damit ist der impetus dieser Strömung
der Reflexion unterstellt und gebrochen. Ungebrochen dagegen findet sich diese
Anschauung bei WELLHAUSENS wissenschaftlichem Freunde W. R. SMITH wieder: »In
den antiken Religionen wurde der Grund nicht zuerst als Lehre formuliert und dann
im Brauch des Lebens ausgestaltet, sondern . . .« (14 f.).

Willen und Gemüt zu ihrem Rechte kommen ließ«, führte sie »die Wissenschaft ins Leben hinein«[48].

Die Dichter waren es eher als die Philosophen, die die Historiker lehrten, die Welt zu verstehen: Sie waren ihnen leichter zugänglich und sprachen unmittelbarer. Das 19. Jahrhundert im ganzen »hat nach dem ‚Zusammenbruch' der spekulativen Philosophie zwar nie aufgehört, die Namen der großen Denker zu preisen — die herrschende Wissenschaft aber sah in ihnen nur Phantasten und Schwärmer und wußte mit ihnen nichts anzufangen«[49].

Bevor TROELTSCH seine religionsgeschichtliche Theologie anstrebte und sich als Systematiker auch für einen Historiker wie WELLHAUSEN betrachtete, hielt sich dieser an die von HERDER vorgezeichnete und von den deutschen Historikern des 19. Jahrhunderts überwiegend geübte Hermeneutik des ‚Verstehens' alles geistigen und geschichtlichen Lebens — nicht auf dem Boden der DILTHEYschen Philosophie, wohl aber der von DILTHEY zum Ausdruck gebrachten Stimmung entsprechend.

Verzichtet man hier vorerst auf die theologische Wertung, dann darf man vielleicht doch sagen: WELLHAUSEN blieb schuldig, was VATKE geboten hatte: eine Rechenschaft über die Herkunft seiner Wertvorstellungen und Werturteile. Aus diesem Mangel *mußten* sich geradezu die ‚Probleme der Wellhausen-Kritik' ergeben.

II. Geschichte und Offenbarung als theologische Probleme

Bei dem Versuch, das vorgeführte Material in der Frage nach WELLHAUSENs Vorstellungen von Gott und geschichtlicher Offenbarung zusammenzubündeln, tut man gut daran, wiederum Belege zu sammeln und zu interpretieren, im Rahmen der vorliegenden Untersuchung also der Textanalyse vor der biographischen Methode zumindest den Vorrang zu geben.

Die historiographischen Motive WELLHAUSENs finden sich, entsprechend modifiziert, in den mehr theologisch relevanten Aussagen wieder.

Die alten Israeliten »glaubten nicht an Abstrakta, sie kannten keine unpersönliche Macht, keine Wirkung ohne wirkendes Subjekt«[50]. Für den Evangelisten Johannes ist »Gott . . . kein Gegenstand der Spekulation«, »durch Jesus schauen ihn die, die guten Willens sind, mit dem Herzen und nicht mit dem Intellekt«[51]. Für den ursprünglichen

---

[48] SCHNABEL III 31.

[49] KRONER I 23.

[50] G 25. Vgl. SMITH 34: »Man hat oft behauptet, daß der Gottesbegriff der Semiten abstract und transcendental sei . . . Das alles aber ist eine ganz unbegründete Annahme«.

[51] EJ 124. WELLHAUSENs Greifswalder Freund WILAMOWITZ äußerte 1883 in einem Brief sein Bedauern über des Freundes Weggang (»Aber seit Wellhausen fort ist,

Islam war Gott »nicht das Absolute, d. h. ein religiöses Nichts« (aR 1). Vom Priester-kodex heißt es: »Der Begriff der Offenbarung wird festgehalten, aber die Ergänzungen, die hinzukommen müssen um aus dem Abstraktum ein Konkretum zu machen, werden abgestreift. Unter welchen Formen, durch welche Medien ein Mensch Offenbarung empfängt, ist gleichgiltig, wenn nur die Tatsache feststeht; mit anderen Worten ist die Offenbarung nicht mehr lebendige Realität in der Gegenwart, sondern totes Dogma für die Vergangenheit« (P⁶ 335).

In der Zeit wachsenden griechischen Einflusses auf die jüdische Religion hatte diese zwar »mit der Popularphilosophie das gemein, daß sie ebenfalls nach dem höchsten Gut und der gottgewollten Führung des Lebens fragte« (G 223), aber dennoch, so hebt WELLHAUSEN beifällig hervor, empfanden die Juden »unbeirrter als die griechischen Philosophen, daß das Reale nicht Abstractum ist, sondern Individuum. Sie setzten nicht die Idee an stelle des Geistes. Sie faßten das Göttliche nicht bloß als Kraft oder Eigenschaft auf, sie glaubten an einen wirklichen und lebendigen Gott, der richtete und half« (G 224).

Wo VATKE etwa im Einfluß des Griechentums auf das Judentum eine der not-wendigen Voraussetzungen für das Heraufkommen der ‚absoluten Religion‘, also ein positives Geschehen sah, beklagt WELLHAUSEN den Zug zum Universalismus und zur Abstraktion: »Die jüdische Frömmigkeit geht über den Begriff, den das Altertum mit Religion verband, hinaus. Die Richtung des jüdischen Geistes konvergiert mit der Rich-tung, die der griechische Geist etwa seit dem sechsten Jahrhundert vor Chr. genommen hat ... Der Monotheismus selber ist in gewissem Sinne Philosophie, das Ergebnis einer gewaltigen Abstraktion des Geistes von allem Sinnenfälligen. Ein Wunder ist nur, daß den Juden ihr Gott kein Abstractum geworden, sondern die lebendigste Persönlichkeit geblieben ist. So erhielten sie sich doch ihre Religion, sie waren davon ganz anders durchdrungen und überzeugt als die Griechen von ihrer Philosophie« (G 212 f.).

Aber vor allem in der von WELLHAUSEN immer wieder bevorzugten Frühzeit Israels gab es »keine Gottesgelehrtheit«, die Gott »nüchtern konstruierte« (G 103). Damals sprach Jahwe »durch Menschen ... zu den Menschen. Nicht durch den Buch-staben, sondern durch den Geist offenbarte er sich je nach Bedürfnis und Anlaß der Geschichte; er hatte noch nicht sein Testament gemacht, er lebte und sein Wort war lebendig. Die Propheten waren die Interpreten der Absichten, die er mit Israel hatte. Es ist ihr Verdienst, daß die Geschichte, nicht die vergangene, sondern die gegenwärtige, als bedeutungsvolles Produkt göttlichen Handelns verstanden wurde ... Der Glaube er-hielt auf diese Weise eine stimmungsvolle Lebendigkeit, der Gottesbegriff eine groß-artige Präsenz. Großartig auch darum, weil das Wirken der Gottheit über alle Speku-lation, über alle Einengung durch berechenbare Heilszwecke, durch einen unterge-schobenen Heilsplan, hinausgehoben wurde« (G 103).

Die Reihe der vorgeführten Belege erzwingt einen ersten Satz: Wenn WELLHAUSEN von Gott sprach, wußte er, was er tat — und darin war er Theologe. Er hebt den lebendigen, persönlichen Gott des Glau-bens scharf von dem (für ihn abstrakten) philosophischen Gottes-gedanken jeglicher Provenienz ab. Nichts liegt an einem Gottes*begriff*,

---

höre ich ja hier kein förderndes und erhebendes Wort«) und bekannte in vergleich-barer Weise: »Nur die platte, nichts als den Rationalismus duldende Susemichelei ertrag’ ich nicht. Warm soll das Herz sein ...« (USENER und WILAMOWITZ. Ein Briefwechsel 1870—1905, Leipzig und Berlin 1934, 34 f.).

alles am Sich-Kundtun Gottes. Gott und Geschichte sind im Glauben Israels zusammengebunden. Der Gott Israels hat sich indes nicht unwandelbar in dieser Geschichte verplant, so daß er selber von einem ‚Heilsplan‘ bestimmt wäre. Seine energischsten Repräsentanten, die prophetischen Individuen, durchbrechen unter dem Druck der auf ihnen lastenden Hand Gottes jedes Schema, jede fixierte Entwicklung, jede religiöse Sicherheit. Wo Israel seinem Gott standhält, da erscheint dieser Gott als der wirkende, wenngleich eben nicht als der in einer ‚Heilsgeschichte‘ berechenbare[52].

Dieser Gott, der Gerechtigkeit fordert und Unrecht haßt, ist nun WELLHAUSENS ‚moralischer Gott‘. »Die Moral ist es, wodurch allein alle menschlichen Dinge Bestand haben, das allein Wesenhafte in der Welt. Sie ist kein Postulat, keine Idee, sondern Notwendigkeit und Tatsache zugleich, die lebendigste persönliche Macht — Jahve der Gott der Mächte« (G 106; vgl. KG 23). Darum kann, etwa in der Frage der Echtheit von Amos 9_{8-15}, nicht »der Gott der Wünsche über den Gott der geschichtlichen Nothwendigkeit«[53] triumphieren.

Mit allen diesen Bestimmungen ist WELLHAUSEN weit entfernt von den Gottesvorstellungen eines theologischen Liberalismus. Hatten einerseits HERDER, GOETHE und deren Gesinnungsnachfolger im 19. Jahrhundert über der Betonung von Gottes ‚Allnatur‘ sein Anderssein verschwiegen und war andererseits der durch das Postulat der Moralität charakterisierte Gottesbegriff KANTS der Personalität entkleidet[54], so band WELLHAUSEN diese moralische Bestimmung Gottes zusammen mit dem biblischen Zeugnis vom fordernden und schenkenden, vom richtenden und helfenden, aber eben auch überraschenden Gott. Dadurch bleibt gegenüber HERDER der deus absconditus und damit die Unbegreiflichkeit des geschichtlichen Waltens, gegenüber der Identitätsphilosophie aber der ‚lebendigste persönliche‘ Gott betont.

WELLHAUSENS Heraushebung der Moral im Zusammenhang mit dem Gottesgedanken steht zumindest auch in kontemporärer Berührung mit RITSCHLS (durch KANT inspirierter) These von der Erfüllung des Sittengesetzes durch die menschliche Mitarbeit an der Verwirklichung

---

[52] Die Propheten »nahmen den Begriff der Welt, der die Religionen der Völker zerstörte, in die Religion, in das Wesen Jahves auf, ehe er noch recht in das profane Bewußtsein eingetreten war. Wo die anderen den Zusammensturz des Heiligsten erblickten, da sahen sie den Triumph Jahves über den Schein und über den Wahnglauben« (G 107).

[53] Die kleinen Propheten (Skizzen und Vorarbeiten, 5. Heft), 1892, 94.

[54] Vgl. ERDMANN I 304: »Kant’s und Fichte’s moralische Weltordnung war Herder’n eben so sehr ein Gräuel, wie dem Letztern Herder’s Gott, der eigentlich nur Seele der Natur ist«.

der göttlichen Absicht mit der Welt[55]. Aber auch WELLHAUSENS Abneigung gegen die Spekulation und den Begriff des Absoluten erinnert
an RITSCHLS Verzicht auf Seinsaussagen in der Gotteslehre und an die
Zurückweisung aller klassischen Metaphysik in der RITSCHLschen
Schule. Dieser theologischen Richtung kam die Tradition der deutschen Historischen Schule nur entgegen: In seinem Sein ist Gott unbekannt, in seinen Wirkungen je und dann aufspürbar. Gegen jede
theologische Abstraktion verteidigt WELLHAUSEN darum schon durch
die Akzente seiner Geschichtsschreibung die Konkretheit und ‚Anschaulichkeit‘ der Offenbarung, die für ihn wirkliche, erlebbare Geschichte ist, sich jedenfalls nicht über oder hinter dieser ereignet.

Auch von dieser Seite her wird das Judentum negativ bewertet: »Der Zugang zu
Gott wurde durch die Etikette verschlossen, durch welche er ermöglicht werden soll-
te . . . Es herrschte ein wahrer Götzendienst des Gesetzes. Gott selbst studierte in seinen
Mußestunden die Thora und las am Sabbath in der Bibel — so meinten die Rabbinen.
Für sein Wirken in der Geschichte hatten sie kein Verständnis« (G 284).

Das Gotteszeugnis der Geschichte liegt für WELLHAUSEN in ihrer
Faktizität, in ihrem Ablauf derart verborgen und zugleich zutage, daß
der ‚irdische Nexus‘ einer Vergeistlichung oder Theologisierung wider-
strebt. Weil man Gottes Geschichtshandeln nicht mit Händen, sondern
nur im Glauben ergreifen kann, schreibt WELLHAUSEN die Geschichte
Israels, in Analogie zu aller Geschichte, als Profangeschichte und
verzichtet darauf, besondere ‚Offenbarungen‘ mit dem Handwerkszeug
des Historikers nachzeichnen zu wollen. Diese ‚Profanität‘ der Geschichte schließt für ihn die Religionsgeschichte nicht aus, sondern ein:
Der Historiker kann keine Heilsgeschichte schreiben. Heilsgeschichte:
Das ist Profangeschichte mit den Augen des Glaubens.

Gegen FR. BAETHGENS Fixierung des Monotheismus auf den »Jahve der Propheten« wendet WELLHAUSEN ein: »Der Verf. hat die Neigung, den Cultus und die Geschichte zu vernachlässigen, woraus allein Prädicate zu dem göttlichen Subjecte zu
gewinnen sind[56]. Weil die Offenbarung eben »kein hypostasiertes Abstraktum« (KG 5)
ist, will WELLHAUSEN auch nicht einsehen, »warum die biblische Kritik . . . die Authentie
des mosaischen Gesetzes als Noli me tangere betrachtet! Ohne Zweifel erklärt sich
diese Inconsequenz als Rest einer im Princip aufgegebenen Betrachtungsweise, wonach
die Offenbarung der Gegensatz zu geschichtlicher Entwicklung ist«[57].

Offenbarung Gottes in der Geschichte: Dieses Thema wurde durch
den Aufschwung der profanen und theologischen Geschichtsforschung

---

[55] Damit soll nicht ein direkter Einfluß RITSCHLS behauptet werden — wovor WELL-
    HAUSENS eigenes Bekenntnis warnt: RITSCHL »blieb ohne Einfluß; ich verstand seine
    Dogmatik nicht« (SCHWARTZ 333) —, wohl aber jener allgemeine Eindruck RITSCHLS
    auf viele Zeitgenossen, dem sich auch die Historiker SCHÜRER und HARNACK nicht
    entziehen konnten.   [56] Rez. in DLZ, 9. Jg., 1888, Sp. 1321.
[57] Rez. über W. R. SMITH, The Old Testament in the Jewish Church (1881), in: ThLZ,
    6. Jg., 1881, Sp. 250f.

des 19. Jahrhunderts hochgespielt und dringlich. Wie schon HERDER nicht müde geworden war, das Handeln Gottes als ein immanent-geschichtliches Handeln zu beschreiben, seine Offenbarung also als natürlich-geschichtlich vermittelte zu verstehen, so hatte dann auch DE WETTE an den »natürlichen Gesetzen« festgehalten:

»Da aber, wo uns die natürliche und historische Betrachtungsart der Dinge nicht befriedigt oder verläßt, da wird uns die höhere religiöse Ansicht zum Bedürfnis: und so ahnen wir in der Bildungsgeschichte der Menschheit eine höhere Hand«. »Das ist die Lehre von der Offenbarung im Allgemeinen von der geschichtlichen und religiösen Seite« (RTh 128f.).

Kennzeichnend für WELLHAUSENS Art, die geschichtliche mit der religiösen Ansicht zu verbinden, ist beispielsweise der oft fehlgedeutete Satz: »Die Philister weckten Israel und Jahve aus dem Schlummer« (G 49). Wiederun erfaßt hier der Historiker die geschichtliche Verursachtheit und profangeschichtliche Einbettung dessen, was die Stämme im heiligen Krieg und im sakralen Verband zum Volk Israel und zum Volk Jahwes werden ließ. Nicht der Erwählungsglaube und der erwählende Gott sind historisch darzustellen, sondern die aus Erwählung und Erwählungsglauben resultierende geschichtliche Tat.

Auch die »judaistische Fernrückung Gottes vom Menschen« (P 81) widersteht WELLHAUSEN, und er wirft BAUDISSIN vor, er mache »die Kluft zwischen Himmel und Erde viel abstracter als sie für die alten Semiten sein konnte«[58]. Damit wird nicht der Vergöttlichung der Welt das Wort geredet, wohl aber der Weltlosigkeit Gottes gewehrt. Das göttliche »Subject ist das Unbekannte, es wird explicirt durch seine Prädikate. Und Gott ist gerade das Unbekannte, das hinter den wahrnehmbaren Wirkungen steht«[59]. Obgleich Offenbarung also für WELLHAUSEN kein Gegensatz zur Geschichte ist, bleibt sie doch Offenbarung des Gottes, der *wirksam* — und darum identitätsphilosophisch oder pantheistisch nicht erfahrbar ist.

Die historiographischen Motive und Antriebe WELLHAUSENS ließen sich unter zwei Gesichtspunkten zusammenfassen: dem der national-religiösen Entwicklung und dem der Heraussonderung des Individuellen als Person und Ereignis. Die beiden Aspekte überschneiden sich gewissermaßen in der Beobachtung der abnehmenden Nationalität und der zunehmenden Individualisierung. Man kann diese Aspekte auf das theologische Problem der Offenbarung übertragen. Wie Gott einerseits durch die Geschichte Israels im ganzen redet und diese dadurch als Offenbarungsgeschichte qualifiziert, so redet er andererseits in besonderer Weise durch das Individuum, das für die Aufgabe ausgewählt und ausgezeichnet ist, das Ganze dieser Geschichte

---

[58] Rez. in GgA, 141. Jg., 1879, 1. Bd., 109.
[59] WELLHAUSEN an ED. SCHWARTZ, 12. 1. 1913, Bayerische Staatsbibliothek, München.

sub specie dei zu deuten. »Was das Gesetz nicht bewirkt, bewirkt der individuelle Typus. Das Wesen Gottes läßt sich nicht in Begriffe fassen, die Männer Gottes sind seine Offenbarung« (G 368).

Hier ist es geboten, in einem Exkurs nach WELLHAUSENs neutestamentlicher Arbeit zu fragen, denn vor dem Hintergrunde der Wertschätzung des Individuellen ist auch die Würdigung der Person Christi bei ihm zu verstehen. Das Evangelium »predigt den edelsten Individualismus, die Freiheit der Kinder Gottes« (G 371). Jesus steht zwar, wie die Pharisäer auch, »auf dem Boden des Alten Testaments und verleugnet das Judentum nicht . . . Aber ihren toten Werken stellt er die Gesinnung entgegen, ihrer vielgeschäftigen Gesetzlichkeit den höchsten sittlichen Idealismus« (G 360). »Das Reich Gottes hat andere Grundlagen als den Tempel und die heilige Stadt und das jüdische Volk; die Zugehörigkeit dazu ist an individuelle Bedingungen geknüpft« (G 360).

Hatte WELLHAUSEN in diesen dem Schlußkapitel der ‚Israelitischen und Jüdischen Geschichte‘ entnommenen Äußerungen das ‚Evangelium‘ noch ganz von dem historischen Jesus her verstanden, so folgte er in seinen späteren neutestamentlichen Arbeiten der von D. FR. STRAUSS zuerst begründeten Einsicht, daß ein Rückgriff auf den historischen Jesus aus historischen Gründen nicht möglich, d. h. nicht zufriedenstellend sein kann.

»Der historische Jesus wird, nicht erst seit gestern, zum religiösen Prinzip erhoben und gegen das Christentum ausgespielt. Reichlicher Anlaß dazu, seine Absicht von seiner Wirkung zu unterscheiden, ist allerdings vorhanden. Trotzdem kann man ihn nicht ohne seine geschichtliche Wirkung begreifen, und wenn man ihn davon ablöst, wird man seiner Bedeutung schwerlich gerecht. Woher stammt überhaupt der Glaube, daß er das religiöse Ideal sei, anders als aus dem Christentum? . . . Wir können nicht zurück zu ihm, auch wenn wir wollten. Dadurch, daß man den historischen Jesus zum religiösen Dogma macht, wird man schließlich gezwungen, wie die alten Rationalisten ‚die historische Bedingtheit‘ von ihm abzustreifen . . . Für das was mit dem Evangelium verlorengeht, ist der historische Jesus, als Grundlage der Religion, ein zweifelhafter und ungenügender Ersatz. Ohne seinen Tod wäre er überhaupt nicht historisch geworden . . . Seine Niederlage wurde sein Sieg« (Einl. 104).

WELLHAUSEN sieht das Evangelium und den Glauben an Christus ganz im Glauben an den Auferstandenen begründet:

»Das Christentum ist nicht erst hernach durch den Mythus getrübt worden, wie die Rede geht, sondern es hat sich von anfang an auf den Mythus gegründet, wenn man es wagen will, das Wort in einer ungewöhnlichen Bedeutung zu gebrauchen und die Auferstehung so zu nennen. Es handelt sich dabei nicht um eine stufenweise Idealisierung, sondern um eine plötzliche Metamorphose Jesu. Durch seine Kreuzigung als irdischer Messias abgetan, erstand er als himmlischer aus dem Grabe« (Einl. 149).

Aus dieser Begründung des Christentums durch den Auferstehungsglauben der ersten Christen ergibt sich zugleich eine entscheidende Folgerung für WELLHAUSENs Verständnis der Kirche:

»Als der Gekreuzigte, Auferstandene und Wiederkommende ist Jesus der christliche Messias, nicht als Religionslehrer. Das apostolische Evangelium, welches den Glauben an den Christus predigt, ist das eigentliche, und nicht das Evangelium Jesu, welches der Kirche ihre Moral vorschreibt ... Und der angeblich von Harnack getane Ausspruch: ,nicht der Sohn, sondern nur der Vater gehört ins Evangelium' ist grundfalsch, wenn damit ein Faktum behauptet und nicht nur ein Postulat ausgesprochen werden soll« (Einl. 153).

Diese gewiß richtige historische Einsicht in die kirchenbegründende Kraft des Auferstehungsglaubens ermöglicht es WELLHAUSEN, den ,individuellen Typus' zu retten: War Jesus nämlich nicht Stifter der Kirche, nicht Initiator einer neuen, das Individuelle nivellierenden Organisationsform, dann kann er als die prophetisch-besondere Individualität bewahrt bleiben. Jesus war also »kein Christ, sondern Jude« (Einl. 102), und zwar ein solcher, in dem »das Nichtjüdische«, »das Menschliche« für charakteristischer gehalten werden darf als das Jüdische, und in seinem Kampf gegen die religiösen Statute, gegen Buchstaben und Gesetzlichkeit erinnert er an die alten Propheten (Einl. 103). »Daß er sich selbst als himmlischen Messias geweissagt hat, ist nicht unhistorischer, als daß er schon gegenwärtig auf Erden seine messianische Aufgabe durch Grundlegung der Kirche gelöst hat« (Einl. 153).

»Er hob den Dekalog aus dem Ganzen heraus und reduzierte dessen Summe auf die Liebe zu Gott und dem Nächsten ... Er legte an die Statute einen übergeordneten Maßstab an und beurteilte sie nach ihrem inneren Wert, nämlich ob sie das Leben der Menschen förderten oder hemmten. Die gottseligen spezifisch jüdischen Exerzitien, die weiter keine Ratio hatten, als daß sie befohlen waren und den Juden vom Menschen schieden, schätzte er gering. Er forderte Reinheit des Herzens und Leistungen, die nicht Gott, sondern den Menschen zu gute kamen« (Einl. 102).

Hier klingt wieder das vertraute Motiv der Abneigung gegen den ,leeren' Begriff der Heiligkeit an: Wie Israel durch die Propheten zum irdischen Tun des Rechtes und *darin* zu Jahwe gerufen wurde, so wird der Mensch von Jesus zum Dienst am Menschen und *darin* zum Gottesdienst gerufen[60]. WELLHAUSEN betont zu Recht, daß das Evangelium zunächst den *einzelnen* ruft und isoliert; als einzelner ist der Gerufene dann in der Kirche[61]. Die KANTische Unterscheidung von Kirchenglauben und reinem Religionsglauben scheint hier nachzuwirken.

---

[60] Vgl. AD. v. HARNACK, Das Wesen des Christentums, Neuausgabe, Berlin 1950, 163: Der Protestantismus versteht das Evangelium als etwas »Einfaches, Göttliches und darum wahrhaft Menschliches«. HARNACKs Abneigung gegen die Überlagerung des Evangeliums durch die griechische Philosophie liegt auf derselben Ebene wie WELLHAUSENS Verdruß über die spekulative Philosophie. Aber auch in der Zurückhaltung gegenüber dem äußerlichen Kirchenwesen berühren sich beide stark.

[61] Bei einem Vergleich mit RITSCHL darf nicht übersehen werden, daß dieser in der Kirche zwar nicht das Reich Gottes, wohl aber das Mittel zur Herbeiführung dieses

»Die Kirche ist nicht sein Werk, sondern eine Erbschaft, die von dem Judentume überging auf das Christentum. Die Juden waren, unter der persischen Fremdherrschaft, vorangegangen mit der Bildung eines unpolitischen Gemeinwesens auf Grund der Religion. Die Christen befanden sich in einer ganz ähnlichen Lage . . . und nach dem jüdischen Vorbild gründeten auch sie innerhalb des ihnen fremden und feindlichen Staatswesens . . . eine religiöse Gemeinschaft als ihr rechtes Vaterland. Der Staat ist immer die Voraussetzung der Kirche; ursprünglich aber war es, sowohl bei der jüdischen als bei der christlichen, ein *fremder* Staat. Der anfängliche Sinn der Kirche war darum dahin, seit sie nicht mehr dem heidnischen Weltreich gegenüber stand, seit es auch für Christen möglich war, in der Nation ein natürliches Vaterland zu besitzen«[62].

Hier ist die Übertragung der historiographischen Motive WELLHAUSENS auf die Ebene der theologischen Urteile bis zur Identifizierung fortgeschritten. Das alte Israel und Jesus stehen auf der einen Seite, die künstlichen, ‚heiligen‘ Bildungen des Judentums und der Kirche auf der anderen. »Jede Gemeinschaftsbildung der Religion ist ein Schritt zur Verweltlichung derselben«, darum entstand aus der Verwischung der Grenzen zwischen Staat und Kirche die letztere als äußere »Organisation«; weil aber »bloß die Religion des Herzens« von innerlichem Belang ist, wäre eine »unsichtbare Gemeinschaft der Gläubigen« wünschenswert (Abriß 101).

»Man wird nun zugestehen müssen, daß die Nation sicherer von Gott geschaffen ist als die Kirche, und daß er in der Geschichte der Völker ergreifender wirkt als in der Kirchengeschichte. Die Kirche, ursprünglich ein Ersatz der mangelnden Nation, ist mit den gleichen Gefahren der künstlichen Bildung behaftet, wie sie im Judentum uns entgegentreten. Wir können uns das Gebiet des Lebens und Handelns nicht selber schaffen; es ist besser, wenn es naturwüchsig und von Gott gegeben ist«.

»Wenn die Kirche noch eine Aufgabe hat«, so die, »dem Staate der Zukunft« vorzuarbeiten und »in kleinen Kreisen das Gefühl zu erwecken, daß wir zusammen gehören«; aber »das wahre Salz der Erde bleibt doch für alle Zeit der religiöse Individualismus des Evangeliums« (Abriß 102).

WELLHAUSEN hat sich demnach mit Vehemenz für eine bestimmte Lösung der ständigen Spannung zwischen Individualität und Vergesellschaftung im theologischen und religiös-kirchlichen Bereich entschieden. Die geistesgeschichtlichen Wurzeln und Spuren der von ihm bezogenen Position mögen ihm zum großen Teil gegenwärtig gewesen sein. In der Geschichte der Christenheit (wie in der Geschichte der Menschheit überhaupt) gab es immer wieder Epochen der besonderen Herausstellung des Individuums und speziell des individuellen Gottesverhältnisses. In dem in der vorliegenden Untersuchung abgetasteten geschichtlichen Raum hebt eine solche Epoche des Individualismus mit der deutschen Klassik an, wird in den, oft spärlichen, individualistischen Zügen der idealistischen Philosophie weitergeführt und erhält

---

Reiches sah und darum die Notwendigkeit der Gemeinde für die Gemeinschaft mit Gott stärker betonte als WELLHAUSEN.

[62] Abriß 101 (Hervorhebung von W.).

ihre besondere Ausprägung als romantisches Grundmotiv. Was hier, unter sehr verschiedenen Vorzeichen, von HERDER über SCHLEIER-MACHER nicht zuletzt zu NIETZSCHE führte, läßt sich als ein kennzeichnendes Phänomen der Neuzeit überhaupt nennen: einerseits als Verlust der Geborgenheit in ursprünglichen, geschichtlich-gewachsenen Institutionen, andererseits als bewußte Flucht des Individuums aus jedem organisatorischen oder schließlich sogar kollektivistischen Zwang. Ein wie auch immer zu bewertendes Verlangen nach Freiheit des Denkens und des Gewissens hat sich dabei gelegentlich in der Zurückweisung beinahe jeder äußerlichen Bindung selber überschlagen.

Es wäre müßig, aus diesem geistesgeschichtlichen Strom nun besondere und direkte Einflüsse auf WELLHAUSENS Sinn für das Individuelle heraussondern zu wollen[63]. VATKE hatte das Individuelle im Anschluß an HEGEL nur im Rahmen seiner Frage nach dem Allgemeinen, nach den großen geschichtlichen und gedanklichen Zusammenhängen suchen können. WELLHAUSEN suchte, darin GOETHE verwandt[64], das Allgemeine immer im einzelnen Fall. Sein Sinn für Rang und Würde im Menschlichen und Wissenschaftlichen hatte diese Kehrseite: die Abneigung gegen jeden Versuch, den Menschen auf seine Eigenschaft als ens sociale zu reduzieren.

---

[63] BARNIKOLS Frage, ob nicht der bis zu WELLHAUSENS Tod mit ihm befreundete WILAMOWITZ einen negativen Einfluß auf den *Theologen* WELLHAUSEN gehabt habe (vgl. BARNIKOL 706), kann nur in diesem großen Rahmen beantwortet werden. Es finden sich bei WILAMOWITZ natürlich Parallelen zu dem vorgetragenen Problem des Individualismus. »Religion, was ist sie? ... Religion ist einmal der ganz persönliche Glaube an das, was auf metaphysischem und moralischem Gebiete dem einzelnen als heilige Wahrheit gilt und sein Handeln bestimmt oder doch nach seinem eigenen Gefühle bestimmen soll. Es ist unwesentlich, ob er den Inhalt dieses Glaubens für absolute Wahrheit hält, denn er braucht keinen Kultus und macht keine Propaganda ... Denn nicht ein Kultus oder ein Katechismus macht die Religion, sondern das gläubige Herz und das freie Handeln gemäß diesem Glauben. Neben dieser individuellen Religion des Herzens ... steht die Religion der Gemeinschaft mit ihrem Kultus und der Bindung ihrer Mitglieder. Die Gemeinschaft wird zuerst mit dem Staate ... zusammenfallen, ... und erst in der Gemeinschaft der Menschen können die moralischen Pflichten entstehen, die dann erst in die Religion, die der Gemeinschaft ... und ebenso die des Herzens, aufgenommen werden« (H I 12 f.). »Jesus weckt Seelen durch das, was er ist, mehr als durch das, was er lehrte, wie Sokrates; ... Doch vom Baume der Erkenntnis hat Jesus nicht gegessen ... Aber vom Baume des Lebens hat er gegessen; er reduziert den Menschen auf das individuelle sittliche Verhalten« (H II 520 f.).
Motiv-Parallelen zu WELLHAUSEN liegen auf der Hand; indes dürfte es nicht schwerfallen, aus jenen Jahrzehnten eine Fülle von ähnlichen Belegen zusammenzutragen. Darum verbietet sich eine allzu bestimmte Zurückführung WELLHAUSENscher Gedanken auf WILAMOWITZ.
[64] Vgl. EISSFELDT, Kl. Schr. I 130.

Nicht ohne jeden Zusammenhang mit solchen Überlegungen steht die Tatsache, daß WELLHAUSEN eine theologische *Systematisierung* der Verbindung der beiden Testamente nicht recht gelang, daß sie als solche von ihm vielleicht nicht einmal angestrebt wurde[65]. Gegen die Behauptung, es habe für ihn die Frage nach dem Neuen Testament und damit auch die Frage nach den Bezügen desselben zur Religion Israels gar nicht gegeben, sprechen allein schon das Schlußkapitel der ‚Israelitischen und Jüdischen Geschichte' sowie seine gesamte Arbeit am Neuen Testament in den späteren Jahren. Den konkreten Zusammenhang zwischen Israel und dem Christentum mußte der Historiker WELLHAUSEN natürlich zuerst als einen geschichtlichen ansehen. »Das Evangelium fußt auf dem Judentum, dieses wiederum auf dem älteren Hebraismus« (KG 1); das vierte Evangelium »ist zwar dem Judentum entwachsen, aber doch auf dessen Boden gewachsen, wie das genuine Christentum überhaupt«[66].

Die theologische Frage ist daneben aber von WELLHAUSEN keineswegs unterschlagen worden. »Jesus wollte nicht auflösen, sondern erfüllen, d. h. den Intentionen zum vollen Ausdruck verhelfen«; freilich, »das Reich, das er im Auge hatte, war nicht das, worauf die Juden warteten. Er erfüllte ihre Hoffnung und Sehnsucht über ihr Bitten und Verstehen« (G 365). Mit diesen Einsichten übernahm WELLHAUSEN die vom Neuen Testament selber vorgeführte Problematik des Zusammenhangs mit Israel. Daß es sich in Christus um eine grundstürzend neue Offenbarung[67] handelt und deshalb »der *alte* Jahve . . .

---

[65] Vgl. dazu die das Problem wohl doch nicht ganz gerecht wiedergebende Bemerkung von H.-J. KRAUS: »Vatke vermochte es noch, in der Nachfolge Hegels eine Brücke zum Neuen Testament zu schlagen, um dort die letzte Phase der Selbstentfaltung des absoluten Geistes aufzuzeigen. Bei Wellhausen ist das unmöglich. Die Entwicklung versandet gleichsam in den Institutionen des Judentums. Das Endergebnis der im Alten Testament entrollten religiösen Entwicklung ist das gesetzliche Judentum« (248). Diese Sätze geben, abgesehen von der anderen Lage der Dinge bei WELLHAUSEN selber, ein Rätsel auf. Wenn WELLHAUSEN, wie neben PEDERSEN auch KRAUS nicht müde wurde zu betonen, über VATKE die eigentlichen Intentionen HEGELS aufgenommen hat, warum ist dann dieser Brückenschlag nicht auch ihm gelungen? Die einzige mögliche Folgerung ist doch die: WELLHAUSEN hat die von VATKE vertretene HEGELsche Philosophie eben *nicht* rezipiert; denn bei dieser Frage handelte es sich in gar keiner Weise um ein Randproblem des VATKEschen Denkansatzes, sondern um dessen Herz.

[66] EJ 123. Vgl. dazu KUENEN: »Wir setzen voraus, daß die Vorbedingungen des Christentums in dem Judaismus zu finden sind« (VW 189). »Das römische Griechentum wird sich mit der untergeordneten . . . Rolle zufrieden geben müssen« (VW 191), aber »zur *Entstehung* . . . des Christentums hat der Hellenismus nicht mitgewirkt« (VW 193; Hervorhebung von K.).

[67] Vgl. RANKES ganz anders begründete, aber im Historischen vergleichbare Einsicht: »Das Essentielle des Christenthums ist darum nicht durch frühere unvollkommene

nicht mit dem ‚Vater unsers Herrn Jesu Christi' gleichgesetzt werden«[68] darf, wußte er nur zu gut. In einer expliziten Behandlung dieses Themas sah WELLHAUSEN freilich eher eine systematische als eine historische Aufgabe; der geschichtliche Zusammenhang war für ihn evident und als solcher ohne Problematik.

WELLHAUSEN, für den mit Jesus die Frömmigkeit aufhörte, »eine Domäne der Virtuosen zu sein«, für den vielmehr »ein einfacher, offener Sinn« (G 362) ihr Wesen umschrieb[69], kam nach dem Bericht WILAMOWITZ' »als ein naives weltunerfahrenes fröhliches und friedsames Menschenkind« (E 188) nach Greifswald und bekannte dann später selber: »Ich hatte immer einfache Ziele und erwartete die Lösung der das Leben betreffenden Probleme nicht vom Nachdenken, sondern vom Leben. Darum war mir eigentlich auch die theologische und philosophische Spekulation in jungen Jahren schrecklich«[70]. Wie er sich schon früher an dem pharisäischen »Intellektualismus (PhS 16) ärgerte und den Satz formulierte: »Für die Dogmatik ist das Leben grau und die Dogmatik für das Leben« (PhS 120), so hat er sich allezeit als Historiker wie als Christ dem ‚Leben' verschworen — auf Kosten der systematischen Durchdringung mancher gewichtiger Fragen.

Weil für HEGEL die Philosophie und die Religion denselben Gegenstand hatten, ja weil HEGELs Philosophie Religion war, ist WELLHAUSEN in ganz anderen Bereichen als den von HEGEL inspirierten verwurzelt. Will man sich nicht auf J. G. HAMANNs Ausspruch berufen, »die Dogmatiker« seien »die größten Spötter der wundervollen Werke Gottes« (W I 221), so mag man sich doch an RANKE erinnern, der unter der literarischen Anleitung DE WETTEs sich zwar die beiden Testamente erarbeitete, aber selber gestand: »Tiefer in das Innere, bis zur Dogmatik selbst, bin ich nicht aufgestiegen« (SW LIII/LIV 29). Und zu einer Zeit, da VATKE noch meinte, mit der HEGELschen Philosophie Gott und Welt umspannen und begreifen zu können, schrieb

---

Zustände vorbereitet worden, sondern das Christenthum ist eine plötzliche göttliche Erscheinung; wie denn überhaupt die großen Productionen des Genies den Charakter des unmittelbar Erleuchteten an sich tragen« (WG IX 11).

[68] KG 15 (Hervorhebung von W.).

[69] Vgl. PhS 20f., wo sich WELLHAUSEN über die Pharisäer als die »Virtuosen der Religion« ausspricht und mit dem Neuen Testament »ihr inquisitorisches Wesen, ihr ewiges Richten und Controlieren« verabscheut, »da kein Amt sie berechtigte und kein prophetischer Enthusiasmus sie zwang«; »der jüdische Bildungshochmuth hat in dieser Kaste seine hervorragendsten Vertreter«.

[70] SCHWARTZ 332. ED. SCHWARTZ ergänzt in diesem Zusammenhang unter Zitierung aus WELLHAUSENs Aufzeichnungen: »Die spekulative Art der Tübinger stieß ihn ab, wie er auch später die griechischen Philosophen mehr ‚um ihrer Form und Sprache als des Inhalts willen' studierte«.

der junge K. H. Graf an seinen Lehrer Reuss die (in systematisch-theologischer Hinsicht wirklich zwielichtigen) Sätze:

> »Von aller Dogmatik bleiben mir im Grunde nur die zwei unumstößlichen Fakten, das Sittengesetz und das religiöse Gefühl, und mit einer Philosophie oder Theologie welche entweder das eine oder das andere verkennt, werde ich mich nie befreunden. Die Erfahrung muß mir eine Dogmatik machen; mit allen Systemen kömmt man zu nichts, und ich kehre immer mit Freuden wieder zur Exegese, Kritik und Geschichte zurück, wo man doch zu Resultaten kommen kann«[71].

Nun hat schon H. Cohen in seinem ‚Abschiedsgruß‘ von 1918 Wellhausen auf dieser Linie charakterisiert und damit zugleich freilich die Frage nach der theologischen Relevanz seiner Geschichtsschreibung provoziert.

> Cohen gibt zu bedenken, daß Wellhausen »nicht Philosoph und daher auch gar nicht Dogmatiker war, sondern daß sein Gemüt und sein Charakter ihn mit der Religion verbanden. Er sagte mir einmal von einem berühmten Theologen, daß dieser nur den Verstand, nicht das Herz für die Religion hätte. Dieses Wort ist charakteristisch für Wellhausen. Die dogmatische Dialektik, mochte sie sich auf Gott, oder auf Christus beziehen, lag nicht in der Richtung seines Geistes« (463 f.). Gegenüber »allen welthistorischen Zukunftsplänen und daher auch aller Geschichtsphilosophie« bewirkte schon »die Genauigkeit seines wissenschaftlichen Denkens und Forschens« erhebliche Abgrenzungen; aber »die hauptsächlichste Hemmung gegen alle philosophische Religiosität lag doch in der Stärke, Treue und Sicherheit seines naiven Kinderglaubens« (464).

Boschwitz hat diese Äußerungen des mit Wellhausen vertrauten Cohen aufgenommen und aus ihnen den Schluß gezogen: »Wellhausen ist in dem selben Sinne nicht Theologe und will es nicht sein, in dem er nicht Philosoph ist und es nicht sein will . . . Und in seinem Verhalten zur Geschichte rivalisiert er mit dem ‚Dogmatiker‘« (48). Boschwitz beruft sich dazu auch auf einen Brief Wellhausens an Justi, in dem es heißt: »Mein Naturell ist anders als Cohens, und ich pfeife auf die humanistische Philosophie, die gewöhnlich doch nur nachdenkt, was von anderen intuitiv vorgedacht oder von ganzen Völkern und Gemeinschaften erlebt ist«[72].

Hier muß aber um der notwendigen Differenzierung willen Einspruch erhoben werden. Zwar war Wellhausen weder Philosoph noch Geschichtsphilosoph (vgl. auch Cohen 465); aber man müßte wohl die Theologiegeschichte, insonderheit die Geschichte der Bibelforschung, erheblich zusammenstreichen, wenn man das Kriterium des Theologischen ausschließlich in der der Philosophie tatsächlich strukturverwandten systematischen Theologie suchen wollte: *Darin* lag Wellhausens Stärke gewiß nicht und *darin* ist er vielleicht auch vielen

---

[71] Reuss/Graf 110 (7. 3. 1841).
[72] Zitiert nach Boschwitz 48 (19. 7. 1906).

vieles schuldig geblieben — was aus der Debatte um sein Werk zu ersehen ist.

Indes schrieb WELLHAUSEN 1872 an DILLMANN: »Pectus est quod facit theologum ist ein Satz, der doch eigentlich nicht vom Theologen, sondern vom Menschen und vom Christen gilt. Den Theologen macht die Theologie, d. h. die Wissenschaft: daß er ein Mann und ein Christ sei, ist Voraussetzung — nicht bloß beim Theologen«[73]. Damit erhebt WELL-HAUSEN also den Anspruch auf die Wissenschaftlichkeit *und* auf den theologischen Charakter seiner Arbeit. Vergleicht man diese Aussage mit seinen zahllosen Wendungen gegen die theologische Systematik, dann muß er offenbar die biblische Kritik und die historische Dar-stellung der Religion und Geschichte Israels als eine eminent *theolo-gische* Aufgabe verstanden haben[74]! R. SEEBERGS Frage, »was denn dies alles mit der Theologie zu schaffen« habe[75], und KÄHLERS Ein-wand, das Alte Testament sei »weitgehend in die Ecke geschoben, weil man bei der Wellhausenschen Hypothese nichts mit ihm anzufangen weiß«, sowie schließlich KÄHLERS in diesem Zusammenhang vorge-tragene Forderung nach der »Möglichkeit einer Theologie« (273) der Bibelforschung können sich jedenfalls nicht auf einen völligen Mangel an theologischem Problembewußtsein bei WELLHAUSEN berufen. Man braucht sich dazu nur seine diese Fragen betreffende Würdigung EWALDS zu vergegenwärtigen:

»Seinem Interesse für die Sprache der Bibel war das Interesse für ihren Inhalt mindestens gleich. Die Religion stand für ihn in der Bibel; sein gelehrtes Studium sollte ihm das Verständnis der Bibel eröffnen, damit er ihren ewigen Gehalt erkennen und praktisch verwerthen könne: er hatte das vollkommenste Zutrauen sowohl zur Wissen-schaft wie zum Christenthum und lebte im besten Frieden mit beiden« (E 72).

Sieht man von den eher in einer Biographie aufzuarbeitenden Fragen BARNIKOLS nach WELLHAUSENS Verhältnis zu EWALD und den verschiedenen theologischen Parteien in Greifswald im Rahmen der vorliegenden Untersuchung einmal ab, dann bleibt doch die — von

---

[73] Zitiert nach BARNIKOL 703. Vgl. dazu KÄHLER (119) über das Programm NEANDERS: »Das Christentum ist Leben. Er pflegte das auch so auszudrücken, daß er das Wort des antiken Redners: pectus est, quod diserzos facit (Quintilian, de institutione oratoria 10, 7), abwandelte zu: pectus est, quod theologum facit«.
Hier ist ein Vergleich mit NIEBUHR wieder interessant. Für ihn erforderte das Studium der alten Geschichte neben der philologischen Kenntnis und dem geschicht-lichen Urteil »vor allen Dingen Gewissenhaftigkeit und Redlichkeit, fern von Schein und Eitelkeit, gewissenhaften Wandel vor Gottes Angesicht. Wohl zu beherzigen ist der Ausspruch früherer Zeiten, daß Gelehrsamkeit eine Frucht der Redlichkeit und der Frömmigkeit ist« (Vortr. I 75).

[74] Vgl. FR. HESSE, Die Erforschung der Geschichte Israels als theologische Aufgabe, KuD, 4. Jg., 1958, 1—19.

[75] Die Kirche Deutschlands im 19. Jahrhundert. Leipzig 1903, 332.

BARNIKOL nur paradigmatisch gestellte und auf die Möglichkeit einer negativen Beeinflussung durch WILAMOWITZ zugespitzte — Frage übrig, ob und inwiefern WELLHAUSEN Theologe war[76].

In seinen ‚Erinnerungen' hat WILAMOWITZ eine ziemlich ausführliche Charakterisierung WELLHAUSENS versucht. Hier werden zwischen den beiden Gelehrten »manche Unterschiede in ernstem Glaube und freiem Denken« (E 189) festgehalten, und der »Hellenist« legt »dem Theologieprofessor« in bewußter Unterscheidung die »Heidenverse« »als Christgeschenk ... unter den Tannenbaum« (E 189). Für WILAMOWITZ' Blick ist WELLHAUSEN »immer Christ geblieben ... Er ist auch Theologe geblieben; daraus erklärt sich die ganze Haltung seiner Geschichte« (E 189).

Nun ist die Frage, ob WELLHAUSEN ein Christ war, weder hier noch überhaupt ein Gegenstand wissenschaftlicher Untersuchung. Da mag man sich an den Brief halten, den er am 16. 5. 1896 an JUSTI schrieb: »Ich halte es doch für ein rechtes Glück, daß wir keine Heiden mehr sind; in dieser Hinsicht bin ich nicht romantisch«[77]. Die Frage aber, inwiefern er Theologe war, entscheidet sich im Grunde an der viel weiter gespannten Frage nach dem Verhältnis von historischer und theologischer Betrachtung überhaupt. In der neueren theologischen Diskussion um diese Frage finden sich — neben vielen und ganz anderen — zwei auf das Alte Testament zugespitzte Lösungen, die der WELLHAUSENschen zumindest nahestehen. Der eine Standpunkt wird prototypisch von O. EISSFELDT ausgedrückt:

»Die historische Betrachtungsweise einerseits und die theologische andererseits gehören zwei verschiedenen Ebenen an. Sie entsprechen zwei verschieden gearteten Funktionen unsres Geistes, dem Erkennen und dem Glauben ... So gilt es, beide Betrachtungsweisen in ihrer unbeschränkten Selbständigkeit zu belassen und die zwischen

---

[76] Als kennzeichnend für WELLHAUSENS Art mag nur ein Satz aus einem Brief an DILLMANN von 1875 zitiert werden: »Daß die Wissenschaft etwas für die Erneuerung der Kirche thun kann, glaube auch ich; aber ich hasse die directe Anwendung der s. g. Wissenschaft aufs Leben in der Weise, wie es z. B. Pfleiderer oder Holtzmann thun. Damit die Wissenschaft aufs Leben wirke, muß sie doch vor allen Dingen Wissenschaft sein und ihrem eigenen Begriffe entsprechen« (Zitiert nach BARNIKOL 705). Was hier Grundsatz ist, erscheint bei dem fünfzigjährigen und gerade durch *kirchlichen* Widerspruch geplagten WELLHAUSEN schon als der Wunsch, »mihi cantare et Musis« (1. 6. 1895; zitiert nach BOSCHWITZ 16). Für BOSCHWITZ war WELLHAUSENS »Frömmigkeit und Christlichkeit ... grundsätzlich nicht von der Art, daß Ergebnisse der historischen Kritik sie überhaupt beeinträchtigen *konnten*« (80; Hervorhebung von B.).

Gegen BARNIKOLS Einwand, WELLHAUSEN habe nur den halben EWALD, d. h. wohl dessen Kritik und Geschichtsbild, nicht aber die »Bibel-Gebundenheit« (BARNIKOL 702) übernommen, muß man, modifizierend, WELLHAUSEN selber zitieren: »Mich interessierte Ewald und darum die Bibel«, »Ewald hat mich gerettet, der damals meist verlacht wurde« (SCHWARTZ 333).

[77] Zitiert nach BOSCHWITZ 73 f.

ihnen bestehende Spannung zu ertragen, selbst dann, wenn diese zeitweilig dem Frommen Qual und Anfechtung wird und vielleicht werden muß«[78].

Der andere Standpunkt, der der Identifizierung der Betrachtungsweisen, findet sich — wiederum prototypisch — in FR. HESSES These: »Die Erforschung der Geschichte Israels ist eine theologische Aufgabe« (1).

»Es kann darum nicht die Aufgabe derer sein, die sich als Theologen mit der Geschichte Israels befassen, die Geschichte dieses Volkes so darzustellen, daß an möglichst vielen Punkten die Einzigartigkeit dieser Geschichte erwiesen würde« (2). HESSE zitiert in diesem Zusammenhang einige Sätze aus J. KÖBERLE, ,Sünde und Gnade im religiösen Leben des Volkes Israel bis auf Christum' (1905): »Die göttliche Offenbarung hat nicht ihre Geschichte neben und außerhalb der ,profanen' Geschichte Israels, sondern in ihr; sie nimmt die gesamte Geschichte, äußere wie innere, auf und durchdringt sie. Sie ist nicht Mitteilung von religiösen Lehren, sondern erweist sich in einer Kette von Tatsachen, freilich zumeist geistiger Art, so daß religiöse Erkenntnis ohne Zweifel mit dazu zu rechnen ist. Je vollkommener wir die Zusammenhänge der politischen, wirtschaftlichen, kulturellen, namentlich aber der geistigen Geschichte Israels erkennen, um so vollkommener wird sich auch die Realität göttlicher Einwirkung in ihr erkennen lassen« (HESSE 9 = KÖBERLE 2).

VATKES Werk hatte gegenüber dem WELLHAUSENS den großen Vorzug, die theologisch-hermeneutische Frage vehement gestellt und in gründlicher Reflexion systematisch beantwortet zu haben — von den Zwängen des Systems hier einmal abgesehen. Ein so differenziertes systematisch-theologisches Problembewußtsein wird man WELLHAUSEN nicht zugestehen können. Daß er seine historische Forschung — trotz und nach seinem Ausscheiden aus der theologischen Fakultät — als *theologische* Arbeit verstand, ist evident geworden. Im Zuge der antidogmatischen Strömung seiner Zeit und auf den Spuren der großen und von ihm auch verehrten Profanhistoriker schrieb er seine Darstellung der Religion und Geschichte Israels. Er gab seine Resultate der — fremden, nicht der eigenen — theologischen Systematisierung frei. In einer arbeitsteiligen Wissenschaft und Theologie beschränkte er sich auf seine Aufgabe: die des Historikers; die aber erfüllte er meisterhaft.

---

[78] Israelitisch-Jüdische Religionsgeschichte und Alttestamentliche Theologie, Kl. Schr. I 105—114; Zitat: 109 (zuerst: ZAW 44, 1926, 1—12).

LITERATURVERZEICHNIS

Das Verzeichnis enthält nur eine Auswahl der am häufigsten zitierten Literatur. Bei Autoren, die nur mit *einem* Werk vertreten sind, wird der Name mit der bloßen Seitenzahl zitiert. Ist ein Autor mit mehreren Werken vertreten, wird eine der im Literaturverzeichnis angegebenen Abkürzungen für das einzelne Werk benutzt. Wo im Text der Untersuchung Zitate nur mit einer Seitenzahl belegt sind, geht der Autor aus dem direkten Zusammenhang hervor. In Zitaten älterer Autoren werden lediglich die ‚s'-Laute der modernen Orthographie angepaßt. Allgemeine Abkürzungen nach RGG³.

BR. BAENTSCH, Geschichtsconstruction oder Wissenschaft? Halle 1896

E. BARNIKOL, Wellhausens Briefe aus seiner Greifswalder Zeit (1872—1879) an den anderen Heinrich Ewald-Schüler Dillmann, Wiss. Z. Univ. Halle, Ges.-Sprachw. VI/5, Halle 1957, 701—712 (= Gottes ist der Orient, Festschr. für O. EISSFELDT, Berlin 1959, 28—39)

P. BARTH, Die Geschichtsphilosophie Hegels und der Hegelianer bis auf Marx und Hartmann, Leipzig 1890

W. BAUMGARTNER, Wellhausen und der heutige Stand der alttestamentlichen Wissenschaft, ThR, N. F. 2, 1930, 287—307

H. BENECKE, Wilhelm Vatke in seinem Leben und seinen Schriften, Bonn 1883

FR. BLEEK, Einleitung in das Alte Testament, 4. Aufl., bearbeitet von J. WELLHAUSEN, Berlin 1878 = BLEEK-WELLHAUSEN

FR. BOSCHWITZ, Julius Wellhausen — Motive und Maßstäbe seiner Geschichtsschreibung, Diss. phil. Marburg 1938

J. BURCKHARDT, Weltgeschichtliche Betrachtungen (Kröners Taschenausgabe, Bd. 55), Stuttgart 1955

H. COHEN, Julius Wellhausen — Ein Abschiedsgruß, Jüdische Schriften, 2. Bd., Berlin 1924, 463—468

R. G. COLLINGWOOD, Philosophie der Geschichte, Stuttgart 1955

A. COMTE, Abhandlung über den Geist des Positivismus, übers. u. herausg. von FR. SEBRECHT (Philos. Bibl., Bd. 155), Leipzig 1915

B. CROCE, Theorie und Geschichte der Historiographie, Tübingen 1930

L. DIESTEL, Geschichte des Alten Testamentes in der christlichen Kirche, Jena 1869

W. DILTHEY, Ges. Schriften, 4. Bd.: Die Jugendgeschichte Hegels und andere Abhandlungen zur Geschichte des deutschen Idealismus, 2. Aufl., Leipzig und Berlin 1925

FR. DITTMANN, Der Begriff des Volksgeistes bei Hegel, Leipzig 1909

J. G. DROYSEN, Historik, herausg. von R. HÜBNER, 3. Aufl., München 1958

B. DUHM, Die Theologie der Propheten als Grundlage für die innere Entwicklungsgeschichte der israelitischen Religion, Bonn 1875

O. Eissfeldt, Kleine Schriften, herausg. von R. Sellheim und Fr. Maass, 1. Bd., Tübingen 1962 = Kl. Schr. I

J. E. Erdmann, Versuch einer wissenschaftlichen Darstellung der Geschichte der neuern Philosophie, 3. Abt.: Die Entwicklung der deutschen Spekulation seit Kant, Bd. I—III (Faksimile-Neudruck), Stuttgart 1931 = Erdmann I—III

H. Ewald, Rez. über: W. Vatke, Die biblische Theologie . . ., in: Jahrbücher für wissenschaftliche Kritik, Berlin 1836, 1. Bd., 81—91

—, Geschichte des Volkes Israel, 3. Ausg., 1.—5. Bd., Göttingen 1864—1867 = Ewald I—V

J. G. Fichte, Sämmtl. Werke, herausg. von J. H. Fichte, 7. Bd., Berlin 1846 (S. 1 bis 256: Die Grundzüge des gegenwärtigen Zeitalters)

Ed. Fueter, Geschichte der neueren Historiographie, 2. Aufl., München und Berlin 1925

K. H. Graf, Die geschichtlichen Bücher des Alten Testaments, Leipzig 1866

J. G. Hamann, Sämtl. Werke, herausg. von J. Nadler, 1.—3. Bd., Wien 1949ff. = W I—III

—, Briefwechsel, herausg. von W. Ziesemer und A. Henkel, 1.—4. Bd., Wiesbaden 1955ff. = B I—IV

N. Hartmann, Die Philosophie des deutschen Idealismus, 1. Teil: Fichte, Schelling und die Romantik; 2. Teil: Hegel, Berlin und Leipzig 1923 und 1929 = Hartmann I. II

R. Haym, Hegel und seine Zeit, Berlin 1857

G. W. Fr. Hegel, Sämtl. Werke, herausg. von G. Lasson:
Bd. VIII, Die Vernunft in der Geschichte, 2. Aufl. (Philos. Bibl., Bd. 171a), 1920 = GPh
Bd. IX, Philosophie der Weltgeschichte, 2. Aufl. (Philos. Bibl., Bd. 171b—d), 1923 = GPh
(Die Bde. VIII und IX haben durchgehende Zählung)
Bd. XII, Vorlesungen über die Philosophie der Religion, 1. Teil: Begriff der Religion (Philos. Bibl., Bd. 59), 1925 = RPh
Bd. XIII, Vorlesungen über die Philosophie der Religion, 2. Teil: Die bestimmte Religion, 1. Kap.: Die Naturreligion (Philos. Bibl., Bd. 60), 1927 = RPhA
Bd. XIII, Vorlesungen über die Philosophie der Religion, 2. Teil, 2. Kap.: Die Religionen der geistigen Individualität (Philos. Bibl., Bd. 61), 1927 = RPhB
Bd. XIV, Vorlesungen über die Philosophie der Religion, 3. Teil: Die absolute Religion (Philos. Bibl., Bd. 63), 1929=RPhC

—, Sämtl. Werke, herausg. von H. Glockner (Jubiläums-Ausgabe):
Bd. I, Aufsätze aus dem kritischen Journal der Philosophie und andere Schriften aus der Jenenser Zeit, 3. Aufl., 1958 = SW I
Bd. II, Phänomenologie des Geistes, 3. Aufl., 1951 = SW II
Bd. VI, Enzyklopädie der philosophischen Wissenschaften im Grundrisse, 3. Aufl., 1956 = SW VI (=Heidelb. Enzykl.)
Bd. VIII—X, System der Philosophie, 3. Aufl., 1958=SW VIII—X (=Große Enzykl.)

E. W. Hengstenberg, Die Authentie des Pentateuches, 1. Bd., Berlin 1836

J. G. Herder, Sämmtl. Werke, herausg. von B. Suphan, 1.—33. Bd., 1877—1913 = Herder I—XXXIII

Fr. Hesse, Die Erforschung der Geschichte Israels als theologische Aufgabe, KuD, 4. Jg., 1958, 1—19

C. Hinrichs, Ranke und die Geschichtstheologie der Goethezeit, Göttingen, Frankfurt, Berlin 1954

E. Hirsch, Geschichte der neuern evangelischen Theologie, 5. Bd., Gütersloh 1954

H. Holtzmann, Die Entwicklung des Religionsbegriffes in der Schule Hegels, Zeitschr. f. wissenschaftl. Theologie, 21. Jg., 1878, 208—227 und 353—399

W. v. Humboldt, Ges. Schriften, 1. Abt.: Werke, herausg. von A. Leitzmann, Bd. III und IV, Berlin 1904 und 1905 = Humboldt III. IV

A. Jepsen, Wellhausen in Greifswald, Festschr. z. 500-Jahrfeier d. Univ. Greifswald, 1956, II, 47—56

M. Kähler, Geschichte der protestantischen Dogmatik im 19. Jahrhundert, herausg. von E. Kähler (Theol. Bücherei, Bd. 16), München 1962

I. Kant, Ges. Schriften, herausg. von der Königlich Preußischen Akademie der Wissenschaften, 1. Abth.: Werke, Bd. VI—VIII, Berlin 1907 ff. = Kant VI—VIII

Fr. Kern, Geschichte und Entwicklung, Bern 1952

H.-J. Kraus, Geschichte der historisch-kritischen Erforschung des Alten Testaments, Neukirchen 1956

M. Kronenberg, Geschichte des deutschen Idealismus, 2 Bde. in einem Bd., München 1909 und 1912

R. Kroner, Von Kant bis Hegel, 2. Aufl. (2 Bde. in einem Bd.), Tübingen 1961 = Kroner I. II

A. Kuenen, Ges. Abhandlungen zur biblischen Wissenschaft, übers. von K. Budde, Freiburg und Leipzig 1894 = GA

—, Volksreligion und Weltreligion, Berlin 1883 = VW

K. Leese, Die Geschichtsphilosophie Hegels, Berlin 1922

G. E. Lessing, Sämtl. Schriften, herausg. von K. Lachmann, 3. Aufl. von Fr. Muncker, 13. Bd., Leipzig 1897 = Lessing XIII

K. Löwith, Von Hegel zu Nietzsche, 2. Aufl., Stuttgart 1950

W. Lütgert, Die Religion des deutschen Idealismus und ihr Ende: 1. Teil, 2. Aufl., Gütersloh 1923; 2. Teil, 3. Aufl., 1929; 3. Teil, 1. Aufl., 1925; 4. Teil, 1. Aufl., 1930 = Lütgert I—IV

G. Masur, Rankes Begriff der Weltgeschichte, München und Berlin 1926

Fr. Meinecke, Werke, Bd. III: Die Entstehung des Historismus, herausg. von C. Hinrichs, München 1959; Bd. IV: Zur Theorie und Philosophie der Geschichte, herausg. von E. Kessel, Stuttgart 1959 = Meinecke III. IV

—, Vom geschichtlichen Sinn und vom Sinn der Geschichte, 3. Aufl., Leipzig 1939 = VgS

Ed. Meyer, Kleine Schriften, 1. Bd., 2. Aufl., Halle 1924 = Kl. Schr. I

Th. Mommsen, Reden und Aufsätze, Berlin 1905 = RA

—, Römische Geschichte, 1. Bd., 2. Aufl., Berlin 1856 = RG

B. G. Niebuhr, Kleine historische und philologische Schriften: 1. Sammlung, Bonn 1828; 2. Sammlung, Bonn 1843 = Schr. I. II

—, Historische und philologische Vorträge:
1. Abt. (herausg. von M. Isler), 1. Bd., Berlin 1846;
2. Abt. (herausg. von M. Niebuhr), 1. Bd., Berlin 1847 = Vortr. I. II

—, Die Briefe B. G. Niebuhrs, herausg. von D. Gerhard und W. Norvin, Bd. I und II, Berlin 1926 und 1929 = Br. I. II

Fr. Nietzsche, Werke, 1. Abt., Bd. I, Leipzig 1899 = Nietzsche I

C. I. Nitzsch, Übersicht der systematisch-theologischen Litteratur seit dem Jahre 1834, ThStKr 9, 1836, 1093 ff.

Th. Nöldeke, Untersuchungen zur Kritik des Alten Testaments, Kiel 1869

J. Pedersen, Die Auffassung vom Alten Testament, ZAW 49, 1931, 161—181

L. v. Ranke, Sämmtl. Werke:
Bd. 24, Leipzig 1872 = SW XXIV
Bd. 49/50, Leipzig 1887 = SW IL/L
Bd. 53/54, Leipzig 1890 = SW LIII/LIV

—, Weltgeschichte, 1. Theil, 5. Aufl., Leipzig 1896 = WG I

—, Weltgeschichte, 9. Theil, 2. Abt., 1.—3. Aufl., herausg. von A. Dove, Leipzig 1888 = WG IX

Ed. Reuss, Die Geschichte der heiligen Schriften Alten Testaments, 2. Ausg., Braunschweig 1890 = Gesch.

—, Ed. Reuss' Briefwechsel mit seinem Schüler und Freunde Karl Heinrich Graf, herausg. von K. Budde und H. J. Holtzmann, Gießen 1904 = Reuss/Graf

M. Ritter, Die Entwicklung der Geschichtswissenschaft, München und Berlin 1919

E. Rothacker, Mensch und Geschichte, Bonn 1950

F. W. J. Schelling, Vorlesungen über die Methode des academischen Studiums, 3. Ausg., Stuttgart und Tübingen 1830

D. Schenkel, Die Aufgabe der biblischen Theologie in dem gegenwärtigen Entwicklungsstadium der theologischen Wissenschaft, ThStKr 25, 1852, 40—66

Fr. Schiller, Werke, herausg. von L. Bellermann, 8. Bd., 2. Ausg., Leipzig o. J. = Schiller VIII

Fr. v. Schlegel, Sämmtl. Werke, 2. Original-Ausg., 13. und 14. Bd., Wien 1846 = Schlegel XIII. XIV

Fr. Schleiermacher, Der christliche Glaube, 6. Ausg., 2. Bd., Berlin 1884 = Schleiermacher II

Fr. Schnabel, Deutsche Geschichte im 19. Jahrhundert, 3. Bd., 2. Aufl., Freiburg 1950 = Schnabel III

H. Schoeck, Soziologie — Geschichte ihrer Probleme (Orbis Academicus I/3), Freiburg/München 1952

Ed. Schwartz, Julius Wellhausen, Ges. Schriften, 1. Bd., Berlin 1938, 326—361 (= Nachrichten von der Kgl. Gesellschaft der Wissenschaften zu Göttingen, Geschäftl. Mitteilungen, 1918, 43—70)

E. Simon, Ranke und Hegel (Historische Zeitschrift, Beiheft 15), München und Berlin 1928

R. SMEND, W. M. L. de Wettes Arbeit am Alten und am Neuen Testament, Basel 1958
= WA

—, De Wette und das Verhältnis zwischen historischer Bibelkritik und philosophischem System im 19. Jahrhundert, ThZ, 14. Jg., 1958, 107—119 = WV

—, Universalismus und Partikularismus in der Alttestamentlichen Theologie des
19. Jahrhunderts, EvTh, 22. Jg., 1962, 169—179 = UP

W. R. SMITH, Die Religion der Semiten, Freiburg 1899

H. RITTER V. SRBIK, Geist und Geschichte vom deutschen Humanismus bis zur Gegenwart: 1. Bd., München 1950; 2. Bd., München 1951 = SRBIK I. II

R. STADELMANN, Der historische Sinn bei Herder, Halle 1928

E. TROELTSCH, Ges. Schriften, 3. Bd.: Der Historismus und seine Probleme, Tübingen
1922 = TROELTSCH III

W. VATKE, Die biblische Theologie wissenschaftlich dargestellt, 1. Bd.: Die Religion
des Alten Testamentes, Berlin 1835 = RAT

M. WEBER, Ges. Aufsätze zur Religionssoziologie, III.: Das antike Judentum, Tübingen 1921 = WEBER III

J. WELLHAUSEN, Die Pharisäer und die Sadducäer, Greifswald 1874 = PhS

—, Die Composition des Hexateuchs und der historischen Bücher des Alten Testaments, 3. Aufl., Berlin 1899 = C

—, Geschichte Israels, 1. Bd., Berlin 1878 = P

—, Prolegomena zur Geschichte Israels (Zweite Ausg. der Geschichte Israels, Bd. I),
Berlin 1883 = P^2

—, Prolegomena zur Geschichte Israels, 6. Ausg., Berlin und Leipzig 1927 = P^6

—, Abriß der Geschichte Israels und Juda's (Skizzen und Vorarbeiten, 1. Heft,
3—102), Berlin 1884 = Abriß

—, Israelitische und Jüdische Geschichte, Berlin 1894 = G^1

—, Israelitische und Jüdische Geschichte, 9. Aufl., Berlin 1958 = G

—, Israelitisch-Jüdische Religion, in: Die Kultur der Gegenwart, Teil I, Abt. IV,
Berlin und Leipzig 1906 = KG

—, Reste arabischen Heidentums (Skizzen und Vorarbeiten, 3. Heft), 3. Aufl., Berlin 1961 = RaH

—, Das arabische Reich und sein Sturz, 2. Aufl., Berlin 1960 = aR

—, Zur apokalyptischen Literatur (Skizzen und Vorarbeiten, 6. Heft, 215—249),
Berlin 1899 = aL

—, Heinrich Ewald, Festschrift zur Feier des Hundertfünfzigjährigen Bestehens
der Königlichen Gesellschaft der Wissenschaften zu Göttingen, Berlin 1901,
61—88 = E

—, Einleitung in die drei ersten Evangelien, 2. Ausg., Berlin 1911 = Einl.

—, Das Evangelium Johannis, Berlin 1908 = EJ

W. M. L. DE WETTE, Über Religion und Theologie, Berlin 1815 = RTh

—, Lehrbuch der hebräisch-jüdischen Archäologie, 2. Aufl., Leipzig 1830 (1814^1) = A

—, Lehrbuch der christlichen Dogmatik, in ihrer historischen Entwickelung dargestellt:

1. Theil: Biblische Dogmatik Alten und Neuen Testaments oder kritische Darstellung der Religionslehre des Hebraismus, des Judenthums und Urchristenthums, 3. Aufl., Berlin 1831 (1813[1]) = D I

2. Theil: Dogmatik der evangelisch-lutherischen Kirche nach den symbolischen Büchern und den älteren Dogmatikern, 2. Aufl., Berlin 1821 (1816[1]) = D II

—, Rez. über: W. VATKE, Die biblische Theologie . . ., in: ThStKr 10, 1837, 947 — 1003 = RV

—, Briefwechsel mit H. HUPFELD, herausg. von R. HUPFELD, NZsTh, 5. Bd., 1963, 54—96 = Br.

U. V. WILAMOWITZ-MOELLENDORFF, Erinnerungen, 2. Aufl., Leipzig o. J. (1928) = E

—, Der Glaube der Hellenen, 2. Aufl., 2 Bde., Darmstadt 1955 = H I. II

Beihefte zur Zeitschrift
für die alttestamentliche Wissenschaft

Herausgegeben von Georg Fohrer

Zuletzt erschienen :

67. DAS ETHOS DES ALTEN TESTAMENTS.
Von *Johannes Hempel*. 2., ergänzte Auflage. XII, 343 Seiten. 1964. Ganzleinen DM 58,—

82. WÄCHTER ÜBER ISRAEL. Ezechiel und seine Tradition.
Von *Henning Graf Reventlow*. VIII, 173 Seiten. 1962. DM 26,—

83. DIE FARBEN IM ALTEN TESTAMENT. Eine terminologische Studie.
Von *Roland Gradwohl*. XIII, 116 Seiten. 1962. DM 20,—

84. MEMAR MARQAH. The Teaching of Marquah. 2 Bände.
Edited and translated by *John Macdonald*. I. The Text. XLIII, 178 Seiten. II. The Translation. IV, 256 Seiten. 1963. DM 68,—

85. DER TRADITIONSGESCHICHTLICHE HINTERGRUND DER PROPHETISCHEN GERICHTSREDEN.
Von *Eberhard von Waldow*. VIII, 53 Seiten. 1963. DM 10,—

86. BENJAMIN. Untersuchungen zur Entstehung und Geschichte eines israelitischen Stammes.
Von *Klaus-Dietrich Schunck*. VIII, 188 Seiten. 1963. DM 32,—

87. SALBUNG ALS RECHTSAKT IM ALTEN TESTAMENT UND IM ALTEN ORIENT.
Von *Ernst Kutsch*. X, 78 Seiten. 1963. DM 18,—

88. UNTERSUCHUNGEN ZUR ISRAELITISCH-JÜDISCHEN CHRONOLOGIE.
Von *Alfred Jepsen* und *Robert Hanhart*. VI, 96 Seiten. 1964. DM 18,—

89. BIBLIOGRAPHIE ZU DEN HANDSCHRIFTEN VOM TOTEN MEER. II. Nr. 1557—4459
Von *Christoph Burchard*. XX, 359 Seiten. 1965. Ganzleinen DM 84,—

90. TETRATEUCH, PENTATEUCH, HEXATEUCH. Die Berichte über die Landnahme in den drei israelitischen Geschichtswerken.
Von *Sigmund Mowinckel*. VI, 87 Seiten. 1964. DM 18,—

91. ÜBERLIEFERUNG UND GESCHICHTE DES EXODUS. Eine Analyse von Exodus 1—15.
Von *Georg Fohrer*. VI, 125 Seiten. 1964. Ganzleinen DM 24,—

92. ERWÄHLUNGSTHEOLOGIE UND UNIVERSALISMUS IM ALTEN TESTAMENT.
Von *Peter Altmann*. IV, 31 Seiten. 1964. DM 9,—

93. DAS ALTISRAELITISCHE LADEHEILIGTUM.
Von *Johann Maier*. X, 87 Seiten. 1965. Ganzleinen DM 21,—

95. STAMMESSPRUCH UND GESCHICHTE. Die Angaben der Stammessprüche von Gen 49, Dtn 33 und Jdc 5 über die politischen und kultischen Zustände im damaligen „Israel". Von *Hans-Jürgen Zobel*. Etwa 192 Seiten. 1965. Ganzleinen etwa DM 39,—

96. DIE LEXIKALISCHEN UND GRAMMATIKALISCHEN ARAMAISMEN IM ALTTESTAMENTLICHEN HEBRÄISCH.
Von *Max Wagner*. Etwa 176 Seiten. 1965. Ganzleinen etwa DM 36,—

Lieferungsmöglichkeiten und Preise der früheren Hefte auf Anfrage

VERLAG ALFRED TÖPELMANN · BERLIN 30

JOHANNES HEMPEL

Glaube, Mythos und Geschichte im Alten Testament

Oktav. 61 Seiten. 1954. DM 6,80

(Sonderdruck aus Zeitschrift für die alttestamentliche Wissenschaft)

MARTIN NOTH

Die Welt des Alten Testaments

Einführung in die Grenzgebiete der Alttestamentlichen Wissenschaft

4., neubearbeitete Auflage. Groß-Oktav. Mit 10 Textabbildungen und 1 Tafel.
XVI, 355 Seiten. 1962. Ganzleinen DM 28,—

(Sammlung Töpelmann Reihe II, Band 3)

ERNST LUDWIG EHRLICH

Geschichte Israels

Von den Anfängen bis zur Zerstörung des Tempels (70 n. Chr.)

Klein-Oktav. Mit 1 Karte. 158 Seiten. 1958. DM 5,80

(Sammlung Göschen Band 231/231 a; Walter de Gruyter & Co.)

JOHANNES HEMPEL

Geschichte der israelitischen und jüdischen Religion

In Vorbereitung

(Sammlung Töpelmann I, Band 7)

ROLF RENDTORFF

Einführung in das Alte Testament

Geschichte, Literatur und Religion Israels

In Vorbereitung

(Sammlung Töpelmann I, Band 1)

MICHAEL AVI-YONAH

Geschichte der Juden im Zeitalter des Talmud

In den Tagen von Rom und Byzanz

Groß-Oktav. XVI, 290 Seiten. 1962. Ganzleinen DM 38,—

(Studia Judaica Band 2; Walter de Gruyter & Co.)

GERSHOM SCHOLEM

Ursprünge und Anfänge der Kabbala

Groß-Oktav. X, 434 Seiten. 1962. Ganzleinen DM 48,—

(Studia Judaica Band 3; Walter de Gruyter & Co.)

VERLAG ALFRED TÖPELMANN · BERLIN 30

The City - New Town or Home Town?

FELIZITAS LENZ-ROMEISS

The City-New Town or Home Town?

Translated by EDITH KÜSTNER
and J. A. UNDERWOOD

PRAEGER PUBLISHERS
New York · Washington · London

Published in the United States of America in 1973

Praeger Publishers, Inc.
111 Fourth Avenue, New York, N.Y. 10003, U.S.A.
5 Cromwell Place, London, S.W.7. England

Originally published as *Die Stadt—Heimat oder Durchgangsstation?*
© 1970 by Verlag Georg D. W. Callwey, Munich
Translation © 1973 by The Pall Mall Press, London, England

Printed in Great Britain

Contents

For Reiner

Foreword

The reason so much stress is laid nowadays on 'inter-disciplinary co-operation'—i.e. collaboration between experts across the frontiers of their particular specialist domains —is that this is in fact the only way in which we are going to be able to deal with the problems of our society and of our environment. Problems of environmental planning especially have in recent years occupied an ever larger place in public discussion, and quite rightly so.

Every field of knowledge which is even remotely concerned with our environment has either spontaneously participated, or has been called upon by baffled planners for a contri-bution. This applies particularly to the fields of sociology and social psychology.

Environmental planning in the narrower sense of town-planning, however, was up until fairly recently the exclusive province of a few specialist fields such as architecture and civil engineering. Even today it is experts in these areas who dominate the planning scene. Anyone responding to the call for interdisciplinary co-operation in the sphere of environ-mental planning thereby ventures to some extent into one or other of these specialist fields, neither of which he really understands. In other words he is 'dabbling in other people's affairs'.

This tendency is particularly pronounced among sociol-ogists, which is why they are so unpopular. The fact is, however, that every field of knowledge has its social aspect somewhere, i.e. an area in which the sociologist has something to contribute. The planning of a town or city is clearly a particularly appropriate occasion for calling him in, and we have been treated over the last few years to a quantity of pamphlets relating the narrow-mindedly technical and economic aspects of planning to social realities. Not, of course, to any concrete effect. Sociologists and their colleagues from other disciplines rarely come that close to understanding one another.

In one essential respect, it is the sociologist who is to blame for this state of affairs. Partners in a dialogue—which is what the interdisciplinary planning process ought to be— can only understand one another if they speak the same language. Sociologists, however, have the unpleasant habit of speaking a language of their own, a private jargon which is not (yet) widely enough spoken to be comprehensible to all, although it is fast gaining ground as a new and fashionable kind of status symbol. Not that this sort of dissemination is worth very much, because all it amounts to in fact is that certain people adopt a few sociological catchwords and use them—in ways far removed from their original meaning—as cudgels in conversation with people who are even less informed about sociology than themselves.

Possibly this tendency on the part of most sociologists to employ incomprehensible terminology betrays a certain *élite* arrogance employed to guard against the everlasting application of sociology, i.e. against people continually putting sociological knowledge into practice, and rendering it intelligible to the general public, a process which is felt to involve a lowering of scientific standards.

To express complex questions in simple terms is no easy matter (as the reader of the present work will soon discover), but unless sociology wants to rob itself of its own future potential, both practical and scientific, it must make the attempt.

This is not to say that it ought not to have a specialist language of its own, as indeed every scientific discipline has. But unless sociology is prepared to break out of its own limitations and share its findings in discussion with the people whom those findings concern, it will never rise above the level of mere self-satisfied self-contemplation on the part of certain members of society who think they know better than the rest. The fact that as soon as one tries to put sociology across in a lucid and perhaps slightly simplified manner one is liable to be reproached by one's colleagues with being unscientific should not stop one trying all the same.

If, in addition, one ventures into a specialist field which one does not really understand, one exposes oneself, of course, to the further charge of 'dabbling'—and immediately finds oneself between two stools. And yet it is precisely this undoubtedly thankless task which the sociologist must undertake if he is to pursue his calling in the tradition in which lie a part of its roots, namely the tradition of the Enlightenment.

Kant held that enlightenment meant the liberation of man from the bondage for which he was himself to blame—a task which is as incumbent upon us today as it was in Kant's time. Granted we no longer need to combat despotic princes and autocratic landlords, but certain authoritarian structures as well as the inability of the individual to determine effectively his own fate are still with us today. These factors are merely no longer physically tangible.

Subtle mechanisms are at work in our environment, subjugating our psyches and keeping our awareness at a lower level than it need be at in view of the social and economic potential of our historical situation. We are deprived of alternatives as a result of a highly sophisticated process affecting the whole of society, a process for which no one person is to blame— as for example a despot might be— but for which we are all to blame and yet not to blame. Although disposing of an unprecedented wealth of technical knowledge and material resources, our society employs that wealth not for the ever necessary tasks of reform and renewal of human life, but simply to perpetuate existing situations. Present technological trends are simply extended without possible future alternatives being considered at all. The *status quo* is never called into question even for a moment.

More than ever it is the task of sociology and social psychology to recognize such extensions, subject them to critical examination, and explain to the members of society what is happening to them below their threshold of awareness.

That is one side of their task. The other side, just as urgent, is to take an active part in the planning of our society and to permeate with sociological thinking this concept of the environment based on the unquestioning acceptance of certain trends. This, however, involves nothing less than co-operation on a practical level with planners. But here there are certain specific problems in the way.

If the sociologist, out of a kind of neo-positivistic scientific idealism, shrinks from participating personally in the planning process, confining himself to an advisory role in which no decision is involved, then he is still in effect leaving the planner to his own devices, since it remains the latter who takes the actual decisions. And when from a critical standpoint sociology ceases to eschew value judgements and becomes normative, and when the sociologist starts to moralize, the process is often carried on at such a high level of abstraction as to be of little use to the planner also.

This, of course, merely reflects an even more basic handicap in the way of co-operation between sociology and practical planning, namely that sociology cannot provide any concrete, detailed information about the effect of spatial structures on social attitudes. The fact that the planners expect such information and the fact that it is not available make both planners and sociologists feel uneasy in their roles.

For the time being, then, sociology must (unfortunately) continue to confine itself, as far as planning is concerned, to the task of enlightenment. For this task a synthetic position in sociology's current methodological quarrel would seem to be indicated, and here I would like to join Klages in his plea for a 'projective sociology' that neither accepts as definitive, nor entirely rejects any of the current methodological approaches.

Such a sociology would, 'addressing itself to the readiness for and need for change evinced by society itself, submit social realities to the *test of potentiality*, allowing the horizon of what is possible, what is practicable, what is eligible, and what is determinable to become visible and thus—as opposed to the normally overwhelming monopoly of the "experiential" attributed to the present and actual—also amenable to knowledge and reflection.'[1]

Armed with this kind of programme, sociology will neither fall a prey to that unconditional hostility to system which bars it from collaboration in the work of reformation and thus deprives it of all potential effectiveness, nor to the dangers of blind attachment to system, in which research unwittingly becomes the confirmation of the currently prevalent. Instead it will combine analysis of the present and actual—from which any projection of possibilities must logically proceed—with the kind of concrete Utopia of assistance to the planner, whose thinking has to be orientated towards the future.

This 'programme for the futuristic extension of scientific rationality in the direction of imagination and the concrete

Utopia' (Klages) can also help sociology itself to break through the veto—as yet, in many branches, unspoken—concerning what is quantitatively verifiable. This would give free play, in the truest sense of the expression, to intellectual abilities which, out of revulsion against a stupid empiricism, have been driven into the camp of those with whom thought and reflection count for more than social facts.

Finally a 'projective sociology' will be able to examine critically from the point of view of their social content the trends evinced by the narrow-mindedly departmental thinking of officialdom and—at a more advanced stage—put forward ideas of its own.

The question raised in the title of the present work—whether the city is 'home' or mere transit station—is to be understood as being in express opposition to the belief in the absolute nature of one trend in particular, namely the trend towards increasing mobility. This analysis of the problems raised by such a question cannot, of course, begin to lay claim to the title of 'projective sociology'. It is mainly a matter of stimulating awareness of the problem of what may become of our cities if we go on regarding people as able and willing to be transplanted *ad lib*. Certain questions ought to be raised; perhaps they will eventually give rise to answers that will lead us to fresh environmental alternatives.

I have tried as far as possible to avoid the use of sociological jargon. I have not always been completely successful, and for this I ask the non-sociologist reader's forebearance. Sociologist readers on the other hand will, I hope, regard what they may feel to be my occasionally somewhat simplified language as an example of 'interdisciplinary co-operation'.

Lastly I should like to express my thanks to all who have helped me in any way in the completion of the present work: to Dr. W. Langenbucher of the Zeitungswissenschaftlichen Institut, Munich University, and Professor T. Sieverts of the

Statliche Hochschule für Bildende Künst, Berlin for their suggestions and encouragement, to all my architect friends, conversations with whom have pointed out the importance of the subject, and not least to Dr. P. H. Peters of Callwey Verlag for his support and assistance in the matter of publication.

Munich/Liverpool, Spring 1970   F. L.-R.

Even in an age when human beings are capable of super-human achievements, the human experience clearly remains more or less confined to the realm which we are able to dominate with our own forces . . . as opposed to the forces which we extract from unresisting natural resources, accumulate, and release at will. It is these latter forces that thrust us into situations and drive us at a pace that nature never intended for us; it is they that are responsible for that familiar feeling of emptiness at the centre of our achievements. Over and above a certain pace our capacity for experience can no longer keep up with events . . . We still go on calling it experience, of course, long after it has become mere titillation, an adventure in the void, the intoxication of cancelling oneself out, a kind of voluptuousness in being able to attenuate oneself to such a degree that one can go half-way round the world without experiencing anything at all.

I The bias in favour of mobility

Meanwhile the cliché of the 'mobile mass society' has become firmly lodged in the minds even of people normally not interested in social analysis. From the 'Jet Set' to the humblest package tourist, mobility has come to be regarded as a social norm, and the hints or importunate demands of advertising suggesting that in one way or another we start moving about the world influence our consumer desires and mark our way of life.

Airline companies promote the 'Getaway People', we all yearn continually for a whiff of the great wide world, and the annual holiday abroad has become a commodity like any other.

No one today can expect to spend his entire life practising the profession he has learned, and living in his father's house or even in the same town or city. The man who lives in the same place all the time becomes restricted, fails to broaden his horizon. Romanticism has quite rightly become taboo.

Statistics reveal high rates of population fluctuation from place to place, with immigration and emigration figures for major cities exceeding all imaginable proportions within a short space of time. Such pendulum movements are an integral component of our economy, which without employee mobility would be quite unthinkable.

Vertical mobility

There are various facets to the social phenomenon of mobility. To begin with there is what is called 'vertical mobility'. This is when an individual shifts his position within the class and status system of his society, moving, in the eyes of his fellow men, either up or down the social scale. Movement up the scale is particularly significant here since we regard our society as being based on performance and achievement, so that birth and inherited wealth carry less weight in giving a person high social status than does personal qualification. It is particularly through a variety of educational channels that people can better themselves socially.

But movement downwards on the social scale is not uncommon either. This is what happened to the many refugees and other casualties of the Second World War who, having lost all they owned, were unable to resume the position in society which they had occupied before the war. In a 'consumer society', it is, of course, an individual's financial situation that plays the key role in determining his social prestige. We all know how often we are judged by the kind of car we drive or by where we spend our holidays. In certain circumstances, though, birth and profession (or better, title) also play an important part in where we place a person socially.

Our society has not always been as mobile (vertically) as it considers itself today, and even today it is not *de facto* so. In reality there are still many obstacles in the way of a person's legitimately establishing his chance of altering his social position, even when qualified to do so. However, this is not our concern here.

Mental mobility

Everyone is now aware—i.e. since McLuhan, if not before— of the far-reaching and all-pervasive consequences of the technical potential of telecommunications. One could argue as to whether we are in fact nearly as far into the 'electronic era' as McLuhan maintains, but one of the effects of telephone, radio, and television is already clearly apparent in the mental mobility that characterizes our age as compared with earlier periods.

We hear, see, and experience, through the medium of electromagnetic waves, things which completely shatter the bounds of our daily horizon, and these things must of necessity be continually changing and renewing our awareness and our understanding of ourselves. No longer need we—nor indeed can we—remain confined to the tiny realm which we can encompass with the senses nature provided us with; completely new aspects of the world now lie within our reach.

Horizontal mobility

The kind of mobility which is central to the question raised in the title to this book—and which is, of course, also bound up with the two kinds already mentioned—is what is referred to as 'horizontal' or 'geographical' mobility, i.e.

3

movement in spatial terms. The legal, institutional, and technical prerequisites for this kind of mobility have become a reality only in the last hundred or hundred and fifty years, and it is still too early to speak of any kind of comprehensive geographical mobility involving all classes of society.

The liberation of the peasantry in the nineteenth century triggered off the first great wave of migration in modern history, a vast exodus from the land which played an essential part in the urbanization of our society. It was still many years, however, before the right to choose one's place of residence and the right to choose one's trade or profession were embodied in the constitution. Today these are regarded as being among the basic human rights, at least in democratic countries.

Mounting economic progress, shorter working hours, fixed leisure time, paid holidays, and rising earnings have combined to make possible the exploitation of more and more of the technical possibilities of geographical mobility. The motor car and other forms of mass transportation enable us to travel even more frequently, faster, and further away from our places of residence.

This mass mobility has itself become a not unimportant source of revenue as far as the economy is concerned. Broad sectors of the economy are in fact already dependent on the population's willingness to move about from place to place. Frequent changes of place of residence and place of work on the part of a large proportion of the population are structural features of our society, and once one or two petty technical obstacles such as too narrow roads and too few houses and apartments have been overcome, there seems to be nothing to prevent us reaching a state of total geographical mobility. In future we will no longer need a fixed spatial environment but will live in a condition of permanent movement.

4

Mobility and the role of suggestion

Mobility is the watchword of the modern world: get on in life, keep fit mentally, travel! As yet this outlook affects only the upper strata of society, but, of course, it is they who set the norms.

Ten years ago, holidays in Italy were the privilege of the upper class. Today Italy is where the upper classes' cleaning women spend their holidays, and in another ten years' time they may be spending them in the Bahamas, today still the preserve of the 'better-off'. The 'better-off' will very likely be holidaying on the moon by then . . .

However, despite this obvious trend, we must not overlook the fact that *at present* it is really only the well-to-do who are in a position to make full use of the technical possibilities of geographical mobility. The poorer classes, through not being able to comply with the 'obligation to mobility' (the phrase is Endruweit's), are in danger of becoming relatively isolated socially.[2]

The man who has no car to go abroad in, or to drive out into the country at weekends, and no money for train and 'plane tickets to those coveted holiday paradises, and who is not in a position to move house whenever he wants to is something of an outsider in our society. The whole environment is geared exclusively towards the 'Getaway People'. In the places they leave unvisited, public services and utilities are neglected; wherever they sweep by without stopping, social distress is allowed to spread unchecked.

Meanwhile we are by no means certain whether with most people this increased geographical mobility springs from a genuine readiness to travel, or whether it has not for a long time now been the result of suggestion. (The same applies to the other kinds of mobility we have mentioned as well.) The intensive advertising put out by firms for whom the mobile consumer constitutes the main source of income is no different in this respect from any other kind of product advertising, i.e. it is designed to awaken needs which it can then set out to satisfy. In fact our economy can no longer be said to produce for people's 'real' needs: in order to keep going it must continually be creating new and ever more exacting needs at ever higher levels of sophistication, once the less sophisticated needs have been satisfied. The intensive advertising for world travel beamed at the ordinary person shows this profit-orientated boosting of the level of demand quite clearly.

Objective economic compulsion

Apart from its profit potential for the travel business, there is a further sense in which this kind of mobility represents an economic blessing. The free market economy is based in principle on the self-regulating mechanism of supply and demand. And what essentially determines the way the economy runs is the balance between the supply of and the demand for labour. Since, however, the two rarely coincide at the same time and in the same place, it is important to be able to shift labour power as quickly as possible to the area where demand exceeds supply. In this way, ideally, economic crises can be avoided.

So for those who in our economic system want the best possible life, the maximum possible geographical mobility is an 'objective economic compulsion', bringing with it, of course, advantages for the economy as a whole in the form of growth, an increase in *per capita* social product, and higher consumption quotas.

Indeed, building speculators not infrequently justify their activities by saying that this economically necessary mobility ought to be made more convenient for the employee by making sure that there is everywhere sufficient accommodation at his disposal. The various component parts of the economic system ought to be able, at any given time, to be moved as quickly and easily as possible to their place of work. The place itself is of no importance as long as the economic purpose is fulfilled.

And passing through many of the recently-built residential estates in our major cities, one does indeed get the impression that it is purely and simply a question of packing mobile economic components expertly, hygienically, and lucratively into concrete boxes, the place where this is done being of no importance whatever. New housing estates nearly all look the same. At most they may perhaps differ in the relative proportions of the various house types. But whether court-yard houses, terrace houses, single houses, or tower blocks predominate, the overall picture is pretty much the same— one brick piled on another, one unit piled on another, and the whole thing as it were sprayed with a kind of 'town-planning finish'. Even the most impressive 'centipede' does little to break the monotony. Granted the arrangement of the units may have looked extremely attractive on the architect's model; the effect in reality is nevertheless one of hopeless dreariness. It doesn't in this respect matter which city a person moves to; he finds the same thing everywhere, and might just as well have stayed at home.

This is another way of enabling our contemporaries to meet their 'obligation to mobility' . . .

Superstructures

Extrapolating from trends visible today, we can assume that the 'mobile mass society' will no longer need its cities in the future. At best, they will become transit stations on the way to other transit stations.

Technology is apparently rendering the old functions of the city superfluous. The massing of people in one particular

7

place where they work, converse, flirt, and live together, administer and defend their common interests, and shape and determine their environment, will gradually give way to a screen of residential zones dotted regularly over the country and within which everyone can reach everyone else by means of telecommunications or super-fast transport facilities immediately or within a very short space of time. In fact, people will no longer need to meet; personal contact can be replaced to a great extent by technical means. And when a meeting is still indispensable, travel will be so swift that even distances of thousands of miles will present no problem.

City concepts or rather agglomeration concepts like, for example, Yona Friedman's *Neutral Structure* do no more than extrapolate from and translate into technical terms these contemporary trends. In them the environment as it has existed up to now—i.e. characterized by its division into relatively shut-off, individual units—becomes dissolved into one thoroughly 'technified' structural entity. Prefabricated plastic living-cells, with colour as their only claim to individuality, will be hung from gigantic steel curtains that can in theory span the whole countryside without limit.

This kind of thinking is perfectly consistent. Mobile man will in future no longer move about from place to place. As a freely movable component of such a superstructure, he will be able to dodge around within it as swiftly and as incessantly as he likes—without even so much as having to change his surroundings, because in principle his surroundings will always be the same. So the effort of adapting to new situations will no longer be required of him. What a load off the human mind—but what a loss, too!

Technical determinism

But beware of extrapolating from current trends. These purely theoretical technical ideas about neutral structures

8

put forward by planners of the most divergent schools of thought are rooted in an unquestioning belief in the progress of technology. The belief may be well-founded, but it persists in overlooking the great danger to which man is exposed when dealing with techniques of his own invention, namely that he ceases to be master of them and becomes their assiduous servant. We need look no further for an example than the motor car, which threatens to curtail our freedoms severely.

Technical appliances possess this tendency to become independent in their effects, to get out of control. We have not yet fully understood that technology is only an aid towards organizing our lives; it should not be doing that organizing itself. The majority of technology's products were never intended for such a purpose in any case.

It is not only such superstructures for mobile economic components which would force on us in future a life of a kind which we are by no means sure we would wish to live (they have, of course, not yet been tested against a sociological concept). Even today, in the immediate context of our daily lives, we frequently enough come up against the involuntary consequences of the technical possibilities of mobility—the nose-to-tail crawl along the motorways at weekends, traffic chaos at the beginning of every holiday, jammed city streets, overcrowded airports. We blame the traffic planners and accept it all with a patient 'It's just the way things are going, we mustn't stand in the way of events', etc.

The theory comes true

Our society has been labelled 'mobile' and now we all believe it, and act accordingly. We even feel modern and abreast of the times when we manage to meet our 'obligation to mobility'.

9

Sociologists call this phenomenon a 'self-fulfilling prophecy'. A prognosis is made, it receives a certain amount of publicity, and as a result of the publicity reality changes to conform to the prognosis, which thus becomes true in spite of the fact that the presuppositions are no longer the same as they were when it was made. The phenomenon is particularly observable in the social sphere; many social analyses come true in this way, precisely because sociology is so frequently the subject of public discussion. It is becoming more and more fashionable to refer in speeches, in publications, and in conversation to the latest sociological best-sellers. The general public thus hears about and becomes interested in the new social tendencies that science has discovered, and before long what was a piece of social analysis has been reduced to a trend-setting slogan.

Thus, an originally by no means so mobile society has (unintentionally) provided confirmation of trends of a technical, sociological, and economic nature and origin which were either irrelevant or applicable only to a tiny section of society and which reflected a bias in favour of chronic mobility. I say 'bias', because in this case views and opinions which have an effect on behaviour are not scrutinized in the light of reality as a whole (but at best illustrated with suitably selected statistics), and because an indubitably recognizable trend is unquestioningly accepted as a social datum and uncritically extended into the future without a thorough examination of the consequences.

However, just because our society allows its own economy and its own technology to impose upon it mobile forms of living, does that mean it must go on doing so in twenty years' time, in fifty years' time? Does social change move in a straight line in the direction laid down by technology? Is our society really a chronically mobile one, and must it remain so?

The consequences

Each type of mobility produces certain specific consequences. The consequences of increased geographical mobility are above all the disappearance of, or at least a loosening of close social ties and the appearance of rapidly established and as rapidly dissolved contacts between individuals, such contacts involving little or no commitment and sometimes never even occurring at all, there being no time for them. In addition there are the tremendous pressures involved in assimilating fresh information and maintaining personal output in constantly changing situations.

Mobile man must be economically much more self-sufficient and at the same time he must be much more adaptable than his sedentary fellow who lives in the same place all the time. It is not for nothing that in America (and America tends to pass on its habits to Europe) such emphasis is laid on the virtue of 'getting along with other people' and on how important it is to 'keep smiling', so that an individual's outward orientation is in constant process of adapting to new social surroundings, and puts out a type of invisible radar antennae. David Riesman's description of this kind of behaviour has become internationally known.[3] But also essential is a powerful emotional independence from the surrounding world, such as that shown by those tough, clever businessmen we know from films. And in the subtlest ways, we, too, are instructed in these inner attitudes.

Now it is absolutely not my intention here to put in another uncritical plea for a return to sincerity, uprightness, warm neighbourly relations, etc. Such 'pleas for closer contact' have to be watched very carefully if one is not to be sucked into the mainstream of frequent social criticism still not extinct, but never realistic. It just comes with a scientific dressing nowadays.

The above-mentioned attitude of 'getting along with other people' in every situation may be repugnant to a general inclination towards honesty and truthfulness, but it does make social intercourse between large numbers of people, particularly total strangers living within a small area, a lot easier and a lot more pleasant (and this is something which is becoming increasingly necessary).

But might it not be that the mobile society is a myth to which we all subscribe without ever questioning it? And that we are labouring painfully under this myth without realizing we are doing so?

The paradox of mobility

Statistical observations of aggregates leave out of account the individual experiences that lie behind them—the repeated leave-takings from familiar surroundings, the continual making and breaking of human contacts. 'Partir, c'est mourir un peu', says the French proverb; leaving is like dying a little. We need to grow a thick skin to survive the many little deaths our mobile existence is heir to. Sometimes we are proud of not showing our feelings, but just as often we suffer from the fact that the other person keeps his concealed too. It becomes harder to make friends when one must always be saying goodbye. There is not enough time to articulate one's feelings to oneself, let alone to others. And the many 'terribly nice people' one knows all over the world are no substitute.

There is a danger that, lacking any social and spatial fixed points in our environment, we become strangers even to ourselves. Inwardly empty, we are yet thrown back on self-preoccupation because we have lost the knack of forming any relationship with other people above the 'keep smiling' level. Continued frustration of our ability to relate to our environment results in a neurotic inability to relate. And concentrated neurotic behaviour sets up neuroses in others. It is a vicious circle.

It is a paradoxical and at the same time revealing fact that certain varieties of what is precisely the most importunate form of horizontal mobility today, namely popular tourism, are represented in terms of a search for a feeling of community. Many people, particularly young people, attempt to find in the socially exceptional context of their holiday what is denied them in their ordinary, everyday existence, cast as it is in the all-embracing mould of the mobile society, namely friends, the clique, the partner for life. For this purpose they travel vast distances by road, rail, or air to southern shores—not alone but in organized groups—carrying with them a dream of three glorious weeks in the gay and hearty company of like-minded people.

The fact that large numbers of lonely people, suffering (consciously or unconsciously) from the ills inflicted upon them by our society, are exploited by the travel business and even used as the basis for those success statistics, generally goes unnoticed by the victims themselves, although their suspicions may be aroused when they discover the disappointing gulf that lies between the brochure and the reality, when, on reaching their destination, they find that entry into that suntanned, toothpaste-beaming clique of young and attractive people exuding *joie de vivre* on the deck of their sailing boat is still denied them despite the evidence of all those photos in the glossy handouts. In most cases the clique simply is not there.

A similar paradoxical effect of the 'obligation to mobility' has been observed in the inhabitants of suburban America. The middle classes, to which most suburbanites belong, are especially mobile in America and it is from them that our society has adopted its mobile behaviour patterns. It is by no means untypical for an American suburbanite to move house several times in the space of a few years.

W. H. Whyte, whose Park Forest study is still valid as a description of life in the suburbs of American cities, referred to the people who live in them as 'the mobile homeless' and compared them to trees which, through frequent transplanting, have formed lots of small horizontal roots instead of one deep one. They give as firm a hold as one deep root and have the advantage of making each fresh transplantation easier. He did, however, discover a residue of longing for deeper roots. In the suburbs, this longing is partially assuaged by means of intensive 'neighbouring' within a social community which is firmly underpinned by certain norms, with the women gossiping over coffee and the men out mowing the lawn.[4]

In fact Dahrendorf goes so far as to define this mobility of the suburbanite in terms of a search for a feeling of community. Not finding this properly anywhere, they keep moving on in search of it, and never actually find it at all. Mobility has in this case become self-contradictory.

'It may be that with the fluidity of society the chances of anomy and therefore also of individual despair are increasing . . . but threatened anomy and despair can be interpreted as an appeal for certainty, and as such become precisely the condition for eventual dependable social relationships.'[5]

The ideology of mobility in industrial societies masks our society's inability to provide its members with objectively humane and satisfactory living conditions in the places in which they choose to reside.

Ideologies, however, always contain a germ of truth, and there is no denying that there are certain irreversible tendencies towards mobility. But a firm distinction should be drawn between necessary mobility, i.e. the kind which is beneficial to mankind and enriches its existence, and the so-called 'objective compulsions' which restrict human freedoms and which we cannot simply accept without question.

The question in reply

And the question we have to ask is this: is it really no longer possible to develop ties in a particular place, ties which will not immediately be torn and broken again because either we or our friends leave the district? Can cities still be 'home' today or is this a dusty, out-of-date idea that belongs on the rubbish heap of Romanticism?

In answering this question, we cannot rely on public opinion because this, as has already been pointed out, has for the most part been manipulated in favour of mobility consciousness. And many a business would find its profits disappearing if people suddenly decided to become 'stick-in-the-muds' again.

But this in any case is not what is wanted. We cannot put the clock back and recreate quasi-medieval conditions. Nor should we ever lose sight of the fact that the pre-industrial town, which a kind of neo-Romanticism has today come to place on such a pedestal, was filthy, unhygienic, and in many districts asocial and inhuman. For a long time all historians wrote about the way of life of the upper classes. We can probably have no conception of the poverty and misery of the mass of the people.

But should it not be possible to continue the positive achievements of our day and age while adopting a critical attitude towards the negative aspects? In more concrete terms—ought we not to set up, in opposition to the 'obligation to mobility', a kind of environment that questions objective constraint rather than perpetuating it?

This, however, would mean not just building structures for mobile masses to whom one housing estate is as good as any other, but that towns and cities, through their individuality, should at least give people the chance of developing a relationship to them. And the very fact of accepting certain positive aspects of mobility that entail new freedoms makes it doubly important to build cities that can become 'home' and in which people can quickly get their bearings, settle down, readily find and make deeper contacts with others, and build up an emotional environment. Why should someone not be able to have many homes in the course of his life?

The problem of whether our towns and cities are today or could be in future transit stations or homes is one that ought to interest everyone concerned with town-planning, not least the politicians. After all, their decisions affect the geographical space people live in as well as the people themselves. And often the two—geography and people—meet in the relationship of local attachment which is known as 'feeling at home'.

Perhaps to many 'non-mobiles' the 'mobile mass society' looks quite different from the picture the few 'mobiles' have of it.

II 'Home': 'a symbolic attachment to place' in the language of sociology

'Home' (but in the local rather than familiar connotation of the word) is a term which resounds with the most diverse ideological and emotional overtones. To single them all out would require an entire book in itself. But the few remarks to which we must confine ourselves here may already give some idea of the word's many different aspects. We are not after all attempting to draw up an analysis or write a history of the popular understanding of *Home* but simply to grasp the concept in sociological terms and bring it to bear, if we can, on the present-day city and its structural shape.

The word 'Home'

Even today, in the 'age of mobility', there is an abundant literature devoted to the *Homeland* theme. The essence and significance of the *Home* comes under discussion frequently —how it ought to be cared for or what ought to be its task. It still seems to be a favourite topic, even in our modern world.[6]

These discussions are always invested with a great deal of emotion. The aspect of *Home* which has to do with emotional attachment to a particular locality finds expression in the most pompous and sloppy terminology imaginable. Even dictionaries and encyclopaedias are unable to resist a bit of turgid language when dealing with this theme, the style of which is to a large part determined by the date of publication.

A somewhat cursory analysis of the multifarious and not necessarily scientific treatments of the *Home* theme would give approximately the following result:

Confining ourselves strictly to the word itself we find *Home* under:

> area (defined space)
> place of abode
> belonging
> contentment
> public spirit
> heaven
> freedom

The opposite of *Home* is something like:

> expulsion
> debility
> poverty.[7]

Home is very often used as a synonym for a comprehensible experiential entity, a little world of its own, knowable down to its smallest details. In view of this strict geographical limitation, it is not surprising that for a long time the *Home par excellence* was considered to be the village; no one believed that towns or even cities might be capable of evoking *Home* sentiments as well.

Hence the close connection between peasantry, nature, and *Home*. The man who has always been reckoned to have the closest relationship to his *Home* is the peasant farmer, since he is in daily contact with nature and the soil—his soil. Nature as such and the stuff of a man's native soil are supposed to exude special magical powers. And as far as many people are concerned, *Home* can only be a beautiful, natural landscape as far as possible untouched by man. If, in addition, it is in some way closed in on itself—like a valley, for example—one can expect a particularly intense feeling of *Home* to exist.

Home feeling always comprises feelings of being protected, of fitting in, of emotional security in a world that is familiar. The *Home* is usually a person's birthplace, the place of his youth, the scene of his earliest encounters with the world around him. It is experienced as a warm collectivity into which a person grows and by which he is moulded. As soon as it becomes something the individual can make himself it is—according to Köhler—no longer a genuine *Home*.[8] The original *Home* of a person's youth may later be replaced by a second, 'adoptive' *Home*, but this will never be more than a substitute for the real thing. The tie with the landscape of one's kin is something which is unrepeatable. Everything outside that original *Home* is somehow alien. One is alone there, even in danger.

History and 'Home'

A brief historical examination of the term *Home* mirrors the historical development of our society from local to more superlocal social structures (we shall be tracing this development in the next chapter). In fact the word *Heimat* appeared in the German language quite late on. The fact that *Home* could have no social significance at all before mankind ceased to be nomadic and settled is evident; but it was not *discovered* as something significant until much later.

Although in retrospect it is possible to diagnose a strong feeling of *Home* in the Middle Ages, for example, or in the federalistic splinter states, there cannot at that period have been any kind of *Home*-consciousness. Involvement in one's immediate local environment was taken much too much for granted for that, and national characteristics and custom with its territorial ties were for the mass of the people far too much of an experiential entity in the fullest possible sense.

Little states prevented the loyalties of the people from becoming fixed upon a superimposed whole, as was the case for example in countries which from the beginning developed along centralized lines, and in which consequently the terms *Home*, state, and nation were synonymous. The swiftly changing frontiers of the political units that made up the Empire were one of the reasons why *Heimat* lore and custom in Germany rarely coincided with the state.

This explains how Romanticism, which was the first period to grasp the full significance of the *Home* concept, was able to contrast *Home* as something springing from the people with the state as something artificially imposed. The Napoleonic occupation, which gave the first impulse to German national consciousness, also called into question those territorial frontiers which had for so long been taken for granted, and only then did the actual significance of *Heimat* become crystallized, and the person with no *Heimat* become a person to be pitied because he was doomed to remain a stranger always and everywhere.

Home was mythologized into a 'spiritual asset', a kind of protective aura shielding mankind from birth to death, as the works of the brothers Grimm and of W. H. Riehl still testify.[9] Finally in the Biedermeier period *Home* became transformed into the demand that man be content to confine himself to a restricted space (see the paintings of Carl Spitzweg).

It was not only the purely political upheavals of the nineteenth century that turned *Home* into a value in its own right. Industrialization too, with its initially disastrous social effects (impoverishment, proletarization, the migration of entire social classes), inevitably strengthened *Home*-consciousness in so far as the *Home* idea provided a focus for all the resultant longings for security, personal value, beautiful natural surroundings, and a realm of experience which could be surveyed and grasped as a whole.

In the cities which under the influence of capitalism expanded with almost explosive rapidity during the middle and late nineteenth century, none of these things were to be found. Not surprisingly, then—especially in view of the fact that contemporary criticism was hostile to the process of urbanization—the city was not credited with any *Home* quality at all.

The beginning of this century saw an intensification of deliberate *Home*-cultivation, while at the same time the concept became further and further removed from the original ideal of life lived within the native context. ('Wherever it'—i.e. this cultivated *Home* idea—'crops up, genuine *Home* is fundamentally lost beyond hope of recovery.'—Köhler.) *Homeland* museums were lovingly organized, *Homeland* associations sprang into being, funds were opened, and bequests bequeathed. Old customs and habits were revived and cherished, although the social conditions which had prompted them had long been a thing of the past. And because it was impossible to put the clock back, all this nostalgia for the past was doomed to frustration.

The renaissance of the *Home* ideal under the Third Reich is partly traceable to this unfulfilled yearning. Its ideological roots, at any rate, lie directly in the tradition of criticism which enjoyed such popularity at the time—from Riehl to Tönnies and Spengler.[10]

The Third Reich's *Blut-und-Boden* mythology was intended precisely to combat the threatened collapse of the indigenous community under the pressures of capitalism and materialism. The peasant farmer was once again put forward as the epitome of love for and loyalty towards one's *Home*, which were considered the only possible foundation upon which love for one's country could grow.[11] (A similar mythology is observable in the Soviet Union today.)

The farmer's thoughts and ideas—so the myth went—return again and again to his village, the ancestral home, his fields, and the special character of his native countryside; his love for his *Home* springs from the mature, original elements of nature.

The germ-cell of *Home*-feeling was said to be the family. As the 1944 *Grosse Herder* put it: '*Heimat* being a maternal value, the *Heimat*-experience can only be had in the atmosphere of a mother's influence, love, care, support, and help. The quietly creative, faithfully united group is something a family can be but never an organization.'

After the defeat of 1945, the Third Reich's identification of tribe, people, territory, nation, and *Home* gave way to an understandable aversion for the former mentality. The refugees continued to preserve their native customs through the medium of their *Homeland* associations, but with the younger generation, which hardly remembered the old *Home*, its art and culture too sank increasingly into oblivion. There are always 'niches' in society, of course, where remnants of outdated values manage to survive the pressures of social change, but on the whole the norms of mobility and freedom from territorial bonds seem to have got the better of the antiquated *Home* cult.

Is the city a 'Home'?

We find the aversion to the city which was stirred up in the wake of the *Blut-und-Boden* mythology gradually giving way to a more realistic outlook in which we even find it admitted that the city, too, may become a *Home*, a place people call 'home'.[12] In this context what is meant is not so much any magical powers inherent in the 'city soil', as certain social relationships which necessarily allow of security within a given milieu.

This does not, of course, mean that the city was accepted together with all its consequences, as is particularly clear from the town-planning of the twenty years of post-war reconstruction.

A great deal has been written recently about the disastrous consequences of the putting into practice of the 'garden city' idea, together with town-planning functionalism. We do not propose to go over all this again here. This much, however, is certain. An attempt was made to plan cities in such a way as to make them as 'un-city' as possible, or at any rate to avoid the things that the word 'city' was then felt to imply, namely crowding, levelling, increasing individual loneliness, dreariness, and dirt. This resulted in housing estates which possessed the character neither of villages nor of towns but remained in fact characterless.

Only gradually, in connection with the cry for 'urbanity' which has gone up in recent years, have towns again come to be conceived, reinforced, and the attempt made to give them architectural shape more in terms of their essential components. The question as to whether 'urban' towns are more likely to provide a feeling of *Home* has only occasionally been raised in so many words. Basically, however, the catchword of 'urbanity' seems to us to imply a thorough-going appeal for an unmistakable environment such as may become 'home'. And this by way of a direct reaction against those functionalistic garden cities which all without exception look the same. But more about this later.

The sociological approach

Before we try and analyse whether and in what form a feeling of *Home* is to be found in the modern town, and whether and in what way it can be as it were precipitated in terms of town-planning, it is essential that we define the concept of *Home* such as it can be used for the purposes of analysis. It would be difficult to deny that the meaning and development of the *Home* concept as used up to now outside the context of scientific discussion is scarcely conducive to logical clarity.

Now it may immediately be objected that *Home* feeling really is such a diffuse and emotional affair that it is impossible to subject it to sober scientific analysis. Possibly psychology might have something to say on the subject but certainly not sociology. Such an objection is, of course, not entirely without foundation. *Home* is indeed a subjective matter and it is hard to find comprehensive general categories to meet the case. But it does have its social aspect as well: if it is a question of a feeling of security within a familiar social milieu, then this is something which is sociologically of very great interest, and the way in which people's relationships to their social milieu take shape in a particular environment is certainly amenable to sociological investigation.

If we want to get beyond the level of mere vague indications as to people's emotional relationship to the town they call 'home', it would seem justifiable at least to attempt a sociological assessment, even if the results turn out to be somewhat disenchanting. In this case it is no longer a question of examining a subjective experience, but a social situation which is capable up to a certain point of being · grasped objectively.

We propose to confine ourselves here to the town, on the assumption that in a society in which social change is coloured increasingly by the process of urbanization, the town-*Home* provides the most interesting element. In the '*Home* or non-*Home*' discussion, too, it occupies the front rank. On the other hand this will also enable us to clarify the bases of one or two new town-planning ideas.

Urban sociology

It is arguable whether town or city sociology is not in fact well on the way to losing its justification. Towns and cities are dissolving into regions, all planning is now done regionally, and activities are distributed throughout the area. By the time we succeed in living in a system of overlapping regions distributed evenly over the whole country, urban sociology will have lost its object.

Quite apart from the fact that one specialized sociology less would be no great loss provided some overriding theory were there to take its place, it is still too early for such a diagnosis. This is yet another example of uncritical extrapolation from current trends. As social units in space, towns are still very much in evidence.

Lastly it is the inhabitants of a town who determine whether it becomes swallowed up in an agglomeration or retains its individuality, and consequently whether it becomes 'home' or transit station. We know very little, though, about the attitudes and modes of behaviour of modern town- and city-dwellers.

A sociological theory of the town is something which is almost completely lacking. There are various approaches—one of the best known being H. P. Bahrdt's—but none of them deal with more than particular aspects. Not that we agree with those who regard this absence of an overall theory as being symptomatic of the fact that the object of such a theory no longer exists. On the contrary, it is simply a case of not enough time and money having been spent on intensive sociological and interdisciplinary urban research; furthermore, the purely economic aspects of the town have probably occupied the forefront of analysis in all sectors of the social sciences for far too long.

The resultant dilemma is evident in the universal feeling of perplexity regarding what is to be done with our towns and cities. They are getting out of hand—socially, politically, economically, and from the planning point of view. But is not this very perplexity itself a symptom of the fact that something in the nature of the town does in fact exist?

The last attempt at a comprehensive analysis of the town as a phenomenon—the classical urban-sociological approach of the ecological Chicago school—has also lost its validity for us today. Ecology, which examines relationships between people and their material and technical environment, is only valid as long as people have no choice regarding where they live, but must adapt themselves, if they are to survive at all, to an environment which is to a greater or lesser degree forced upon them. Today, however, this constraint no longer exists to the same extent as it did in the American cities of the thirties with their extensive slums. Admittedly many families can still not choose where they live, but there is no longer such pressure on them to adapt to their surroundings. This does not mean that the environment has ceased to mould people, but rather that the people themselves also to a considerable extent mould their environment.

We are still unable, however, to determine the precise reciprocal influence of spatial and geographical factors and social behaviour; so far relatively little research has been done in this field. At all events, geographical determinism has become outdated and it is better to talk in terms of 'geographical possibilism'. This holds that there exist only *possibilities* of spatial influence on social behaviour.

A third approach now under discussion which could form the basis of an examination of the relationships between man and his spatial environment is known as 'environmental probabilism'.[13] This aims at a model for human behaviour in a given environment based on probability theory, and on the calculable incidence of the kind of behaviour that can normally be expected. This would involve developing a typology of the spatial environment with which theses concerning social behaviour could be compared and against which they could be systematically tested.[14] We do not know whether such a model already exists in fact. It would in any case be fruitful to try such an approach, at least as a starting-point for a theory of the town.

People's behaviour in many situations is related to place, and in towns this is more so than anywhere else. A definite, limited 'territory' is of the greatest importance for human development. In mammals this kind of place-related behaviour is known as 'territory behaviour'. Paul Leyhausen has shown that the idea of territory behaviour can in some respects be applied to people as well. 'Garden walls, "No Admittance" signs, the "my home is my castle" attitude, the way in which adults and children alike rush to stake out their pitch on the beach and are annoyed at any intruders, are clear examples of this all-pervading tendency towards territory behaviour.'[15] And he has also impressively demonstrated how, when animals are prevented from claiming a territory of their own, this results in abnormal forms of behaviour.

It is possible to regard this 'territory'—as Alexander Mitscherlich does—as the original biological datum to which everything to do with *Home* refers.[16]

When in what follows we accept the town, and in particular the modern city, as the basis of *Home* sentiments, we are far from seeking to add a fresh attempt to those already made to develop a theory of the town. Nor do we wish to put forward any more or less comprehensive definition of the terms town or city. Definitions are no substitute for theory, even though they may seem to be widely accepted as such in sociology. But we cannot, of course, get by without any definition at all, so we propose for our purposes to use a 'minimal definition' which comes very close to the above-mentioned 'territory' idea. For this we must go a bit deeper into the realm of general theory, and even if at first our argument appears to be irrelevant, it will be found useful in the comprehension of later passages.

The town as a situational field

Let us take as our starting-point the fact that the spatial environment is a part of the situation in which every acting individual must find his bearings if his actions and behaviour are to become meaningful. In this situation objects belonging to the physical environment stand side by side with social objects to which the individual must also adjust his behaviour—a very much more complicated process than is the case with material objects. Other people (who are 'social objects') are continually entering our field of view and confronting us with certain expectations of behaviour which we then have to incorporate in our plan of action. We must adapt ourselves to them. We cannot simply react in a schematic way—not, that is, if any kind of reciprocal relationship is to result. Apart from physical and social objects, the acting individual's situation also comprises objects of a cultural and symbolic nature. These we shall have to consider separately at a later stage.

To give an example: if, walking across a busy square, we stop for a moment, our situation at that moment is composed roughly speaking as follows:

Benches, flower-tubs, other
   street furniture
The surrounding buildings   physical ingredients
Trees, parked cars   of the situation
Paving

Ourselves
Office staff, shop assistants, etc.
Passers-by
Taxi-drivers   } social ingredients
Old-age pensioners sitting   of the situation
  on the benches
Tourists

Notice-boards
Road-signs   } cultural ingredients
A monument   of the situation
A church

Of course, not everyone is subjectively aware of the same things in any objectively given situation. What he is aware of will depend on his individual experience and attitudes; they will sharpen his sensitivity to certain things and suppress others completely.

Nor does the process of finding one's bearings in a given situation follow any objective schema. As a result of his education and of his general and everyday experience, each person develops distinct opinions, values, and needs, in accordance with which he judges each situation in which he finds himself and subsequently plans his behaviour. These values and needs do not, of course, vary to any very great extent among the members of a given social structure.

It is one of the distinctive features of a common culture (this is a term sociology uses in its broadest sense!) that certain situations arise over and over again and that certain norms of interpretation and definition of those situations develop. Without some such agreement there could be nothing in the nature of social behaviour at all.

To go back to the example of the square. There are only a certain number of things which one might do there which would be accepted and understood by everyone, i.e. shopping, sitting in the sun, having a chat, waiting for a taxi, etc. These are all very different plans of action. If, however, someone took it into his head to strip naked, or smear the walls of the surrounding buildings, or start hurling insults at the passers-by, his actions, though not necessarily against the law, would probably involve him in severe social sanctions. There is simply a certain social consensus as to where certain things are done and where they are not done. Offenders are punished with scorn, protest, or physical violence, even if from their own point of view they may be in the right.

At all events, everybody needs a certain 'base of operations' for his behaviour, a certain 'radius of action' which must have fixed spatial limits. Behavioural situations *always* include a local ingredient; social role-playing needs a stage in space. This simple fact cannot be emphasized too strongly: it is because it applies to each of our social role-partners in the same way as it does to ourselves (each of our roles has its complementary role in others, which in turn partly determines the content of our own role) that local groupings arise which we are able to call urban communities or towns.[17]

In the town, then, a particularly large number of inter-related situational fields of a particularly large number of people intersect in one place because they all share the same territorial component.

It is this intersection which provides our 'minimal definition' of the town. This is characterized purely by the coming together in one place of the most diverse situational fields. Whether any further overlapping occurs there, i.e. whether or not a social community arises, remains an open question as far as our definition is concerned.[18]

A further definition

We wish to investigate from the sociological point of view the social situation of the person who has a *Home*. *Home*-feeling, in the jargon of sociology, equals 'symbolic attachment to place'. As is usually the case with sociological terminology, this sounds to the non-sociologist a rather complicated way of saying a simple thing. The expression is an extremely useful one for the purposes of analysis, however, and for this reason we propose to retain it. It manages to express only that part of the *Home*-experience which lends itself to rational comprehension, i.e. people's relationship (of whatever kind) to a place (however large), expressed through the medium of a symbol.

All the ideological, unconscious, and elusive extra meanings that the word *Home* has taken on in the course of its history (see above) can thus be stripped away and left on one side. If we were to go on using the word *Home* instead of the expression 'symbolic attachment to place', we might well find ourselves continually at cross-purposes, because each of us has a different experience of and interpretation of what is meant by *Home*.

Heiner Treinen was recently the first to carry out an empirical investigation of the *Home* idea from the sociological point of view, and he formulated the expression 'symbolic attachment to place'.[19] Very few sociological authors before him had concerned themselves with people's relationship to a particular place. Indeed, everyday experience in general appears to have held no interest for the sociology of the last thirty years.

After examining the contribution of such classical sociologists as Emile Durkheim, Maurice Halbwachs, Georg Simmel, and Vilfredo Pareto,[20] and dealing with a number of theoretical considerations, Treinen comes to the conclusion that it is not *spatial units* that trigger off the feeling of relatedness to place but *social contexts*. So there is clearly no 'magical' power of attraction inherent in the soil, as it were. As Treinen defines it: 'The problem underlying attachment to place is one of identification with a locally tied social category *via* identification with a place-name which stands as the symbol for that category.'[21] The crucial point of departure for Treinen's investigation of symbolic attachment to place was the place-name (this, of course, lent itself most conveniently to incorporation in a questionnaire). This seems, however, to represent an inadmissible narrowing of the field of vision, for the following reason. It has been proved empirically that in relating to a place people actually refer to social relationships, as will have to be shown later. But it is doubtful whether the place-name alone has such power as a symbol or whether what is required *initially* is not in fact always *something perceived*, i.e. material objects in space which are more easily associated with the social, before the place-name is used. These spatial-material structures seem to be essential. They, too, ought to be investigated closely, among other things from the purely pragmatic standpoint of supplying fresh criteria for town-planning in the matter of how people can come to feel at home in their environment.

In the literature dealing with the effects and/or power of attraction of buildings with regard to social life, a precise distinction is rarely drawn between purely physical components and the social functions which they only take on later through the people who live in them. A building by itself, without people, has no function at all as yet, although the majority of the terms used for the items which form the repertory of town-planning already contain both elements, material structure and social ingredient—e.g. playground, shopping-centre, etc.

As already suggested in the reference to the probability-theory model of the environment/man relationship, before we make any further pronouncements about relationships to place, we ought first to analyse more closely the process whereby the spatial environment receives its function and

meaning from man, and try and demonstrate the relationship of tension which exists between them. To turn straight
to the question of place-names, as Treinen does, means
leaving out an essential step. What follows is simply an
attempt at clarification.

Space and society

That classic figure of German sociology, Georg Simmel, took
a very lively interest in the relationship between space and
society. 'Reciprocal action between people,' he remarked,
'whatever else it may be, is also seen as the realization of
space.'[22]

We could thus add a further dimension of space to those
with which we are already familiar, namely the dimension
of social interaction. Space and society, far from being
independent of one another, interpenetrate to such an extent
that space is more than simply a framework for interaction.
Societies, as it were, draw their own self-portraits on the
ground on which they live, and the state of that ground
determines the kind of picture which results.

That habitat is the 'ground projection' of certain social
relationships was confirmed by a recent French investigation.
After semantic analysis of the answers given in explorative
interviews—i.e. searching conversations rather than simple
questionnaires—on the subject of the kinds and habits of
usage of dwelling and neighbourhood, it emerged clearly
that although place-names were used, they actually always
stood for social relationships.[23]

Simmel attributed to place a greater power of association
in general than to time. Place, he said, was much more likely
to become the pivot around which memory went on weaving
relationships between people, particularly in the case of
emotional relationships occurring only once.[24] Maurice
Halbwachs explained the particular associative power of the

spatial environment by the fact that on the one hand it is moulded by the groups living in it, and on the other hand the thinking of those groups is orientated towards the spatial structures within which they live. The permanence of the material environment leads to the fact that groups are able to rediscover their 'collective memories' in surroundings which at the same time they have themselves moulded.[25]

So much for purely theoretical analysis. Treinen, in his empirical study of a German suburb, inquired into 'affective orientation to place', taking the following criteria:

1 Positive evaluation of the place which formed the subject of the inquiry (place of residence); 'I like living here.'

2 Preference for that place as opposed to other places; 'It suits me here.'

The results of his investigation showed quite clearly that the person who felt particularly comfortable in the place investigated also had a great many friends and acquaintances there—what is known as a 'circle of intercourse'. But, above all, in cases where this circle of intercourse was confined in spatial terms to the place of residence, the feeling of attachment to place was particularly strong.[26]

In Martin Schwonke's and Ulfert Herlyn's Wolfsburg, Germany, study, Herlyn asked a sample of Wolfsburg residents about the 'feeling-at-home feeling', and his results too lend empirical support to the theory of the social basis of attachment to place.[27]

Many of us may unconsciously have experienced this ourselves, revisiting the town in which we have spent our youth and which we had always called our 'home town'. Our old friends and acquaintances have long since moved away; we look for the house where we once knew and went to see friends, and find that others have moved in. We see none of the old, familiar faces in the street, and the local inns are full of strangers. We have returned with a picture of a town in which the many little incidents and encounters involving acquaintances, even superficial acquaintances, were inextricably bound up with our overall impression of our 'home town'—flirting on that bench, the daily stroll round the block, meeting friends at the inn, that shop where the man was always so unfriendly, etc. Now, however, the town has a flavour of 'youth gone sour'; we feel slightly lost here because the people we used to know have all gone. And after all, we ourselves have changed too; our relationship to our 'home town' has been broken off; the feeling creeps up on us that this was a chapter which was closed long ago.

Sociological analysis must necessarily be of a more sober nature, but basically it is describing the same thing.

The role of symbol

If, then, the feeling of attachment to place is dependent not on the actual place but on the people who live there and with whom we are acquainted, the place itself can only be a symbol for the people. Here it must be added that a place can undoubtedly symbolize social groups in quite different ways for different individuals. Each of us, after all, has a quite different 'radius of action' in our particular town. These different fields of experience, and the different subjective pictures of a town which emerge from them, cause the symbols to diverge from individual to individual. The place-name may well be the most comprehensive, universally valid symbol, but for the reasons given above it is not, as far as we are concerned, the most interesting.

How exactly does it work, this process whereby a place or parts of a place come to symbolize social relationships? Treinen describes it as follows:

'Through the frequent repetition of social behaviour in the same situational context, certain phenomena, terminologies, or objects may be brought into such close association with that particular, specific series of social actions as to appear to be a stable element in that particular social context. One such element may then come to be taken as the symbol for that series of interactions.'[28]

Put rather more simply, this means that if people always meet, converse, work, or generally spend their time together in the same place, that place (an inn, a particular square, even the whole town) is in the imaginations of those who meet there so inextricably bound up with their own group as to have become simply part of it. (Basically this had already been said by Simmel.) When they then come to talk about or think about their group, they always see in their mind's eye, apart from the other members, the place where the group meets or used to meet, or at least such features of the surroundings as struck them as being especially typical. In the end these symbols come to stand on their own for the social relationships in question. In other words the things which originally did no more than provide the purely material stage for certain social interactions may, after becoming intensely and inextricably involved in the interactions themselves, conjure up the image of the people concerned and their social dealings with one another, even without those people being present.

Symbols always stand for something, and in this case it is man's ability not just to react in purely schematic ways to received stimuli in his environment. Nor does he allow his behaviour to be influenced purely by stimuli of the 'hot/cold' or 'bright/dark' kind to which the body reacts immediately, more or less without the intervention of consciousness, like a reflex. Furthermore, man is moved to action only by those stimuli in his environment to which, in the course of a process of psychological conditioning over the years, he has learned to react.

36

By conditioning, psychology generally understands a process in which an experimental animal is confronted with a stimulus (unconditional) which triggers a reflex, and shortly afterwards with a neutral (conditional) stimulus which triggers no reflex. In Pavlov's famous experiment, food was placed before a dog, thus triggering the salivation reflex, and each time a bell was rung. After a certain period during which this procedure was repeated over and over again, the ringing of the bell alone made the dog salivate without the food being placed before it. The neutral stimulus was thus able to trigger the same behaviour as the unconditional one had done before, and the conditioning process was complete. Something similar can be observed with people too.

Animals operate within a closed stimulus-reaction schema. Human intelligence and human awareness are such, however, that we are not limited to experiencing our material and social environment purely in terms of physical reflexes but are able to *interpret* it. Our thought processes enable us to grasp the significance of the most diverse components of our environment, a significance which is not contained in the object in question 'as such'. The purely physical existence of these objects possesses no significance in itself and is to be distinguished from the meaning–content attributed to it.

Objects only become symbols in social action and communication processes. Such symbols are known as 'significant symbols'—a term introduced by George H. Mead. They derive their meaning purely from the relationship between interacting or intercommunicating persons.[29] How exactly does this happen?

Within social interactions certain norms are always formed, certain hard and fast rules among the participants in the interaction as to how a thing is to be done and who does what. Social norms are expressed in expectations which the individual finds applied to what he does and the way he behaves, and which he himself applies to the conduct of others. We need not necessarily even be aware of complying with these expectations on the part of our social environment. In fact we do not usually become aware of the existence of a social norm until we notice from the reticence, annoyance, or embarrassment of our opposite number that we have offended against it.

We manage to carry thousands of delicately balanced bricks through the course of our daily existence without even realizing what we are doing. But every now and then we drop one with a resounding clang.

Normative expectations usually take the form of codes of behaviour covering concrete cases. They are derived from social values such as every society and every group possesses. This value-system of a particular group in turn proceeds from the interaction of the members of the group among themselves.

Often it is by no means a simple matter to reproduce this theoretical derivation in practice, either because the historical development of the individual components of a given value system is untraceable, or because the connections are too complex. But, for example, in our civilization it requires no very deep reflection to trace the values of the Christian religion, as laid down in the Bible and more specifically in the Ten Commandments; they are everywhere in evidence from formal legislation right down to petty, everyday rules of conduct far removed from any kind of religious connotation.

The values and norms which a social community has created for itself find expression in 'significant symbols', which thenceforth incorporate such values and/or norms.

Now it is reasonable that, as soon as a number of people possess certain values and norms in common, they should feel that they belong together as a group and express this fact in the way they conduct themselves. This common respect for certain ideas, things, or forms of behaviour has the effect of integrating a group.

Where values and norms are expressed in symbols, it is logical that knowledge of those symbols can also integrate a group. Symbols in fact have a double effect. The values and norms incorporated in them already bind a group together in their own right. As manifested in the symbol, however, they retroactively exert a continuing integrative effect upon that group.

The people who establish the symbol, however, are not always identical to those who come into contact with it. The original social-normative meaning is 'stored' in the material object in such a way that, even when removed from the concrete social context from which it sprang, it can still be passed on in its entirety. It merely has to be learned by the people who were not immediately involved in its creation. This learning process itself has the effect of binding the learners together socially and integrating them.

Throughout our education, indeed throughout our whole lives, we have to learn the meaning of such symbols, and our ability to do so makes life decidedly easier for us, not just because in this way we become socially integrated as it were automatically (to a certain degree at least) but also because, if we were not repeatedly able to account for our environment symbolically out of our store of acquired knowledge, we should be obliged to start completely from scratch each time, defining and adapting to each new situation afresh, in order to be able to relate at all and not sink into a state of total disorientation.

All the little symbols in our everyday lives are also designed for precisely this purpose, namely to facilitate the smooth running of social events. Everyone knows the meaning oȷ them and is able to conduct himself accordingly. Anyone

39

who does not understand and conform to them does not 'belong'.

Thus, for example, settling down in a strange place or in a foreign country means simply learning a new set of everyday symbols. A person arriving in a different social milieu in which different symbols are employed—language itself being the most obvious symbol-system—must first learn his way around if he is to master the business of everyday existence. His old symbols no longer fit his new situation.

Different societies work out different symbol-systems, which is the same thing as saying that each society possesses its own culture. But even within the one culture, the different symbol-systems—the ways in which individuals understand and attribute meanings to the objects that make up their environment—may diverge. Only to a limited extent, of course, otherwise there could be no social interaction among the members of the society at all. Where no common symbols exist, there are no social relationships.[30]

What do the foregoing considerations have to do with our subject here? A great deal.

Spatial-material symbols deriving their meaning from contexts of social interaction form part of a society's symbol-system. And they are particularly numerous in places where people enter into relations with one another a great deal, for example in towns.

Everything we have said so far about symbols in general applies to symbols in towns as well, particularly those which take the form of buildings. They are structural features of every behavioural situation; they structure the tangible environment. Their distinctive appearance, indeed their very presence, determine whether a person finds his way about his habitat or not. If he is already able to define a situation to some extent merely through the observation of certain physical components, he soon begins to find his bearings. And once a person has got his bearings, he soon begins to feel to some extent at home.

Spatial-material symbols, like every other kind of symbol, possess a social-normative content, and their comprehension implies a certain social relationship to the people of the place to which they belong. This relationship is produced also in symbolic attachment to place.

Similarly, individual symbol-interpretations of the spatial environment do not diverge to any very great extent, although in this case—as we shall have to go into later—the overlap is more difficult to grasp. Discovering these culturally conditioned conformities and making use of the resultant opportunity of recognizing place-relationships could constitute a preliminary to sound town-planning.

Place-related communication

The structuring of our (spatial) environment by means of symbols is thus an essential ingredient in the process of symbolic attachment to place, although in all our thinking on this question we must never lose sight of the indispensable social background.

In what follows we propose to look at this 'symbol stage' of attachment to place from a different and perhaps what may at first appear a somewhat unusual angle.

Let us take as our starting-point the fact that the most important instrument both for transmitting symbols—and for receiving or grasping them—is language. There are, of course, other means of expression, notably the fine arts. But we think primarily in terms of the concepts of our own language.

Deciphering symbols of the spatial environment and taking in their meaning-content involves clothing them in (not necessarily specific) concepts, except where this has already been done by signs, inscriptions, etc. To have 'grasped' a situation means to have defined it conceptually as a behavioural situation.

According to Anselm Strauss, language is far and away the most important instrument of classification in our entire urban environment. It is only—says Strauss—when we have sorted out the mass of impressions that crowd in upon us in the course of our daily urban lives into conceptual terms that our inner equilibrium is established—this being an indispensable prerequisite for correct behaviour.[31]

As we have already pointed out, good orientation in one's habitat leads at the same time to a certain feeling of 'it suits me here'. Strauss explains what we have called 'symbolic attachment to place' as meaning simply that a town is as it were well-covered symbolically—i.e. in linguistic concepts—and that through those symbols a person can develop a relationship to the town as a whole.

Strauss belongs to the sociological school of 'symbolic interactionism' which seeks to explain virtually all social phenomena through symbols and people's understanding of symbols. The school employs a primarily linguistic approach. Although our argument here owes a great deal to this school, we must make it quite clear that we believe society is not in fact conceivable purely in terms of its symbols. It is impossible for example, to understand domination phenomena in this way.

Symbols, language, and communication all belong together. In recent years, in the field of town-planning and other specialist fields, the word 'communication' has become one of those attractive *portmanteau* words into which everyone tosses something of his own without actually being able to say precisely what it contains. Some people use the word to mean simply 'conversation'; others use it in the wider context of 'having dealings with one another'; others equate it with interaction; yet others understand by it intercourse of any kind. And the finer shades of meaning are innumerable.

Communication research uses various models of communication. These differ from author to author and also according to the field of application. Some are very simple, others extremely complex. The basic model of how communication occurs might be outlined as follows:

A *transmitter* (a person, persons, an institution, or an organization) encodes meanings and interpretations, in other words a *message*, into *symbols* (letters, gestures, tones of voice). The message proceeds *via* a *medium* (speech, print, electromagnetic waves) to a *receiver* (a person, persons, an institution, or an organization) who or which decodes the symbols and understands the message. The transmitter learns whether or not the message has been received through 'feed-back', i.e. through the receiver's re-using the communication channel himself in order to reply.

As may well be imagined, the path from transmitter to receiver and vice versa may be subject to a variety of disturbances, making the message come through in an unclear or distorted form, or even fail to come through at all, or making it impossible for feed-back to occur. For example, noise, poor-quality printing, or any kind of injury to a person's organs of perception can have a negative influence on communication or block it altogether.

In addition, of course, transmitter and receiver must possess at least some symbols in common in order to be able to communicate at all. This, however, is not the place to go into the many detailed aspects of the communication process.[32]

Symbols *of all kinds* are the most interesting ingredient in the communication process from our point of view. Now, communication is usually used to refer exclusively to the transmission of verbal symbols. If, however, we also include such symbols as cannot be conceived verbally or only indirectly so, we can call all reciprocal relationships between

43

people communication in the above sense. What we want to show eventually is that town-planning too may be regarded as a special kind of communication.

In all communication, then, symbols are continually being passed backwards and forwards between people, usually whole sheaves of them being contained in each sequence of an exchange. This agglomeration of symbols is also the reason why it is particularly through communication that our environment becomes structured for us; i.e. it is through communicating in and about our urban environment that we come to grasp and understand it and gradually find our way around it.

Of course, not every kind of communication (not every conversation, nor everything one hears or reads or sees) in a town consists of symbols which are directly connected with the town or which are drawn from it. Nowadays there are many kinds of communication which, although they occur on urban territory, have nothing to do with the town itself, and naturally these are hardly liable to bring a person closer to his social environment. It is much more the directly *place-related* kinds of communication that are able to do this.

Place-related communication can take various forms; it may be a conversation, a public notice, a newspaper, among many other possibilities. In other words, 'transmitter', medium, and 'receiver' may be different people (or things). The message, however, and hence the symbols, are always, in place-related communication, local in character. They are always drawn from the local social context, 'town', or are particularly related to it.

Place-related communication inevitably constitutes an important starting-point when investigating the possibility of attachment to place on the part of the inhabitants of a town. This follows logically from the chain of reasoning which we have established. Groups, through social interaction, erect

44

values and norms. Values and norms integrate a group. They manifest themselves in the form of symbols. Symbols are (material) objects possessing social significance. They make our environment easier for us to grasp. Understanding the symbols integrates a person into the social context from which they are drawn. Symbols agglomerate in communication processes. Wherever local symbols agglomerate in place-related communication, the local environment becomes structured. Participants in place-related communication become integrated into the local social context. Integration is a form of attachment to place.

Running through this chain of reasoning concerning symbols and communication, however, is an important thread which we must on no account overlook, and that is the fact that communication is only conceivable in terms of social groups, and place-related communication, like symbolic attachment to place as a whole, is based on the existence of *local* groups.

Before continuing our investigation of place-related communication, therefore, we must take a closer look at these local groups and their history. In the next chapter we propose to follow up this social thread by considering the town as a local social structure changing over the course of the years. Then afterwards we can return to the subject of place-related communication.

III The changing local character of the town

The social structure and appearance of a town still reflect today as they have done for hundreds of years society's relationship to its spatial-material environment. In view of the fact that this relationship has a decisive effect on whether or not the phenomenon of attachment to place arises, we must briefly describe the social structures of the town and the changes these have undergone in the course of history.

Tendencies to change on the part of society as a whole have affected the town so strongly over the centuries, and altered its interior social articulation to such an extent, as to have transformed it completely in its capacity as local social association. The degree of integration of town-dwellers into the local community, once relatively high, has in the course of time diminished, and the town itself has become less of a locally compact unit and taken on a more superlocal orientation.

We realize that in the following brief sketch of these processes of change, we have left out a great deal that might have been interesting from the historical point of view. We represent things much more in terms of types, which means that we must talk about 'the town' or 'the urban community' in the abstract so as to bring out those processes which are important for our purposes, even though this may take some of the colour out of our presentation.[33]

47

The pre-industrial urban community

Broadly speaking, as Max Weber established in his town-analyses, the pre-industrial town was based on the neighbourhood principle of association.[34]

Stripping the word 'neighbourhood' of the many overtones of meaning which it has taken on in the course of time, we are left with a basic meaning of 'proximity in space'. In the pre-industrial urban community it was this that constituted the basis of the multiple interactions which were able to make of the town a 'global society' (König). As far as the majority were concerned, nothing existed outside it; it constituted the material and social cosmos.

Another term covering this total incorporation of the individual in the local social body is 'integration'. Hans Oswald lists the following as outward and visible signs of integration: if the members of the community exercise mutual social control over one another (e.g. through gossip, boycott, slander, etc.); if the fact of belonging to their town means a great deal to them; and if there are no differences of opinion among them regarding the particular class-structure obtaining in their town.[35] On this basis we could describe the medieval town too as an 'integrated social system'.

Readers conversant with sociology will no doubt prick up their ears at this introduction of the term 'social system', because the concept is associated with a quite specific sociological school. However, as we are not here using a rigorous concept of system in the structural-functionalistic sense but will be taking the word 'system' to refer simply to a social formation consisting of certain elements and possessing a specific structure, we surely do not need to go any deeper into a discussion of the system concept.

Before the advent of industrialization, the town consisted of a number of economically more or less self-sufficient families together with their servants, apprentices, and journeymen who, living under the same roof, were regarded as members of the family too. Within these families the rule was unconditional mutual support—but also dependence. The family took complete care of its members. In addition, however, the neighbourhood and the town as a whole also had specific functions of their own.

The fact of belonging to a neighbourhood was important to everyone, if only for purely practical reasons: if a man needed help, the person best able to provide it in the shortest time was the person who was there in the vicinity, i.e. his neighbour. Hence arose what Weber appropriately named the 'do-as-you-would-be-done-by' neighbourhood ethic, since everyone might one day find himself in a situation where he needed others' help.[36]

The norm of mutual assistance was the subject of strict control by all parties concerned, and cases of refusal to render assistance met with severe sanctions. Deviation from the norm could lead to isolation and ultimately to complete helplessness. The reason lay in the fact that in a society where means were scarce in every sector, the assistance of one's neighbour could quite literally be a matter of life and death.

The purely common-sense aspect of neighbourly conduct, however, was permeated throughout by the human factor. Feasts were celebrated in common; mourning, gossiping, grumbling, and merry-making were all done collectively. This multifarious neighbourly context inevitably gave rise among neighbours to a shared system of values which went further than the simple fact of being thrown upon one another's resources. This more comprehensive value-system was also the subject of strict supervision. The result was that every individual living within the tight community of the pre-industrial town knew in pretty precise terms what he ought and ought not to do. His social role was dictated to him in detail. The possibility of insecurity of orientation or conflicting roles scarcely arose. The behavioural expectations deriving from a person's environment all arose out of the same stable social context, and fitted so completely into the integrated local entity that an individual rarely found himself faced with mutually incompatible behavioural expectations coming at him from different directions. The discovery of identity, the way in which the individual understood himself, could thus proceed without interruption along traditional paths without provoking any of the kind of crises of identity which we find nowadays.

However, the period during which the social and geographical radii of the town coincided cannot always have been characterized by such a blissful state of physical and social security as we tend to imagine—in view of the many insecurities to which we are a prey today. Indeed, that a society exercising such rigid control over itself could and did involve the most fearful constraints becomes clear immediately when we look at the relentlessness with which social aberrants were pursued and dealt with (witch-trials, banishments, etc.).

Then, the pattern of behaviour was laid down not only by the neighbourhood but also by guilds and corporations. The guilds were very much more than simply business associations; embracing almost every aspect of their members' lives, they were simultaneously social and cultic communities. Nor was membership in them dependent purely on professional performance, but rather on general personal integrity. The medieval guilds can in fact even be described as tribe-substitutes.[37] Neighbourhood, guilds and corporation all bound the town-dwellers firmly together, and community integration was further strengthened by the prohibition of feuds between citizens, by compulsory military service and watch duty, and by the obligation upon all citizens to help keep the town walls in good repair. Finally the grant of a charter by the prince gave the citizens the feeling that they were a cut above the country folk, and whenever a group begins to regard itself as distinct from another section of the community, the effect is always to bind that group more closely together.

Inequalities of profession, possessions, and social status were for a long time taken for granted in the pre-industrial town as part of people's image of the way things ought to be; they were hardly ever questioned. The *ordo* was rigorously accepted—a fact for which Christian teaching was of course in part responsible. Where in the course of time cracks began to appear in the established order—as for example in the surplus of journeymen or the impoverishment of a part of the urban population—the attempt was made to correct them by adjustments made *within* that order.

The signs mentioned above as indicating the presence of a high degree of integration in pre-industrial urban communities were based essentially on the fact that they were locally orientated, i.e. that they were centred upon a particular place and were as it were self-contained. According to Oswald, a locally orientated population is not *necessarily* integrated, but it does have a better chance of achieving a higher degree of integration.[38]

It was Friedrich H. Tenbruck who applied the terms 'locality-superlocality' to our society. Oswald extended his approach and found that the contacts a person has outside his urban community must be a valid yardstick of his local or superlocal orientation. This should be measured by means of: 1. superlocal appurtenance, 2. out-of-town travel, and 3. direct knowledge of what is going on at other points in superlocal organizations.[39] On this basis the inhabitants of the pre-industrial town were predominantly locally-orientated. Admittedly they did have some outside contacts, for example—in most towns—through the market, through the local authorities, through landlords resident outside the town, through travelling minstrels, etc. But these outside contacts rarely had any direct influence on the townspeople's behaviour; for the most part they immediately became the property of the urban community as a whole. The majority of the townspeople only heard of events beyond the compass of their daily horizon from their neighbours— very few people were literate—or from rumours going the rounds, or from general gossip.

The market, for example, actually one of the most important sources of a town's outside contacts, also served according to Oswald the purposes of local integration, since it was the place where all the town's economic interests came together in the context of an *ordo* based on social consent. Later, of course, as it expanded and developed, the market became the first point of departure for urban life as we understand it today.[40]

And although the travelling minstrels retailed poetically embellished accounts of terrible events taking place beyond the town walls, as far as their listeners were concerned, these stories were much too unreal to have any kind of influence on behaviour or awareness. Moreover, the fact that the townspeople stood together in the street to listen to them turned even the minstrels into a local event contributing in its own way to local attachment.

Thus—still speaking generally—the whole comportment of medieval town dwellers was mediated locally; it was built into the local cosmos. This was even made visually evident by the fact of their confinement within the town walls. The 'base of operations' was clearly marked out in the shape of a visible enclosure around a familiar environment; beyond that enclosure all was alien.

Naturally, in a world where the local was taken entirely for granted, people could hardly develop any kind of considered relationship to their spatial environment. Objects in space and even indeed space as such were without importance for the purposes of day-to-day existence in the sense that distances, for example, or the overcoming of other spatial obstacles were not urgent problems. Existing social relationships did not presuppose any such thing; place and the social sphere out of which a person might be confronted with behavioural expectations coincided. The individual saw himself not as being cut off from his spatial environment and social community but as forming an integral part of both.

In fact the concept of behavioural expectations is probably not applicable to that period at all since people did not conduct themselves as individuals but were completely immersed in their community. We cannot even talk in terms of a 'self' in the sense of a person's being in any kind of position to draw a distinction between himself and his spatial and social environment, until after the disintegration of this kind of medieval urban community which absorbed the 'self' as a matter of course into an almost mythical communal entity.

The people of that time were probably unaware of *Home* and all the feelings associated with it, because their relationships to a place were something they took for granted and therefore never expressed in words. The spatial environment was the 'natural', stable setting of stable social relationships, and although it was accepted as an unalterable ingredient of any kind of behaviour, it had not yet entered the realm of conscious thought.

Jürgen Pahl, in his book *Die Stadt im Aufbruch der perspektivischen Welt*,[41] describes how this 'spacelessness' of the Middle Ages can be seen in the shape of the medieval town: 'Its energies lie not in qualitative spatial proportions—which simply did not exist at the time—but in the intellectually abstract relationships, inherent in its own logic, of every part to the whole and to every other part within the whole. Space as a quality is as yet unknown.' Space is simply 'that which lies between things', 'a part of the cosmic world-order', which is non-perspective or even pre-perspective. 'It [the medieval town] has no direction, neither in space nor in thought, it does not objectify things, nor relate them to the individual, to the moment, or to the "site". It is two-dimensional.'[42]

Pahl illustrates this lack of spatial quality as such most vividly in the squares of medieval towns. Today we regard these in many cases as perfect town-planning compositions. Yet they were not in fact planned as beautiful squares. Church façades were not made to face on to the square; town halls were not, as might have been indicated, built so as to form a side of the square. Abstract, mythological function counted for more than the picture presented. Artistic considerations stressing the aesthetic factor did not appear until much later. Even the aesthetic aspect of the Gothic church, so monumental in our eyes, was not intentional; it was simply the natural expression of a mystical community creating in its church, through a vast common sacrifice, a cultic centre for itself.

As time went on, however, this matter-of-fact attitude to the local spatial cosmos gradually disappeared. Various processes of social, economic and political change (here referred to collectively as social change) demolished the local *ordo*. Soon spatial and social bases of operations no longer coincided, and the townspeople found themselves confronted with behavioural expectations that came from beyond the town wall. They had more and more to adapt themselves to people not living in the same place as themselves. Consequently space and its influence on social behaviour inevitably assumed a new significance. The spatial environment could no longer simply be taken for granted, accepted unthinkingly as a stable setting. From now on people had one way or another to form a more conscious relationship to it, its quality as the seat of their behaviour having shifted from one of natural appurtenance to one of more or less random interchangeability.

Not the least important consequence of this was that the individual began to some extent to think of himself as a separate entity now that he was inevitably thrown into an entirely new relationship to other people no longer living in the familiar local context. The 'self' became conscious.

Pahl sees this process too reflected in the changing shape of the town, particularly during the Italian Renaissance. According to Pahl the Renaissance was dominated at first by pure aesthetics, which later, during the Baroque period, gave rise to the complete mastery of perspective. Pahl sees aesthetics in terms of this-worldliness and the stress on the individual's part in art and architecture, and thus as representing the beginning of detachment from the mythical beyond and at the same time the emergence of the individual as distinct from the community. Perspective he sees as a considered relationship to space and to the 'self', as rational relatedness to an individual site.[43]

Vividly as Pahl depicts this reciprocal influence of spatial environment—in this case the shape of the town—and the town as a changing social system in the post-medieval period, the conscious, thought-out relationship to the immediate spatial-material environment which emerged in the art and architecture of that period tended nevertheless to remain for a long time the exclusive province of a relatively élite upper class. Moreover, even in the Middle Ages, this class had been inclined to think and behave in a superlocal manner (e.g. the so-called *Reichsnation* in Germany—a homogeneous national élite of artists, writers, knights, nobles and the upper clergy). This superlocal class may in the course of

55

time have increased in size. But the relativization of immediately local attachment as far as broader strata of the population were concerned only came about in connection with the massive social changes involving the whole of society which followed in the wake of the industrial revolution.

Two, or to be more exact three processes of social change contributed to the disintegration of the old, closed-in, locally orientated urban communities and furthered the superlocal consciousness of their inhabitants.

Disintegration factor I: mobility

We have already covered the most important aspects of this subject in the first chapter and propose to add only a few brief remarks here.

Horizontal mobility in any form implies a definite relationship of people to space, or rather it entails certain characteristic changes in that relationship. In the Middle Ages and even later, space and the local environment could be incorporated in behaviour without reflection, simply as a matter of course. Subsequently, in the atmosphere of upheaval which characterized the eighteenth and nineteenth centuries, the partly involuntary dissolution of local ties and the resultant social instability brought with them an understanding of what *Home* stood for in human life and a yearning for the security which it provided.

Today, space in its function as local environment appears to have sunk back to the level of meaninglessness, but a different kind of meaninglessness than characterized it in the Middle Ages. Problems which the spatial environment did not even present for social behaviour at that time in view of the identity of social and spatial radii of action seem today, with the invention of the most diverse means of mobility, to have been altogether overcome, so that the *arbitrariness* of the spatial setting for social behaviour today has become as

56

'natural' and is taken just as much for granted as was its stability in the Middle Ages.

The effect of every kind of geographical mobility is to render accessible experience and information lying outside a hitherto sharply defined social circle. Outside contacts lead to more superlocal orientation; the more of them one has, the more pronounced one's superlocal orientation. But the degree of re-orientation from local to superlocal is not the same in respect of every kind of mobility. Whether a person changes his place of residence, restricts his movements to the same region, or only ever travels from a fixed point of departure does not involve the same degree of superlocal re-orientation in each case. The disturbance of the usual tenor of his daily life and the relativization of familiar relationships is in each case quite different in degree.

Superlocal re-orientation, however, can also be no more than a brief intermediate stage in the search for a fresh local orientation. (Most people still shy away from making a complete break with the familiar locality, as witness the fact that most changes of residence take place within the same urban region. [44])

It was thought for a long time that the only reason people moved from one town to another was because they were after a better-paid job, so that fluctuations in wage-levels from place to place would inevitably cause fluctuations in population as well. However, certain tendencies have since come to light indicating that a town's points of attraction, apart from a diversified labour market and a high wage-level, also include its value as a place to live and the kind of leisure facilities it offers. [45] Indeed, a person may even move to a place where wages are lower than they were where he came from. This does not necessarily represent a drop in prosperity since nowadays prosperity is measured not only in terms of income but also in terms of the residential value and leisure facilities of a place and 'the feeling of security in a familiar environment'.[46]

An example of this in Germany is the steady migration from north to south. Since 1950 wage-levels in the south have been falling slightly in relation to the national average, yet the southward migration continues.[47] And no one would deny that, as far as climate and the concomitant possibilities for a pleasantly organized life are concerned, southern Germany does possess certain advantages.

We have here the beginnings of a new relationship to the spatial environment in our society, the full significance of which it is not yet possible to ascertain. It will certainly not amount to the same level as the old *Home*. It is conceivable, however, that the quest for a pleasant, familiar daily environment intensifies in proportion to improvements in the technical possibilities of mobility and in a wider sense in all superlocal means of communication. Possibly a kind of relationship to habitat will develop that has nothing in common with the restrictions of the Middle Ages but instead exploits the advantages and avoids the disadvantages of the mobile society.

Thus travel, an undeniably pleasant form of mobility in which a person always returns to his point of departure, could in future become people's favourite source of first-hand information about what is going on outside their own place of residence, although the way most tourism is organized nowadays is hardly calculated to allow people to get to know other countries and other peoples. An English architectural magazine has pursued the possibilities of our society even further into the future and speaks of a 'glorious revolution' of walkie-talkies, TV-telephones, video-tapes, laser beams, and micro-waves which could induce twentieth-century society to exchange its restless and often unnecessary mobility for genuine human contacts in one place. Until that point has been reached, however, i.e. as long as travel remains a necessity, the traveller's lot ought to be greatly improved.[48]

At all events mobility—whether in the form of the search for a well-paid job or a nice house or apartment or in the form of travel—is not an end in itself but always simply a means to an end, i.e. certain qualities not to be found in the original place of residence are sought elsewhere. Whereby, as the purely material aspect of existence becomes increasingly assured, more and more quantitatively non-measurable factors come into play—setting, good climate, pleasant atmosphere, high standard of living. So that although objective tendencies to mobility have reduced and abolished the locally self-contained and as it were pre-determined character of pre-industrial urban life, it appears that in this respect a new kind of relationship to the spatial environment is beginning to emerge. It is even possible that the mobility of our time will give way to its opposite, once the ends to which it was the means have been largely achieved and are available to large numbers of people without it.[49]

Disintegration factor II: organization

Apart from technological discoveries and the accompanying increase in geographical mobility, the principal cause of the characteristic change which our society has undergone over the last two hundred years has been the ever-increasing organization of its members—using the word 'organization' to refer to the phenomenon of people banding together for a particular purpose. The process may or may not be accompanied by the drawing up of articles, formal rules, and a hierarchy of command. All that is essential is a criterion which all the members share and around which they can organize themselves, and also a particular structural character out of which can emerge common norms.

59

Advancing industrialization and the increasing division of labour meant that people tended more and more to form themselves into purely utilitarian organizations which had very little directly to do with the town as such. The pre-industrial guilds were, of course, utilitarian communities too, but in their case the local ingredient was of primary importance; they were among the fixed components of the town *qua* social system and determined behaviour in their capacity as local social clubs. The more recent specialized organizations of the period of the industrial revolution and after, however, overstepped and continue to overstep the boundaries of the town. Anyone can belong to them and thus be in contact with anyone else outside the confines of any specific territory, provided only that they possess in common the criterion or criteria around which the association is formed. The behavioural norms arising out of such organizations relate not to the person as a whole, but only to the aspect of his person which motivated him to join that particular organization.

The fact that the development of communications constituted an important prerequisite for this kind of a-territorial, superlocal organization is certainly evident. The receipt of information direct from other places instead of *via* the neighbours or the better-informed members of the community meant that the local tie of social communication receded into the background. Face-to-face acquaintanceship gave way to the more abstract 'secondary group'—i.e. social groupings in which the participants do not necessarily know one another personally although they know of one another. Nor is it any longer necessary for the whole person to be included in the communicational context; it is enough if that particular aspect of a person is included which relates to the specific object of the organization.

Friedrich Tenbruck has referred to the many social groupings which determine the behaviour of their members under other aspects than the local as 'the structural matrix of our time'. 'In principle any non-local classes of people whatever are accessible through no matter what criteria in no matter what form.' There is 'mobilization of all kinds of classes of people for all kinds of aims', and it occurs over wide geographical areas.[50]

In a differentiated society such as ours one can think of any number of aims around which people may organize themselves. In fact, there are so many superlocal points of reference nowadays that it is no longer possible for the individual to encompass them all. The claims of a host of organizations overlap in the one person, and in theory innumerable permutations of membership are possible. Moreover the individual is here considered less and less in his capacity as town-dweller and more and more in terms of criteria, categories, and accomplishments which he shares with other people in other towns.

Since, as we have said, each of these organizations develops its own norms of behaviour, the individual is faced with a plurality of norms; he finds himself in the middle of a whole bevy of role-demands, only a small proportion of which stem from the town as a social structure. His social position is made up of a multitude of different elements which are no longer drawn, fitted, and welded together by the single local context of the town. Instead they are more or less unrelated to one another and occasionally even incompatible because they no longer share a common frame of reference, and the role which a person is required to fill in the town's social structure is therefore reduced to one among many aspects of his position.

This is, of course, to look at things purely schematically. In fact, these various role-elements interpenetrate to form a personality; our behaviour is not moulded exclusively by our social ties but always retains a certain amount of individual 'play'. Otherwise that horrifying fiction, 'homo sociologicus', would be a living reality.

If today's 'town' is virtually speaking no more than the point of intersection of a wide diversity of superlocal social circles, and if its inhabitants are only in the margin of their social existence as town-dwellers, can one nowadays still talk in terms of 'the town' in the old sense? To what degree does its local character still exist?

The modern town

Clearly 'the town' must be accorded an entirely different value today than, for example, it possessed in the Middle Ages. On the other hand we have the evidence of reality that towns as local units did not simply disintegrate in the course of historical changes in the direction of superlocality. Going back to the truism that all social behaviour takes place in space and bearing in mind our minimal definition of the town, it is possible to arrive at the following thesis:

Nowadays the town's quality of a local social structure lies above all in the fact that various organizations whose primary concerns are *not* related to any particular place have in fact chosen the same place as their headquarters. The social system 'town' is supported principally by its sub-systems—i.e. those various organizations—which actually have nothing at all to do with it but which by the mere fact of existing side by side in the same place do give rise to a special kind of social structure.

The relationship in which the sub-systems must stand to one another within the overall social system 'town' in order for the latter to exist is something which need not be considered here. At all events, the decision to share the same headquarters is not a decision to live together in harmony.

The term 'social system' is normally reserved in sociology for integrated social contexts. We agree with Schmidt-

Relenberg, however, that although the town, in view of its peculiar structure as described above, inevitably finds itself in a permanent situation of conflict, it is nevertheless able to continue to exist as a social system.[51] This apart, we do not consider Schmidt-Relenberg's description of the town as a social system a particularly happy one. As so often happens with functionalistic system-analyses, the presentation tends to be schematic and the categories remain inflexible without achieving a particularly good grasp of reality.

Large-scale superlocal organizations such as stamp the image of our time can be likened to pillars in and between which a society takes shape (the metaphor of the 'pillaring' of a society was coined by Dahrendorf in a different context). Pillars have to stand somewhere, and the intervals between them constitute space. A large number of organization-pillars together make up a town; they require public utilities, services, labour, etc., all of which in their turn form social sub-systems and have to be accommodated in the space between the pillars. And, finally, people must be left with a certain amount of room to move about in which cannot be requisitioned by any of the organizations. The various sub-systems in turn form relationships with one another for the very reason that they are obliged to get along together within the space they share in common.

This picture of a town is by no means as unrealistic and abstract as may appear at first glance. Casting an eye over our towns, we find that the administration and office buildings of the big firms, insurance companies, banks, and political parties even look like pillars; most of them are in the form of elaborate tower-blocks and as such decisively influence the appearance of the town. And between and around them are the people who work in them, earn their living by them, and in turn distribute their money among other organizations, often housed in smaller-scale buildings.

63

Organizations provide local jobs, which is one of the ways in which they contribute to the life of a town. These jobs necessarily entail accommodation and other public utilities for the employees. Alongside the professional sphere, then, emerges the private sphere. Behaviour in the professional sphere—i.e. at work—is chiefly determined by the big organizations; in the private sphere it is the family that lays down the norms. Both spheres demand a certain exclusiveness—even from the purely spatial point of view—within the town. This is something to which we shall return later.

There is, however, one sphere of the town which is not moulded by one of the above-mentioned sub-systems and yet in which people necessarily move—namely the streets and squares by which people reach their place of work and in which the housewives do their shopping and the teenagers have their fun. This space between the pillars and their satellites has to be governed by its own kind of framework of social behaviour. Because here, too, people enter into a relationship with one another—a particular kind of relationship, admittedly—and there can be no interaction without specific standards of behaviour. To fill this norm-vacuum is the function of the *public domain*, which here constitutes a quite distinct social aggregate of its own.[52] It binds the various relatively self-contained sub-systems together in the social system 'town', and it is our contention that it in fact represents, in a society characterized in the main by non-local relationships, one of the few, if not the only locally related form of interaction within a town.

The three-fold public domain

The public domain is first and foremost simply an urban *area* between buildings which belong to social groups laying claim to a measure of exclusiveness. This area is not always clearly definable; the individual spheres overlap in many places and constitute different qualities of public domain. Christopher Alexander, for example, classifies them as follows:

Urban-public	Squares and other publicly-owned areas: streets, footpaths, parks
Urban-semipublic	Places used by the public but controlled by particular institutions or organizations: town halls, law courts, schools, hospitals, sports stadia, theatres and cinemas
Group-public	Points where public-utility services and the private sphere meet, but which all use in common: pillar-boxes, garbage, disposal facilities, fire station[53]

The purely spatial public domain is brought to life by people, however; in fact it is only through people that it becomes the public domain. In streets, squares, theatres, and sports stadia they manifest a quite specific kind of *behaviour* different from their behaviour in the private sphere of their homes or in the office or factory. It is this specific kind of behaviour alone that makes the public domain a characteristic phenomenon of the modern town. A public sphere probably existed in the towns of the pre-industrial period too, but the general pre-conditions for the manifestation of a public kind of behaviour in that sphere would appear to have been lacking.

What then are these *modes of behaviour* that characterize the public domain? The 'structural matrix of our time' allows none of us, once we have left the shelter of the family, the psychological armour of an all-embracing sense of belonging to a social formation which lays down all scales of value and patterns of behaviour.

A characteristic of our society is that we rub shoulders daily with large numbers of people who come from quite different social backgrounds than ourselves—and in a 'pluralistic' society there are innumerable kinds of social background. Consequently, in our dealings with people we find ourselves confronted all the time with behavioural expectations which are not those of our own familiar social milieu but to which we are nevertheless obliged to adapt. This 'incomplete integration'—an expression coined by H. P. Bahrdt—of social relations in modern societies is responsible to a very considerable extent for determining behaviour in the public domain, where particularly large numbers of people with very differently constituted social backgrounds meet with particular frequency.

In these meetings, however, neither party has any idea regarding the various social circles and roles that intersect in the person of the other. We are in no position to judge, on the basis of such fleeting contacts, where exactly the other person comes from, what he does, what he is, and what he has. Even his dress, accent, and personal habits tell us nothing about him, give us no point of reference which would allow us to pin down his various social roles.

We are unable to 'place' him—as for example it was possible in the medieval town. In those days dress alone told a great deal about a person's position, because there were detailed rules governing what each class could and could not wear. Material, cut, and trimmings could be either more or less elaborate than social standing allowed. Even such apparently incidental matters as this were dictated by the whole integrated social context, to say nothing of more important matters. Everything 'fitted'.

Nowadays when a secretary gets dressed up for a shopping expedition in town, she not infrequently—at least to the unpractised eye—eclipses even the director's wife. For a brief period she is 'showing off' a small section of her person which does not have to 'fit' her social background. Indeed in her contacts with other people in public, this can remain in parentheses, as it were; no one questions this. But once in her office, that same secretary has her place within a hierarchy of interaction in which everyone accurately knows who she is and what is her due. Here at work her behaviour is subject to considerable social control, whereas in public it matters little if she behaves in keeping with her social position or not.

This is not to say that social control based on generally accepted rules of behaviour is non-existent in the urban public domain. But the impossibility of placing one's opposite numbers on the value-scales of their respective, variously constituted social backgrounds because of sheer lack of knowledge about them gives rise to a certain toler-ance. This tolerance, together with the aloofness which results from it, in turn become social behavioural expecta-tions in the public domain.[54]

It is precisely this mutual tolerance and social aloofness which enable people to show in public only the particular aspect of themselves which they wish to show, even though this may in fact result in a wholly false presentation.

Showing only a small section of one's person in public contact with total strangers is also a psychological necessity; it is a form of protective behaviour which, in these fleeting encounters in the public domain, keeps us from forming too-close ties with people before we know whether or not it is worth doing so. The deeper levels of personality thus remain untouched—Simmel called this 'negative social behaviour'[55] —and it is only after several such fleeting encounters that people have revealed enough facets of their personalities to be able to judge whether a commitment is worthwhile.

At the same time, however, it is necessary to make that particular small section of one's person which one wishes to show in public particularly clear; stylization and exhibition sharpen the contours of behaviour and make it possible for people to find an orientation to one another in spite of the distance they maintain between them, and for a kind of mini-interaction and mini-communication to emerge in their dealings with one another.[56]

The existence of the public domain as a particular mode of behaviour is not associated exclusively with public spaces. Public behaviour can also occur for example in the private sphere, just as a person may behave in an entirely private manner in public. But wherever one mode of behaviour too markedly invades the sphere of the other, it loses its character. According to H. P. Bahrdt, public and private exist together in a relationship of such tension that, for example, the overflow of public behaviour into private life gives rise to a pseudo-public-ness and the extension of the private into other spheres to pseudo-familiarity. Both, however, represent distortions of the public/private polarity characteristic of a town.[57]

As starting-point for his schematic description of the modern city in terms of public and private spheres, Bahrdt took the institution of the town market, the enlargement and differentiation of which over the course of history was responsible for the emergence of the modes of behaviour described, and he was inclined to polarize urban life into these two spheres of public and private at the expense of other sectors.

No town, however, can be neatly divided into private and public domains. Although it appears from the first edition of *Die moderne Grossstadt* (The modern metropolis) that Bahrdt once believed this was possible, in the second edition he points out specifically that with more advanced developments in capitalism and increasing private ownership of the means of production, more and more areas have emerged

68

which are neither private nor public and call for modes of behaviour of their own, modes which are not covered by his polarization model.[58] These include particularly the urban sphere occupied by big business and other large-scale organizations; modes of behaviour at work tend to be of a more intermediate character and introduce a new factor into the polarization model. It was this that made Schmidt-Relenberg reject Bahrdt's schema.[59]

Without being able to go into all the pros and cons here, we must nevertheless acknowledge its usefulness for the purposes of analysis, and there is after all nothing to stop us adding to the public and private spheres the third sphere of an individual's place of work.

On top of this, however, we propose—following Schmidt-Relenberg's example—to give a wider significance to the term 'public domain' which takes it beyond the point of being merely one urban social category among others. Although we shall be treating place of work, private sphere, and public domain side by side, it should be clearly understood that we reserve for the urban public domain a special place which, as it were, embraces all other special spheres.

Big businesses and organizations, together with the people who work in them and their families, form social sub-systems within a town which meet only in the urban public domain. It is only this kind of contact between sub-systems, which in themselves would be equally conceivable anywhere else, that makes a town what it is, i.e. a local social system supported by its sub-systems. If it were not for the relationship of tension, in which the latter stand to one another, there would be no such thing as a public domain at all.

Wherever this relationship of tension does not obtain because social sub-systems are unable to come into contact in a particular place, wherever too few social circles intersect (as for example in our residential monocultures) and co-operate with or conflict with one another, there can be no public domain.

The third element in the public domain is in fact just this: *politics*—argument and discussion in the broadest sense about the common concerns of different groups.

One hears it more and more often complained that there is no public domain in our towns, and that the reason why these are so monotonous and unexciting is precisely because 'the public' no longer 'argues' but merely 'consumes'.[60] There is surely something in this. The kind of concept of the public domain which lies behind this complaint, however, seems to us to be one which has been borrowed from history and is without relevance for our time. The days when the citizens used to meet in the *agora* or the *forum* to talk about their common problems are past and gone (if indeed they ever existed in quite the way we tend to visualize them in retrospect).

Nowadays, discussion of communal affairs is no longer conducted between interested individuals in face-to-face conversation. It is the numerous sub-systems we have been talking about which, having chosen a town as their base, decide by means of formalized discussion, governed usually by a set of democratic rules, what a town as an interlocking social system ought to look like.[61] It is this political decision-making process that materially determines the character of the communal public domain.

Not even the members of the individual sub-systems that form the basis of the town discuss their affairs directly among themselves. They appoint delegates to the councils specially designed for this kind of debate. It is one of the drawbacks of mass democracy that the views aired in such councils usually get no further than the four walls of the town hall,

70

and never reach the ears of the citizens whom they actually concern.

This is what makes it so very important that the power-structures in a town as they emerge and take shape in such discussions should be brought out into the open. Only in this way can a public domain in the broader sense of 'citizenship' be created at all—when, that is, all the inhabitants of the town—all of them, including the members of the different social parties—are kept informed about all decisions directly concerning them, about how those decisions were arrived at, and above all about who or which groups actually made those decisions, i.e. about who holds the reins of power.

Power and conflict are inseparable. An aversion to conflicts and their public settlement and the harmonization or hushing-up of (after all perfectly normal and natural) social disagreements—even in the communal sphere—seem to be just as responsible for the fact that the local public domain is not as lively as it might be as is the average citizen's consumer-attitude towards his town. Instead of alluding in resigned and historically pessimistic terms to the public's passivity and political apathy, we ought to start trying to bring about a revival of public life—and this does not mean looking for alibis—by making a real contribution to the task of communal-political enlightenment.

The notion of unrestricted openness with regard to all communal-political processes has recently been opposed by H. P. Bahrdt. As he points out, bureaucracy has a longer history in Germany than democracy, and with it a certain traditional reluctance to come into the open. But we must also bear in mind, he says, that the very development of bourgeois society, characterized as it is by private ownership, is responsible for the public authority's reserve, since too-open discussion of communal affairs might lead to considerable pressure from private enterprise which could have a negative influence on decisions as far as the general good is concerned.

He adds that the system of law based on private property further enables private interests to shun the light of publicity, and that this means that the public authority must employ the same means in order to make its point. Conceding that this undoubtedly represents an undermining of public life, he maintains that it is nevertheless necessary if bourgeois society is to be shielded from its own chaotic impulses.[62]

Bahrdt takes as his starting-point the datum of the private ownership of land, means of production, and buildings in our society, which leads to the inescapable fact that participation in public life is reserved for those who have the right property-background. He warns of resignation, however, questions the taboo-character of private property, and the possibility that, with growing prosperity, even citizens who own nothing will come to have their place in the public domain, which involves the question of education as well as the reform of administrative and political institutions and of the system of ownership.[63]

We should like to underline this last point particularly with a plea for the better communal-political enlightenment of broad strata of the urban population. Surely the clarification of and understanding of the interplay of the power-positions that govern the communal-political process produce in turn a certain insight into the necessity for responsible behaviour towards the urban public domain as a whole? And is not the 'chaos of bourgeois society' to a large extent a result of the fact that, under the aegis of an exalted individualism, no one felt obliged to take the social contexts and dependent factors into consideration but could always plumb for the individual as opposed to the general good?

This kind of enlightenment, i.e. the bringing to light of communal power and decision-making procedures, could

72

constitute a social-educational lesson in the necessity for thinking in broader social contexts, and at the same time have the effect of mobilizing the urban public domain.

Furthermore, local politics can lend a special kind of colour to the public domain. In every town, an entirely unique collection of different groups takes part in communal politics; every town has its own particular problems to discuss; and in every town quite different social groups turn out to wield the power of decision—not least concerning the townscape. Giving the citizens an understanding of these things by means of the right kind of publicity could contribute to their attachment to place.

Even the very modes of behaviour which characterize the public domain—aloofness, 'showing-off', tolerance, and brevity of contact—no longer have anything specifically to do with place. They are the result of certain trends towards social change in our society, one of the main-springs of which has been urbanization. They obtain in every town—with the consequence that in no town is one likely to stand out as a stranger.

But the results of the mutual coming to terms of the groups which assemble in a historically unique combination to form a particular town nevertheless determine that town's social, cultural, and political characteristics over the years in ways which are so specifically place-related that the inhabitants find themselves in a wholly locally characterized situation and have their behavioural orientations limited by local particularities.

Local colour and atmosphere

The fact that the inhabitants of a town do not exclusively orientate their behaviour towards the superlocal social spheres of which they are all members, but conduct themselves to a certain extent in a place-related manner is due to

73

the 'filter-effect' exercised by every town. The metaphor is Hans Oswald's, and he explains it as follows:

'The inhabitants of the modern town do not take their bearings from locally related groups but align themselves in their modes of behaviour and their standards according to superlocal groupings of which there may in principle be any number. Any given town, however, to some extent limits these outside influences and the possibility of such arbitrary direct or indirect outward orientations through its individual character as regards size, economic structure, social composition, etc. It excludes certain influences—even though this may be only partially and affect by no means all of the inhabitants—and conversely fosters others.'[64] This 'filter-effect' of a town is well observed; we cannot, however, share Oswald's view that even the influences which a town 'fosters' nevertheless remain outside influences, nor indeed does Oswald give sufficient justification for this view.

A town's geographical situation, its economic and social structure, and finally its shape all contribute to this 'filter-effect'. Whether, for example, the inhabitants of a particular town drive down to the lake for a swim in their free time, or go mountain-climbing, and whether the climate is such that they are able to spend a lot of their time outside in the street or tend rather to frequent pubs and cafés, are not inconsiderable contributory factors to the kind of atmosphere characterizing that town. And which sectors of the economy predominate in a particular town (in most cases chosen because of geographical location) can substantially effect the kind of picture which the streets of that town present, firstly as regards the composition of the population—i.e. whether it is primarily a working-class town, or a place for people to retire to, or an international city—and secondly as regards the kind of buildings the resident businesses, etc.

need to erect—i.e. functional or 'display' buildings, down-to-earth factories or palatial banks.

Local colour and the 'filter-effect'—the two are obviously identical—determine a town's atmosphere. This elusive, indefinable phenomenon is extremely difficult to grasp analytically. But we all realize how important atmosphere is for a town, particularly today, and we all know towns that have it and towns that do not.

Atmosphere is important if a person is to feel at home in a town. 'Colourless' towns leave us cold and we tend to forget them quickly. They are less likely to become reference-points in our emotional world than towns where we can 'feel the atmosphere'. This, however, is not something we do in our own or our friends' homes or in the conference-room of an office block. Atmosphere belongs to the public aspect of a town; it is the public domain that subtly transmits local particularities.

Gerhard Heid and Otl Hoffmann have attempted to catalogue the factors that make up the 'filter-effect' or atmosphere of a town (taking a German city (Darmstadt) as their example). Because this phenomenon is of such importance as regards our question here—i.e. whether a town may become 'home'—we propose to reproduce their catalogue in detail.[65]

1. Inventory of functions of town

Concept: Functioning. Objectively graspable states and processes

1.1	Relation to as yet un-organized space
1.2	Town-planning constituents
1.21	*Buildings*
1.211	According to state:

age
architectural value
condition
gradation by appearance
gradation by architects

density
noise
smell

1.212 According to usage:
residential
cultural
business
public buildings
industrial
– commerce
– smokeless industry
(appropriate or in-
appropriate use)
traffic facilities,
sewage, etc.

1.213 According to organ-
ization:
town area
– planned
– unplanned
administration area
shopping area
school area
kindergarden area
play area
– planned
– unplanned

1.214 According to inhabitants:
citizens
students
guests
artists
other social categories

foreign armed forces

1.22 *Authorities and administration*
post office
state
municipality
ward
industry and organ-
ization

1.23 *Public works/monuments*
public lighting of
squares, streets, build-
ings
fountains
sculptures
playgrounds
benches
open-air exhibitions
public conveniences
kiosks
telephone booths
pillar-boxes
automats
fire-brigade and
ambulance service
waiting-rooms
electricity sub-stations
hydrants

1.24 *Traffic*

1.241 According to state:
condition
how driven

1.242 According to usage
and organization:

76

a) classification
– home-work-home
traffic
– industrial traffic
– through traffic
– business traffic
b) when on the roads
c) standing traffic

1.25 *Greenery and water*

1.251 Greenery according
to state:
a) small-scale (1 tree
in the front garden)
b) pockets of greenery
(benches)

c) large areas (parks,
etc.)

1.252 Greenery according to
usage/organization:
a) for visual effect
b) for relaxation
c) for recreation

1.253 Water according to
usage/organization:
fountains
stream
pond (fish)
lake (swans, ducks)
opportunities for
bathing

2. Inventory of atmosphere of town

Concept: Atmosphere. Subjectively graspable
states and processes

2.1   Town life
2.11 *As seen by inhabitants:*
residential life
business life
(as function of moving
and standing traffic
and of city-centre and
outskirts)
professional life
recreational life
cultural life
2.12 *From the existing town-*
planning aspect:
diversified zones

monotonous zones
(lack of excitement)
(lack of spirit)
colour accentuation
effect of the compon-
ents detailed in
section 1
silhouette
prominent landmarks
2.13 *As regards special*
features and institutions
of Darmstadt:
theatre
polytechnic

technical high school
council offices
for structuring *et al.*
exhibitions, etc.
gateway to the Oden-
wald and Bergstrasse
town for retired
people

2.14 *From planners' efforts:*
state capital
city in the forest
Jugendstil town
city of the arts
city of smokeless
industry

arcaded town
conference town
theatre town
college town
ribbon town?
Albers plan

2.15 *By the wish of the*
residents:
field for sociologists

2.16 *In relation to industry*
and public utilities:
commerce – heavy
industry
tram-system – airport

This catalogue is certainly not complete. In our view, for example, stronger emphasis should have been laid on the mosaic of institutions peculiar to the town and particularly on their mutual opposition and co-operation in the public-political sphere. Also this is probably too narrow a field of activity for the sociologist. He is forced into exactly the kind of role he should be emancipating himself from; sociology can do more than question people about their—in any case problematic—views as to where and how they want to live. But as a first approach to the analysis of the atmosphere of a town it is unique, and in fact accords exactly with our intentions here.

This is no more than an initial suggestion, of course, but in all probability this kind of framework of the factors that go to make up the 'filter-effect' of a town could be filled in relatively quickly in any given case. Perhaps, too, this would be a way of supplying the planner with information such as would no longer leave him primarily dependent on subjective intuition (the fertility of which in many cases is evident) but would contribute to the objectivization of his knowledge of the town being considered. It is, of course, important that such a catalogue be kept up to date by continuous, sympathetic observation of changes in the urban public domain.

The objection that atmosphere is something which is perceived purely subjectively and cannot therefore be objectivized in such a catalogue is only valid to a limited extent. In spite of subjective variations in perception, there is nevertheless a certain amount of tacit agreement in the way people understand their environment. This comes about through the sharing of a common cultural tradition in a given social system, and in a town also to a considerable extent through shared local frames of reference.

The catalogue of 'filter-effect' factors would also offer urban sociology starting-points for an object-orientated, problem-centred analysis. In future we shall probably deal only with actual towns rather than with 'the town' in general.

It is not only objectively regarded that the 'filter-effect' of a town contributes to local attachment; subjectively too, in the consciousness of the inhabitants who come under its influence, it creates a local bond. This is because its essential components are identical to that '*store of information specific to place*'⁶⁶ which the inhabitants of a town possess in common. This store of information is not immediately accessible to an outsider; by it the town's inhabitants are bound together in a special way. It evokes among them a type of solidarity against the outside world which need not even be conscious.

This may not be immediately obvious. If, however, we recall what we were saying earlier—that the passing-on of information, whether verbally or through other symbols, involves at the same time a passing-on of norms, and that communication on a common subject has an integrative effect on a group—it is clear that knowing one's way about a town inevitably leads to a kind of local integration. We experience this daily. A town where we know numerous corners, whose local events and peculiarities are all familiar to us, and the distinctive style of which has communicated itself to us—such a place is much easier for us to grasp as a town than a place which is unknown to us. When we arrive in a strange town and start studying our guide-books, what we are doing in fact is collecting place-related information about it. And the more we have read up about a town beforehand, the quicker our response.

Facts about a town which go deeper than what we read in our guide-books and which are not available to us as outsiders can be obtained in various ways. They are passed on mainly in groups which bear a markedly local character. The question as to how far a particular town or city is 'home' and how far it is merely transit-station is decided to a great extent by this place-related communication in local groups, which is what we propose to deal with in the next chapter.

IV Place-related communication

Whether or not a person feels at home in a particular town, i.e. develops a symbolic attachment to it as a place, depends as we know on whether he enjoys social contacts there with groups which are in some way local in character. Our criteria for this—going back to earlier chapters—are whether a particular group lives in close attachment to local surroundings and whether communication within the group is related to the place of residence.

Let us take a closer look, then, at place of work, private sphere, and urban public domain in this light.

There have been so few investigations concerned with the empirical study of symbolic attachment to place that no definitive answers to our problem are available as yet. Moreover, the kind of secondary analysis of empirical studies which we have undertaken here allows only the most cautious comparisons to be drawn between individual results, since all studies differed in outline and structure. Thus, although in what follows we have drawn upon empirical material, this is not to be regarded as proof but merely as tending to confirm certain suppositions. For this reason we have not included precise numerical details. For these, please refer to the notes at the end of the book.

At work

The sphere of a person's place of work is to a lesser extent related to a given locality, for the simple reason that the majority of jobs are to be found in the big, superlocal organizations for which the town represents only a head-quarters; the tasks and communications of an employee or worker generally have little to do with his place of residence. Most businesses nowadays have merged into super-regional combines; they have 'daughter companies' or 'associates' in other towns, and their employees tend to think of themselves more as links in a superlocal chain of command. The geographical locality of their place in this hierarchy is unimportant.

Whether an office employee sits out his working hours in London, Paris, or New York probably makes very little difference as far as he is concerned; whether the counter behind which a shop-girl stands is in Chicago, Detroit, or Pittsburgh will come to much the same—particularly in view of the similar architecture and interior decoration of department stores.

We might possibly make an exception for jobs in firms which are directly dependent on a particular town. But even municipal services are merged and co-ordinated on a super-local level today, and their output standardized so that they have lost any particularly local character. Even gastronomical establishments, once such a distinctive feature of a town, tend increasingly to be part of superlocal chains.

It seems evident therefore that the social professional sphere has ever fewer links with a particular town. Also the behavioural norms obtaining in the majority of firms tend to foster cool, impersonal, purely functional kinds of contact, and even if they do give a person a certain sense of belonging, none the less the group concerned lacks any local tie.[66]

The private sphere of the family

One would think that contacts in the private sphere of the family, in view of their particularly emotional character, might very well provide the social basis for attachment to place. That they in fact lack certain essential prerequisites for this is something we shall have to analyse.

The private sphere is not easy to delimit, but on any reckoning it includes the family, relatives, and friends and acquaintances, who represent an extension of the family's influence (Wurzbacher).

Family and relatives—contrary to a prevalent opinion—constitute a significant proportion of private life in the modern town, and as leisure time increases, this proportion will also increase.[67]

Most townspeople today live in what is known as the 'basic family'—i.e. with only parents and children under the one roof. This does not, however, necessarily mean that they have lost touch with the older generation; they tend in fact very often to live just round the corner, and the grandmother who 'pops in' is a familiar figure to all of us.[68] Where the generations do not live together, they at least visit one another as often as possible, this applying particularly to the wife's relations.[69]

The tendency for social life to be centred on the family is not equally strong at all levels of society. Members of the upper classes have less contact with their relatives (but conversely more acquaintances) than members of the lower classes.[70] The intensity of the relative-contacts, however, is still greater than that of the acquaintance-contacts, even when the relatives live farther away. Cohesion among relatives is not necessarily connected to geographical proximity, although some do, of course, attempt to persuade relatives to come and live in the same quarter.[71]

People tend to call their 'home town' the one where they have the most relatives living, and from the family ties of modern city-dwellers one might conclude that symbolic attachment to place does not in fact present any problem at all. Such a conclusion would, of course, be premature. Admittedly deeply emotional human ties are created in this sphere, but the ebb and flow of interactions in the modern city family prevents these ties from becoming extended to the city as a whole.

As a rule people keep strictly to the narrow private sphere, a modest happiness still seeming to be the preferred ideal. Virtually all social life takes place within the home; only very few families go out and take part in social activities outside their own four walls.[72] The relative unimportance of clubs as regards family life is a further indication of this.[73]

According to Wurzbacher, the family is coming increasingly to be regarded as *the* leisure-time occupation *par excellence*, particularly by women (except for those with a superior educational background).[74] The women then influence their husbands who take as intensive a part in the life of the family as they do themselves.

With the family constituting the main focus of its members' leisure time, little interest remains for the broader environment. It is rare for the whole of the town or city to be emotionally perceived by the family as a social concept.[75]

Often, however, the family also lacks the character of a locally related group through the fact that, in its members' eyes, it is not represented by such local symbols as, for example, a coat of arms, a name, or some other indication of common origin. The one truly place-related symbol, namely the parental house, may admittedly represent family security, but in general this is far too slimly related to the town as a whole.

Among friends and acquaintances

The neighbourhood-contacts of an earlier age have been replaced in the modern city by a person's circle of intercourse, which marks—according to Wurzbacher—'those

features of individualistic, selective person-relatedness peculiar to the scope of the modern basic family'. The choice of
friends and mutual acquaintances presupposes mutual trust
as well as conformity of views, interests, ways of life and
other personal attributes.[76]

Quite often, however, the quarter in which a person lives
at least provides a catalyst for such selectively entered
relationships. When children play together, this brings their
parents together, or parents meet while taking their children
to the local school, or bump into one another in the shops.
Cafés, inns, and the parish church, on the other hand, are
generally agreed to be less important as regards places where
relationships tend to be formed.[77] A person's acquaintanceship-relationships—despite the high level of mobility in the
modern town—show a slight tendency to be concentrated
in his own quarter, particularly if he has lived there for a
long time, in which case his circle of acquaintances in the
town as a whole will naturally form a considerable proportion of his social life.[78]

As in the case of contacts with relatives living in the same
town, circles of acquaintanceship also show certain class
peculiarities, members of the upper classes having more
acquaintance-contacts than members of the lower classes.

Although differences in total amounts of social intercourse
can hardly be pinned down numerically, on average one city
family has contacts with four others.

Contrary to the view that the inhabitants of new residential quarters are lonely and lack contacts, a new estate on
the outskirts of Munich, Germany, even revealed a higher
average of contact-households than an old quarter of the
city investigated in parallel. The reason for this lay among
other things in the general attitude of greater openness
towards acquaintanceship-relationships, which were admittedly kept as non-committal as possible.[79]

As with social life among relatives, intercourse with friends and acquaintances appears to take place mainly on private terrain; the investigators were able to establish in this connection that more visiting went on among the people living in the new housing estate in Munich than among the inhabitants of the old quarter of the city.[80]

The size and layout of houses and apartments have a much bigger influence on these tendencies towards private social life than has been allowed for up to now. In the normal two-roomed apartment it becomes disagreeable in the long run to invite guests, not so much because of shortage of space as for a more important reason; the privacy of the family becomes more exposed when guests are received in a small apartment than when space exists for the family to keep it intact. In this respect grandmother's 'front room' served as more than simply a place to put the family treasures on show! It is not surprising that in the new housing estate in Munich investigated by Heil there was a marked concentration of contacts among the single-family houses. The reason was simply that these offered sufficient space for social life.

Chombart de Lauwe maintains that attachment to a town or city as a whole is derived from an emotional tie to the place of residence.[81] In a large-scale investigation which he conducted in Paris, he found that half his interviewees felt an attachment to their own quarter, irrespective of whether this was an old one or a new one. In connection with this and other investigations of his own, Jacques Retel speaks of a generally powerful attachment to the *milieu résidentiel*. Elizabeth Pfeil, too, in her study of two typical residential quarters of Hamburg, found that more than half the inhabitants felt an attachment to their own quarter. These are astonishingly high percentages.[82]

Working from the thesis of the social basis of symbolic attachment to place, we could put this down to the tendency

86

for individual social intercourse to be concentrated in the residential quarter. This tendency is not so pronounced, however, as to account for such invariably high results, and besides it is clearly decreasing, although it still has a certain importance as regards attachment to place. (People whose acquaintances are dotted regularly all over the town may even feel excluded from it!)[83]

Where it is still important is above all on the outskirts of a town, where—if only for technical reasons and reasons of time—acquaintances do tend to be sought in the immediate vicinity of the home.

This strong attachment to one's own quarter is also to some extent explicable—particularly in new quarters—in terms of the high quality of the accommodation. Hence in the Munich study, for example, the 'congeniality value' attributed by inhabitants to the new quarter was markedly higher than in the case of the old quarter.[84] Attachment to one's apartment or house, however, actually has little to do with attachment to a particular quarter as such.

Chombart de Lauwe's contention that attachment to a town has its origin in attachment to one's own quarter cannot be proved unequivocally. Possibly a large town is in fact too abstract and incomprehensible in its social entirety for a person to be able to relate to it as a whole, but it is equally possible, for example, that the routes travelled to visit acquaintances living at a greater distance from one's home eventually grow so familiar that they become indissolubly bound up with memory, and that in this way the whole town becomes drawn into one's relatedness to place.[85] Possibly we can—with Erika Spiegel—even go as far as to say that in the not-too-distant future the traditional area-relationships which town-planners consider (neighbourhood, quarter, city-centre, etc.) will be replaced by lane-like social-intercourse relationships of the kind from which a town does

87

in fact tend to take its structure as far as our everyday experience is concerned.

Leaving on one side the question of discrimination between circles of intercourse subject to residential quarter and turning back to the town as a whole, we must point to the further important fact that symbolic attachment to place can also depend on the extent to which a person's acquaintances can be described as indigenous inhabitants.[86]

Of course, one particularly develops an attachment to the place of birth, of childhood, and of long residence. It is becoming less and less common, however, for people to remain in the town where they were born.[87] Despite this fact the majority of people manage to find even in other towns what they would describe as 'home'. The 'home of one's youth' has lost its absolute value today.[88]

Inevitably, the longer a person lives in a town, the larger his circle of acquaintances becomes, and hence the greater his chance of feeling at home among the indigenous inhabitants, the 'natives', as the local bond becomes stronger. The role played by the 'natives' may differ from town to town, depending above all on the size and traditions of the particular town in question.

That they may well come to be regarded as a reference group for symbolic attachment to place is shown by the satisfaction a person feels when, as a 'newcomer', he succeeds in introducing himself into one of a town's long-established, exclusive local cliques. Only once he is within the group, does he feel a part of it. As long as his attempts to get in remain fruitless, he feels himself a stranger.

The fact that indigenous circles of intercourse can be so important for symbolic attachment to place is certainly primarily connected with the fact that within them information is constantly being transmitted about the town. The members of the group know it well and are each concerned in one way or another. In many cases, indeed, local tradition (= place-symbol) is upheld in such circles precisely to guard against being 'swamped' by outsiders.

But aside from such phenomena—admittedly conspicuous as compared with the mass of the townspeople but still of entirely minor importance—local circles of intercourse can scarcely be said to represent primary sources of local information today, particularly in big cities. Their function could well be taken over by a local newspaper. A wealth of informal information beyond the reach of any newspaper certainly travels round every circle of acquaintances, but this is of limited importance. The size and composition of a social circle, of course, have a decisive effect upon its share of the information available about a particular town.

The *size* of a person's circle of intercourse is not an unimportant criterion of the quality of his symbolic attachment to place. Treinen's work suggests—albeit none too clearly—that perhaps a circle of friends of less than three people cannot form the social basis for symbolic attachment to place.[89] Other studies have confirmed this. In fact small-group contact can under certain circumstances isolate a person from the social life of the town as a whole rather than draw him into it. This merely confirms our suspicion that intimate, quasi-familial groups cannot be regarded as reference groups in this context.

If instead we adopt the thesis that the urban public domain in its particular local form provides a more suitable basis for symbolic attachment to place, we find supporting evidence in the studies which have been undertaken of urban social circles and their communications.

Interestingly, what emerges is this: although high socio-economic status usually goes hand in hand with superlocal orientation, Treinen found in his investigation strong relatedness to place precisely among members of the upper levels of society. And in Wolfsburg, a disproportionate number of those particularly well informed about the town—who at the same time particularly liked living there—belonged to the higher professions.

Furthermore, granted that, generally speaking, a local circle of intercourse and symbolic attachment to place go hand in hand, members of the more educated groups, although with a widely scattered instead of a locally centred circle of intercourse, nevertheless develop just as much attachment to place as others.

These apparent contradictions are—with reference to a 'sociological diagnosis' of Treinen's—explicable in terms of the thesis put forward by us:

Members of the upper levels of society usually take a particular interest in the public affairs of their town, often playing an active part in associations working for particular goals in the communal public domain.[90] At the same time, although they do not as a rule have a local circle of intercourse, they evince strong symbolic relatedness to place. Thus precisely the kind of local group whose members do not all know one another personally or come into contact with one another (except through their circle of intercourse) must also be capable of providing the social foundation for symbolic attachment to place.[91]

In our view the urban public domain is just such a group, although it may, of course, consist of a number of different sub-groups. When people speak nostalgically about a town, they refer among other things to this. At the same time, of course, an extended circle of intercourse is still important. Perhaps in the long run the two are not so very far apart.

In the public domain

To put forward the public domain as a reference group for symbolic attachment to place in a town may at first appear somewhat misleading. After all, a person's relationship to a town is composed of the feelings he cherishes for it. The fact that emotional relationships spring from the relatively intimate and sustained contacts of family and friends is self-evident; and everything to do with them is drawn into this emotional context. But in the case of the aloof and transitory contacts that are the rule in the public domain, how is any kind of emotion going to arise?

This, however, as we hope to make clear, is only an apparent contradiction.

Alfred Lorenzer, examining Bahrdt's theory of public behaviour (which we have largely been following) from the point of view of its psychological content, arrived at the following thesis regarding these particular forms of contact between people: 'Bahrdt's statements describe a mode of behaviour which is to be regarded as an *emotionally based* relationship, and one existing in a *highly sublimated form*.'[92] Rather than supplying theoretical evidence. Lorenzer quotes Jane Jacobs, who has aptly described behaviour in the public domain as follows: 'People must take a modicum of public responsibility for each other even if they have no ties to each other . . . , having *other people without ties of kinship or close friendship or formal responsibility to you* take a modicum of public responsibility for you.'[93]

Lorenzer sees in this an 'indication of the emotional essence of public behaviour', which consists in gradually coming to recognize the stranger as a particular kind of 'love-object'.[94] Admittedly a person's relationships with this love-object are only cursory and anonymous, but that does not mean they are any the less 'deep'. It is merely that emotional pre-occupation with others is quickly displaced in the public domain, but it is nevertheless embedded in a high level of emotional cultivation and demands a high effort of sublimation.

This psycho-analytical interpretation of the emotional focus of the public domain is difficult to verify and must remain questionable. In further analyses, Lorenzer himself shifts the emphasis elsewhere in order to substantiate the emotional content of the public domain.

The emotional focus of the public domain is in fact also discernible in the symbols that proceed from and go into it. As we know, symbols integrate a group. Groups have a characteristic way of investing the objects of their environment with significance through a continuous process of symbol-creation. Despite wide individual differences in this 'symbolic encirclement' of the objects of the environment, every group possesses a common store of symbols which has a retroactively integrative effect upon it. At the same time these symbols become 'effectively occupied' by the members of the group in a psychological identification process, i.e. they come to fill as important a place in the emotional life of the group members as in that of the group as a whole. (To describe this process here would take us too far out of our way.)[95]

In the markedly local group of the urban public domain, there is at least potentially an unusual wealth of such symbols providing emotional attachment to a particular place. For Anselm Strauss, too, these symbols and the accompanying *network of communications* constitute the basis of attachment to location. He is wrong, however, when he claims that spatial environment is unimportant here.[96] It does, in fact, materially determine the appearance and significance of the symbols specific to a town. Here again the 'filter-effect', local colour—call it what you will—claims our attention.

The lowest level

Neither possibilities of communication nor the types of communication available are the same at all levels of the public domain; communication takes different forms according to the particular urban sphere being considered. The urban public domain as a whole is something the individual never even comes into contact with in terms of direct communication; in his daily round of activities he has no experience of it. Much more important is the multitude of limited, subjective spheres of interaction and fields of experience which permeate a town and which, through overlap and accumulation, give rise to a variety of different strata of public life, so that it is the number of overlapping fields that determines quality at a particular level.

We concur with Bahrdt that there is a hierarchy of public domains, the lowest level in the hierarchy being 'the introspective public domain of the individual residential quarter' and the highest the 'cosmopolitan urbanity' or 'greater' public domain of the town- or city-centre.[97] Between these lie various hybrid forms. Each level has its own specific shade of communication.

Moreover, the local communication-contents of the public domain as a whole are transmitted *via* various media. We lay particular stress on the spoken word (in direct conversation), the written word (newspaper, posters), and architecture. All three of these methods of communication-transmission intersect at the different levels of shading, but with certain definite fluctuations.

Neighbours at a distance

That the neighbourhood life of the quarter in which a person resides and conducts his everyday existence should also bear a public character was long the subject of dispute. The kind of criticism prevalent in the late nineteenth and early twentieth centuries, which saw the destruction of village life and rural custom by the town in terms of civilization having taken a wrong turning, furnished town-planning

93

with the argument that residential quarters ought to be based on the neighbourhood idea of community. In an attempt to re-create warm human relationships within a social context small enough to be grasped by the individual, the old 'healthy' village was simply reworked into the town. The attempt, however, was unsuccessful. Yet the demand for 'neighbourly' urban life remained unabated.

It was not until the neighbourhood idea came to be discussed in the fifties and sixties that people saw clearly the impossibility of such an undertaking. The ideological, social-reforming pretensions of a planning approach based on social engineering, community, and 'roots' left in their wake a heap of unusable fragments and the bitter realization that town-planning could not compel people to behave in a particular way, and certainly not in cases where the planners did not have any prior knowledge of objective behavioural tendencies.[98]

Today no social community is based on the neighbourhood concept. The neighbourhood now depends far less on the kind of mutual dependence, social control, and emotional give-and-take among neighbours which we described in connection with the pre-industrial town. Instead, the whole life of the neighbourhood—as it emerges from the various studies of the neighbourhood in the modern city[99]—tends to be permeated by behavioural patterns of aloofness which correspond to our description of public behaviour. The protection of the private sphere against unwelcome intrusion and the accompanying avoidance of friction and conflict in the neighbourhood represent—with exceptions to which we shall return—a universal need. As a result only certain specific forms of behaviour and contact are cultivated. In this connection, Klages has coined the expressions 'ceremonial behaviour', 'solidarity behaviour', and 'acquaintance-ship behaviour'.

People greet the majority of their neighbours on the street. This is a non-committal (ceremonial) form of politeness which does not involve obligation or self-revelation. Seldom is this greeting denied; if it is, it is because of evident reasons.

In real necessity, people do still borrow from each other, but not to anything like the same extent as previously. One reason they are able to keep such occasions to the absolute minimum is that modern households are much better equipped with a variety of appliances and conveniences than were those of our pre-capitalist ancestors. When we complain of the decay of neighbourly relationships and lack of human contact, this is hardly due to any positive malevolence; it is the logical result of the removal of this necessity.

Hence, too, households which are less well-off materially—working-class households, for example—tend to be more 'neighbourly' as compared with the general trend. But this will very likely level off as prosperity increases.

Apart from the fact that neighbourly assistance implies the additional possibility of unwelcome social control (one can always cast an inquisitive glance round the neighbour's house when asking to borrow the lawnmower), in a society geared towards conspicuous consumption it may also come to be interpreted as loss of face. After all, if I need to borrow something, I am admitting that I do not possess it myself. The knowledge of this fact does indeed give rise to a certain reluctance, particularly among members of the upper levels of society.[100]

People are, of course, still potentially ready to give their neighbours a helping hand, but only to fill the gap until the relatives—who may live farther away—arrive on the scene.

Very rarely do friendships develop in the immediate neighbourhood. People do not make friends on the grounds of physical proximity alone unless an element of mutual personal sympathy is present as well. It seems to be a

95

question of the old proverb: 'Be friends with your neighbour, but keep up the hedge!' This very clearly reflects a neighbourhood relationship of practised aloofness (Bahrdt).

Heil, however, found on the new Munich housing estate of Fürstenried an 'unproblematic relaxed' relationship among neighbours. Openness and a very low degree of selectivity were the rule as regarded neighbourhood contacts. It was even relatively common for people to leave their door-keys with one another! That privacy nevertheless remained undisturbed was ensured by the non-committal nature and emotional superficiality of such relationships.

Hans Oswald came to the conclusion that in the city of today, neighbourhood behaviour in the old sense scarcely existed, and neither did attachment to place. In this he remains faithful to his general argument, because in his view neighbourhood as the foundation of social life is a particularly affecting form of relatedness to place. Since in a superlocal society the old forms of local life are absent, such a society cannot feel any attachment to place.

If, however, the neighbourhood public domain—a particular shade of the 'greater' public domain—has in the modern city taken the place of the pre-industrial neighbourhood, and if the processes mentioned enable an emotionally grounded attachment to place to evolve, then Oswald's premise is false.

Our case receives support from the high quotations for attachment to quarter which we were unable to account for completely in terms of the (only slight) concentration of circles of acquaintanceship within the personal quarter. Further support is provided by a study conducted by the American urban sociologist Svend Riemer, who also discovered certain public behaviour in the neighbourhood and discovered an emotional content in such behaviour. According to Riemer, people are able to identify emotionally with this public domain in an anonymous and non-committal way. He even explicitly includes in this context identification with an entire urban community.[101]

Dormitory suburbs

The public domain of the quarter, like any kind of public domain, cannot, of course, exist without a relationship of tension between a wide variety of social sub-systems—or, to use a catchword of town-planning, without 'multi-functionality'. Residential monocultures, as represented by the majority of our suburban estates, are less likely to produce a public domain, owing to the absence of this characteristic relationship of mutual co-operation/opposition.

The consequence of this—as Heil was able to show in Munich—does not necessarily seem to be retreat behind four walls. Recent criticism of architecture and town-planning from the standpoint of psycho-analysis appears to be mistaken on this point. 'Hostile, paranoid social behaviour' (Mitscherlich) is not the inevitable consequence of town-planning functionalism in the shape of our dormitory suburbs. In fact, the exact opposite may be the case. The suppression of the public domain by monofunctional planning may result in a generalized extension of the private sphere. Aspects of private life which, for example, in an old, 'multifunctional' quarter still possess a taboo character are openly exhibited; the apartment or house loses its character of a private refuge.[102] People live together smoothly and harmoniously, albeit with a corresponding drop in the intrinsic value of their relationships. The norm of total lack of commitment governing contacts represents a compensation for the (absent) neutralizing function of the public domain, designed to protect at least a remnant of the private sphere.[103]

Seen in this light, the psycho-analytical critique is perhaps right after all when it deplores the poverty of contact inherent in dormitory suburbs. Non-committal, interchangeable encounters do not become emotional reference points for personality and are quickly forgotten. Ultimately one stands alone.

Obviously, the further our towns develop in the direction of dormitory suburbs, the more they will tend to become mere transit stations. Neither the architectonic form of the concrete mansions, nor the relationships between the people who live in them, are in any way individual enough for us to select one particular dormitory suburb as against another.

And where instead of the attitude of neighbourly openness which Heil found in Fürstenried there is strict seclusion and total retreat into the private sphere, it is equally impossible for a town or a particular quarter to become 'home'. 'The privacy which the individual seeks for himself engenders the loneliness of the others.'[104] And loneliness is always prejudicial to the formation of a relationship to a place.

If the next-door neighbours, who are after all the first people with whom one comes into contact in a place—however superficial that contact may be—shut themselves off against every 'newcomer' (at best taking an inquisitive glance at him from behind the kitchen curtains), the process of settling in the quarter immediately becomes much more difficult. And if the neighbours in further proximity also withdraw into their private lives, if the public domain of the quarter remains dead, the newcomer is totally isolated.

For anyone not in a position to compensate for this poverty of contact in his immediate surroundings by a widely scattered circle of acquaintances, this excessive aloofness on the part of the neighbours entails a danger to his psyche. Old people, those who have reached a stage in their life cycle where socially they are no longer as active, remain crucially dependent upon contacts in the narrower sphere around their homes and are doomed to loneliness in a quarter which is exclusively private-residential. This is a price we are clearly prepared to pay for the reduced social control and greater freedom of behaviour which exclusion of our neighbours provides. Is it a just one?

But even for those people for whom the majority of new residential quarters are built, namely young couples and families, this kind of town-planning does not represent an unalloyed benefit. As Katrin Zapf has also stressed, the retreat into the private sphere ought not to blind us to the fact that *all* the inhabitants of such estates are dependent upon public institutions, shops for goods and services, contacts, meeting-points, and general events. 'Even happy families cannot in the long run live alone in their flats', and certainly not when those flats are not designed for this kind of enforced self-sufficiency.[105]

Networks and subjects of communication appear to harden the tendencies towards private living observed in new housing estates; either people do not talk to each other at all, or—where there is extensive neighbourly contact—the subjects covered in conversations between neighbours relate almost exclusively to the private lives of the participants. And, of course, all have the same problems with children, apartment, husband, etc., because 'out here' all are in the same (social) situation.

In the old quarter of Munich investigated by Heil on the other hand, although conversation was also very strongly related to the private sphere, the public domain of the quarter and of the town as a whole did still retain a certain importance. In the new estate these factors were pushed completely into the background. In the old quarter, too, the local paper—second to conversations when out shopping— was a more important source of information about the local environment than conversations with neighbours. In the new quarter, the opposite prevailed.[106]

That behaviour related excessively to the private sphere drastically reduces a person's chances of developing symbolic attachment to place is obvious. So that whether or not a person is able to feel at home in a town is also influenced by the kind of quarter he moves into, and this in turn depends upon the phase he has reached in his life cycle. Today young families sometimes have no alternative but to move out to the suburbs where their life is inevitably forced back on to the private sphere since they have to conform to the prevailing standards regarding communication and behaviour.

Is 'urbanity' a new kind of social romanticism?

Criticism of these monofunctional dormitory suburbs has recently become directed against various consequences of living environments that do not allow of any public domain.

The phenomenon of the social neglect of youth degenerating into gang-formation on the threshold of criminality was first noted in the endless suburbs of the United States, but it was not long in making its appearance elsewhere also. 'Rockers' show a predilection for terrorizing suburbs.

A choice example of an environment furthering neglect has recently been found in the Märkische Viertel of Berlin, to which the inhabitants of Wedding (almost exclusively members of the lower strata of society), a quarter which needed urban renewal, were moved in a body. It is impossible, however, to establish precisely how far this represented the development of asocial tendencies already present in Wedding, and how far it was a question of the absence of an educative and supervisory public domain—due to the fact that the quarter was not designed in such a way that any public domain could emerge.

The psychological critique—to which we shall be coming back later—stresses above all the 'inhospitability' of the dormitory suburbs. It points to their monotony, the result of their unifunctionality and a potential cause of heavy psychological damage, particularly among children.

Lastly there is the further complaint that such estates produce citizens with no interest in politics, people who ask nothing of their town but facilities for garbage-disposal, transport, etc., and otherwise remain completely indifferent to the whole political sector.

The usual panaceas advanced against these negative social-political developments are 'urbanity' and 'concentration' in residential quarters. How realistic are these concepts?

To start with, 'urbanity' is yet another of those portmanteau words which people endow with the most varied meanings as the occasion demands. What is normally intended are certain specific modes of behaviour. But it may be just atmosphere in general, and sometimes 'urbanity' is merely supposed to conjure up a picture of people milling around in a shopping-centre, an image of busy streets and packed cafés and shopping-arcades.

On closer examination, we find that 'urbanity' in fact has a great deal to do with the public domain, and that the modes of behaviour referred to correspond exactly to those obtaining in the public domain—superficiality of contact, display, fleeting communication with a wide variety of people, openness and tolerance combined always with an element of aloofness.

Concentration and multifunctionality, the architectural correlatives of 'urbanity', mean drawing together the old, spaced-out blocks with their lawns between into streets, squares, and courtyards in which other urban functions than the purely residential also have a place. The idea is to reproduce what can be observed in quarters that 'work', namely communicative interaction among the inhabitants of the quarter in a local public domain in which they feel at ease and to which they develop an emotional attachment.

Often put forward as an example of this kind of 'intact' public domain are the old quarters of towns in Mediterranean countries where people sit outside the doors of their houses to chat, do their knitting, etc., where the men congregate in the *piazza* every evening to talk politics, where people exchange friendly greetings from window to window, where everyone knows the butcher on the corner and the woman who brings the milk—in a word, where life is simply more 'human'.

In reality, however, to be able to experience this kind of 'urbanity', we should build inferior accommodation and provide our more northerly towns with an artificial climate, and eliminate that comfortable armchair after work and a homely beer. The television would never be on because there would not be a television there. Perhaps then the street really could become the 'living-room' of the town.

The suspicion arises that the advocates of 'urbanity' simply represent a new off-shoot of social romanticism, not so very different from that represented by the 'neighbourhood' school. If they are putting the case for close contacts in the urban sphere, if 'urbanity' should make it possible once more for people to develop ties to their environment, if 'concentration' is intended to enable people to talk to one another again instead of passing one another in silence as they cross the lawns between their tower blocks, then the goal behind all these ideas is the same as that of the 'neighbourhood' planners, namely to make it possible for the town somehow to become 'home' again. The 'neighbourhood' planners just talked in a rather more old-fashioned way in terms of 'roots' . . .

They, too, sought to create contacts through a particular arrangement of buildings, just as 'concentration' is supposed to do, but they set out from the wrong social presuppositions. We have already described what these are as regards the more or less artificial creation of a public domain and 'urbanity', particularly in those quarters against which criticism has been directed, namely attitudes of 'privatism'. Here, the environment is conceived purely in terms of an agglomeration of private living units, as expressed in the exclusion of the outside world or the overflow of the private sphere into the public. Both are incompatible with 'urbanity' in the form of a concentrated, multi-functional centre. Nor must we forget that social attitudes do not change from one day to the next. The monofunctional environment has a formative effect on people, which is under certain circumstances longer-lived than the patience of those who put up money for centres planned in the spirit of 'urbanity'.

The connection implied by the catchword 'concentration' between spatial proximity and social contacts is not, however, entirely without foundation. Courtyards, houses lying opposite one another, shared lawns, drives, and service installations such as garbage-disposal units and coin laundries can become crystallization-points for social relationships.[107] (At the same time certain other kinds of installation can have the effect of narrowing the field of contact, as for example garbage-chutes, lifts, and intercom systems which mean that people are no longer obliged to come into contact with one another simply in the discharge of their daily tasks.) It is rare, however, for acquaintanceship-relationships in the immediate surroundings of the home to occur with greater frequency at points which according to the conventional criteria ought be 'contact-inducing'. 'The arrangement of buildings is only one of many factors influencing the spatial pattern of social relationships.'[108]

Heil's Munich study was the first detailed investigation of the connection between opportunities for communication, as offered by the layout of buildings on the one hand, and actual behaviour on the other. Examining two different residential situations—the old quarter of Haidhausen (built-up square, road-junction with church, town-planning axis with areas of greenery, minor road-junction without 'town-planning reference', main traffic artery) and the residential satellite of Fürstenried (courtyard and terrace-houses, ground-plus-three rows and ground-plus-eight tower blocks)—he found no correspondence between architectural arrangement and the spatial distribution of circles of contact. Actual communication-behaviour did not at all follow the lines of the opportunities offered, but showed characteristic distortions and 'bunching' at exactly those points where the density of habitation was least, namely in the single-family houses. These were the most favoured contact-points, even by people from outside the quarter. Also relationships outwards from them to other residential buildings were particularly numerous. The relationships of the four- and nine-floor block inhabitants to one another and towards the outside world were minimal in comparison. Heil puts this down to the space available in single-family houses for receiving guests, to possession of the common status of house-owner, and to the prestige value of a freehold house.

This kind of characteristic 'bunching' of relationships could not be established in the sociogram of the old quarter because it was more difficult to isolate the relevant spatial conditions.[109]

Communication-relationships require the existence of certain specific social pre-conditions if spatial proximity and architectural arrangement are to have their effect. Parity of socio-economic position, for example, is a factor that ought not to be left out of account if people are to get to know one another better. We have already mentioned that neighbourhood-relationships are usually entered into on a selective basis, in that people look carefully for similar social background and similar attitudes and standards, which arise largely out of similarity of social position. Only if a number of people enjoying the same social situation live together may it become relatively unimportant whom one frequents, with the result that one establishes relationships with the first-comers, as it were, either because they live next door or because they are always crossing one's path.[110]

As long as the social determinants of communication governing the effectiveness of any particular architectural arrangement are left out of account, the 'urbanity' aimed at by many town-planners will remain without realization. Just as the social engineering of the 'neighbourhood' planners miscarried, so will the concentration of buildings, interaction, and communication be insufficient on its own to give people confidence in their environment.

Most of the investigations dealing with this subject, however, have one short-coming: they usually only tell us about contacts in the private sphere of apartment or house and less about those in the public domain. Nor is contact-behaviour in the public domain to be generally questioned; it has to be observed systematically. Unfortunately this method of investigation is much too little practised, despite the fact that observation could probably reveal a great deal more about urban behaviour than interviews. Both methods should in any case always be used hand in hand because there is often a considerable gulf between verbal statements and actual behaviour.

The 'urbanity' battle-cry also includes the demand for a *democratization* of our society through the medium of town-planning, usually accompanied by the demand for mixed residential quarters in which upper and lower social levels are brought closer together.

This—at least in the case of the public domain of the quarter—is pure social romanticism. However much it might flatter our democratic understanding of ourselves if the most diverse social classes could in fact live side by side in a state of stimulating togetherness, in reality things appear rather differently.

Nevertheless the attempt has many times been made in these so-called 'mixed neighbourhoods' to mingle different social classes so as to stimulate the democratic process 'from below'. And, of course, it has proved too idealistic an undertaking.[111] As soon as people are allowed free choice of accommodation, 'segregation phenomena' make their appearance, i.e. certain classes start moving out of a particular quarter because they do not feel comfortable there and would rather be among their own kind. And those who would like to stay are perhaps forced out in disgust by another class seeking to have the quarter to itself (this occurs particularly often in ethnically mixed quarters).

Sometimes the clash of different social levels leads to open conflict,[112] and although a public domain is unthinkable without a certain tension, it most certainly cannot exist in the presence of open conflict. Whether a residential quarter is in fact successfully 'animated' by making it accessible to different classes of society—e.g. by staggering rents and doing up the apartments in different ways—is therefore at least questionable. It can lead to explosive situations, to total mutual exclusion, and even to the formation of sub-subcentres.

Finally we must note that a residential quarter does in fact affectively symbolize a particular social status. This function is lost, however, as soon as other social classes can live there too. A 'good' quarter is no longer so once socially less privileged people are able to give the same address, irrespective of whether this tallies with our concept of democracy or not.

PLACE-RELATED COMMUNICATION

Attachment to a particular residential quarter can even be *primarily* due to the fact that the address constitutes an intra-urban status symbol. Actually it is then more the superlocal prestige-value of the inhabitants that gives that quarter its special value and makes it a reference category for symbolic attachment to place, even though the actual quality of the accommodation available there may not be all that high.

That the good address really can constitute a subjective basis for a person's desire to live in a particular quarter was discovered by Heil in the Fürstenried quarter of Munich. His measurements of 'congeniality rating' showed that the inhabitants of the suburban estate rated their quarter markedly higher than, for example, the old quarter, Haidhausen, among other reasons because the interviewees thought that outsiders regarded Fürstenried as the 'better quarter'.[113]

Another way of mixing residential quarters is *mixing by ages*. The chief consequence of this as far as town-planning is concerned is the necessity for providing a wide range of different types of accommodation, such as for example would not be so necessary in a quarter to which only couples with young children would be moving, even though they might belong to a variety of social classes.

Apart from the multiplicity of supply and recreational facilities for the different age-groups, this would above all provide a certain variety of possibilities of contact between people. And variety is another precondition for the emergence of a public domain in the quarter.

Variety of contact with different social roles is particularly necessary for children. In the typical new housing-estate of today they see—purely as regards their image of the town—only a small section of urban life. If, in addition, their daily social environment—and for children, at least up to a certain age, the quarter constitutes the social cosmos—and daily radius of action only shows them one section of the different age-conditioned roles possible in a society, this represents a considerable diminution of reality, an impoverishment of their spectrum of experience which can have serious consequences as far as the learning process is concerned.

The highest level

It would be fantasy to assume that in the centre, the 'greater' cosmopolitan public domain of a town or city which is supposed to fulfil the functions of the old market, total strangers—more or less as interested idlers—will enter into conversation about local affairs. Even less than in the residential quarter (where there is at least the possibility of people superficially getting to know one another because of the proximity in which they live to one another) does the public domain of the centre have any kind of character of social togetherness. Here the individual's familiarity with the different services available to the public and the superficial staff–customer relationships in the specialized shops fill the subjective experience of the visitor to the centre in a more varied and intense way than is the case in the public domain of the residential quarter.

Moreover in the centre the different subjective fields of experience overlap particularly densely and merge into one another. Without those who use the centre necessarily contacting one another, all are intensely bound together merely by the fact of knowing which shops sell what and where things happen. In this way, the centre has the effect of integrating the whole town or city, since it is used, even if not every day, by all who live there. Certain sub-centres may provide a substitute here.

For many people the public domain of their town- or city-centre radiates a 'certain something'. This applies much more to people from the outskirts, where the functions to be found in the centre do not exist at all, than it does to the inhabitants of areas closer to the centre. For the latter the centre is not quite as important, though it still retains its outstanding experiential quality.[114]

The multiplicity and variety of urban sub-systems in present cities make possible such a density of communication as gives the individual the opportunity of developing an attachment to his town- or city-centre through a continuous, ever-changing stream of minor experiences.

The terror of the centre: the motor car

There are, of course, quite justified objections as to whether our town- and city-centres are in fact capable of being experienced at all nowadays, or whether it is possible to communicate in them. The argument heard most often is directed against the traffic in our centres which makes it quite impossible to enjoy them experientially, since one is continually being hurried along in a stream of pedestrians on far too narrow pavements. It is difficult to stand still and look about or even to hold a brief conversation. Neither does one feel inclined to 'take in the atmosphere' on account of the barrage of noise and exhaust gas. Cars, then, are an obstacle to 'urbanity'.[115]

The theory is that with the banning of cars from town- and city-centres the better world of an experientially rich public community will usher itself in.

The drawings with which town-planners illustrate their models for new city-centres do indeed in many cases convey an impression of some such self-operating mechanism turning goal-orientated human beings into casual boulevard strollers as soon as they find themselves at pedestrian level. Young, well-dressed, good-looking people are seen wandering nonchalantly about, the poor and aged being banished altogether. Some sit about on benches sunning themselves, flirting, or reading the paper. Others are doing a bit of gentle window-shopping. Young mothers chat gaily with one another while their children enjoy a game of ball. Handsome men stop for a quick business conference on the street. And the ubiquitous pavement cafés are overflowing with people gossiping away and licking their ice-creams with evident relish. This is the 'planner's better world'![116]

Whether, however, this multiple offer of different behavioural possibilities really will be interpreted as a binding summons to switch from a functional mode of behaviour—which has after all in the meantime become ingrained—to non-specialized, 'urbane' forms of contact-behaviour, remains an open question. In any event, it looks as if a lengthy learning-process is still going to be necessary.

There is no doubt that the impairment of the inner-urban field of experience by traffic and air-pollution also reduces the chances of any kind of relationship emerging from it. If I have neither the time nor the space to gather scraps of information here and there in the public domain of the centre, as for example when strolling around, doing a bit of quiet shopping, or enjoying a cup of coffee, that public domain will remain a closed book as far as I am concerned.

In all this banning of private traffic from town- and city-centres, however, we ought not to lose sight of the fact that in our society the motor car still represents—for the time being at least—something more than a simple commodity. For many people it is just as important an element in their personal image-projection in public as clothes. What fashion-conscious women find in the little streets where they can stroll around and pass remarks about each other, namely an opportunity for public self-representation and self-endorsement, many a young man finds in the broad boulevard where he can career along in his car whistling at girls—

who in turn, of course, tend often to grade such young men according to their cars.

Just as we must be careful in many of our towns and cities that the pedestrian should not become relegated to the status of second-class citizen, we must be equally careful not to go to the opposite extreme by banishing the car-driver from the surface of the earth and condemning him to a subterranean existence. Somewhere between, the two—pedestrian and car-driver—can meet; both have an equal right to participation in the public domain in our society.

Are our centres turning into deserts?

A further development which increasingly threatens to destroy the experiential density of our town- and city-centres is the mounting tendency for 'anonymous central functions' to move in.[117] The alarm-call 'Are our centres turning into deserts?' means just this: large administration buildings are destroying the multiple functions of the centre. They themselves, however, contribute no new life; they attract no visitors, remain sealed-off from the outside world, and in most cases do no place-related work. They simply suck their employees in in the morning and spew them out again at the end of the working day with neither time nor inclination left for the creation of any kind of public domain.

That this process has a great deal to do with our real-property law is evident. It is based on the fact that big companies and concerns are financially more powerful and can afford to purchase the expensive sites in the centre or pay the highest rents. The need—not to be denied—for representation also plays a part here.

Against the citizen-consumer

One final objection to the existence of a public domain in the centre can be singled out in the fact that today's city-dweller does not even need to venture out into an experientially rich public domain because every experience is made available to him in the comfort of his home through the various communications media. The super-regional public domain in particular lies—*via* the television set—within easy reach of his comfortable armchair.

Certainly these para-spatial communications possibilities do mean that a person no longer has to leave his home today to obtain new experiences. They cannot, however, match the closeness to reality of the urban public domain. At the same time they threaten to stereotype opinion-formation and perception, as well as increase the danger of manipulation. Not, of course, that merely pointing out these dangers will be sufficient to prise our citizens away from their television screens.

The local public domain too can lose something in closeness to reality, as Bahrdt has pointed out, in that because of the very vividness of its themes, public communication may become restricted to details without grasping the connections between them. Criticism—of overcrowded schools, for example, or traffic conditions, or accommodation—is often voiced by the individual citizen in isolation rather than in a co-ordinated form.[118]

This, in our opinion, is where a local newspaper can and must assume its function of transmitter and interpreter of local information. Admittedly here too—as with every mass medium—there is a danger of the local paper restricting its readers' frame of reference to reality, but probably the immediacy of their experience of the local sphere as described by the paper will effectively counteract this.

The local paper can indeed be an 'outstanding institution in the communal public domain' (Habermas) when it takes seriously its responsibility as the only medium reporting daily on the entire local social context. Next to the subjective fields of experience of the individual citizen, the local paper can become an important additional transmitter of place-related communication in a town or city and thus contribute to the inhabitants' attachment to place.[119]

There is empirical evidence to show that reading the local paper really may be both an indication of and a basis for the local orientation of the reader.[120] Even allowing for the fact that many who read the local section of a paper are not particularly interested in the town as such initially but perhaps merely have to represent superlocal interests there, it is still true that all local information which a person picks up adds to his knowledge about the place and hence, even on that ground alone, contributes to his integration.

Reading the local paper has not, in empirical investigations, always turned out to mean being well-informed about communal affairs. However, the criterion adopted for 'being well-informed about communal affairs' seems to be 'knowing what is what in local politics'. This constitutes an inadmissible narrowing of the field of enquiry through the tacit preconception of man as *homo politicus*. Actually there is a mass of local news, outside the political sphere, in which many people are much more interested.[121]

The task of the local paper is to articulate communication material which is not immediately available to the individual in the course of his everyday urban existence. The way in which this important function of articulation is conceived is very likely to influence the look of the urban public domain of a town's inhabitants. What they learn from the paper about their immediate surroundings determines many of their conversations, and merely through talking, grumbling, or laughing about communal affairs they already begin to enter imperceptibly into a relationship with their town.

Many local papers still make the mistake of reporting in a limited way and in too boring a fashion completely local affairs and instead devoting as much space as possible to international and national politics on the false assumption that this is what their readers want. But in actual fact, their readers have already heard about the important events the evening before *via* radio or television.

Instead of skilfully specializing in the local sphere allotted to them in the media market's division of labour, many small papers try and compete with the super-regional media—of course without success. They cannot lay the blame for their failure entirely at the feet of the latter, however, if they themselves have not exploited their opportunity of clarifying and explaining the communications processes arising at any given time out of the 'filter-effect' of their town. Every local editor, of course, comes under particularly heavy fire from the individual interest–groups which are represented in the town and which can under certain circumstances—e.g. by cancelling advertising contracts—cut the economic ground from under his feet. Here it is the civic courage of the editorial staff that determines whether the public domain of the local paper is going to be the phoney one of the publicity men or the democratic public domain in the fullest sense.

Within the political public domain of the town or city, however, the local paper has above all a function of criticism and control. This involves regarding itself as a relatively independent local interest-group representing the interests of the citizens *vis-à-vis* administration, economic pressure-groups, political parties, and the many other sub-systems existing in a town, as well as bringing the power-process to the attention of the citizens and making it comprehensible to them.

Democratization of environmental planning

Both functions of the local paper or the local section of a paper—articulation and criticism/control—can make an important contribution in the field of town-planning to whether the inhabitants are able to identify themselves with their town.

Bad planning often touches the citizen at his most sensitive point because it is daily and palpably manifest to him outside the very door of his house, on his way to work, or in his leisure-time activities. He will be potentially ready to criticize an environment that does not suit him even if he is unable —because he has never been taught—to give voice to his criticism. A local paper can detect this sort of dissatisfaction with seismographical precision, articulate it, and offer it back to the public for discussion, while at the same time giving critical expression to its own views on the subject.

In this way the public's share in environmental planning will no longer be confined to official pronouncements. The pseudo-democratic decisions of bureaucracy are in any case, even when made public, usually irrevocable. Bringing the planning of the urban habitat into the public domain means openly following and elucidating the planning process in a way which goes far beyond the legal requirements of merely making development plans available for the public to inspect if they want to.

Established democratic mechanisms have shown themselves to be incapable of genuinely representing citizens. They have cut themselves off, are eaten up by party squabbling, and only condescend to lend an ear once every so many years— at election time—to the people who actually give them their mandate as *permanent* delegates in the political decision-making process.

Without wishing to plead the case for a democracy of urban germ-cells, we do feel that precisely this kind of stimulation of people's active interest in the planning problems of their tangible environment—which is something they can all form a picture of—does offer a possibility of

115

democratic renewal. Up to now this idea has been rejected on the grounds that our citizens lack the kind of expert knowledge required. But neither does the expert knowledge of the planning authorities give them any right to disregard and even in many cases to defy the dictates of common sense. What looks good to the specialist is not by any means necessarily acceptable to the layman, because the latter does not see it in the same context as the former. This can be true of many factors, from the layout of streets and paths and the use of open spaces down to the tiniest details of town-planning.

The democratization of the town-planning process means giving constant publicity to the kinds of context in which the experts see things and attracting lay criticism of them. People can only come to love their town when they see themselves reflected in it and not merely some anonymous town council.

The allusion to townspeople's lack of interest in local politics is designed purely as a let-out for those who have neglected to interest the townspeople in what they are doing —and who perhaps do not even wish to.

Opportunities exist for an independent local paper to play a social-educational role in this sphere of the public domain. They can help, through a lengthy learning-process, to close the gulf between lay citizens and specialists and create an environment in which both play an integral part.

V The contribution of planning to the city as 'home'

We generally know a whole host of things about a town or city in which we feel at home; we possess—some more, some less—place-related information about it which others do not possess. Some of this we draw from conversations with people we know in the town, some from the local paper, and finally we observe a great deal ourselves as we move about in the urban public domain.

The diffuse impressions with which we are assailed on arriving in a strange town only begin to sort themselves out once we are able to fit them into specific contexts, once certain structures emerge. This structuring of our environment is an essential prerequisite to settling down in a town. It occurs, as we know, *via* various processes of place-related communication.

Architecture, and in a more general sense the configuration of a town, constitute an essential part of our urban environment and must be just as thoroughly structured as the social environment if we are to be able to 'find our way about' and behave in a meaningful way, and this too occurs *via* communication—a view which may at first appear somewhat curious but which we shall elaborate.

How spatial symbols are perceived

The special nature of the symbols that go into or can be taken out of the built environment, however, gives this structuring process a special character. Whereas the kind of symbols we use in verbal communication are concepts which generally have the same dictionary definition for everybody, this does not hold true to the same extent of symbols in the environment. The way in which they are perceived differs more markedly from one subjective field of experience to another. How or from what points of view the configuration of a particular town is perceived by the individual is something we only know in part.

In his famous investigation, *The Image of the City*, Kevin Lynch uncovered various factors that obviously contributed greatly to the structuring of the spatial environment. In this study conducted among citizens of Boston, New York, and Jersey City, certain specific spatial elements crystallized which occurred again and again and seemed to have occupied key positions in those citizens' perceptual image of their respective cities:

Paths as 'channels along which the observer customarily, occasionally, or potentially moves' were prominent in the image of those who had not as yet achieved a high degree of familiarity with their surroundings. The direction and continuity of such paths were of great importance in this respect.[122]

Edges (*seams* or *barriers*) as 'linear breaks in continuity' were clearly perceived as an element in the structuring process, although they were usually regarded more as uniting seams than as isolating barriers.[123] Barriers made a particular impression when they did in fact entail a change of surroundings.[124]

Districts were 'conceived of as having two-dimensional extent, which the observer mentally enters "inside of" ... Always identifiable from the inside, they are also used for exterior reference if visible from the outside.'[125]

Nodes as 'intensive foci' could become symbols of particular sections of the city, whereby it seemed to be a matter of subjective decision what was regarded as a node.[126]

Finally, *distinctive features* or *landmarks* constituted unique, characteristic, specialized elements in the image of the city, regardless of usage. The image which they composed was for the interviewees a 'short-hand symbol' for the city; around them memories concentrated which further increased the potency of their orientation function.[127]

After analysing his findings, Lynch pointed out the importance of variety in the image of a city, in that—because of inevitable slight divergencies in subjective perception—everyone obtains a different image of his environment. Equally, it was important from this point of view that everyone be offered some fixed points of perception in their surroundings.[128] According to Lynch, people can only feel at home in an environment of which they have a sound perceptual image and in which they feel emotionally secure. 'By appearing as a remarkable and well-knit *place*, the city could provide a ground for the clustering and organization of these meanings and associations. Such a sense of place in itself enhances every human activity that occurs there, and encourages the deposit of a memory trace.'[129]

Lynch's studies brought the attention of town- and city-planners back to 'urban design' and thus to the fact that, for the person who uses it, a spatial environment is not a mere stage set. The three dimensions of a person's urban surroundings become incorporated in his subjective experience. The interest of planners and architects has become increasingly—and quite rightly—concentrated in recent years not simply on the functional architectural expression of specific goals, but also on the way in which buildings enter the consciousness of the people who live in them and use them.

Inspired by the question of the social relevance of the built environment, which Lynch also posed, Thomas Sieverts investigated children's and students' perceptual images of the city of Berlin with the help of drawings and interviews. What emerged was that perception of the built environment varies with age—from the child's richly detailed but unsystematic image to the adolescent's organization of detail into a relatively strong framework in which little irregularities are 'slurred over'.[130] According to a study conducted along similar lines in the Stuttgart suburb of Gravenbruch, differentiation of perception gives way among adults to simplification or 'functionalization', i.e. the chance of an element in the environment being perceived is closely connected with its function for the perceiver. A person perceives his spatial environment only to the extent to which he occupies it experientially in the course of his daily activities.[131]

The inference that Sieverts draws from his Berlin study follows similar lines, namely that architectonic details are evidently only absorbed when quite specific attractive or otherwise significant use-concepts are attached to them.[132] This was already suggested in Lynch's study, although his Gestalt-psychology approach did not allow it to become explicit.

Over and above the question of function, individually configured architectonic details—what we would in general describe as 'symbols'—must also be firmly bedded in a clear arrangement, a more or less anonymous underlying structure, if they are to become properly established in consciousness. A 'matrix' of structural elements independent of configuration must therefore be present before any kind of 'configured' architecture can become effective. Finally, Sieverts mentions noise, light, and smell as also belonging to the configuration of a town or city and playing a part in the way this is perceived.[133]

Gerhard Fehl discovered that a town's character and uniqueness are the result of the ratio of 'repetitive' to 'surprise elements'. 'Repetitive elements' include elements of arrangement (topography, streets, specific uses) and definition (frontages, edges, corners). 'Surprise elements' consist of elements of differentiation and characterization.

If repetitive elements predominate, the result is monotony; if they are forced into the background by an excess of surprise elements, the result is confusion. Both cases make it more difficult for the people living in the town to find their bearings and familiarize themselves with their environment.[134]

We can do no more here than give a brief outline of these different approaches. Even from this, however, it emerges clearly enough that it is not given form alone but a synthesis of form and purpose that appears to give rise to the symbol-value which remains in a person's memory of his spatial environment, implying of course—with Adorno—that the architectonic fantasy must disperse pure functionality before it can become great architecture.[135]

The purpose and function of the built environment derive always from contexts of social interaction, and where those contexts do not invest space or parts of space with meaning, where they are not still visible behind the architectural symbolism, the built environment fails to become an integral part of people's imagination. The built environment is only perceived and 'understood' through its social connotations.

Let this be made quite clear, because the cry for 'visual pith and unmistakability' in urban surroundings and for the appealing environment could lead to the planners simply giving us aesthetically frivolous show-fronts rather than functional façades, believing they have thereby created that 'environment with challenge' which social psychologists forever demand.

The built town or city as 'love-object'

'If everything in it is right,' says Mitscherlich, 'the town will become an object of its citizens' love.'[136] An environment in which everything is 'right' ought to enable the person living in it to gain emotional access to it through the 'stability of object-occupation' and to experience the adventure of strangeness with the opportunity of retreating to safety and security always available. These prerequisites for 'feeling at home' are according to Mitscherlich furnished only by the 'environment with challenge' which fosters individual curiosity and not by the kind of intolerable environment which offers no stimulus to a person's fantasy and consequently in the long run even destroys his inner equilibrium.[137]

Alfred Lorenzer stresses that 'familiarity of place' is necessary to human development as a foundation for the emotions and that the achievement of familiarity with one's environment is an important contributory factor to the creation of a field of relationships.[138] When the built environment offers the individual the opportunity of identifying with it by allowing space for his fantasy-needs, it opens itself up to him in an 'I-synchronous' way which can eventually engender emotional commitment. Lorenzer touches here on our concept of symbolic attachment to place.[139]

For Lorenzer the psychic basis of urban integration (i.e. the establishment of an emotional field) consists in the fact that, through a psychologically complicated process difficult to discuss here, symbols become incorporated in the 'I-ideal', which roughly speaking means that inner experience and the symbol-furnishing environment match one another. Lorenzer too draws a distinction, when speaking of symbols in the environment, between 'discursive' symbols—which can be grasped conceptually—and 'presentative' symbols—which cannot be grasped conceptually. The latter, he says, bring 'pre-linguistic areas under intellectual construction'.[140] It is precisely this 'presentative' symbolism, rather than neighbourhood group assembly, which performs the integrative function of town-planning in an urban community. It is important both subjectively for the emotional equilibrium of the individual and objectively for the community as a whole.

Because the miscarriage of this emotional opening-up of the built environment has in Lorenzer's view this consequence for the urban public domain, namely that the individual shuts himself off from it, it results that the public domain as a particular kind of social formation does not even come into existence. 'Destruction of emotional assent to the environment' leads inevitably to 'destruction of readiness to communicate'.[141] However: 'Emotional relations in the extra-familial (extra-neighbourhood, extra-professional) area— which are essential to the development of a "public domain" —are influenced by the manner of the individual's commitment to his environment.'

According to Lorenzer, communication between people will necessarily be shallower in a monotonous, purely function-orientated environment which offers little stimulus to 'object-occupation', i.e. which one cannot love (*viz*, architectonic functionalism), whereas an environment which meets the individual's fantasy-needs stimulates openness towards the outside and commitment.[142] In a similar context Mitscherlich mentions such 'unconsciously pleasant' perceptions as, for example, little cafés or a baker on the corner, which can engender a feeling of 'being at home'.[143]

However essential it may be that the thinking of Mitscherlich and Lorenzer (of which we have done no more than give an indication here) be absorbed into our general awareness, there is nevertheless an underlying danger of its being applied schematically to the concrete realities of planning. We must ask ourselves what this fantasy-tuned, 'suited' environment in which a person can effect symbol identification and commitment to the urban habitat ought to look like. Little cafés and bakers on the corner can, if taken out of the theoretical context, be dotted all over our residential quarters without ever producing the desired result. Theoretical findings, hastily transposed into planning terms without regard for a level of abstraction which as such allows of no immediate concrete application, can under certain circumstances lead to exactly the kind of inappropriate drawing-board architecture we were seeking to avoid.

This is not the fault of the thinkers; all thinking about planning is subject to this dilemma. Theoretical considerations are always necessary if practice is to be kept meaningful. We are merely pointing out the danger of over-hastiness with regard to matters of social-scientific theory and of offering over-concrete examples. The planner is dependent upon concrete facts and totally absorbs them.

'*To set the stage is not to write the play*'

Added to the danger of examples once offered being applied schematically, there is the possibility of demands for an environment rich in symbols being interpreted uncritically in terms of the 'beauty' of romantic old towns. Although Lorenzer expressly rejects a superficial aestheticism which would be as it were 'slapped onto' still functionalistic buildings and stresses that what he seeks is no empty ornamentality, the plea for a fantasy-rich environment is still liable to misinterpretation in this direction. It may arouse the hope that with the progress of psychological knowledge the 'spatial environment may be consciously configured in such a way that it repels people rather than attracts them', that (independently of the functional affiliation we discussed) 'there are grades of configuration which correspond better or worse to emotional moods'.[144] This would place the town-planner, armed with information furnished by depth psychology and the psychology of perception, in the position of being able to give town-dwellers an environment which was, as it were, tailor-made to suit their emotional needs.

Without altogether rejecting such a possibility, we must nevertheless query it, recalling Lewis Mumford's dictum: 'To set the stage is not to write the play.'

It does indeed seem extremely questionable whether we can, simply by turning today's predominantly function-orientated town-planning into 'humane town-planning' for an 'environment with challenge', achieve the desired result of awakening the public to their environment as a whole in such a way that they are able to feel at home in it. In any case town-planning and architecture alone cannot break through the vicious circle of attitudes, formative mechanisms, social tendencies, and irreversible environmental influences with which we seem to be dealing here and which may in the long run prevent our towns and cities from becoming 'home' or, where they are still experienced as such, remaining so.

Town-planning measures must be permanently reinforced by social enlightenment and the education of awareness, not only for the benefit of planners and architects but also for the people for whom they plan and build. Men are only going to feel at home in an environment they understand.

Flexible environment?

We also have to consider that the goal of making people feel in some way at home is scarcely going to be achieved through any once-and-for-all decision to give a town a particular configuration. Aside from the fact that there can never be any such definitive decision on account of the historical condition of all human existence, the configuration of a particular town is the outcome of a countless host of isolated historical decisions, the results of which, of course, show different historical variations.[145]

125

These isolated decisions are often—not without some justification—quoted as the reason why our old towns and cities are so charming and attractive in their configuration. The same cannot be said of our new urban developments, because here an attempt has been made to replace these creative, isolated historical decisions with an overall concept which dictates the silhouette of the town for decades to come, leaving no room for individual configuration. Not only does such an environment remain alien and inaccessible to the individual; it is also already obsolete historically by the time it is complete.

More recent trends in town-planning reveal that efforts are being made to get away from the rigid definition of a particular principle of configuration and to provide instead flexible spatial structures and utilities which can subsequently be 'filled in' individually and which above all remain open to variation. The culmination of these efforts is represented by what are known as 'neutral structures'. However, they aim in fundamentally the wrong direction in so far as their purely practical basic structures only allow of ornamental incrustation to make them 'fanciful'. And fanciful is just what this kind of superficial symbolism is doomed to remain.

Moreover—and this applies to flexible planning (in itself a desirable thing) in the broader sense as well—we must question whether it is not at the moment asking too much of people to give them the freedom to shape their own environment within certain given limits, and whether all they will in fact do at first is reproduce the clichés of the popular architectural magazines, clichés taken from the very kind of environment that we seek to change.

The mere fact that in apartments 'designed for flexibility' the walls are seldom or never moved about reveal people's inability or laziness in the matter of changing their environment. Unless these freedoms and possibilities of moulding the environment are shown in the context of a lengthy process of education and enlightenment, the flexibly-planned environment will remain a Utopia since it finds no echo in society.

There is also the suspicion that the catch-phrase 'planned flexibility'—actually a contradiction in terms—springs basically from a feeling of insecurity due to lack of information about society and social change, a lack which could at least in part be remedied by stepping up the process of research and enlightenment. The concept of an 'environment with challenge' in the sense that it invites people to make a contribution to it themselves is thus something that is still to be attempted.

Place-related communication

An environment in which people feel at home because they understand it can only be created by people who can themselves achieve this understanding imaginatively, i.e. who can visualize the way in which those for whom they are planning are going to see their environment. Lorenzer is right, then, when he regards town-planning as a potential factor in the (much to be desired) re-integration of our urban communities. His description of the sort of architectonic symbol-formation that can bring about this integration is also based on the fact that condensed in the symbols of the environment the space-world experience of those who live in that environment exists.

This—dressed up in psychological terminology—corresponds to our premise that symbols are the product of social communication. The common possession of standards and norms which is condensed in symbols is simply the sociological pendant of the space-world experience of a society, an experience which is, of course, subject to historical change. And town-planning as symbol-formation must be the kind of imaginative insight into the social experience of contemporary man which we mentioned above. It makes its contribution to the town-dweller's attachment to place through a quite specific kind of place-related communication. This represents an extension of Lorenzer's thinking about the psychical, symbolic basis of urban integration through the addition of a possible sociological ingredient.

The great French urban sociologist, Chombart de Lauwe, once said: 'L'architecture est un dialogue muet et permanent entre les architectes et les habitants.' ('Architecture is a silent, continuing dialogue between architects and inhabitants.') This is exactly what we mean when we refer to town-planning as a part of the whole phenomenon of social communication, as a kind of place-related communication effected *via* a particular medium and by means of particular symbols but otherwise possessing the basic structure of every communication process, i.e. a transmitter (planner, architect) encodes meaning-content (purpose, pure expression of feeling) in signs/symbols (configuration, appearance, structure, size of buildings, etc.) which pass *via* a medium (building materials) to a receiver (users, citizens, the public) who decodes them (orientation in the built environment, looking around, walking through it, etc.).

The particular medium involved here obliges both transmitter and receiver to observe certain modes of behaviour in the communication process. Building, the creation of symbols, is something which can only proceed in the context of a considerable expenditure of time and money (drawing, planning, detailing, specification, etc.), factors which thoroughly condition the expression of the sign-transmitter but need not dominate it. The user, the receiver of the signs, is for his part obliged to receive this particular kind of communication, to move about in space, and to perceive his town or city in various situations, i.e. to explore it.

Misunderstandings

Both planner and town-dweller, however, will only 'understand' one another in this—as in every—communication process if they know something about one another or have something in common, and if each is aware of what the other is after. If this is not the case, either because they do not share the same store of symbols or because they give different interpretations to the same material objects, they converse at cross-purposes and the result is only 'quasi-communication'.

Pedestrian areas which the public does not 'adopt' are a case in point. The planner in this case knows nothing of his potential users' attitude to shopping, namely as something to be got over as quickly as possible, and the users have little idea of how they should react to all those flower-tubs, concrete benches, and coloured pavements since they have not yet learned simply to enjoy them, sit down on them, or stroll about on them. Dead cultural centres are another example of this kind of 'talking at cross-purposes'.

True communication entails an effort by parties to it to be understood by one another. The transmitter must know how his receiver is going to react, how he is going to interpret certain situations. For this he has first to think himself into his receiver's role. This 'role-anticipation', as it is called in sociology, is an essential component in all communication between people. Through it thought comes to play a decisive part in the communication process.

We usually estimate in a lightning-fast, virtually unconscious thought-process what the other person expects of us and how we can express ourselves in a way he will understand. This process only becomes conscious when we experience some difficulty in estimating the expectations and reactions of our communication partner because we do not know enough about him. The result is the kind of uncertainty

129

of word and gesture with which we are all familiar in our contacts with other people, when we question the type of person we are dealing with and his likely re-action.

We can also identify imaginatively with several people at the same time. Sociologists call this the ability to anticipate the role of a 'generalized role-partner'.[146] This is something town-planners are or ought to be doing all the time they are planning for a town, namely thinking themselves into the modes of behaviour and perception of the future inhabitants or users of their project and deliberately incorporating this thought-process in their planning. In this way they can make it easier for the people for whom they are planning to establish an inner relationship with their surroundings because those surroundings will express something that touches and concerns them and that they can understand.

It is *not* however possible, on account of the variety and complexity of the social groupings which mingle in the public domain and the diversity of their views and modes of behaviour, to exercise this essential 'role-anticipation' with regard to the public (if the planner is building for the public domain) by way of any quasi-mythical phenomenology. Admittedly communication between transmitter and receiver in town-planning does not proceed verbally but through other, perhaps 'presentative' symbols. But this does not in our opinion make it any the less necessary for the planner to clarify as accurately as possible his communication partner's role and to do so as far as he can through *verbal pre-formulation*.

Lorenzer is right in principle when he demands that the built environment be a 'counterpart of the self'—that the social structure find a corresponding reflection in the built environment. For Lorenzer such an environment comes into being through the formation of 'presentative symbols' which represent what cannot be put into language, expressing and

giving form to 'the flowing ambiguity of experience'.[147]
Architecture and town-planning are here seen in the same
context as other art forms such as music, sculpture, etc.,
the special province of architecture being to structure the
tangible environment.[148] In addition architecture 'as the
formation of presentative symbols (can) be an effective factor
of integration; on the one hand by representing the unsayable
portion of the complex of abstract ideas incorporated in the
I-ideal, and on the other hand by itself seizing upon the
unnamable-in-terms which is common to all individuals and
holding up the created environment to the self as a common
counterpart.'[149]

Against the cult of the architect as genius

Explaining architecture's contribution to urban integration
in terms of this kind of quasi-mythical process (elsewhere he
talks of myth explicitly) is not without its dangers. It offers
all those architects who regard themselves socially superior as
artists (and they are as sand on the sea-shore even today) a
perfect excuse for continuing to design our environment from
the pedestal of a kind of genius-cult in which they absorb into
themselves 'abstract ideas' and 'the unnamable-in-terms' by
means of a mysterious process of phenomenology, inwardly
metamorphose them in some as yet unexplained manner, and
allow them to flow out again through their pencils as
'presentative symbols'.

Architecture (and particularly town-planning) is today
only partially 'art'; a very large proportion of it has to
consist of rational calculation. We may rightly regret that the
artistic side of architecture is today only allowed for in the
percentages of building subsidies set aside for 'buildings of
artistic merit'. But the kind of imaginative 'environment with
challenge' for which Lorenzer has recently argued will
certainly not be created by our understanding architecture

once more exclusively as an art. If in addition we regard town-planning as being as it were a sum of architectural units, we end up with precisely what sociology ought in fact to be guarding against—namely town-planning ideologies.

Because when people maintain that architects can be relied upon as artists to build our environment in such a way that we feel at home in it, merely on the basis of having the right sensitivity for the job, they forget that it has been exactly that kind of reliance which has resulted over the last twenty years in the 'inhospitable' environment complained of today. Unformulated and therefore uncontrolled ideas and attitudes on the part of architect town-planners have hardened into the kind of planning concepts which have given rise to such curious hybrids as garden city, neighbour-hood, organic and functional buildings, ornamentation, and last but not least 'urbanity'. Our criticism of them is based on the fact that they do not take any account of social realities and do not allow people to develop any kind of relationship to such places.

Town-planners have come to realize this themselves and have turned to the social scientists for help. But the social scientists are certainly not going to help them at all by simply sending them back to their studios to hatch out designs which are based on 'abstract ideas' and over the social relevance of which chance is the only arbiter. This will lead straight back to the very situation which everyone ought to be trying to get away from—namely the destruction of the public domain through lack of shared symbols.

In the communication process between planner and inhabitant or user of the urban public domain, 'role-anticipation' dominates with the kind of mythical process we have to combat. This is an empirical-analytical procedure. It is not a matter of one single phenomenology holding good, but of a team being prepared to exchange information collected systematically, information about the social structure, economic relationships, attitudes, needs, etc., of the inhabitants of a particular town or city or a part of them. In practical terms, this means drawing up an inventory of the town such as we have already seen outlined in the catalogue concerning local colour and the 'filter-effect'. This could then be made available as a kind of data-bank, providing an indispensable foundation for every design process.

However—and this must be stressed explicitly—the sociological information contained therein must not be limited to the usual kind of investigations into where and how people want to live, which can only reflect the ready-made categories put about by the glossy magazines. It must also be aimed at the general sociological—including theoretical!—enlightenment of those whose job it is to design and plan, and that enlightenment must be couched in concrete terms.

Town-planning is, of course, more than the rational formulation of goal, problem, and solution and the choice of the optimal procedure based on the information assembled.

Efforts are in fact being made in the direction of planning by means of simulation methods and plan-plays. However desirable the extensive exclusion of purely subjective, 'mystical' elements, and whatever the advantages of automatic data-processing over the human brain with its limited retentive capacity, there still remains the problem of incorporating into the planning process non-quantifiable elements such as ethnical values, feelings, etc., which nevertheless absolutely find an echo in the environment. *Total* inter-subjectivity of planning, in allowing such elements to go by the board, would thus revert to the opposite of what one was originally trying to achieve. Similarly the place-related communication between planner and town-dweller

(or public domain) would remain only quasi-communication, repelling rather than integrating because it suppressed
an important part of social reality.

This danger is particularly acute in the kind of environmental planning in connection with which optimal procedures have had to be employed most frequently, namely
regional planning. This is indubitably necessary, and we
have to get used to thinking in regional contexts. However,
in many cases town-planning is nowadays considered purely
in terms of regional planning, and planners are obliged to
concern themselves only with social-statistical aggregates,
distributing activities over a region and drawing networks of
communication between them. What happens to a particular
residential quarter or complex of streets and the people who
live there is beyond the knowledge and even outside the
province of this kind of planning. In other words, for the
regional planner 'role-anticipation' can mean no more than
putting himself in the place of a highly generalized and
abstract role-partner. He cannot begin to comprehend in
detail the social formation 'region', nor in all probability
would he be capable of processing all the information that
would result if he could.

If, however, we only plan on the large scale of the region,
the smaller-scale city or town and its individual quarters
could in the long run change to the extent that the people
living in them would not feel at home since they would not
experience any echo in their surroundings. Because the
regional planner has not been able to take their existence
into consideration. Because the message contained in his
environment is not intended for such small-scale application.

The people who live in regions do not, as far as their
everyday existence is concerned, think in regional terms.
On the contrary, they move about within very restricted
areas. And it is not in an urban region that they are going to

feel at home; they will tend much more to develop a relationship to a specific, limited place. Ought we not to be thinking a little more about them?

Display building

The concept of town-planning as a communication process between planner and urban public domain evokes Bahrdt's question: 'Is display building still possible today?'[150] but in a slightly different sense than that which Bahrdt attributed to it. By 'display building' he meant the creation of monumental symbolic forms such as imposing squares and broad streets or public buildings of the kind which the kings and princes of the past were able to erect. Accordingly he answered his own question in the negative, citing the absence of the requisite social conditions; in modern towns, he said, there is no public domain that could 'display' itself.

This concept of 'display building' stems from the same source as the concept of the 'public domain' in terms of the citizens forgathering in the *agora* to discuss their communal affairs. Both are historically obsolete.[151]

Today, in the context of the kind of symbolic communication we have been talking about, 'display building' can only form part of the variety of different social groupings in a town, together with their values and patterns of behaviour, reflected in architectural terms. This will tend to take the form of a variety of well-defined building types and a large number of little details and trivialities such as can make a town or city more lovable than any amount of architectonic monumentality. In this way the most diverse participants in the urban public domain are able to find themselves reflected in the configuration of the town because they understand the message it contains.

Over and above this purely reflective function, there is still, of course, the—sometimes costly—chance of effecting inte-

135

gration in the urban public domain by means of 'display building' in the old sense. What this amounts to in practical terms is the invention of generally accessible symbols, *and this is where the task of architecture as art lies*. Many an attempt at achieving urban integration in this way has misfired; the gloomy silence that haunts all those art galleries, education centres, and sculpture parks erected by our zealous and well-meaning city fathers is eloquent testimony to such failures.

But there are also notable instances of success. The people of Wolfsburg reacted to the efforts of the town to provide a town-planning landmark (the municipal theatre) with evident local pride—another form of attachment to place. The same process can also be observed very clearly in Berlin where, in a time of stress and threatened destruction, the city sought with some success to provide integrative symbolism on a monumental scale. This is a possible explanation of the vast sums of money invested in the Philharmonie, the National Gallery, the National Library, the Europe Centre, and the new Gedächtniskirche. The fact that they have been given vernacular nicknames (even if these were thought up by a *Berliner Zeitung* editor) shows in itself how far they have become a part of the life of the city.

Semiotics

The concept of town-planning as a particular form of place-related communication between planner and architect on the one hand and the public domain of a town or city on the other, a form of communication using the special medium of building (in the broadest sense), opens up the possibility of applying methods adopted from general communications research to the analysis of what is exactly happening.

The knowledge thus acquired enables the town-planner and the architect to draw certain conclusions regarding the future comprehensibility of the spatial situations they create i.e. in what form their message is going to arrive. A content-analysis of the built environment can be worked out (such as has been formulated long ago for other forms of communication, e.g. newspapers) in that the social meanings that become manifest in buildings are grasped and evaluated objectively.

In the case of the built environment, of course, special difficulties are involved. We have already mentioned one peculiarity of built symbols, namely that their meaning-content is less rigid than that of verbal symbols with their dictionary definitions. The way in which they are perceived and interpreted is thus more dependent on individual factors. But there is after all a whole host of environmental situations which different people define in similar ways and in which they conduct themselves in the identical manner. This means, however, that the information contained in the environment must also be amenable to some kind of objective analysis.

The method by which the information- and meaning-content of the built environment is exposed is known as semiotics, a branch of semantics derived from linguistics. Semiotics seeks to clarify and catalogue the objective meaning-content of different symbols. Its findings are surely also applicable to town-planning in terms of a semantic analysis of built-up space. A wide field is opened up here for the psychology of perception as well. It is worth trying to find out the kind of symbolic value particular architectural forms possess, what associations they are capable of evoking in individual people, and what those associations depend on.[152] Eventually we might perhaps get hold of a series of measurements for different environmental situations which could then be incorporated as psychological ingredients in our 'role-anticipation'.

It should, however, be stressed that such efforts can never amount to more than—very useful—approximations, and that even with the help of semiotics we shall still not be able to comprehend the symbolic import of the built environment objectively in its entirety. Possibilities of subjective interpretation will always remain open, and it is right that they should. Human thought and human imagination are such that it will never be possible to plan any environment as a perfect stimulus-reaction schema. That would open all the doors to manipulation.

We can, however, find approximate values for culturally acceptable, likely behaviour, and these may help to make it possible for our environment to be planned in a more conscious way, for its symbolic import to become clear, and for the people living in it to enter more easily into a relationship with it. Much concrete work can be done in this direction so that towns and cities and their inhabitants remain a unity and do not degenerate into stage sets for just any old social actors.

The proof of effective environmental planning in our opinion lies not merely in the smooth running of activities and transport systems. The chief criterion is whether it succeeds in making people feel comfortable and at home in the environment which it creates.

Summary

Having reached this point, many readers will perhaps experience a slightly irritated feeling of having been cheated out of a clear answer to the question as to whether the town or city of today is 'home' or mere transit station. The fact is, however, that we are not in a position to supply such an answer.

The purpose of the question posed in our title is much more—if we may stress this point once again—to cast a critical light upon existing trends and prevailing opinions than to aspire towards clear alternatives.

Thus we started out by no longer accepting as 'natural' those tendencies to mobility which are undoubtedly on the increase in our society and which more and more give our towns and cities the character of transit stations. Instead we pointed out how they are conditioned by economic and ideological factors. Looked at more closely, the objective compulsion to mobility turns out to be by no means as necessary nor as advantageous for everyone as we had always thought. Certain consequences of mobility seemed to us to be indicative of this—for example the kind of neurotic poverty of contact that never gets beyond the non-committal 'keep smiling' level, and the paradox of the search for community through mobility.

Countering with the question as to whether it is not still possible and desirable today to develop ties to a town—which need not have anything to do with 'sticking to the native soil' or any narrow-minded concept of rootedness—we

139

introduced the old concept of *Home* into the discussion. Adopting a sociological approach, we sought to clarify what this concept actually means—in so far, that is, as the experience it refers to can be grasped in rational terms at all.

We used the sociological expression 'symbolic attachment to place' to describe this *Home*-feeling, this experience of 'being at home'. On the basis of empirical findings we concluded that *Home*-feeling does not arise out of any magnetism, but that when a person develops 'symbolic attachment to place' in respect of a particular town, he thereby relates to other people in that town whom he knows and with whom he comes into contact. This need not necessarily be a conscious process. If he subsequently comes to feel comfortable in the town as a whole, this is because the urban environment has come to symbolize those relationships for him.

We were able to dissect 'symbolic attachment to place' analytically in two processes: firstly, social relationships in groups, and secondly, their symbolization primarily but not solely in the built urban environment.

We then looked rather more closely into the role of symbols in human behaviour, in particular of material symbols in space. All symbols serve to orientate behaviour in constantly changing situations. They are objects which possess a significance that is determined socially and which facilitate definition of a particular situation. Symbols structure our environment, as far as our perception and awareness of it are concerned. We are more likely to feel comfortable and 'right' in a well-structured environment than in an environment which we cannot grasp.

Symbols and their meaning-content are things we learn about primarily through communication. The more we communicate about our immediate environment, therefore, and practise social communication in it, i.e. the more we get to know about our habitat, the more we 'feel at home' in it.

Communication about matters concerning our immediate environment, however, i.e. so-called 'place-related communication', can only take place in groups which are themselves local in character and can transmit local symbols.

Local groups and place-related communication thus provided the analytical keys for our further considerations (corresponding to the two levels of symbolic attachment to place).

We next looked into the question of whether and if so where local groups are to be found in the town or city of today. We observed that the town has undergone a change since the Middle Ages whereby a community which was self-contained, integrated, and related exclusively to the local context became in the course of time a social formation —which is actually only a 'town' in the sense of a local social association, in that a variety of superlocal organizations have all chosen it as their base. The internal activities of these organizations have in the vast majority of cases very little to do with the town in which they have set up camp.

The superlocal organization of our society, however, has even today not completely eliminated the local character of our towns and cities. We advanced the thesis that the urban public domain is the sole (possible) reflector of the local character of a town today. It fills the sphere between the superlocal organizations and the private lives of the inhabitants. Special modes of behaviour obtain in it, and it is the political forum for discussion between the different superlocal social formations regarding a *modus vivendi* in the place they have all chosen to reside in.

We suggested that the particular local colour of that urban public domain could make it the basis of symbolic attachment to place. We sought confirmation of this in an examination of the local character of other social spheres in which a town-dweller normally moves, i.e. his place of work and his private sphere. We were forced to conclude that neither a person's place of work nor the sphere of the family fostered such modes of behaviour as could make of them the social basis of symbolic attachment to place. A circle of intercourse consisting of friends and acquaintances seemed to us more likely under certain circumstances to be characteristically local in character.

Pursuing our thesis of the urban public domain as a reference group for symbolic attachment to place, we analysed different levels and sought to show the basis of their specifically local character.

On the level of the public domain of the quarter, we pointed out the dangers to which public communication is subject here and which can prevent people from feeling at home, particularly in newly-built quarters. We examined in a critical light the argument of lack of 'urbanity' which is often introduced in this context and the associated architectural concepts of 'concentration' and 'multifunctionality', and voiced our suspicion that what lies behind them is a new kind of social romanticism which fails to evaluate social attitudes correctly.

At the highest level of the public domain of the town- or city-centre we first considered briefly apprehensions to the effect that no 'greater' public domain exists at all in our towns and cities. While unable to refute certain tendencies towards the destruction of a public domain in the centre, we declined to regard those tendencies as inevitably resulting in alienation to a particular town or city, but instead sought to put forward certain suggestions regarding how things might be prevented from degenerating so far.

We pointed out among other things the potential effectiveness of a local paper as bearer of intensive, public, place-related communication particularly in making the planning of the physical environment comprehensible for people and thus opening up the possibility of criticism and local involvement.

The formation of symbolic attachment to place, however, is not only dependent on place-related communication of a verbal nature; it may also be fostered (or hindered) by the very configuration of the built environment. We examined briefly the idea—derived from psycho-analysis—of 'libidinous object-occupation' of the built environment, but went on to lay the stress on the built environment's symbolic content, which is what enables people to comprehend it and, in so far as they do so, to feel at home in it.

This led us—still within our concept of place-related communication—to treat town-planning and architecture as a particular variety of such communication in which the planner or architect 'transmits' a local message which is 'received' by the user through the medium of the built environment.

We advanced the proposition that the planner may come to achieve such a thorough understanding of his role in this communication process, that he 'beams' his communication (form and content of the built environment) expressly at his receivers—the inhabitants and the public domain of a town or a city—in such a way that they grasp their environment conceptually and are able to feel comfortable in it.

Where the needs and expectations of the receivers in this communication process are not taken into account because the planner has failed to place himself imaginatively in the position of his interlocutor, he 'talks past' him and may under certain circumstances spoil his chances of developing symbolic attachment to place.

What basically emerged from this part of our discussion was that the planner might well occupy himself in a rather more than merely statistical way with the people for whom he is planning, employing all available methods—including those of semiotics—to increase his store of knowledge about them. Because statistical trends often only reflect a part of social reality.

We cannot expect that future planning conceived in this way is going to transform the obligation to mobility and the attitude of indifference to one's environment into a renunciation of mobility and a contented absorption into 'homely' surroundings. But we ought to make sure that, on the one hand, those not able to participate in the economic miracle and its possibilities of mobility also be provided with an environment, i.e. principally towns and cities, in which they feel at home, and that on the other hand those who have mobility forced upon them may find in their transit stations an environment which is locally so individual that they are able to conceive of staying there and developing ties, even if only for a limited period.

Notes

1   H. Klages, *Soziologie zwischen Wirklichkeit und Möglichkeit*, Cologne and Opladen 1968, p. 55.
2   G. Endruweit, 'Der Schritt zur Industriegesellschaft', *Kölner Zeitschrift für Soziologie und Sozialpsychologie*, no. 19, 1967, p. 468. See also J. Pahl, 'Ist die mobile Gesellschaft ein Mythos?', *Bauwelt 21*, March 1969, pp. 739–46.
3   David Riesman, *The Lonely Crowd*, New Haven 1950.
4   W. H. Whyte, *The Organization Man*, London 1957.
5   D. Dahrendorf, *Die angewandte Aufklärung*, Munich 1963, pp. 89 et seq.
6   Eg.: K. Bosl, *Heimatbewusstsein des modernen Menschen*, Kallmütz 1963; H. Kunstmann, *Der Heimatgedanke im technischen Zeitalter*, Nürnberg 1968; J. Solzbacher, *Heimat— Einmalige und beständige Aufgabe*, Neuss 1968. Books dealing with the subject from a sociological standpoint include: W. Brehpohl, 'Die Heimat als Beziehungsfeld; Entwurf einer soziologischen Theorie der Heimat', in *Soziale Welt*, 1952, pp. 12–22; R. König, 'Heimat, Familie und Gemeinde', in *Schicksalsfragen der Gegenwart*, published by the Federal Ministry of Defence, Tübingen 1960; R. König, 'Der Begriff der Heimat in fortgeschrittenen Industriegesellschaften', in *Soziologische Orientierungen*, Cologne–Berlin 1965, pp. 404–75; R. Krysmanski, *Bodenbezogenes Verhalten in der Industriegesellschaft*, Münster 1967.
7   *Deutscher Wortschatz*, Stuttgart 1961, ed. H. Wehrle-Eggers.
8   *Staatslexikon der Görresgesellschaft*, Freiburg 1959/60, under *Heimat*.
9   Cf. H. Riehl, *Naturgeschichte des deutschen Volkes*, Stuttgart 1894, 9th edition, and Grimm's *Fairy Tales*.

NOTES

10 Oswald Spengler, *The Decline of the West* (2 vols.), New York 1946; F. Tönnies, *Einführung in die Soziologie*, Stuttgart 1931.

11 See F. K. Günther, *Das Bauerntum als Lebens- und Gemeinschaftsform*, Berlin 1939.

12 *Der Grosse Brockhaus*, 1954 edition, under *Heimat*.

13 H. and M. Sprout, *The Ecological Perspective on Human Affairs*, Oxford 1966.

14 R. Gutmann, 'Site-planning and Social Behaviour', in *Journal of Social Issues* 1966, no. 4, pp. 103–5.

15 K. Lorenz and P. Leyhausen, *Antriebe tierischen und menschlichen Verhaltens*, Munich 1968, p. 160.

16 A. Mitscherlich, 'Vom möglichen Nutzen der Sozialpsychologie für die Stadtplanung', in *Stadtbauwelt 11*, 1966, p. 874.

17 A more detailed treatment of these theoretical considerations can be found in: T. Parsons, *Toward a General Theory of Action*, New York 1953, 3rd edition; and *The Social System*, Glencoe 1964.

18 Cf. also A. Ammon, *Eliten und Entscheidungen in Stadtgemeinden*, Berlin 1967, pp. 17–18.

19 H. Treinen, 'Symbolische Ortsbezogenheit', in *Kölner Zeitschrift für Soziologie und Sozialpsychologie*, 1965.

20 G. Simmel, *Soziologie*, Leipzig 1922, 2nd edition; E. Durkheim, *The Elementary Forms of Religious Life*, London 1968, 6th edition; V. Pareto, *Trattato di Sociologia Generale*, Florence 1932, 2nd edition; M. Halbwachs, *La mémoire collective*, Paris 1950.

21 H. Treinen, *op. cit.*, p. 81.

22 G. Simmel, *op. cit.*, pp. 461 et seq.

23 H. and M. G. Raymont, M. and A. Haumont, *L'habitat pavillionnaire*, Paris 1966, p. 93.

24 G. Simmel, *op. cit.*, pp. 475 et seq.

25 M. Halbwachs, *op. cit.*, pp. 134 and 161.

26 H. Treinen, *op. cit.*, pp. 257–60.

27 M. Schwonke, U. Herlyn, *Wolfsburg: Soziologische Analyse einer jungen Industriestadt*, Stuttgart 1967, p. 181.

28 H. Treinen, *op. cit.*, p. 81.

29 G. H. Mead, *Mind, Self and Society*, Chicago 1934.

30 Cf. in connection with the foregoing: A. M. Rose, 'A Systematic Summary of Symbolic Interaction Theory', in *Human Behaviour and Social Processes*, Boston 1962.

31 A. Strauss, *Images of the American City*, New York 1961, p. 17, and *Mirrors and Masks*.

32 See for, example, W. Schramm, *Grundfragen der Kommunikationsforschung*, Munich 1964.

33 This chapter owes a particular debt to the work of the following authors, without it having been possible to make this clear in the notes on every occasion: H. P. Bahrdt, *Die moderne Grossstadt*, Hamburg 1961 (2nd edition, Hamburg 1969), and *Humaner Städtebau*, Hamburg 1968; H. Oswald, *Die überschätzte Stadt*, Olten/Freiburg 1966.

34 Max Weber, *Wirtschaft und Gesellschaft*, vol. I, ch. 3, Cologne–Berlin 1964, p. 282. Cf. also R. König, *Grundformen der Gessellschaft: die Gemeinde*, Hamburg 1959, p. 33.

35 H. Oswald, *op. cit.*, pp. 25–6.

36 M. Weber, *op. cit.*, p. 280.

37 H. Oswald, *op. cit.*, p. 50.

38 *Ibid.*, p. 27.

39 H. Oswald, *op. cit.*

40 Cf. H. P. Bahrdt's approach.

41 J. Pahl, *Die Stadt im Aufbruch der perspektivischen Welt*, Berlin 1963 (Bauwelt Fundamente).

42 J. Pahl, *op. cit.*, pp. 49–50.

43 *Ibid.*, p. 62.

44 See O. Boustedt, 'Stabilität und Dynamik der Bevölkerungsentwicklung', in *Raum und Siedlung*, 1967, no. 11, p. 254.

45 W. Hartenstein, 'Soziologische Grundlagen der Stadtplanung', in *Entwicklungsgesetze der Stadt*, Bad Godesberg 1962, pp. 46–7; B. Lutz, 'Städtische Lebensform, Wunsch oder Zwang?', in *Polis und Regio*, ed. E. Salin, M. Marti, and N. Bruhn, Basle 1967, p. 61; according to Lutz, the lower a person's standard of education, the smaller the area within which he can move about at will.

46 G. Schröder, 'Regionale Wachstumsunterschiede und ihre Ursachen', in *Raum und Siedlung*, 1967, no. 11, p. 256.

47 G. Schröder, 'Der Mensch, Objekt oder Subjekt der Standortwahl?', in *Polis und Regio, op. cit.*, p. 51; see also *Statistisches Jahrbuch der BRD über die Dominanz der südlichen Bundesländer im Wanderungsgewinn*.

48 *Architectural Review*, October 1969, 'Manplan 2', p. 250.

49 See the chapter on 'Mobilität' in R. Drewe, *Der Beitrag der Sozialforschung zur Regional- und Stadtplanung*, Meisenheim 1968.

50 F. H. Tenbruck, 'Über Kultur im Zeitalter der Sozialwissenschaften', in *Saeculum*, 1963, no. 1, p. 30.

51 N. Schmidt-Relenberg, *Soziologie und Städtebau*, Stuttgart 1968, p. 103.

52 In connection with the foregoing, see also S. Greer, *Governing the Metropolis*, New York–London 1962, pp. 36 et seq.

53 S. Chermayeff and C. Alexander, *Community and Privacy*, New York 1965, p. 129.

54 H. Oswald, *op. cit.*, p. 103; H. P. Bahrdt, *op. cit.*, 1961, pp. 41–2.

55 G. Simmel, 'Die Grossstädte und das Geistesleben', in *Klassik der Soziologie*, ed. C. W. Mills, Frankfurt/M 1966, p. 386

56 H. P. Bahrdt, *op. cit.*, 1961, p. 43.

57 *Ibid.*, pp. 57–8.

58 *Ibid.*, 1969, pp. 19–20 and p. 62.

59 N. Schmidt-Relenberg, *op. cit.*, 1968, pp. 109 et seq.

60 See, for example, H. Berndt, 'Ist der Funktionalismus eine funktionale Architektur?', in *Architektur als Ideologie*, ed. H. Berndt, A. Lorenzer, and K. Horn, Frankfurt/M 1968; J. Habermas, *Strukturwandel der Öffentlichkeit*, Neuweid 1962 A. Mitscherlich, *Die Unwirtlichkeit unserer Städte*, Frankfurt/M 1966.

61 Cf. N. Schmidt-Relenberg, *op. cit.*, p. 113.

62 H. P. Bahrdt, *op. cit.*, 1969, pp. 24–5.

63 *Ibid.*, p. 29.

64 H. Oswald, *op. cit.*, p. 92.

65 *Bauwelt 21*, 1969, p. 731.

66 M. Schwonke and U. Herlyn, *op. cit.*, p. 11.

67 Cf. E. Pfeil, *Die Familie im Gefüge der Grossstadt*, Hamburg 1965.

68 *Ibid.*, p. 49; cf. also H. P. Bahrdt, *Wege zur Soziologie*, Munich 1966, pp. 88 et seq.; and R. Gunzert, *Frankfurts Wohnungen und ihre Bewohner*, Frankfurt/M 1951, p. 246.

69 Cf. J. O. Retel, 'Quelques aspects de relations sociales dans l'agglomération parisienne', in P. H. Chombart de Lauwe (ed.), *L'attraction de Paris sur la banlieue parisienne*, Paris 1965, p. 86, and E. Pfeil, *op. cit.*, p. 50.

70 E. Pfeil, *op. cit.*, p. 51.

71 J. O. Retel, *op. cit.*, p. 92; cf. M. Schwonke and U. Herlyn, *Wolfsburg*, Stuttgart 1967, p. 134; and P. H. Chombart de Lauwe, *Famille et habitation*, vol. II, Paris 1950, p. 33.

72 Cf. J. O. Retel, *op. cit.*, p. 86; M. Schwonke and U. Herlyn, *op. cit.*, p. 33, note 133: in ninety per cent of households questioned, the family stayed in five evenings in the week.

73 Cf. E. Pfeil, *op. cit.*, p. 42; G. Wurzbacher and H. Kipp, *Der Mensch als soziales und personales Wesen*, vol. III, 'Die Familie als Sozialisationsfaktor', Stuttgart 1968, p. 19; and J. O. Retel, *op. cit.*, p. 90.

74 G. Wurzbacher and H. Kipp, *op. cit.*, p. 27.

75 H. Treinen, *op. cit.*, p. 278.

76 G. Wurzbacher and H. Kipp, *op. cit.*, p. 25.

77 Cf. Karolus Heil, *Umfeld und Kommunikation*, unpublished thesis, Munich 1969, p. 193.

78 E. Pfeil, *op. cit.*, pp. 39–40; J. O. Retel, *op. cit.*, p. 108; P. H. Chombart de Lauwe, *L'intégration du citadin à sa ville et à son quartier*, vol. II, Paris 1962, p. 90. Cf. also G. Ipsen (ed.), *Daseinsformen der Grossstadt*, Tübingen 1959, pp. 209–11; M. Schwonke and U. Herlyn, *op. cit.*, p. 142.

79 Karolus Heil, *Wohnumfeld und Kommunikation*, manuscript essay, Munich 1969, p. 4.

80 M. Schwonke and U. Herlyn, *op. cit.*, p. 141; K. Heil, *Umfeld und Kommunikation*, p. 149.

81 P. H. Chombart de Lauwe, *Famille et Habitation*, vol. II, p. 149.

82 J. O. Retel, *op. cit.*, p. 89; E. Pfeil, *op. cit.*, p. 34, seventy-seven per cent of those questioned.

83 J. O. Retel, *op. cit.*, p. 111.

84 K. Heil, *Umfeld und Kommunikation*, p. 108.

85 M. Schwonke and U. Herlyn, *op. cit.*, p. 142.

86 H. Treinen, *op. cit.*, p. 264.

87 In Munich, for example, in 1960/61 only thirty-one per cent were born in the city, thirty-three per cent had moved there before 1950 and thirty-six per cent after 1950. In Hamburg, on the other hand, the ratio was fifty-two per cent, thirty per cent, eighteen per cent. Cf. W. Hartenstein, 'Soziologische Grundlagen der Stadtplanung', in *Entwicklungsgesetze der Stadt*, Bad Godesberg 1962, p. 48. More recent tendencies also show a clear increase in movement to medium-size and small towns.

88 M. Schwonke and U. Herlyn, *op. cit.*, p. 178.

89 H. Treinen, *op. cit.*, pp. 279–81.

90 Cf. R. K. Merton, 'Local and cosmopolitan influentials', in *Social Theory and Social Structure*, New York 1966, 10, pp. 387–420; and J. Foskett, 'The Influence of Social Participation on Community Program and Activities', in M. B. Sussmann (ed.), *Community Structure and Analysis*, New York 1959, p. 325.

91 H. Treinen, *op. cit.*, p. 295.

92 A. Lorenzer, 'Städtebau, Functionalismus und Sozialmontage?', in *Architektur als Ideologie*, ed. H. Berndt, A. Lorenzer, and K. Horn, Frankfurt/M 1968, p. 65.

93 Jane Jacobs, *The Death and Life of Great American Cities*, London 1962, p. 82.

94 A. Lorenzer, *op. cit.*, p. 67.

95 See Lorenzer's description and A. Strauss, *Mirrors and Masks, op. cit.*

96 A. Strauss, *Images of the American City*, New York 1961, p. 67.

97 H. P. Bahrdt, *Humaner Städtebau*, Hamburg 1968, p. 114.

98 Regarding the neighbourhood discussion, cf. the excellent

summaries of E. Pfeil, 'Zur Kritik der Nachbarschaftsidee', in *Archiv für Kommunalwissenschaften*, 1963, pp. 39–43; and H. Oswald, *Die Überschätzte Stadt*, Freiburg 1966, pp. 128–36.

99 Cf. particularly A. Bergsträsser *et al.*, *Soziale Verflechtung und Gliederung im Raum Karlsruhe*, Karlsruhe 1965; H. Klages, *Der Nachbarschaftsgedanke und die nachbarliche Wirklichkeit in der Grossstadt*, Stuttgart 1968; D. v. Oppen, *Familien in ihrer Umwelt*, Cologne–Opladen 1957; G. Ipsen (ed.), *Daseinsformen der Grossstadt*, Tübingen 1959 (especially E. Pfeil's contribution); E. Pfeil, *Die Familie im Gefüge der Grossstadt*, Hamburg 1965; M. Irle, *Gemeindesoziologische Untersuchungen zur Ballung Stuttgart*, Bad Godesberg 1960; M. Schwonke and U. Herlyn, *Wolfsburg*, Stuttgart 1967; E. E. Bergel, *Urban Sociology*, New York 1955; R. Glass, *The Social Background of a Plan*, London 1948; L. Kuper, *Living in Towns*, London 1953; C. P. Loomis and A. Beegle, *Rural Social Systems*, New York 1950; H. Orlans, *Stevenage*, London 1962; A. Meister, *Coopération d'habitation et sociologie du voisinage*, Paris 1957; and all the works of Chombart de Lauwe.

100 M. Schwonke and U. Herlyn, *op. cit.*, p. 112.

101 S. Riemer, 'Urban Personality Reconsidered', in M. B. Sussmann (ed.), *Community Structure and Analysis*, *op. cit.*, pp. 434 et seq.

102 K. Heil, *Umfeld und Kommunikation*, *op. cit.*, p. 301.

103 *Ibid.*, p. 303.

104 A. Silbermann, *Vom Wohnen der Deutschen*, Frankfurt–Hamburg 1966, p. 92.

105 K. Zapf, 'Einrichtungen zum öffentlichen Gebrauch', in *Stadtbauwelt*, 1966, no. 12, p. 974.

106 K. Heil, *Kommunikation und Entfremdung*, unpublished manuscript, Munich 1969, p. 142.

107 H. Klages, *op. cit.*; R. K. Merton, 'The Social Psychology of Housing', in W. Dennis (ed.), *Current Trends in Social Psychology*, Pittsburgh 1951, pp. 163–217; L. Festinger and H. Kelley, *Changing Attitudes through Social Contact*, Ann Arbor 1951; L. Festinger, S. Schachter, and K. Back, *Social*

Pressures in Informal Groups, New York 1951; W. H. Whyte, *The Organization Man*, *op. cit.*; M. Schwonke and U. Herlyn, *op. cit.*; K. Heil, *op. cit.*

108 K. Heil, *Wohnumfeld und Kommunikation*, *op. cit.*

109 *Ibid.*

110 For a typical false conclusion in which this has not been taken into account, see W. H. Whyte, *op. cit.*, pp. 330–48.

111 See, for example, E. Spiegel, *Neue Städte in Israel*, Stuttgart 1966.

112 M. Schwonke and U. Herlyn, *op. cit.*, p. 119.

113 K. Heil, *Umfeld und Kommunikation*, *op. cit.*, pp. 108 et seq.

114 Cf. M. Schwonke and U. Herlyn, *op. cit.*, pp. 13 et seq.; and H. P. Bahrdt, *op. cit.*, 1968, p. 177.

115 Cf. H. P. Bahrdt, *op. cit.*, 1968, pp. 178 et seq.

116 Cf. E. W. Wood, S. N. Brower, and M. W. Latimer, 'Planner's People in CBD', in *Journal of the American Institute of Planners*, July 1966, pp. 228–33.

117 Cf. H. Berndt, *op. cit.*

118 H. P. Bahrdt, *op. cit.*, 1969, p. 28.

119 An introduction to the role of the local paper, at least in an American context, is M. Janowitz, *The Community Press in an Urban Setting*, Glencoe 1952; new edition in paperback, 1967.

120 In an investigation conducted in Cologne in 1962 by Jürgen Rink, seventy-five per cent of the people questioned read the local paper; in another investigation in Karlsruhe, the figure was ninety per cent, including sixty-eight per cent who read the local section of a paper regularly; in Stuttgart, fifty-four per cent of people questioned read the local section with particular thoroughness. Cf. J. Rink, *Zeitung und Gemeinde*, Düsseldorf 1963, p. 164; A. Bergsträsser *et al.*, *op. cit.*, p. 122; M. Irle, *op. cit.*, p. 70.

121 Cf. M. Schwonke and U. Herlyn, *op. cit.*, pp. 155 et seq.

122 K. Lynch, *The Image of the City*, Cambridge 1960, p. 47.

123 *Ibid.*

124 *Ibid.*, p. 65.

125 *Ibid.*, p. 47.

126 *Ibid.*

127   *Ibid.*, p. 48.
128   *Ibid.*, p. 119.
129   *Ibid.*
130   T. Sieverts, 'Stadtvorstellungen', in *Stadtbauwelt*, 1966, no. 9, p. 709.
131   H. Berndt, *Probleme bei Zeichnungen einer modernen Wohnsiedlung*, unpublished manuscript, Frankfurt/M 1968.
132   T. Sieverts, *op. cit.*, p. 712.
133   *Ibid.*, p. 713.
134   G. Fehl, 'Eine Stadtbilduntersuchung', in *Stadtbauwelt*, 1968, no. 18, p. 1344.
135   Cf. also T. W. Adorno, 'Funktionalismus heute', in *Ohne Leitbild*, Frankfurt/M 1967, p. 118.
136   A. Mitscherlich, *Die Unwirtlichkeit unserer Städte*, Frankfurt/M 1966, p. 74.
137   A. Mitscherlich, 'Vom möglichen Nutzen der Sozialpsychologie für die Stadtplanung', in *Stadtbauwelt*, 1966, no. 11, p. 74.
138   A. Lorenzer, *op. cit.*, p. 70.
139   *Ibid.*, p. 99.
140   *Ibid.*, p. 97.
141   *Ibid.*, p. 72.
142   *Ibid.*, p. 73; H. Berndt, *op. cit.*, pp. 40–1.
143   A. Mitscherlich, 'Was soll aus unseren Städten werden?', in *Bauen und Wohnen*, 1968/3, p. 82.
144   H. Berndt, *op. cit.*, p. 35.
145   Cf. also H. P. Bahrdt, *op. cit.*, 1968, p. 185.
146   A. Rose, *op. cit.*, p. 223.
147   A. Lorenzer, *op. cit.*, p. 88.
148   *Ibid.*, p. 98.
149   *Ibid.*, p. 99.
150   H. P. Bahrdt, *op. cit.*, 1961, p. 122.
151   S. Giedion, *Architecture, You and Me: The Diary of a Development*, Cambridge, Mass. 1958.
152   Cf. also Seminar 204, Staatliche Hochschule für Bildende künste: 'Information einer Geschäftsstrasse', in *Stadtbauwelt*, 1968, no. 20, p. 1496.